이름 없이 가신 이 땅의
모든 선인들께 이 책을 바칩니다.

한국 선도 이야기

철학박사 정현축

율려

한국 선도 이야기

초판 1쇄 인쇄　2016년 11월 1일
초판 1쇄 발행　2016년 11월 10일

지은이 | 정현축
펴낸이 | 정현축
펴낸곳 | 율려
출판등록 | 2016.10.13(제2016-000002호)
주　소 | 충남 계룡시 엄사면 엄사리 123-10.
전화번호 | 042-841-1187, 010-8987-7187
홈페이지 | www.kouksunin.net/123
이메일 | 7-jeong@hanmail.net
값 | 30,000원

ISBN 979-11-959223-1-4 03100

이 책의 판권은 지은이와 도서출판 율려에 있습니다.
책의 내용을 무단 전재하거나 복제를 금합니다.

이 도서의 국립중앙도서관 출판예정도서목록(CIP)은 서지정보유통지원시스템 홈페이지(http://seoji.nl.go.kr)와 국가자료공동목록시스템(http://www.nl.go.kr/kolisnet)에서 이용하실 수 있습니다.(CIP제어번호: CIP2016026169)

차 례

머리말

1. 마고 ·· 13
2. 현묘지도 국선도 ··· 17
3. 천기도인 ·· 20
4. 환인, 환웅, 단군 ··· 24
5. 서자 ·· 33
6. 홍산여신 ·· 37
7. 천부경 ·· 41
8. 삼일신고 ·· 45
9. 참전계경 ·· 54
10. 발귀리 선인 ·· 59
11. 자부선인 ··· 62
12. 치우천황 ··· 66
13. 태양의 아들 ·· 71
14. 유위자 ·· 75
15. 선 仚 자와 얼 圼 자 ·· 83
16. 홍범구주 ··· 88
17. 정 井 ·· 94
18. 한단고기와 규원사화 ··· 99

- 19. 사료의 유실 …… 102
- 20. 선도신모 …… 110
- 21. 박혁거세 …… 115
- 22. 표공 …… 119
- 23. 정견모주 …… 123
- 24. 신라 4선 …… 127
- 25. 화랑도와 차 …… 134
- 26. 영랑과 보덕 …… 143
- 27. 담시선인 …… 146
- 28. 물계자 선인 …… 149
- 29. 징심록과 금척지 …… 154
- 30. 백결선생 …… 158
- 31. 울주군 선도유적 …… 163
- 32. 지소태후 …… 167
- 33. 어사추 여랑 …… 172
- 34. 원화 …… 175
- 35. 미실 …… 180
- 36. 선덕여왕 …… 186
- 37. 화랑세기 …… 190
- 38. 신라의 화랑도 …… 197
- 39. 화랑 사다함 …… 202
- 40. 국선 문노 …… 207
- 41. 대세와 구칠 …… 212

42. 국선 김유신 장군 …………………………………………… 216
43. 화랑정신, 그 노블레스 오블리즈 ………………………… 221
44. 화랑도의 선비정신 ………………………………………… 225
45. 김가기 선인 ………………………………………………… 230
46. 화랑들의 우정과 신의 ……………………………………… 236
47. 고운 최치원 선생 …………………………………………… 242
48. 옥룡자 도선국사 …………………………………………… 247
49. 화랑의 후예, 금·청 ………………………………………… 252
50. 포석정 ……………………………………………………… 255
51. 고주몽 동명성왕 …………………………………………… 259
52. 소서노 ……………………………………………………… 264
53. 을파소 선인 ………………………………………………… 268
54. 다물 광개토대왕 …………………………………………… 272
55. 을밀선인 …………………………………………………… 276
56. 을지문덕 장군 ……………………………………………… 280
57. 조의선인 연개소문 ………………………………………… 284
58. 조의선인과 안시성 전투 …………………………………… 290
59. 고구려 여성 제독, 연수영 ………………………………… 296
60. 백제 ………………………………………………………… 301
61. 대진국 발해 ………………………………………………… 306
62. 고선지 장군 ………………………………………………… 310
63. 강감찬 장군 ………………………………………………… 316
64. 곽여 진인 …………………………………………………… 321

65. 국풍파 정지상 ··· 326
66. 권진인과 남궁두 ·· 334
67. 고려인 장삼봉 ·· 340
68. 세종대왕과 한글 ·· 344
69. 한글 디자인 ·· 349
70. 청한자 김시습 ·· 351
71. 점필재 김종직 ·· 356
72. 추강 남효온 ·· 360
73. 홍유손, 정희량, 윤군평 ································· 367
74. 일두 정여창 ·· 373
75. 삼신산 ··· 378
76. 지리산 청학동 ·· 384
77. 청학상인 위한조 ·· 392
78. 전우치 ··· 397
79. 화담 서경덕 ·· 403
80. 남명 조식 ··· 408
81. 북창 정렴 ··· 413
82. 수암 박지화 ·· 419
83. 격암 남사고 ·· 423
84. 죽도 정여립 ·· 429
85. 토정 이지함 ·· 435
86. 고청 서기 ··· 439
87. 구봉 송익필 ·· 444

88. 성웅 이순신 장군 ··· 450
89. 홍의장군 곽재우 ··· 456
90. 서산대사 ··· 461
91. 사명당 ·· 466
92. 조헌, 영규대사, 고경명 ·· 471
93. 허난설헌 ··· 478
94. 허균과 홍길동전 ·· 484
95. 현묵자 홍만종 ··· 490
96. 자하선인과 팔공진인 ··· 493
97. 개운조사 ··· 498
98. 정걸방 도인 ·· 505
99. 무명도사, 무운도사, 청운도사 ·································· 510
100. 청산선사 ··· 517

부록

논문1. 훈민정음 제작 원리 : 영해 박씨 종사 박창령 공이 훈민
       정음 제작에 미친 영향 / 527

논문2. 화랑도와 차 / 555

머리말

중국을 통일한 한고조 유방은 전투에 출전하기에 앞서 항상 무성武聖이자 군신軍神이신 우리의 치우천황께 승전을 기원하는 제사를 올렸다고 한다. 항우와 싸우는 마지막 전투에 나갈 때도 역시 우리의 치우천황께 제사를 지냈으며, 전투에서 이겼다고 사마천의 《사기》는 전하고 있다.

1904년 러·일 전쟁의 해전에서 러시아의 발틱함대를 물리친 일본의 도고헤이하찌로 제독은 전투에 나가기 전에 우리의 이순신 장군에게 무릎 꿇고 무운武運을 빌었으며, 기적처럼 러시아를 이겼다고 한다.

"장군은 영국의 넬슨 제독이나 조선의 이순신 장군과 같은 해전의 영웅이십니다."

누군가 이렇게 말하자, 도고헤이하찌로 제독은 이렇게 대답했다고 한다.

"저를 넬슨 제독과 견주는 것은 가능할지 모르지만, 조선의 이순신 장군과는 견줄 수가 없습니다. 이순신 장군은 군신軍神입니다. 저는 출전을 앞두고 항상 승전하게 해달라고 조선의 이순신 장군에게 간절히 빌었습니다."

안중근 의사가 이토히로부미를 저격하고 감옥살이를 할 때, 담당 간수는 안중근 의사를 몹시도 존경하고 흠모하였다고 한다. 그러다가 안중근 의사가 끝내 옥에서 순국하자, 안중근 의사를 자기 집안의 신神으로 모셔놓고 아들까지 대를 이어 제사를 지냈다고 한다.

어떻게 이런 일이 생겼을까? 치우천황, 이순신 장군, 안중근 의사가 단지 용맹했기 때문에 중국이나 일본 사람들이 조선 사람을 신神으로 모셨을까? 아니다. 그것은 그분들이 갖고 있던 올바른 민족정기가 국경을 넘어서 세상을 감동시켰기 때문이었다. 그리고 그분들의 민족정기를 살린 불멸의 정신과 사상은 바로 우리민족의 고유사상固有思想에서 나온 것이었다.

이 책은 바로 그 불멸의 정신과 고유사상으로 이 땅을 살아 온 한국 선도의 역사 이야기다.

그러나 공자님께서 '술이부작述而不作'이라고 말씀하셨듯이, 이 책 또한 마찬가지다. 필자가 새로 지은 것이 아니라, 전에 있던 것들을, 지금까지 있었던 것들을, 이어 잘 정리한 것이다.

계룡산 국사봉 기슭에서
정 현 축

1. 마고

마고麻姑는 삼신三神으로, 인류의 시원이자 여성 지도자이다. 보통 마고여제, 마고신녀, 마고선녀, 마고신모, 마고성모, 마고할미, 삼신할미, 지모신地母神이라고 부르기도 한다.

마고는 조화력, 교화력, 치화력을 모두 갖추고 백성의 근기에 따라 어느 때는 젊고 매력적인 마고신녀로, 또 어느 때는 마고할미로 나타나서 백성들을 도와주고 이끌어 주었다. 그리하여 고대의 역사 선가서 《부도지》는 마고로부터 그 시작을 하고 있다.

- 마고성麻姑城은 지상에서 가장 높은 성으로, 천부天符를 봉수奉守하여 선천을 계승하였다.
- 마고도 마고성도 모두 음音(율려律呂)에서 나왔다.
- 마고는 짐세朕世에 태어나 희노喜怒의 감정이 없으므로, 선천을 남자로 하고 후천을 여자로 하여, 배우자 없이 단성생식單性生殖으로 궁희穹姫와 소희巢姫를 낳았다.
- 궁희와 소희도 역시 선천과 후천의 정을 받아 혼인하지 아니하고, 두 천인과 두 천녀를 낳았다. 궁희에게서 황궁씨黃穹氏와 청궁씨靑穹氏가, 소희에게서 백소씨白巢氏와 흑소씨黑巢氏가 태어났다.
- 마고가 이들 천인 천녀에게 출산하게 하여 각 쌍이 3남 3녀씩 12명을 낳으니, 이들이 최초의 인간 시조요, 후에 12연방이 되었다.
- 이들 남녀가 서로 혼인하여 몇 대를 지나는 사이에 족속이 점점 불어나니, 식량인 지유地乳가 모자라게 되었다.
- 배고픈 사람들이 포도를 먹으니, 이로 인해 천성을 잃게 되고 무한하

던 수명도 줄어들었다.

　- 이에 대한 책임을 느낀 황궁씨가 마고 앞에서 복본復本을 서약하고 권속을 이끌어 파미르고원의 천산주天山州로 이동하니, 이들이 바로 동이족의 직계 조상이 되었다.

　- 황궁씨가 천산주에서 아들 유인씨에게 명하여 인세人世의 일을 밝히게 하였다.

　《부도지符都誌》가 밝히는 우리민족의 처음 계보는 마고麻姑- 궁희穹姬- 황궁黃穹- 유인有因- 환인桓因- 환웅桓雄- 단군檀君 순으로 이어진다. 즉, 마고문명은 기원전 1만 년 전의 빙하기가 일어나기 이전에 있었던 문명이었다.

　마고의 마는 삼 마麻로서 다양한 뜻을 함축하고 있으며, 고姑는 오래된 여성을 뜻하는 글자이다.

　마麻는 신비의 식물로서 잎과 꽃은 각성제, 진통제, 마취제 등 명상과 의료용으로 사용된다. 이는 마고가 통치자로서의 제사장 역할과 함께 의사 역할도 같이 했음을 뜻한다. 제사장은 반드시 명상을 하는 바, 명상 meditation과 의술medicine은 같은 어원에서 나왔다.

　마의 줄기는 삼베를 짜서 옷을 만들고, 열매는 향신료, 식용유, 약용 등으로 쓰인다. 그러므로 마고는 백성들을 먹이고 입히는 한어미의 역할도 했던 것이다. 또 사람이 죽으면 반드시 필요한 게 마麻였다. 주술적 의식을 행할 때도 필요했고, 시체를 싸는 것도 삼베로서 쌌다. 그러므로 마고는 사람의 탄생부터 임종까지 모든 것을 관장하였다.

　마고의 별은 직녀성이며, 삼베는 베틀로 짠다. 직녀가 베틀에 앉아 씨실과 날실을 엮어 삼베를 짜는 것은 바로 우주에 네트워크를 짜는 상징이었다고 한다.

　일설에는 1만 2천 년 이전의 마고문명 시대에는 직녀성이 북극성의 임무를 수행하여 지구 중력의 회전축을 관장했던 별이었다고 한다. 마고는 또 북두칠성에서는 곰으로 불렸다고 한다. 그래서 큰곰과 작은곰 별자리가 생겼는데, 그로 인해 마고의 자손들이 칠성줄을 잡고 태어난다는 말이 생겼다는 것이다. 곰은 또 한웅과 혼인한 웅녀와 관계가 있으며, 이것이 단군왕검 시대에 가서 '검'으로 변한 것이다.

소도蘇塗 또한 마고와 연관된 문화이다. 솟대에 앉아있는 3마리 새는 오리와 비슷한데, 오리는 바로 마고를 상징하는 새다. 오리 압鴨자를 파자하면 갑甲과 조鳥가 되는데, 갑조甲鳥는 세상에 처음 나온 새가 된다. 그래서 인류의 시원인 마고의 새로 오리가 되었으며, 옛날에 혼일할 때는 길잡이에게 마고의 징표인 오리를 들려 보냈던 것이다.

마고가 음音에서 나왔다는 것은 음陰에서 나왔다는 말도 되는 바, 그래서 동이족의 문화가 음선양후陰先陽後이다. 밤낮, 안팎, 물불, 흑백, 좌우, 강산, 들락날락, 들쑥날쑥 등과 같이 음이 먼저고 양이 나중이다. 남자와 여자도 한자로는 남녀男女라 하나 우리말로는 연놈女男으로 표현한다. 숨도 한자로는 호흡呼吸이라 하나 우리말로는 들이쉬고 내쉬고, 들숨날숨으로 표현한다. 우리민족의 심신 수련법인 국선도 체조와 행공도 왼쪽을 먼저 하고, 오른쪽을 뒤에 한다. 즉 음陰이 먼저 나오고 양陽이 뒤따른다.

이 밖에도 한반도에는 마고 관련 신화와 전설, 설화들이 지금까지도 많이 남아 있다.

제주도에는 마고가 한라산을 베고 누워 한 다리는 서해에, 또 한 다리는 동해에 두고 손으로 땅을 훑어 산하山河를 만들었다고 한다.

지리산과 용인의 석성산은 산신령이 마고라 하고, 양산에도 마고산과 마고산성이 있다.

또 태백산 정상에는 마고탑이라고 부르는 천제단이 있는데, 1991년에 중요 민속자료 제228호로 지정되었다. 이 단이 언제 축조되었는지는 알 수 없으나 《환단고기》에는 '5세 단군 구을丘乙이 임술 원년 태백산에 천제단을 축조하라 명하시고, 사자를 보내 제사하게 하였다'는 기록이 있다.
 《부도지》에도 '제시祭市의 법을 부흥시키기 위해 남태백산에 천부소도를 건설하고 가운데 봉우리에 단壇을 쌓았다.'는 기록이 있다.
 단양에도 역시 석문에 얽힌 마고할미 전설이 있으며, 충주산성은 마고할미가 7일 만에 쌓았다고 전한다. 진주시 금곡면 두문리에도 마고할미 물렛돌이 있다.
 동두천 마차산 정상에 있는 수리바위에도 마고할미 전설이 새겨져 있다. 세상만사를 주재하며 다산多産과 풍요를 베풀어 주던 마고할미가 동두천 마차산 정상의 바위에 앉아 쉬면서 옥비녀와 구슬을 갈고 옷매무시를 고쳤다고 한다. 그래서 산 이름이 갈 마磨 비녀 차釵, 마차산磨釵山이 되었다는 것이다.
 그런가 하면 중국 천진天津도 옛날에는 동이족이 살던 곳이었다. 그런데 그 지역의 옛날 지도인 〈천진부총도天津府總圖〉에 마고성이 나오며, 1461년 발행된《대명일통지大明一統志》3권에는 이렇게 적혀 있다.

 - 한무제가 동쪽으로 순방하다가, 이곳에 이르러 마고께 제사를 올렸다.
   (漢武帝 東巡至此 麻姑故名)

 사실 홍산문명의 홍산여신이나 신라의 원화도 모두 마고의 후예들로서, 하늘에 천제를 지내던 여제사장들이었다.
 우리의 4자 성어에는 마고소양麻姑搔痒과 마고파양麻姑爬痒이 있다. 이는 '마고가 새 발톱처럼 생긴 긴 손톱으로 가려운 데를 긁어주어, 바라던 일이 이루어진다.'는 뜻이다. 그러므로 마고는 인류의 시원부터 지금까지 우리와 함께 하면서, 삶에 희망을 주는 존재라고 할 수 있다.

2. 현묘지도 국선도

우리나라의 대표적인 선도 단체인 국선도는 역사가 상고시대의 천기도인天氣道人(하늘흠도인)으로부터 비롯된다. 청산선사(1936~?)는 1948년에 만난 스승 청운도인(본명 이송운李松雲, 경북 안동 출생)으로부터 국선도의 역사가 9700년이라고 들었다.

이는 우리나라 주체 사학자들의 주장과도 비슷하다. 《조선철학의 류맥》을 지은 하기락 선생은 우리 한민족의 역사가 1만년이라 하였고, 임승국 선생 역시 《한단고기》 주해에서 우리의 역사를 9183년이라고 하였다. 이는 모두 빙하기가 끝난 즈음을 말하는 것이다.

예전에는 1만여 년의 국선도 역사를 말하면, 많은 사람들이 코웃음을 치고 웃었다. 그러나 홍산문명이 발굴된 이후로는 그 누구도 코웃음을 치는 사람이 없어졌다. 홍산문명의 적봉시 천근영자千斤營子에서는 9500년 전 사람의 손으로 가공한 옥도끼 옥월玉鉞이 발굴되었고, 제주도 한장밭 해안가에서도 1만년 이전으로 추정되는 둥근 옥귀고리와 화살촉이 발견되었다.

고운 최치원(857~?) 선생은 신라의 화랑도였던 난랑을 위해서 〈난랑비서〉를 썼는데, 그 요지는 이렇다.

1) 우리나라 고유의 현묘한 도道가 있다.
2) 그것은 풍류도이다.
3) 풍류도의 내력은 《선사仙史》에 자세히 실려 있다.
4) 풍류도는 유·불·도 3교를 포함하고 있다.
5) 풍류도는 모든 중생과 접하여 교화한다.

이 글의 내용에 《선사仙史》의 내력이 모두 함축되어 있다. 상고시대 이래로 한국의 고유사상은 시대에 따라 신선도, 고신도, 선도, 신도, 현묘지도, 천웅도, 국혼도, 벌얼도, 풍류도, 화랑도, 선비도, 붉도, 붉 받는 법, 붉돌법, 국선도 등으로 불리어 왔다. 그러나 어떻게 불리어 왔건 그것은 하나를 의미한다. 마치 우리나라의 땅덩어리가 시대에 따라서 고대한국, 배달국, 고조선, 부여, 진한, 마한, 변한, 낙랑, 가락국, 신라, 고구려, 백제, 발해, 대진국, 고려, 조선, 대한민국 등으로 이름이 바뀌어 온 것과도 같다. 신선사상, 선도사상, 훈사상, 붉사상, 훈붉사상, 광명사상, 풍류정신, 선비정신 등도 모두 이 도道에 들어있는 민족정신과 사상이다.

시대에 따라 이렇듯 이름이 변천되었으나 그 목적은 오직 극치의 체력, 강인한 정신력, 숭고한 덕력을 위해 자신이 직접 행공하고 우주의 정精이 단전丹田에 집적되게 하여 정충기장신명精充氣壯神明 하게 하는 양생지도인 것이다.

본래 고유의 도를 닦는 선인들은 심신이 강건하였으며 성통공완性通功完하여 도성덕립道成德立하고 내성외왕內聖外王을 실천하는 존재들이었다. 고대한국, 배달국, 고조선의 단군시대가 바로 그러한 제정일치祭政一致 시대였으며, 신라의 화랑도와 고구려의 조의선인 역시 종교와 정치를 분리하지 않았다. 그리하여 마침내 신라의 화랑도는 삼국통일이라는 역사적인 대업을 이룩하였던 것이다.

이들은 모두 민족 고유의 도道를 닦은 수행자들이었으며, 예로부터 이 도가 흥왕하면 국가가 번성하고, 이 도가 외래사상에 밀려 쇠퇴하면 나라 역시 쇠약해졌다.

단재 신채호(1880~1936) 선생은 '고유의 도를 닦는 이들은 매양 곳을 따라 현신하여 어진 재상도 되고 충신도 되고 명장도 되나니, 이들은 모두 선인仙人의 도를 닦은 자들이었다.'고 하였다.

이들은 평소에는 심신을 수양하다가, 국가와 민족에 위난이 닥쳤을 때는 단연히 일어나 정치와 군사의 제1선을 담당하여 과감한 행동을 전개하였다. 이러한 우리 민족 고유의 도는 상고시대에는 널리 펼쳐졌던 일상적인 생활의 도이며 생명의 도였다. 그것이 현대에 이르러 다시금 부흥기를 맞이하고 있는 것이다.

이렇듯 우리 민족의 발원과 함께 발전되고 계승되어 온 민족 고유의 도 국선도는 나라의 정수精髓요, 정신의 중심이라 할 수가 있다. 또한 우리 전통문화의 결정체結晶體이며, 수련법 자체에 동양의 철학과 사상이 모두 응집·집결되어 있다.

3. 천기도인

　우리민족 심신수련 단체인 국선도에서는 예로부터 스승과 제자 사이에 역사와 구전도화口傳道話들이 대대로 전승되어 내려오고 있다. 한사상 연구소장이자 건국대학교 학장을 역임했던 김건(1900~1995) 선생은 1970년대 초에 국선도를 조사하러 나왔다가 구전도화를 듣고 비로소 국선도가 우리민족 고유의 정통 선도仙道가 맞다는 것을 아셨다고 한다. 그로부터 96세로 돌아가실 때까지 국선도를 수련하셨는데 '내 밥상 차려주느라고 외출도 못하는 손자며느리에게 미안해서 그만 가야겠다.'며 건강하신 상태에서 능동적으로 육체를 벗으셨다.

　역사학자 토인비는 불후의 저서 《역사의 연구》에서 '신화(도화)는 보편적 진리를 이해하고 표현하는 직관적 형식이며, 달리 표현할 길이 없는 역사적 진실을 전달하는데 필요한 불가피한 형식이며, 결코 경험주의적 방법에 위배되지 않는다.'고 말하고 있다.

　국선도 스승들로부터 구전되어 내려오는 1만여 년 전의 천기도인(하늘흡도인)은 상고시대 한얼나라 백성으로서 백두산 아래 마을의 우두머리셨다고 한다.

　한얼나라는 정월 대보름이 되면 이웃 마을과 돌 던지며 싸우는 석전 민속놀이를 하였다. 석전石戰놀이는 척석擲石놀이, 척석희擲石戲라고도 하는데, 이는 국선도 외공과 마찬가지로 평화시에는 신체 단련과 풍년을 기원하는 희戲로서 기능하다가, 나라에 적군이 쳐들어오면 곧바로 국토를 지키는 싸움의 기능으로 바뀌었다. 그래서 조선시대 태조는 척석놀이를 구경하다가, 그 사람들을 따로 모아서 척석군擲石軍을 조직하기도 하였다.

　국선도 외공 역시 평소에는 학이 춤을 추는 듯 부드럽게 양생법으로 심신을 수양하다가, 위급이 닥쳐오면 즉시 빠르고 강한 호신술이자 호국무술로 변환이 된다. 이처럼 석전놀이도 마찬가지였다.

　천하장사였던 천기도인은 해마다 석전놀이에서 다른 마을을 이겨왔는데, 한 해는 그만 패하고 말았다. 늘 이기기만 했던 천기도인은 패배의 굴욕을 참을 수가 없었다. 그래서 큰 힘을 얻기 위해 집을 나와서 백두산으로 향했다. 밤이 깊어지자 맹수들이 여기저기서 울부짖었으나 천기도인은 무서움도 모르는 듯 계속 산을 오를 뿐이었다. 다시 먼동이 트고 날이 밝아오니, 대나무 지팡이를 옆에 놓고 평평한 바위에 걸터앉아 산 아래를 내려다보았다. 그제서야 상당히 많이 올라와 있음을 알고 긴 숨을 몰아쉬며 이마에 흐르는 땀을 닦았다. 천기도인의 나이 반백이라, 머리에서는 반백발이 아침바람에 흩날리고, 세상살이 삶의 의욕도 다소 가시는 듯 눈을 지그시 감고 있었다. 그러다 천천히 일어나 졸졸 흐르는 개울물로 내려가서 몸을 씻고는 다시 바위로 올라와 고요히 앉았다. 무엇을 생각하는지 눈을 지그시 감고 숨소리도 없는 듯 얼마를 그렇게 앉아 있었다. 그러다가는 고요히 일어나 천천히 그리고 엄숙하게 절을 수삼 차 하고는 다시 고요히 앉아 있다가 때로는 몸이 저려옴인지 여러 가지로 천천히 느리게 몸을 돌려보다가는 다시 또 조용히 앉아 있었다. 그 뒤부터 먹고 자는 것도 다 잊은 듯 밤이 되고 날이 밝아도 움직이지 않더니, 하루는 바위에서 굴러 떨어지고 말았다. 떨어진 채 한참을 그대로 있다가 천천히 개울로 기어가 개울물을 마시고는, 다시 손을 뻗치어 잡히는 대로 풀을 뜯어 먹었다. 그리고 다시 바위로 천천히 올라와 몸을 얼마간 돌려보고는 절을 하고 다시 눈을 지그시 감고 숨소리도 내지 않으며 그저 고요히 앉아만 있다. 지나가는 사람도 없고 노인이 누구인지도 알 수 없이 세월은 물결처럼 흘러가고 노인은 반복되는 일만 계속하고 있을 뿐이었다. 봄이 가고 여름이 지나고 낙엽이 지고 살점을 에이는 눈보라 휘몰아치는 겨울이 와도 노인은 추위도 피할 생각 없이 앉아 있었다. 어느 때는 산짐승이 가까이 다가오기도 하며, 어느 때는 눈앞에 커다란 구렁이가 입을 벌리고 몸을 감는 듯도 하고, 맹수가 입을 벌리고 으르렁대며 곧 잡아먹을 듯이 달려들어도 노인은 움직이지 않았다. 더위도 추위도, 슬픔도 기쁨도, 두려움도 죽음도 다 잊은 듯이 마치 돌로 만든 사람처럼 앉아 있을 뿐이었다. 이렇게 하는 동안 겨울이 가고 다시 봄·여름·가을·겨울 사철이 바뀌어도 노인은 개울에 가 물을 마시고 풀을 뜯어 먹고, 다시 바위로 와서 천천히 몸을 고루고루 움직여주고는 다시 절을 하고 고요히 앉아 있을 뿐이니, 모든 것을 체념한 것 같았다. 이렇게 숱한 세월이 흐르는 동안 노인의 눈에는 물방울이 생겼다가는 사라지고, 또 생겼다가는 사라지니, 이는 기쁨의 눈물인가, 슬픔의 눈물인가? 이 세상 아무도 알 수 없는 무거운 순간의 눈물이었다. 사람으로서 견디기 어려운 깊은 산중에서 홀로 외로이 늙어가는 자신의 한탄일까? 마지막 죽어가는 삶의 애착일까? 그야말로 눈 뜨고 볼 수 없는 모습이었다. 이렇게 숱한 세월이 흘러간 어느 날 노인의 눈앞에 오색구름이 영롱한 빛을 받으며 눈앞이 훤히 밝아오니 마침내 '붉'이 들어온 것이었다. 몸속에서는 이루 헤아릴 수 없는 돈(힘)이 용솟음치고, 숨(마음)은 맑고 고요하며, 긋(영감)은 세상 만물의 이치를 밝게 훤히 알아지니, 한 방울의 뜨거운 고마움의 눈물이 흐르면서 천천히 일어나 붉에 무수한 절을 하니, 이 기쁨을 어찌 말로서 다 나타낼 수 있단 말인가! 노인은 절하는 것을 잠시 멈추고 꿇어앉더니 "하늘의 밝이시여, 감사하옵니다. 하오나 저 수많은 사람과 모든 삼라만상이 '밝음'을 모두 듬뿍 받아 밝은 세상에서 함께 살게 하옵소서!(홍익인간 이화세계)" 노인은 이같이 빌고나서 다시 하늘과 붉에 무수히 절을 하니, 산짐승과 풀과 나무도 기뻐하였다. 노인은 얼마간 절을 하다가는 고요히 일어나 천천히 산 아래를 향하여 내려오고 있으니, 백두산의 모든 것이 작별을 슬퍼하는 듯 다시 고요만이 감돌고, 이름 모를 새들이 지저귀는 소리와 흰구름이 노인의 머리 위로 지나갈 뿐이었다. 때는 늦은 여름이라 더위는 마지막 기승을 부리며 내려쪼이는데, 노인은 더위도 잊은 지 오래고, 땀도 날 것이 없는지 땀도 흘리지 않고, 몸은 나는 듯이 가벼웠다.(육체적인 체득) 마음은 항상 기쁘고 고요할 뿐이다. 노인은 얼마를 내려오다가 개울가 바위에 걸터앉아 잠시 쉬면서 지난 일을 생각할 때 참으로 자기가 어리석었음도 깨달았다.(정신적인 체득) 그것은 다름아닌 이웃 동네와의 석전놀이에서 매년 이겼으나 한번 패배를 맛보고는 그 치욕을 참을 수가 없어서 막강한 힘을 얻고저 백두산에 오르게 된 일이었다. 그러나 이제 와서 생각하니 모두가 우스운 일임을 스스로 깨달은 것이었다. 그리고 혼자 웃었다. 그 웃음은 티 없이 맑고 고운 스스로의 웃음이었다. 이때 백척간두 진일보로 천기도인은 선동仙童의 안내를 받게 되고, 선경仙境에서 더 큰 깨달음을 얻어 고향으로 돌아오니, 세월은 그동안 100년이 지나 있었고, 2세대가 바뀌어 있었다. 어찌된 일인지 그동안 흉년이 거듭되어 백성들은 굶주리고 있었고, 민심은 사납고, 나라의 정사는 어지러워져 있었다. 사람들의 마음은 어리석어졌으며, 각종 미신들이 판을 치고, 오랑캐와 왜적은 날마다 침범하여 선량한 백성들을 괴롭히고 있었다. 천기도인은 증손자가 되는 소선도사를 천자天子로 올려놓아 다시 올바른 정사를 펴게 하고, 자기는 평화로운 마음으로 다시 산으로 향하였다. 백두산에 돌아오니 모든 산천초목과 짐승들이 천기도인을 반겨주었다.

-《밝 받는 법》참조.

중국 후한 말기의 학자 채옹蔡邕(132~192)은 그의 저서《독단獨斷》에서 우리민족의 천손사상을 다음과 같이 정확하게 묘사하고 있다.

- 천자天子의 호칭은 동이東夷에서 시작되었다. 하늘을 아버지로, 땅을 어머니로 하여 태어났기 때문에 천자라고 한 것이다. (天子之號稱 始於東夷 父天母地 故曰天子)

4. 환인, 환웅, 단군

　환인桓因, 환웅桓雄, 단군檀君, 거서간居西干, 차차웅次次雄, 이사금尼斯今, 마립간麻立干, 한汗, 선우單于, 임금(君), 왕王, 황제皇帝, 대통령大統領 등은 시대에 따라 붙여졌던 한 나라의 최고 통치자의 직위명이다. 그중에서도 환인, 환웅, 단군은 우리나라 상고上古 제정일치祭政一致 시대의 통치자 겸 제사장에게 붙여졌던 최고 직위요, 직책명이었다.
　환인, 환웅, 단군은 또 천제天帝라고도 하는 바, 이는 우리민족이 천손민족으로서 떼려야 뗄 수 없는 하늘과의 상관관계 때문이었다. 이는 하늘을 섬기는 경천사상敬天思想, 칠성신앙七星神仰, 제천행사祭天行事 등에도 잘 나타나 있다. 사람의 정수리를 천정天井이라고 하는 것과 사람이 사는 방마다 천정天井이 있는 것 또한 하늘과 늘 연결되어 있고자 하는 통로의 의미가 있다. 사람이 머리통, 몸통, 다리통으로 구성되어 있는 것 또한 하늘과 땅을 연결하는 통로라고 볼 수 있다.
　옛날에 우리민족의 장가 간 남성들은 모두 정수리에 상투(상두上斗)를 틀었다. 그런데 상투의 두斗자는 바로 북두칠성北斗七星을 의미하는 말이며, 북두칠성의 기운 줄이 잘 내려오도록 포커스 역할을 한 것이 바로 상투라는 것이다. 그런데 놀랍게도 상투를 고정하는 장신구인 옥고玉固가 홍산문명의 돌무지무덤에서 발견되었다. 돌무지무덤은 바로 우리민족의 전통 묘제였다.
　하늘과 관계된 우리민족의 문화는 윷판에도 잘 나타나 있다. 윷판은 북극성과 28수宿의 별자리를 표현한 것으로서, 상고시대 선사인들이 바위에 새겨놓은 북두칠성과 윷판(북극성+28수)은 지금도 한반도 전역과 만주 등지에서 발견되고 있다. 그리고 임종 후에는 하늘로 돌아가는 길을 잘 안내

받기 위해 북두칠성판 위에 시신을 모시는데, 이는 천손이라 믿어온 우리 민족 고유의 독특한 관습이자 정신문화라고 할 수 있다.

- 고대한국 환인천제 7세(BC7197~BC3897) 3301년

    제1세 환인 안파견安巴堅
    제2세 환인 혁서赫胥
    제3세 환인 고시리古是利
    제4세 환인 주우양朱干襄
    제5세 환인 석제임釋堤壬
    제6세 환인 구을리邱乙利
    제7세 환인 지위리智爲利

- 배달국 환웅천제 18세(BC3898~BC2334) 1565년

    제1세 환웅 거발환居發桓
    제2세 환웅 거불리居弗理
    제3세 환웅 우야고右耶古
    제4세 환웅 모사라慕士羅
    제5세 환웅 태우의太虞儀
    제6세 환웅 다의발多儀發
    제7세 환웅 거련居連
    제8세 환웅 안부련安夫連
    제9세 환웅 양운養雲
    제10세 환웅 갈고葛古
    제11세 환웅 거야발居耶發

제12세 환웅 주무신州武愼
제13세 환웅 사와라斯瓦羅
제14세 환웅 자오지慈烏支
제15세 환웅 치액특蚩額特
제16세 환웅 축다리祝多利
제17세 환웅 혁다세赫多世
제18세 환웅 거불단居弗檀

- 고조선 단군천제 47세(BC2333~BC238) 2096년

제1세 단군 왕검王儉
제2세 단군 부루夫婁
제3세 단군 가륵嘉勒
제4세 단군 오사구烏斯丘
제5세 단군 구을丘乙
제6세 단군 달문達門
제7세 단군 한속翰粟
제8세 단군 우서한于西翰
제9세 단군 아술阿述
제10세 단군 노을魯乙
제11세 단군 도해道奚
제12세 단군 아한阿漢
제13세 단군 흘달屹達
제14세 단군 고불古弗
제15세 단군 벌음伐音
제16세 단군 위나尉那

제17세 단군 여을余乙

제18세 단군 동엄冬奄

제19세 단군 종년縱年

제20세 단군 고홀固忽

제21세 단군 소태蘇台

제22세 단군 색불루索弗婁

제23세 단군 아홀阿忽

제24세 단군 연나延那

제25세 단군 솔나率那

제26세 단군 추로鄒魯

제27세 단군 두밀豆密

제28세 단군 해모奚牟

제29세 단군 마휴麻休

제30세 단군 나휴奈休

제31세 단군 등올登屼

제32세 단군 추밀鄒密

제33세 단군 감물甘勿

제34세 단군 오루문奧婁門

제35세 단군 사벌沙伐

제36세 단군 매륵買勒

제37세 단군 마물麻勿

제38세 단군 다물多勿

제39세 단군 두홀豆忽

제40세 단군 달음達音

제41세 단군 음차音次

제42세 단군 을우지乙于支

제43세 단군 물리勿理

제44세 단군 구물丘勿

제45세 단군 여루余婁

제46세 단군 보을普乙

제47세 단군 고열가高列加

BC238년 고열가 단군으로 고조선 시대가 끝나고, BC239년 해모수의 북부여北扶餘 시대로 넘어간다.

신라시대에 쓰여진 《삼성기三聖紀》에 의하면 고대한국은 천해天海, 즉바이칼호수 동쪽 땅 시베리아 중앙고원인 파미르산에 위치한 남북 5만리 동서 2만리의 12연방국이었다고 한다. 비리국卑離國, 양운국養雲國, 구막한국寇莫汗國, 구다천국句茶川國, 일군국一群國, 우루국虞婁國, 객현한국客賢汗國, 구모액국句牟額國, 매구여국賣句餘國, 사납아국斯納阿國, 선비국鮮卑國, 수밀이국須密爾國이 고대한국의 12연방국이다.

고구려 〈광개토대왕비문〉에도 객현한국, 구모액국, 매구여국으로 추정되는 글자들이 나오는데 객현한客賢韓, 구모객두句牟客頭, 구모성句牟城, 매구곡買溝谷 등이 그것들이다. 매구곡은 구다천국句茶川國으로 추정되는 구다국句茶國과 함께 《삼국사기》〈고구려본기〉 대무신왕 편에도 등장한다.

중국 정사인 《진서晉書》와 《사이전四夷傳》에도 비리국, 양운국, 구막한국, 일군국, 우루국을 언급하였는데, 우루국은 숙신국과 동일한 곳으로 취급하였다.

- 비리국은 숙신국에서 서북쪽으로 말을 타고 200일을 간다. (裨離國在肅愼氏國西北 馬行二百日)
- 양운국은 비리국에서 말을 타고 50일을 간다. (養雲國去裨離馬行又五十日)

- 구막한국은 양운국으로부터 100일을 더 간다. (寇莫汗國去養雲國又百日)
- 일군국은 구막한국으로부터 말을 타고 150일을 간다. (一群國去寇莫汗國又百五十日)

《당서唐書》〈북적전北狄傳〉에도 우루국의 이름이 보이며, 《진서晉書》〈숙신씨전〉에는 다음과 같이 기록되어 있다.

- 숙신씨는 일명 읍루라고도 한다. 불함산의 북쪽에 있으며, 부여에서 61일을 가는 거리다. 동쪽으로는 바닷가에 닿아 있고, 서쪽으로는 구만한국과 접하였으며, 북쪽으로는 약수에 닿아 있다. 그 땅의 경계는 넓어서 너비가 수천 리나 된다. (晉書 肅愼氏 一名挹婁 在不咸山北 去扶餘可六十日 東濱大海 西接寇漫汗國 北極弱水 廣袤數千里)

조선시대 중기 조여적이 기록한 《청학집》에서 도인 김선자金蟬子는 변지卞沚가 지은 《기수사문록記壽四聞錄》이라는 책을 거론하면서 한국 선도의 도맥이 환인-환웅-단군으로 이어졌다고 말하고 있다. 《기수사문록》은 한국 선도의 계보를 기록한 총서이다.

《고기古記》에 이르기를 환인의 아들 환웅이 홍익인간의 큰 뜻을 품고 널리 세상을 이롭게 하고 싶어 하니, 환인께서 허락하시어 천天·부符·인印 3개를 주어 보냈다. 이에 환웅은 풍백風伯·운사雲師·우사雨師 및 3천 명의 무리를 이끌고 태백산 꼭대기 신단수神檀樹 아래에 신시神市를 열고 국호를 배달국이라고 하였다. 후에 14세 자오지 환웅이신 치우천황께서 청구靑丘를 개척하여 도읍을 옮기시니, 청구 배달국이 되었다. 이때가 바로 청동기 시대였다.

음력 10월 3일에 이르러 하늘이 열리며 《천부경天符經》이 내려오니, 환웅께서 이를 받아 읊으시고, 신지 혁덕이 녹도문鹿圖文으로 받아 적었다.

환웅께서 원주민 웅족의 여인과 혼인하여 아들을 낳으시니 단군왕검이었다. 단군왕검은 아사달에 도읍하고 국호를 조선이라고 하였다. 아사는 아침이고 달은 땅으로서 '아침의 땅'이라는 뜻인데 '조선朝鮮' 역시 같은 뜻이다.

황해도 문화현 구월산 최고봉인 대증산에는 환인·환웅·단군을 모신 삼성당三聖堂이 있었는데, 나라에서 공식적으로 봄·가을 두 차례에 걸쳐 제사를 모셨다. 삼성당은 고조선의 6세 달문 단군이 지었다고도 하고, 마지막 단군인 47세 고열가 단군이 지었다는 설도 있는 것을 보면, 고조선 시대에 지어진 것은 확실한 것 같다. 제기祭器는 모두 금·은으로 마련된 것을 일제가 약탈해 갔다고 한다.

최치원 선생도 《제왕연대력》에서 구월산에 삼성사를 짓고 제사를 지냈다고 한 것을 보면, 신라시대에 이미 삼성당이 구월산에 있었음을 증명하는 것이다. 이것이 고려시대와 조선시대까지도 이어져 나라의 임금께서는 매년 축문과 향을 보내 공식적으로 제사를 모시도록 하였다.

구월산 말고도 묘향산에도 단군사檀君祠 사당이 있었으며, 서울 남산에도 단군 성조를 모시는 국사당이 있었다. 그러나 일제시대에 일본인들이 이를 모두 철폐하고 제기들까지 훔쳐갔다고 한다.

일제는 조선의 뿌리를 모두 말살시키고자 고조선 이전의 역사를 신화로 조작하였고, 삼성당과 단군사 등을 모두 폐사시켰다. 이때 일제에 협력하였던 식민사학의 거두 이병도(1896~1989) 박사는 죽기 3년 전 1986년 10월 9일자 조선일보에 참회의 글을 특별기고 하였다. '단군 및 단군조선을 신화로 규정하고, 한국사 저술에서 제외시키고, 한국 고대사를 대폭 축소한 일본 학자들의 연구는 비판받아야 마땅하다. 단군과 단군조선은 신화가 아니라 실사이다. 역대 왕조의 단군 제사가 일제 때 끊겨버렸다. 이를 다시 올바르게 복원해야 한다.'는 취지의 글이었다.

서울대학교 법대 초대학장을 역임한 상고사 연구가 최태영(1900~2005) 박사는 2000년 1월 3일자 문화일보 특별 대담에서 이렇게 증언하였다.

'내가 젊었을 때만 해도 한국 땅에서 단군을 부정하는 사람은 없었습니다. 실증사학을 내세워 단군을 가상인물로 보기 시작한 것은 이승만 정권 때부터이지요. 그리고 이미 세상을 떠난 친구지만 이병도 박사의 잘못이 크다고 생각합니다. 이 박사는 말년에 건강이 나빴는데, 어느 날 병실에 찾아갔더니 죽기 전에 옳은 소리를 하겠다며 단군을 실존인물로 인정했어요. 그리고 한민족이면 누구나 어린아이 때부터 배웠던 《동몽선습》이나 《세종실록》 등 각 고전에도 단군 기록이 나옵니다. 수백 년 전 기록을 어떻게 믿겠느냐고 할지 모르지만, 역사기록이란 그렇게 만만한 것이 아닙니다. 판소리를 할 때도 그 긴 내용을 한 글자도 바꾸지 않고 소리하지 않습니까? 그러니 역사 기록은 더욱 정확할 수밖에 없는 것이지요.'

사실 단군신화라는 용어는 일제시대에 일본이 조선의 유구한 역사를 말살시키기 위해 악의를 가지고 정책적으로 만들어낸 용어이다. 그러므로 우리가 거기에 속아 넘어가서는 안된다.

555년 음력 2월, 신라의 공격을 받은 백제가 일본에 가서 원군을 요청하였다. 이유는 당시 일본 왕실이 백제에서 건너 간 백제인들이었기 때문이었다. 그때 일본대신이었던 소아경蘇我卿이 이렇게 말하였다.

"옛날에 백제가 고구려로부터 침략을 받았을 때도 사직의 위급이 마치 달걀을 쌓아놓은 것보다도 더했습니다. 그래서 신탁을 구했더니 '나라를 세운 신을 청해 모셔와 가서 구하면 반드시 평화가 올 것이다.'고 나왔습니다. 그래서 신을 청하여 가서 구원하여 사직이 평안해졌습니다. 무릇 나라를 세운 신이란 하늘과 땅이 나뉘어 구분되고 풀과 나무가 말을 할 때 하늘에서 내려와 나라를 세운 신입니다. 지금 백제는 나라를 세운 신을 제사하지 않는다고 들었습니다. 그러나 지금이라도 잘못을 뉘우치고 제사를 받들면 나라가 앞으로 크게 창성할 것입니다. 내 말을 절대 잊지 마십시오. (屈請建邦之神 往救將亡之主 必當國家謐靖 人物又安 由是 請神往救 所以社稷安寧 原夫建邦神者 天地割判之代 草木言語之時 自天降來 造立 國家之神也 頃聞 汝國輟而不祀 方今悛悔前過 修理神宮 奉祭神靈 國可昌 盛 汝當莫忘)"

　여기서 나라를 세운 신이란 환웅桓雄을 말함이다. 개천절開天節의 주인공도 환웅이요, 홍익인간弘益人間의 주인공도 환웅이요, 천부경天符經의 주인공도 환웅이시다. 환웅께서 우리의 국조國祖인 것이다. 그러므로 환웅의 자손인 단군을 우리의 국조라 함은 시정되어야 할 사항이다.

　환웅께서는 이미 그 옛날에 널리 세상을 이롭게 하라는 '홍익인간'을 표명하신 바, 우리의 DNA에는 조상 대대로 전해 내려온 넓고 큰 홍익인간 정신이 깃들어 있다. 이것이 바로 우리가 상속받은 유산이요, 세계를 선도할 저력이자 힘이다.

　예수님께서 사랑을 말씀하신 것이 1세기이다. 부처님께서 자비를 설파하시고, 공자님께서 인仁을 말씀하신 것이 다같이 BC6세기경이다.

　그런데 우리의 환웅천황께서는 이미 2천년 이상 앞선 BC27세기경에 '널리 삼라만상을 이롭게 하는 인간이 되라.'는 홍익인간 정신을 종지宗指로 삼으셨던 것이다. 이 아니 놀라운가!

5. 서 자

《삼국유사》는 《고기古記》를 인용하여 '옛날에 환국桓國이 있었다. 서자 환웅이 천하에 뜻을 두어 인간세상을 구하고자 하였다. (古記云 昔有桓國 也, 庶子桓雄 數意天下貪求人世)'고 기록하였다.

그리하여 일부 사람들은 조선시대에 첩의 자식을 일러 서자라고 한 것에 중독되어, 환웅을 환인의 첩의 자식으로 잘못 오인하고 있다. 그러나 여기에는 교묘한 속임수가 작용한 바, 식민사학자들이 환국桓國을 환인桓因으로 번역해 놓아서 마치 환인의 서자 환웅으로 보이게 눈속임을 해놓았기 때문이었다. 그리고 이런 의도적인 오역을 초·중학교 교과서에 버젓이 올려서 어린 학생들의 자존감을 은연중 떨어지도록 유도하였다.

그러나 상고시대는 모계사회였으므로, 조선시대와 같은 그런 서자 개념이 없었다. 전해 내려오는 문헌의 기록들을 보면 '서자庶子'는 동궁東宮에 속해 태자의 교육을 맡아보던 정4품 벼슬의 직책명이었다.

시대에 따라서 서자庶子 또는 좌서자左庶子, 중서자中庶子, 우서자右庶子라고 표현하였으며, 통칭하여 '서자'라고 하였다. 어떤 때는 서자와 중서자를 둔 때도 있었고, 어떤 때는 좌우 서자를 두던 때도 있었다.

- 신라시대의 고운 최치원 선생이 당나라에 있을 때 서자직에 있던 배졸이라는 인물과 편지를 주고받은 내용이 《계원필경》 제19권 〈잡서雜書〉 '**배졸 서자에게 답한 글(答裴拙庶子書)**'이라는 제목으로 실려 있다.

- 고려 문종 22년(1068) 동궁東宮에 속한 정4품 벼슬로 **좌우 서자**를 두고 태자의 교육을 맡아보게 하였다.

- 세종 18년 집현전 상소 중에

'본전 관원 32인은 인원이 너무 많아 폐단이 없지 않으며, 또 이제는 훈의訓義도 마쳤으니 20인으로 줄여도 좋겠습니다. 《성리대전》의 찬수관 중에는 우춘방 **우서자右庶子**로 한림원 시강을 겸한 자도 있고 (중략) 두 곳에 나누어서 출근시켰다가, 그 중에 사고가 있거든 서로 돌려가면서 소임을 바꾸는 것이 좋겠습니다.'

- 세종 24년 사간원 상소 중에

'춘방은 6국을 거느리고 **서자**의 직무를 보좌하여 시종을 관장하며 예의를 찬상하고 계주의 시비를 변정하였습니다.'
'서연의 보덕은 관품이 3품으로서 당나라의 첨사와 비슷한 것이며, 필선은 관품이 4품이어서 **좌우 서자**와 같은 것입니다.'

- 《동문선》 제35권에는 '이인실의 대필로 대사성 겸 직문하성 충태자 **좌서자**를 사례하는 표(代李仁實謝大司成兼直門下省**充太子左庶子表**)'가 실려 있다.

- 퇴계 이황의 《심경후론心經後論》에 '유건劉健은 명나라 효종 때의 인물로 홍치 원년에 **좌서자**가 되었다.'는 기록이 있다.

- 《상촌선생집》 서문 〈신상국상촌고의서申相國象村稿敍〉에 '인조 8년(1630) 6월 초하루 한림원 서길사 좌춘방 장방사 **좌서자** 겸 시독학사 강우 연급 강왈광은 머리를 조아리고 삼가 찬하다.'는 글이 실려 있다.

- 《다산시문집》 제12권에 '동월董越은 명나라 영도寧都 사람으로 효종제 때 **우서자**가 되어 조선에 사신으로 왔다.'는 기록이 있다.

- 《상변통고》 제4권에는 《황명계운록皇明啓運錄》을 인용하여 '황제가 정제鄭濟를 **좌서자**로 삼았다.(上以鄭濟爲左庶子)'는 내용이 있다.

- 《자치통감資治通鑑》 제237권에 '어사중승御史中丞으로 있던 당나라의 노탄盧坦이 간언을 하다가 동궁 태자의 속관인 **우서자**로 강등되었다. 당시 어사중승은 어사들의 탄핵하는 일을 관장하고 형사사건을 심리하는 등의 일을 하였다.'는 기록이 있다.

- 《무명자집》 제13책 〈협리한화峽裏閒話〉
"우승유는 시사를 직언하다가 쫓겨났고, 양오릉은 직언을 받아들였다 하여 폄적되었으며, 노탄은 직무를 행했다 하여 **서자**로 폐출되었습니다. 이들은 모두 명망이 있는 사람들로, 천하 사람들이 그들의 진퇴를 보고 시대의 좋고 나쁨을 살핍니다. 그런데 하루아침에 죄도 없이 모두 멀리 내치시니, 상하가 입을 다물고 민심이 흉흉합니다. 이런 사실을 폐하께서도 아십니까? 그리고 이미 조령을 내려 직언하고 간언하는 선비를 구하셨기 때문에 그들이 이처럼 대답했던 것이니, 설령 그 의견을 시행하지는 못할망정 어찌 그들을 배척하여 벌을 주신단 말입니까?"

이처럼 태자의 교육담당관 정4품 벼슬을 '서자'라 한 것은 고려나 조선뿐만 아니라 중국에서도 명나라, 당나라, 수나라, 위진남북조 시대를 거쳐 진晉나라까지도 거슬러 올라간다.

'서자'란 이와 같이 직책명일 수도 있고, 아니면 여러 서庶, 즉 여러 아들 중 한 아들이라는 말이 될 수도 있다. 아무튼 분명한 사실은 모계사회였던 상고시대의 특성상 첩의 자식이란 뜻은 아니라는 것이다.

본래의 위상이 오늘날에 와서 많이 격하되고 변질된 것은 서자庶子 외에도 무당巫堂, 처사處士 등이 더 있다. 무당도 지금은 많이 격하되었지만 본래는 하늘과 이어진 신인神人을 지칭하는 말로서, 단군이 곧 무당이었다. 그리고 무巫자는 홍익인간 정신이 그대로 드러나는 글자이다. 위의 가로선(-)은 하늘을 가리키는 것이고, 아래 가로선(_)은 땅을 가리키는 것이다. 가운데 기둥(l)은 신인神人을 가리키는 것이고, 양 옆의 사람들(人人)은 사람을 포함한 삼라만상을 가리키는 것이다. 즉 신인이 하늘과 땅을 통해서 삼라만상에게 이로움을 주는 것을 뜻하는 글자가 바로 무巫자인 것이다.

처사도 지금은 절에서 머슴 일을 하는 남자나 남자신도의 호칭으로 사용되고 있지만, 16세기 조선시대까지만 해도 그렇지가 않았다. 처사라는 호칭은 화담 서경덕이나 남명 조식처럼 관직에 나가지 않고 고고탁절하게 선비의 지절을 올곧이 지킨 사람만이 쓸 수 있는 호칭이었다. 그래서 퇴계 이황이 처사라는 호칭을 썼을 때 남명 조식이 정면으로 반박하였다.

"관직에 있었던 사람이 어떻게 처사 호칭을 쓸 수 있는가?"

남명 조식은 '처사處士'를 최고의 영광으로 알고 있었다. 그래서 72세로 임종에 이르렀을 때도 수제자이자 맏손녀사위인 김우옹이 "선생님께서 돌아가시면 무슨 호칭을 써야 합니까?"하고 묻자 "처사로 부르는 것이 옳다. 이는 내 평생의 뜻이었다."고 대답하였다.

이처럼 남명 조식은 평생 동안 처사라는 호칭에 어긋나지 않게 몸과 마음을 갈고 닦았으며, 목숨을 내걸고 잘못된 국정을 비판하였다. 그래서 훗날 율곡 이이도 이렇게 평하였다.

'이른바 처사로서 끝까지 그 지절을 올곧이 지키시고, 벽립천인壁立天人의 기상氣象을 세우신 분은 오로지 남명선생 뿐이시다.'

6. 홍산여신

1908년 발견되고 1984년부터 발굴 작업에 들어간 만주일대의 홍산문명에서는 동이족의 새로운 신석기 문명이 무더기로 출토되었다. 적석총, 석관묘, 반월형 청동검 그리고 여러 모양의 옥기들이 발견된 것이다. 이는 중국의 황하문명보다도 1천 년 이상 앞선 동이족의 문명이었다.

그 중에서도 1984년 10월 31일 발굴한 홍산문명의 우하량에서는 선도 유적들이 대거 발굴되었으니, 바로 BC3500년 이전의 수도하는 여성의 형상과 하늘에 천제를 올리던 천제단이었다.

이곳 우하량 유적지에서는 반경 50km 안에서는 주거지의 흔적이 전혀 보이지 않았고, 단지 단壇·묘廟·총塚 삼위일체 유적만이 발견되었다. 이로 보아서 우하량은 당시 신성한 장소로만 사용되었던 것으로 추측되고 있다.

천제단은 3단의 원형제단과 방형제단으로 되어 있으니, 여기에 제사장이 함께 하면 정확히 천지인(○□△) 3합이 이루어진다. 또 방형제단은 측면에서 보면 바로 삼각형(△)이니, 역시 천지인(○□△) 3합을 이룬다. 그러므로 천제단은 우리의 삼원사상과 천天·지地·인人 사상으로 설계되고 건축되었음을 알 수 있다.

감실 벽은 기하학적 무늬로 이루어졌으며, 주실 안에는 붉은 흙으로 빚어진 수도하는 여성이 가부좌 명상자세로 반듯하게 앉아 있었다. 청옥을 박은 눈동자는 빛났으며, 가슴은 볼록하게 나와 있고, 양 손은 단정하게 포개 단전에 얹어놓고 있었다. 비록 황토 흙으로 빚어진 여성이지만, 단아한 절도의 분위기가 배어나오고 있었다. 학계에서는 이 여성 수도자의 형상을 '홍산여신'이라고 명명하였다.

홍산여신은 실물 크기, 실물의 2배 크기, 실물의 3배 크기로 각각 3기가 발견되었으며, 옆에는 역시 실물 크기의 곰과 새가 함께 있었다. 곰은 흙으로 빚은 발과 실제 곰의 턱뼈가 함께 발견되었다.

곰은 우리의 단군사상에서 보이는 것처럼 동이족의 토템사상이며, 새 역시 우리의 솟대에서 보이는 것처럼 인간을 하늘과 연결시켜 주는 역할을 하는 것으로 믿었던 동이족의 전통이다.

여성 수도자의 형상이 발견된 곳은 십자형 모양의 감실 중앙 한가운데에서 발견되었는데, 그 발견된 위치만 보더라도 그 존재의 중요성이나 무게감을 충분히 알아차릴 수가 있다.

이 우하량 유적지는 BC3500년 전, 즉 지금으로부터 6천여 년 된 유물들이다. 그렇다면 단군시대를 넘어 환웅 배달국 시대의 유물로 볼 수 있으며, 환웅의 배필로서 단군을 낳은 웅녀는 바로 웅족의 여성 수도자였을 것이다. 그녀가 하늘에 기도를 한 점이나, 동굴 속에서 쑥과 마늘만을 먹으며 시험을 치른 장면들이 바로 그렇다. 쑥과 마늘은 바로 정화와 인고의 과정이었으며, 또한 수도자로서 거쳐야 하는 벽곡辟穀 과정이기도 하였다.

우하량 유물에서 보이는 여성 수도자는 바로 하늘에 제사를 올리던 제사장이었을 것이다. 옛 글을 보면 이 세상은 음양으로 이루어져 있어, 양인 하늘은 음을 좋아하여 여성이 제사를 올려야 좋아하며, 음인 땅은 양을 좋아하여 남성이 제사를 올려야 좋아한다고 하였다. 그리하여 옛날에는 여성이 제주祭主로서 하늘에 천제를 올렸다고 한다.

이는 고대 모계사회의 전통으로서도 합당한 일이다. 하늘의 기호는 둘째치고라도, 고대사회의 부족을 이끄는 리더로서 여성은 당연히 하늘에 제사를 올렸을 것이다. 그리고 이는 면면히 전승되어 신라시대 화랑들의 우두머리였던 원화에게까지 이어졌을 것이다.

실제 제사장묘로 추정되는 우하량의 피라미드 적석총 석관묘 안에서 나온 유골은 여성의 것으로 판명되었다. 부장품으로는 정밀하게 세공된 20

여 개의 옥기들이 같이 나왔는데, 다른 무덤들보다 가장 많은 수의 옥기가 합장된 무덤이었다. 출토된 옥기들은 새, 거북이, 용, 그리고 하늘을 상징하는 용과 땅을 상징하는 곰을 배합시킨 웅룡 모양들을 하고 있었다.

여기서 웅룡은 바로 하늘에서 내려온 환웅과 웅족의 여성인 웅녀의 결합을 상징하는 것이리라. 아무튼 무덤에서 출토된 옥들은 모두 옥玉 예술의 정수를 보여주고 있으며, 후대의 은나라 옥기들과 비슷한 모양들을 하고 있었다.

홍산문명의 옥기와 은나라 옥기들이 2천여 년의 시간 차이를 두고도 서로 비슷한 모양을 하고 있다는 것은, 그만큼 홍산문명의 옥기들이 충분히 세련되어 있었다는 뜻이 된다. 그리고 우하량의 옥기들이 은나라에 전승되어 영향을 주었다는 증거이기도 하다. 은나라는 바로 동이족이 세운 나라였다.

정신문명이자 용봉문명이자 옥기문명인 홍산문명 우하량 무덤에서 발견된 부장품들은 보통 일반 무덤들에서 보이는 잡곡이나 동전, 그릇들은 전혀 보이지 않았다. 단지 많은 수의 옥기들만이 발견되었다. 이는 무덤의 주인공이 일상생활을 한 인물이 아니라, 신성한 역할을 담당했던 성스러운 인물이었음을 미루어 짐작할 수 있다.

옥玉은 불멸을 약속하는 신비한 힘의 상징으로서, 옛날에는 옥으로 신을 섬겼다고 한다. 그러므로 무덤 안에 있는 옥들은 바로 신물神物로서 쓰였던 것이다. 여러 옥기들 중에서도 가장 많은 것이 웅룡熊龍인데, 이는 홍산문명이 바로 곰 토템족임과 동시에 환웅시대의 문명임을 말해주는 것이다.

그리고 적석총은 돌을 쌓아서 만든 돌무지무덤으로서, 만주 길림성 연길시에 보이는 고구려 유적지의 적석총과 똑같다. 이러한 적석총이나 석관묘는 우리 동이족의 장례문화였으며, 한족漢族은 주로 토광묘나 목관묘를 이용한다고 한다.

홍산문명 유적 중 가장 큰 피라미드 적석총은 가로 세로가 무려 60m × 60m에 달한다. 이 고분은 아직 미발굴 상태인데, 길림성 연길시에 있는 30m × 30m의 고구려 장군총과 모양은 똑같으며 크기는 딱 2배이다.

만주 길림성 연길시에 있는 유적들은 고구려가 가장 강성하게 활약하고 있을 때의 유적들이다. 그런데 홍산문명은 그 크기나 규모에 있어서 연길시에 있는 고구려 유적보다 2배에 달하니, BC3500년 전에 동이족이 홍산에서 이룬 문명이 어느 정도였는지 가히 짐작이 가고도 남는다. 그러나 안타깝게도 지금은 중국이 이 우하량 유적지를 모두 덮어서 공개를 금지하고 있다.

소설가 김동인 선생이 1933년에 발표한 《붉은 산》은 만주를 무대로 한 민족소설이다. 중국 길림성의 한 촌락에 한민족韓民族의 가난한 소작인들이 모여 살았는데, 이들은 경제적으로 열악한 지식인들이었다. 하루는 송첨지라는 노인이 소작료를 적게 내서 지주에게 얻어맞아 죽었다. 그러자 마을 사람들은 모두 분노했으나 감히 지주에게 항의를 하지는 못하였다. 그런데 마을에서 망나니짓을 일삼던 '삵'이라는 별명을 가진 정익호가 혼자서 지주를 찾아가 따진 것이다. 그러나 지주가 받아줄 리 없었고, 결국 삵은 지주를 때려죽이게 된다. 그리고 자신 또한 그 집 머슴들에게 죽도록 맞고 쓰러졌다. 피투성이가 된 채 길바닥에 버려진 삵이 새벽에야 겨우 마을 사람들에게 발견되어 한 말은 한 마디였다.

"붉은 산과 흰옷이 보고 싶어요…."

죽어가는 삵에게 마을 사람들은 애국가를 불러 주었고, 삵은 애국가를 들으며 운명하였다.

만주 홍산문명은 적봉赤峯시에 있는 붉은 산이라 하여 붙여진 이름이었다. 그러니 홍산紅山, 적봉赤峯, 붉은 산은 다 같은 말이다. 삵이 죽어가면서도 그리워한 고향 '붉은 산'은 바로 여기였을까?

7. 천부경

　1916년 9월 9일 평안북도 영변군 묘향산 깊은 계곡의 석벽에서 계연수 桂延壽(1864~1920) 선생은 신지전각神誌篆刻의 《천부경》을 발견하였다. 계연수 선생은 《천부경》의 발견을 '낭가郞家의 경사'라고 하였는데, 낭가란 화랑도를 말함이며, 바로 국선國仙의 도道인 국선도이다.
　《천부경天符經》은 상고시대에 환웅께서 설하시고, 신지神誌 혁덕이 받아 적었다고 전해지고 있다. 내용은 간략하면서도 정밀하여서 사람이 소천지小天地라는 이치를 일목요연하고도 명백하게 밝혀놓고 있다.
　신지의 녹도문자로 되어 있는 《천부경》을 맨 처음 태백산에서 발견한 이는 신라 말기의 대학자이며 도인이었던 고운孤雲 최치원崔致遠(857~?) 선생이었다. 선생은 녹도문자로 되어 있는 《천부경》을 바르게 읽기가 매우 어렵고 힘들었다고 한다. 그러나 대학자요 도인이었던 선생은 그것을 해석하여 한문으로 옮겨 적은 뒤, 묘향산에 각刻을 해두었다. 그리고 이것을 발견한 분이 바로 계연수 선생이었다.
　계연수 선생은 일제시대에 정신적·사상적으로 나라의 독립을 위해 혼신의 힘을 쏟았으나, 끝내 1920년 일본인 첩자에게 피살되고 말았다.
　최치원 선생은 12살 때 당나라에 유학하여 18세에 당나라 과거에 급제한 신라의 천재로, 당나라에서도 그 이름을 드날린 바 있다.
　《고운선생사적》에는 '태백산의 단군전비檀君篆碑에 적혀있는 난해한 단전요의檀典要義를 어렵게 해석했다.'고 나오는데, 태백산에 대해서는 두 가지 학설이 있다.
　한 학설은 태백산이 지금의 백두산을 말하는 것이라 하고, 다른 학설은 현재 중국의 서북지방에 있는 태백산을 말하는 것이라고 한다. 그 이유인즉슨 이렇다.

첫째, 현재 중국의 서북지방은 고조선 시대에 치우천황이 활동했던 동이족의 무대였다.

둘째, 발해 대조영이 전쟁 중에 불타 없어진 《단기고사檀奇古史》를 복원하고 편찬하고자, 친동생 대야발을 시켜 13년에 걸쳐 자료조사와 집필 작업을 하였는데, 대야발이 자료조사차 현지답사를 간 돌궐국에서 옛 단군시대에 세운 비문을 보았다는 기록이 있기 때문이다.

셋째, 그러므로 고운 최치원 선생이 단군전비를 직접 본 것은 당나라에 체류했던 기간일 것이라는 것이다.

아무튼, 신라의 천재 고운 최치원 선생은 이후 조국에 몸을 바치고자 29세에 귀국하였다. 그러나 기득권 세력에 의해 받아들여지지 않자, 산수山水를 벗 삼아 구름처럼 바람처럼 수도생활에만 전념하였다.

《천부경》은 《삼일신고》 《참전계경》과 함께 우리민족 3대 경전인 동시에 국선도의 경전이기도 하다. 계연수 선생은 말하기를 《천부경》 《삼일신고》는 낭가郞家의 경전인데, 유교의 《대학》 《중용》과 같다고 하였다. 낭가郞家란 화랑도를 말하며, 바로 국선國仙의 도道인 국선도이다. 그런데 많은 분들이 이 부분을 이해 못하시는 것 같다.

1) 우리나라 3대 성인인 환인, 환웅, 단군이 왜 국선도의 열조님들인가?
2) 우리민족 3대 경전인 《천부경》 《삼일신고》 《참전계경》이 왜 국선도의 경전인가?
3) 우리민족 건국이념인 '홍익인간 이화세계'가 왜 국선도의 종지宗指인가?

그것은 우리나라 상고시대가 제정일치祭政一致 시대였기 때문이었다. 제정일치 시대에는 도道를 이룬 분이 곧 왕王이 되어 백성들을 이끌었기 때문에, 스승과 왕이 동일하다. 그러므로 우리민족과 국선도는 불이不二이며, 하나인 것이다.

이것은 이렇게 비교를 하면 이해가 쉬울 것 같다. 현재 티벳의 달라이 라마는 옛날 우리나라의 상고시대처럼 제정일치 시대의 군왕이다. 그러므로 종교적으로도 정치적으로도 동일하게 최고 지위를 갖는다. 그리하여 티벳의 역사는 곧 티벳 불교의 역사와 같은 선상에 있는 것이다.

우리나라의 젊은이들이 일정한 나이가 되면 군대에 가듯이, 티벳의 젊은이들은 일정한 나이가 되면, 의무적으로 승려생활을 한다. 그리고 의무 기간이 지나야 자유선택을 할 수 있다. 승려가 되든, 농부가 되든, 사업가가 되든….

이처럼 우리나라의 상고시대에는 국교가 신도神道였으므로, 백성들은 너나 할 것 없이 모두 선도仙道를 닦았다. 신도神道, 신선도神仙道, 신교神教, 선교仙教, 선도仙道는 모두 같은 말이다. 현묘지도, 밝도, 풍류도, 화랑도, 선비도, 모두 다 국선도와 함께 우리나라의 고유사상을 일컫는 말이다. 이것은 마치 우리나라의 땅덩어리는 하나지만 그것이 시대에 따라서 고대한국, 배달국, 고조선, 부여, 삼한, 고구려, 백제, 신라, 고려, 조선, 대한민국 등으로 나라의 이름이 변천되어 온 것과도 같은 것이다.

그렇다면 국선도는 종교인가? 아니다.

요가는 인도 힌두교에서 나왔지만, 요가가 종교는 아니다.

소림권은 중국 불문에서 나왔지만, 소림권이 종교는 아니다.

태극권도 중국 도교에서 나왔지만, 태극권이 종교는 아니다.

이처럼 국선도는 고대 한국의 고신도古神道에서 나왔지만, 종교는 아닌 것이다.

태초에는 국경이 없었다. 태초에 하나에서 시작했듯이 지금 또한 국경이라는 의미가 없어지고, 우주가 하나로 모아지고 있다. 《천부경》에는 이러한 내용들이 이미 모두 함축되어 있는데, 그림으로 표현하면 아래와 같다.

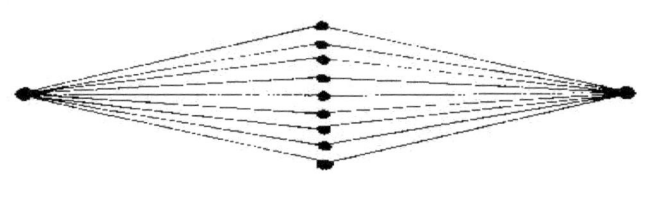

천부도天符圖

이는 바로 사람을 의미하기도 하는데, 일시무시일一始無始一은 사람의 탄생을 의미하며, 일종무종일一終無終一은 사람의 임종을 의미한다.
마지막으로 1916년 계연수 선생이 묘향산 석벽에서 발견하기 이전의 《천부경》이 들어있는 문헌들을 소개하면 다음과 같다.

1) 발해 반안군왕盤安君王 대야발大野勃(?~742)의 《단기고사檀奇古史》본.
2) 통일신라 고운孤雲 최치원崔致遠(857~?)의 《고운선생사적》본.
3) 고려말 5은隱으로 알려진 농은農隱 민안부閔安富(1328~1401)의 《농은집》에서 발견된 갑골문 천부경.
4) 조선시대 일십당一十堂 이맥李陌(1455~1528)의 《태백일사》본.
5) 조선시대 노사蘆沙 기정진奇正鎭(1798~1876)이 기록한 고대한자본.

8. 삼일신고

《삼일신고三一神誥》의 신자는 본래 신神자의 옛 글자인 하느님 신檀자로서, 자전에는 나오지 않는다. 《신교총화神敎總和》의 신자 역시 마찬가지다. 이로 보면 옛날에는 神자보다 더 깊은 의미로서, 하느님 신檀자를 썼던 것 같다.

《삼일신고》는 상고시대에 환웅께서 백성들을 가르치시던 366자로 된 교화경敎化經이다. 그런데 놀라운 것은 수천 년 전의 상고시대 《삼일신고》가 현대에 있어서도 조금도 뒤떨어지지 않는 최상승 수련법이자 명상법이라는 점이다.

지금 세계의 강대국 상류층 인사들은 모두 명상을 한다고 한다. 명상을 하지 않으면 상류층에 낄 수가 없다는 것이다. 그런데 그 옛날 상고시대 우리의 환웅께서는 모든 백성들에게 지감止感·조식調息·금촉禁觸이라는 삼법수행을 가르치셨던 것이다.

오늘날 현대에 있어서도 저 푸른 창공과 허공을 하늘이라고 생각하는 사람들이 얼마나 많은가? 그런데 그 옛날 상고시대의 《삼일신고》는 그것이 아니라고 가르쳐 주시고 있다.

- 저 푸르고 푸른 창공이 하늘이 아니며, 아득하고 아득한 허공이 하늘이 아니니라. 하늘은 모양도 바탕도 없으며, 시작도 끝도 없으며, 상하와 사방도 없으며, 텅 비어 있는 듯하나 있지 아니한 데가 없으며, 둘러싸지 않은 것이 없느니라. (蒼蒼非天 玄玄非天 天無形質 無端倪 無上下四方 虛虛空空 無不在 無不容)

- 하느님은 위 없는 으뜸 자리에 계시면서 대덕大德·대혜大慧·대력大力으로 우주를 만드시고 온 누리를 주관하시면서 만물을 가꾸심에 털끝만 한 것도 빠뜨리심이 없으시나니, 밝고 밝으며 신령하고 신령하시어 감히 그 이름을 헤아릴 수 없느니라. 목소리나 마음으로 찾는다고 하느님을 볼 수 있는 것이 아니니라. 오직 자신의 참된 본성을 구할 때, 그때 하느님은 이미 네 머릿골 속에 내려와 계시니라. (神在無上一位 有大德大慧大力 生天 主無數世界 造烑烑物 纖塵無漏 昭昭靈靈 不敢名量 聲氣願禱 絶親見 自性求子 降在爾腦)

- 오직 본성을 깨닫고 공덕을 완수한 사람만이 하느님을 뵙고 영원한 쾌락을 얻을 수 있느니라. (惟性通功完者 朝永得快樂)

- 사람의 본성에는 선악이 없으며, 맑고 흐림도 없으며, 후하고 박함도 없는 것이니라. 그러므로 오직 참됨으로 돌이킬 때, 그때 마침내 하느님과 하나가 될 수 있느니라. (眞性無善惡 上哲通 眞命無淸濁 中哲知 眞精無厚薄 下哲保 返眞一神)

- 지혜로운 사람은 오직 지감止感·조식調息·금촉禁觸을 한뜻으로 행하면 허망함을 돌이켜 참에 이르나니, 하느님으로부터 큰 기운과 능력을 받아 마침내 공덕을 완수하고 본성을 통하게 되느니라. (哲止感調息禁觸 一意化行 返妄卽眞 發大神機 性通功完是)

이러한 배달국의 《삼일신고》는 고조선 시대에 이르러 단군왕검의 명을 받은 고시高矢가 동해 물가에서 청석靑石을 캐어오고, 신지神誌가 그 돌에 고문古文으로 새겨 후대에 전하였는데, 이 석본石本을 부여扶餘가 소장하였다고 전한다.

후조선에 이르러서 기자箕子가 일토산一土山 사람인 부여의 법학자 왕수긍王受兢을 초빙하여, 박달나무를 다듬어 은문殷文으로 새기게 하여 읽으니, 이것이 단목본檀木本 《삼일신고》로서 위만조선에 전해졌다고 한다.

고구려에 이르러서는 개국공신이자 대학자였던 마의극재사麻衣克材思가 《삼일신고》 독법讀法을 후대에 전하였으니, 그 내용은 이렇다.

- 《삼일신고》를 읽을 때는 몸을 깨끗이 하고, 깨끗한 방에 진리도眞理圖를 벽에 걸고, 의관을 바로 하고, 마늘과 술을 끊으며, 향불을 피우고, 단정히 꿇어앉아 묵도默禱한다. (必讀神誥 先擇淨室 壁眞理圖 盥漱潔身 整衣冠 斷葷酒 燒栴檀香 斂膝跪坐 默禱于)

여기서 벽에 진리도眞理圖를 걸은 것은, 고조선 시대에 신지가 그렸던 녹도문鹿圖文 《삼일신고》로 보인다. 그리고 후조선에 이르러 비로소 기자가 은문인 갑골문 《삼일신고》를 제작하였던 것이다. 그러므로 고구려 초까지만 해도 석본石本과 단목본檀木本이 모두 전래되었던 것을 알 수 있다. 그러나 발해를 건국한 대조영에 의하면 이 두 본本이 모두 전란을 겪으면서 소실되고 말았다고 증언하고 있다.

발해 태조 대조영(재위699~719)은 고구려 장군 시절에 읽었던 《삼일신고》에 직접 찬贊을 짓고, 아우 대야발에게 서문을 짓게 하고, 개국공신이자 대학자인 임아상任雅相에게 주석을 달게 하였다. 그리고 그것을 영보각靈寶閣에 간직하여 후대에 전하였다.

《삼일신고》 예찬

1.
높고 높은 저 한밝뫼여　　　　　巍彼長白
하늘 복판에 우뚝 솟았네　　　　巖巖蒼穹
안개구름 자욱함이여　　　　　　霧䨲霞䨻
일만 산악의 조종이로다.　　　　萬嶽祖宗

한배검 하늘에서 내려오시니	維帝神降
신령한 신단수 보궁이라네	靈檀寶宮
나라를 세우고 교화를 펴사	建極垂敎
온 누리를 싸고 덮었네.	覆幬寰中
한배검 내리신 보배로운 말씀	帝演寶誥
자자이 줄줄이 눈부심이여!	簫篆珊璘
큰 길은 오직 한배검 길이니	大道眞倧
우리도 화하여 오르리로다.	邁化超神
삼일의 진리 닦아 나가면	卽三卽一
가닥을 돌이켜 참에 이르니	返妄歸眞
항상 밝고 항상 즐거워	恒照恒樂
온갖 것 모두 다 봄빛이로다.	羣象同春
밝은 선비 임아상에게	爰命矗工
주석 달고 풀이하게 하고	始克箋誥
깊은 뜻 찾고 오묘함 밝히니	探賾闡微
불을 켠 듯이 환해지도다.	昭如剔炷
깨쳐 주시고 건져 주시니	啓覺濟迷
무궁한 진리 퍼져 나가네	無央有部
상서로운 이슬 눈부신 햇빛	祥露彩暾
온 누리에 젖고 쬐도다.	普天涵煦

나는 큰 전통 이어받아　　　　　　　朕承丕緖
밤낮으로 조심하건만　　　　　　　　夙夜戰兢
앞이 가리고 가닥에 잡혀　　　　　　封蔀粘妄
어찌하면 벗어나리오.　　　　　　　曷由超昇

향불 피우고 꿇어 읽으니　　　　　　焄馞跪讀
세 길이 이에 밝아지도다　　　　　　三途乃澄
비옵나니 묵묵히 도우사　　　　　　庶祈默佑
타락하지 않게 해주옵소서.　　　　　勿墜勿崩

2.
이치는 하나마저 없는 데서 일어남이여　理起一無
본체는 만유를 싸안았도다　　　　　體包萬有
텅- 비고 아득할 따름　　　　　　　沖虛曠漠
어디다 비겨 설명하리오.　　　　　　擬議得否

바른 눈으로 보면　　　　　　　　　正眼看來
창문을 연 듯 환하련만　　　　　　　如啓窓牖
어허! 신비한 천지조화야　　　　　　雖然羅機
누가 능히 짝한다 하리.　　　　　　疇能仵偶

지극히 밝은 신령함이여　　　　　　至昭至靈
온갖 조화의 임자시로다　　　　　　萬化之主
굳세고도 튼튼함이여　　　　　　　旣剛而健
슬기와 덕 밝고 크도다.　　　　　　慧炤德溥

온갖 조화 이루시기를　　　　　財成神機
자로써 잰 듯 하시옵건만　　　　如待規矩
음성 모습 없으시오니　　　　　離聲絶氣
한울집 보기 어렵도다.　　　　　不見眞府

구슬 대궐 크고 높으사　　　　　玉殿穹窿
상서로운 빛이 번쩍이도다　　　寶先煜煜
착한 이 덕 있는 이　　　　　　　惟善惟德
그라사 오르고 들어가리라.　　　方陞方入

거룩하신 한얼님 양 옆에　　　　至尊左右
모든 신령들 모시었나니　　　　百靈扈立
같이 노닐고 즐기심이여　　　　遊戲娛樂
배달의 이슬비 내리시도다.　　　檀雨霎霅

만들어 돌리는 누리의 온갖 것　陶輪世界
별 짜이듯 가로 세로 이어졌나니　星絡轇轕
참 이치 하나에서 일어남이여　依眞而起
바다의 물거품 뿜음 같도다.　　　如海噴沫

해 돌아가는 힘을 따라　　　　　太陽線躔
칠백 별들이 따라 도나니　　　　七百回斡
온갖 생명들 번성함이여　　　　羣生芸芸
물불이 부딪는 힘이시로다.　　　水激火擦

50 한국 선도 이야기

하나로부터 셋이 됨이여	自一而三
참과 가달이 나누이도다	眞妄分圖
셋이 모여 하나가 되니	會三之一
헤맴과 깨침 길이 갈리네.	迷悟判途

맘대로 달리면 재앙이 되고	任化之間
한 곳으로 달리면 복이 되나니	殃慶自呼
얽히고설킨 참된 이치는	錯綜至理
오직 하느님의 믿음표로다.	惟神之府

— 천통16년 10월 초하루 발해왕 대조영.

《삼일신고》서문
- 대야발

　신臣이 엎드려 그윽이 듣자옵건대, 뭇 군상은 모습이 있으나 그 주재자는 모습이 없다고 하였습니다. 아무것도 없는 데서 만물을 빚어내어 돌리시고 서로 어우러지게 하는 이가 곧 하느님이요, 그 있음을 빌어 세상에 나고 죽고 좋아하고 괴로워하는 이들이 바로 사람과 만물입니다.(臣竊伏聞 群機有象 眞宰無形 藉其無而陶鈞亭毒 曰天神 假其有而生歿樂苦 曰人物)
　처음 하느님께서 주신 성품은 본디 참과 거짓이 없었으나, 사람이 그것을 받은 뒤에 깨끗함과 더러움이 생기게 되었으니, 그것은 마치 백 군데의 냇물에 하나의 달이 비치고, 같은 비에 젖건마는 만 가지 풀이 다 달리 피어남과도 같습니다. (厥初神錫之性 元無眞妄 自是人受之品 乃有粹駁 譬有百川所涵 孤月同印 一雨所潤 萬卉殊芳)

아, 애닯게도 사람들은 갈수록 사특해지고 어리석어 마침내 어질고 슬기로움과는 거리가 멀어졌습니다. 마음속의 완악한 불길로 서로를 불태워 세상을 불구덩이로 만들어버리고, 서로 다투는 허망한 생각의 티끌로 청정한 마음구멍을 막아버렸습니다. 그로 인해 흥하는 듯 하다가는 망하고, 일어났다가 꺼지는 것이, 마치 아침 햇살에 노는 하루살이와 같아지고, 등불에 날아드는 불나비의 신세를 면치 못하게 되었습니다. 이는 어린 아들이 우물에 빠진 것보다도 더 큰 일이니, 어찌 자비로우신 아버이께서 차마 이것을 바라만 보고 계시겠습니까! (嗟嗟有衆 漸紛邪愚 竟昧仁智 膏火相煎 於世爐 腥塵交蔽於心竅 因之以方榮方枯 旋起旋滅 翻同帶晞之群蜉 未免赴燭之屛蛾 不啻孺子之井淪 寧忍慈父之岸視)

그리하여 무릇 대덕大德·대혜大慧·대력大力을 갖추신 하느님께서 사람 몸으로 화하여 세상에 내려오신 까닭이며, 교화를 펴시고 나라를 세우신 까닭이니이다. (玆蓋大德大慧大力 天祖之所以化身降世 所以開敎建極也)

《삼일신고》는 진실로 가슴 깊이 간직할 가장 높은 참 이치요, 중생들을 밝게 하는 둘도 없는 참 경전이니, 그 깊고 심오한 참된 뜻과 밝고 빛나는 참된 글은 범부의 육안으로 알 수 있는 글이 아닙니다. (若三一神誥者 洵神府寶藏之最上腦珠 化衆成喆之無二眞經 精微邃玄之旨 靈明炳煥之篇 有非肉眼凡衆之所可窺測者也)

우리 임금께서는 본디 하늘을 계승하여 나라 터전을 정하셨으며, 황상의 예복을 입으시고, 하느님 말씀이 적힌 거룩한 《삼일신고》를 받들어 친히 보배로운 예찬의 글을 엮으시니, 오색이 은하수에 나부끼고, 일곱 별 자색 빛은 북극성을 감싸고, 사해바다 물결은 잔잔하며, 모든 나라 백성들이 편안해지니, 아아! 거룩하시나이다. (惟我聖上基下 素以天縱之姿 克紹神界之統 旣奠金甌 乃垂黃裳 爰捧天訓之瓊笈 載緝宸翰之寶贊 五彩騰於雲漢 七曜麗於紫極 于時四海波晏 萬邦民寧 於戱韙哉)

신이 감히 모자라는 학식으로 거룩하신 분부를 받드오나, 재주는 한정되고 진리는 무궁하와, 마음은 있사오나 입으로는 미치지 못하오며, 비록 이 글을 짓기는 하였사오나, 태산에 티끌을 보태고 큰 연못에 이슬을 더함과 다름이 없사옵니다. (臣猥以末學 叨承聖勅 才有限而道無窮 心欲言而口不逮 縱有所述 無異乎塵培喬嶽 露霑巨浸也)

　- 천통17년 3월 3일 반안군왕盤安君王 신臣 야발野勃은 삼가 임금님의 분부를 받들어 서문을 적나이다.

　선대로부터 《삼일신고》를 물려받은 발해의 제3대 문왕은 옛날에 전쟁으로 인해 석본石本과 단목본檀木本이 소실된 것을 생각하며, 항상 잘못되지 않을까 염려하고 두려워하였다고 한다. 그러다가 대흥大興 3년(739) 음력 3월 15일에 영보각靈寶閣에 두었던 《삼일신고》를 태백산 보본단報本壇 돌집 속으로 옮겨, 영원히 없어지지 않도록 비장秘藏 하였다고, 문왕이 기록한 〈삼일신고 봉장기奉藏記〉에는 적혀 있다.

　이것을 백봉도인白峯道人이 백두산에서 10년간 하늘에 도천禱天하고 1900년 즈음에 한배검의 묵시默示를 받아 발견하였다고 한다. 여기서 도천禱天이란 하늘이 감동할 만큼 정성어린 기도를 하는 것이다.

　이것이 1906년 1월 24일 일본에서 귀국하여 서대문 역에서 세종로 방향으로 걸어가던 홍암 나철(1863~1916)에게 전해져, 세상에 다시 교화를 펴게 된 것이다. 이것이 발해 석실본 《삼일신고》이고, 이 외에도 《신사기》 안에 들어있는 《삼일신고》와 천보산 태소암본이 더 있다.

　천보산 태소암본은 고려말 공민왕 때의 행촌杏村 이암李嵒(1297~1364)이 1335년 경기도 양주 천보산 태소암 석굴 안에 감춰져 있던 것을 소전도인素佺道人으로부터 전해 받은 것이라고 한다. 이것을 그의 후손인 일십당一十堂 이맥李陌(1455~1528)이 《태백일사》를 편찬하며 수록하였다.

9. 참전계경

《참전계경》은 《천부경》《삼일신고》와 함께 신시 배달국 시대의 환웅께서 백성들을 가르치시던 3대 경전이었다. 그러나 불행히도 연燕나라의 침략 병화 때 소실 당하고 말았으나, 다행히 고구려의 을파소乙巴素(?~203) 선인에 의해 다시 전하게 되었다.

을파소 선인은 일찍이 평안북도 묘향산맥 가운데 하나인 백운산 깊은 석굴에서 하늘에 기도를 올렸다고 한다. 그러던 중 환웅으로부터 천서天書를 얻게 되었고, 그 천서를 이름하여 《참전계경參佺戒經》이라 한 것이다. '참전參佺'이란 '사람으로서 온전함을 꾀한다'는 뜻이다.

차주환 교수는 '참전參佺'은 '선도仙道'를 의미하는 말로, 참전은 결국 선도를 실천한다는 것이 그 본뜻이라고 하였다. 이렇게 해서 우리민족 3대 경전인 《천부경》《삼일신고》《참전계경》이 비로소 온전하게 다시 갖추어졌으니, 이를 조화경造化經·교화경敎化經·치화경治化經, 즉 삼화경三化經이라고 부른다.

이 중에서 《참전계경》은 8강령을 기본으로 해서 366사로 이루어져 있으며, 을파소 선인께서 친절하게 모두 주서註書를 달아놓으셨다.

머리글 성령聖靈
제1강령 성誠
제2강령 신信
제3강령 애愛
제4강령 제濟

제5강령 화禍
제6강령 복福
제7강령 보報
제8강령 응應

성령聖靈께서 위에 계시사, 인간의 366사事를 주재하시니라. (聖靈在上 主宰人間 三百六十六事)

1) 성誠이란 정성이니, 정성은 마음속 깊은 곳에서 우러나오는 것이며, 바르고 참된 본연의 성품을 지키는 것이다. (誠者 衷心之所發 血性之所守 有六體四十七用)

2) 신信이란 하늘의 섭리에 부합하여, 인간만사를 이루는 것이다. (信者 天理之必合 人事之必成)

3) 애愛란 자비로운 마음에서 자연스레 우러나오는 것이며, 어진 성품의 근본 바탕이 되는 것이다. (愛者 慈心之自然 仁性之本質 有六範四十三圍)

4) 제濟란 덕을 겸비한 착한 마음이니, 도道에 힘입어 남에게 도움이 되도록 하는 것이다. (濟者 德之兼善 道之賴及)

5) 화禍란 악행이 불러들이는 것이다. (禍者 惡之所召)

6) 복福이란 착한 일을 했을 때 찾아오는 경사이다. (福者 善之餘慶)

7) 보報란 하늘이 악한 사람에게는 재앙으로 갚으시며, 착한 사람에게는 복으로 갚는 것이다. (報者 天報惡人以禍 報善人以福)

8) 응應이란 악한 자는 그 보답으로 재앙을 받고, 착한 자는 그 보답으로 복을 받는 것이다. (應者 惡受禍報 善受福報)

이 밖에도 하늘에 대해 여러 주서를 달아 놓으신 것이 눈에 띤다.

- 순천順天이란 정성을 다하여 하늘의 이치에 순응하는 것이다. 세상에

는 하늘의 이치를 알면서도 그에 거스르는 일을 비는 이가 있는가 하면, 어려운 일을 당할 때마다 다급하게 비는 이도 있다. 그러나 이런 기도는 하늘에 닿지 못하며, 응답을 받지 못한다. 만약 응답을 받고자 한다면, 하늘의 이치를 따르고 거스르지 말아야 하며, 조급증을 내지도 말아야 한다. (順天者 順天理而爲誠也 知天理而逆禱者 或有之 難天理而速禱者 亦有之 此皆止感而不受應也 若受應者 順天理而不逆 順天理而不速)

- 응천應天이란 하늘의 이치에 응하여 한결같은 정성을 기르는 것이다. 정성을 들이는 이는 하늘이 어려움과 고통을 주시더라도 그저 감수할 뿐, 정성을 버리는 일이 없어야 한다. 하늘이 복을 주시더라도 그저 송구할 뿐, 정성에 태만이 있어서는 아니된다. 환란이야 정성이 없는 곳에 일어난다지만, 상서로운 복덕이 어찌 정성 없는 곳에 속하겠는가? (應天者 應天理而養誠也 天授患難 甘受而誠不違 天遺吉祥 反懼而誠不怠 歸患難於無誠 屬吉祥於非誠)

- 청천聽天이란 천명天命을 들을 때 오직 정성을 다할 뿐, 감응을 기대하지 않는 것이다. 나의 정성이 지극하지 못하고서, 어찌 하늘의 감응이 있기를 바랄 것인가? 참으로 감응을 원한다면 오직 더욱 더 맑히고 맑히며, 고요하고 고요해서, 마침내는 정성이 어디에 있는지조차 모를 정도가 되어야 한다. (聽天者 聽天命而不以誠待感應也 謂吾之誠 必不至於感矣 有何所應哉 愈久愈淡 愈動愈寂 還不知誠在何邊)

- 낙천樂天이란 하늘의 뜻을 즐거워하는 것이다. 하늘의 뜻은 사람에게 지극히 공평하고 사사로움이 없으시다. 나의 정성이 깊으면 하늘의 감응도 깊고, 나의 정성이 얕으면 하늘의 감응도 얕을 것이다. 그러므로 내 정성이 깊은지 얕은지를 알면, 하늘의 감응이 어떨지를 알 수 있다. 점점 더

정성을 들일수록 점점 더 즐거운 일이 일어난다. (樂天者 樂天之意也 天意於人 至公無私 我之誠 深則天之感深 我之誠 淺則天之感亦淺 自知天感之深淺 知我誠之深淺 故漸誠漸樂也)

- 대천待天이란 하늘에 정성을 다한 후에 반드시 감응이 있을 것을 믿고 기다리는 것이다. 마음 속 깊숙이 하늘의 감응을 기다림이 없다면, 하늘을 믿는 정성도 없는 것이다. 정성도 무한하고 기다림도 무한해야 한다. 그리고 하늘의 응답을 이미 받았더라도, 하늘을 믿는 정성은 지속되어야 한다. (待天者 待天必有感應於至誠之人也 無待天之深 則無信天之誠 待之無限而誠亦無限 雖經感應 自不已信天之誠也)

- 대천戴天이란 머리 위에 하늘을 이고 사는 것이다. 물건이 머리 위에 있다면 아무리 가벼운 것이라도 그 무게를 느낄 수가 있다. 그렇듯 하늘을 머리에 이기를 마치 무거운 물건을 인 것처럼 한다면, 감히 머리를 숙이거나 몸을 굽히지 못할 것이다. 이처럼 바른 자세로 섬기는 정성이라면 능히 하늘을 감응시킬 수 있을 것이다. (戴天者 頭戴天也 有物在頭 毫重可覺 戴天如戴重物 不敢斜頭而縱身 敬戴如此 其誠意能至於感應也)

- 도천禱天이란 하늘이 감동할 만큼 정성어린 기도를 하는 것이다. 기도를 어렵게 여기는 사람은 어렵게 빌고, 쉽게 여기는 사람은 쉽게 빈다. 그러나 기도를 할 줄 아는 사람은 그렇지가 않다. 쉽게 하는 기도는 그 정성이 자기 한 몸도 꿰뚫기 어렵지만, 어렵게 하는 기도는 그 정성이 능히 하늘을 꿰뚫을 것이다. (禱天者 禱于天也 不知禱者 謂難者 難禱 易者 易禱 知禱者 不然 易者 知易禱故 誠不徹己 難者 知難禱故 誠能徹天)

- 시천恃天이란 하늘을 믿고 의지하는 것이다. 정성이 낮은 사람은 하

늘을 의심하고, 보통 사람은 하늘을 믿기는 믿으며, 정성이 많은 사람은 하늘을 믿고 의지한다. 지극한 정성으로 세상을 살아가는 사람은 반드시 하늘이 감싸고 보호하시므로, 자연히 하늘을 의지하게 된다. 그러나 쓸데 없이 험한 일을 행하거나 괴이한 일만을 찾아다니는 사람은, 그런 정성이 어찌 하늘에 가 닿겠는가? (恃依恃也 下誠疑天 中誠信天 大誠恃天 以至誠接世 天必庇佑 自有所依 凡他行險索怪於至誠何)

- 강천講天이란 하늘의 도道를 헤아림이다. 사람의 일이 순조로움은 하늘의 도에 화합함이요, 사람의 일이 막히는 것은 하늘의 도를 거스르기 때문이다. 일의 순조롭고 막히는 이치를 아는 사람은 하늘의 이치를 헤아리고 또 헤아리라. 그리하여 하늘을 두려워할 줄 알고 삼가 조심함을 잊지 않으면, 그 정성은 마침내 하늘을 감응시킬 것이다. (講天者 講天道也 人事順則天道和 人事逆則天道乖 知順知逆 乖之理者 念念講天 恐懼勤愼 不捨於心則誠意乃至感天)

이 밖에도 '수신修身'에 대해서는 이렇게 주서를 달아놓으셨다.
- 육체는 영혼의 집이요, 마음이 몸을 부린다.
　(身靈之居宅也 心之所使也)

지금도 육체를 자기 자신이라고 믿는 사람들이 많은데, 그 옛날에 '육체는 영혼의 집'이라고 갈파하셨으니, 이 얼마나 놀라운가!

10. 발귀리 선인

발귀리發貴理 선인은 신시神市 배달국 시대의 인물로서 자부선인의 선조로 알려져 있다. 또한 태호 복희씨와는 동문수학하며 저渚와 풍산風山 사이에서 노닐었다고 한다. 일설에는 발귀리 선인이 태호 복희씨의 음양, 오행, 팔괘에 영향을 미쳤다고도 한다.

하도河圖, 역법曆法, 음양陰陽, 오행五行, 팔괘八卦를 만든 태호 복희씨가 동이족이라는 사실은 예로부터 많은 학자들이 주창한 학설이거니와 홍산문명이 밝혀진 지금은 중국학자들도 많이 수긍하고 있다. 중국 천수사범대학 철학회 부회장 이건성 교수는 다음과 같이 말하였다.

"복희씨와 그 조상들이 산동성에 살 때, 그 곳 산동성은 동이족이 살던 곳이었습니다. 복희씨 이후에 동이족은 동남쪽으로 이동하였지요."

중국의 역사학자 부사년 선생 역시 이렇게 말하고 있다.

"동이족인 복희씨가 만든 팔괘가 한자漢字의 기본이 되었으니, 한자는 동이문화임이 틀림없습니다."

아무튼 발귀리 선인은 제천단에서 제천의례祭天儀禮를 행하신 후에 일체삼용一體三用의 우주 작용을 노래한 ○□△원방각圓方角의 원리를 시로 읊으셨다고 한다. 천부경이 81글자(9×9)인데 비해 발귀리 선인의 원방각경圓方角經은 100글자(10×10)이다.

〈100글자〉

대일기극시명양기무유大一其極是名良氣無有
이혼허조이묘삼일기체而混虛組而妙三一其體
일삼기용혼묘일환체용一三其用混妙一環體用
무지대허유광시신지상無枝大虛有光是神之像
대기장존시신지화진명大氣長存是神之化眞命
소원만법시생일월지자所源萬法是生日月之子
천신지충이조이선원각天神之衷以照以線圓覺
이능대강우세유만기중而能大降于世有萬其衆
고원자일야무극방자이故圓者一也無極方者二
야반극각자삼야태극부也反極角者三也太極夫

10×10, 딱 100글자이다. 그러나 혹자는 마지막 글자 부夫자가 빠진 99글자라고 하는 이도 있다. 그러나 100글자를 맞추기 위해 일부러 부夫자를 넣은 것인지는 모르겠으되, 해석상으로는 부夫가 없어도 아무런 무리가 없다. 아래는 99글자에 맞춘 것이다.

〈99글자〉

大一其極是名良氣
無有而混虛粗而妙
三一其體一三其用
混妙一環體用無岐
大虛有光是神之像
大氣長存是神之化
眞命所源萬法是生
日月之子天神之衷

以照以線圓覺而能
大降于世有萬其衆
故
圓者一也無極
方者二也反極
角者三也太極

〈해석〉
대일大一은 그 극을 이름하여 양기良氣라 한다.
유무有無가 섞이고, 빈 것과 참이 묘함을 이루어
삼일三一은 그 체體가 되고, 일삼一三은 그 용用이 되어
묘하게 섞여 한 고리를 이루니, 체와 용이 갈라질 수 없도다.
크게 빈 곳에 빛이 있으니, 이것이 신神의 형상이며
큰 기운이 오래 존재하니, 이것이 신의 화化함이라.
참 생명이 나오는 근원으로, 만법이 여기서 나오도다.
일월日月은 아들이며, 천신天神은 속마음이라
길을 따라 비추시니, 깨달음이 무극을 이루어 무한 능력이라.
크게 세상에 이르러, 삼라만상을 이루도다.
그러므로
원圓은 일一이니 무극無極이고
방方은 이二이니 반극反極(음양陰陽)이며
각角은 삼三이니 태극太極이로다.

11. 자부선인

자부선인紫府仙人은 청구 배달국 치우천황 때의 스승으로서 자부진인紫府眞人, 자부선생紫府先生, 광성자廣成子(光成子), 광명왕光明王, 환부제桓夫帝, 동왕공東王公, 동군東君이라고도 불린다.

자부선인은 발귀리 선인의 자손으로 알려져 있으며, 태어나면서부터 신명득도神明得道하여 위로는 천문天文을 통하고, 아래로 지리地理를 살피며, 도덕道德이 고상하였다고 한다. 그래서 예로부터 글 잘 하는 사람을 일컬어 '자부문장'이라고 칭찬하는 말이 생겼다고 한다.

이렇게 당대의 최고 도인이자 대학자였던 자부선인은 해와 달의 운행에 일정한 도수가 있음을 발견하고, 그 운행을 측정하여 정리하였다. 또 오행五行의 수리數理를 연구하여 천체 운행의 법칙을 도표로 그린 《칠정운천도七政運天圖》를 완성하였다. 《칠정운천도》는 칠회제신력七回祭神歷의 책력으로, 칠성력七星歷의 시작이 되었다.

칠성력이란 현대에 우리가 사용하고 있는 일, 월, 화, 수, 목, 금, 토의 7일을 1주일 주기로 하는 역법이다. 오늘날 우리가 즐기는 윷놀이 또한 자부선인께서 만들어서 제자들에게 환역桓易을 강역하던 것이라고 한다.

자부선인은 대풍산大風山 삼청궁三淸宮에 거하시며 많은 인재들을 배출하였다. 그 중에서 세상에 이름을 드날린 인물은 치우천황, 황제헌원, 창힐, 유위자 등이 있다.

이들 중 황제헌원과 창힐은 중화에서 활동하였지만, 본래는 동이족이다. 일설에는 황제헌원이 치우천황의 이복동생이라는 설도 있다.

아무튼 치우천황은 우리가 잘 알고 있듯이 청구靑丘 배달국 제14대 자오지환웅이시며, 황제헌원에 대해서는 중국 진晉나라 사람인 갈홍葛洪

(283~343)이 그의 저서 《포박자抱朴子》에서 이렇게 기록하고 있다.

- 옛날에 황제黃帝가 있었는데, 동東으로 청구靑丘에 이르러 풍산風山에서 자부선생에게 《삼황내문三皇內文》을 받아 만신萬神을 부렸다. (昔黃帝東到靑丘 過風山 見紫府先生 受三皇內文 以劾召萬神)

또 공자의 7대손이자 위魏나라의 재상이었던 공빈孔斌 역시 《동이열전》에서 이렇게 기록하였다.

- 자부선인은 도통한 분이신데, 황제가 그 문하에서 《내황문內皇文》을 받고 염제를 이어 제帝가 되었다. (紫府仙人 有通之學 過人之智 黃帝受內皇文於門下 代炎帝而爲帝)

《삼황내문三皇內文》과 《내황문內皇文》은 같은 말로서 제왕帝王이 되는 도록이며, 신지 혁덕의 녹도문鹿圖文으로 쓰여 있었다고 한다. 천天·지地·인人 3편으로 엮어져 있는데, 황제헌원이 이를 받아가 회계산에 감추었다는 설이 있다.

이능화(1869~1943), 신채호(1880~1936), 두 선생은 이 《삼황내문》을 《진단백민국선경眞檀白民國仙經》이라고 부르기도 하였다.

아무튼 자부선인으로부터 《삼황내문》을 받아간 황제헌원은 팔괘 갑자와 비밀스러운 귀신의 기틀과 천문·지리의 술법을 깨달아 만신을 부렸으며, 염제 신농씨를 이어 황제가 되었다. 그리하여 마침내는 치우천황에게 도전하여 '탁록의 전투'까지 벌이게 되었던 것이다.

중국의 학자 서량지徐亮之 선생은 《중국사전사화》에서 이렇게 기록하고 있다.

- 황제족이 동이 문화를 받았다. (黃帝之族沐浴東夷之化)
- 은殷(상商)은 요동의 동이 땅인 조선에서 일어났다. (殷商乃興於遼東朝鮮的東夷之地)

이것은 바로 우리의 선도仙道 문화가 중국으로 건너갔음을 말하는 것이다. 그리하여 황제헌원은 중국 도교의 시조가 되었으며, 그 도맥은 노자로 이어졌다.
　이렇게 우리의 《삼황내문三皇內文》은 황제헌원을 통해 중국에 전해졌으며, 중국 도교와 유교의 뿌리가 되었다.
　한편 창힐은 황제헌원을 따라가 그의 사관史官이 되었다. 그리하여 자부선인으로부터 배운 녹도문鹿圖文을 중화에 전파하였으며, 이 녹도문이 후일 은殷나라의 갑골문자甲骨文字로 발전하였다. 은나라는 바로 동이족이 세운 나라였다.
　자부선인의 선조인 발귀리 선인은 태호 복희씨와 동문수학하며 팔괘를 연구하였다. 그러므로 자부선인에게 배운 창힐이 만든 한자漢字에 팔괘가 기본이 된 것은 어쩌면 당연한 일이리라. 즉 창힐은 팔괘의 원리를 이용하여 한자를 집대성하여 정리하였던 것이다.
　창힐의 고향 산동성 백수현 사관촌에서는 진秦나라(BC221~206)의 승상이었던 이사李斯가 지은 죽간竹簡 〈창힐편蒼詰篇〉이 고스란히 발견되었다. 그리하여 창힐이 만든 1200여 개의 완전한 문자가 죽간 속에 그대로 보존되어 있다.
　산동성은 그 옛날 동이족이 활동하던 중심무대였으며, 이사는 〈창힐편〉에서 '창힐은 글자를 만들어 후세 사람들을 가르치게 하였다.'고 적고 있다.
　아무튼 자부선인의 여러 제자들 중에서 스승의 학문을 계승한 이는 유위자有爲子라고 한다. 그런데 자부선인은 청구 배달국 치우천황 때의 국사이고, 유위자는 고조선의 11대 도해단군(BC1891) 때 태자태부太子太傅로 등용된 인물이다. 그러므로 자부선인과 유위자의 활동 연대는 근 800여 년의 차이가 난다.
　그러나 《환단고기》에는 유위자의 학문이 자부선인으로부터 나온 것이라고 하였으며, 유위자가 쓴 시 《천지인경》도 자부선인의 선조인 발귀리 선인이 쓴 《원방각경》과 그 형식이 닮아있는 것을 볼 수 있다.

원방각圓方角	천지인天地人
- 발귀리 선인	- 유위자
大一其極是名良氣	天以玄默爲大
無有而混虛粗而妙	其道也普圓
三一其體一三其用	其事也眞一
混妙一環體用無岐	地以蓄藏爲大
大虛有光是神之像	其道也效圓
大氣長存是神之化	其事也勤一
眞命所源萬法是生	人以知能爲大
日月之子天神之衷	其道也擇圓
以照以線圓覺而能	其事也協一
大降于世有萬其衆	故
故	一神降衷
圓者一也無極	性通光明
方者二也反極	在世理化
角者三也太極	弘益人間

원방각圓方角과 천지인天地人은 다 같은 삼신三神을 말하는 것이다. 배달국 시대의 자부선인이 오래도록 살아서 고조선 시대의 유위자를 가르쳤을까? 아니면 유위자가 자부선인을 사숙私淑한 것일까? 아무튼 직접 배웠건 사숙하였건 간에 유위자가 자부선인의 도道를 계승한 것만은 사실인 것 같다.

12. 치우천황

치우천황蚩尤天皇(BC2707~BC2598)은 청구靑丘 배달국 제14대 자오지환웅慈烏支桓雄으로, 세상에서는 동족을 초월하여 무성武聖이자 군신軍神으로 받들어지고 있다.

당시의 사람들은 치우천황을 구리로 된 머리와 쇠로 된 이마를 가진 동두철액銅頭鐵額의 괴물로 알았는데, 이는 치우천황께서 인류 최초로 금속 무기를 사용하였기 때문이었다. 《사기史記》《서경書經》《한서지리지》 등에는 치우천황에 대해 다음과 같이 규정하는 말들이 나온다.

- 치우는 고대의 천자이다. (蚩尤古天子)
- 구려국의 임금을 치우라고 한다. (九黎之君號曰蚩尤)
- 구려는 동이국의 이름이다. (黎東夷國名也)
- 치우와 황제가 탁록에서 싸웠다. (黃帝蚩尤戰於涿鹿)
- 관자管子는 치우가 노산盧山에서 금을 얻어 5가지 병기兵器를 만들었다고 하였다.

역사의 기록은 치우천황과 황제헌원이 10여 년에 걸쳐서 무려 70여 회의 치열한 공방전을 벌였다고 한다. 그때마다 항상 치우천황의 승리였는데, 마지막 전투가 그 유명한 탁록涿鹿의 전투였다.

치우천황은 제정일치 시대의 군왕이었으므로 도력과 기무氣武에 뛰어났으며, 우뢰와 비를 자유자재로 부렸다고 한다. 큰 안개를 일으켜 적으로 하여금 지척을 분간치 못하게 하였으며, 물과 불을 부리고, 호풍환우呼風喚雨하는 치우천황을 당시의 사람들은 모두 외경하였다고 한다. 이것은 지금도 마찬가지여서 많은 사람들이 치우천황을 다음과 같이 찬양하고 있다.

> 치우천황은
> 신神처럼 용맹하였고
> 구리로 된 머리와 쇠 이마를 가졌네.
> 눈빛은 선하면서도 강렬했으며
> 그의 마음은 사물과 세상의 이치를 꿰뚫었네.
> 그의 머리는 지혜로 빛났으며
> 가슴은 뜨겁고 온 몸은 힘이 넘쳤네.
> 그가 말을 타고 대륙을 달릴 때
> 그의 갑옷과 어깨에 맨 외날 칼은
> 태양을 받아 눈부시게 빛났네.
> 양손에는 모矛와 극戟을 쥐고
> 탁록의 전투에서 천도天道를 지켜냈네.
> 그는 5천 년 전 중국의 호북성, 호남성, 강서성의 주인이었으며,
> 동이족의 제왕이었네.

신처럼 용맹한 치우천황을 도저히 당할 장사가 없자, 황제헌원은 산에 올라가 신에게 제를 지내며 봉선封禪하였다. 그 덕분에 황제헌원은 바퀴 달린 지남차指南車를 개발하여 마지막 전투에서 사용하였다. 헌원軒轅의 이름자에 모두 수레 거車가 들어있는 것은 다 이유가 있었던 모양이다.

그리하여 치우천황은 청동기문화의 개창자가 되었고, 황제헌원은 바퀴문화의 개창자가 되었다. 사마천의 《사기史記》〈오제본기五帝本紀〉에는 황제헌원의 내력을 이렇게 기록하고 있다.

- 황제는 하남성 신정新鄭에 자리한 유웅국有熊國의 왕 소전少典의 아들

로서 성은 공손公孫이고, 이름은 헌원軒轅이며, 산동성 곡부曲阜에서 자라난 정통 동이족이다.

산동성은 당시 동이족이 살던 활동 무대로, 환인桓因이라는 지명과 환대桓臺라는 지명도 있다. 그리고 환대에서는 1998년에 4천 년 전의 녹각에 새겨진 우리의 가림다加臨多 문자가 발굴되었다.

뿐만 아니라 산동성은 치우천황의 유물들이 지금까지도 많이 남아 있는 곳이다. 산동성山東省 문상현汶上縣 남왕진南旺鎭에는 치우천황릉이 있으며, 그때 팠던 우물과 진을 쳤던 자리들이 역사적 유물로 남아 있다. 그리고 현지인들 사이에도 치우천황의 무용담이 지금까지도 생생하게 전해지고 있다고 한다.

2001년 5월 만주 길림성 연길시에 살고 있던 조선족 역사학자 송호상 선생은 동이족의 유적을 찾아 3년 반 동안을 헤매다가 드디어 치우천황릉 부근에서 '치우총蚩尤塚' 비석과 '치우사蚩尤祠' 표지석을 발견하였다. 이전에 치우천황릉을 처음 발견한 이도 송호상 선생이었다.

'치우총' 비석은 석회암으로 된 높이 2.38m, 폭 0.83m, 두께 0.31m의 비석이었고, '치우사' 표지석은 화강암에 새겨진 좌우길이 1.1m, 폭 0.55m, 두께 0.15m의 표지석이었다.

송호상 선생은 학계에 발표할 계획으로 2001년 8월 20일에 발표문도 써 놓았는데, 갑자기 돌아가신 것이 이상하다. 선생이 작성해 놓은 발표문에는 2002년부터 정식으로 치우사와 동상 수복을 착수할 계획이라고 쓰여 있었다.

1916년 가을 묘향산 깊은 계곡의 석벽에서 《천부경》을 발견한 계연수 선생도 이를 널리 알리려다가 일본인 첩자에 의해서 살해를 당하였고, 《한단고기》를 해석한 김은수 선생 역시 해석하자마자 갑자기 돌아가신 것 또한 이상한 일이다.

아무튼 치우천황의 능과 유적들이 중국 산동성에 있다는 것은 바로 배달겨레 청구국의 중심지가 산동성이었음을 말해주는 것이다. 그리하여 우리의 역사학계, 지리학계, 수행계통, 주역학계들이 앞을 다투어 치우천황릉과 탁록의 전투 현장을 답사하고 있으며, 덕분에 중국의 관광수입이 많이 올라가고 있다. 그리하여 이제는 공식적인 학술발표회를 열면서 우리의 배달국 제14대 환웅이신 치우천황을 자기네 조상으로 탈바꿈시키는 작업을 하고 있다.

필자는 2003년 티벳 여행을 갔을 때, 카일라스산(수미산, 6,714m) 아래 마나사로바 호수 근처에 치우 곰파(사원)가 있는 것을 알고 깜짝 놀랐다. 그리고 귀국해서 우연히 서경보(1914~1996) 스님의 글을 접하게 되었는데, 스님 생전에 티벳을 여러 번 답사하시면서 치우천황 영역이 티벳까지 뻗어 있다는 연구를 발표하신 것을 비로소 알게 되었다.

전쟁의 신神 치우천황은 동쪽으로는 회대淮垈의 땅을 진격하여 성읍으로 삼았으며, 지금의 산동성과 안휘, 강서성까지 영토를 확장시켰으니, 실로 얼마나 넓은 영토를 개척하고 경영하였는지를 알 수 있다. 그리하여 용맹의 화신이자 태양의 아들로서 동방의 무성武聖이요, 군신軍神으로 자리를 잡았다.

한고조 유방은 전투에 출전하기 앞서 항상 치우천황에게 제사를 지냈다고 하며, 강태공 역시 제나라의 왕으로 봉분된 뒤 치우천황을 자신의 병주兵主로 모셨다고 한다. 불멸의 전승을 남긴 우리의 이순신 장군도 치우천황 사당에 제를 지냈다는 기록이 《난중일기》에 전하고 있다.

해마다 10월이면 사람들은 치우천황의 무덤에 제사를 지냈다고 하는데, 무덤에서 붉은 기운이 뻗쳐오르며 단풍나무가 생겨났다고 한다. 그 붉은 기운을 '치우기蚩尤旗'라고 하며, 한국 선도仙道에서는 단풍나무가 물드는 10월을 치우천황의 계절로 기리고 있다. 그리고 이 '치우기蚩尤旗'는 동양 천문에서 하나의 별자리 이름으로까지 붙여지게 되었으니, 실로 태양의 아들 치우천황의 영향력은 얼마나 장대한가! '치우기蚩尤旗'와 함께 '헌원성軒轅星'도 별자리 이름으로 같이 올라 있다.

　아무튼 치우천황의 붉은 기운은 또 삿된 기운을 물리친다하여 단오 부적으로도 그려지고 있으며, 신라·고구려·백제의 왕궁과 왕릉의 귀면와와 온갖 무기에도 형상을 새겨 보호신으로 삼아왔다.

　또한 2002년 한·일 월드컵 때는 어땠는가! 치우천황의 모습을 형상화한 붉은악마가 경기장과 거리마다 가득하여 열광의 도가니를 만들었고, 결국 우리에게 큰 승리를 안겨다주었다.

13. 태양의 아들

 우리 민족은 고대로부터 하늘에서 왔다는 천손天孫 의식이 있었기 때문에 항상 하늘을 우러러 숭배하고 그 뜻을 받드는 경천사상敬天思想이 있었다. 그리하여 천산산맥을 넘어 바이칼호수를 거쳐 만주와 시베리아를 지나 한반도에 이르기까지 태양이 떠오르는 곳을 향해 밝고 환하고 따뜻한 광명을 찾아 남하하고 또 남하하였다.
 우리 민족에게 있어 태양이 떠오르는 동쪽은 바로 생명의 근원지였다. 그리하여 해 뜨는 동쪽, 밝고 환하고 따뜻한 곳에 이상향을 건설하고자 동쪽으로 동쪽으로 남하하였던 것이다.
 동쪽 하늘에서 환히 비치는 크고 밝은 태양의 광명을 받는 민족이라 해서 이름도 한국桓國이라고 하였다. 여기에서 한桓은 크고, 밝고, 환하다는 뜻을 지니고 있다.
 《삼국지》〈동이전〉에서도 '예로부터 동이족은 태양을 숭배하여 해돋이 가까이 산다.' 하였고, 《동사보감》 역시 '조선朝鮮이란 이름은 땅이 해 뜨는 동쪽 끝에 있으며, 햇볕이 선명한 까닭에 예로부터 조선이라 일컫는다.'고 하였다. '조朝'는 태양, 밝음, 광명, 새벽을 상징한다. 그러므로 우리 민족이 '동東'이라고 불린 것은 '해 뜨는' '태양이 솟아오르는' 의미를 갖고 있는 것이다.
 《삼국지》〈동이전〉은 또 '동방을 이夷라고 한다. 이夷란 저柢이니, 어질고 물건 살리기를 좋아해서 만 가지 물건이 땅에 뿌리박고 난다. 때문에 천성이 유순하고 올바른 도리로서 인도하여 군자가 죽지 않는 나라이다.'고 기록하고 있다. 이것은 '이夷'가 만물의 근거이며, 순하고 올바른 도道로서 장생불사長生不死의 경지에 이른다는 말이다.

《천부경》에서는 '본심본태양앙명本心本太陽昻明'이라 해서 '본심本心은 본래 태양처럼 크고 밝다.'고 하였다. 또《태백일사》에서도 '태양은 광명이 만나는 곳이고, 삼신三神이 거처하는 곳이며, 사람은 그 빛을 얻음으로써 스스로 무위無爲가 된다.'고 하였다. 무위로서 자기가 사라지니, 태양(빛)과 하나가 되는 것이다. 그리하여 환인, 환웅, 단군을 비롯하여 우리 민족의 역대 제왕들은 모두 태양의 아들로 자처하였고, 천자天子의 권리와 의무로서 하늘에 제천의식을 행하였다.

청구 배달국 제14대 자오지 환웅인 치우천황과 황제헌원이 탁록의 전투에서 자웅을 겨룬 것도 실은 태양의 아들인 치우천황과 태양의 아들을 표방하고 나선 황제헌원과의 싸움이었다고 한다.

자오지慈烏支 환웅은 이름에서도 벌써 태양의 아들이라는 것이 상징되어 있다. 자오지의 오烏자가 바로 까마귀 오烏인데, 까마귀는 바로 태양을 상징하는 새이다.

태양숭배 사상의 상징인 세 발 달린 까마귀 삼족오三足烏는 고구려 고분벽화에서도 많이 발견되고 있으며, 신라 미추왕의 황금보검에도 삼태극 안에 날아오르는 삼족오 문양이 있고, 백제 고이왕의 초상화에도 삼족오 문양을 새긴 관冠과 신발을 착용하고 있는 것을 볼 수 있다.

그리고 필자는 책을 읽다가 재미있는 사실을 하나 발견하였다. 고구려를 건국한 주몽이 부여를 탈출할 때 따라갔던 3명의 신하 중에 1명의 이름이 까마귀 오烏자가 들어 있는 오이烏伊이다. 또 백제를 건국한 소서노와 두 아들이 고구려를 떠날 때 따라갔던 10명의 신하 중 1명의 이름도 까마귀 오烏자가 들어 있는 오간烏干이다.

이것이 우연인지 필연인지 알 수 없으나, 필자는 중요한 상징이라고 생각한다. 기존의 모태국에서 태양의 씨앗 하나를 나누어 가지고 가서 또 하나의 나라를 낳았다. 그러므로 결국 모태국과 신생국은 광명사상과 태양숭배 사상이라는 탯줄로 연결된 하나의 민족이다. 그러므로 비록 땅덩어리는 분리되어 있었지만, 그 의식이나 사상은 신라·고구려·백제가 모두 같았던 것이다. 다만 안타까운 것은 역사의 잦은 외침과 전쟁으로 인하여, 내려오는 문헌 자료들이 대부분 소실되었다는 점이다. 맹자님 말씀 중에는 우리민족을 잘 표현하신 글귀가 있다.

- 한 마을 뒷산에 울창한 숲이 있었다. 그런데 어느 날 이웃마을의 도적들이 울창한 숲의 나무들을 베어다가 자기들 집을 짓는데 썼다. 그래서 숲은 벌거숭이가 되었다. 시간이 얼마 지나자 그루터기에서 다시 싹이 트고 나무가 자랐으나, 그때마다 또 염소가 싹을 뜯어 먹고, 마을 사람들도 땔감으로 베어갔다. 숲은 새싹이 자랄 틈이 없어, 다시 벌거숭이가 되었다. 몇 대가 그렇게 지나자, 후대 사람들은 그 산을 보고 이렇게 말했다.
"이 산은 본래부터 나무가 없었던 민둥산이야."

이웃나라들이 우리 것을 탐해 계속 훔쳐가고 불태우기를 거듭하였지만, 다행히도 그들이 훔쳐간 것들에서 지금까지 남아 있는 자료들이 많이 발견되고 있으니, 참으로 불행중 다행이 아닐 수 없다.

국선도의 옛 이름은 붉도, 붉둘법, 붉 받는 법이라고 불리기도 하였다. 붉은 바로 태양, 빛, 광명을 의미한다. 태양이 붉을 대표하는 것이기도 하지만, 본래는 하늘 깊은 곳으로부터 오는 광명, 원천적 생명의 빛, 기氣의 파장을 말하는 것이다.

또 하늘과 가장 가까운 높은 산에 올라 맑은 공기를 들이마시고 햇빛을 쪼이며, 하늘 기운을 몸 안에 받아들인다는 생각으로 심호흡을 하며 서서히 몸을 움직였던 것에서 국선도의 행공법이 시작되었다. 청운도인은 항상 제자에게 이렇게 가르침을 주셨다고 한다.

"붉을 받아 둘(운행)에 참여하여야 정말 사람인 게야."

청산선사도 언제나 해보다 일찍 일어나 떠오르는 해를 맞으며 행공을 하셨고, 제자들에게도 떠오르는 해를 맞으며 수련하게 하셨다고 한다.

"잘 살펴 보거라. 모든 곤충들도 해가 떠오를 때면 머리를 해를 향해 쳐들고 천기天氣를 받으며 이슬을 마시지 않더냐? 모든 동물들도 단잠을 깨고 기지개를 켜며 몸을 이리저리 움직여가며 천기를 마신다."

도운선사 또한 제자들에게 이렇게 가르치셨다.

"붉은 어둡고 그늘진 곳을 밝고 환하게 비춰 줍니다. 맑은 정신과 깊은 호흡을 통해 붉을 받게 되면 원인 모를 두려움과 공포, 불안, 초조, 근심, 걱정이 다 사라지고 참 평안과 기쁨을 얻게 됩니다. 붉은 치료하는 생명의 광선입니다. 부정적 사념으로 인해 발생된 모든 질병의 병인을 태워 없애, 건강을 회복시켜 생동감을 줍니다. 붉은 사랑과 자비와 화합의 생육하는 광선입니다. 모든 일을 붉에 의지하고 신뢰하면 막히고 얽혀서 굳고 차갑게 되는 모든 사망의 요인이 사라지고, 따뜻한 붉과 같은 덕행을 베푸는 만족한 삶이 이루어집니다."

이것은 요즘에 와서는 현대과학에서도 붉(태양)의 큰 혜택을 증명하고 있는 부분이기도 하다. 우주창조 또는 천지창조의 근원이 붉의 광선에 있다는 것이며, 그 빛의 실체가 광자光子라고 하는 물체임을 현대과학은 최근에 알았다. 광자의 작용으로 모든 물리적 화학적인 작용이 일어나게 된다는 것인데, 광자야말로 우주창조의 주역을 한 창조주라는 것이다. 그 창조주를 숭배하고, 그 생성 변화의 힘을 직접 몸에 받아 작용시키는 방법을 체험으로 체계를 세운 것이 바로 국선도 붉돌법이다.

14. 유위자

유위자有爲子는 큰 도와 덕을 갖춘 나라의 스승이었다.
유위자有爲者는 능력 있는 쓸모 있는 사람이었다.
유위자有位者는 높은 관직에 있는 사람이었다.

유위자(?~BC1733)는 고조선의 제11대 도해단군 즉위 원년(BC1891)에 태자태부太子太傅로 등용되어, 제12대 아한단군 때는 국태사國太師가 되었으며, 제13대 흘달단군 56년(BC1733)에 세상을 떠나신 선인이다. 처음 태자태부가 되었을 때 유위자는 도해단군께 상소를 올려 다음과 같은 일들을 시행하였다.

1) 나라의 12명산 가운데 가장 경치가 뛰어난 곳을 택하여 국선소도國仙蘇塗를 설치하였다.

2) 국선소도 둘레에 박달나무를 많이 심고, 그 중에서 제일 큰 나무를 환웅상桓雄像으로 봉하여 '웅상雄像'이라고 하였다.

3) 대시전大始殿을 장엄하게 건립하여 한웅천황의 상像을 모시고, 거발한居發桓이라고 불렀다.

이는 나라의 중심인 환웅천황을 세움으로서, 백성들이 저절로 교화가 되도록 한 것이었다. 뿐만 아니라 《천지인경》을 써서 큰 돌에 새겨, 백성들이 늘 오고 가며 보고 교화가 되도록 하였다.

《천지인경天地人經》

하늘은 깊고 고요하고 거룩하시니	天以玄默爲大
그 도는 온 누리에 가득하시며	其道也普圓
그 일은 진리로 하나 됨이라	其事也眞一
땅은 만물을 품고 길러 거룩하시니	地以蓄藏爲大
그 도는 하늘을 본받으시며	其道也效圓
그 일은 근면함으로 하나 됨이라	其事也勤一
사람은 지혜와 능력 있어 거룩하시니	人以知能爲大
그 도는 천지의 도를 잘 가려 닦으며	其道也擇圓
그 일은 서로 협력하며 하나 됨이라	其事也協一
그리하면	故
하나님께서 속마음에 내려오시고	一神降衷
본성은 광명과 통하게 되니	性通光明
진리로 세상을 다스려	在世理化
널리 세상을 이롭게 하는 인간이 된다.	弘益人間

공자의 7대손이자 전국시대의 위나라의 재상이었던 공빈孔斌은 유위자를 '하늘이 내신 성인'으로 그 빛나는 이름이 중국에까지 넘쳤다고 말하고 있다. 다음은 공빈이 쓴 《동이열전》 전문이다.

東方有古國 名曰東夷 星分箕尾 地接鮮白.

동방에 오래된 나라가 있는데, 동이라고 한다. 별자리로는 기성箕星과 미성尾星의 동북방이며, 땅은 선비鮮卑와 백두산에 접해 있다.

始有神人 檀君 遂應九夷之推戴而爲君 與堯竝立.

그 나라는 신인神人으로부터 시작되었으며, 단군이 구이九夷의 추대를 받아 임금이 되신 것은, 요임금과 나란하다.

虞舜 生於東夷 而入中國 爲天子至治 卓冠百王.

우순虞舜은 동이에서 태어나 중국으로 와서 천자가 되었고, 백왕을 뛰어넘는 훌륭한 정치를 하였다.

紫府仙人 有通之學 過人之智 黃帝受內皇文於門下 代炎帝而爲帝.

자부선인이라는 도통한 분이 계셨는데, 황제黃帝가 그 문하에서 내황문內皇文을 받고 염제를 이어 제帝가 되었다.

小連大連 善居喪 三日不怠 三年憂 吾先夫子稱之.

소련小連 대련大連은 상喪을 당하여 3일을 태만하지 않았고, 3년을 피눈물로 잘하여, 나의 선조인 공자께서도 칭송하셨다.

夏禹塗山會 夫婁親臨 而定國界.

하우夏禹의 도산회의에 부루태자께서 친히 왕림하시어, 나라의 경계를 정하셨다.

有爲子 以天生聖人 英名洋溢乎中國 伊尹受業於門 而爲殷湯之賢相.

유위자는 하늘이 내신 성인聖人으로, 그 빛나는 이름이 중국에까지 넘쳤다. 이윤伊尹이 그 문하에서 수업 받았는데, 은나라 탕왕의 현명한 재상이 되었다.

其國雖大 不自驕矜 其兵雖强 不侵人國 風俗淳厚 行者讓路 食者推飯 男女異處 而不同席 可謂東方禮儀之君子國也.

그 나라는 크지만 교만하지 않고, 그 나라는 병력이 강하지만 다른 나라를 침범하지 않으며, 풍속이 순박하고 후덕해서 길을 가는 이들이 서로 양보하고, 음식을 먹는 이들이 서로 먹을 것을 양보하며, 남녀가 따로 거처하여 동석하지 않으니, 가히 동방 예의 군자국이라고 할 수 있다.

是故 殷太師箕子有不臣於周朝之心 而避居於東夷地.

그런고로 은나라 태사太師 기자箕子가 고조선의 마음으로 주나라 신하가 되지 않고 동이 땅으로 피한 것이다.

吾先夫子 欲居東夷 而不以爲陋.

나의 선조이신 공자께서도 누추하지 않은 동이에 가서 살고 싶어 하셨다.

吾友魯仲連亦有欲踏東海之志

나의 친구 노중련 역시 동해에 가고 싶어 했다.

余亦欲居東夷之意.

나도 역시 동이에 가서 살고 싶다.

往年賦觀東夷使節之入國其儀容有大國人之袊度也.

지난해에 동이의 사절단이 온 것을 보니, 대국인다운 모습이었다.

東夷蓋自千有餘年以來 與吾中華 相有友邦之義 人民互相來居往住者接踵不絶.

동이는 대강 수천여 년 이래로 우리 중화와 우방의 우의가 있었다. 백성들이 서로 가서 살고 와서 살며, 접하는 기회가 끊이지를 않았다.

吾先夫子 印夷不以爲陋者 其意亦在乎此也.

나의 선조 공자께서 동이가 누추한 곳이 아니라고 하신 뜻이 여기에 있었다.

故余亦有感而記實情以示後人焉.

고로 나 또한 느낀 바 있어, 그 실정을 기록하여 뒷사람에게 보이고자 하는 바이다.

- 위魏나라 안리왕安釐王 10년(BC268), 곡부曲阜에서 공빈孔斌 기록.

위《동이열전》에서 보이듯이 유위자의 제자 이윤伊尹은 탕湯의 재상宰相이 되어서 BC1766년에 상商(은殷) 나라를 세웠는데, 이는 이미 유위자가 아한단군과의 대화에서 예언했던 일이었다.

아한단군 2년(BC1833) 음력 4월 여름에 외뿔 달린 짐승이 송화강 북쪽에 와서 슬피 우니, 임금께서 유위자에게 물으셨다.

"외뿔 달린 짐승이 슬피 울고 있다는데, 무슨 징조입니까?"

"나라의 흥망에는 반드시 천지조화의 징조가 있는 법입니다. 이 짐승은 하夏나라 남쪽의 양수陽獸로서, 신명神明한 짐승입니다. 하나라가 장차 어지러울 것을 알고, 그 난을 피하여 이곳에 와서 슬피 울고 있는 것입니다. 이 짐승만 보고 판단할 일은 아닙니다만, 천도의 운행을 살펴보면 만세萬世의 일도 능히 미리 알 수가 있는 법입니다."

"그럼 누가 다음 왕이 되겠습니까?"

"하나라에는 인물이 없고, 천을天乙(탕湯)이 어진 이윤伊尹을 얻어서 세상에 이름이 높아졌으니, 하나라를 쳐서 왕이 된다면, 그 자손이 600년은 이어나갈 수 있겠습니다."

유위자의 예언대로 이윤伊尹을 재상으로 둔 탕湯이 결국 고조선의 후원을 받아서 BC1766년에 하나라의 걸왕桀王을 치고 상商(은殷) 나라를 세우게 되었다. 이에 유위자는 "이는 이윤이 아니면 할 수 없는 일이다."고 하였다.

《서경書經》〈상서편商書篇〉에 의하면, 탕湯이 두터운 예를 세 번이나 갖춘 끝에 이윤을 초빙하여 재상으로 삼았다고 한다. 탕왕이 세상을 떠난 뒤에는 그의 손자 태갑太甲이 왕위에 올랐는데, 무도하였다. 그리하여 이윤은 왕을 내쳤다가 3년 후에 뉘우치는 것을 보고 다시 데려왔다는 것을 보면, 유위자가 배출한 인재가 보통이 아니었음을 알 수 있다.

중국 학자 임혜상林惠祥도 그의 저서 《중국민족사》에서 '상商(은殷) 나라는 동이족의 나라요, 은나라 백성은 동이계이다.(今人考證 殷商屬夷系)'라고 하였다.

아무튼 아한단군은 유위자가 추천하는 어질고, 곧으며, 윗사람에게 끝까지 바른 말을 서슴지 않는 신하들을 많이 등용하였다. 하루는 임금께서 간관諫官 홍경弘景에게 물으셨다.

"그대는 과인을 어떤 임금이라고 생각하는가?"
"어질지 못한 임금이라고 생각합니다."
"어째서 과인이 어질지 못하다는 것인가?"
"전하께서는 어진 아우를 놔두고 아들을 태자로 봉하셨으니, 어찌 어진 임금이라 하시겠습니까?"
언짢아진 아한단군께서 유위자에게 다시 물으셨다.
"국태사께서는 과인을 어떤 임금이라고 생각하십니까?"
"어진 임금이십니다."
"어째서 과인이 어질다는 것이오?"
"임금이 어질면 그 신하가 바르다고 하였습니다. 아까 홍경이 바른 말을 하는 것을 보니, 이로서 임금께서 어지심을 알겠나이다."
이에 아한단군은 크게 기뻐 홍경을 불러 간의대부諫議大夫로 삼았다고 하며, 이로부터 고조선에 바른 말을 서슴지 않는 선비가 많이 나왔다고 한다.

아한단군 52년에 상商(은殷) 나라의 사절이 처음으로 입조했다. 그해 음력 7월에 임금께서 승하하시고 태자가 왕위에 오르니, 제13대 흘달屹達 단군이시다.

유위자는 흘달단군에게 상소를 올려 국자랑國子郞 제도를 설치하게 하셨다. 그리하여 미혼의 자제들로 하여금 글을 읽고 활을 쏘는 것을 익히게 했다. 그 국자랑들이 돌아다닐 때 머리에 천지화天指花를 꽂았으므로, 이들을 천지화랑天指花郞이라고 불렀다.

흘달단군 26년(BC1757)에 임금께서 유위자에게 물으셨다.
"도道란 무엇입니까?"
"도道의 큰 근원은 삼신三神에게서 나옵니다. 도란 이미 아무 것도 없는 것에 대하여 말할 수 없는 것이며, 도라고 말하면 그것은 이미 도가 아니며, 도가 있다고 말하면 역시 도가 아니라 하였습니다. 도란 항상 같은 도는 없으며, 때에 따르는 것이니, 그러므로 도의 귀함이 있는 것입니다. 큰 것에서부터 하나의 작은 티끌에 이르기까지 어느 것 하나 도를 포함하지 않는 것이 없습니다. 그렇기 때문에 천지는 천지의 도가 있고, 인생은 인생의 도가 있으며, 만물은 만물의 도가 있고, 모든 일에도 다 도가 있기 때문에, 우주에 존재할 수 있는 것입니다."

그런데 여기서 유위자의 말과 비슷한 노자와 동중서의 말이 있다.

유위자 : 도의 큰 근원은 삼신三神에게서 나온다. (道之大原出乎三神也)

동중서(BC176~BC104) : 도의 큰 근원은 하늘로부터 나온다. (道之大原出於天)

유위자(?~BC1733) : 도란 이미 아무것도 없는 것에 대해 말할 수 없는 것이며, 도라고 말하면 그것은 도가 아니며, 도가 있다고 말하면 역시 도가 아니다. (道旣無對無 稱有對非道 有稱亦非道也)

노자(BC580~BC500) : 도라 말할 수 있는 도는 영원한 도가 아니며, 이름 붙일 수 있는 이름은 영원한 이름이 아니다. (道可道非常道 名可名非常名)

여기서 유위자는 노자나 동중서보다 1200년 이상 앞선 인물이므로, 유위자가 노자와 동중서의 도를 베낄 수는 없는 일이다. 공자의 7대손이자 위魏나라의 재상이었던 공빈孔斌도 《동이열전》에서 '유위자는 하늘이 내신 성인'이라고 하였다. 그만큼 중화에까지 그 명성이 높았던 선인이었다.

무진戊辰 흘달단군 50년(BC1733) 하늘에 오성취루 현상이 나타났다. 오성취루五星聚婁란 목성, 화성, 토성, 금성, 수성, 5개의 별이 루婁라는 별자리에 나란히 늘어서는 천문현상이었다.

이로 인해 유위자와 흘달단군은 천문에 대한 많은 이야기를 나누었는데, 유위자가 흘달단군에게 해준 우주에 대한 설명은 오늘날의 천문학과 물리학조차 밝혀내지 못하는 부분까지 정확하게 기술하고 있다고 한다. 태초에 우주가 생겨나게 된 물리학 빅뱅 이론부터 시작하여, 우주 전체를 한 눈에 꿰뚫어보고 있는 유위자의 식견은 현대의 과학자들조차도 놀라는 내용이었다고 한다.

같은 해에 황학黃鶴이 소나무밭에 와서 깃들었고, 그해 음력 9월에 유위자께서 선화仙化 하시니, 임금께서 통곡하시고 국례國禮로서 예우하여 국장國葬으로 장사를 지내셨다고 한다.

유위자는 고조선 제11대 도해단군 원년(BC1891)에 태자태부로 등용되어, 제13대 흘달단군 50년(BC1733)에 세상을 떠나시니, 국정에 등용된 이후만도 150여 년이나 된다.

고조선 때의 선인으로는 또 대련大連과 소련小連도 있다. 공자는 《예기禮記》에서 말하기를 "대련과 소련은 거상居喪을 매우 잘하신 분들이다. 3일 동안을 게을리 하지 않았고, 3개월 동안을 해이하지 않았으며, 1년 동안을 애통해 하시고, 3년 동안을 슬픔에 젖어 지냈는데, 바로 동이東夷의 아들들이다."라고 하였다. 《한단고기》〈단군세기〉에 의하면 고조선 제2대 부루 단군 때의 인물들이라고 전하고 있다.

15. 선仸자와 얼㘭자

선仸자와 얼㘭자는 자전에는 나오지 않으면서, 국선도에서 전해지고 있는 글자이다. 국선도의 가운데 글자가 선仸자인데, 이는 옥편에도 없고 컴퓨터 글자에도 없고 중국에서 출판된 자전에도 없다. 그래서 국선도인들은 亻자와 天자를 조합해서 仸자를 만들어 쓰고 있다.

그런데 어디에도 없던 선仸자를 필자는 2005년《격암유록》을 읽다가 발견하였다.《격암유록》은 조선시대 중엽 인물인 남사고(1509~1571) 선생이 지은 책이다.

《격암유록》은 그동안 단행본으로 출판한 출판사만도 40군데가 넘으며, 그 내용을 부분적으로 인용하거나 언급한 저작물까지 합치면 무려 100여 군데에 가깝다. 이렇게 많은 출판사들이《격암유록》을 출판하였으며 증산도, 신앙촌, 통일교, 단월드, 파룬궁, 수선재, 석문호흡, 마음수련원 등 여러 단체에서《격암유록》을 자기들 단체와의 관련성을 주장하고 있다.

반면 국선도에서는 그동안《격암유록》에 대해 언급한 적이 전혀 없었다. 그런데 국선도에서 쓰고 있는 선仸자가《격암유록》안에 있는 것이다.

한국의 출판계는 1980년대를 전후로 해서 활판인쇄에서 전산사식으로 바뀌었다. 말하자면 필자가 읽은《격암유록》이 활판인쇄로 출판된 옛날 책이었기 때문에 仸자가 있었던 것이다.

국선도에서는 선仸자의 뜻을 하늘사람 선, 통할 선, 깨달을 불로 해석하고 있으며, 국선도 도종사 도운선사는 선仸자에 대해 이렇게 언급하고 있다.

"우리 국선도의 선伏 자가 사람 인亻변에 하늘 천天입니다. 하늘을 흠모하며, 하늘 뜻을 받들어서, 하늘의 뜻을 펴는, 하늘사람이 되자는 뜻이 담겨 있는 것입니다. 그런데 이 선伏 자는 보통 옥편에는 나와 있지 않은 자로 알고 있습니다. 요즈음 자전은 어떤지 모르겠습니다. 여러분은 혹시 자전에서 보신 적이 있습니까? 저희가 국선도를 처음 접할 때 한국에 있는 자전 등을 다 찾아보았습니다. 왜냐하면 문의하는 분들이 많았기 때문에 찾아보지 않을 수가 없었습니다. 그러나 한국에 나오는 어느 자전에서도 이런 글자를 찾아볼 수가 없었습니다."

근대에 처음으로 선伏 자를 사용한 청산선사는 1967년 처음 일반인들에게 국선도를 보급하기 시작하였다. 그러나 선伏 자를 사용한 것은 자신의 뜻이 아니라, 사부이신 청운도인의 뜻이라고 저서에서 밝혔다.
그렇다면 仙과 伏은 어떤 차이가 있을까?
신선 선仙자는 사람과 산과의 관계이고, 하늘사람 선伏자는 사람과 하늘과의 관계이다. 자연과 합치되고자 수련하는 사람이 되는 수련이라는 의미이다. 그리고 국선도에서 쓰이고 있는 선伏자의 용례는 이렇다.

국선도國伏道 : 자연과 합치되고자 수련하는 사람이 되는 수련. 또는 자연의 흐름에 몸을 맡기는 법을 체계적으로 수련하는 법.
국선도법國伏道法 : 국선도를 수도하는 방법.
선도伏道 : 하늘과 사람이 하나가 되는 길.
선도법伏道法 : 하늘과 사람이 하나가 되는 길과 법.
선도주伏道住 : 하늘 사람의 진리에 사람이 주인.
선도일화伏道一和 : 하늘 사람 진리에 하나가 됨.
선사伏篩 : 사람과 하늘에 큰 효도를 하는 사람.
선사伏師 : 하늘사람 되는 법을 가르치는 스승.

1944년 6월 1일 이도은 선생에 의해 필사되고, 1987년 세종출판공사에서 출판된 《격암유록》에는 伩자가 총 5군데 이상 나오고 있다.

1) 궁을론弓乙論
擲枏消目檀東致基 五卯一乞枏東 伩 出 末判之圖午未樂堂堂

2) 농궁가弄弓歌
千變萬化弓乙道 口亞俤 伩天下通

3) 농궁가
亞俤伩 十數之人 萬人苦待眞人

4) 가사총론歌辭總論
擲枏大會ᄒ고보니 無才能分明 ᄒ야 五卯一乞枏東 伩 出 길라나비活活道飛

5) 계명성鷄鳴聲
嗟呼時運 늦어간다 蛇奪人心 彌勒伩을 不覺인가 頂上血汗崑指崑指

특기할 것은 다른 모든 곳에서는 '미륵불'을 '佛'로 썼는데, 유독 '계명성' 중에서도 딱 한 군데만 彌勒伩 로 썼다.

국선도에서는 伩 자를 '깨달을 불'이라고도 읽지만, 대체로 '하늘사람 선'자로 더 많이 읽는다. 그런데 《격암유록》에서는 '하늘에서 사람으로 내려오신 불'로 읽고 있는 것을 볼 수 있다.

《격암유록》의 저자인 남사고 선생은 조선시대 중엽의 인물로서 종묘를 받드는 사직 참봉과 천문관 교수를 역임하였고, 소년시절에 신인神人을 만나 비결을 받았으며, 풍수와 천문을 구득통효 하였다고 《남사고 비결》은 전하고 있다.

또 국선도에서 전해지는 글자는 선仚자 외에도 얼㞢자가 있다.

국선도 스승들의 말씀에 의하면, 원래는 한인(환인桓因)이 아니라 한얼(환얼桓㞢)이었다고 한다. 그런데 이 '얼'자가 자전에 나오지 않는다는 이유로, 일제시대의 식민사관 학자들이 자기들 마음대로 인因자로 바꿔버렸다는 것이다.

'한얼(환얼)'이란 하늘님, 하늘의 넋, 하느님이란 뜻이다. '얼'자는 口 안에 흙 토土자가 들어있는 글자로 '겨레의 얼' '얼빠진 놈' 할 때의 '얼'자이다. 겨레를 해치는 자, 제 것 소중한 줄 모르고, 남의 것만 쫓는 자를 우리 조상들은 '얼빠진 놈'이라고 했다. 얼㞢 은 혼魂이나 넋과 함께 우리의 핵심 정신을 가리키는 말이다.

한얼(환얼桓㞢)은 상고시대 제정일치祭政一致 시대의 군주 겸 제사장, 그리고 그 안에 들어있는 민족정신까지 3가지 뜻이 동시에 들어있는 글자이다. '한'은 하나, 큰, 넓은, 임금, 우두머리, 밝은, 환한, 무한 등의 뜻이 담겨 있다.

1) 한겨레로서의 한얼桓㞢

한은 '하나'를 뜻하고 얼은 '혼'과 '넋'을 뜻하는 것으로서, 곧 한민족의 정신을 의미한다.

2) 군주君主로서의 한얼桓㞢

한은 '큰' '우두머리' '임금'을 뜻한다. 얼의 바깥 口는 원방각(○口△)에서 땅을 의미하고 또 나라의 경계를 나타내기도 한다. 土는 흙이다. 그러므로 곧 영토를 가리킨다. 그래서 한얼은 나라의 영토를 지키는 임금이 된다.

3) 제주祭主로서의 한얼桓土

한은 '환한' '밝은' '무한'의 뜻이 있으니, 곧 깨달은 이를 말한다. 얼의 바깥 ㅁ는 원방각(○□△)에서 땅을 나타내고, 그 안에 들어있는 土는 제단을 의미한다. 곧 땅 위에 황토 흙으로 제단을 쌓은 것이 얼土이다. 그래서 땅 위에 제단을 쌓고, 하늘에 제사를 지내는 제주의 역할이 담겨 있기도 한 것이다.

옛날에 천제단을 쌓을 때는 반드시 황토 흙으로 제단을 쌓았다. 황토 흙은 바로 숯과 함께 정화를 의미하기 때문이다. 또 황토 흙은 응집력이 강하고 비바람에도 견고히 견디는 힘이 있다. 그리고 오행五行으로 볼 때 중기中氣에 해당되기 때문이기도 하다.

이에 대한 확실한 증거는 치우천황께서 황토 흙으로 쌓은 요새 '치우채'가 지금까지도 중국 하북성 탁록현 반산진 황토원에 잘 보존되어 있는 것이다. 치우천황은 제정일치 시대의 왕으로서 하늘에 제사를 지낼 때 늘 황토 흙으로 제단을 쌓았듯이, 전쟁에서 또한 황토 흙으로 요새를 쌓았던 것이다.

1970년도 새마을 운동이 일어나기 이전의 우리 전통 가옥들을 보면 모두 황토 흙으로 지어진 것을 볼 수 있다. 또 우리가 먹고 사는 것들이 모두 다 흙에서 나지 않은 것이 없다. 벼, 보리, 밀, 채소, 과일나무…. 모두가 다 흙에 뿌리를 박고, 흙에서 나오고 있다. 결국 우리는 흙을 먹고 살다가 죽어 다시 흙으로 돌아가는 것이다.

이렇듯 우리 몸은 죽어 흙으로 돌아가도, 죽지 않고 살아 자손 대대로 전해지는 것이 있으니, 이것이 바로 얼土 이요, 넋이요, 혼이다.

16. 홍범구주

홍범구주洪範九疇는 고조선의 정전제井田制에서 유래되었으며, 정전제는 고대 한국 공동체의 상징인 井자에서 비롯되었다. 우리 역사가 (고대)한국-배달국-(고)조선-부여-삼국시대 순으로 이어진 것이니, 井자의 유래는 우리 민족의 근원과 그 깊이를 같이 한다.

고조선의 단군왕검과 동시대인이었던 당요唐堯 말년에 대홍수가 범람하였다. 요임금이 곤鯀에게 치수治水를 맡겼으나 실패하고 말았다. 이에 요임금의 뒤를 이은 순임금이 곤에게 치수를 실패한 책임을 물어 사형시키고, 그 아들 우禹에게 일을 맡겼다.

부친이 죽는 것을 본 우사공禹司空은 뼈를 깎는 노력으로 치수사업에 온힘을 다하였다. 자기 집 앞을 지날 때도 집에 들르지 않으면서 오직 치수사업에만 정신을 쏟으니, 고조선의 단군왕검께서는 '세상을 널리 이롭게 하라.'는 선대의 홍익인간 이념에 따라 갑술甲戌(BC2267)년에 부루태자를 도산塗山에 보내 우사공을 도와주게 하였다.

공자의 7대손이자 위魏나라의 재상이었던 공빈孔斌이 기록한 《동이열전》에도 이렇게 기록되어 있다.

- 하우夏禹의 도산회의에 부루태자께서 친히 왕림하시어, 나라의 경계를 정하셨다. (夏禹塗山會 夫婁親臨 而定國界)

중국의 《오월춘추》에도 나오기를, 치수 문제로 고심에 빠진 우사공이 동쪽 형산에 가서 백마의 피로 제사하고 치성을 드렸으나 아무런 효험이 없자, 하늘을 향해 울부짖으니, 홀연히 꿈에 붉은 비단옷을 입은 현이玄夷

의 창수사자가 나타나 "석 달 동안 재계한 후 신서神書를 받으라."하는지라 우사공이 그대로 하였다. 그러자 치수治水의 요결이 적힌 금간옥첩金簡玉牒을 주는지라, 이로서 오행치수의 도를 얻어 성공하였다는 이야기다.

《후한서》〈부여전夫餘傳〉에는 부여 사람들은 다른 나라에 갈 때는 옛 풍속에 따라 붉은 적연의赤繡衣를 입는다고 하였으며, 단재 신채호 선생은 '창수蒼水는 창해蒼海로서 즉 발해이며, 부루태자가 발해의 해로로 간 고로 창수사자라 한 것이다.'고 하였다.

《오월춘추》 외에도 《죽서기년》《사기》《서경》《역대신선통감》 등에서 우사공을 도와준 부루태자를 '현이玄夷의 창수사자' '현토사자玄菟使者' '북방의 수정자水晶子' 등 책마다 표현을 달리 하였지만, 모두 같은 말이다. 우리나라의 《세종실록지리지》《환단고기》《태백일사》《단군세기》 등에도 부루태자가 우사공을 도와준 이야기가 기록으로 내려온다.

부루태자로부터 우사공이 받은 내용물도 책마다 홍범구주洪範九疇, 금간옥첩金簡玉牒, 신서神書, 낙서洛書, 중경中經, 중화경中和經, 황구종皇矩宗 등 서로 다른 이름들을 사용하는데, 모두 다 같은 의미의 다른 표현이다.

《죽서기년》에 '낙서洛書나 귀서龜書는 바로 홍범이다.(洛書龜書是爲洪範)'고 되어 있으며, 《한서》의 〈오행지〉에도 '낙서가 바로 구주다.(劉歆以爲禹治洪水賜洛書法而陳之九疇是也)'고 되어 있다.

곤이 치수에 실패한 것은 오행五行을 상생으로 풀어, 흙으로 둑을 쌓아 물길을 막았으나 다시 터지는 바람에 물길이 더 범람하고 말았다고 한다. 그런데 우는 오행을 상극으로 풀어, 오히려 물길을 여러 갈래로 터서 내려 보내어 성공했다는 것이다.

우사공이 치수에 성공하고 민심을 얻자, 순임금은 남쪽 창오蒼梧의 상수 강변을 지나다가 살해당하였다. 이에 우사공이 하夏 나라를 세우고 임금이 되니, 나라 전역을 구주九州로 나누고 홍범구주로서 나라를 다스리는 근본을 삼았다. 그리고 각 지역의 수령들을 불러 모아 도산塗山에서 회맹을 열며 이렇게 선포하였다.

"쥬신州愼(숙신肅愼, 조선朝鮮)의 도움으로 하늘의 신서神書를 얻어 내가 치수에 성공하였다."

이를 두고 단재 신채호 선생은 하우가 '사실'을 신화인 양 꾸몄다고 하였다. 그런데 책마다 '완위산宛委山에 중경中經이 있었다.' '회계산會稽山에 중경이 있었다.' '도산塗山에 신서神書가 있었다.' '단군왕검이 부루태자를 보내 도산에서 우사공을 만나게 했다.' '하우가 도산에서 회맹을 가졌다.' '모산茅山의 이름을 고쳐 회계산이라 하였다.' 등등 서로 산 이름이 다른 것을 보면 완위산宛委山, 모산茅山, 도산塗山, 회계산會稽山은 모두 같은 산의 다른 이름으로 보인다. 아무튼 하우는 후에 동쪽으로 구이九夷에 가다가 회계산에서 결국 사망하였다고 한다.

사마천의 《사기》〈오제본기〉에는 황제헌원이 산동성에서 난 동이족이며 요堯, 순舜, 우禹가 모두 그의 자손으로 나온다. 중국 서량지徐亮之의 《중국사전사화》에도 '황제족이 동이문화를 받았다.(黃帝之族沐浴東夷之化)'고 기록되어 있다. 그러므로 요, 순, 우는 모두 동이족인 것이다. 예전에는 소수의 학자들만 이를 주장하였으나, 홍산문명이 발굴된 지금은 다른 학자들도 황제헌원이 동이족임을 인정하고 있다.

아무튼 하나라의 우임금 이후부터 중국에서는 홍범구주가 널리 퍼졌다. 그리하여 《상서尙書》도 '기자箕子가 말한 〈홍범〉은 하우씨夏禹氏가 전한 것'이라고 전하고 있다.

주周 무왕武王이 상商(은殷) 나라를 치고 은나라 종실인 기자箕子를 찾아가서 천도天道를 물으니, 기자가 무왕에게 홍범구주를 설하여 주었다.

첫째, 오행五行
둘째, 경용오사敬用五事
셋째, 농용팔정農用八政

넷째, 협용오기協用五紀

다섯째, 건용황극建用皇極

여섯째, 예용삼덕乂用三德

일곱째, 명용계의明用稽疑

여덟째, 염용서징念用庶徵

아홉째, 향용오복嚮用五福 위용육극威用六極

오행五行은 수水, 화火, 목木, 금金, 토土, 다섯 가지 천도天道이다. 우사공은 이 오행의 도를 바르게 펼칠 수 있게 되어 치수에 성공하였다.

오사五事는 모貌, 언言, 시視, 청聽, 사思이다. 즉 외모는 공손해야 하고, 말은 조리 있게 해야 하며, 보는 것은 밝아야 하고, 듣는 것은 분명해야 하며, 생각하는 것은 지혜로워야 한다는 다섯 가지 행함이다.

팔정八政은 식食, 화貨, 사祀, 사공司空, 사도司徒, 사구司寇, 빈賓, 사師이다. 즉 먹는 것, 재물, 제사, 건설, 교육, 치안(형벌), 외교, 군사, 여덟 가지 나라를 다스리는 일이다.

오기五紀는 세歲, 일日, 월月, 성신星辰, 역수曆數이다. 즉 하늘이 운행하는 다섯 가지 법도이다.

황극皇極은 임금이 나라의 법도를 만들어 중심을 세우는 것이다.

삼덕三德은 정직, 강극剛克, 유극柔克이다. 즉 정직함과 강함과 부드러움으로 때에 맞게 다스린다.

계의稽疑는 의심나는 것을 하늘에 물어서 아는 일이고, 조짐卜兆은 우雨, 제霽, 몽蒙, 역驛, 극克이요, 점괘占卦는 정貞과 회悔다.

서징庶徵은 우雨, 양暘, 오燠, 시時, 한寒, 풍風으로 하늘이 보여주는 징후이다.

오복五福은 수壽, 부富, 강녕康寧, 유호덕攸好德, 고종명考終命으로 수명과 부귀와 평안 속에서 건강하고 후덕하게 살다가 편안하게 죽는 것이다.

육극六極은 흉단절凶短折, 질疾, 우憂, 빈貧, 악惡, 약弱이니, 지도자는 무릇 백성이 편안하도록 오복五福을 내려주고 육극六極을 없애 주어야 한다.
　기자는 주 무왕에게 〈홍범구주〉를 설하여 준 후에, 무왕의 신하가 되지 않고 고조선으로 왔다.
　《주역》〈명이明夷〉편에는 '기자명이箕子明夷'라고 나온다. 즉 '기자가 동이에 밝았다.'는 것이다. 서량지徐亮之의 《중국사전사화》는 '상商(은殷) 나라는 요동의 동이 땅인 조선에서 일어났다.(殷商乃興於遼東朝鮮之東夷之地)'고 하였다. 은나라는 동이족이므로, 은나라 종실인 기자는 동이족으로서 당연히 동이에 밝았던 것이다. 그리하여 홍범구주를 주 무왕에게 설하여 줄 수 있었던 것이다.
　《오계집》에는 기자가 선화仙化한 유적이 구월산에 있으며, 묘지는 서경의 북쪽 토산兎山에 있다고 나온다.
　《삼국지위서동이전》에 '부여夫餘는 장성長城의 북쪽에 있는데, 현토玄菟에서 천 리쯤 떨어져 있다. 남쪽은 고구려요 동쪽은 읍루挹婁이고, 서쪽은 선비鮮卑와 접해 있고, 북쪽은 약수弱水가 있는데, 사방 2천 리에 호수戶數는 8만호다. 그 나라 사람들은 토착생활을 하며, 궁실과 창고와 감옥을 가지고 있다. 산릉과 넓은 들이 많아서 동이 지역에서는 가장 넓고 평탄한 곳이다. 토질은 오곡이 자라기에 적당하며, 오과는 나지 않는다. 그 나라 사람들은 체격이 크고, 성질은 굳세고 용감하며, 근엄하고 후덕하여 다른 나라를 쳐들어가거나 노략질하지 않는다. (夫餘在長城之北 去玄菟千里 南與高句麗 東與挹婁 西與鮮卑接 北有弱水 方可二千里 戶八萬 其民土著 有宮室 倉庫 牢獄 多山陵 廣澤 於東夷之域最平敞 土地宜五穀 不生五果 其人麤大 性彊勇謹厚 不寇鈔)'
　동이족이 체격이 크고, 성질은 굳세고 용감한데도, 근엄하고 후덕해서 다른 나라를 쳐들어가거나 노략질하지 않는다는 것이다.
　제22대 풍월주 양도공의 어머니인 양명공주는 《화랑세기》에서 "신라는 신국神國이다."고 하였다. 신라말 천웅도 종사 박문현朴文鉉(810~?) 공공 역시 "옛날의 조선은 사해四海의 공도公都요, 일역一域의 봉국封國이 아니며, 단씨檀氏의 후예는 모든 종족들을 위하는 봉사자요, 한 임금의 사사로운 백성이 아니다. 나라의 근본이, 다른 나라들과는 현저하게 다른 것이다."고 하였다.

즉 동이는 천손들이 사는 신국神國이었던 것이다. 그래서 《삼국지위서동이전》에 의하면 한漢나라 때까지도 부여夫餘 왕께서 붕어하시면 모시기 위해 옥갑玉匣을 항상 현토군玄菟郡에 미리 갖다 두었다가 왕께서 붕어하시면 그것을 가져다가 장례를 지냈다는 것이다. (漢時 夫餘王葬用玉匣 常豫以付玄菟郡 王死則迎取以葬)

그러므로 공자가 바다 건너 구이九夷에 가서 살고 싶다고 한 것이나, 진시황제가 불사약不死藥을 구하기 위해 방사들을 우리나라 삼신산三神山에 보낸 것에는 다 까닭이 있었던 것이다.

17. 정井

정井자는 고대 한국 공동체의 상징이었다. 토지를 井자형으로 나누면 아홉 구간이 되는데, 이것을 8가구가 각각 1구간씩 사전私田으로 경작하고, 가운데 1구간은 다함께 공전公田으로 경작하여 나라에 세금을 내었다. 그리하여 고대를 계승한 신라, 고구려, 백제의 유물들에도 井자가 많이 발견되고 있는 것이다. 그 대표적인 것이 신라시대 유물인 첨성대 꼭대기와 분황사 우물 내부에 조성된 井자, 그리고 월성에서 출토된 유물에 '井桃'라고 새겨진 명문기와가 있다. 그리고 고구려 광개토대왕 청동합 바닥에 새겨진 井자, 백제의 풍납토성에서 출토된 토기 항아리 등에 새겨진 井자들이다. 井자에 대해 중국의 《설문해자》에는 이렇게 기록되어 있다.

- 여덟 집에 井이 하나 있는 모양으로, 한국 구溝의 형태이며, 옛 사람 백익이 처음 井을 만들었다. (八家一井象 溝韓形 古者伯益初作井.)

여기서 구溝는 논두렁, 밭두렁, 도랑, 이랑, 농로, 하수도, 하천, 해자 등의 뜻으로 그 전서篆書체를 보면 아래와 같이 그 안에 '水' '井' '田' 글자가 모두 담겨 있다.

溝

그리고 井자를 백익伯益이 처음 만들었다고 하는 바, 백익은 순舜 임금의 신하로서 순임금의 명을 받은 우사공을 도와 함께 치수治水 사업에 임했던 인물이다.

《맹자》 권8에 '순은 동이사람이다.(舜東夷之人也)'고 하였다. 즉 동이사람 순임금의 명을 받아 백익이 이행한 것을 가지고《설문해자》는 그렇게 기록한 것이다. 《상서尙書》에는 또 이런 기록도 있다.

- 순임금에 이르러 상제上帝와 육종六宗에게 정성스레 제사지내고 산천 여러 신들에게도 두루 제사지내었다. 이는 일찍이 순임금 이전에는 없었던 일로, 이것의 근본은 옛적 동방에서 제천보본祭天報本하던 예식과 산악·하천·바다·연못 등에도 모두 하늘의 명을 받들어 주관하는 신神이 있다는 믿음에서 비롯된 것이다. (舜肆類于上帝 禋于六宗 望秩于山川 徧于羣神. 虞舜以前 曾無是事 此或原於上古東邦祭天報本之禮 及山嶽 河川 洋海 沼澤 皆有奉命主治之神者也)

신라시대의 충신 관설당 박제상(363~418)공은《부도지符都誌》제19장에서 이렇게 기록하고 있다.

- 우대부虞大夫 순舜은 단군왕검이 요堯의 반란을 바로잡기 위해 특사로 파견한 유호씨의 아들이다. 그런데 순이 미인계에 빠져서 요임금의 두 딸인 아황과 여영을 아버지 몰래 아내로 맞아들였다. 그리고 요임금에게 협력하면서 현인賢人들을 죽이고 묘족苗族(동이족)을 정벌하는 등 단군조선의 이념(홍익인간)과 대립하였다. 그리고 요임금의 뒤를 이어 임금 자리에 오르니, 아버지 유호씨의 노여움을 사서 수년간 부자지간에 싸움을 벌이다가 멀리 창오蒼梧의 들판으로 달아났는데, 결국 우禹에게 살해당하고 말았다. 그의 두 아내 또한 강물에 몸을 던져 자살하는 참혹한 결과를 낳았다.

마테오리치도《천주실의》에서 순임금이 30세에 부모형제 없이 혼자서 결혼하였다고 기록하고 있으며, 순임금의 아들 상균商均이 단군조선으로 돌아와 교육을 관장하는 '사도司徒'에 이르렀다고 하니, 관설당 박제상공의 기록은 설득력이 있어 보인다. 아무튼 井자를 살펴보면, 그 안에는 많은 의미들이 함축되어 있음을 볼 수 있다.

1) 우물, 또는 물 자체를 의미. (나정蘿井)
2) 정성井星의 준말로서 북두칠성을 가리키며, 구체적으로는 28수 중 남쪽에 있는 22째 별자리와 별을 가리킴.
3) 천정天井. 하늘과 연결하는 통로로서의 기능. (첨성대)
4) 지정地井. 지하와 연결하는 통로로서의 기능. (분황사 우물)
5) 64괘 중 하나인 정괘井卦의 준말로서 감괘坎卦와 손괘巽卦가 겹쳐진 형상.
6) 부정을 물리치는 벽사辟邪의 의미.
7) 정지井地 또는 정전제井田制의 준말로서 도량형度量衡으로 쓰임. 사방 1리를 井 모양으로 나누면 9간이 되는데, 이를 8가구가 각각 1구간씩 농사를 짓고, 가운데 1구간은 다함께 농사를 지어 나라에 조세를 바침.
8) 왕王 또는 왕실이나 왕궁을 상징하는 문장으로 쓰임. (광개토대왕 청동합)
9) 지명地名.
10) 성씨姓氏.

이렇듯 많은 의미를 담고 있는 井인데, 신라 박혁거세 탄생지인 나정蘿井은 물, 우물, 자궁을 함축하고 있으며, 첨성대는 외적으로는 천문 관측소이면서 내적으로는 하늘과 연결하는 통로 역할을 하였다. 그리고 분황사 우물은 보는 바 그대로 우물이면서 내적으로는 지하와 연결하는 통로이니, 지상에 있는 선덕여왕이 첨성대와 분황사 우물을 통해서 하늘의 힘과 지하의 힘을 받고자 하였던 것이다.

사람의 정수리를 천정天井이라고 하는 것, 그리고 우리가 사는 방마다 천정天井이 있는 것도 사람이 늘 하늘과 연결되어 있고자 하는 통로의 의미가 있다.

1946년 경주 호우총에서 출토된 고구려 청동합의 밑바닥에는 '정井 을묘년국강상광개토지호태왕호우십乙卯年國岡上廣開土地好大王壺杆十'이라는 글자가 새겨져 있는데, 가장 위에 낙관처럼 井자 부호가 새겨져 있다. 그러므로 이는 광개토대왕과 왕실의 권위를 상징하는 문장으로서 사용된 것으로 보인다. 그리고 을묘년은 414년이고, 장수왕이 부왕의 업적을 기리기 위해 광개토대왕비를 세운 해이다. 그러므로 이 호우는 장수왕이 광개토대왕비를 세우면서 기념으로 만든 제기祭器인 것을 알 수 있다. 맨 끝의 十자 표시는 대왕께서 좋은 곳으로 가시라는 의미로 井자와 같은 뜻이며, 사람이 태어난 곳 즉 무극의 자리를 의미한다고 한다.

김정민 박사에 의하면, 十자는 하늘을 나는 새의 상징으로 본래 단군(태양)십자가로 쓰였다고 한다. 이것을 성Saint 조지George(256~303)가 중동에 살던 킵차크족을 물리치고 기독교로 개종을 강요하면서 문화정치의 일환으로 그들 신앙의 상징인 단군십자가를 그대로 쓰기로 하였다고 한다. 그로 인해 성 조지는 로마 바티칸의 교황청에 의해 우상 숭배자로 낙인찍혀 사형까지 당하였지만, 그 후 교황청은 431년 십자가의 사용을 허용하고 공인하였다는 것이다.

교황청의 십자가 사용 공인이 431년이고, 장수왕이 광개토대왕비를 세운 것이 414년이다. 그러므로 광개토대왕비 건립 기념 청동합에 새겨진 十자 표시는 기독교에서 사용하기 이전이다.

아무튼 광개토대왕 청동합이 발견된 곳은 경주였는데, 고구려의 유물이 어떻게 신라 땅에서 발견되었을까? 이에 대해 전문가들은 고구려에 볼모로 가 있던 신라 제19대 눌지왕의 동생 복호공卜好公이 귀국하면서 가지고 온 물건이라고 추정하고 있다. 고구려에서 복호공을 구해온 인물은 바로 신라 충신 관설당 박제상공이었다.

고구려뿐만 아니라 백제의 토기 항아리들에도 井자가 새겨져 있는 것을 많이 볼 수 있는데, 이는 제사나 기우제 등에 사용되었던 제기祭器들로 보인다. 이는 사람이 죽으면 돌아가는 곳이 북두칠성이며, 보이는 세계와 보이지 않는 세계를 연결해 주는 매개체가 물이라고 생각하였던 우리민족의 문화 유습이었다.

《환단고기》〈삼성기〉편에는 '착자정여정어천평鑿子井女井於天坪' 즉 천평에 음양 1쌍의 우물을 팠으며 '획정지어청구劃井地於靑邱' 청구 배달국 때 토지에 획을 그어 정지井地 작업도 했다는 것이다.

중국어사전인 《사원辭源》에는 순임금이 성姓을 우虞씨에서 정井씨로 바꿨다고 기록되어 있다. '우대부식읍어정위지정백후위씨虞大夫食邑於井謂之井伯後爲氏' 즉 우대부(순임금)가 정井이라는 땅을 식읍지로 받고 정백井伯으로 봉해졌는데, 지명地名이었던 정井을 성씨姓氏로 삼았다는 이야기다. 그러니 이는 지명을 성씨로 삼음으로써, 위에 해당하는 열 가지 의미 모두를 획득한 것이라 할 수 있다.

18. 한단고기와 규원사화

1만년 역사의 우리 상고사를 밝힌 대표적인 책은 《한단고기》와 《규원사화》이다. 그동안 《한단고기》와 《규원사화》는 위서논란에 휩싸이기도 했으나, 결국 진본이라는 결론으로 매듭지어졌다.

《한단고기》는 고대로부터 전해 내려온 우리의 역사서 〈삼성기三聖記〉〈단군세기〉〈북부여기〉〈태백일사〉를 독립운동가였던 계연수 선생이 묘향산 단군굴에서 필사하여 한권의 책으로 묶어 1911년 한정판 30부를 출간한 책이다. 그러나 일제시대 조선총독부의 조선 사료 말살 계획에 의해 자취를 감추었고, 계연수 선생마저 1920년 일본 첩자의 손에 살해당하고 말았다.

계연수桂延壽(1864~1920) 선생의 제자인 이유립李裕岦(1907~1986)은 스승의 유지를 받들어 원본을 필사한 《한단고기》를 1979년 일반 대중에게 공개하였다. 그것이 오늘날 일반적으로 알려진 《한단고기》다. 즉 1911년 계연수 선생에 의해 간행된 원본이 아니었다.

이유립 선생은 원본을 공개하라는 학계의 요구를 받았으나, 제시하지 못한 상태에서 1986년 작고하고 말았다. 그리고 이로부터 위서논란에 휩싸였던 것이다. 그런데 1911년 계연수 선생에 의해 간행된 원본 《한단고기》가 숙명여대 도서관에 소장되어 있는 것이 확인되었다. (청구기호 951, 1911, 계연수) 애국지사이며 건국훈장을 받았던 송지영 전 KBS 이사장이 1989년에 숙명여대 도서관에 기증한 것으로 밝혀졌으며, 이로서 《한단고기》는 진본임이 판명되었다.

《한단고기》〈삼성기〉에 실려 있는 고대한국 12연방도 실사임이 밝혀지고 있다. 카자흐스탄에서 국제관계학을 전공한 김정민 박사는 카자흐스탄에서 비로소 우리의 고대한국 12연방이 실사임을 알게 되었다고 한다. 국내의 강단학자들이 그동안 고대한국 12연방이 실사임을 믿지 못했던 것은, 한반도 내에서만 역사를 바라보았기 때문이었다. 그러나 열쇠는 고대에 우리민족의 영토와 활동 영역이었던 드넓은 대륙에 있었던 것이다.

또 《세조실록》에는 '안함로 원동중의 〈삼성기三聖記〉를 거둬들이라.'고 팔도관찰사에 내린 세조의 유시가 기록된 것으로 보아 〈삼성기〉가 당시에도 이미 존재하고 있었음을 알 수 있다.

서울대학교 천문학과 박창범 교수는 《한단고기》〈단군세기〉에 기록된 오성취루 현상을 슈퍼컴퓨터를 활용하여 과학적인 방법으로 검증하고 증명한 논문을 1994년에 발표하였다.

오성취루五星聚婁란 목성 · 화성 · 토성 · 금성 · 수성 5개의 별이 나란히 늘어서는 천문현상으로 〈단군세기〉에 의하면 무진戊辰 50년(BC1733) 흘달단군 때 오성취루 현상이 있었다는 것이다. 이것을 박창범 교수가 최첨단 천문 관측 프로그램을 통해 검증해낸 것이다. 그 자세한 내용은 박창범 교수의 저서 《하늘에 새긴 우리 역사》에 자세히 담겨 있다.

《한단고기》〈태백일사〉에는 고조선 제3대 가륵단군 2년에 삼랑 을보륵이 정음 38자를 정리하고 이를 가림다加臨多라고 했다는 내용이 들어 있다. 이 또한 고대 우리의 영토였던 중국 산동성 환대桓臺에서 발굴된 가림토 문자로서 증명되었다. 1998년 환대에서 발굴된 녹각에 새겨진 가림토 문자는 지하 6m 깊이에 묻혀 있었으며, 탄소측정 결과 3850년 전의 것으로 확인되었다. 이로서 〈태백일사〉에 가림다 문자가 4천년 이전에 있었다는 내용은 사실임이 증명되었다.

북애자北崖子의 《규원사화揆園史話》도 위서논란을 겪은 책이다. 그러나 《규원사화》는 위서논란을 겪을 이유가 전혀 없었던 책이다. 다만 우리의 사료를 말살시키려는 자들에 의해 위서라는 거짓 정보가 난무했을 뿐이다.

《규원사화》는 조선시대 숙종 1년(1675) 3월 상순 제작된 북애자의 상고사 기록서이다. 북애자는 청평산에서 발해의 역사서인 《조대기朝代記》를 참조하여 저술한 청평淸平 이명李茗의 《진역유기震域遺記》를 얻어 보고나서 지은 책으로, 그 내용은 〈서序〉〈조판기肇判記〉〈태시기太始紀〉〈단군기檀君紀〉〈만설漫說〉이 실려 있다.

1945년 말 국립중앙도서관 직원이 우연히 서울의 한 고서점에서 《규원사화》를 발견하였고, 귀중도서임을 즉각 알아차렸다고 한다. 그리하여 소장자였던 김수일 씨로부터 100원에 구입하였는데, 그때의 100원은 한국에서 미국까지의 비행기 편도 값과 비슷했다고 한다. 그리하여 1946년 5월 25일자로 국립중앙도서관에 귀중본으로 지정 등록되었다. (도서열람번호, 貴629/古2105-1)

이 밖에도 1972년 11월 3일 고서古書 심의위원이었던 임창순 선생, 이가원 박사, 손보기 박사, 3인의 감정 결과 진본으로 판정이 났으며, 진본 인증서도 작성되어 있다.

심의위원 3인의 이력을 보면 임창순 선생은 1914년생으로 한학계를 대표하는 대학자이자 금석학자이며 한국 서지학회 회장으로서 한국 정신문화연구원으로부터 명예 문학박사를 수여받았다. 이가원 박사 역시 1917년생으로 한학자이자 국문학자이며 연세대학교, 성균관대학교, 단국대학교 등에서 재직하였다. 손보기 박사도 1922년생으로 선사고고학 전문가이며 서울대학교, 연세대학교, 단국대학교 등에서 재직하였고 한국 민속학연구소 소장을 역임하였다. 이로서 《규원사화》를 심의했던 3인은 대한민국에서 알아주는 대학자요, 전문가들이었음을 알 수 있다.

이유립 선생의 《대배달민족사》에 의하면 '북애자'는 소한당所閑堂 권람權擥(1416~1465)의 숨겨진 호라고 한다. 그래서 권람의 후손인 연세대학교 권오돈(1901~1984) 교수의 집안에서 조상이 지은 가보로서 《규원사화》가 전해져 내려왔던 것이다.

19. 사료의 유실

우리민족은 유구한 역사 속에서 크고 작은 외침을 수없이 많이 당하였다. 그렇게 외세의 침략을 당하는 동안 상고사 관련 문헌들이 대부분 소실되었다. 그러나 우리민족이 부족하고 약하여 침략을 받은 것이 아니라는 것은 《삼국지위지동이전》〈부여전夫餘傳〉의 기록을 보면 잘 알 수 있다.

- 그 나라 사람들은 체격이 크고, 성질은 굳세고 용감하다. 또한 근엄하고 후덕하여 다른 나라를 쳐들어가거나 노략질하지 않는다. (其人麤大性彊勇謹厚不寇鈔)

즉 하늘을 숭배하고 널리 세상을 유익하게 하는 마음을 갖고 있었던 우리민족은 경천애인·홍익인간·이화세계의 이념을 가지고 있었기 때문에 다른 나라를 쳐들어가거나 노략질하지 않았던 것이다. 그러다보니 대륙의 드넓은 영토를 운영하였던 것이 한반도로 좁혀지고 말았다.

- 수나라 113만 대군이 쳐들어 왔을 때, 을지문덕 장군이 20만 조의선인으로 무찔렀다.
- 당나라 30만 대군이 쳐들어 왔을 때, 연개소문이 3만 조의선인으로 물리쳤다.
- 당나라 대군이 한반도를 통째로 집어삼키려 했을 때, 김유신 장군이 막아냈다.
- 조선시대 이순신 장군은 13척의 거북선으로 333척의 왜적선을 무찔렀다.

- 일제시대에는 미국의 루즈벨트 대통령까지 일본의 한국 지배를 동의한다는 조약을 체결했으며, 친구에게 '나는 일본이 대한제국을 차지하기를 바란다.'고 쓴 편지가 발견되었다. 그것도 모르고 고종 임금께서는 한국을 방문한 20살짜리 루즈벨트의 딸을 여왕처럼 모시며 극진히 대접하여 보냈다.

탄허吞虛(1913~1983) 스님은 조선시대 이후만도 일본에게 침략 당한 횟수가 무려 49차례나 된다고 하였으니, 벼랑 끝의 풍전등화 같은 이런 상황에서 우리나라가 살아남은 것은 실로 기적이 아닐 수 없다. 그리고 이는 바로 하늘이 우리 천손민족을 보호하고 계심을 증명하는 것이다.

이렇게 크고 작은 외침을 수없이 당하는 동안에 유구했던 우리의 역사 기록들이 대부분 소실되기에 이르렀다. 게다가 삼국시대 내전과 조선시대 민족 고대사와 관련된 중요 비서秘書들을 국가에서 강제 수거한 사실들까지 합세하여 우리의 고대사를 씨를 말리게 하였다.

그런데 1984년 땅속에서 신시神市 배달국 시대의 홍산문명을 비롯하여 치우천황의 유물들이 쏟아져 나왔다. 그러나 문제는 우리의 유물들이 쏟아져 나오고 있는 땅이 현재 중국의 영토로 되어 있어, 우리가 자유롭게 연구할 수가 없다는 점이다.

일본의 역사학자 조거鳥居는 '중국의 중부와 남부는 본시 동이족의 하나인 묘족苗族이 살던 땅이다.'고 하였거니와 오향청언吾鄕淸彦 역시 '사마천의 《사기》는 단군조선이 대륙을 지배했었다는 역사적 사실을 거꾸로 뒤집어 변조작업 해놓은 것이다. 한나라의 한漢이라는 국호도 옛날 삼한조선의 한韓이라는 글자를 그대로 빌려 간 것에 불과하다.'고 하였다.

중국의 역사학자 서량지徐亮之나 왕동령王桐齡 같은 이들도 모두 만주는 말할 것도 없고 산동성을 중심으로 호북성, 호남성, 강서성, 협서성, 양자강과 한수 등이 모두 동이족이 살던 땅이었다고 말하고 있다.

아무튼 고구려인으로서 대진국 발해를 창업했던 대조영·대야발 형제는 전쟁 때 불타 없어진 《단기고사檀奇古史》를 복원하고 편찬하는데 장장 13년에 걸친 작업 끝에 비로소 완성하였다. 그리고 그 책 서문에서 이렇게 기록하였다.

- 당나라 장군 소정방과 설인귀가 고구려와 백제의 국서고國書庫를 모두 부수고 불태운 것이 몹시 원망스럽다.

즉 고구려와 백제의 국가 장서고를 나·당 연합군이었던 당나라가 모두 불태웠다는 것이다. 그 밖에도 문헌에 기록된 역사 기록 소실 관련 증언들은 다음과 같다.

- 당나라 이세적이 고구려 평양성을 쳐들어 왔을 때, 장서고藏書庫에 문헌이 잘 갖추어져 있는 것을 시기하였다. 그래서 이를 남기면 후손들이 알까 두렵고, 변방의 우환 또한 자심해질 것이라며 모두 불질러버렸다.《매천야록》

- 고구려 문헌은 당나라의 이적李勣에 의해 없어지고, 신라의 고적故籍은 견훤의 난에 없어졌다.《문헌비고》

- 당나라 이적과 소정방이 신라와 연합하여 고구려와 백제를 멸망시킨 뒤에, 고구려와 백제의 문헌을 소탕하였다.《기년아람紀年兒覽》

- 고구려와 백제의 문헌은 전쟁에서 이긴 신라와 당나라가 없앴고, 신라의 문헌은 고려가 없앴다.《단재신채호전집》

- 거란이 고려에 침입하여 한국사를 전부 불질러버렸다.《고려사》

- 송나라 호종단이 고려에 거짓 귀화하여서 예종·인종 시대에 고관으로 등용된 뒤에 전국을 돌아다니면서 찬란한 역사를 기록한 금석물金石物들을 전부 타도하였다.《동문선》

- 양양에 사선비四仙碑가 있었는데, 송나라 호종단이 부수어 그 귀부龜趺밖에 남지 않았다.《여지승람》

- 선춘령先春嶺 아래에 고구려 유비遺碑가 있었는데, 호종단이 부수고 오직 '황제皇帝' '상가相加' 등 10여 글자만 남았으니 '황제'는 고구려왕을 말함이요 '상가'는 고구려 대신을 일컬음이라.《해상잡록》

- 인종 초년 경까지 화랑 국선의 유적은 금강산과 관동팔경을 차지한 강원도 각지에 특히 풍부하였던 모양이니, 고성 삼일포에는 유명한 영랑·술랑·남랑·안상 4선이 놀던 곳에 마애단서磨崖丹書와 36봉의 4선비가 있었고, 통천 총석정에도 애상비崖上碑와 함께 동봉東峯에 고갈古碣이 있었고, 강릉 한송정에도 4선비가 있었는데, 이 귀중한 화랑 국선들의 비갈碑碣들을 광망한 호종단이 돌아다니며 쪼아 파괴했으며 바다 속에 던져 인멸시켰으니, 이 얼마나 통분할 일인가!《동유기》

- 호종단은 송나라 북주 출신으로 일찍이 대학에 들어 상사생上舍生이 되었고, 후에 상선을 따라 고려에 입국하자 예종 때부터 등용되어 인종 때까지 역임하였다. 그 성격은 총민하고 박학능문이오, 잡예에 능통하여 압승지술을 전진하므로 국왕도 혹하는 경우가 없지 않았으니, 행내기가 아닌 것을 알 수 있다. 송유宋儒의 말류 인물이면서도 잡예와 압승지술에 능통

하였다고 하니, 온갖 저주로서 사람도 해하고 남의 나라도 그르칠 수 있는 인물임을 짐작할 수 있다.《고려사》

- 호종단이 없앤 고적이 대개 이것뿐이 아닐지라. 무릇 4선은 수천 년 나라의 정수요, 정신의 중심이요, 무사의 혼이라 할 만한 신라 선랑인 영랑·술랑·남랑·안상랑이니《고려사》에 예종이 '4선의 유적을 영화롭게 하라.(四聖之蹟所宣加榮)'고 한 것을 보면, 역대 4선에 대한 존앙이 지극하였음을 볼지어늘《삼국사기》에는 4선의 이름도 쓰지 않았음이 기괴하거니와 호종단이 4선랑의 유적을 업멸함은 2천년래의 가장 큰 사변이어늘, 어찌 이런 이야기가 없음은 호종단이 비 부순 일보다 더 해괴하도다. 겨우《여지승람》의 주군州郡 고적지와《해상잡록》같은 등한문자로 말미암아 우리가 호종단 같은 요물이 있었음을 알게 되나니, 이밖에도 알려지지 않은 호종단의 죄악이 얼마나 더 많으랴! 단군 삼경三京의 남은 터며, 진국 9한의 끼친 물건이며, 2백 화랑의 지난 자취며, 3만 조의선인의 던진 흔적이, 호종단 등이 예종·인종을 홀리어 산천 압승하던 길에 말살한 바라.《단재신채호전집》

-《선사仙史》《선랑고사仙郎故事》《화랑세기花郎世紀》와 함께 태고적 역사책들인《단국고기檀國古記》《단군본기檀君本記》《신지비사神誌秘史》등이 없어진 것은 누구나 뼈저리게 느끼는 바다. (안호상 박사)

이 밖에도《조선왕조실록》의 기록에 의하면 태종 12년(1412) 8월 7일 충주 사고史庫에 소장所藏되어 있던 고서古書들을 바치도록 명하였다. 그중에서 "《신비집神祕集》은 펴보지 못하게 하고 따로 봉하여 올리라." 명하고는 임금이 본 후에 대언代言 유사눌柳思訥을 시켜 불사르게 하였다.
그리고 세조3년, 예종1년, 성종 즉위년, 3차례에 걸쳐서 왕명으로 팔도

관찰사에게 명하여 민족 고대사와 관련된 비서秘書들을 국가에서 강제 수거하였으니, 그 구체적인 내용은 다음과 같다.

- 세조3년(1457) 5월 26일 팔도 관찰사에게 유시하기를 《고조선비사古朝鮮秘詞》《대변설大辯說》《조대기朝代記》《주남일사기周南逸士記》《지공기誌公記》《표훈表訓》《삼성밀기三聖密記》《삼성기三聖記》《도증기道證記》《지리성모智異聖母》《하사량훈河沙良訓》 문태산文泰山 왕거인王居人 설업薛業 3인이 기록한 수찬기소修撰企所의 1백여 권과 《동천록動天錄》《마슬록磨蝨錄》《통천록通天錄》《호중록壺中錄》《지화록地華錄》《도선한도참기道銑漢都讖記》 등의 문서는 마땅히 사처에서 간직해서는 안된다. 만약 간직한 사람이 있으면 진상하도록, 관청과 민간 및 사사寺社에 널리 효유曉諭하라.

위 내용을 보면 《한단고기》에 인용된 많은 서적의 이름들이 그대로 등장하고 있다. 그러므로 조선 초까지만 해도 《고조선비사》와 같은 비서秘書들이 그대로 존재하고 있었음을 알 수 있다.

이밖에도 10여 년 뒤인 예종1년(1469) 9월 18일과 같은 해인 성종 즉위년(1469) 12월 9일에도 민족 고대사에 관련된 비서秘書들과 천문·지리·음양 서적들이 또다시 왕명으로 강제 수거 당하였다. 그리고 이런 고서들을 바친 자에게는 양반의 경우 2품계를 높여주고, 상 받기를 원하는 자나 천민의 경우에는 면포 50필을 상으로 주고, 책을 숨긴 자는 참형에 처하고, 책을 숨긴 자를 고발한 자에게는 그에 합당한 상을 준다는 내용이었다.

이렇듯 민족혼이 담긴 우리의 상고사는 유교 성리학을 토대로 건국한 조선 초기의 지배층에 의해 철저히 억압당하고 왜곡되었으니, 이렇게 강제 수거당한 우리의 고대 비서秘書들은 서운관書雲觀 및 국가 수장고에 묻혀 있다가 일제시대에 모두 약탈당하고 폐기되었다.

일제시대 조선총독부의 조선사 편찬위원으로 일했던 윤재구 씨는 일제 조선총독부가 한국 상고사의 말살 정책으로 상고사가 담긴 사서史書들을 20만 권이나 수탈하여 불태워 버렸다고 《조선세가보》를 써서 증언하고 있다. 그리고 일본으로 건너 간 사서만도 5만권 이상이라고 한다.

1925년 조선총독부 사이토 총독이 전국에 시달한 교육시책 제1칙령은 '먼저 조선인들이 자신의 일, 자신의 역사, 자신의 전통을 알지 못하게 만듦으로서 민족혼과 민족문화를 상실하게 하라.'였다.

이러한 시책 아래 일본은 조선의 토착사상을 완전히 말살하고, 그들이 조작한 식민사관 역사를 퍼트렸다. 이때 주도적인 역할을 한 것이, 악명 높은 금서룡今書龍과 스에마쓰(末松)였다.

금서룡과 스에마쓰는 조선총독부 조선사편수회에서 한국 상고사를 말살하고 날조 조작한 《조선사》 37권을 새로 편찬하여 교과서에 실어 주입시켰다. 그러니 일본이 조작한 역사를 배운 사람들이 우리의 상고사를 허구나 신화라고 여길 수밖에 없는 노릇이다. 이때 조선사편수회에서 하수인으로 활동한 사람이 서울대 이병도 교수와 고려대 신석호 교수였다. 그러나 이병도 교수는 죽기 3년 전에 참회의 글을 조선일보 1986년 10월 9일자 신문에 게재하였다.

당시 조선사편수회 위원회에 참석했던 육당 최남선은 이들의 역사 왜곡을 참지 못하여 "고조선 1195년간의 역사를 왜 단군신화설로 개작시키는가?" 하고 항의하였다.

이렇듯 삼국시대, 고려시대, 조선시대를 이어오면서 상고사를 기록한 모든 책들이 수난을 당하였는데, 어떻게 《삼국사기》《삼국유사》만이 무사할 수 있었을까? 이는 두 책이 고대사 말살과 사대주의, 식민사관의 공통점을 갖고 있기 때문이었다. 그리하여 현재 중국과 일본에서는 두 책만 공식적으로 인정하고 있는데, 우리나라 강단학계 역시도 그러한 것이 문제이다.

우리민족의 역사와 정신을 말살하고 자주성을 침해하기에 온갖 수단을 다했던 일제의 광기가 막을 내리던 날, 마지막 조선 총독인 아베노부유키(아부신행)는 1945년 9월 9일 항복문서에 조인하고 이렇게 말했다.

"우리 일본은 패했지만 조선 국민이 제 정신을 차려 찬란하고 위대했던 옛조선의 영광을 되찾으려면 100년 이상의 세월이 걸릴 것이다. 우리 일본은 조선 국민에게 총과 대포보다 더 무서운 식민교육을 심어놓았기 때문이다."

그러나 대한민국은 정신을 잃지 않았다. 널리 세상을 이롭게 하라는 국조 환웅천황의 홍익인간 이념 아래, 신라 화랑도의 정신, 고구려 조의선인의 웅지를 이어받아, 찬란하고 위대했던 옛조선의 영광을 회복해가고 있다. 우리의 문화원형인 상고사 회복운동은 곳곳에서 일어나고 있으며, 우리의 무궁한 정신적 자산과 미래에 대한 비전을 되찾아가고 있다.

미국의 세계 금융회사인 골드만삭스는 이렇게 전망하였다.

"2040년이 지나면, 대한민국은 세계 2위와 경쟁하게 될 것이다."

이것은 세계 1위인 미국의 전망인 만큼, 이 말은 곧 대한민국이 머지않아 세계 1위와 경쟁하게 된다는 말이다.

세계는 곧 자본주의가 막을 내리고 인본주의로 돌입하게 된다. 그러면 인본주의에 가장 강력한 나라가 바로 대한민국이다. 대한민국은 개천開天 이래로 경천애인·홍익인간·이화세계라는 인본주의를 줄곧 지켜온 나라이기 때문이다.

20. 선도신모

선도신모仙桃神母는 선도산仙桃山에 살면서 13세의 어린 아들 박혁거세를 이끌어 기원전 57년에 신라를 건국하였고, 딸 알영閼英을 박혁거세왕의 비妃로 삼았다.

선도신모는 선도성모仙桃聖母, 동신성모東神聖母, 서술성모西述聖母, 해척지모海尺之母, 아진의선阿珍義先, 파소婆蘇, 사소娑蘇, 자소姿蘇, 파사소婆娑蘇 등 여러 호칭이 있다. 그러나 신라 진평왕 때 여승 지혜智惠의 꿈에 나타나 스스로를 '선도신모'라고 하였다 하므로, 그렇게 칭하기로 한다.

선도신모가 살았던 선도산(신선산神仙山)에는 지금도 선도신모의 사당祠堂 선모사仙母祠가 있는데, 서라벌의 서쪽에 있는 산이라 하여 서악西岳, 서술산西述山, 서연산西鳶山, 서형산西兄山, 서취산西鷲山으로도 불린다.

《한단고기》는 선도신모가 부여夫餘 제실帝室(祭室)의 딸 파소婆蘇이며 남편 없이 아기를 배었으므로, 사람들의 의심을 받아 눈수嫩水(만주 중부지방의 강)로부터 도망쳐 동옥저東沃沮(오늘날의 함경남도 동해안)를 거쳐 다시 배를 타고 남하하여 진한辰韓의 나을柰乙촌에 와 닿았다고 한다.

그런데 《삼국유사》는 선도신모가 중국 연燕나라 제실의 딸로서 이름은 사소娑蘇인데 일찍이 신선의 술법을 배워 해동海東에 와서 머물며 돌아가지 않았다고 한다. 그러자 부황父皇이 소리개 발에 매달아 보낸 편지에서 '소리개가 머무는 곳에서 살라.'고 일렀고, 사소가 편지에 쓰인 대로 소리개를 놓아 보내니, 선도산으로 날아가 멈추므로, 그곳에 자리 잡아 지선地仙이 되었다고 한다. 그래서 선도산의 이름을 소리개 연鳶자를 써서 서연산西鳶山이라고도 부르는 것이다.

아무튼 선도신모는 선도산에 살면서 신라를 지켰는데 신령스런 일이 자주 일어나므로 신라가 건국된 이래 언제나 삼사三祀의 대상이었으며, 그 제사도 여러 산천제사 중 으뜸이었다고 한다.

《한단고기》와 《삼국유사》에서 선도신모의 출신지가 다른 것은, 고대 부여夫餘의 땅이 후에 연燕나라 땅으로 바뀐 데서 오는 지명地名의 차이로 보인다. 기원전 312~279년에 재위했던 연나라의 소왕昭王은 불사약不死藥을 구하기 위해 방사를 우리나라 삼신산三神山에 보냈었다.

아무튼 선도신모는 여사제단女司祭團의 우두머리인 여제사장 원화였을 것이다. 여제사장으로서 아기를 배었기 때문에 도망쳐야 했을 것이다. 그러나 그것은 바로 선도신모의 소명으로서 특별한 존재를 배임하고 진한에 와 출산을 하는 것이었다. 이는 선도신모가 건장한 남자도 하기 어려운, 즉 잉태한 몸으로 부여 또는 연나라로부터 배를 타고 도망해 진한까지 이동하여 선도산에 정착하였으며, 13세의 아들을 왕으로 세워 신라를 건국한 사실만 보더라도 잘 알 수 있는 일이다.

김대문의 《화랑세기》 서문에는 '옛날 연부인燕夫人이 선도를 좋아하여 미인을 많이 모아 이름 하기를 국화國花라고 하였다. 그 풍습이 신라로 들어와 여자로써 원화源花를 삼게 되었다.'고 원화의 기원을 밝히거니와, 여기서 말하는 연부인燕夫人은 바로 선도신모를 말함이다. 그리하여 선도仙道을 연마한 선도신모의 몸에서 태어난 박혁거세와 알영은 태어나면서부터 신군神君이자 성군聖君이었던 것이다.

《삼국사기》는 선도신모가 중국에서도 모셔지고 있다고 전하고 있다. 고려 예종 11년(1116) 김부식(1075~1151)이 송나라에 사신으로 갔을 때, 우신관佑神館의 한 당堂 안에 여선女仙의 상像이 모셔져 있었는데, 관반학사館伴學士 왕보王黼가 이렇게 말하였다고 한다.

"이 여선女仙은 귀국의 신神인데, 아십니까? 옛날에 어떤 제실帝室의 딸이 바다 건너 진한辰韓으로 가서 아들을 낳았는데, 그가 해동의 시조가 되었습니다. 그리고 그 여인은 지선地仙이 되어 길이 선도산仙桃山에 사는데, 이 상은 바로 그 여인의 상입니다."

《삼국유사》에도 〈선도성모 수희불사隨喜佛事〉라는 제목의 영험한 이야기가 실려 있다.

신라 제26대 진평왕(재위 579~632) 때 지혜智惠라는 비구니가 있어 어진 행실이 많았다. 그녀는 안흥사安興寺에 살았는데 새로 불전佛殿을 수리하려고 했지만 힘이 모자랐다. 그러던 어느 날 영험한 꿈을 꾸었는데, 구슬로 머리를 장식한 아름다운 선녀가 나타나 현몽을 주는 것이었다.

"나는 선도산仙桃山 신모神母이다. 네가 불전을 수리하려고 하는 것을 기쁘게 생각하여 금 10근을 주어 돕고자 한다. 내 자리 밑에서 금을 꺼내서 주존主尊 삼상三像을 장식하고, 벽 위에는 오삼불五三佛과 여섯 성중聖衆 및 모든 천신天神과 오악신군五岳神君을 모시라. 그리하여, 해마다 봄과 가을 10일에 남녀 신도들을 많이 모아 널리 모든 함령含靈을 위해서 점찰법회占擦法會를 베풀라."

지혜가 놀라 꿈에서 깨어 무리를 데리고 신사神祠에 가서 자리 밑을 파보니, 과연 황금 160냥이 나왔다. 그리하여 불전 수리하는 일을 완성하였으니, 이는 모두 선도신모가 시키는 대로 따른 것이다. 그 사적은 지금까지 남아 있으나, 불법행사는 폐지되었다.

여기서 오악신군五岳神君은 동쪽의 토함산吐含山, 남쪽의 지리산智異山, 서쪽의 계룡산鷄龍山, 북쪽의 태백산太伯山, 중앙의 부악父岳, 또는 공산公山을 말한다.

《삼국유사》의 저자가 승려이므로 이야기가 불교식으로 전개되었으나 "나는 선도산 신모神母이다. 내 자리 밑에서 금을 꺼내어 쓰라." 하므로 신사神祠에 가서 자리 밑을 파보니 과연 황금 160냥이 나왔다는 내용은 선도신모를 모시는 신사神祠가 진평왕 때도 이미 있었음을 보여준다. '널리 모든 함령含靈을 위해서 점찰법회占擦法會를 베풀라.'는 내용도 다름 아 닌, 홍익인간 이화세계 하라는 것이다.

또 신라 제54대 경명왕景明王(재위917~924)이 선도산에 매사냥을 나갔다가, 그만 매를 잃어버리고 말았다. 이에 선도신모께 기도를 올렸다.

"만일 매를 찾게 해주신다면, 응당 성모聖母님께 작위爵位를 봉해 드리겠습니다."

그러자 이내 매가 날아와서 책상 위에 앉는지라, 경명왕은 약속을 지켜 선도신모를 '대왕大王'에 봉작封爵하였다.

한편 지리산 천왕봉에 모셔져 있던 성모묘聖母廟의 주인공을 어떤 이는 마고성모라고 하고 어떤 이는 선도성모라고 한다. 그러나 마고성모와 선도성모는 둘이 아니고 하나로 이어진 정신일 것이다.

조선시대 점필재 김종직金宗直(1431~1492)의 <유두류록遊頭流錄>에는 그가 40세에 지리산 천왕봉에 올라 성모묘聖母廟 사당에 주과酒果를 올리고 제사한 내용이 나온다.

- 사당祠堂은 3칸으로 되어 있고, 엄천리嚴川里 사람이 고쳐 지었는데, 판자 지붕에다 못을 박아 튼튼하였다. 그렇게 하지 않으면 바람에 날아갈 것이다. 성모석상聖母石像 미목眉目과 쪽머리에는 분대粉黛가 발라져 있다. 그런데 목에 칼로 벤 자국이 있어 연유를 물으니, 고려 말에 이성계가 근처 인월引月에서 왜구를 크게 무찔렀는데, 지리산 성모의 신조神助로 이겼다하여 왜구 패잔병들이 보복으로 성모상의 머리를 자른 것을, 사람들이 후에 다시 붙여놓은 자국이라 하였다.

처음에 천왕봉에 있던 사당은 이후 노고단으로 내려와 남악사南嶽祠를 세우고 산신제를 지내다가, 1908년 폐사되는 불운을 겪었다. 1910년 한일합방이 된 것을 미루어 짐작하면 아마도 일제에 의해 폐사가 되었을 것이다. 그러나 1969년 지역주민들이 힘을 모아 오늘날의 화엄사 앞에다가 다시 세웠다.

한편 변산반도의 내소사는 사소娑蘇 성모가 왕림했다하여 이름을 내소사來蘇寺라고 하였다는데, 대웅전의 불상 뒤편에는 지금도 흰 옷에 흰 수건을 두른 백의관음 선도신모의 그림이 남아 있다.

선도산에 있는 성모사聖母祠는 매월 초하루 새벽 6시, 그리고 매년 음력 3월 10일에 박씨 문중 여성들이 주축이 되어 제향祭享을 올리고 있다.

한편, 선도신모의 손자며느리이자 남해 차차웅의 왕비였던 운제雲梯부인은 포항 운제산雲梯山의 산신이 되었다고 한다.

21. 박혁거세

신라의 시조 왕 박혁거세朴赫居世(재위 BC57년~AD4년)는 모든 박씨朴氏들의 시조이며, 알지閼智 또는 불구내弗矩內라고도 부른다. 왕호는 거슬한居瑟邯, 즉 거서간居西干이다.

한邯이나 간干은 제정일치가 존속되던 시대의 군장君長의 칭호로 보이며, 기원전 57년 13세의 나이로 진한 6부 촌장들의 화백회의에서 만장일치로 초대 왕으로 추대되었다.

《삼국사기》〈신라본기〉에는 '(고)조선 유민들이 산골짜기에 분산되어 살며 6촌을 형성했는데, 이것이 진한 6부가 되었다.(先是朝鮮遺民 分居山谷之間 爲六村是爲辰韓六部)'고 하였다. 즉 진한은 고조선을 계승한 것이다. 진한의 6부 촌장은 다음과 같다.

1) 알천閼川 양산촌楊山村의 알평謁平 이씨李氏 (급량부及梁部)
2) 돌산突山 고허촌高墟村의 소벌도리蘇伐都利 최씨崔氏 (사량부沙梁部)
3) 무산茂山 대수촌大樹村의 구례마俱禮馬 손씨孫氏 (모량부牟梁部 또는 점량부漸梁部)
4) 취산嘴山 진지촌珍支村의 지백호智伯虎 정씨鄭氏 (본피부本彼部)
5) 금산金山 가리촌加利村의 지타祗陀 배씨裵氏 (한기부韓岐部)
6) 명활산明活山 고야촌高耶村의 호진虎珍 설씨薛氏 (습비부習比部)

그런데《삼국유사》에는《삼국사기》와 달리 소벌도리가 정씨, 지백호가 최씨로 바뀌어 있다.

《삼국사기》는 1145년 고려 인종 임금의 명을 받들어 김부식이 편찬한 삼국시대의 정사正史이다. 그에 비해《삼국유사》는 1281년 승려 일연이 편찬한 사서史書이다. 그러나《유사遺事》는 제목 그대로《사기》에서 빠진 일들, 또는 잘 드러나지 않은 부분들을 드러냈다는 면에서 학계의 평가를 받고 있다. 예를 들면《사기》에서 '고기잡이 노파 아진의선'이라고 표현된 부분을《유사》는 '혁거세의 고기잡이 어미 아진의선'이라고 표현하였다.

《유사》의 저자 일연은 왜《사기》가 '소벌돌이 최씨, 지백호 정씨'라고 한 것을 '소벌돌이 정씨, 지백호 최씨'라고 하였을까? 실수였을까? 아니면 오류를 바로잡은 것일까?

아무튼 6부 촌장은 무슨 일이 있으면 만장일치 제도인 화백회의에서 결정하였으며, 의장은 알천 양산촌의 알평이었다. 그리고 이때 비롯된 6부 조직 구조는 신라시대를 거쳐 고려 초까지 관청의 기본 조직 체계로 존속하였으니, 이들 6부 촌장을 모신 사당이 바로 지금의 양산재楊山齋이다.

그날도 진한의 6부 촌장들은 알천 양산에 모여 회의를 열었는데, 뜻이 하나로 모아졌다.

"우리가 앞으로 발전하기 위해서는 우리 6부를 하나로 통합하여 다스려 줄 덕 있는 군주가 필요합니다."

"맞는 말씀입니다. 그런데 어디서 그런 덕 있는 군주를 구한단 말입니까?"

그때 고허촌장 소벌도리 눈에 양산 기슭의 나정蘿井에서 백마가 꿇어앉아 있는 것이 보였다. 이상히 생각되어 가 보니 백마는 보이지 않고 대신 신비한 기운이 감도는 큰 알만 하나 있었다. 알을 갈라 보니 그 속에서 단정하고 아름다운 사내아이가 나왔는데, 산천초목도 노래하고 춤추며 반겼다.

가야의 시조 김수로왕이나 고구려의 시조 주몽도 모두 알에서 태어난 인물들이니, 박혁거세가 알에서 나왔다하여 하등 이상할 것은 없다. 이는 시조 왕들의 위대함을 보여주는 상징일 뿐이다.

아무튼 아이는 둥근 박처럼 생긴 알에서 나왔다하여 성姓을 박朴씨로 정하고, 세상을 밝게 할 아이라는 뜻에서 이름은 혁거세赫居世라고 하였다. 또 알천閼川에서 낳은 지혜로운 아이라 하여 알지閼智(또는 알에서 나온 알지)라고도 하였다.

훌륭한 지도자 소벌도리는 하늘이 주신 아이라 생각하고 집으로 데려가 양육하니, 아이의 총명함과 지혜가 날로 더하였다. 이에 13세가 되자 누이동생 알영閼英과 짝을 지어주고, 6부 촌장의 화백회의에서 만장일치로 초대 왕과 왕비로 추대하였다.

조선시대 청한자 김시습金時習(1435~1493) 선생은 '박혁거세왕이 13세의 어린 나이로 능히 왕이 된 것은 그가 (어머니로부터 받은) 유서 깊은 금척金尺을 가지고 있었기 때문이며, 그 금척으로서 6부 촌장에게 혈통을 인정을 받은 것'이라고 하였다.

금척은 금으로 만든 자(尺)로써 천부天符의 법이며, 형상은 삼태성三台星이 늘어선 것 같이 생겼는데, 머리에는 화주火珠를 물고 있고, 네 마디로 된 다섯 치라고 하였다. 그리고 천지조화의 근본을 비롯하여 인간 만사에 이르기까지 재지 못하는 것이 없으며, 죽은 사람도 재면 살아나는 신비한 신기神器라고 하였다.

경주시 건천읍 금척리 금척원(사적 제43호)에는 지금도 박혁거세왕이 금척을 감추었다는 무덤들이 있다. 38개의 똑같은 거대한 무덤들을 만들어 그 중 한 무덤 안에 금척을 감추었다는 것이다. 현대에 이르러서 한가운데로 나는 도로공사 때문에 일부는 훼손되었지만, 그래도 30여 기의 고분은 지금까지도 여전히 남아 있다.

박혁거세왕은 왜 금척을 감추어야만 했을까?

박혁거세왕 재위 60년 9월 두 마리 용이 금성우물에 나타나고, 우레와 비가 심했으며, 성의 남문이 벼락을 맞았다는 기록이 있다.

재위61년(AD4년) 3월 박혁거세 거서간이 나라를 다스린 지 61년 만에

73세로 붕어하였다. 《삼국사기》에는 왕이 붕어하여 사릉에 장사지냈으며, 사릉은 담엄사 북쪽에 있다고 하였다. 이에 비해 《삼국유사》의 기록은 좀 더 구체적이다.

 - 왕이 승천한지 7일이 되자 유해가 각기 분산된 채로 땅에 떨어졌고, 왕후도 역시 승천하였다. 사람들이 수습하여 합장하려 했으나 커다란 구렁이가 나타나 가로막아서 할 수 없이 각각 떨어진 채로 5릉에 장사지냈으며, 사릉蛇陵이라고도 한다.

 혹자는 이를 두고 왕위를 둘러싼 유혈분쟁이 있었던 것이 아닐까, 추측하기도 한다. 그래서 금척을 감추어야만 했던 것일까?
 아무튼 박혁거세 거서간은 치세 내내 어질고 지혜로운 왕으로 칭송을 받았다. 그리고 이후 신라의 왕호는 차차웅, 이사금, 마립간, 왕 순서로 바뀌었다.

22. 표공

　표공瓢公은 호공瓠公 또는 고공선인이라고도 하며, 진한 6부 중 표암봉瓢巖峰을 초강지初降地로 삼았던 알천閼川 양산촌楊山村의 알평謁平 가문의 인물이다.
　알평 가문은 진한 6부 촌장 가운데서도 의장을 맡았던 가문으로, 신라 시조 왕 박혁거세를 옹립하여 왕으로 세웠으며, 제3대 유리왕 9년에 이씨 李氏 성姓을 하사받았다.
　그러니 표공이 박혁거세 거서간을 보좌하여 명재상으로 활동하던 당시에는 성이 없었다. 그러므로 그 가문이 맨 처음에 터를 잡았던 표암봉瓢巖峰의 표瓢자를 따서 표공이라고 하였던 것이다.
　이는 정치적으로도 충분히 설득력이 있는 것이, 박혁거세 거서간을 세우기 전에는 진한에서 가장 우두머리 역할을 하던 알평 가문이 갑자기 정치선상에서 빠졌을 리는 없기 때문이다.
　박혁거세를 왕으로 세울 때도 표면적으로는 소벌도리를 내세워 일을 하였지만, 안으로는 보이지 않게 알평이 주도적 역할을 한 것을 알 수 있다.
　첫째, 소벌도리가 알을 발견한 장소가 알평의 통치권 내에 있는 양산기슭이었다.
　둘째, 알지閼智와 알영閼英의 이름은 알평이 살고 있는 알천閼川의 알자에서 따왔다.
　셋째, 알지의 성姓을 둥근 박처럼 생긴 알에서 나왔다 하여 박朴씨로 하였는데, 이는 바로 알평 가문의 초강지, 둥근 박을 뜻하는 표암봉瓢巖峰에서 따온 것이다.
　그러므로 박, 바가지, 표주박을 뜻하는 성을 가진 박혁거세와 표공은 둘 다 진한 6부 촌장의 의장이었던 알천 양산촌의 알평 가문과 깊은 관계가 있는 것이다.

알평의 초강지였던 표암瓢巖은 진한 6촌 중 현재까지 후손인 경주 이씨들에 의해 전승 보존된 유일한 유적지이다. (경상북도 기념물 제54호) 이것만 보더라도 그 가문이 얼마나 주도면밀했는지를 잘 알 수 있다.

표공은 박혁거세 거서간 38년(BC20) 신라의 사신으로서 당시의 강대국인 마한에 갔을 때, 마한 왕에게 이렇게 말하였다.

"우리나라는 두 분 성인(박혁거세와 알영부인)이 나오신 이후로 하늘은 온화하고 백성들은 서로 공경하니, 창고가 가득합니다."

이는 당시의 맹주였던 마한 왕이 속국인 신라가 조공을 가져오지 않은 것을 꾸짖음에 대한 답변이었는데, 표공은 계속하여 말했다.

"그래서 지금은 우리를 두려워하지 않는 나라가 없습니다. 그런데도 우리 임금께서는 겸손하시어서 저를 보내 예방하게 하였으니, 이는 오히려 예의가 과하다고 할 수 있습니다. 그런데도 대왕께서는 노하시고 저를 핍박하시니, 이 무슨 예의십니까?"

이에 분노한 마한 왕이 표공을 죽이려고 하였으나, 옆에 있던 신하들이 말리는 바람에 참을 수밖에 없었다고 한다. 마한의 신하들은 신라가 확실히 전보다는 힘이 커진 것을 알았으며, 혹시 복수나 당하지 않을까 저어했던 것이다. 그리고 표공은 마한과의 속국 관계에서 벗어나고자 일부러 조공을 가져가지 않고 빈손으로 갔던 것이다.

《삼국사기》를 비롯하여 전해지는 대부분의 사료에는 '표공이 박을 허리에 차고 동해바다를 건너 온 까닭에 표공이라 하였으며, 아마도 왜국에서 온 것으로 여겨진다.'고 하였다.

그러나 허리에 찬 박으로 왜국에서 신라까지 오기는 어려운 일이다. 알평 가문 출신인 표공은 어느 섬에서 수도를 하다가 나왔을 터이다. 신라와 인접한 가까운 섬에서 실제 박을 허리에 차고 바다를 건너왔을 수도 있으나, 기실은 알평 가문을 상징하는 박일 수도 있다. 위에서도 말했지만 알평가문의 초강지는 표암봉瓢巖峰으로서 바로 '박'을 뜻하는 것이기 때문이다.

알평 가문은 은밀하게 일하는 경향을 가지고 있다. 박혁거세왕의 경우만 보더라도 발견이나 양육 등 겉으로 드러나는 부분은 모두 소벌돌이 가문이 하도록 하였다. 그러나 알평의 통치권 내에 알이 있었던 점, 알지閼智와 알영閼英의 이름을 알평이 살고 있는 알천閼川에서 따온 점, 알지의 성姓을 알평 가문의 상징인 '박'으로 한 점 등을 보면, 보이지 않는 이면에는 알평 가문과 깊숙한 관계가 있는 것을 알 수 있다.

이러한 알평 가문의 경향으로 볼 때, 수도를 하던 표공이 정계에 진출한 것 또한 가문을 드러내지 않은 것으로 보인다. 그리하여 표공의 출신이 베일에 가려지게 되었을 것이다.

아무튼 표공은 보통 사람들과는 다르게 옥玉을 다려먹고, 나무껍질을 벗겨 옷을 만들어 입고, 비와 바람을 부르고, 새와 짐승을 뜻대로 부렸다고 한다. 이러한 표공이 도전장을 받았으니, 바로 석탈해昔脫解가 표공의 집터에 숫돌과 숯을 파묻어 놓고 대장장이를 하던 자기 조상들이 살던 집이라 하여 빼앗은 것이다.

역사가들은 석탈해가 지략으로써 표공의 집을 빼앗은 것으로 기술하였으나, 기실은 왕의 모친인 아진의선阿珍義先(선도신모)의 지지와 후원을 등에 업은 것이 가장 큰 이유였다.

《삼국유사》는 아진의선을 '혁거세의 해척지모海尺之母(고기잡이 어미)'라고 표현하였다. 아진포에 배가 하나 떠내려 왔는데, 칠보를 가득 실은 석탈해의 배였다. 어디선가 도망해 온 석탈해는 왕의 모친 아진의선에게 칠보를 바치고 의존하게 되고, 아진의선은 석탈해를 후원하였다. 그리하여 관청은 재상이었던 표공을 제치고, 어디서 굴러 온지도 모르는 석탈해의 손을 들어주었던 것이다.

석탈해는 승승장구하여 제2인자인 대보大輔까지 역임하고, 마침내 신라 제4대 왕이 되었다. 탈해왕(재위 57~80)은 즉위한 이듬해에 빼앗았던 표공의 집을 돌려주고, 대보직을 맡아줄 것을 부탁하였다. 이에 표공이 수락하니, 함께 정사를 펴나갔다. 표공은 경주 김씨 시조 김알지를 발견하는 역할도 하였으니, 《삼국사기》는 이렇게 전하고 있다.

- 65년(탈해왕 9년) 금성金城 서쪽 시림始林에서 닭 울음소리가 들리니, 왕이 표공을 보내 살피게 하였다. 표공이 가보니, 흰 닭이 울고 있고 나뭇가지에는 황금 궤가 걸려 있었는데, 그 궤 안에서 용모 수려한 사내아이가 나왔다. 이때부터 시림을 계림鷄林이라 바꾸고, 국호로 삼았다. 아이가 금궤에서 나왔으므로 성을 김씨金氏로 하고, 이름은 알지閼智라고 하였다.

여기서 보면 박혁거세와 마찬가지로 이름이 '알지閼智'이다. 고로 김알지는 표공의 가문인 알천閼川 가문의 후원을 받으며 정계에 나온 것을 알 수 있다. 탈해왕은 양자로 삼은 김알지를 차기 왕으로 세우려 하였으나, 김알지는 유리왕의 아들 파사왕에게 양보하고 대신 대보직을 수행하였다. 그리고 후에 그의 6대손이 신라 제13대 왕위에 오르니, 바로 미추왕味鄒王(재위262~284)이었다.

표공은 박혁거세에 이어 탈해왕 대까지 명재상을 지내다가 말년에는 설악산으로 은거하였다고 한다. 역사의 기록 속에 나타난 표공의 이력은 이렇다.

- 박혁거세왕 38년(BC20) 사신으로 마한을 예방하였다.
- 탈해왕 2년(AD58) 대보大輔가 되었다.
- 탈해왕 9년(AD65) 금성 서쪽 시림에서 김알지를 발견하였다.

23. 정견모주

정견모주는 가야산伽倻山의 산신山神으로서 대가야와 금관가야의 시조모始祖母이기도 하다. 정견모주正見母主라는 이름에서 우리는 그녀가 산에서 수도한 깨달음을 증득한 여성이라는 것을 알 수 있다.
《신증동국여지승람》 제29권에는 신라 고운 최치원(857~?) 선생의 《석리정전釋利貞傳》을 인용하여 정견모주의 이야기를 전하고 있다.

- 가야산 산신 정견모주가 천신 이비가夷毗訶에 감응되어 뇌질주일과 뇌질청예라는 두 아들을 낳았는데, 큰아들 뇌질주일은 대가야의 시조왕인 이진아시왕이 되었고, 작은 아들 뇌질청예는 금관가야의 시조왕인 수로왕이 되었다. (伽倻山神正見母主 乃爲天神夷毗訶之所感 生大伽倻王惱窒朱日 金官國王惱窒靑裔二人 則惱窒朱日爲伊珍阿豉王之別稱 靑裔爲首露王之別稱)

가야의 개국신화는 두 종류가 전해 내려온다. 하나는 대가야의 수도였던 고령지방을 중심으로 전승되는 최치원 선생의 《석리정전》에 나오는 위 내용이고, 다른 하나는 금관가야의 수도였던 김해지방을 중심으로 전승되는 《삼국유사》에 나오는 난생신화卵生神話 내용이다.
AD42년 삼월삼짓날(3월 3일)을 맞이하여 부족 9간干이 구지봉龜旨峰에서 가무歌舞를 하며 노니는 중에 하늘에서 붉은 보자기에 싸인 황금상자가 내려왔다. 상자 안에는 6개의 알이 들어 있었고, 그 알에서 6명의 아이가 나왔는데, 그 중 가장 먼저 나온 아이가 수로왕首露王(AD42~199)이 되었다는 내용이다.

AD42년이면 신라에서는 제3대 유리儒理 이사금(AD24~57) 시대이다. 하늘에서 6개의 알이 내려온 설정은 다름 아닌 신라의 전신인 진한 6부를 모방한 것으로 보인다.

아무튼 가야산의 해인사 경내에 있는 사당 국사단에는 가야산신 정견모주가 모셔져 있다. 해인사는 비로자나불이 가야산 산신인 정견모주에게 땅을 빌려 짓게 되었다고 한다. 그래서 해인사 안에 가야산신 정견모주를 모신 국사단局司壇이 있는 것인데, 원래는 국사단이 지금의 대비로전 자리에 있었다고 한다. 그런데 굴러온 돌이 박힌 돌 뺀다고, 해인사의 주불主佛인 비로자나불에게 자리를 내어주고 해탈문 앞쪽으로 국사단이 옮겨졌다.

한편 경북 고령高靈에서 전래되는 노동요에는 농부들이 정견모주에게 가호를 비는 내용이 들어있는 것을 볼 수 있다.

〈고령 모심기 노래〉

물아물아 가야물아 이논빼미 채워다오
우리어미 젖줄같은 이은공에 모자란다
무럭무럭 잘도자라 이달크고 저달커서
서마지기 이논빼미 천석만석 부어주소
산아산아 가야산아 이비가라 가야산아
산아산아 가야산아 **정견모주** 가야산아
이들판을 살찌우고 우리논을 보살피소
물고물은 가득하고 모진바람 막아주소

또 고령高靈 장기리 대가야읍 알터마을 입구에 있는 커다란 바위에는 BC300여 년경 청동기시대에 새겨진 것으로 추정되는 암각화가 있다. (보물 제605호) 높이 3m, 너비 6m 정도의 직사각형 암벽에 29개의 그림이 새겨져 있는데, 세 겹 동심원, 십자형, 가면형 등의 그림들로 이루어져 있다.

《신증동국여지승람》은 또 최치원 선생의 《석순응전》을 인용하여 다시 가야의 마지막 이야기를 전하고 있다. 그러고 보면 최치원 선생은 《석리정전釋利貞傳》에서는 가야의 시조모 정견모주와 두 아들인 시조왕의 이야기를 전하고 있고, 《석순응전釋順應傳》에서는 가야의 마지막 태자인 월광태자의 이야기를 전하고 있는 것을 볼 수 있다.

순응順應과 이정利貞은 해인사를 창건한 스님들로 알려져 있는데, 스님들의 전기에서 스러진 옛 가야 왕실의 내력을 전하고 있다는 것은 바로 두 스님이 가야 왕족의 후예들임을 말해주고 있는 것이라고 볼 수 있다.

아무튼 대가야의 마지막 태자인 월광月光 태자는 정견모주의 10세손으로, 부왕은 가야의 이뇌왕異惱王이다. 이뇌왕은 뇌질주일(또는 내진주지)의 8세손으로, 신라의 귀족 이찬 비지배比枝輩의 딸을 맞이하여 월광태자를 낳았다.

이는 가야와 신라의 결혼동맹으로 이루어진 혼인이었는데, 신라가 공주를 주지 않고 신하의 딸을 준 것을 보면 두 나라의 관계에서 가야의 위치를 알 수 있다. 그리고 월광태자가 외가에서 자란 것도 다름 아닌 신라가 월광태자를 볼모로 삼았던 것이리라.

이러한 관계 속에서 대가야는 결국 신라에 흡수되고 말았으니, 두 부모나라의 불편한 틈바구니 속에서 월광태자가 얼마나 고독하고 쓸쓸했으랴! 그야말로 비운의 태자, 망국의 태자였던 것이다.

합천에 있는 월광사지(보물 제129호)는 바로 비운의 월광태자가 마음을 달래던 자리라고 하는데, 동쪽과 서쪽에 두 개의 삼층석탑이 나란히 서 있는 것을 볼 수 있다. 이는 아마도 월광태자가 냉혹한 정치의 현실 속에서 영원히 합치지 못하고 만 부모를 위해 세운 탑은 아니었을까?

아득한 풍경소리 어느 시절 무너지고
태자가 놀던 달빛 성탑 위에 물이 들어
모듬내 맑은 물줄기 새아침을 열었네.

가야는 AD42년 건국되어 562년 신라에 흡수되기까지 520여 년 간 존속하였는데, 한때는 철鐵의 왕국으로서 주변국들을 압도하는 맹주로 활약하던 시기도 있었다. 그리고 악성樂聖 우륵于勒을 낳은 가야금의 나라이기도 하다.

가야가 신라에 합병된 이후에 태어난 문노文弩와 김유신金庾信(595~673) 장군 등은 가야계로서 신라에서 크게 활약한 화랑들이다.

가야는 대가야大伽耶(고령), 금관가야金官伽耶(김해) 외에도 아라가야阿羅伽耶(함안), 고령가야高寧伽耶(함창), 성산가야星山伽耶(성주), 소가야小伽耶(고성), 비화가야非火伽耶(창녕) 등의 명칭들이 문헌상에 보이고 있다.

24. 신라 4선

　신라 4선仙은 국중대회國中大會 행사였던 팔관회八關會에서 4선무四仙舞와 4선악부四仙樂部라는 춤과 음악으로 기리어질 정도로, 그들이 신라 사회에 끼친 영향력은 대단하였다. 뿐만 아니라 강릉 경포대 한송정寒松亭에는 신라 4선이 무리들을 이끌고 차茶를 달여 마시던 유적지가 지금까지도 남아있다.

　신라 4선인 영랑永郎・술랑述郎・남랑南郎・안상랑安詳郎은 어디를 가나 늘 함께 하였으며, 당대 신라사회의 인심을 풍미하였다고 한다. 그중에서도 영랑은 우리민족 고유의 선맥仙脈을 이어받은 존재로서, 신라시대 뿐만이 아니라 오늘날까지도 많은 영향력을 끼치고 있다.

　홍만종洪萬宗(1643~1725)의 《해동이적海東異蹟》은 신라 4선이 영남 혹은 영동 사람이라고 전하고 있다. 아무튼 신라의 선인 화랑들은 전 국토를 순례하고 산수山水를 유람하였으며, 먼 곳까지 가지 않는 곳이 없었다. 그리하여 학이 노닌 곳에 깃털이 남는다고, 신라 4선이 노닐던 금강산을 비롯하여 관동팔경 동해안 일대에는 지금도 그들이 노닐었던 유적들이 많이 남아 있다.

　금강산의 영랑봉永郎峰, 영랑재永郎峴, 영랑호永郎湖, 사선봉四仙峰, 사선교四仙橋, 무선대舞仙臺 등과 황해도 장연의 승선봉勝仙峯과 아랑포阿郎浦, 강릉 경포대의 한송정과 4선비, 고성의 삼일포三日浦와 선유담仙遊潭, 사선정四仙亭, 마애단서磨崖丹書, 통천의 총석정叢石亭과 사선봉四仙峰, 그리고 속초에도 역시 영랑호와 영랑교가 지금까지도 남아있다. 뿐만 아니라 신라의 사선무四仙舞와 사선악부四仙樂部 또한 그들의 영향으로 인해 생겨난 궁중무용과 궁중음악이다.

1) 금강산의 영랑봉, 영랑재, 영랑호, 사선봉, 사선교, 사선기반, 무선대

금강산에는 영랑과 4선의 이름을 따서 지어진 봉우리들이 많은데 바로 영랑봉, 영랑재, 사선봉, 무선대, 사선기반 등이다. 영랑봉은 비로봉과 나란한 서쪽 봉우리의 이름이며, 영랑재는 만폭동과 비로봉 사이에 있는 고개 이름이다.

만폭동의 사선기반四仙碁盤에는 바둑판이 새겨져 있는데 4선이 바둑을 두었던 자리라고 하며, 영랑재에서는 천봉만학千峰萬壑의 기기묘묘한 절경들을 감상할 수 있다고 한다.

사선봉 무선대舞仙臺에서는 4선이 신선주를 마시고 춤을 추었다는 데서 유래하여 사선무四仙舞와 사선악부四仙樂部라는 궁중무용과 궁중음악까지 태동되었다. 이는 고려의 팔관회와 조선시대까지 계속 이어져 순조 29년(1829) 6월에는 '4선이 와서 노닐 만큼 태평성대하다.'는 내용의 노래를 부르며 사선무를 추었다고 전해진다.

이 밖에도 영랑호, 사선교, 사선정을 비롯하여 선창산仙蒼山, 천선대天仙臺, 강선대降仙臺, 승선대昇仙臺, 집선봉集仙峰, 선하계仙霞溪, 환선폭포喚仙瀑布 등이 있다.

이렇듯 4선이 노닐었던 빼어난 절경의 금강산은 소동파도 노래하기를 '원하건대 고려국에 태어나서 금강산 구경 한번 해보는 것이 소원이네.(願生高麗國一見金剛山)' 하였다고 한다.

2) 황해도 장연의 승선봉과 아랑포

황해도 장연의 승선봉勝仙峯과 아랑포阿郞浦에도 신라 4선이 다녀간 곳이다. 승선봉은 이길 승勝자가 쓰인 것으로 보아 그곳에서 외적과의 전투가 있었을지도 모를 일이다. 아랑포라는 지명은 그곳을 다녀간 신라 4선

의 풍모가 너무도 아름답고 뛰어난 것을 보고 사람들이 기뻐하고 아끼고 사랑하여 그같은 이름이 되었다고 한다.

아랑포와 신라 4선에 대해서는 고려시대의 김극기와 조선시대의 남곤, 허균 등이 시와 글로서 남겼다. 김극기는 아랑포를 돌아보며 '4선이 한 번 간 후에는 알아주는 이 없어 공연히 아름다운 옷 떨치며 석양에 서 있네.'라고 노래하였고, 허균은 자신을 술랑의 무리라고 하였다. 그리고 남곤은 '아랑포는 옛적 화랑들이 놀던 곳이다. 그래서 아랑포가 된 것이다.'라고 하였다.

3) 고성의 삼일포, 선유담, 사선정, 마애단서

삼일포는 신라 4선이 3일 동안 머물렀다 하여 삼일포三日浦가 되었다. 이 삼일포에는 선유담仙遊潭과 사선정四仙亭이 있으며, 삼일포 남쪽 산봉의 암벽에는 '영랑도남석행永郎徒南石行'이라는 여섯 글자의 마애단서磨崖丹書가 붉은 글씨로 새겨져 있다. 해석하면 '영랑 무리의 남석행'이 된다. 남석행은 바로 남랑으로서 영랑을 흠모하던 화랑이었다.

조선 선조 때의 문인 송강 정철은 45세 되던 해에 강원도 관찰사로 부임하여, 관동팔경을 두루 유람하면서 이런 시를 지었다.

고성을 저만치 두고 삼일포를 찾아가니
영랑도남석행 마애단서 뚜렷한데
영랑·남랑·술랑·안상 4선은
여기서 3일을 머문 후에 어디로 갔을까?
선유담으로 갔을까? 영랑호로 갔을까?

4) 통천의 총석정과 사선봉

통천의 바닷가 기슭에 오각, 육각, 팔각형의 가지각색 현무암 기둥들이 빽빽이 서 있고, 앉아 있고, 누워 있는 무더기 돌기둥들을 총칭하여 총석 叢石이라 한다. 그리고 이 총석들이 한눈에 보이는 바닷가 벼랑에 총석정 叢石亭이란 정자가 세워진 이후로, 이 일대의 기암괴석들을 통틀어 총석정 이라 불리게 되었다.

겸재 정선(1676~1759)은 천하절경의 총석정을 화폭에 그대로 담았으며, 이중환 (1690~1756)은 《택리지》에서 이렇게 기술하고 있다.

- 대개의 돌기둥들은 위는 뾰족하고 아래는 두툼한데, 총석정은 위아래 가 똑같으니, 마치 목공이 밑에서 위까지 칼로 다듬은 것 같으며, 기둥 위 에는 늙은 소나무가 점점이 이어져 있다. 기둥 밑에는 바다물결이 스치는 가운데 작은 돌기둥들이 혹은 서 있고, 혹은 넘어져 있어 마치 사람이 만 든 것과 흡사하니, 조물주의 솜씨가 지극히 기기묘묘하다. 이는 천하에 기 이한 경치이며, 천하에 이런 곳이 또 없을 것이다.

고려시대의 김극기도 총석정을 찾아 이렇게 노래하였다.

동해바다 홍몽세계를 찾아오니	東遊大壑訪鴻濛
한 시야에 만상이 모두 달려오네	萬象奔趨一望中
난새 돌피리를 푸른 바다에 던져놓은 듯	石束鸞笙臨碧海
소나무는 큰 우산처럼 푸른 공중에 펼쳐지고	松飛孔蓋向靑空
큰 소리 들려옴은 고래 이빨 물결이요	大聲拂耳鯨牙浪
스치는 찬 기운은 학의 날개 바람일세	寒氣侵膚鶴羽風
아마도 내 전신이 속된 선비는 아니었던 듯	恐我前身非俗士
신선처럼 노님이 4선과도 같구나.	眞遊亦與四仙同

총석정 중에서도 가장 빼어난 경치를 자랑하는 돌기둥 4개가 바로 신라 4선이 놀고 갔다는 사선봉四仙峰이다. 사선봉은 정육면체의 돌기둥들이 반듯하게 묶어 하늘 아래 서 있는데, 4선이 이곳에서 놀며 해돋이를 감상하였다는 데서 이름하였다고 한다. 송강 정철은 《관동별곡》에서 총석정의 절경을 이렇게 노래하였다.

금란굴 돌아들어 총석정 올라가니
백옥루 남은 기둥 다만 넷이 서 있구나
공수工倕의 솜씨인가 귀신도끼로 다듬은 것인가
구태여 육면은 무엇을 본뜬 것인가?

5) 속초의 영랑호와 영랑교

《삼국사기》에는 영랑호가 영랑이 최초로 발견한 호수라 하여 영랑호라고 명명되었다고 전한다. 고려말 문인 안축安軸은 〈영랑호에 배 띄우고(永郞浦泛舟)〉라는 시의 말미에서 '옛 신선 다시 올 수 있다면 여기서 그를 따라 놀리라.(古仙若可作於此從之遊)'고 노래하였다.

4선은 금강산에서 수련을 하고 내려오면서, 고성 삼일포에서 3일 동안 놀았다. 그리고 무술대회 장소인 신라의 서울 금성(지금의 경주)에서 만나기로 하고, 각각 헤어져 따로따로 출발하였다. 아마도 무술대회를 앞두고 4선이 축지법 시합이라도 하였으리라. 그런데 영랑은 가는 도중에 한 호수를 발견하였다. 호수의 풍경에 도취된 영랑은 시간가는 줄 모르고 무술대회조차 잊어버렸으니, 이 호수가 바로 영랑호였다. 신선놀음에 도끼자루 썩는 줄 모르는 것은, 선인들 사이에는 흔히 있는 일이다.

《신증동국여지승람》에도 영랑호를 선인仙人 영랑이 놀며 구경하던 암석이 기기묘묘한 곳이라 기록되어 있으며, 이중환의 《택리지》에도 구슬을 감추어둔 듯 신비롭고 아름다운 곳이라 표현하고 있다. 호수의 좁다란 입구를 통하여 동해와 연결되고 있으며, 이 위에 영랑교永郎橋가 놓여져, 강릉과 고성을 연결하는 국도가 통과한다. 이 외에도 속초는 '영랑해안길'이라는 지명을 다시 만들었다.

6) 강릉 경포대 한송정과 4선비

4선은 차茶의 달인으로서 명산대천을 다니면서 차를 즐기고 심신心身을 수양하였는데, 그 유적이 강릉 경포대 한송정에 지금까지도 남아있다.

고려시대의 김극기金克己, 이인로李仁老, 안축安軸, 이곡李穀 등 많은 문인들이 4선의 차茶 생활과 그들이 사용했던 다구茶具들에 대한 시와 기행문들을 남겼다. 그들의 기록에 따르면 강릉 경포대 한송정에는 4선이 차를 달이던 정반亭畔·다천茶泉·다정茶井·석정石井·석지조石池竈·석구石臼 등의 다구들이 있었음을 알 수 있다.

그리고 한송정에는 4선비四仙碑도 있었다는데 송나라 사람 호종단이 파괴하여 바다 속에 던져 버렸다고 《동문선》은 기록하고 있다.

송나라의 호종단이 4선비를 바다에 빠트리고 귀부龜趺(거북모양의 비석 밑받침돌)만이 남은 것을 조선시대 고종 때의 윤종의尹宗儀(1805~1886)가 강릉 부사로 부임하면서 '신라선인영랑연단석구新羅仙人永郞鍊丹石臼'라고 글씨를 새겨 넣었다고 한다.

7) 명주 하시동리의 영랑명석구

강원도 명주군 강동면 하시동리에도 '영랑명석구永郞銘石臼'라는 유물이 있다고 한다.

8) 지리산 고선봉과 영랑재

노고단은 일명 고선봉高仙峰이라고도 불리는데, 드넓고 완만한 경사지대라서 신라시대에는 화랑도의 심신수련장으로 널리 활용되었다고 한다. 화랑들은 노고단에서 멀리 세석평전까지 오가며 심신을 수련하였다고 전해진다.

조선시대 사림파의 거두였던 점필재 김종직金宗直(1431~1492)의 지리산 답사기 〈유두류록遊頭流錄〉에는 다음과 같은 기록이 있다.

- 해가 이미 한낮이 지나서야 비로소 영랑재를 올라갔다. 함양에서 바라보면 영랑재가 가장 높아 보이는데, 영랑재에 와서 보니, 다시 천왕봉을 쳐다보게 되었다. 영랑은 신라 화랑의 우두머리였는데, 3천 명의 무리를 거느리고 산수山水 속에 노닐다가 일찍이 이 봉우리에 올랐었기 때문에 그렇게 이름 지은 것이다. 소년대少年臺는 영랑재 곁에 있어 푸른 절벽이 만 길이나 되는데, 이른바 소년이란 영랑의 무리였을 것이다.

25. 화랑도와 차

한국 다도茶道의 유래는 본래 신라 화랑들로부터 시작되었다. 화랑들은 명산대천을 다니면서 차茶를 즐기고 심신心身을 수련하였다. 그래서 지금도 강릉 경포대 한송정에는 신라 4선인 영랑·술랑·남랑·안상랑이 3천 명의 낭도들을 이끌고 수련하면서 차를 달여 마시던 다구茶具들이 유적으로 남아 있는데, 한국에서 가장 오래된 차茶 유적지다. 4선은 차의 달인으로서 고매한 풍류 속에서 차를 즐기며 심신을 수양하였다.

고려시대의 많은 문인들은 경포대와 한송정을 유람하며 신라 4선의 이야기와 함께 남겨진 다구茶具들에 대해 노래하였다. 먼저 김극기金克己(1148~1209)의 〈한송정〉이란 시를 보자.

여기는 4선이 유람하던 곳	云是四仙從遊地
지금도 남은 자취 참으로 기이하구나	至今遺迹眞奇哉
주대는 쓰러져 풀 속에 묻혀 있고	酒臺歌傾沒碧草
다조에는 내당굴 이끼 덮여 있네.	茶竈今落窟蒼苔

이인로李仁老(1152~1220) 또한 《파한집》에서 한송정에 대해 묘사하기를 '4선을 따르는 낭도 3천 명이 심은 소나무가 아직까지도 울울창창하여 마치 소나무가 푸른 구름과도 같으며, 그 아래에는 차 우물이 있었다.'고 기록하였다.

고려말 문인 안축安軸(1287~1348) 역시 〈한송정〉이란 시에서 4선이 차 끓이던 다정茶井을 보았음을 다음과 같이 노래하고 있다.

4선이 일찍이 여기 모였을 때	四仙曾會此
객은 맹상군 문전 같았겠지	客似孟嘗門
구슬신발 지금은 구름처럼 자취 없고	珠履雲無迹
울창한 소나무는 불에 타 없어졌네	蒼官火不存
신선을 생각하니 울창하던 푸른 숲 떠오르고	尋眞思翠密
그 옛날 회상하며 황혼에 서 있네	懷古立黃昏
남은 것은 오직 차 끓이던 우물만이	唯有煎茶井
아직도 돌 뿌리 옆에 그대로 남아 있구나.	依然在石根

역시 고려말 문인 이곡李穀(1298~1351)도 그의 《동유기東遊記》에 '관동팔경을 유람 중, 강릉의 경포대 한송정에서 4선이 차를 달이던 석조石竈(돌부뚜막)·석구石臼(돌절구)·석정石井(돌우물)을 보았다.'고 다음과 같이 기록하고 있다.

- 옛날에는 경포대에 집이 없었는데, 요즈음 호사가가 정자를 지어 놓았다. 옛날 선인仙人의 석조石竈가 있으니, 차를 달이던 도구이다. 동쪽에는 4선비四仙碑가 있었으나 (송나라에서 온) 호종단이 바다에 던져 버려서, 지금은 귀부龜趺(거북모양의 비석 밑받침돌)만이 남아 있다. 한송정의 정자 또한 4선仙이 노닐던 곳인데, 고을 사람들이 구경꾼들 오는 것을 귀찮게 여겨 집을 헐어 버렸고, 소나무도 들불에 타버렸다. 오직 석조石竈, 석구石臼와 2개의 석정石井만이 그대로 남아 있는데, 이것은 4선의 다구茶具들이다.

그러나 아래 안축安軸(1287~1348)의 기록을 보면 원래 있다가 없어진 경포대의 정자를 고려 충숙왕 13년(1326)에 지추부학사知秋部學士 박숙朴淑이 다시 지은 것을 알 수 있다.

- 병인년에 지추부학사 박숙이 내게 말하기를 '경포대는 신라 때 영랑 선인들이 노닐던 곳인데, 나 또한 경포대에서 산수山水의 아름다움을 감상하며 참으로 좋았던 마음이 지금까지도 잊혀지지 않는다. 그런데 정자가 없어서 비바람이 치면 유람자들이 고생하는 것을 보고 내가 고을 사람들에게 명하여 경포대 위에 작은 정자를 짓고 있으니, 그 기문을 지어 달라.' 하였다. (중략) 옛적에 영랑선인이 이 대에 노닐 때는 반드시 좋아한 까닭이 있었을 것이다. 지금 박공이 좋아하는 것도 영랑의 마음과 같은 것인가? 박공이 고을 사람들에게 이 정자를 짓도록 명하자 고을 사람들은 '영랑이 이 대에서 놀았으나 정자가 있었다는 말은 듣지 못했는데, 천 년이나 지난 지금 정자는 지어서 무엇 하겠습니까?' 하면서 반대하였다. 그러나 공은 듣지 아니하고 역군들을 독촉하여 흙을 깎다가 정자 옛터를 발견하였다. 주춧돌과 섬돌이 그대로 남아 있으니, 고을 사람들도 감히 딴 말을 하지 못하였다. 정자 터가 이미 오래되어 까마득하게 묻혀 고을 사람들조차 몰랐던 것이다. 그런데 지금에 이르러 우연히 발견되었으니, 영랑이 오늘날에 다시 태어난 것일까?

고려시대 강릉부윤으로 있던 석간石磵 조운흘趙云仡(1332~1404)은 안렴사按廉使 박신朴信(1362~1444)에게 이렇게 말하였다.

- 경포대에는 옛날 선인들의 자취가 남아있고, 산정山頂에는 차를 달이던 아궁이가 있다. 한송정에는 사선비四仙碑가 있으며, 지금도 선조仙曹와 신려神侶들이 왕래하고 있다.

조선시대의 문인 서거정徐居正(1420~1488) 또한 《동인시화東人詩話》에서 이렇게 적고 있다.

- 강릉에는 옛 선인의 자취가 남아 있다. 한송정에는 4선비가 있으며, 산정山頂에는 차를 달이던 아궁이가 남아 있다.

조선시대 고종 때의 강릉 부사 윤종의尹宗儀(1805~1886) 역시 《신증동국여지승람》을 인용하여, 한송정은 푸른 솔이 울연히 우거져 있으며, 정반亭畔에 다천茶泉과 돌부엌 돌절구가 있으며, 화랑선도들이 노닐던 곳이라고 전하고 있다. 《동문선》에도 한송정에 다정茶井이 있었다는 기록이 있다.

이러한 여러 문헌들의 기록으로 보아, 4선이 살던 당대에 이미 풍류도의 일환으로서 다천茶泉·다정茶井·석정石井·석지조石池竈·석구石臼 등 다도茶道와 다례茶禮에 필요한 구체적인 형식을 제대로 갖춘 상태에서 차생활을 즐긴 것을 알 수 있다. 그리고 차를 통해 정신의 향유와 인격의 승화에 도달하는 다도를 수행하고 있었음을 알 수 있다.

그렇다면 신라 4선이 생존했던 시기는 언제일까?

첫째, 정통 고유 선맥을 계승하였으며, 신라의 국가적 행사인 팔관회에서 4선무四仙舞와 4선악부四仙樂部로 기리어질 정도로 신라 사회에 끼친 영향력이 대단했던 4선이 역대 풍월주들의 사적을 기록한 김대문金大問(?~704~?)의 《화랑세기》에 나타나지 않는 것으로 보아, 그 이전 시대의 인물임을 알 수 있다. 또 전해 내려오는 고서古書들에서도 영랑을 화랑花郞이라 하지 않고 선인仙人으로 부르고 있는 점 또한 눈여겨볼 사항이다.

둘째, 제1대 풍월주는 진흥왕 원년(540)에 취임한 위화랑魏花郞이다. 위화랑은 이미 그 이전인 법흥왕(재위514~540) 때부터 총애를 받은 화랑이었다. 그러므로 영랑의 생존 시기는 540년 이전으로 거슬러 올라간다.

셋째, 《청학집》은 '단군이 아사달 산에 들어가 신선이 되었으며, 그 교훈은 결청지학潔淸之學으로 요약되어 문박씨文朴氏를 통해 신라의 영랑永郞에게 전해졌다.'고 하였다. 그러므로 이러한 문헌들의 기록으로 보아, 영랑은 신라 초기 인물로 추정된다.

넷째, 영랑이 신라 초기 인물로 추정되는 또 하나의 근거는, 영랑의 제자 보덕의 이름 앞에 꼭 '마한의 신녀 보덕'이라는 접두어가 붙는다는 사실이다. 마한에서 태어났기 때문에 그렇게 불렀을 것이다.

마한은 멸망하여 가장 크게는 백제로, 그리고 일부는 신라와 고구려로 흡수되었다. 그렇다면 마한馬韓의 신녀神女 보덕寶德의 생존 연대를 알기 위해서는 마한의 멸망 시기가 중요할 것이다.

마한은 삼한三韓 당시 주변국들 중에서 가장 강성한 맹주였다. 그러므로 《삼국사기》〈신라본기〉 박혁거세왕 38년조에 보면, 박혁거세왕의 사신으로 온 표공을 마한 왕이 '대국大國에 대한 예의도 없이 공물을 가져오지 않았다.'고 꾸짖는 대목이 나온다.

진한(신라)은 마한이 동쪽 땅을 떼어주었던 것이고, 백제 역시 마한이 동북쪽 100리 땅을 떼어주어 건국한 것이었다. 그러나 서기 8년 마한은 백제 온조왕에게 불시의 습격을 받아 성을 빼앗겼고, 서기16년에는 거의 멸망한 것처럼 보였다. 그러나 잔여세력이 있었던지 신라 탈해왕 5년(서기 61년)에 마한의 장수 맹소孟召가 복암성覆巖城을 들어 투항해 왔다는 기록이 《삼국사기》〈신라본기〉 탈해왕 5년조에 보인다.

그리고 이와 맞물려서 청주 한씨 족보에는 마한이 백제에 멸망당했을 때 한 왕자가 신라왕에게로 달아나 투항하였고, 청주 한씨의 시조가 되었다는 기록이 있다. 그렇다면 맹소가 투항할 때 거기에는 신라 왕자와 함께 마한의 신녀 보덕도 같이 있었을 것이다. 즉 신라 땅으로 넘어온 마한의 신녀 보덕이 영랑을 만나 도道를 받은 것이 된다. 그렇다면 영랑과 보덕의 생존 시기는 서기61년 전후일 것이고, 적어도 삼국이 안정되기 이전이므로 '마한의 신녀 보덕'이라고 불렀을 것이다. 또한 보덕은 늘 거문고를 안고 다녔으며 부용꽃처럼 아름다웠다고 하므로, 아마도 마한의 왕녀였을 가능성이 크다.

신라에 불교가 수입된 것은 527년이다. 그러므로 불교가 융성하기 이전에 이미 신라의 화랑과 귀족들은 민족 고유의 풍류정신이 깃든 차를 즐기고 있었던 것을 알 수 있다.

이렇듯 가장 오래된 신라 4선의 차茶 유적지가 경포대와 한송정에 존재함에도 불구하고, 한국의 다도茶道가 불교에 근간을 두고 있는 것으로 여기는 분들이 많다.

또한 신라 선덕여왕(재위632~647년) 때 승려들에 의해 차가 당나라에서 처음 들어왔으며, 흥덕왕 3년(828년) 대렴大簾이 당나라에서 차 씨를 가져와 지리산에 처음 심었다는 학계의 통설은 재고되어야 하리라고 본다.

선덕여왕대 즉 통일신라 전후에는 화랑이나 귀족, 승려들 사이에서 차가 보편적인 음료로 유행하던 시기였다. 그리하여 화랑 김유신이 산중 수련했던 경주 단석산斷石山에 '화랑헌다공양상花郞獻茶供養像'이 전해 내려오고 있는 것이다.

신라시대에 다도를 즐긴 고승들은 원광법사, 원효대사, 충담사, 월명사 등인데, 이분들은 한결같이 화랑도와 깊은 연관이 있던 승려들이었다. 그러므로 이들을 통하여 화랑들의 다도가 불교계로 건너갔을 것이다.

원광법사는 화랑도 집안에서 태어났다. 친할아버지가 제1세 풍월주 위화랑魏花郞이며, 아버지가 제4세 풍월주 이화랑二花郞, 동생이 제12세 풍월주 보리공菩利公이고, 조카가 제20세 풍월주 예원공禮元公, 조카의 아들이 제28세 풍월주 오기공吳起公이었다. 그리고 《화랑세기》 저자로 알려진 김대문은 바로 오기공의 아들이었다.

이런 인연으로 귀산과 추항이 원광법사에게 가서 가르침을 청한 것이며, 원광법사는 〈세속오계〉를 설법해 준 것이었다. 그러나 이 5가지 실천덕목은 원광법사가 처음 설한 것은 아니고, 상고시대부터 전해 내려오던 소도무사蘇塗武士의 정신이었으며 국선國仙의 5대 강령이었다.

원효방元曉房에서 차茶 정신에 큰 영향을 미친 원효대사(617~686) 또한 제7대 풍월주를 역임했던 설화랑薛花郎(572~579)의 증손자이다. 이러한 집안 내력으로 인하여 원효대사 또한 풍월도를 수련하였는데, 이는 춘원 이광수가 《종풍당 수련기》란 소설로 작품화 한 바 있다.

신라 35대 경덕왕(재위742~765) 때의 승려 충담사는 화랑 기파랑耆婆郞을 사모하여 향가 〈찬기파랑가〉를 지었다. 향가는 신라 화랑들이 즐기던 노래였다.

구름을 헤치고 달아난 달이	咽嗚爾處米露曉邪隱月羅理
흰 구름 좇아 떠가는 어디에	白雲音逐干浮去隱安支下
새파란 강물 속에	沙是八陵隱汀理也中
기파랑의 모습 비쳐 있어라	耆郞矣兒史時邪藪邪
일오천 조약돌에서	逸烏川理叱적惡希
낭이 지니신 마음 좇으려네	郞也支以支如賜烏隱
아아!	心未際叱逐內良齊
잣나무 가지 드높아	阿耶栢史叱枝次高支好
서리조차 모르실 화랑이시여!	雪是毛冬乃乎尸花判也

충담사는 구름 속에 나타난 달을 기파랑의 순결한 모습으로 보고 있으며, 은하수와 잣나무에서도 기파랑의 고결한 절조를 그리워하고 있다.

경덕왕 19년(760) 4월 1일에 태양이 한꺼번에 두 개가 나란히 떠서, 10일 동안이나 없어지지 않았다. 그러자 일관日官이 이렇게 주청하였다.

"인연이 있는 중을 청하여 산화공덕을 지으시면, 재앙을 물리칠 수가 있을 것입니다."

그러자 경덕왕이 친히 청양루靑陽樓에 나아가 인연 있는 중이 오기를 기다리니, 마침 월명사가 지나갔다. 그래서 왕이 불러 기도문을 짓게 하니, 월명사가 이렇게 대답하였다.

"저는 국선의 무리에 속해 있으므로 단지 향가만 알뿐, 범성梵聲에는 능숙하지 못합니다."

"이미 인연 있는 중으로 뽑혔으니, 향가라도 좋소."

그러자 월명사가 〈도솔가〉를 지어 바치니, 태양의 괴변이 사라졌다. 왕은 이를 가상히 여겨 좋은 차 1봉지와 수정 염주 108개를 하사하였다.

이처럼 원광법사, 원효대사, 충담사, 월명사 등을 통해 불교계로 건너간 다도茶道는 이후 고려시대에 이르러 불교가 국교로 되면서 차 문화는 승려들의 전유물처럼 되어졌다. 즉, 세력의 이동에 따라 차 문화도 옮겨지게 된 것이다. 신라시대에 풍류도로부터 시발된 차 문화는 고려시대에 불교승려들에게, 조선시대는 유학자들 사이에 유행하게 되었다. 그리하여 조선전기 문인 서거정(1420~1488)은 가장 많은 차시茶詩를 남겼으며, 다산茶山 정약용이나 추사 김정희도 조선시대 대표적인 다인茶人들이었다.

조선시대에 남모르게 선도를 수행했던 청한자 김시습이나 점필재 김종직 같은 선도仙道 수행자들은 화랑도의 차 문화를 계승하여 직접 차를 재배하였다. 그리고 그들의 제자들이었던 홍유손, 정희량, 남효온 등 많은 선도인들도 다인茶人들이었다.

이러한 조선시대의 차 문화는 다시 임진왜란을 기하여 일본으로 건너갔다. 일본인들은 조선의 다구茶具와 다기茶器들을 모두 약탈해 갔으며 '기자에몬 이도다완'이라 해서 조선의 찻사발을 일본 국보 제26호로 삼았다.

그리고 유명한 일본의 초암차는 바로 청한자 김시습 선생이 전해 준 것이었다. 당시 조선에 외교승으로 와 있던 일본 승려들은 당대 '5세 신동'으로 소문난 김시습 선생의 명성을 듣고 찾아와 교류를 나누었으며, 깊은 영향을 받았다. 그리하여 김시습의 초암차는 그가 쓴 소설 《금오신화》와 함께 일본 승려들을 통해 일본으로 건너갔던 것이다.

일본의 초암다실草庵茶室의 지붕은 명칭 그대로 '띠엉'으로 엮은 초가지붕이다. 조선의 지붕과 같은 재료를 사용하고 있다. 건축자재 또한 일본에서 많이 나는 삼나무나 노송을 마다하고 한국에서 흔히 나는 적송赤松을 사용하고 있다. 다실茶室을 장식하는 꽃 역시도 여름에는 무궁화, 겨울에는 동백으로 하고 있다. 무궁화는 예로부터 한국을 상징하는 대표적인 꽃이었다. 다음은 석용운 스님이 재구성한 〈4선랑 행다법〉이다.

1) 한송정에서 석지조를 이용하여 차 끓일 준비를 한다. (석조는 찻물을 끓이며 차 달이는 부뚜막이고, 석지는 찻물을 보관하는 기구이다.)
2) 석지에 찻물을 길어다 놓고 석조에 불을 피워서 찻물을 끓인다. (석조 옆에 물을 채워서 물이 데워지도록 하고 연료는 숯이나 백탄을 쓰되 솔방울을 주워다 쓰기도 한다.)
3) 다구를 깨끗이 씻어서 준비하고, 찻물이 끓기를 기다려 물이 끓으면 약간의 탕수를 떠내 찻잔을 데운다.
4) 떡차를 갈아서 가루로 만들어 돌솥에 넣어 끓인다. (차의 양은 손님의 수에 따라 가감을 한다.)
5) 찻잔의 물을 버리고, 잘 달여진 차를 떠내서 찻잔에 나누어 따른다.
6) 낭도 1명이 찻잔을 받쳐 들고 정자 안에 계시는 4선에게 차를 날라다 드린다.
7) 4선에게 차 대접을 마치고 나면, 다른 낭도들이 마실 차를 달인다.
8) 전과 같은 순서로 차를 달여 낭도들에게 차례로 나누어 준다. (낭도들은 자기의 찻잔은 각자 휴대하며, 차 마실 때 꺼내 차를 받아 마신다.)
9) 4선은 정자 안에서 마시고 낭도들은 밖에서 아무 곳이나 편리한 곳에서 차를 마신다.
10) 4선이 차를 다 마시고 나면 찻잔을 거두어 가지고 나와 석조의 데워진 물에 씻어서 보관한다. (석조에 설거지하는 통이 함께 붙어 있는 것이 특징이다.)

26. 영랑과 보덕

조선시대 조여적(?~1587~?)이 기록한 《청학집》에는 영랑과 보덕에 관한 내용이 나온다. 환인과 환웅을 계승한 단군이 아사달阿斯達 산에 들어가 신선이 되었고, 그 교훈은 결청지학潔淸之學으로 요약되어 문박씨文朴氏를 거쳐 신라의 영랑永郎에게 전해졌으며, 마한馬韓의 신녀神女 보덕寶德이 영랑의 도를 이어받았다는 것이다.

문박씨는 소안방동韶顏方瞳 즉 동안에 모난 눈동자를 하고 있었다고 하며, 영랑 또한 나이가 90살이 넘었는데도 안색이 어린아이와 같았다고 한다. 영랑은 노우관鷺羽冠을 쓰고 철죽장鐵竹杖을 짚고 산수山水 사이를 소요하였는데, 마침 마한의 신녀 보덕이 아침 이슬처럼 사라져 갈 삶을 한탄하며 도道를 구하던 중에 영랑을 만나 제자가 되고 도를 받았다고 한다.

마한의 신녀 보덕은 바람을 타고 다니며 거문고를 안고 노래를 불렀는데, 그 모습이 마치 가을 물의 부용꽃처럼 아름다웠다고 한다.

속초의 영랑호 인근에는 보덕이 노닐던 영금정靈琴亭이 있다. 이 영금정은 '영혼의 거문고 소리를 울리는 정자'라는 이름인데, 그렇다고 사람의 손으로 지어진 정자는 아니다. 영금정은 바위산이다. 속초 해안가 기슭에 기암괴석으로 이루어진 바위산이 있는데, 이 바위산 꼭대기의 기암괴석들이 마치 정자처럼 생겼다고 해서 이름에 정자 정亭자가 들어간 것이다.

영금정에서는 거문고 소리가 종종 울리는데, 마치 바위산 정상에서 거문고를 타는 듯하여 꼭대기를 올라가 보면 아무도 없다는 것이다. 그래서 사람들은 파도가 암벽에 부딪치면서 내는 소리라고 결론을 내렸다.

아무튼 바위산 정상에서 소리가 나든, 파도가 암벽에 부딪치면서 내는 소리든, 바위산에서 거문고 소리가 나는 것은 확실하였다. 그래서 붙은 이름이 영금정靈琴亭이다.

그런가하면 고산자古山子 김정호金正浩(추정1804~1866)의 〈대동지지大東地志〉에는 이 바위산의 이름이 비선대秘仙臺라고 기록되어 있다. 이는 선녀들이 밤마다 남몰래 내려와서 신비한 음곡音曲을 즐기는 곳이라 하여 붙은 이름이다.

영금정이나 비선대나 바위산에서 거문고 타는 소리가 나는 것은 다름이 없는데, 그만큼 이 바위산의 아름다운 경치가 신비로움을 자아낸다고 볼 수 있다. 그런데 안타깝게도 일제시대에 일본인들이 돌을 채취한다고 영금정을 폭파했으며, 그 이후 거문고 소리는 다시 들리지 않았다고 한다.

영금정靈琴亭. 영혼으로 타는 거문고 소리는 영혼으로 들을 수 있는 것이다. 우리의 마음속에 마한馬韓의 신녀神女 보덕寶德이 있는 한, 우리는 언제든지 영금정의 거문고 소리를 다시 들을 수 있을 것이다.

고운 최치원 선생은 '마한은 고구려'라고 하였는데,《삼국사기》는《신라고기》를 인용하면서 거문고에 대해 이렇게 설명하고 있다.

- 처음 진晉나라 사람이 7현금을 고구려에 보내왔는데, 고구려인들은 그 악기의 연주법을 몰랐다. 그래서 양원왕陽原王(재위 545~559) 때의 재상 왕산악王山岳이 7현금의 뼈대를 그대로 유지한 채 크게 그 법제를 고쳐서 악기를 만들었다. 그리고 음악을 지어 연주하니, 검은 학이 날아와서 춤을 추었다. 그래서 악기 이름을 현학금玄鶴琴이라 하였고, 나중에는 단지 현금玄琴이라고만 하였다. 이 악기가 바로 오늘날의 거문고이다.

옛 글에서 금악琴樂(거문고 음악)이라 하지 않고 금도琴道(거문고 도)라고 했던 것을 보면, 거문고는 음악적인 개념보다 도道적인 개념으로 더 밀접하게 쓰였던 것을 알 수 있다. 도道는 곧 율려律呂로 많이 표현되기 때문이다. 그러므로 고래古來로부터 거문고는 선도사상과 연결되어 있었으며,

군자적 도량과 예인적 낭만을 함께 어우르는 풍류도로 많이 쓰였다. 특히 마한의 신녀 보덕寶德이나 담시선인曇始仙人, 물계자勿稽子, 백결선생百結先生, 옥보고玉寶高 우륵于勒 등은 금도琴道를 즐겼던 선인들이다.

만주 집안시의 고구려 고분벽화 무용총과 황해도 안악 3호분 벽화에도 거문고를 타는 모습이 나오는 것을 보면, 당시 선인들은 거문고를 생활화했던 것을 알 수 있다.

마한의 신녀 보덕의 도는 신라의 물계자와 옥보고 등에게 이어졌다고 하는데, 물계자는 신라 제10대 내해왕(재위196~230) 때의 사람이라고 《청학집》은 전한다. 그런가하면 경덕왕 때의 사람인 옥보고는 지리산 운상원雲上院에 들어가 50년 동안 거문고를 연마하였는데, 그가 거문고를 켜면 학들이 날아 들어와 춤을 추었다고 한다. 그리하여 학금산인學琴山人 또는 옥부선인玉府仙人이라고 불리었으며, 말년에는 신선이 되어 승천하였다고 한다.

한편 2011년 8월 울산시 울주군 상북면 이천리 배내골 계곡의 바위에서는 영랑과 보덕으로 추정되는 남녀 신선을 그린 암각화 선유도仙遊圖가 발견되었다. 그 인근에는 국보 147호로 지정된 울주군 두동면 천전리川前里 대곡천 바위에 새겨진 각석에는 '술년6월2일영랑성업戌年六月二日永郎成業'이라고 새겨진 글귀가 있다.

이와 같이 속초나 울주군에서 보이는 것처럼 영랑의 유적지가 있는 근처에는 보덕의 유적들이 있는데, 영랑의 유적이 많이 남아있는 금강산에도 보덕암과 보덕굴이 있다.

전해지는 신라의 여선女仙으로는 보덕寶德 외에도 장미선녀薔薇仙女가 있었다고 한다. 홍만종(1643~1725)의 《해동이적》에 의하면 장미선녀의 이름은 연주連珠이며, 일찍이 풍류산 연주현連珠峴에서 노닐었다고 한다. 그리하여 연주현을 비선동飛仙洞이라고도 불렀다는 기록이 전해지고 있다. 또 금물녀今勿女도 있었다고 하나, 자세한 내용은 전하지 않는다.

27. 담시선인

《청학집》은 담시선인이 표공의 유파라고 하였다. 《해동이적》《신증동국여지승람》《김해읍지》 등에도 담시선인에 대한 기록들이 실려 있다.

가락국 제2대 왕인 거등왕居登王(재위199~253)이 초선대에서 칠점산에 있는 담시선인을 초청하면, 담시선인은 거문고를 안고 배를 타고 와 왕과 함께 바둑을 즐기면서 국가 운영에도 조언을 해주었다는 것이다.

"임금이 자연의 이치로 백성을 다스리면, 백성도 저절로 성속成俗할 것입니다."

왕이 기뻐하며 큰 소를 잡아 대접하였으나, 담시선인은 이를 사양하고 단풍나무진과 도라지를 청해 먹었다고 한다.

담시선인旵始仙人은 참시선인, 감시선인, 탐시선인, 칠점선인七點仙人, 금선琴仙 등으로도 불리는데, 얼굴은 찬옥처럼 빛나고 말소리는 경 읽는 소리와도 같았다고 한다. 거등왕은 가락국의 김수로왕과 허왕후의 맏아들이다.

초선대招仙臺는 신선을 초청하는 자리라 하여 이름이 그렇게 붙었으며, 현자를 초청하는 자리라고 하여 초현대招賢臺라고도 부른다.

칠점산七點山은 양산에서 남쪽으로 44리 바닷가에 있으며, 7개의 봉우리가 마치 점처럼 이어져 있는 것처럼 보여서 그런 이름이 붙었다고 한다. 조선시대까지는 양산군에 속하였던 칠점산이 1906년에는 김해군으로 편입되었고, 다시 1978년 이후 부산에 속하게 되어 현재는 부산시 강서구 대저동이 되었다. 그러나 김해 비행장 공사로 인하여 대부분 허물어지고, 지금은 봉우리 하나만 겨우 남아 있는 상태이다. 훼손되기 이전의 칠점산은 영험한 산으로서 각종 의례와 제사를 지내는 민간신앙의 대상이었다.

초선대도 경남 김해시 안동 685번지에 지금까지 남아있으며, 경남 유형문화재 제78호로 지정되었다. 초선대에는 담시선인을 기리는 금선사金仙寺가 있으며, 경내에는 커다란 암벽에 거등왕의 초상화도 새겨져 있다.

김수로왕과 허왕후의 위폐를 모셔놓은 사당이 숭선전인데, 조선 고종 때에 참봉을 지낸 허식이 편찬한 《숭선전지崇善殿誌》에 가락국기를 인용하여 초선대에 새겨진 초상화가 거등왕이라고 기록하고 있다. (一名招賢臺 在金海府東五里許 疊石爲臺 居登王 招昆始仙人於此 仙人必乘舟抱琴而來 相與歡喜 王所坐石曰 蓮花塔 中有數十丈 屹立石 畵王眞像)

초선대의 금선사金仙寺, 경주 남산의 신선암神仙庵, 공주에 있던 국선암國仙庵, 안동의 선인암仙人庵, 천안 태학산에 있던 해선암海仙庵 등은 모두 선도仙道와 관련 있는 사찰들이다.

고려시대의 문인 안축安軸(1287~1348)은 칠점산의 금선琴仙 담시선인에 대한 시를 다음과 같이 남겼다.

천리 바닷물 하늘에 떠 있고 　　　　　　　海門千里水浮空
칠점산 푸른 봉우리는 안개 속에 아득하네 　七點靑峯杳靄中
이곳은 바로 금선琴仙이 숨 쉬던 곳 　　　　此是琴仙棲息處
배 저어 급히 지나지 말라. 　　　　　　　　乘舟且莫過恩恩

그런가 하면 1500년 무오사화로 인해 김해에 유배되었던 정희량(1469~?)도 초현대에 올라 시를 읊었다.

가야국 오래된 바위 초현대 　　　　　　招賢臺老石伽倻國
저녁무렵 올라보니 가슴이 시원하네 　　落日登臨許盪胸
쪽빛 산은 짙은 안개에 물들었고 　　　　嶽色似藍深染霧
백설 같은 갈대는 기러기를 감추었네 　　蘆花如雪巧藏鴻

아련한 저 너머 제비 꼬리처럼 나뉜 호수	湖分燕尾蒼茫外
저 먼 가운데엔 자라 머리에 닿은 땅	地迫鼇頭縹緲中
물길 따라 올라가 봉래섬 가고 싶건마는	我欲沂洄蓬島去
강의 신이 돛단배와 바람 빌려 주려는지.	江神肯借半帆風

이렇듯 담시선인은 높은 덕망과 조화로운 성품으로 가락국의 거등왕에게 존경을 받았을 뿐만 아니라, 후대 문인들에게까지도 오래도록 영향을 미쳤다.

그런데 혹자는 담시선인이 신라의 아도阿道 갈문왕이라는 이들도 있다. 아도 갈문왕은 신라 박혁거세왕의 6세손이며, 파사왕의 3세손이다. 그리고 아들은 물품파진찬, 손자는 박제상공, 증손자가 백결선생이 된다. 《영해박씨대동보》에는 아도 갈문왕이 124세까지 생존한 것으로 기록되어 있다.

아도 갈문왕의 아들은 물품勿品 파진찬인데 《영해박씨대동보》에는 이이가 바로 물계자로 올라 있으며, 117세까지 생존한 것으로 기록되어 있다.

김수로왕 대에는 가락국이 어깨를 나란히 견주고 신라와 전쟁을 치렀는데, 거등왕 대에 이르러서는 저자세로 신라에 화친을 요청하였다.(201년 2월) 그리고 209년 포상浦上 8국이 연합하여 가락국을 공격하자, 왕자를 신라에 볼모로 보내고 구원 요청을 하였다. 이에 신라는 포상 8국을 격퇴하였는데, 물계자가 바로 내해왕 14년에 이 전투에 참전하였던 것이다.

만약 담시선인이 신라의 아도 갈문왕이 맞다면, 가락국의 거등왕과 초선대에서 만났을 때 많은 외교가 있었을 것이다. 김해(가락국)와 양산(신라)은 낙동강을 사이에 두고 서로 마주보고 있다.

28. 물계자 선인

《청학집》은 물계자가 칠점선인(담시선인)의 후손이라고 하였으며,《삼국사기》《삼국유사》《풍류정신》《화랑외사》《붉 받는 법》등에도 물계자 선인에 대한 이야기들이 나온다.

물계자勿稽子는 신라 제10대 내해왕奈解王(재위196~230) 때의 선인으로 검술과 음악을 좋아하였다. 세상 사람들에게는 말 없기로, 시나위(향가) 잘 부르기로, 거문고 잘 타기로, 춤(특히 칼춤) 잘 추기로 유명하였다.

물계자는 칼을 만지거나 거문고를 안고 앉는 것이 평생의 버릇이었다. 누구에게 못마땅한 말을 듣거나 세상의 걱정스러운 소문을 듣거나 하면, 으레 칼을 가지고 숲속으로 들어가서 칼춤을 추었다. 아니면 거문고를 끼고 시냇물가로 가 앉았다.

내해왕 14년(209) 물계자는 가락국을 침범한 포상팔국浦上八國과의 전쟁에 참전하여 큰 공을 세웠다. 그러나 기록자인 왕손의 미움을 받아, 그 공로가 전혀 기록되지 않았다.

"그대 공이 가장 컸는데, 나라에 탄원이라도 내보지 그러오?"

사람들이 그렇게 말하자, 물계자는 이렇게 대답하였다.

"공을 자랑하고 이름을 구하는 일은 뜻 있는 선비가 할 일이 아니오. 다만 뜻을 세워 뒷날을 기다릴 뿐이지…. 하늘은 사람의 마음을 알고, 땅은 사람의 행실을 안다고 그러오. 또 해와 달은 사람의 뜻을 비추고, 귀신은 사람이 하는 것을 다 본다고 그러오. 그러니 사람의 선악과 바르지 않은 것은 반드시 천지신명이 밝히 살펴 알 것이오."

그리고 3년 뒤에 또 전쟁이 났다. 이번에는 신라를 침범해온 포상삼국(골포骨浦, 칠포柒浦, 고사포古史浦)을 격퇴시키고 또 큰 공을 세웠다. 그러나 이번에도 또 그의 공은 기록되지 않았다. 그러자 이번에는 부인에게 이렇게 말하였다.

"내 일찍이 들으니, 신하된 도리는 나라가 위태롭게 되면 목숨을 내놓고, 어려운 일을 당하면 자기 몸을 잊는다고 했소. 내가 싸운 두 번의 전쟁은 진정 위태롭고도 어려운 싸움이었소. 그런데도 능히 목숨을 내놓고 몸을 잊는 것으로서 여러 사람에게 알리지 못했으니, 장차 무슨 면목으로 저자거리와 조정에 나가겠소?"

물계자는 이후 머리를 풀고 거문고를 들고 사이산斯彝山으로 들어가 나오지 않았다고 한다. 봄에는 숲속에서 살고, 겨울에는 굴속에서 살았다.

물계자가 중년이 되자 사람들이 어떻게 알았는지 속속 모여 들었다. 검술, 음악, 그리고 검(신령神靈)을 섬기는 묘리는 말할 것도 없고, 처세법 혹은 정치 군사를 물으러 오는 사람들이 많아졌다. 그리고 자기 지망대로 수련을 쌓으며 묵기를 청하는 청년들이 날로 늘어갔다.

물계자는 이를 허락하고, 오랜 세월을 두고 수련을 하려는 사람들에게는 과목 수련의 준비 과정으로 정신수련부터 먼저 시켰다.

"검술이나 음악이나 그 밖에 무엇이나 열 가지고 백 가지고 간에, 그것이 틀린 것이 아니라 꼭 바른 도리이기만 하면 반드시 둘이 있을 수 없는 것이야. 그것은 하나의 근본에서 나오는 것이니, 그것을 사람의 얼(정신)이라고 해두자. 천만 가지 도리가 다 이 얼에서 생겨나는 것이니, 이 얼을 떼어 놓고는 이것이니 저것이니 다 소 그림자를 붙들어다 밭을 갈려고 하는 거나 마찬가지로 허망한 소견이야."

그러면서 수련을 시킬 때는 먼저 이런 질문을 하였다.

"너 숨을 쉴 줄 아느냐? 숨이란 만들어 쉬는 것이 아니라, 절로 쉬는 것이다. 숨을 고루는 것이 얼의 앉을 자리를 닦는 것이야. 얼의 자리가 임의롭고 난 뒤에야 무슨 수행이든지 할 수 있는 것이야. 숨을 고른다, 얼의 자리를 닦는다, 천만 가지 일과 천만 가지 이치가 다 여기서 시작되는 법이거든. 여기서 시작된 것이 아니면 참된 경지에 이를 수 없는 것이고, 설령 모르는 사람의 눈을 얼핏 속여 넘기는 수가 있다 하더라도, 검님(신령님)이 그런 사람의 눈에는 그물을 덮어버리는 거야."

이러한 방법의 수련으로 얼마를 지내고 나면 누구나 다 대선인의 신통한 교육 방법에 감복하지 않는 사람이 없었다고 한다. 물계자는 또 항상 이런 말을 했다고 한다.

"사람은 누구나 제 빛깔(자기본색)이 있는 법이어서, 그것을 잃은 사람은 아무것도 이룰 수 없는 것이야. 제 빛깔을 지닌 사람만이 제 길수(자연의 묘리)를 찾게 되는 법이지. 그러나 제 빛깔이라는 것은 제 멋(자기취향)과는 다른 것이야. 누구나 제 멋이 있어야 하지만, 제 멋대로 논다고 해서 누구에게나 맞는 것은 아니야. 아무에게나 맞을 수 있는 제 멋은 먼저 제 빛깔을 지녀서 제 길수를 얻은 그 멋이고, 한 사람에게도 맞을 수 없는 제 멋이란 제 길수를 얻지 못한 그것이야. 말하자면 제 빛깔과 절로(자연)와가 한데 빚어서 담뿍 괴고나면 제작(천인묘합)에 이르는 법인데, 이 제작이란 바로 검님이 사람의 마음에 태이는(화합) 것이고, 검님의 마음이 사람의 생각에 태이는 강이니, 말하자면 사람이 무엇이나 이루었다고 하면, 그것은 다른 게 아니라 바로 이 제작에 이르렀다는 것이야."

이렇게 세월이 흘러가는 동안 저절로 물계자를 중심으로 한 풍기風氣가 생겨났다. 그 풍기란, 물계자 문인치고 빽빽하거나 어색하거나 설멋지거나 까불거나 설넘치거나 고리거나 비리거나 얄밉거나 젠체하거나 따분하거나 악착한 사람은 아주 없는 것이다. 물계자와 그의 문인들은 그야말로 참 멋! 참 풍류인들이었던 것이다. 그래서 누구나 척 대기만 하면 세상 사람들은 물계자의 문인들을 모두 '참 멋쟁이(풍류)'라고 말하게 되었다.

"멋, 풍류! 그야말로 하늘과 사람 사이에 통하는 것이 바로 '멋'이야. 하늘에 통하지 아니한 멋은 있을 수 없어. 만일 있다면 그야말로 설멋이란 말이지. 제가 멋이나 있는 체 할 때 벌써 하늘과 통하는 길이 막히는 법이거든. 참 멋과 제작은 마침내 한지경이니, 너희는 여기까지 아는지? 사우(조화)맞지 않는 멋은 없는 것이며, 터지지(융통투철) 않은 멋도 없는 것이니, 사우맞지 않고 터지지 않은 제작이 있는가?"

이런 말을 들을 때면 환희와 감격에 넘쳐서 눈물을 흘리며 절하는 제자도 있었다고 한다.

물계자는 칼을 쓸 적마다 언제든지 먼저 숨을 고루었다. 그리고는 "살려지이다~"라는 기도사를 몇 번이든지 수 없이 되풀이하면서 정성을 다하여 기도를 올린 다음에 으레히 노래를 불렀다. 노래가 끝나면 이어 춤을 추었다. 춤이 끝난 다음에 비로소 칼을 쓰는 것이 언제나 변함없는 순서였기 때문에, 물계자의 문인들은 으레 대선인이 하는 순서대로 따랐다.

물계자는 술이라도 한잔 들어가면 누가 청할 것도 없이 유별나게도 큰 키에 황새 춤을 추면서, 같이 취한 사람들과 어우러져 자작곡인 〈봄 술〉을 불렀다. 물계자가 앞창을 대면 여러 사람들이 일제히 뒤(후렴)를 받는 것이었다.

삼거리 주막에 나그네 오고
삼거리 주막에 나그네 가네
나그네 가는 날 나그네 오고
나그네 오는 날 나그네 가네

달 좋은 봄철이 몇 밤이뇨
알뜰한 이 밤이 가단 말이
얼시구 놀잔다 벗님네여
얼시구 들시구 놀다 가세

접동새 비렁에 꽃이 피고

접동새 비렁에 꽃이 지네
꽃 지는 가지에 꽃이 피고
꽃 피는 가지에 꽃이 지네

이윽고 세월이 흘러 물계자의 머리도 학처럼 희어 노선인이 되었을 때, 나라에 또 전쟁이 났다. 이때도 물계자는 필마단기匹馬單騎로 홀연히 군문軍門에 나타났는데, 노선인의 풍도風度에 적군 아군 할 것 없이 모두 감탄을 감추지 못하였다고 한다. 노선인은 싸운다기보다는 차라리 긴 칼을 휘두르면서 한 마리 학처럼 춤을 추었다. 그래서 몸은 가볍고 날쌔며 나는 듯하였다. 그러나 이 학춤이 바로 칼 쓰는 묘법인지라, 칼 빛이 번쩍이는 곳마다 적군들이 바람에 쓰러지듯 자빠져 갔다. 이렇게 쉽사리 적군을 물리치고 돌아온 물계자는 약간의 땀을 닦으면서 혼자서 빙긋이 웃었다.

"사람은 역시 나이를 먹으면 늙는 게야. 웬 땀이 다 났어…."

효공왕(재위897~912) 때 도선국사 옥룡자가 풍악산에서 물계자 대선인을 만났는데, 동안에 눈같이 흰 살결을 하고, 병을 두드리며 노래를 부르고 있었다고 한다. 그래서 옥룡자가 나이를 물어보니 800세라고 하더라는 것이다.

《청학집》에 의하면 원효대사, 도선국사, 대세와 구칠 등이 다 물계자의 여운이라고 한다.

29. 징심록과 금척지

《징심록澄心錄》은 신라 제18대 실성왕(재위402~417) 때 관설당 박제상 朴堤上(363~418)공이 저술한 고대 역사 선가서仙家書이고, 《금척지金尺誌》는 그 아드님이신 백결선생 박문량朴文良(414~?)공이 편찬한 고대 역사 선가서이다.

박제상공은 신라 박혁거세왕의 9세손이며, 파사왕의 5세손으로서, 영해寧海 박씨朴氏의 시조이자 천웅도天雄道(화랑도의 근원)의 1대 종사宗嗣다.

《징심록》은 박제상공이 보문전 태학사로 재직할 때 열람한 자료들과 가문에서 전해 내려오는 비서秘書들을 종합하여 저술한 역사 선가서로서, 총 3교敎 15지誌로 구성되어 있다.

상교 - 부도지, 음신지, 역시지, 천웅지, 성신지
중교 - 사해지, 계불지, 물명지, 가악지, 의약지
하교 - 농상지, 도인지, 나머지 3지는 알 수 없다.

이와 같이 《징심록》의 상교上敎 중 제1지가 바로 오늘날 전해 내려오고 있는 《부도지符都誌》로서 한인, 한웅, 단군의 역사와 신라 초기역사를 적고 있다. 현존하는 가장 오래된 역사 선가서이다.

〈음신지音信誌〉는 소리와 뜻 전달을 의미하는 음신音信이라는 말에서 알 수 있듯이, 원시 한글인 가림토가 실려 있다고 한다. 청한자 김시습 선생은 세종대왕이 훈민정음 28자의 근본을 《징심록》에서 취하셨다고 했는데, 바로 이 〈음신지〉에서 취한 것으로 보인다.

〈역시지曆時誌〉는 역법曆法에 관한 책이며, 〈천웅지天雄誌〉는 천웅도天雄道에 관한 책이며, 우리민족 고유의 도道를 이르는 것이다.

〈성신지星辰誌〉는 별자리에 관한 책이며, 〈사해지四海誌〉는 영토 지리에 관한 책이며, 〈계불지禊祓誌〉는 제사·의식·행사에 관한 책이며, 〈물명지物名誌〉는 동·식물 등에 관한 책이며, 〈가락지歌樂誌〉는 음악과 율려에 관한 책이다.

〈의약지醫藥誌〉는 의학에 관한 책이며, 〈농상지農桑誌〉는 농사에 관한 책이며, 〈도인지陶人誌〉는 도자기 제조에 관한 책으로 추정하고 있다.

조선시대 초기 지식인이며, 나이 5세에 이미 세종대왕으로부터 천재로 인정을 받았던 청한자 김시습 선생은 《징심록》과 《금척지》를 직접 읽고 그 유래와 내용을 자세하게 서술하여 놓은 《징심록 추기》를 썼다. 이는 《징심록》과 《금척지》의 문헌적 가치를 현대에 고증해 주는 유일하고도 귀중한 문헌으로 평가된다.

영해 박씨들과 김시습 선생의 인연은 옛날로 거슬러 올라가 조상들로부터 비롯되니, 박제상공이 고구려에서 구해온 복호공은 바로 김시습 선생의 직계 조상이었다.

그리고 세종대왕께서는 영해 박씨들을 두루 보살피어 서울 반궁泮宮(성균관)에서 살게 하며 벼슬을 주었는데, 김시습 선생 또한 같은 마을에서 태어나, 어린 시절부터 영해 박씨 종가집을 내 집같이 드나들며 한가족처럼 지냈다. 그러다가 1455년 세조가 단종의 왕위를 찬탈하자, 영해 박씨들은 벼슬을 버리고 한양을 떠나 강원도 철원 복계산 금화현金化縣으로 들어갔는데, 김시습 선생도 세한지맹歲寒之盟으로 같이 따라갔다.

이때 바로 김시습 선생은 영해 박씨 종가집에 전해지는 《징심록》과 《금척지》를 읽은 것이다. 그리고 고대어인 원본을 당시의 문장으로 번역하였는데, 그 내용을 대략 소개하면 이렇다.

- 《징심록》은 관설당 박제상공이 지은 것으로, 영해 박씨 집안에 대대로 전해 내려온 지 1천여 년이 되었으니, 그 귀하고 소중함이야말로 어떠하겠는가!
  - 박제상공은 진리를 꿰뚫은 자요, 원만하게 깨달음을 얻은 자로서 《징심록》의 기록은 옛 역사에 뿌리를 둔, 도道를 깨달은 정각자正覺者에게서 나온 것이다.
  - 《징심록》은 멀리는 태고의 일에 관계되고, 넓게는 우주의 일에 관여되어, 그 광대함은 이루 말할 수가 없으며, 동방 창도의 역사와 하토 변이의 기록이 들어 있다. 신시神市 이래 왕의 설과 유호씨 전교의 일에서 천하의 모든 법이 나왔는데, 이는 유·불·도가 들어오기 이전부터 있었던 우리의 역사요 사상이다.
  - 박제상공의 집안은 금척을 보유한 연리지가硏理之家로서 가문의 전통에 특별한 이치가 있는데, 이것은 천웅도의 전수자이기 때문일 것이다. 때문에 신라에서 고려를 거쳐 조선 세종 대에 이르기까지 나라의 특별한 대접을 받았다.
  - 천웅도는 금척, 곧 천부경의 도를 말하는 것으로서, 우리민족 고유의 도이다. 사람들이 해가 동쪽을 따라 서쪽으로 향하는 것만 알고 서쪽을 따라 동쪽으로 향하는 것은 모르니, 이는 소위 《징심록》이 말하는, 눈이 너무 밝기 때문이다. 지금 한 사람이 밤중에 눈을 감고 해의 뒤를 따른다면, 반드시 이 해가 서쪽을 따라서 동쪽으로 향하는 것을 볼 것이니, 편견을 버리고 또 대지와 산천이 공중에 떠서 함께 도는 것을 볼 것이다. 이렇게 되면 동쪽이 바로 서쪽이요, 서쪽이 바로 동쪽이 되어 마침내 동서의 구별이 없는 것이다. 이때에 곧 원만한 깨달음을 얻을 것이다.
  - 사물을 성찰하여 증리하는 진법과 신라가 금척과 옥적을 쓴 것은 상고시대에 연유한다. 그러므로 태고불역太古不易의 진법이라 할 수 있다.
  - 신라 제52대 효공왕 때 왕위 계승의 분쟁이 있으므로, 영해 박씨 종

사宗嗣 박문현朴文鉉(810~?)공은 선세 입언立言의 전통을 계승하여, 100세가 넘는 고령으로 조정에 나가 세론을 환기시켰다. "신라를 세운 근본은 부도符都를 복건하는 데 있다. 윗자리에 있는 사람은 반드시 이 일에 힘쓸 것이요, 감히 사사로이 영화榮華를 도모해서는 안된다. 이는 입국立國 당시의 약속이기 때문에, 천년이 지났다고 하더라도 어제처럼 살아있는 것이다. 어찌 그 본의를 잊는 것을 참을 수가 있겠는가! 옛날의 조선은 곧 사해四海의 공도公都요, 일역一域의 봉국封國이 아니며, 단군의 후예는 모든 종족의 심부름꾼이요, 한 임금의 사사로운 백성이 아니다. 그러므로 나라의 근본이, 다른 나라들과는 현저하게 다른 것이다. 우리들은 마땅히 각성하여, 일체의 분쟁을 불태워 버리고, 마음을 돌이켜 반성하는 것이 옳다." 이에 국론이 크게 바로잡히고 조정이 숙연해져, 왕위가 바로잡혔다. 이로써 가히 《징심록》의 유래를 추측할 수 있으니, 소위 입언立言이란 것은 반드시 금척의 수리數理에 있으며, 그 근본은 곧 천부天符의 법이다.

- 금척을 금으로 만든 것은 변하지 않게 하기 위함이요, 자(尺)로써 제작한 것은 오류가 없도록 하기 위함이다.

- 금척의 형상은 삼태성三台星이 늘어선 것 같으며, 머리에는 화주火珠를 물고, 네 마디로 된 다섯 치이다. 그 허실虛實의 수數가 9가 되어 10을 이루니, 이는 천부天符의 수다. 능히 천지조화의 근본을 재고, 인간 만사에 이르기까지 재지 못하는 것이 없으니, 죽은 사람도 재면 살아나는 신비한 신기神器이다.

- 금척을 가지고 있던 박혁거세왕이 13세의 어린 나이로 능히 왕으로 추대된 것은, 그 혈통의 계열이 반드시 유서가 있었기 때문이며, 금척이 오래 된 전래물임을 또한 알 수 있는 것이다.

- 태조 이성계가 꿈에 금척을 얻은 것이 어찌 우연이겠으며, 세종대왕이 박제상 공의 후예들에게 지극한 정성을 보인 것은 당연한 바가 있는데, 훈민정음 28자의 근본을 《징심록》에서 취하였음에랴!

30. 백결선생

신라의 백결선생百結先生 박문량朴文良(414~?)공은 거문고가 경지에 도달해, 일체의 희로애락을 모두 거문고로 표현하였다고 한다.

한번은 섣달그믐날 세밑이 되어 남들은 다들 떡방아를 찧는데, 쌀이 없어 방아를 못 찧는 아내가 슬퍼하자 백결선생이 이렇게 위로하였다.

"무릇 사람의 생사는 명命에 있는 것이고, 부귀는 하늘에 달린 것이오. 오는 것은 거절할 수 없고, 가는 것은 잡을 수가 없는 법인데, 당신은 어찌 마음상해 하시오? 내 당신을 위해 방아 찧는 소리를 내어 주리다."

그리고는 거문고를 뜯어 방아 찧는 소리를 내니, 그 소리가 진짜 방아 찧는 소리와 똑같았다고 한다. 이에 백결선생의 거문고 소리가 세상에 전해져 〈방아타령〉이 되었다.

세상에서는 백결선생을 음악가로만 알고 있다. 그러나 백결선생은 천웅도天雄道(화랑도의 근원)의 2대 종사宗嗣였다.

신라 제18대 실성왕 12년(413) 8월, 경주 낭산狼山에 상서로운 구름이 일면서 오랫동안 향기가 피어올랐다. 그러자 왕이 나라에 명을 내렸다.

"이는 반드시 하늘에서 선령仙靈이 내려와 노니는 것이니, 응당 복지福地로다."

그리고는 그 누구도 그곳에서 나무를 베지 못하도록 하였다. 그리고 다음 해에 백결선생이 태어났으니, 행정지명으로는 양산군 상북면 소토리 효충마을이었다. 아버지 충렬공忠烈公 박제상朴堤上(363~418)과 어머니 국대부인國大夫人 사이에서 3녀 1남 중 막내 외아들로 태어났다.

부친 관설당觀雪堂 박제상공은 신라 제19대 눌지왕(재위417~458) 때의 충신으로, 왕의 동생 복호공과 미사흔공을 각각 고구려와 왜국에서 구해내고 순절하였다.

　약소국 시절 신라 제17대 내물왕은 볼모를 요구하는 고구려에 조카를 보냈다. 조카는 하필이면 자기를 볼모로 보낸 내물왕에게 늘 원망하는 마음을 품고 있었는데, 후일 내물왕이 죽자 내물왕의 어린 아들들을 대신해서 왕위에 오르니, 제18대 실성왕이었다.

　실성왕은 다시 볼모를 요구하는 고구려와 왜국에게 내물왕의 둘째아들과 셋째아들을 각각 보냈다. 그리고 남아 있는 장자 눌지를 죽이려고 하였으나, 눌지가 오히려 실성왕을 죽이고, 왕위에 올랐다. 이는 삽라군歃羅郡(지금의 양산) 태수였던 박제상의 공이 컸다.

　왕위에 오른 눌지왕은 볼모로 잡혀 있는 동생들을 그리워하며 슬퍼하였다. 그러자 지혜와 용기를 겸비했던 박제상공이 고구려에 볼모로 가 있던 복호공卜好公를 무사히 구해 왔으며, 다시 또 왜국으로 미사흔공未斯欣公을 구출하러 갔다.

　이때 고구려에서 돌아온 박제상공은 집에 들르지도 않고 곧바로 다시 왜국으로 출발하였는데, 뒤늦게 소식을 안 부인이 남편의 얼굴을 보고자 부랴부랴 뒤쫓아 왔다. 그러나 모래사장이 어찌나 긴지 뛰어도 뛰어도 거리가 좁혀지지 않았다. 그리고 도착하기도 전에 배는 이미 떠나가 버렸다.

　이에 낙심한 부인이 그 자리에 털썩 주저앉아 두 다리를 뻗고 우니, 그 자리가 바로 경주 남천 벌지지伐知늡(두 다리를 뻗음)가 되었다. 그리고 그 길고 길었던 모래사장의 이름은 장사長沙가 되었다.

　한편 왜국으로 간 박제상공은 미사흔공을 무사히 신라로 탈출시켰으나, 자신은 왜국에 붙잡히고 말았다. 발바닥 가죽을 벗기우고 베어낸 갈대 위를 걷는 혹독한 고문을 당하였으며, 마지막에는 불태워져 죽임을 당하였다. 그러면서도 "내가 계림의 돼지는 될지언정, 왜국의 신하는 되지 않겠다."며 왜국의 신하 되기를 끝내 거부하였다.

　이에 부인이 두 딸 아기와 아경을 데리고 치술령 언덕에서 바다 건너 왜국을 바라보며 통곡하다 죽으니, 몸은 그대로 망부석이 되고, 혼은 새가 되어 바위틈으로 숨었다고 한다. 이에 사람들은 그 자리에 사당을 세우고, 치술령 신모神母로 모셨다.

이때 5세의 백결선생과 둘째 누이 아영만 남게 되니, 눌지왕은 아영을 박제상공이 왜국에서 구해낸 미사흔공의 부인으로 삼았다. 이에 백결선생도 누이를 따라 같이 궁으로 들어갔다. 그러나 장성해서 조정에 아첨하는 무리가 많음을 보고, 조카사위인 자비왕에게 인재등용의 중요성을 알리는 상소문을 올리고, 고향으로 돌아와 청빈하게 살았다.

- 빽빽한 숲속에 나무가 있으면 묶지 않아도 저절로 곧아지고, 빽빽한 가시덤불 속에 난초가 있으면 베지 않아도 저절로 시든다.

백결선생은 빽빽한 가시덤불 속을 빠져나와 경주 동쪽에 있는 낭산 기슭에서 살았다. 집이 가난해서 옷을 백 번이나 기워 입었기 때문에 마치 메추리를 거꾸로 매단 것 같았다고 한다. 그래서 동네 사람들이 동쪽 마을, 즉 동리에 사는 백결선생이라고 부른 것이 그대로 호가 되었다. 이처럼 무욕의 삶을 실천한 백결선생의 시가 한 수 있다.

동쪽 집에서는 기장과 벼를 방아 찧고	東家砧舂黍稻
서쪽 집에서는 겨울옷을 다듬질하네	西家杵搗寒襖
동쪽집 서쪽집 방아소리 다듬이소리	東家西家砧杵聲
해를 넘길 곡식 넉넉하고도 넉넉하건만	卒歲之資贏復贏
우리집 광 속 쌓아 둔 곡식 없고	儂家窖乏甔石
우리집 상자 안에는 명주 한 자도 없네	儂家箱無尺帛
헤져 너덜거리는 옷과 명아주국 한 사발에	懸鶉衣兮藜羹椀
영계기의 낙은 충분히 배부르고 따뜻하니	榮期之樂足飽煖

160 한국 선도 이야기

조강지처여 조강지처여 부질없이 걱정 마오　　糟糠糟糠莫謾憂
　　부귀는 하늘에 달렸는데 구한다고 되리요　　　富貴在天那何求
　　팔 베고 잠을 자도 지극한 맛 있으니　　　　　曲肱而寢有至味
　　양홍과 맹광은 참으로 좋은 배필이었다오.　　梁鴻孟光眞好逑

　명리에서 벗어나 가난하게 살면서도 세상사는 맛을 알 수 있으며, 부부의 정 또한 지극히 할 수 있다는 백결선생의 도道가 담겨 있다.
　낙향한 백결선생은 부친이 지은 선가서仙家書《징심록》을 연구하며,《금척지》를 저술하였다.
　금척金尺은 국가 통치권의 상징으로 천부경天符經의 이치를 본떠 만들었는데, 그것을 금으로 만든 것은 변하지 않게 하기 위함이요, 자(尺)로 제작한 것은 오류가 없게 하기 위함이라고 하였다.
　이렇듯 금척은 하늘에서 부여받은 왕권의 상징물로서, 고조선 때도 있었고, 신라를 개국한 박혁거세 왕이 지니고 있었으며, 태조 이성계가 몽금척夢金尺 후 조선을 개국했으며, 대한제국 때의 고종 또한 가장 큰 훈장을 '금척대훈장'으로 삼았다.
　하늘의 소명을 받아 이 금척을 보유하고 있는 집안이 바로 백결선생의 집안이었다. 그리하여 신라의 김춘추와 김유신은 선도산仙桃山에 살고 있는 마령간麻靈干(백결선생의 자손)에게 가서 수업을 받았으며, 고려의 현종은 거란이 침략했을 때 강감찬 장군을 보내 방책을 물었으며, 조선 세종대왕은 영해 박씨들을 궁궐 가까이 불러 지극한 정성으로 보살폈던 것이다.
　경주시 건천읍 금척리에는 박혁거세왕이 38개의 똑같은 무덤을 만들어 그 중 한 무덤 안에 금척을 감추었다는 금척원(사적 제43호)이 있다. 나라에서 금척원 한가운데로 도로를 내는 바람에 일부는 훼손되었지만, 그래도 아직까지 30여 개의 고분은 남아 있다.
　나·당 연합군이 백제를 평정한 후, 당나라 장수 소정방이 금척을 탐내어 금척원 일대를 다 파내고자 하였다. 그리고 그 탐욕은 결국 소정방의 죽음을 불러왔으니, 남의 땅에 와서 함부로 날뛰는 소정방을 그냥 두고 볼 김유신 장군이 아니었다. 아무튼 금척은 죽은 사람도 살리는 신비한 신기神器라고 하였거니와, 백결선생의 시 1편을 보자.

하늘이 사람을 내었으니
모든 것이 하늘에 매였노라
임금을 잃고 얻음
그 역시 하늘이 할 일이러라
얻거나 잃거나가 모두 나를 위함이 아니려니
오거나 가거나를 탓하여 무엇 하리
세상에 별한 낙 없나니
한갓 내 천명을 따르리라.

31. 울주군 선도유적

울산 울주군에는 특별히 선도 유적들이 집중되어 있는 곳이다. 울주군 웅촌면 검단리의 청동기시대 유적, 울주군 두동면 천전리川前里의 서석곡 書石谷 금석문, 울주군 언양읍 대곡리의 반구대 암각화, 울주군 이천리 배내골의 선유도仙遊圖 암각화 등이 그것이다.

웅촌 검단리에서는 청동기시대의 유적들이 발견되었는데, 마을 이름에서부터 벌써 환웅시대의 이미지가 물씬 풍긴다. 웅촌熊村 검단리檢丹里, 이곳에서 400여 점의 청동기시대 유물들이 출토되었다.(사적 제332호)

천전리 태화강 상류에 있는 높이 2.7m 폭 9.5m의 자연석 암벽에 새겨진 서석곡 금석문은 한국에서 최초로 발견된 암각화이면서 동시에 중요한 한국 선도仙道 유적지이다.(국보 제147호)

세 겹 동심원, 마름모, 사람 얼굴, 어가 행열 등 100여 점의 기하학적 무늬와 글씨가 새겨져 있는 이 암석은 1970년 12월 24일 원효스님의 유적을 탐사하던 동국대학교 미술사학과 문명대 교수팀에 의해서 우연히 발견되었다. 암벽에 새겨진 문양과 글씨를 조사하던 탐사팀에게 주민들이 이렇게 말하였다고 한다.

"반구대 저 아래에 우리가 낮잠 자는 곳이 있는데, 그 바위에도 그림들이 새겨져 있습니다."

주민들의 제보를 받고 가서 살펴보니, 상단부에 거북이 그림이 있고 무당이 춤을 추는 모양이 있는지라, 문명대 교수는 '틀림없겠구나' 하는 느낌이 들었다고 한다. 그리하여 1970년 12월 25일 울주군 언양읍 대곡리 산 234-1번지 반구대 암각화도 발견되었다.(국보 제285호)

높이 3m 폭 10m의 약 7천여 년 전 신석기 시대 전기 유물로 추정되는 반구대 암벽화에는 고래, 거북이, 물고기, 호랑이, 표범, 사슴, 말, 멧돼지, 염소, 곰, 너구리, 토끼, 사람 등 70~80여 종의 300여 점이나 되는 그림들이 새겨져 있었다. 그리하여 1971년 1월 1일자 한국일보 1면에는 '가장 오래된 화랑 유적 발견'이라는 헤드라인을 장식하며 화려하게 기사화되었다.

반구대 암각화가 그림들만 새겨져 있는 반면에 천전리 서석곡 유적은 문양들과 함께 구체적인 스토리텔링까지 갖추고 있다.

- 술년 6월 2일에 영랑이 목적을 이루었다. (戌年六月二日永郎成業)

영랑永郎 외에도 어사추여랑於史鄒女郎, 문첨랑文僉郎, 법민랑法民郎, 관랑, 충양랑, 사랑, 선랑, 천랑, 성림랑, 정광랑, 성강랑, 심맥부랑 등 10명이 넘는 화랑들의 이름이 새겨져 있다.

을묘년(523) 8월 4일에는 도인 비구승 일행들이 남긴 기록이 새겨져 있는데 '성聖 법흥대왕'이라고 기록된 것으로 보아 이때까지만 해도 고대의 제정일치祭政一致 사상이 계승되었던 것을 알 수 있다. (乙卯年八月四日聖法興大王節道人比丘僧安及以沙彌僧首乃至居智伐村衆士人等見記)

신라시대에는 원광법사를 비롯하여 원효대사, 월명사, 충담사 등 많은 승려들이 화랑도의 일원에 속해 있거나 밀접한 관계를 갖고 있었다.

서석곡書石谷이란 이름은 법흥왕 12년(525) 6월 18일 법흥왕의 동생이자 진흥왕의 아버지인 입종 갈문왕이 어사추여랑과 함께 와서 붙인 이름이었다. 그 전체 내용은 다음과 같다.

- 乙巳沙喙部葛文王覓遊來始得見谷之古谷无名谷善石得造口以下爲名書石谷字作之遊友妹麗德光妙於史鄒女郎王三之食多煞作功人介利夫智奈悉得斯智大舍地作食人榮知智壹吉干支妻居知尸奚夫人眞@智沙干支妻阿兮牟弘

夫人作書人慕@尒智大舍帝智.

　내용을 보면 입종 갈문왕과 어사추여랑이 수행원들과 함께 새벽에 도착하였고, 낮에는 누구는 바위에 글자를 새기고, 누구는 음식을 준비하고, 누구는 고기를 잡았다고 기록되어 있는 것으로 보아 할 일이 각각 정해져 있었음을 알 수 있다. 일종의 기도처였던 천전리 서석곡에서 새벽기도를 마치고 낮에는 모든 사람들과 함께 천렵川獵을 하며 자연을 즐긴 것으로 보인다.

　그 뒤 14년 후 법흥왕 26년(539)에는 법흥왕의 딸이자 입종 갈문왕의 아내인 지소태후가 어머니 보도태후와 6세 된 아들 진흥을 데리고 서석곡을 찾아와 다음과 같은 문장을 새겨 넣었다.

- 過去乙巳年六月十八日昧沙喙部徙夫知葛文王妹於史鄒女郎妹王過人丁巳年王過去其王妃只沒尸兮妃愛自思己未年七月三日其王與妹共見書石叱見來谷比時共三來@另卽知太王妃夫乞支妃徙夫知王子郎深麥夫知共來比時@作功臣喙部知礼夫知沙干支泊六知伐居干支礼臣丁乙尒知奈麻作食人眞@知泥珎干支婦阿兮牟呼夫人尒夫知居伐干支婦一利等次夫人居礼次@干支婦沙爻功夫人分共作.

　내용은 입종 갈문왕과 어사추여랑이 2년 전에 죽었으며, 지소태후가 남편을 몹시 그리워하고 있고, 함께 방문한 사람들이 적혀 있다. 그리고 특히 눈에 띄는 것은 왕위에 오르기 전의 6세 된 왕자 심맥부深麥夫(진흥왕의 이름)를 가리켜 '랑심맥부郎深麥夫'라고 표현한 것이다. 즉 6세의 진흥이 이미 화랑도의 일원에 속해 있었던 것이다.

　내용은 신라 토착어로 기록되어 있는데, 사부지徙夫知는 입종 갈문왕이다. 모즉지另卽知는 법흥왕이므로 모즉지태왕비另卽太王妃 부걸지비夫乞支

妃는 보도태후이다. 지몰시혜비只沒尸兮妃는 지소태후이다. 사부지왕자랑심맥부徙夫知王子郞深麥夫는 입종 갈문왕의 왕자 진흥이다. 이 밖에도 암벽에 새겨진 기록들을 보면 많은 귀족들과 수행원들을 이끌고 다녀간 왕실 행차였음을 알 수 있다.

그리고 계해년(543) 2월 2일에는 비덕도가 남긴 기록이 새겨져 있다. (癸亥年二月二日沙喙部浚智小舍婦非德刀遊行時書)

그런가 하면 울주군 이천리 배내골에서는 영랑과 보덕으로 추정되는 선유도仙遊圖 암각화가 발견되기도 하였다. 이처럼 울산 울주군은 선도 유적들이 집중적으로 산재해 있다.

32. 지소태후

식도부인息道夫人 지소태후只召太后는 법흥왕(재위514~540)의 딸로서 삼촌 입종立宗 갈문왕葛文王과 혼인하여 진흥왕(재위540~576)을 낳았다. 법흥왕은 딸을 동생과 결혼시켜 입종 갈문왕을 차기 계승자로 삼았다. 그러나 입종 갈문왕이 537년 죽으니, 그 아들 진흥이 왕위에 오를 때는 나이 7세로서 지소태후가 10여 년간 섭정을 하였다.

지소태후는 대리청정자로서 신라 국정을 운영하였으며, 화랑도의 인사권자였다. 그리고 식도부인息道夫人이라고 불린 것으로 보아, 그녀 자신 태후가 되기 전에 여랑女郎의 일원으로서 호흡 수련을 한 것으로 보인다.

지소태후는 궁궐내의 크고 작은 알력과 암투에서 매번 이긴 여장부였다. 그중에서도 가장 큰 사건은 신라 제24대 왕위를 놓고 벌인 이종사촌 옥진궁주와의 암투였다. 옥진궁주(미실의 외할머니)는 색공으로서 법흥왕의 총애를 한몸에 받았으며, 법흥왕의 아들 비대공比臺公을 낳았다.

537년 차기 왕위 계승권자인 입종 갈문왕이 죽자 법흥왕은 옥진궁주의 남편 영실공을 부군副君으로 삼아 2인자의 자리에 앉히고, 옥진이 낳은 자신의 아들 비대공을 태자로 삼았다. 법흥왕은 옥진궁주를 총애하여, 입종 갈문왕과 지소태후의 아들인 진흥으로 하여금 뒤를 잇게 할 뜻이 없었던 것이다.

지소태후의 아들 진흥은 법흥왕의 외손자이며, 옥진궁주가 낳은 비대공은 법흥왕의 아들이었다. 그러나 당시 신라 사회는 혈통을 중시하는 골품제도로서 어머니의 혈통에 따라 자식의 서열이 결정되는 모계사회였다.

지소태후는 신라 제21대 비처왕의 맏딸 보도태후와 제22대 지증왕의 맏아들인 법흥왕과의 사이에서 낳은 단 1명의 자식이었다. 그러므로 그런 지소태후를 어머니로 가진 진흥이 순수 성골聖骨로서 왕위계승 1순위가 되는 것이다. 그러므로 궁실에서는 법흥왕의 뜻에 반대하며 골품제인 성골을 유지시키려고 노력하였다. 그리고 결정적인 영향력을 미친 것은 옥진궁주의 아버지 위화랑이 법흥왕에게 올린 간언이었다.

"제 딸은 골품이 없고 또 영실과 더불어서 살았으니, 아니 된다고 여겨집니다."

그리하여 지소태후의 아들인 진흥이 법흥왕의 뒤를 이어 무사히 신라 제24대 왕이 되었다. 이에 지소태후가 가장 먼저 한 일은 옥진궁주의 색공으로 올라간 영실공과 비대공을 높은 자리에서 내려놓는 일이었다. 그리고 위화랑을 몹시 고마워하여 그동안 시행되어 오던 원화제도를 폐지하고 위화랑을 제1대 풍월주로 임명하여 화랑들의 우두머리가 되게 하였다.

이렇게 진흥왕 원년(540) 지소태후에 의해 폐지된 원화제도는 29년 뒤 미실에 의해 다시 부활되고, 미실은 스스로 원화가 되어 화랑들의 우두머리가 된다. 즉 화랑도의 인사권이 지소태후에게서 미실에게로 넘어간 것이다.

울산 울주군 천전리 서석곡 금석문에는 법흥왕 26년(539) 지소태후가 어머니 보도태후와 어린 아들 진흥을 데리고 많은 왕실 행렬을 이끌고 다녀간 기록이 남아 있다. 입종 갈문왕이 죽은 지 2년 뒤이며, 진흥왕이 왕위에 오르기 1년 전이었다.

보도태후와 지소태후는 어린 진흥을 데리고 서석곡 기도처를 다녀간 다음 해에 무사히 진흥왕을 신라 제24대 왕위에 앉혔다. 이때 진흥왕이 7세였으므로 1년간 보도태후가 섭정하였으며, 그 뒤 551년까지 11년간 지소태후가 섭정(수렴청정)하였다.

지소태후는 나라의 인재를 양성하기 위해 화랑도를 범국가적인 조직으로 개편하였다. 이에 대해 《삼국사기》와 《삼국유사》는 다음과 같이 기록하였다.

- 신라 제24대 진흥왕은 본디 천성이 멋이 있어 신선神仙을 크게 숭상하였으며, 나라를 흥케 하려면 풍월도風月道를 먼저 일으켜야 된다고 생각하고, 좋은 가문 출신의 덕행 있는 젊은이들을 뽑아 화랑으로 삼았다.

사실 이와 같은 일들은 나이 어린 진흥왕을 대신하여 수렴청정한 지소태후의 작품이었다. 그러나 13세의 아들 박혁거세를 이끌어 신라를 건국한 선도신모 파소나 주몽과 함께 고구려를 건국하고, 다시 두 아들을 이끌어 백제를 건국한 소서노가 역사의 뒤안길에 묻힌 것처럼 지소태후의 업적 역시 마찬가지였다.

그런데 진흥왕이 왕위에 오른 나이를 《삼국사기》는 7세, 《삼국유사》는 15세로 각기 다르게 기록하고 있다.

필자의 견해로는 《삼국사기》의 기록이 맞는 것으로 보인다. 왜냐하면 《삼국유사》의 기록대로 진흥왕이 15세에 왕위에 올랐다면 진흥왕이 12년 동안 섭정을 받았으니, 만 27세까지 섭정을 받았다는 이야기가 된다. 동시대를 살았던 사다함이 어린 나이에 지소태후에게 임명되어 1천 명의 낭도를 거느린 귀당비장貴幢裨將이 되었고, 16세에는 화랑도의 우두머리인 풍월주가 되었다. 그런데 진흥왕이 만 27세까지 어머니의 섭정을 받았을 리가 없는 것이다. 그러나 《삼국사기》의 기록대로 7세에 왕위에 올랐다면, 만 19세까지 섭정을 받은 것이 된다.

《화랑세기》〈사다함전〉에는 '법흥왕도 붕어하시고 입종도 죽었다.(法興崩而立宗亦薨)'는 내용이 나오는데, 문장의 주체자는 지소태후로 보인다. 아무튼 지소태후는 이사부 태종공苔宗公을 상상上相으로 삼아 어린 진흥왕의 힘이 되도록 하였다.

태종공은 지소태후의 뜻을 받들어 신라의 영토를 확장시키고, 가장 열세였던 삼국의 관계에서 주도권을 장악하였다. 561년 대가야를 정복하여 신라로 통합하였고, 백제를 쫓고 한강을 차지하였으며, 고구려를 토벌하여 함경도까지 진출하였다. 그리하여 신라 전성기를 맞이하여 영토를 확장한 기념비들을 세웠다.

551년 단양 적성비
555년 북한산 진흥왕 순수비
561년 창녕 진흥왕 척경비
568년 황초령 진흥왕 순수비
568년 마운령 진흥왕 순수비

이는 모두 지소태후의 뜻을 잘 받든 이찬伊湌 이사부異斯夫 태종공의 공로였다. 지소태후는 이러한 태종공과의 사이에서 숙명공주와 세종전군을 낳았다. 즉 진흥왕의 이부異父 동생들이었다. 한번은 태종공이 진흥왕을 알현하는 자리에 세종전군도 있었다. 그리하여 태종공은 진흥왕에게 절하고 다음 세종전군에게 절하였다. 그러자 세종전군이 황망히 여기며 이렇게 말하였다.
"모후께 듣기를 태종공이 제 아버지라고 들었습니다."
그러자 이사부 태종공은 겸허히 이렇게 대답하였다.
"태후께서는 신성하시어 지아비 없이도 전군殿君을 신화神化하실 수가 있습니다. 전군은 신神의 아들이십니다. 어찌 감히 신하가 아버지가 되겠습니까?"
이렇듯 태종공은 지소태후를 받들기를 온 마음을 다하였고, 지소태후 역시 그런 태종공에게 믿음과 신뢰와 사랑을 주었다.
지소태후는 딸 숙명공주를 가장 귀한 자리에 앉히고자, 진흥왕의 왕비로 삼았다. 그러나 숙명공주는 어머니가 나라 제일의 실권자인 지소태후요, 아버지는 상상上相인지라 매사에 거리낌이 없었다. 게다가 이부남매 사이인 진흥왕과 숙명공주는 서로 이성으로서의 끌림이 없었다. 그리하여 숙명공주는 이화랑과 사랑에 빠져 궁궐을 빠져나갔고, 마침내 원광법사와 보리공을 낳았다. 원광법사는 후에 당대 불교의 최고 승려가 되었으며, 보리공 역시 제12대 풍월주가 되었다. 보리공은 《화랑세기》를 쓴 김대문의 증조부이기도 하다.

숙명공주가 이화랑과 사랑에 빠져 궁을 나가자, 진흥왕비는 옥진궁주의 둘째딸이자 미실의 이모인 사도思道가 되었다.

후일 마침내 지소태후가 죽자 숙명공주와 이화랑은 자신들을 깊이 사랑하고 아껴준 지소태후를 몹시 그리워하였다. 그리하여 지소태후 무덤 옆에 자신들의 무덤을 써달라는 유언을 남긴 후에 동시에 생을 마감하고 지소태후를 만나러 갔다고 한다.

33. 어사추여랑

여덕광묘麗德光妙 어사추여랑於史鄒女郎에 대해 현재 우리가 알 수 있는 내용은 신라 법흥왕 12년(525) 6월 18일에 왕의 동생 입종 갈문왕이 울주군 천전리 서석곡書石谷에 기록한 금석문과 입종 갈문왕 비인 지소태후가 법흥왕 26년(539) 역시 같은 곳에 기록한 내용이 있다.

입종 갈문왕이 기록한 금석문 내용 1페이지와 14년 후에 지소태후가 기록한 내용 1페이지는 합습을 이루어 마치 책장을 펼쳐 놓은 것처럼 모양새를 갖추었는데, 이 내용 안에 어사추여랑에 관한 대목이 짧게 나온다.

입종 갈문왕은 결혼 전 525년 6월 18일에 어사추여랑과 함께 많은 수행원들을 이끌고 서석곡을 방문하였다. 서석곡書石谷(글씨가 새겨진 암벽 계곡)이란 이름도 이때 입종 갈문왕과 어사추여랑이 함께 붙인 이름이었다. 그리고 입종 갈문왕은 어사추여랑을 '友妹(친구같은 자매)'라고 표현하였다. (乙巳沙喙部葛文王覓遊來始得見谷之古谷无名谷善石得造口以下爲名書石谷字作之遊友妹麗德光妙於史鄒女郎王)

입종 갈문왕과 어사추여랑은 새벽에 많은 수행원들과 함께 이곳 천전리 서석곡을 새벽에 방문하여 기도를 한 것으로 보이며, 낮에는 천렵川獵을 하며 자연을 즐긴 것으로 보인다.

그 후 14년 뒤인 539년 지소태후가 남긴 기록에서는 어사추여랑을 입종 갈문왕의 '妹(자매)'라고 표현하고 있으며, 두 사람이 모두 정사년丁巳年 법흥왕 24년(537)에 죽은 것으로 기록하고 있다. (過去乙巳年六月十八日昧沙喙部徙夫知葛文王妹於史鄒女郎妹王過人丁巳年王過去其王妃只沒尸兮妃愛自思己未年七月三日其王與妹共見書石叱見來谷比時共三來)

입종 갈문왕은 당시 차기 왕위 계승자로서 장수였으며, 어사추여랑은 화랑도의 일원인 여랑女郞이었을 뿐만 아니라 원화였을 가능성도 크다. 즉 두 사람 모두 심신이 강건한 젊은 사람들이었다. 그러므로 두 사람의 죽음은 왕위를 놓고 벌어진 암살 가능성을 배제할 수 없다.

입종 갈문왕이 죽으면 다음 골품 서열은 진흥왕이었다. 그러나 입종 갈문왕이 죽자마자 법흥왕은 자신에게 색공을 바치던 옥진궁주의 남편 영실공을 2인자인 부군副君의 자리에 오르게 하였으며, 옥진궁주가 낳은 아들 비대공을 태자로 삼았던 것이다.

하지만 이는 골품제를 유지시키려는 왕실의 반대에 부딪쳐, 결국 입종 갈문왕과 지소태후의 아들이 왕위를 계승하여 진흥왕이 되었다.

한편, 2015년 봄, 경주 첨성대 인근 황남동에서는 5세기 후반 내지 6세기 초반 무렵으로 추정되는 신라시대의 무덤이 발굴되었다. 어사추여랑이 생존했던 시대와 비슷한 연도이다.

무덤 안에는 남녀를 함께 아래위로 포개 묻어, 마치 교합하는 모습으로 남아있는 인골이 발견되었다. 아래쪽 인골은 30대 여성으로 금귀고리와 금박을 장식한 허리띠 등 금·은 장신구를 착용한 채 하늘을 바라보며 똑바로 누워 있었고, 위쪽 인골은 20대 남성으로 아무런 장식품 없이 아래쪽 인골 위에 교합하는 듯 엎어진 자세였다.

이로 보아 무덤 주인인 여성을 위하여 남성이 순장된 것으로 발굴 조사단은 추정하였다. 특히 여성인골은 근육이 두드러지게 발달했던 것으로 나타났으며, 부장품으로 큰 칼과 함께 말안장, 말 장식 꾸미개, 발걸이 등의 말갖춤들이 함께 묻힌 것으로 보아, 말을 타고 무기를 다루던 신라 귀족여성으로 추정되었다.

이 밖에도 부장품에는 비취색 곡옥과 푸른 구슬 목걸이와 항아리 그리고 금·은 장신구들이 발견되었는데, 특히 허리띠의 고리 부분에 장식된 정교한 용龍 문양은 그녀의 신분이 왕족의 일원임을 말해주는 것이다. 그리고 남성을 교합하는 듯한 자세로 순장시킨 것으로 보아서, 아마도 주인공은 독신 여성으로서 원화였을 가능성이 크다.

  지소태후가 540년에 원화제도를 폐지하기 직전의 원화는 삼산공三山公의 딸 준정俊貞이었다. 그렇다면 어사추여랑은 준정 바로 이전의 원화였을 것이다.

34. 원화

《삼국사기》와 《삼국유사》에는 다음과 같은 기록이 있다.

- 신라 제24대 진흥왕(540~576)은 본디 천성이 멋이 있어 신선을 크게 숭상하였으며, 나라를 흥케 하려면 풍월도를 먼저 일으켜야 된다고 생각하여, 좋은 가문의 덕행 있는 젊은이들을 뽑아 그 이름을 화랑이라고 하였다.

법흥왕 때의 위화랑은 진흥왕 원년(540)에 제1대 풍월주가 되었다. 진흥왕 원년이면 진흥왕의 나이 불과 7세였다. 그러므로 법흥왕의 딸이자 진흥왕의 어머니인 지소태후가 섭정을 하게 되어 국정을 장악하였다. 따라서 진흥왕대 화랑도의 대소사들은 대부분 지소태후의 작품이었으며, 화랑들을 손에 쥐고 쥐락펴락 한 사람도 바로 지소태후였다.

그러나 역사의 기록을 맡은 사람들은 남성들이었고, 대부분의 남성들은 여성의 역할을 알리고 싶어 하지 않았다. 그래서 지소태후가 한 일들은 모두 진흥왕이 한 일들로 돌아갔다. 그것은 13세의 아들 박혁거세를 이끌어 신라를 건국한 선도신모 파소나, 주몽과 함께 고구려를 건국하고, 다시 두 아들을 이끌어 백제를 건국한 소서노가 역사의 뒤안길에 묻힌 것과 마찬가지였다.

아무튼 지소태후는 진흥왕 원년(540) 모든 화랑들의 우두머리인 원화源花 제도를 폐지하고, 위화랑으로 하여금 제1대 풍월주로 삼아 화랑들의 우두머리로 삼은 장본인이었다. 도올 김용옥 박사는 이렇게 갈파하였다.

'원래는 하나님 엄마였으나, 이것이 권력화 되면서 하나님 아버지로 바

뀌었다.'

이유인즉슨 이 세상에서 조건 없이 사랑을 주는 존재는 오직 태양과 엄마뿐이라는 것이다.

1980년대에 발굴된 만주 요하 우하량 유역의 홍산문명에서 출토된 가부좌 명상자세를 한 여신상 역시 모든 화랑들의 우두머리가 왜 원화였는지를 뒷받침해 주고 있는 중요한 유물이다. 즉 지금으로부터 6천여 년 전에 이미 반듯하게 가부좌 명상자세를 하고 앉아 있는 여신상은 바로 하늘과 소통했던 국선도의 여성 수행자 원화였던 것이다.

성현成俔(1439~1504)의 《용재총화慵齋叢話》에서도 '태일전太一殿에서 칠성七星의 여러 별에 제사하였는데, 그 칠성 신상들은 모두 머리를 늘어뜨려 여자의 모습을 하고 있었다.'고 적고 있다.

이로서 우리는 고대뿐만이 아니라 중세까지도 계속 모계母系로서 계통이 이어졌던 것을 알 수 있다. 이는 조선시대 초까지 이어져 여성도 남성과 동등하게 재산권과 상속권을 갖고 있었다. 그러던 것이 중국 사대주의가 강화되면서 여권이 하락하기 시작하였다.

아무튼 모든 화랑들의 우두머리로 원화가 받들어지다가 폐지되고 풍월주로 대치된 데에는 궁궐 내 권력의 암투가 크게 작용하였다. 지소태후는 신라 제23대 법흥왕과 보도태후 사이에 출생한 공주로서, 삼촌인 입종공立宗公에게 시집보내져서 진흥왕을 낳았다. 법흥왕은 입종공을 다음 왕위 계승자로 생각하였으나, 입종공은 진흥왕을 낳고 바로 죽었다. 그러므로 지소태후의 아들인 진흥이 왕이 되었다. 그러나 이 일은 어렵게 이루어진 일로서, 그 내막인즉슨 이렇다.

법흥왕은 옥진궁주를 총애하였는데, 옥진은 왕의 혼인 대상을 배출하고 왕에게 색공을 바치는 대원신통 출신이었다. 신라는 왕비나 후궁을 배출하는 계통으로 진골정통眞骨正統과 대원신통大元神統이 있었다. 진골정통은 왕가 계통이며, 대원신통은 성性으로서 제왕帝王이 건강하게 대를 잇도록 돕는 것을 도道로 삼는 계통이었다. 그러므로 대원신통은 어려서부터 교태를 부리는 방법과 가무歌舞 등을 철저하게 가르쳤으며, 역시 모계로서 그 계통이 전해졌다. 미실이 바로 대원신통으로서 옥진궁주의 외손녀였다.

진골정통과 대원신통 간에는 서로 자기 계통에서 왕가의 대를 이으려고 끊임없는 알력이 오고갔다. 마침내 옥진궁주는 법흥왕의 아들 비대공比臺公을 낳았는데, 차기 왕위 계승자였던 입종 갈문왕이 죽자, 입종 갈문왕의 아들 진흥과 비대공이 권력다툼의 주인공이 되었다. 물론 다툼의 주체자는 그 어머니들이었다. 여기서 마침내 지소태후 쪽이 승리하였다.

지소태후는 아들이 왕이 되는데 공을 세운 삼엽궁주의 아들 미진부공未珍夫公의 아내 남모南毛에게 원화 자리를 주었다. 남모는 법흥왕과 백제 보과공주宝果公主 사이에서 나온 공주로, 지소태후에게는 이복 여동생이기도 하였다.

이렇게 되자 원화의 자리를 빼앗긴 삼산공三山公의 딸 준정俊貞이 억울함을 참지 못하였다. 그리하여 남모가 원화가 되는 것을 막으려고 있는 힘을 다해 노력하였으나, 결국 지소태후의 대대적인 지원을 받는 남모가 원화가 되었다.

이에 준정은 분노하였고, 남모를 자기 집에 초대하여 술을 먹인 후 물에 빠뜨려 죽였다. 그리하여 지소태후는 원화제도를 폐지하였고, 역시 진흥이 왕이 되는데 큰 공을 세운 위화랑을 제1대 풍월주로 삼아 화랑도의 우두머리가 되게 하였던 것이다.

이렇게 해서 화랑도의 우두머리는 때에 따라서 원화源花, 풍월주風月主, 국선國仙이라고 하다가, 후에는 미실이 풍월주와 국선을 원화 밑에 두었다. 미실이 원화를 역임할 당시 설원랑을 풍월주로, 문노를 국선으로 임명하여 동시에 자기 아래에 두었던 것이다.

지소태후에 의해 원화로 임명되었던 남모가 죽자 미진부공(제2대 풍월주)은 묘도부인과 재혼하여 미실을 낳았는데, 미실은 커서 진흥왕으로부터 특별한 총애를 받았다.

진흥왕의 총애로 권력을 쥐게 된 미실은 568년 풍월주를 폐지하고 원화 제도를 다시 부활시켰다. 제6대 풍월주인 세종전군(진흥왕의 이부異父 동생이자 미실의 남편)을 폐하고, 미실 자신이 원화가 된 것이다. 그리하여 지소태후에 의해 원화 제도가 폐지된 지 29년 만에 다시 원화가 부활되었다. 이에 신라는 연호를 고쳐 대창大昌이라고 하였으니, 미실이 원화가 된 첫해가 대창 1년이었다.

미실의 원화 임명을 계기로 신라가 연호까지 바꾼 것을 보면, 진흥왕의 미실에 대한 총애가 얼마나 컸는지 짐작이 가는 일이다. 그런데 미실은 원화 자리에서 잠시 내려와야 하는 일이 발생하였다.

진흥왕 37년(575) 동륜태자가 개에 물려 죽는 일이 발생하였는데, 미실이 관계되었다. 미실이 자신에게 집착하는 동륜태자의 관심을 다른 여자에게 돌리고자 동생 미생과 설화랑을 시켜 동륜태자를 데리고 야밤에 궁궐 담을 넘어 유화들과 놀도록 사주하였던 것이다. 그런데 담을 넘던 동륜태자가 그만 개에 물려 죽는 일이 발생하였던 것이다.

이 일로 인하여 진흥왕은 미실을 원화에서 폐하였고, 세종전군을 다시 풍월주에 복귀시켰다. 《삼국사기》에 '575년 원화제도가 폐지되었다.'는 기록은 바로 이 사건을 말하는 것이다. 그러나 동륜태자를 잃고 상심한 진흥왕이 다음 해에 승하하자, 미실은 다시 원화로 복귀하였다.

진흥왕 다음 계승자는 원래 죽은 동륜태자의 아들 진평왕이었다. 그러나 미실은 진흥왕의 둘째아들과 야합하고 그를 왕위에 앉혔으니, 바로 진지왕이었다.

진지왕은 왕위에 오르고 난 후 미실과의 야합을 잊고 진골정통의 궁주를 총애하였다. 진골정통은 미실이 속한 대원신통과 대결구도에 있는 계통이었다. 그리하여 미실은 진골정통에서 태자를 생산하는 것을 막기 위해, 색을 밝히고 방탕하다는 이유를 붙여 제25대 진지왕을 폐위시키고, 제26

대 진평왕을 앉혔다.

　원화 미실이 왕을 앉히고 폐위시키기를 마음대로 한 것을 보면, 신라 국정에서 원화가 얼마만큼 막강한 영향력을 가지고 있었는가를 가히 짐작할 수 있다. 원화는 명실공이 신라의 권력 순위 2인자이자 실세였던 것이다.

35. 미실

　　티벳에는 곰파(사원)가 참 많다. 그런데 필자가 2003년 티벳에 여행 갔을 때는 개방하지 않는 곰파가 딱 1군데 있었다. 여행자들 사이에 떠도는 말로는 그 곰파에는 아주 큰 천으로 부처님을 가려 놓았는데, 그 이유는 교합하는 부처님 상像이기 때문이라는 것이다.
　　불교는 현교顯敎와 밀교密敎(탄트라)로 나누어져 있는데, 현교는 가섭존자에게로, 밀교는 부처님의 친아들인 라훌라에게로 전승되었다. 그리고 밀교가 특히 발전된 곳이 바로 티벳 불교였다. 밀교 즉 탄트라는 교합을 통해 깨달음을 추구하는 갈래인 것이다.
　　인도의 힌두교는 또 어떤가? 시바신과 그 파트너 파르파티와의 교신상交神像이 도처에 널려 있으며, 카주라호에 있는 힌두사원 하나는 사원 전체가 성교하는 미투나mithuna 상像으로 가득 차 있다.
　　기독교의 성경책은 또 어떤가? 딸들이 아버지와 교합하는 장면도 있고, 시아버지와 며느리가 교합하는 장면도 있다. 《그리스 로마 신화》에 나오는 최고의 신神 제우스 역시 둘째가라면 서러워 할 바람둥이 신이다.
　　중국의 도교도 불교와 마찬가지로 청정파와 제접파로 나뉘어진다. 중국에는 또 《소녀경》이라는 경전이 있고, 인도에도 《까마수트라》라는 경전이 있다. 이 두 경전의 공통점은 모두 성性을 주제로 한 경전이라는 점이다.
　　경전經典이란 진리를 수록한 글을 말하는데, 이 두 책이 그런 숭고한 타이틀을 얻은 데에는 이유가 있다. 성性을 통해서 깨달음을 얻거나, 제왕帝王의 건강 또는 왕실의 대를 무사히 잇도록 돕기 위해 존재하였기 때문이었다. 그리고 미실은 바로 《소녀경》이나 《까마수트라》의 역할을 맡았던 막강한 힘을 가졌던 신라의 성性 마스터였다.

그렇다면 왜 이렇게 상식에 벗어난 것처럼 보이는 행위들이 모든 종교에 존재하는 것일까? 그것은 종교의 본질이 바로 죽음이기 때문이다. 그리고 그 죽음의 극단에는 바로 생명의 창조가 있었다. 극과 극은 하나로 통하는 법이다. 그리하여 현교와 밀교가 동시에 존재하는 것이며, 죽음과 교합이 동시에 존재하는 것이다.

《화랑세기》에 의하면 신라에는 왕의 혼인 대상을 배출하는 가문으로 진골정통眞骨正統과 대원신통大元神統이 있었으며, 둘 다 모계로서 대를 이었다. 그리고 미실은 바로 대원신통의 대를 이은 여성이었다.

미실의 외조모 옥진은 법흥왕의 총애를 한몸에 받은 궁주였으며, 미실의 이모 사도 또한 진흥왕의 총애를 받은 왕후였다. 이러한 대원신통에서 미실이 태어났을 때 용모는 절묘했으며, 풍만하면서도 명랑한 아름다움은 마치 백화百花의 영검한 정기를 하나로 뭉친 것 같았다고 한다. 그리하여 법흥왕의 총애를 한몸에 받았던 옥진은 이러한 외손녀를 보며 대단히 만족스러웠던 것이다.

"이 아이는 가히 나의 도道를 부흥시킬 만하다!"

그리하여 옥진은 미실을 손수 옆에 끼고 직접 교태부리는 방법과 가무歌舞를 정성스레 가르쳤다고 한다.

이러한 미실이 처음에는 법흥왕의 딸이자 진흥왕의 어머니인 지소태후의 명령으로 세종전군世宗殿君에게 시집보내졌다. 세종전군은 지소태후의 아들이며, 진흥왕의 이부동생이었다. 이에 외조모 옥진이 근심하며 탄식하였다.

"내가 너를 가르친 것은 제왕을 섬기게 하고자 함이지, 어찌 전군을 섬기라고 한 것이겠느냐?"

그러자 미실이 이렇게 외조모를 위로하였다고 한다.

"소녀의 도는 색공에 있는데, 어찌 제왕을 받들지 못하겠습니까?"

그러자 외조모 옥진이 크게 기뻐하며 안심하였다.

"이 아이는 족히 도道를 말하니, 나는 근심이 없다."

그 후 미실은 진흥왕의 총애를 한몸에 받고 권력을 쥐게 되자, 568년 스스로 원화가 되었다.

진흥왕의 손자 진평왕이 즉위하였을 때 나이가 13살이었는데, 기골이 장대하고 힘이 넘쳤다고 한다. 진평왕의 할머니이자 미실의 이모인 사도태후는 미실로 하여금 진평왕을 '도導'하도록 하였다. 말하자면 미실로 하여금 진평왕의 성교육을 시키게 한 것이었다. 그리하여 미실은 진평왕의 사랑을 받았다.

도導를 옥편에서 찾아보면 이끌 도, 인도할 도, 열어줄 도, 다스릴 도, 통할 도 등의 뜻이 있다. 조선시대가, 그 중에서도 특히 여성들이 규범과 제도 속에 갇혀 죽은 듯이 산 시대라면, 신라는 반대로 자유로운 생명력이 살아 숨 쉬던 시대였다고 할 수 있다. 이러한 생명의 원초적 본능들이 살아 움직여서 신라의 많은 인재들을 배출하였으며, 마침내 화랑도가 삼국을 통일하는 원동력이 되었다. 사다함, 설화랑, 원광법사, 김유신 등은 모두 부모의 자유 연애결혼에 의해 탄생한 인재들이었다.

미실 가문의 또 하나 재미있는 이야기는, 미실의 남동생 미생은 용모가 수려하고 말에 운치가 있었다고 한다. 그리하여 미생이 한번 눈길을 주면 따르지 않는 여자가 없었으며, 목숨을 바치기를 원하는 여자가 천백을 헤아렸다고 한다.

미실이 진흥왕의 총애를 받자 미생도 궁에 들어가 공주들에게 춤을 가르치게 되었는데, 공주들이 모두 미생과 사사로운 관계를 갖게 되었다. 이에 진흥왕이 미생을 문초하려 하자, 미실이 이렇게 막았다고 한다.

"이는 우리 집안의 풍류나비입니다. 어찌 모름지기 문초를 하겠습니까?"

그러자 진흥왕은 미생을 문초하기를 그만두었고, 다른 사람들도 감히 아무 말도 꺼내지 못했다고 한다.

미실 남매의 어머니인 묘도 또한 만만찮은 여장부였다. 하루는 하인이 옥잔을 훔쳤는데, 미생이 처벌하려 하자, 담장을 넘어 도망치다가 그만 다리를 다치고 말았다. 이를 본 묘도부인이 아들 미생을 이렇게 꾸짖었다고 한다.

"노비는 수족과 같고, 그릇은 가지고 노는 것이다. 그런데 어찌 물건 때문에 사람을 상하게 하느냐? 외척은 본래 사람들이 꺼리는 바인데, 너는 어미와 누이가 왕의 총애를 받은 덕분에 천하의 재물을 가졌다. 그런데도 사대부에게 겸손하지 않고 백성을 사랑하지 않으니, 내가 매우 부끄럽구나!"

이에 미생은 친히 종을 풀어주고, 이후로는 도둑질하는 자가 있어도 문초하지 않았다고 한다.

자신이 원화가 되기 위해 제6대 풍월주(진흥왕의 이부동생이자 미실의 남편인 세종전군)를 폐지시켰던 미실은 자기가 아끼는 설화랑을 으뜸 화랑인 제7대 풍월주로 삼아 원화 아래에 두었다. 그래서 설화랑을 으뜸 원元 자를 써서 설원랑이라고도 부르는 것이다. 그리고 다시 진지왕을 폐위시키는데 공을 세운 문노文弩를 제8대 풍월주로 임명하였다.

문노가 풍월주가 되던 날, 예복을 갖추어 입고 무릎걸음으로 나아가, 미실에게 먼저 절하고, 다음 제6대 풍월주 세종전군(미실의 남편)에게 절하고, 그 다음 제7대 풍월주 설원랑에게 절하였다.

신라의 신궁神宮에는 법흥왕과 옥진의 교신상交神像이 있었는데, 참배를 할 때 옥진에게 먼저 절하고, 다음 법흥왕에게 절하는 게 예법이었다. 법흥왕도 살아생전에 이렇게 말하였다고 한다.

"억조창생이 나를 신神으로 여기는데, 나는 옥진을 신으로 여기노라."

옥진의 남편 영실공 또한 옥진궁주에게 먼저 절하고 나서, 그 다음 법흥왕에게 절하였다고 한다. 이는 대원신통의 대를 이은 옥진이나 미실이 단순한 제왕의 성 노리개가 아니라, 성의 교사요 마스터였으며 사상적으로 우위에 있었다는 이야기가 된다.

미실의 남편 세종전군은 지소태후의 아들이자 진흥왕의 이부동생으로서, 처음부터 끝까지 미실에게 정절을 바쳤다. 미실을 지극히 받들고 섬기면서도 오히려 모자람이 있을까 늘 두려워하였다고 한다. 미실이 크게 체모를 잃는 일을 하면 즉시 간하였는데, 눈물을 흘리며 참된 마음을 보였으므로 미실 또한 감동하여 그를 중히 여겼다고 한다. 설원랑도 미실에게 감사로 절하며 이렇게 말하였다.

"신臣의 머리카락 하나 살갗 하나도 총주(미실)의 소유가 아닌 것이 없습니다."

설원랑 역시 처음부터 끝까지 미실에게 충성을 다하였다. 미실이 병에 걸려 여러 달 동안 일어나지 못하자, 설원랑은 밤낮으로 옆에서 모시며 미실의 병을 대신하기를 기도하였다. 그리하여 마침내 설원랑이 미실의 병을 대신하여 죽으니, 나이 58세였다. 미실은 슬퍼하며 자신의 속곳을 관 속에 넣어 장사지내며 이렇게 말하였다고 한다.

"나 또한 머잖아 그대를 따라 하늘에 갈 것이다."

제7대 풍월주를 역임한 설원랑은 원효대사의 증조부이다. 이런 인연으로 원효대사가 풍월도를 수련하게 된 것이며, 이것을 춘원 이광수가 《종풍당 수련기》란 제목으로 소설화 하였던 것이다. 《화랑세기》에는 설원랑의 비석이 강릉에 세워졌다는 기록이 있다.

미실의 아버지 미진부공은 제2대 풍월주였다. 미실의 연인 사다함은 제5대 풍월주였고, 미실의 남편 세종전군은 제6대 풍월주였으며, 미실의 내연이자 심복인 설원랑은 제7대 풍월주였다. 또 미실의 남동생 미생은 제10대 풍월주였으며, 미실의 아들 하종은 제11대 풍월주였다. 그리고 미실 자신은 신라의 원화로서 진흥왕, 진지왕, 진평왕, 3조朝를 색공色供으로 모셨다.

불교에 현교와 밀교(탄트라)가 있듯이, 선도仙道에도 좌도左道와 우도右

道가 있다. 미실의 가문은 대원신통으로서 좌도에 속하며, 정통 도맥은 우도인 백두산 청정파이다. 중악석굴에 나타나 화랑 김유신에게 무술을 가르쳐 준 도인이나 이순신 장군에게 거북선을 만들도록 가르쳐 준 도인, 그리고 청산선사의 스승이신 청운도인과 무운도인 등이 바로 정통 청정파 도인들이다.

36. 선덕여왕

신라 제27대 선덕여왕善德女王(재위632~647)은 진평왕이 아들 없이 죽자 화백회의에서 만장일치로 추대되었다. 성姓은 김씨, 본관은 경주, 휘諱는 덕만德曼, 익호諡號는 성조聖祖, 군호君號는 황고皇姑이다.

선덕여왕은 진평왕과 마야왕후 사이에서 낳은 장녀이며 천명공주와는 동모이부同母異父 자매이다. 그리하여 신라 화백회의에서는 언니인 천명공주를 제치고 진평왕의 생리학적 딸인 덕만공주를 왕으로 세운 것이다.

이런 이유에서 《화랑세기》는 선덕여왕을 차녀로, 《삼국사기》는 장녀로, 《삼국유사》는 서열을 적지 않고 그냥 딸로만 기록하였다.

《화랑세기》는 신라 당대의 모계사회 관점으로, 《삼국사기》는 부계사회 관점으로, 《삼국유사》는 이도 저도 걸리지 않도록 적은 것이다. 참고로 《화랑세기》는 고려시대 《삼국사기》가 집필될 당시까지 원본이 존재하였다.

선덕여왕은 즉위한 첫 해에 나라 각지에 관리를 파견하여 어려운 처지에 놓인 독거노인들과 홀아비, 홀어미, 고아들을 도왔다. 그리고 돌아오는 첫 번째 신년(633)인 정월에는 나을신궁奈乙神宮에서 신라의 군주로서 하늘에 첫 대제大祭를 올리고, 어려운 지방의 세금을 1년 간 감해 주었다.

선덕여왕은 신라 3보寶 중 하나인 화주火珠를 가지고 있었다. 어떤 경로로 화주가 선덕여왕 손에 들어갔는지는 알려져 있지 않으나, 화주가 선덕여왕 손에 들어간 것은 그녀가 하늘로부터 선택받은 존재라는 결정적인 뒷받침을 해주고 있다.

신라의 영통하고도 기이한 세 가지 보배는 죽은 사람도 살린다는 금척金尺, 신라 땅에서만 소리가 난다는 옥적玉笛, 그리고 태양에 비춰서 불씨를 얻을 수 있는 화주火珠였다.

요즘은 옥적과 만파식적이 같은 것으로 말해지는 경향이 있으나, 이름만으로 본다면 옥적玉笛은 옥으로 만든 피리이고, 만파식적萬波息笛은 누구나 다 알고 있듯이 대나무로 만들어진 피리이다.

아무튼 선덕여왕은 가지고 있던 화주를 분황사를 지으면서 탑 안에 내장하였던 모양이다. 동경東京은 신라의 수도였던 경주의 또 다른 이름인데 《동경잡기》에는 이런 기록이 있다.

- 분황사 9층탑은 임진왜란 때 왜적에 의해 반이 훼손되었다. 그리고 그 뒤에 어리석은 중이 탑을 개축하려다가 나머지 반을 또 훼손하여 버렸다. 그 바람에 안에서 구슬 하나를 얻었는데, 모양은 바둑돌 같고, 빛은 수정 같았으며, 들어서 비추면 그 바깥까지 꿰뚫어 볼 수가 있다. 햇볕에 쬐면 불이 일어나고, 솜을 갖다 대면 타고, 밤에는 낮과 같이 밝아지며, 멀리까지 비치는데, 지금은 백률사栢栗寺에 보관되어 있다.

선덕여왕은 즉위하자마자 왕권 강화와 호국의지를 담아 3년에 걸쳐 분황사를 건립하였다. 분황사의 탑을 9층으로 한 것은 양陽의 최대 극대수인 9를 사용하여 이웃나라 9적을 물리치겠다는 의지를 담은 것이다. 게다가 그 안에 불을 만드는 화주까지 안치하였으니, 그 의지와 정성은 실로 대단하였던 것이다. 이에 부응하여 분황사 우물에도 역시 호국룡이 살고 있어 삼국통일을 이루게 도왔다고 한다.

《삼국유사》에 따르면 원성왕 11년(795) 당나라 사신이 서라벌에 왔다가 분황사 우물에 살고 있는 호국룡에 대한 소문을 들었다. 그리하여 돌아가는 길에 몰래 잡아서 물고기로 변화시켜 가지고 갔다. 그러나 다행히 왕이 이를 알고 돌아가는 사신으로부터 물고기를 **빼앗아** 분황사 우물에 다시 넣으니, 다시 용으로 변해서 신라를 잘 지켰다고 한다. 그리고 이때부터 분황사의 우물은 '삼룡변어정三龍變魚井'이라고 이름이 붙었다.

분황사 우물은 표면이 8각형으로 되어 있고 내부는 원형으로 되어 있는데, 그 안을 자세히 들여다보면 지면地面 부분에 우물 정井자 모양이 지상과 지하를 연결하고 있는 것을 볼 수 있다.

이와 같은 우물 정井자 모양은 첨성대에서도 역시 하늘과 지상을 연결해 주고 있다. 신라의 천문대이자 점성대였던 첨성대는 선덕여왕이 신라 제27대 왕인 것을 상징하여 27단으로 돌을 쌓았으며, 맨 위 꼭대기에 우물 정井자 모양의 2층 천장돌을 얹어 하늘과의 연결을 구한 것이다.

첨성대와 분황사는 똑같이 선덕여왕이 즉위하면서 건립된 문화재다. 《세종실록지리지》에 의하면 첨성대는 즉위 2년(633)에 완공되었고, 분황사는 즉위 3년(634)에 완공되었다. 분황사는 3년에 걸쳐서 지어졌다하니, 즉위하자마자부터 건립을 시작했다는 이야기가 된다. 그러므로 지상에 있는 선덕여왕이 하늘과 통로를 연결하여 힘을 받고자 한 것이 첨성대요, 지하와 통로를 연결하여 힘을 받고자 한 것이 분황사 우물이다. 그러므로 분황사와 첨성대는 같은 시기에 계획된 것을 알 수 있다.

또 선덕여왕의 기이하고 신기한 〈지기삼사知機三事〉 일화는 유명하다.

첫째, 모란꽃 이야기

진평왕 때 당나라 태종이 모란꽃 그림과 함께 꽃씨를 보내 왔는데, 그림을 본 덕만공주가 이렇게 말하였다.

"꽃은 예쁘지만, 향기가 없겠군요."
"그것을 어떻게 아느냐?"
"그림에 벌과 나비가 없지 않사옵니까?"
"과연 그렇구나!"

이듬해 봄 꽃씨를 심어 꽃이 핀 것을 보니, 과연 향기가 없었다고 한다.

둘째, 여근곡 이야기

어느 눈 많은 겨울 영묘사靈廟寺 옥문지玉門池에서 개구리들이 여러 날 동안 계속 우는지라, 신하들이 괴이하게 여겨 왕에게 아뢰었다. 그러자 왕이 장군들을 시켜 여근곡女根谷에 적의 병사들이 숨어 있으니, 가서 소탕하고 오라고 지시하였다. 이에 두 장군이 군사들을 이끌고 여근곡에 가보니 과연 백제 병사들이 숨어 있는지라, 모두 섬멸시키고 돌아왔다.

"백제 군사들이 여근곡에 숨어 있는 것을 어떻게 아셨습니까?"

장군들이 감탄하여 물으니, 선덕여왕이 이렇게 대답하였다.

"개구리의 형상은 병사의 형상이며, 개구리가 운다는 것은 활동하고 있다는 것이며, 하얀 눈은 서쪽을 말함이고, 옥문玉門은 여근女根을 말함이니, 여근곡에 적병이 숨어 있음을 안 것이다."

현재 경주 톨게이트 부근 건천에 있는 여근곡은 그 오묘하고도 영묘한 지형이 지금까지도 그대로여서, 보는 이들로 하여금 감탄을 불러일으키고 있다.

셋째, 자신이 도리천에 묻힐 것을 예언한 이야기

선덕여왕은 생전에 자신이 죽으면 도솔천에 묻어달라고 하였다. 신하들이 도솔천이 어디냐고 묻자, 낭산 남쪽이라고 대답하였다.

마침내 647년 음력 1월 8일 선덕여왕이 승하하자, 신하들은 유언대로 낭산 남쪽에 장사를 지냈다. 그러나 그곳을 왜 도솔천이라고 하는지는 알 수가 없었다. 그런데 그 뒤 문무왕이 사천왕사를 선덕여왕릉 아래에 세우니, 사람들은 그제서 선덕여왕의 예언이 맞아떨어졌음을 알게 되었다. 불경에 '도솔천은 사천왕사 위에 있다'고 했던 것이다.

경주 낭산 선덕여왕릉에서는 지금도 매년 시제를 지내는데, 제주祭主는 반드시 여성 참봉을 뽑아서 제를 올리고 있다. 대구 팔공산에 있는 부인사符印寺에서도 매년 음력 3월 15일 선덕묘善德廟 숭모전에서 여왕의 제를 올리고 있다.

37. 화랑세기

《화랑세기》는 540년에서 681년까지 있었던 32명의 신라 역대 풍월주들의 계보와 전기를 적은 글이다.

제1대 위화랑魏花郎
제2대 미진부공未珍夫公
제3대 모랑공毛郎公
제4대 이화랑二花郎
제5대 사다함斯多含
제6대 세종공世宗公
제7대 설화랑薛花郎
제8대 문노공文弩公
제9대 비보랑秘宝郎
제10대 미생랑美生郎
제11대 하종공夏宗公
제12대 보리공菩利公
제13대 용춘공龍春公
제14대 호림공虎林公
제15대 유신공庾信公
제16대 보종공宝宗公
제17대 염장공廉長公
제18대 춘추공春秋公
제19대 흠순공欽純公

제20대 예원공禮元公

제21대 선품공善品公

제22대 양도공良圖公

제23대 군관공軍官公

제24대 천광공天光公

제25대 춘장공春長公

제26대 진공공眞功公

제27대 흠돌공欽突公

제28대 오기공吳起公

제29대 원선공元宣公

제30대 천관공天官公

제31대 흠언공欽言公

제32대 신공공信功公

《화랑세기》는 제27대 풍월주였던 김흠돌의 난으로 화랑도가 잠시 폐지되었다가 '오래된 풍속을 갑자기 바꾸면 안된다'는 중신들의 주청으로 다시 부활하였는데, 이때 제28대 풍월주를 맡은 오기공이 역대 풍월주들의 계보를 기록한 것이다.

본래 오기공은 신라의 향음鄕音으로 《화랑세기》를 저술하다가 완성하지 못하고 죽었는데, 이를 그 아들 김대문(?~704~?)이 한문으로 바꾸어 완성하였다고 한다.

《화랑세기》의 저술 연대는 681년에서 687년 사이로 추정된다. 이는 신라 제31대 신문왕 원년(681)에 김흠돌의 난으로 화랑도가 폐지되었다가 다시 부활한 것이 기록되어 있으므로, 김흠돌 난 이후에 작성되었음을 알 수 있다. 그리고 제23대 풍월주 군관공조에서 음성서音聲署의 장장을 영숙으로 기록했는데, 음성서 장은 신문왕 7년(687)에 경卿으로 변경되었기 때문이다. 그러므로 687년 이전에 저술된 것을 알 수 있다.

　김대문의 집안 계보는 내물왕-미해(미사흔)-백흔공-섬신공-위화랑-이화랑-보리공-예원공-오기공-김대문으로 내려간다. 그러므로 김대문 가문에서 5명의 풍월주를 배출한 것을 알 수 있다. 제1대 풍월주 위화랑, 제4대 풍월주 이화랑, 제12대 풍월주 보리공, 제20대 풍월주 예원공, 제28대 풍월주 오기공이다. 그러므로 오기공에게 있어 풍월주에 대한 기록은 곧 자기네 가문의 영광을 기록하는 것이기도 하였던 것이다.

　《삼국사기》에도 김대문이 신라 명문가의 자제로서 성덕왕 3년(704)에 한산주 도독이 되었으며 《화랑세기》를 비롯하여 《고승전》《악본》《한산기》《계림잡전》 등을 저술하였다고 전한다.

　풍월주에 대한 기록은 《삼국사절요》《동사강목》《동국통감》 등에도 나오는 것을 보면 《화랑세기》는 1476년 조선시대 성종조까지도 남아 있었으며, 임진왜란이나 일제시대를 기하여 일본인들이 훔쳐 간 것으로 보인다. 일본이 훔쳐 간 조선의 고서적들은 적어도 5만권 이상으로 추정되고 있다. 훔쳐 간 것 외에, 불 태워 없애버린 책만도 20만 권 이상이다.

　아무튼 한국에서 사라진 《화랑세기》를 남당南堂 박창화朴昌和(1889~1962) 선생은 일본에서 필사해 가지고 돌아왔다. 그는 일제시대였던 1923년에 일본으로 건너 가 1933년부터 1945년까지 12년 동안 일본 궁내성 왕실도서관 서릉부書陵部에서 사무촉탁 특별계약직으로 근무하였다고 한다.

　그의 업무는 조선전고朝鮮典故 조사원으로서 조선의 고서적을 다루는 일을 담당하였는데, 조선의 국사연구를 비롯하여 조선 연구 기초자료를 준비하는 일이었다. 1935년에 발간된 일본 궁내성 직원 명부에도 그의 이름이 기재되어 있고, 월급은 85엔이었다고 기록되어 있다.

　그가 일본으로 가게 된 사연은 이렇다. 소학교(초등학교) 교사로 근무하던 그는 일제시대에 독립운동을 하려고 만주를 가다가 국경에서 일본 관원에게 붙잡혔는데, 아주 정중하게 모시며 이렇게 묻더라는 것이다.

"소원이 뭡니까?"

"역사 공부입니다."

"그럼 제가 역사 공부를 실컷 할 수 있도록 해드리겠습니다."

그러면서 데려간 곳이 일본 왕실 도서관이었고, 아닌 게 아니라 그곳에서 조선의 고서적들을 실컷 볼 수 있었다고 한다. 그러다 해방 직전에 일본은 미군의 폭격을 맞았고, 이때 왕실 도서관의 책들을 보호하기 위해 어느 공작 집 지하 창고로 부랴부랴 옮겼고, 박창화 선생도 이 일에 동원되었다고 한다. 그리고 해방 직전인 1944년 귀국할 때는 일본 왕실 궁내성 전용 원고지에 필사한 《화랑세기》를 가지고 돌아왔다. 한국에 돌아온 그는 중·고등학교 교사로 근무하면서 정부 관계자들을 찾아다녔다고 한다.

"저는 우리나라의 중요한 책들이 일본 왕실 도서관 몇 층 어디에 무슨 책이 있는지를 다 알고 있습니다. 그러니 제가 직접 가서 찾아올 수 있도록 주선을 좀 해주십시오."

그러나 그의 노력은 번번이 무시되었다고 한다. 그리고 박창화 선생에 의하면 일본은 한국에서 훔쳐간 서적들을 자기들 나름대로 잘라서 출처를 없애버리고, 자기네 책이라고 주장하고 있다는 것이다.

박창화 선생의 성품은 돈도, 명예도, 가족도, 사교에도 일절 관심이 없었고, 오직 학문에만 전념하는 성품이었다고 전한다. 이러한 그가 일본에서 필사해 온 《화랑세기》는 1988년 부산에 사는 그의 제자 집에서 처음 공개되었고, 이는 1989년 2월 서울신문에 전문 수록되었다. 그리고 그로부터 7년 뒤 1995년에는 청주에 사는 박창화 선생의 손자 집에서 또 다른 《화랑세기》 필사본이 공개되었다.

청주 것은 부산 것보다 내용이 더 자세하였고, 두 개를 합쳐야 온전한 《화랑세기》가 되었다. 즉 부산 것은 제1대부터 제15대 풍월주까지의 내용만 있었고, 청주 것은 제4대부터 제32대 풍월주까지의 내용이 있었다. 그러므로 두 개를 합쳐야 제1대부터 제32대까지 온전한 풍월주의 계보가 되는 것이다.

혹자는 필사본《화랑세기》가 박창화 자신이 꾸며낸 소설이 아니냐는 사람들도 있으나, 진본임을 뒷받침해 주는 근거들이 있다.

첫째, 입종 갈문왕(?~537)의 죽은 연대이다. 법흥왕의 동생 입종 갈문왕의 생몰 연대는 그 어디에서도 찾아볼 수가 없었다. 그러던 것이 1970년 12월 24일 울주군 두동면 천전리川前里 서석곡의 금석문이 발견되면서 비로소 입종 갈문왕이 죽은 연도를 알 수 있었다. 법흥왕 26년(539)에 지소태후가 서석곡 자연석 암벽에 기록한 '過去乙巳年六月十八日昧沙喙部徙夫知葛文王妹於史鄒女郎妹王過人丁巳年王過去' 금석문 내용에서 입종 갈문왕이 정사년丁巳年 법흥왕 24년(537)에 죽은 것을 알 수 있었던 것이다.

이 서석곡 금석문이 처음 발견된 것은 1970년이고, 박창화 선생이《화랑세기》를 필사한 것은 1944년 이전이다. 그리고 서석곡 금석문이 발견되기 이전인 1962년에 작고하였으니, 박창화 선생이 입종 갈문왕이 죽은 시기를 알 수는 없는 노릇이다. 그런데 박창화 선생이 필사한《화랑세기》〈사다함전〉에는 '법흥왕도 붕어하시고 입종도 죽었다.(法興崩而立宗亦薨)'는 내용이 나오는 것이다.

사다함을 성문을 지키는 귀당비장과 제5대 풍월주로 임명한 사람은 바로 지소태후이다. 즉 사다함은 진흥왕(재위540~576) 대의 인물인데, 진흥왕 이전에 이미 입종 갈문왕이 죽은 것을《화랑세기》에는 정확히 기록하고 있는 것이다.

둘째, 구지溝池의 존재다. 1984년 경주 월성에서 구지가 발굴되기 이전까지 한국에는 구지가 없는 것으로 알고 있었다. 그런데 박창화 선생이 필사한《화랑세기》〈사다함전〉에는 무관랑이 담을 넘다가 구지에 떨어져 죽은 사건이 기록되어 있다. 경주 월성에서 구지가 발견된 것은 1984년인데, 1962년에 작고한 박창화 선생이 어떻게 알고 그것을 썼겠는가?

셋째, 향가의 수록이다. 한양대 국어국문학과 이도흠 교수나 정연찬 선생 등 향가 전문가들에 의하면 《화랑세기》에 수록된 미실의 〈풍랑가〉나 사다함의 〈청조가〉는 향찰 표기인데, 일제시대의 박창화 선생이 어떻게 신라시대의 향찰을 알고 썼겠으며, 20세기에 창작될 수 없는 내용이라고 하였다.

넷째, 진평왕 때 제10대 풍월주였던 미생美生에게 전방화랑 대세大世가 욕하길 "풍월주가 욕심이 많고 어리석어서 가뭄이 왔다."고 하였는데 《삼국사기》〈신라본기〉에는 진평왕 7년(585) 봄 3월(음력)에 가물어서 왕이 정전正殿에 거처하기를 피하였으며, 반찬 가짓수를 줄였다.'는 기록과 일치한다.

다섯째, 서울대 이영훈 교수는 《화랑세기》에 나오는 '노奴' '비卑'의 쓰임새가 조선시대의 천민 개념과는 다른, 고대에 왕족을 제외한 모든 신분층을 일컫는 개념으로 쓰였다며, 20세기에 창작해낼 수 없는 내용이라고 하였다.

서강대학교 총장을 지낸 이종욱 교수는 《화랑세기》가 진본임을 믿어 의심치 않는 사학자로서, 1999년 《화랑세기》를 번역·출판하여 일반 대중들이 널리 볼 수 있도록 하였다.

그렇다면 필사본 《화랑세기》를 소설이라고 주장하는 내용은 무엇일까?

1966년 발견된 황룡사 9층탑 찰주본기에는 선덕여왕 14년(645) 완공된 황룡사 9층탑을 진두지휘한 사람이 용수와 용춘 형제로 되어 있다. 그런데 필사본 《화랑세기》에는 그보다 10여 년 전쯤 용수가 죽은 것처럼 나온다는 것이다. (용수는 13대 풍월주인 용춘공의 형이자, 김춘추의 아버지다.)

그러나 필사본 《화랑세기》에는 그 어디에도 용수가 죽은 연도가 나오지 않는다.

《화랑세기》는 140년 동안의 32대 풍월주들의 계보와 역사를 1권의 책으로 쓰여진 기록이다. 그러므로 풍월주가 아닌 사람들에 대해서는 생략법과 축약법이 과감히 적용되었다. 이를 간과하였기 때문에 용수가 선덕여왕 즉위 즈음에 죽은 것처럼 보였던 것이다.

그리고 설사 연도가 잘못되었다 손치더라도 《삼국사기》나 《삼국유사》만 할까? 《삼국사기》는 박혁거세왕을 세운 진한의 6부 촌장 중 돌산突山 고허촌高墟村의 소벌도리蘇伐都利를 최씨崔氏라 하였고, 취산嘴山 진지촌珍支村의 지백호智伯虎를 정씨鄭氏라 하였다. 그러나 《삼국유사》는 반대로 돌산 고허촌의 소벌도리를 정씨라 하였고, 취산 진지촌의 지백호를 최씨라 하였다. 그러므로 둘 중의 하나는 틀리는 것이다. 그렇다고 둘 중의 하나가 소설인가? 멀고 먼 옛 일들을 기록하다보니, 정확성에 문제가 있을 수는 있는 일이다.

38. 신라의 화랑도

　화랑도는 우리민족 고대로부터 전승되어 온 현묘지도 풍류도의 맥脈을 이었으며, 단재 신채호 선생은 이렇게 말하고 있다.
　"낭랑郎은 곧 신라의 화랑이니, 화랑은 본래 상고上古 소도제단蘇塗祭壇의 무사武士이니, 곧 그때에 선비라 칭하던 자인데, 고구려에서는 조의皂衣를 입어 조의선인皂衣仙人이라 하였고, 신라에서는 미모를 취하여 화랑花郎이라고 하였다."
　신채호 선생이 화랑을 상고 소도제단의 무사라고 정의한 것은, 화랑이 고대의 고유사상을 계승했음을 말해 주는 것이다.
　이처럼 화랑도의 상무尙武 정신은 본래 상고시대부터 있었던 소도무사 정신의 계승이었다. 그리고 화랑도는 바로 신라 이전부터 전해 내려오던 민족 고유사상인 풍류도風流道를 기반으로 하여 출범한 신라의 범국가적인 인재양성 제도였던 것이다. 《삼국사기》와 《삼국유사》에는 다음과 같은 기록이 나온다.

　- 신라 제24대 진흥왕(재위540~576)은 본디 천성이 멋이 있어 신선을 크게 숭상하였으며, 나라를 흥케 하려면 풍월도風月道를 먼저 일으켜야 된다고 생각하여, 양가 출신의 덕행 있는 젊은이들을 뽑아 그 이름을 화랑이라고 하였다.

　김유신 장군이 15세에 화랑이 되었고, 17살에 홀로 중악 석굴에 들어가 수행하였으며, 18세에 국선國仙이 되었다는 것을 보면, 낭도들을 거느리는 여러 명의 화랑이 있고, 화랑의 총지도자로 1명의 국선이 있었던 것을 알 수 있다. 그러나 화랑이나 국선은 신라 때 처음 사용한 명칭은 아니고, 이미 고조선 시대부터 사용해 오던 명칭이었다.

제11대 도해단군께서는 오가五加에 명을 내려 12명산의 가장 뛰어난 곳을 골라 국선의 소도蘇塗를 설치하시고, 박달나무를 많이 둘러 심게 하셨다.

제13대 흘달단군께서는 소도를 많이 설치하시고, 천지화天指花를 심으셨다. 그리고 미혼의 자제들로 하여금 글을 읽고 활을 쏘는 것을 익히게 하며, 이들을 국자랑國子郎이라고 하였다. 그 국자랑들이 돌아다닐 때 머리에 천지화天指花를 꽂았으므로, 이들을 천지화랑이라고도 불렀다.

《태백일사》에는 '원화源花는 여랑女郞을 말하고, 남자는 화랑이라 하며 천왕랑天王郞이라고도 한다.'고 하였다. 그리고 《신시기神市記》에는 '랑郞은 곧 배달의 신하요, 삼신三神을 수호하는 직책을 세습한 것'이라고 하였다.

이로서 화랑이나 국선의 명칭이 신라 진흥왕대에 처음 쓴 것이 아니고, 고조선 시대에 이미 수행자들에게 부여되었던 명칭들이었음을 알 수 있다. 그리고 화랑 국선도의 연원을 거슬러 올라가면 풍월도는 붉돌사상의 이두적吏讀的 표현임을 알 수 있다. 풍월도가 신선사상 곧 광명사상의 체體(내용)라면, 화랑 국선도는 용用(형식)으로 불리어진 명칭이라 하겠다. 그러므로 신라의 화랑도는 상고시대의 민족 고유사상인 현묘지도 풍월도를 기반으로 하여 출범한 범국가적인 인재양성 제도로서, 신라에 와서 아주 큰 꽃을 피우게 된 것이었다.

《화랑세기》서문에 '화랑은 선도이다.'라고 적고 있듯이, 선도 풍월도는 곧 화랑의 사상 국선의 정신이며, 동시에 나라를 흥케 할 민족정신이었다. 그러므로 신라는 국풍을 되살리는 민족국가 진흥 발전책으로서 풍류도를 채택하였던 것이다.

고운 최치원 선생은 〈난랑비서〉에서 '우리나라의 현묘한 도를 풍류라고 하며, 그 도의 연원은 《선사仙史》에 자세히 실려 있다.'고 하였다. 현묘지도 풍류도란 한국인이 먼 옛날부터 자생적으로 계승하여 온 한국 고유의 전통 사상이며, 이것이 제도화 되어 신라의 화랑도가 된 것이다.

화랑도는 풍류, 무예, 인성 등 전인적이고도 종합적인 교육과 함께 신라의 인재로 육성되었다. 《삼국사기》에는 화랑의 교과목이 도의道義로서 서로 연마하고(相磨以道義), 노래와 춤으로 서로 즐기며(相悅以歌樂), 산수山水를 찾아 노닐었는데(遊娛山水), 먼 곳까지 가지 않는 곳이 없었다(無遠不至)고 하였다.

그런가 하면 《화랑세기》에는 제12대 풍월주였던 보리공(원광법사의 동생)이 15세에 화랑이 되어 토함공에게서 역사를 배우고, 이화공에게서 소리를 배우고, 문노공에게서 검을 배우고, 미생공에게서 춤을 배웠다고 하였다. 미실의 아들 하종 역시 똑같았다.

이로 볼 때 화랑들은 선사仙史를 비롯하여 시가詩歌·가무歌舞·음악音樂·무예武藝 등 다양하게 풍류를 수행하였던 것을 알 수 있다. 그리고 이와 함께 엄격한 무사도武士道의 정신교육을 받기도 하였다.

1) 위로는 국가를 위하고 아래로는 벗을 위하여 죽는다.
2) 의義 없이 사는 것은 의롭게 죽는 것만 못하니, 그 의가 아니면 비록 천금의 이익이 있더라도 마음을 움직이지 않는다.
3) 장부는 모름지기 전장에서 싸우다가 죽을 것이니, 어찌 집안에서 편안히 죽으랴.
4) 전진함이 있으되 후퇴함이 없음은 사졸士卒의 상분常分이니, 장부가 일에 임하여 자결할지언정 어찌 무리를 따라 쫓겨 가랴.

이렇게 호연지기를 기르고 인격을 도야한 화랑 국선들은 나라에 위난이 닥쳐오면 단연히 일어나 정치와 군사의 제1선을 담당하였다. 그리고 마침내 삼국통일의 대업을 이룩하였던 것이니, 화랑도의 기풍과 기질이 어떠했는지는 이로서 잘 알 수 있는 일이다.

죽음은 있어도 패전은 없다는 화랑정신! 이는 바로 우리 겨레 얼의 진수요, 무사의 혼이 담긴 풍류도의 맥이었다. 그리하여 가장 척박한 환경에 처했던 신라가 마침내 국난을 극복하고 삼국통일을 이룩할 수 있었던 것이다. 그리고 그 저력에는 우리민족 고유사상으로 무장된 죽음을 불사하는 화랑들의 장렬한 기백과 씩씩한 기풍이 있었기 때문이었다.

김대문은 《화랑세기》 서문에서 '어진 재상과 충신이 모두 이에서 뽑혀 나오고, 훌륭한 장수와 용감한 군사가 이로부터 나왔다.'고 하였다. 또 단재 신채호 선생 역시 《조선상고사》에서 이렇게 말하고 있다.

'고대의 선인과 화랑의 종지는 매양 곳을 따라 현신하여 명장도 되고 용사도 되며 충신도 되고 정치가도 되나니, 여씨는 대개 선인의 도道를 받은 자이며, 조선이 조선 되게 하여 온 자는 화랑이라.'

신라 제48대 경문왕의 휘는 응렴膺廉이니, 18세에 국선이 되었다. 하루는 산수山水를 주유하고 돌아오자, 헌안대왕이 국선 응렴을 불러 물었다.

"낭郞은 국선이 되어 사방을 주유周遊하면서 무엇을 보았는가?"

그러자 국선 응렴은 전국을 소요하며 본 3가지 미덕을 아뢰었다.

1) 높은 자리에 있으면서도 남의 아래에 앉는 이가 있으니, 그 하나요.
2) 부유하면서도 검소한 이가 있으니, 그 둘째요.
3) 권력을 가지고 있으면서도 그것을 남용하지 않는 이가 있으니, 그 셋째입니다.

그러자 헌안대왕은 국선 응렴을 칭찬하고 사위로 삼아, 다음 왕위를 물려주었다. 경문왕 이전에도 화랑 국선 출신으로 왕위에 오른 이는 신라 제

29대 태종 무열왕 김춘추였다.

이 땅에 불교가 수입된 것만 보더라도 고구려가 372년, 백제 384년인데, 신라는 이보다 150여 년이나 뒤인 527년이다. 이것은 신라가 삼국三國 중에서 우리 민족 고유사상의 흐름이 가장 강했음을 보여주는 예라 하겠다.

할아버지, 아버지, 동생이 모두 풍월주였던 원광법사는 귀산貴山과 취항箒項 두 화랑에게 세속오계世俗五戒를 가르침 주었다.

1) 임금을 섬김에 있어서는 충성을 다해야 한다. (事君以忠)
2) 부모를 섬김에 있어서는 효도를 다해야 한다. (事親以孝)
3) 벗을 사귈 때는 믿음으로 사귀어야 한다. (交友以信)
4) 전쟁터에 나갔을 때는 물러남이 없어야 한다. (臨戰無退)
5) 살아있는 것을 죽일 때에는 가림이 있어야 한다. (殺生有擇)

이 다섯 가지 실천 덕목은 원광법사가 처음 설한 것은 아니었다. 상고시대부터 전래하여 내려오는 소도蘇塗 정신이었으며, 국선의 5대 강령이었다. 그리하여 조지훈趙芝薰(1920~1968) 시인은 일찍이 그의 저서 《한국문화사서설》에서 '세속오계는 민족 고유한 성향의 발현'이라고 하였으며, 도광순都珖淳(1930~현재) 교수 또한 그의 논문에서 '세속오계는 기마문화적騎馬文化的, 즉 무사도적武士道的 특성을 띤 한민족韓民族의 집단 공동체 중심적 윤리로 보인다.'고 말한 바 있다.

39. 화랑 사다함

　화랑 사다함斯多솜은 풍모가 청수하고 지기가 방정方正하며 묘량妙梁의 풍모를 크게 가지고 있었다고 한다. 그리하여 낭도들이 많이 따랐으니, 불과 나이 16세에 신라의 제5대 풍월주가 되었다.
　제4대 풍월주였던 이화랑二花郎은 어린 사다함을 총애하고 아껴서, 진흥왕의 어머니인 지소태후에게 이렇게 추천하였다.
　"사다함은 나이가 아직 어린데도 스스로 낭도들을 거느렸으니, 자못 국선國仙이라고 이를만 합니다."
　그러자 지소태후가 사다함을 궁중에 불러 음식을 내리면서 사람들을 거느리는 방법을 물으니, 사다함이 이렇게 대답하였다고 한다.
　"사람 사랑하옵기를 제 몸같이 할 따름입니다. 그 사람의 좋은 점을 좋다고 하는 것뿐입니다."
　그러자 지소태후는 사다함을 남다르게 생각하여, 진흥왕에게 말해서 궁궐의 귀당비장貴幢神將으로 삼았다. 귀당비장은 궁중을 지키는 일이니, 그 낭도 1천 명도 사다함을 따라 충성을 다하였다.
　사다함이 12세 때, 제4대 풍월주 이화랑은 격검에 능한 문노文弩에게 사다함을 가르치게 하였다. 그러자 문노가 이렇게 말했다.
　"검은 곧 한 사람을 대적하는 것인데, 고귀한 사람이 알 필요가 있겠습니까?"
　"한 사람을 대적하지 않으면, 어찌 능히 만인을 대적할 수 있겠는가? 이 아이는 호협을 좋아하니, 비록 무리가 많다고는 하지만, 그 적이 없다고 할 수 없다. 그러니 네가 그를 보호하라."
　골품이 낮았던 문노는 사다함이 진골 출신임을 의식하여 고귀한 사람이 거칠게 검을 배울 필요가 있겠냐고 한 것이었다. 그러나 풍월주 이화랑의 명령으로 문노는 사다함에게 검을 가르치고 보호하였다. 사다함은 밖으로는 굳세고 안으로는 어질었으며, 우애가 돈독하고 효성이 지극하였다고 한다.

사다함의 어머니 금진은 일찍 홀로 되어 색에 방탕하였다. 그러면서도 자책하는 어머니를 사다함은 따뜻이 위로하였다.

"만인이 짝이 있는데, 어머니만 홀로 정해진 짝이 없어서야 되겠습니까?"

이 무렵 무관랑은 사다함이 나이는 적으나 의義를 좋아한다는 소문을 듣고 찾아와 귀의하였다.

"공자는 실로 옛날의 신릉信陵과 맹상孟嘗입니다. 기꺼이 섬기기를 원합니다."

"제가 어찌 감히 거느리겠습니까?"

사다함은 이렇게 말하며, 무관랑과 목숨을 같이 하는 벗이 되기를 약속하였다.

진흥왕 23년(561) 대가야의 수만 대병이 신라를 쳐들어 왔다. 이에 사다함은 선봉이 될 것을 자청하였으나, 진흥왕은 사다함이 아직 어리기에 허락하지 않았다. 이에 사다함은 사사로이 낭도들을 거느리고 종군하여 전쟁터로 달려 나갔으니, 사다함의 나이 16세였다.

사다함과 낭도들은 칼을 품고 적진 깊숙이 달려 들어가 가야군을 대파하였고, 큰 승리를 거두었다. 그러자 진흥왕은 사다함의 공을 높이 사서 좋은 땅과 포로 200명을 상으로 주었다. 그러나 사다함은 받은 포로들을 모두 양인으로 풀어주고, 하사받은 땅도 모두 부하들에게 나눠 주었다. 그리고 자신의 몫으로는 알천 불모지만을 약간 남기며 이렇게 말했다.

"이 정도면 사람으로 하여금 족히 근면하게 할 수 있습니다."

전쟁이 끝나고 얼마 지나지 않아, 무관랑이 죽었다. 애통함에 빠진 사다함 역시 여위고 병들어 무관랑이 죽은 지 7일 만에 따라 죽으니, 사다함의 나이 17세였다. 그러나 사다함을 애통함에 빠지게 한 것은 비단 무관랑의 죽음만이 아니었다. 바로 미실과의 문제도 있었다.

본래 사다함과 미실은 사랑하는 사이였다. 그러나 미실은 진흥왕의 어머니 지소태후의 명령으로 세종전군에게 시집을 갔다. 세종전군은 지소태후의 아들이었고, 세종전군이 미실을 간절히 원했기 때문에 지소태후가 그런 명령을 내린 것이었다.

그런데 아들 세종전군이 미실에게 푹 빠지게 되자, 지소태후는 미실을 궁 밖으로 내쳤다. 여기에는 지소태후와 미실 가문과의 알력 문제도 있었다.

미실은 아무 일도 없었다는 듯, 사다함에게 다시 돌아와 그동안 못 다한 사랑을 나누었다. 그러나 세종전군이 미실을 잊지 못하고 괴로워 병들어 눕자, 지소태후는 할 수 없이 미실을 다시 궁으로 불러들였다. 이에 사다함은 또 다시 미실을 잃게 되고, 향가 〈청조가靑鳥歌〉를 지으며 슬퍼하였다.

파랑새야 파랑새야, 저 구름 위의 파랑새야
어찌하여 나의 콩밭에 머무는가
파랑새야 파랑새야, 너 나의 콩밭의 파랑새야
어찌하여 다시 날아들어 구름 위로 가는가
이미 왔으면 가지 말지, 또 갈 것을 어찌하여 왔는가
부질없이 눈물짓게 하며 마음 아프고 여위어 죽게 하는가
나는 죽어 무슨 귀신 될까, 나는 죽어 신병되리
전주(미실)에게 날아들어 보호하여 호신되어
매일 아침 매일 저녁 전군 부처 보호하여
천년만년 오래도록 죽지 않고 살게 하리.

여기서 청조靑鳥는 당연히 미실을 가리킨다. 미실 또한 사다함이 전쟁터에 나갈 때 지은 향가 〈풍랑가風浪歌〉가 있었다.

바람이 불다고 하되 님 앞에 불지 말고
물결이 친다고 하되 님 앞에 치지 말라
빨리빨리 돌아오라 다시 만나 안고 보고
아흐, 님이여! 잡은 손을 차마 물리랴뇨!

미실과 사랑을 못 다하고 죽은 사다함은 자신의 풍월주 후임으로 세종전군을 지목하였다. 그러자 이 말을 전해들은 지소태후가 이렇게 말하였다.
"나의 아들은 어리고 약하다. 어찌 풍월주가 될 수 있겠는가?"
그러나 미실이 세종전군을 설득하였다.
"사다함은 저를 사모하다가 죽었습니다. 죽음에 임하여 한 마지막 말 한 마디를 들어주지 않으면, 장부가 아닙니다."
세종전군은 미실의 말이 옳다고 여기고, 어머니 지소태후를 설득하여 허락을 얻었다. 그리하여 제6대 풍월주가 되었다.
미실은 사다함의 장례를 치른 후, 천주사天柱寺에 가서 사다함의 명복을 빌었다. 그런데 그날 밤 꿈에 사다함이 품으로 들어오며 이렇게 말하였다고 한다.
"너와 내가 부부 되기를 원하였으니, 너의 배를 빌려 태어날 것이다."
이에 미실은 임신되어 아들 하종夏宗을 낳았는데, 사다함과 모습이 심히 비슷하였으며, 미실에게 지극한 효자였다고 한다.
사다함에게는 또 형 토함공이 있었다. 토함공은 지극히 섬세하고 아름다웠으며, 일찍이 낭적郎籍(화랑도의 명단)에 속하였다고 한다. 이에 지소태후가 '나라의 인재를 얻었다'고 매우 기뻐하였으며, 태자를 보호하는 일을 맡겼다. 그리하여 토함공은 자신의 화랑 자리를 동생 사다함에게 넘겨주고 물러나와, 오직 태자를 보호하는 일에만 전념하였다.

　토함공은 사史에 매우 밝았는데, 많은 화랑들이 토함공에게 역사를 배웠다. 미실의 아들 하종 또한 토함공에게 사史를 배우고, 이화공에게 가歌를 배우고, 문노에게 검劍을 배우고, 미생공에게 무舞를 배웠다.

　여기서 사史란 《선사仙史》를 말하는 것으로 보여진다. 신라 말기 고운 최치원이 살던 시대에도 《선사》가 존재하고 있었으니, 그 이전인 토함공이 살던 시대에는 당연히 존재하였을 것이다. 《선사》는 단군 이래로부터 신라, 고구려, 백제까지를 망라한 유명한 선인들의 사적을 기록한 선가사서 仙家史書이다.

　이렇듯 화랑도의 활동은 국토순례, 무사武士, 도의연마道義研磨, 명산대천 주유, 시가詩歌, 음악, 가무歌舞 등의 풍류 외에 학문과 교양을 쌓는데도 심혈을 기울였던 것을 알 수 있다. 그리하여 《화랑세기》를 쓴 김대문의 말대로 어진 재상과 충신이 모두 이에서 뽑혀 나오고, 훌륭한 장수와 용감한 군사가 이로부터 나왔던 것이다.

　미실의 동생 미생이 36세에 풍월주가 될 때 이렇게 말하였다.

　"사다함이 16세에 풍월주가 되었는데, 제 나이 벌써 36세입니다."

　이로 미루어 풍월주는 적어도 16세에서 36세까지 폭넓은 연령대를 형성하고 있었음을 알 수 있다. 그리고 사다함의 타고난 바탕이 얼마나 뛰어났었는지도 비로소 알 수 있는 일이다.

40. 국선 문노

문노文弩는 어려서부터 격검擊劍을 잘하였고, 의기義氣를 좋아하는 호걸이었다. 문노는 스스로 말하길, 가야가 외갓집이라고 하였다.
화랑 사다함이 대가야와의 전쟁을 치르러 나갈 때 문노에게 함께 가길 청하였다. 그러자 문노 왈 "어찌 어미의 아들로서 외갓집의 백성들을 치겠는가?" 하면서 거절하였다.
이에 낭도들이 문노를 비난하니 사다함은 "나의 스승은 의인이다"라며 더 이상 권하지 않았다. 그리고 오히려 자신의 낭도들이 가야 사람들을 함부로 죽이지 않도록 주의를 주었다.
제4세 풍월주 이화랑이 골품이 없는 문노를 귀족 출신인 사다함에게 검을 가르치는 스승으로 임명하자, 진흥왕의 어머니 지소태후가 의아해 하였다. 그러자 이화랑이 이렇게 대답하였다.
"천자도 신하로 삼을 수 없는 선비가 있는데, 문노가 바로 그렇습니다. 선도仙道는 지조가 굳고 인격이 결백하고 기품이 높으니, 한 가지 법으로 규제할 수 없습니다."
554년, 문노 나이 17세에 김무력金武力(김유신 장군의 조부) 장군을 따라 전쟁터에 나가 백제를 쳤다. 이때 문노의 공로가 있었으나, 보답을 받지 못하였다. 그러나 문노는 개의치 않았다.
555년 고구려를 치고, 557년에는 북가야를 쳤다. 이때도 모두 공로가 있었으나, 역시 보답을 받지 못하였다. 이유는 문노가 골품이 없었기 때문이었다. 이에 낭도들이 불평하자 문노는 이렇게 말하였다.
"대저 상벌이라는 것은 소인들의 일이다. 그대들은 이미 나를 우두머리로 삼았는데, 어찌 나의 마음으로 그대들의 마음을 삼지 않는가?"

문노는 용맹을 좋아하고 문장文章에 능하였으며, 아랫사람 사랑하기를 자기를 사랑하듯 하였다. 그리고 청탁에 구애 받지 않고, 자기에게 귀의하는 자는 모두 어루만져 주었다. 그러므로 따르는 낭도들이 많았으며, 죽음으로서 충성을 바치기를 원하였다. 그러므로 화랑 무사의 기풍이 문노로부터 크게 일어나 꽃피게 되었다.

사다함이 죽고 세종전군(진흥왕의 동생이자 미실의 남편)이 제6대 풍월주가 되었을 때, 세종전군은 친히 문노를 찾아가 이렇게 말하였다.

"나는 감히 그대를 신하로 삼을 수 없소. 청컨대 부디 나의 형이 되어, 나를 도와주시오."

왕의 동생이 골품도 없는 자기에게 이토록 절실하게 부탁하므로, 문노는 이에 굽혀 평생 동안 변치 않고 세종전군을 섬겼다. 이에 세종전군이 문노를 위해 진흥왕에게 이렇게 아뢰었다.

"문노는 고구려와 백제를 치는데 여러 번 공로가 있었습니다. 그러나 어미로 인하여 영달하지 못하였으니, 나라를 위해 안타까운 일입니다."

그러자 진흥왕이 문노에게 급찬의 지위를 내렸으나, 문노는 받지 않았다. 한번은 또 문노와 그 낭도들이 전쟁터에 나가 큰 전공을 세웠는데, 역시 자리를 얻지 못하였다. 그러자 문노는 제7대 풍월주인 설원랑에게 불복하고, 스스로 일문一門을 세웠다. 그러므로 낭도들도 나뉘어져 마침내 계파가 둘로 갈라졌다. 풍월주 설원랑의 파는 정통正統이 자기들에게 있다고 하였고, 문노파는 청의淸議가 자기들에게 있다고 하며 서로 상하를 다투었다.

미실이 걱정하여 세종전군에게 두 계파를 화합하도록 하였으나, 이루지 못하였다. 이에 미실은 진지왕에게 권하여 문노를 국선으로 삼고 비보랑을 부제로 삼았다.

이때 설원랑 파는 향가를 잘하고 속세를 떠나 청유淸遊(유람)를 즐겼으므로 '운상인雲上人'이라 하였다. 문노 파는 무사武事를 좋아하고, 호탕한 기질이 많았으므로 '호국선護國仙'이라 하였다. 골품이 있는 사람들은 설원랑을 많이 따르고, 민초들은 문노를 많이 따랐다. 그러나 양쪽 다 의義를 갈고 닦음을 주로 하는 것은 서로 같았다.

미실은 설원랑이 문노에 미치지 못하는 것을 알고, 문노로써 선도의 스승으로 삼는다는 명령을 내리고, 모든 화랑들에게 문노를 따르도록 하였다. 이에 설원랑의 낭도들이 불평하였다. 그러나 설원랑은 총주寵主인 미실의 명령을 거역할 수 없다며 무릎을 굽혀 문노를 섬겼다. 이에 문노의 낭도들 또한 설원랑에게 기꺼이 복종하였다. 이리하여 두 계파가 화합하는 것을 보고 미실이 기뻐하였다.

진지대왕을 패할 때 미실 원화는 남편 세종전군을 상선上仙, 문노를 아선亞仙, 설원랑과 비보랑을 좌우 봉사화랑, 미생을 전방 봉사화랑으로 삼아 일을 거사하였다. 이때 문노가 큰 공을 세웠다. 그러므로 미실의 총애를 받아 진골 골품을 얻었으며, 제8대 풍월주가 되었다.

풍월주가 된 문노는 화랑제도를 대대적으로 정비하여 3부로 나누었으며, 조직을 찬연하게 갖추었다.

좌삼부左三部 - 도의道義
　　　　　　 문사文事
　　　　　　 무사武事
우삼부右三部 - 현묘玄妙
　　　　　　 악사樂事
　　　　　　 예사藝事
전삼부前三部 - 유화遊花
　　　　　　 제사祭事
　　　　　　 공사供事

그리고 좌우 봉사랑奉事郞을 좌우 대화랑大花郞으로 만들고, 전방前方 봉사랑을 전방 대화랑으로 만들었다. 그리하여 각기 전문 분야를 담당하여 맡은 바 임무를 수행하도록 하였다. 이때 골품이 없는 초야의 사람들이 많이 발탁되었는데, 이들은 문노를 신처럼 받들었다.

국선으로서 신라의 국풍을 크게 진작시킨 문노는 성품이 엄하였다. 미실이 동생 미생을 일찍이 사다함의 낭도로 추천하였을 때, 미생이 12세의 어린 나이라 말에 오르지 못하였다. 그러나 사다함은 미생이 미실의 아우인지라 내칠 수가 없었다. 그러자 문노가 꾸짖듯 말하였다.

"무릇 낭도가 말에 오르지 못하고 검을 사용하지 못한다면, 하루아침에 일이 생기면 어디에 쓸 것인가?"

그러자 사다함이 용서를 구하며 이렇게 말하였다.

"미생은 제가 사랑하는 사람의 아우입니다. 얼굴이 아름답고 춤을 잘 추니, 이 또한 여러 사람을 위로할 수 있지 않겠습니까?"

이에 문노는 더 이상 따지지 않았다. 문노는 오랫동안 결혼을 하지 않다가, 뒤늦게 미실의 중매로 거칠부의 딸 윤궁낭주를 아내로 맞이하였다. 윤궁낭주는 엄격하고 고지식한 면이 있는 문노와 미실궁주 사이에서 많은 역할을 하였다. 하루는 문노가 미실궁주를 못마땅하게 말하자, 이렇게 조언하였다.

"당신은 세종전군의 신하인데, 미실궁주를 반대하면 세종전군이 좋아하겠습니까? 세종전군은 궁주(미실)를 자기 목숨처럼 여기고 있습니다. 당신의 부하들이 저를 비난한다면 당신은 좋겠습니까?"

"당신은 궁주와 같은 잘못이 없으니, 낭도들이 어찌 비난하겠습니까?"

"사람의 일에 장단과 과실이 있는 것은, 형세의 부득이함이 있기 때문입니다."

"정이 사사로이 행해지면, 의리가 감추어지는 법이오."

"무릇 의義는 정情에서 나오고, 정은 지志에서 나오니, 이 3가지는 서로 반대 되지 않습니다. 그러므로 큰 정은 의가 되고, 큰 사사로움은 공公이 된다고 하였습니다. 무릇 무리에게 사사롭지 않다면 무리를 거둘 방법이 없습니다. 당신과 더불어 제가 서로 사랑하는 것은 정의 순수함입니다. 낭도들이 당신께 의지하는 것도 정이 섞인 것입니다."

이에 문노는 깨닫는 바가 있었고, 사사로운 정의 진실됨도 알게 되었다. 문노가 젊었을 때는 지조가 굳고 기품이 높고 인격이 결백하여 빈틈이 없는 사람이었다고 한다. 그러나 결혼 후에는 시비를 가리기보다 화목함을 더 좋아하는 부드러운 사람으로 변하였다고 한다.

41. 대세와 구칠

《화랑세기》《삼국사기》《신증동국여지승람》《청학집》《해동이적》 등에는 대세大世와 구칠仇柒이 신선을 구하고자 배를 타고 남해바다를 떠난 이야기가 나온다.

대세는 신라 제26대 진평왕(재위579~632) 때의 화랑으로 내물왕 7대손이며 이찬伊湌 동대冬臺의 아들이다. 그리고 제9대 풍월주 비보랑秘寶郎과는 이종사촌 사이였다.

비보랑의 어머니는 실보實寶이고, 실보의 여동생 골보骨寶는 대세의 어머니였다. 비보랑은 대세가 그릇이 크다고 여겼으므로 자신의 후임으로 삼아 풍월주 자리를 물려주려 생각하고 있었다. 그러나 10대 풍월주 자리는 미생에게 돌아갔으니, 그 전말인즉 이렇다.

"사다함은 16세에 풍월주가 되었는데, 제 나이 벌써 36세입니다."

이렇게 섭섭함을 비치며 말하는 동생 미생에게 미실이 10대 풍월주 자리를 안겨주었던 것이다. 전례대로라면 후임은 전임이 임명하는 것이었지만, 비보랑은 미실의 뜻을 거역할 수가 없었다. 그리하여 대세는 풍월주를 보좌하는 전방대화랑이 되었다.

그러나 미생과 대세는 서로가 맞지 않았다. 미생은 공주들과 화랑들에게 무용을 가르치는 교사였던 만큼 섬세하고 부드러웠으며, 대세大世는 이름 그대로 뜻이 크고 호방하였다.

섬세한 미생에게 호방한 대세는 거칠게만 보였다. 그래서 어쩔 수 없이 대세를 전방대화랑에 앉히기는 했지만, 실권은 주지 않았다.

대세 역시 미생이 마음에 들지 않았다. 미생만 아니었으면 자신이 풍월주가 되었을 텐데, 미생이 누이를 업고 나타나 망쳐버렸다. 그래서 대세는

'풍월주가 욕심이 많고 어리석어서 가뭄이 왔다.'고 욕을 하고 다녔다.

《삼국사기》〈신라본기〉 진평왕 7년(585)조에는 '음력 3월 봄, 가물어서 모내기를 못하였으며 왕은 반찬 가짓수를 줄였다.'는 기록이 있다. 그러므로 당시 심각한 가뭄이 실제로 있었으며, 대세는 이를 풍월주의 부덕으로 돌린 것을 알 수 있다. 그러던 중 미생의 애첩이 이렇게 말하였다.

"당신은 누이 덕에 풍월주가 되었는데, 제 동생도 누이 덕 좀 보아야 하지 않겠습니까?"

그러자 미생은 대세를 '유화를 탐하고, 술을 많이 마시며, 행동이 거칠다'는 이유로 전방대화랑에서 해임시키고 자신의 처남 제문랑諸文郎을 그 자리에 앉혔다.

미생이 없는 말을 지어낸 것은 아니었다. 평소 대세를 아끼던 비보랑도 술을 너무 많이 마시지 말라고 권고하였던 것을 보면, 대세가 술을 퍽 좋아하기는 한 모양이었다. 그러나 대세는 그것을 풍류라 여겼으며, 스스로를 죽림칠현竹林七賢으로 여겼다.

대세는 비보랑의 위로를 받으며 더욱 분발하여 공부하였다. 그러나 마음 한쪽에서는 신라가 자신의 뜻을 펴기에는 너무 좁다고 생각되었다. 그래서 평소 가까이 지내던 승려 담수淡水에게 어느 날 이렇게 말하였다.

"우리가 이 좁은 땅에서만 살다가 일생을 마친다면, 연못 속의 물고기나 새장 안의 새와 무엇이 다른가?"

"?"

"연못 속의 물고기는 푸른 바다의 넓음을 알지 못하고, 새장 안의 새도 푸른 창공의 시원함을 알지 못한다."

"?"

"나는 바다를 건너 오나라와 월나라도 보고, 세상 구경도 하고, 스승을 찾아 명산에서 도를 구하고 싶다."

"……"

"평범한 인간의 굴레에서 벗어나 신선도를 배울 수만 있다면, 이야말로 천하의 기이한 놀이요, 장관일 것이다. 나와 함께 가지 않겠는가?"

"……."

담수는 뜻이 없었다. 이에 대세는 새로운 도반을 물색하던 차에 마침 구칠을 만났다. 구칠은 기개가 있고 절조도 뛰어났다. 어느 날 둘이서 남산의 절에 놀러갔는데, 비바람에 나뭇잎이 떨어져서 물에 떠다니고 있었다. 이에 대세가 나뭇잎 두 장을 주워들며 말했다.

"이 나뭇잎을 세상으로 나가는 배라고 생각하고, 누구 배가 먼저 나가는지 한번 시험해 보자."

이에 대세와 구칠이 서로 손에 들고 있던 나뭇잎을 흐르는 물에 놓으니, 두 개의 나뭇잎이 앞서거니 뒷서거니 하다가 나중에는 대세의 나뭇잎이 앞질러가는 것이었다. 그러자 대세가 웃으면서 말했다.

"내가 먼저 가네!"

그러자 구칠도 질세라 말했다.

"나도 남자인데, 나라고 못 가겠는가!"

구칠의 반응을 본 대세는 비로소 자신의 속뜻을 내비쳤다.

"우리가 스승을 찾아 명산에서 신선의 도를 배울 수만 있다면, 인간의 굴레에서 벗어나 우주에서 노닐 수 있을 것이다."

"그것은 마침 내가 바라던 바라!"

구칠이 맞장구를 치니, 두 사람은 의기가 투합 되었다. 그리고 진평왕 9년(587) 음력 7월 가을에 대세와 구칠은 남해에서 함께 배를 타고 멀리 바다를 떠나갔다. 그들이 어디로 갔는지는, 아무도 아는 사람이 없었다.

《해동이적》에 의하면 신라에는 대세·구칠 외에도 김金·소蘇 이선二仙이 있었다고 한다. 김·소 이선이란 김겸효金謙孝와 소하정蘇瑕亭 선인을 가리킨다고 하나, 자세한 기록은 내려오지 않는다.

《삼국유사》에는 또 포산이성包山二聖으로 불리던 관기觀機와 도성道成 이야기도 있다. 이들은 지금의 경북 현풍면 비슬산인 포산에 은거하면서 옷 대신 나뭇잎을 엮어서 입고 살았으며, 관기는 남령南嶺에 도성은 북혈北穴에 각각 거처하였다고 한다.

두 사람의 거처는 10리가량 떨어져 있어서, 구름을 헤치고 달빛을 밟으며 서로 오고갔다고 한다. 두 사람은 수목樹木을 매개체로 서로 의사교환을 하였는데, 도성이 관기를 부를 때면 숲속의 나무들이 모두 남쪽을 향해 손님을 맞이하듯이 굽어지고, 관기가 도성을 부를 때면 나무들이 북쪽을 향해 손님을 맞이하듯이 굽어져서, 이를 신호로 서로 오고갔다고 한다.

북혈北穴에 살면서 언제나 뒷산 높은 바위 위에 앉아 좌선을 하던 도성은 어느 날 마침내 도를 통하고 동굴 바위틈새를 빠져 나가 공중으로 날아갔다. 이에 하늘의 기미를 관찰하던 관기도 도성의 뒤를 따라 몸을 날려 마침내 세상을 떠났다고 한다.

《삼국유사》에는 또 이혜동진二惠同塵으로 알려진 승려 혜숙惠宿과 혜공惠空의 이야기도 나온다.

진평왕 때의 인물이었던 혜숙은 호세랑好世郞의 낭도로 있다가 적선촌赤善村에 은거하여 20여 년을 살았는데, 적선촌은 지금의 안강현 적곡촌이라고 한다. 어느 날 혜숙은 국선 구참공瞿旵公과 고기를 같이 먹었는데, 소반 위의 고기가 전혀 없어지지 않고 그대로 있더라는 것이다. 또 여자와 동침하는 것을 보았는데, 같은 시간에 성안에 있는 시주의 집에서 7일제를 지내고 있는 혜숙이 또 있더라는 것이다. 그러다가 얼마 후 돌연 죽어서 이현耳峴 동쪽에 장례를 치렀는데, 다른 곳으로 이사 가고 있는 혜숙을 이현 서쪽에서 또 보았다는 것이다.

혜공 또한 우물 안에 들어앉아 있는데도 옷이 젖지 않았으며, 그가 죽어 시체에 구더기까지 생긴 것을 보았는데도, 시중에서 음주가무를 하고 있는 혜공이 또 있었다고 한다.

42. 국선 김유신 장군

　김유신金庾信(595~673) 장군은 15세에 화랑이 되었고, 17세에 홀로 중악中嶽 석굴에 들어가 수행하였으며, 18세에 국선國仙이 된 인물로서 삼국통일의 위대한 주역이었다.
　증조부는 김수로왕의 9대손이자 금관가야 마지막 왕인 김구해金仇亥였다. 김구해가 신라 법흥왕 19년(532) 신라에 투항한 이후, 조부 무력武力과 부친 서현舒玄은 신라의 장군으로서 크게 활약하였다.
　부친 서현 장군은 형혹성熒惑星(남방화성南方火星)과 진성鎭星(중앙토성中央土星), 두 별이 자기에게로 내려오는 꿈을 꾸었다. 모친 만명부인 또한 동자가 황금 갑옷을 입고 구름을 타고 집안으로 들어오는 꿈을 꾸고 아기를 배어 낳았는데, 등에 칠성七星 무늬가 있었다고 한다.
　김유신이 15세에 화랑이 되었을 때, 당시 사람들이 그를 기꺼이 따랐는데, 그의 무리를 일러 '용화향도龍華香徒'라고 불렀다. 그리고 17세가 되었을 때는 고구려, 백제, 일본 등이 국경을 침범하는 것을 보고 비분강개하여 외적을 평정하려는 뜻을 품고 혼자 중악석굴에 들어갔다. 그리고는 목욕재계하고 하늘에 고하며 다음과 같이 맹세하였다.
　"적국이 무도하여 우리 영역을 침범하여 소란케 하니, 하루도 편할 날이 없습니다. 제가 일개 미약한 신하지만, 나라의 환란을 없애기로 뜻을 세웠습니다. 부디 하늘은 굽어 살펴 저를 도와주옵소서!"
　이렇게 하늘에 소원을 빌고 나흘이 지나자, 거친 베옷을 입은 한 노인이 나타났다.
　"여기는 독충과 맹수가 많아 무서운 곳인데, 귀한 공자가 무슨 일로 혼자 머무는고?"

"노인장께서는 어디서 오셨으며, 누구시온지요?"

"나는 일정한 주거가 없이 인연 닿는 대로 가고 머무나니, 이름은 난승難勝이다."

김유신은 노인이 범상한 사람이 아님을 간파하고, 거듭 절하며 간청하였다.

"저는 신라인으로서, 나라의 원수를 보니 가슴이 미어질듯 아픕니다. 엎드려 비옵건대 어르신께서는 저의 정성을 불쌍히 여기시어 부디 비법을 가르쳐 주옵소서!"

유신이 눈물을 흘리면서 거듭 간청하자, 노인이 입을 떼었다.

"공자가 어린 나이로 삼국을 병합하려는 큰 뜻을 품었으니, 장하도다. 내가 비결을 일러줄 테니, 부디 함부로 쓰지 말라. 만약 이를 의롭게 사용하지 않는다면, 도리어 해를 입으리라."

노인은 김유신에게 비결을 가르쳐 주고는 흔적 없이 사라졌다. 산 위에는 오직 오색찬란한 빛만이 서려 있을 뿐이었다.

김유신은 더욱더 뜻을 깊이 품고 보검을 차고 홀로 인박산 깊은 골짜기로 들어가 향을 피워 놓고 하늘에 맹세하며 기도했다. 그러자 천관신이 빛을 비추며 보검에 영기를 내려주었고, 허숙虛宿과 각숙角宿 두 별자리의 빛이 환하게 내려오며 칼이 흔들렸다. 김유신의 정성이 마침내 감응된 것이었다.

진평왕 51년(629) 가을, 신라는 고구려의 낭비성娘臂城을 공략하였다. 이때 김유신은 부친 서현 장군을 따라 전쟁에 첫 출전을 하였다. 그런데 공략은 신라가 먼저 했으나, 고구려 군사가 오히려 사기충천한지라 신라군은 곧 패할 지경에 이르렀다. 이때 김유신이 부친 서현 장군 앞에 나아가 무릎을 꿇고 말했다.

"제가 스스로 충효를 다하기로 맹세했으니, 어쩔 수 없이 적진에 들어가 용맹스럽게 죽어야겠습니다."

말을 마치자마자 김유신은 말에 올라타고 칼을 빼어들며 적진을 향해 돌진했다. 그리고 이내 적장의 머리를 베어 돌아오니, 신라군의 사기가 크게 치솟아 전쟁에서 승리하였다.

선덕여왕 11년(642)에는 백제와 전쟁을 치르고 돌아왔는데, 돌아오자마자 백제가 재차 쳐들어오고 있다는 소식이 들어왔다. 이때 김유신 장군의 가족들은 모두 문 밖까지 나와 장군이 잠시라도 집에 들러주기를 애타게 기다리고 있었다. 그러나 장군은 그대로 집을 지나쳐 갔다. 다만 부하를 시켜서 자기 집의 물을 한 그릇 떠오게 했을 뿐이었다.

"흠, 우리 집의 물맛이 옛 맛 그대로구나. 됐다, 가자!"

이를 본 군사들은 모두 마음을 다잡았다.

"대장군이 이러하신데, 하물며 어찌 우리가 집에 못 가는 것을 섭섭하게 여기랴!"

이에 신라군의 사기가 하늘을 찌를 듯 충천하였으므로, 백제군은 감히 근접을 못하고 그대로 물러갔다.

660년, 김유신 장군은 나·당 연합군을 이끌고 백제를 크게 공략하였다. 김유신 장군은 태자 김법민金法敏과 함께 육로로 나아가 황산벌판에서 백제의 명장 계백 장군을 맞아 싸움을 벌였다. 또 다른 한편에서는 태종무열왕 김춘추의 둘째아들 인문仁問이 당나라 장수 소정방과 함께 수로로 진격하여 백제를 공격하였다.

신라 김유신 장군과 백제 계백 장군의 황산벌 싸움은 그야말로 용호상박龍虎相搏이었다. 식구들을 모두 죽이고 나온 계백 장군의 용맹한 정신은 그대로 전투에 투영되어, 신라군은 점점 열세에 몰리고 있었다. 이때 김유신 장군의 동생 김흠순 장군이 아들 반굴에게 낭장결의해 목숨을 바칠 것을 요구하였다.

"지금이 바로 충효를 이룰 때다!"

반굴의 장렬한 전사를 본 품일 장군도 자신의 아들 관창에게 똑같이 낭장결의를 요구했다.

"네 나이 비록 어리지만, 뜻과 기개가 충천하다. 어찌 용맹을 내지 않을쏘냐?"

아버지의 말에 관창은 즉시 말에 올라 창을 비껴들고 적진으로 달려 들어갔다. 이렇게 두 화랑의 죽음에 힘입어 김유신 장군은 고전 끝에 어렵게 백제의 사비성을 함락시키고, 계백 장군을 전사시켰다.

전투가 끝나고 김유신 장군은 소정방 부대와 합류하기로 되어 있었다. 소정방과 김인문 부대 또한 금강하구 기벌포伎伐浦에서 백제군을 대파하고 이미 김유신 장군을 기다리고 있었다.

어렵게 싸움을 이기고, 지친 군사들을 이끌고 도착한 김유신 장군에게 소정방은 기약한 날에 늦었다는 이유로 김유신 장군의 부하인 독군督軍 김문영을 목 베려 하였다. 이에 김유신 장군이 대노하며 소리쳤다.

"황산벌 싸움을 보지 못하고 단지 늦었다는 이유로 죄를 삼으려 하니, 나는 죄 없이는 욕을 받을 수 없다. 내 먼저 당나라 군사와 결전을 벌인 후에 백제를 멸하리라!"

김유신 장군이 큰 도끼를 땅에 내리꽂으며 소리치자, 성난 머리털이 위로 치솟고, 허리에 찬 칼은 저절로 떨었다고 한다.

이를 보고 놀란 소정방은 김문영을 풀어주며 김유신 장군에게 사과하였다. 소정방은 당나라 고조로부터 일찍이 '백제를 멸하고 나면, 틈을 보아 신라까지 내쳐 뺏으라.'는 밀지를 받은지라, 걸핏하면 트집을 잡으며 갖가지 횡포를 자행하고 있던 터였다.

삼국三國 전체를 집어삼키려는 당나라의 음모를 간파한 김유신 장군은 당나라를 제압하기 위해 선수 칠 계획을 세웠으나, 태종 무열왕 김춘추의 반대로 실행을 미룰 수밖에 없었다. 아무튼 신라는 당나라의 지원을 받아 백제(660)와 고구려(668)를 전멸시키고, 마침내 삼국통일의 대업을 이룩하였다.

그러나 신라는 또 당나라와의 전쟁이 남아 있었다. 우리 영토를 집어삼 키려고 주저앉는 당나라를 몰아내기 위해 다시 7년(670~676) 전쟁을 치러야 했다. 672년 나·당 전쟁의 석문石門 벌판 전투에서 패하고 돌아온 아들 원술을, 김유신 장군은 참수할 것을 주장하였다. 그러나 왕은 김유신의 많은 공적을 생각하여 차마 참수할 수가 없었다.

원술은 임금에게는 이렇게 용서를 받았지만, 부모에게는 용서를 받지 못하였다. 전쟁에서 패한 몸이 살아 돌아왔다는 이유로 부모에게서 버림을 받은 것이다. 이에 산 속에 숨어서 목숨을 부지하던 원술은 결국 당나라 군대가 매소성을 쳐들어 왔을 때, 신분을 감추고 이름 없이 참전해서 큰 공을 세웠다. 그리하여 임금이 불러 벼슬을 내렸지만, 원술은 사양하고 이내 종적을 감추었다. 신라인의 이러한 강건한 의지는 마침내 우리 영토를 집어삼키려는 당나라의 세력을 한반도에서 축출(676)시키는데 성공하였다.

삼국통일의 주역 김유신 장군 뒤에는 위대한 어머니 만명부인이 있었다. 유신이 젊어서 천관 기녀와 알고 지낼 때, 만명부인이 이를 알고 호통을 쳤다.

"네가 장차 삼국통일의 큰 꿈을 천하에 펼칠 대장부란 말이냐?"

어머니의 엄한 꾸지람을 들은 유신은 천관 기녀의 집에 발길을 끊었다. 그런데 훈련으로 피곤해 말에서 졸고 있는 사이 어느새 백마가 천관 기녀의 집으로 간 것이었다. 이 사실을 안 유신은 허리에 찼던 칼을 뽑아 당장 그 자리에서 사랑하는 백마의 목을 단칼에 베었다. 이러한 단호함이 있었기에, 김유신 장군은 마침내 삼국통일의 대업을 이룩할 수 있었으리라.

만명부인의 위대한 일화는 또 하나 있다. 유신이 아기일 때 만명부인은 아기를 업고 친정집엘 가고 있었다. 그런데 길가에서 굶주린 거지가 쓰러져 죽어가고 있는 것을 보고, 만명부인은 주저 없이 자기 젖을 물려서 살려냈다고 한다. 혹자는 이 거지가 바로 관세음보살이었다고 말하는 이도 있는 것을 보면, 아마도 실화인 모양이다.

43. 화랑정신, 그 노블레스 오블리즈

　노블레스Nobless 오블리즈oblige란 사회 지도층에 있는 사람들이 짊어져야 하는 정신적 의무를 뜻하는데, 바로 화랑정신이 노블레스 오블리즈다.
　태종 무열왕 7년(660) 신라는 백제를 침공하여 황산벌판에서 백제의 명장 계백 장군을 맞아 큰 싸움을 벌였다. 이 황산벌 전투는 두 나라의 운명을 결정하는 크나큰 싸움으로서, 양편 군사가 서로 대치하여 용호상박의 힘겨루기를 하였다.
　신라가 먼저 백제를 공격한 것이었으나, 식구들을 모두 죽이고 나온 계백 장군의 용맹한 정신은 그대로 전투에 투영되어, 신라군이 오히려 열세에 몰리고 있었다. 이대로 가다가는 신라군의 사기가 떨어지고 백제에 패할 것이 분명하였다. 이때 김유신 장군의 동생 김흠순 장군이 아들 반굴盤屈(?~660)에게 낭장결의郎粧決意해 목숨을 바칠 것을 요구하였다.
　"지금이 바로 충효를 이룰 때다!"
　"예!"
　반굴은 아버지의 명이 떨어지기가 무섭게 말에 뛰어올라 적진을 향해 달려 들어갔다. 그리고 적진에서 장렬하게 싸우다가 전사하였다.
　이를 본 품일品日 장군 또한 자신의 아들 관창(644~660)에게 똑같이 낭장결의를 요구했다.
　"네 나이 비록 어리지만, 뜻과 기개가 충천하다. 어찌 용맹을 내지 않을쏘냐?"
　"옛!"
　관창 역시 즉시 말에 뛰어올라 창을 비껴들고 적진으로 달려 들어갔다. 그러나 저 편은 많고 이 편은 혼자인지라, 결국 백제군에게 생포되어 계백 장군 앞에 끌려갔다.

　백제의 명장 계백 장군은 사로잡은 관창의 갑옷을 벗기고 보니 그의 나이 불과 16세라, 차마 죽이지 못하고 탄식하며 말했다.

　"신라는 참으로 대단하다! 어린 소년이 이럴진대, 하물며 장수들이야 어떠하겠는가!"

　계백 장군은 관창의 나이 너무 어리고 그 용맹함 또한 퍽 사랑스러운지라, 차마 죽이지 못하고 살려 보내 주었다. 그러나 살아서 돌아온 관창은 손으로 우물의 물을 움켜 마신 후, 재차 말에 뛰어올라 다시 적진으로 돌진하였다.

　"내가 적진에 들어가 그 장수를 죽이지 못하고, 기를 꺾지 못한 것은 씻을 수 없는 수치다. 내 이번에는 반드시 성공하고야 말겠다!"

　관창은 임전무퇴의 화랑정신을 발휘하여 맹렬하게 싸웠으나, 백제 군사들에게 또다시 붙잡혔다.

　계백 장군은 어쩔 수 없이 관창을 베지 않을 수 없었다. 벤 머리를 말안장에 매달아 신라군에게 돌려보내니, 품일 장군이 그 머리를 쳐들고 소매로 피를 씻으며 울부짖었다.

　"내 아들의 얼굴이 생시와 똑같구나! 능히 나라를 위하여 죽었으니, 아쉬울 것 없도다!"

　이를 본 신라 군사들은 비분강개하여 일어났다. 다같이 죽기를 결심하고 북을 치고 함성을 지르며 진격하니, 백제가 이를 당해내지 못하고 결국 대패하고 말았다.

　이 황산벌 싸움에서 계백 장군을 비롯한 백제의 모든 군사들이 전사하였고, 이를 마지막으로 백제의 사직은 무너졌다(660년).

　황산벌 싸움의 승리는 반굴과 관창, 두 화랑의 용감한 죽음으로 이끌어낸 승리였다.

　신라는 당나라의 지원을 받아 백제(660)와 고구려(668)를 멸하고, 마침내 삼국통일의 대업을 이룩하였다. 그러나 우리 영토를 집어삼키려고 주저앉는 당나라를 몰아내기 위해 또 7년(670~676) 전쟁을 치러야 했다.

문무왕 12년(672) 황해도 석문石門 벌판에서 나·당 전쟁이 있었다. 이때 김유신 장군의 아들 원술도 비장裨將으로 출전하였는데, 이 전투에서 신라는 당나라에 패하고 말았다.

이때 원술은 적진에 뛰어들어 나라에 목숨을 바치고자 했으나, 그를 보좌하는 담릉이 말고삐를 놓지 않고 말렸다.

"장부는 죽는 것이 어려운 게 아니라, 죽을 자리를 찾는 것이 어려운 것입니다. 그러니 죽어서 얻는 것이 없다면, 살아서 후일을 도모하는 것만 못합니다."

"남아는 구차하게 사는 것이 아니다. 장차 무슨 면목으로 아버님을 뵐 것인가?"

원술은 재차 말을 몰아 적진으로 치달리고자 했으나, 담릉이 끝내 말고삐에 매달려 놓지 않으니, 원술은 끝내 전사할 기회를 놓치고 말았다.

전쟁에서 패하고 살아 돌아온 아들 원술을, 김유신 장군은 참수할 것을 주장하였다.

"원술은 왕을 욕되게 하였을 뿐만 아니라 가훈(화랑도의 임전무퇴)까지도 저버린 놈이니, 마땅히 참형에 처해야 하옵니다."

그러나 왕은 김유신의 많은 공적을 생각하여 차마 참수할 수가 없었다. 그리하여 원술은 임금에게는 용서를 받았지만, 부모에게는 끝내 용서를 받지 못하였다. 화랑의 임전무퇴 정신을 어기고 살아 돌아왔다는 이유로 부모에게서 버림을 받은 것이었다.

원술이 부끄럽고 두려워 산에 숨어 지내던 중에 아버지 김유신 장군이 돌아가셨다는 소식을 들었다. 그리하여 마지막 아버지 얼굴을 뵙고자 집에 갔으나, 어머니가 아들을 보지 않았다.

"아버지가 인연 끊은 아들, 나 혼자 어미 될 수 없다."

원술은 통곡하며 몸부림쳤으나, 어머니는 끝내 아들을 받아들이지 않았다. 원술은 할 수 없이 서러운 마음을 머금고 발길을 되돌릴 수밖에 없었다.

"담릉 때문에 내가 이렇게 망극한 지경에 이르렀다."

원술은 통탄하며 다시 태백산으로 숨어들었다. 그러던 중 원술은 결국 675년 당나라 군대가 매소성買蘇城을 쳐들어 왔을 때, 신분을 감추고 무명으로 참전해서 큰 공을 세웠다. 이에 임금이 알고 벼슬을 내렸으나, 원술은 받지 않고 끝내 종적을 감추었다.

화랑도의 이 엄격한 기질과 기백이야말로 신라를 수호한 정신이요, 사상이었다. 그리고 삼국통일의 대업을 이루고 마침내 당나라의 세력마저 물리칠 수 있었던 힘과 저력은 바로 이러한 신라 화랑들의 대를 이은 숭고한 충효사상과 노블레스 오블리즈에 의한 것이었다.

44. 화랑도의 선비정신

　화랑 검군儉君은 선비정신의 대표자로서 선비의 꼿꼿한 기개를 보여주고, 불의와 타협하지 않고 죽음을 택한 화랑이다.
　검군이 사량궁의 사인舍人으로 있을 때, 나라에 기근이 들어서 자식까지 팔아먹는 형편이 되었다. 그러자 모든 사인들이 공모하여 궁전 창고의 곡식을 훔쳐서 나누어 갖은 일이 있었는데, 검군만이 홀로 받지 않았다.
　"나는 근랑近郞의 문도로 풍월도의 마당에서 수행하였기 때문에, 진실로 의로운 일이 아니면 비록 천금을 준다 하더라도 마음이 움직이지 않는다."
　그러자 다른 사인들이 검군을 탓하며 비밀이 누설될까 두려워 죽이고자 하였다. 이를 눈치 챈 검군이 근랑에게 찾아가 작별인사를 고하였다.
　"이제 다시 뵙지 못할 것 같습니다."
　"그게 무슨 말인가?"
　근랑이 이유를 물었으나 검군은 대답하지 않다가, 재삼 묻자 대략 이유를 이야기하였다. 근랑이 다시 물었다.
　"왜 관가에 고발하지 않는가?"
　"제가 죽는 것이 두려워 여러 사람들을 죄에 걸리게 하는 것이, 차마 인정상 할 수 없는 노릇입니다."
　"그러면 왜 도망이라도 가지 않는가?"
　"저들이 잘못하고 제가 바른데, 도망간다면 장부라고 할 수 없지요."
　"!"
　검군은 근랑에게 작별인사를 하고는 다시 일하러 갔는데, 여러 사인들이 대접하는 술을 먹고 결국 죽었다. 사인들이 검군 몰래 술에 독약을 넣은 것이지만, 검군은 이를 알고도 그냥 마신 것이다.

풍류마당에서 수행한 검군의 맑고 깨끗한 품격은 도의道義로 연마된 화랑의 절조를 그대로 보여주고 있다. 또한 의롭게 행동하고 장부답게 죽어, 화랑의 숭고하고도 현묘한 선비정신을 그대로 빛내고 있다.

이때부터 사람들은 악을 고치고 선을 행하였다고 하며, 위를 공경하고 아랫사람을 순하게 대하니, 오상五常 육예六藝와 삼사三師 육정六正이 널리 세상에 행하여졌다고 한다.

선비정신은 우리 민족이 갖고 있는 특별하고도 고유한 정신이다. 화랑 검군처럼 의義를 지키기 위해서는 죽음도 두려워 않는 선비정신은 바로 우리 민족의 얼이요 넋이라고 할 수 있다. 그렇다면 선비정신은 언제부터 비롯되었을까? 단재 신채호 선생은 《조선상고사》에서 다음과 같이 말하고 있다.

- 선비의 어원은 이두문자吏讀文字 선인仙人에서 왔으며, 상고시대 소도제단蘇塗祭壇의 무사武士를 선비라 칭한다. 고구려의 조의선인皂衣仙人이 바로 선인仙人이며 국선國仙이요, 그 정신을 계승한 것이 바로 신라의 화랑으로서, 다같이 고신도古神道를 숭상하는 민족정신의 고유한 주체 세력이다. 그 도를 선비도라고 했으며 후에 풍류도라고 하였다.

다산茶山 정약용丁若鏞 선생 또한 '도를 배운 사람이 선비다.(古者學道之人名之曰士)' 하였으니, 바로 도사道士를 말함이다.

선비의 보편적 관심은 개인적인 욕망을 떠나 자신을 포함한 삼라만상이 다함께 이로운 삶을 사는 공의公義를 실현하는 데 있다. 그러므로 널리 삼라만상을 이롭게 하는 홍익인간 이화세계를 이념으로 세워진 신시神市 배달국이야말로 선비정신의 시초라고 할 수 있다.

고구려 고국천왕 때의 재상이었던 을파소 선인은 밭갈이를 하다가 추천 받아 나라의 재상이 되었는데, '때를 만나지 못하면 은거하고, 때를 만나면 벼슬하는 것은 선비의 떳떳한 일'이라는 명언을 남기었다.

단재 신채호 선생은 이렇게 우리 민족 고유사상에서 사용하던 선비의 명칭을 유교도에게 빼앗겼다고 하였으니, 이것은 마치 기독교의 여호와가 우리 민족 대대로 섬기던 하나님의 이름을 차지하고 들어앉은 것과도 같다.

기독교가 수입되기 이전부터 우리 민족은 고대로부터 하늘을 섬기는 경천사상敬天思想이 있었다. 그리하여 우리 조상들은 일상생활이나 일상 언어에서도 늘 하늘과 함께 살고 있었다. 하늘이 안다, 하늘이 내려다보고 있다, 하늘에 맡기자, 하늘이 도와야 할 텐데, 하늘이 도왔다, 하늘은 스스로 돕는 자를 돕는다, 아이구 하느님, 하느님 맙소사, 하느님도 무심하시지, 하늘이 무섭지 않느냐? 하늘의 뜻을 따라야 한다, 등등이 바로 그것이다.

우리 민족은 하늘로부터 온 천손이기 때문에 항상 하늘을 우러러 그 뜻을 받들고, 하늘과 하나 되고 상통하려는 민족 고유의 경천사상이 있었던 것이다. 그러나 기독교가 수입되면서 여호와를 하느님으로 번역하여 사용하니, 우리의 하느님이 기독교의 하느님처럼 되어버렸다. 기독교의 신을 칭하는 용어는 하느님이 아니고 야훼 또는 여호와였다. 《카톨릭대사전》에도 이렇게 명기되어 있다.

- 대한민족은 하나님(하느님) 사상이 투철함으로 이를 수용하기 위해 예수 그리스도의 아버지인 야훼(여호와)를 하느님(하나님)으로 부르기로 성경 공동 번역 위원회에서 결의하였다.

이리하여 기독교에서 야훼를 하나님으로 부른 것이 100년이 넘었고, 젊은 사람들은 이제 하나님을 기독교의 신으로 잘못 알고 있다. 이에 원주에 사는 정근철 선생은 1992년 천주교와 기독교 등을 상대로 하느님 명호 도용에 관한 소장을 서울민사지방법원에 제출하였다. 하나님, 하느님, 한얼님, 하늘님, 한울님 등의 고유명사는 수만 년 전부터 한민족의 얼속에 뿌리내린 한민족 고유의 신관神觀이요 우주관이므로 외래교에서는 명호를 도용하지 말라는 내용이었다.

아무튼 이와 마찬가지로 많은 이들이 선비정신을 조선시대에 형성된 것으로 오해하고 있으나, 사실은 그렇지가 않다. 신라, 고구려, 상고시대의 소도무사蘇塗武士까지 거슬러 신시 배달국까지 올라가는 것이다.

이러한 것이 조선시대에 와서는 무풍武風을 천시하여 결국 임진왜란을 비롯하여 한일합방까지 겪는 수치를 당하고 말았다. 그러면서도 선비정신은 계승하였으니, 꼿꼿한 지조와 목에 칼이 들어와도 두려워하지 않는 강인한 기개, 불굴의 정신력을 가진 많은 선비들이 의병활동이나 독립운동을 통하여 선비정신을 발휘하였다.

도올 김용옥 선생은 《도올 논문집》에서 이렇게 말하고 있다.

- 《석봉천자문石峰千字文》《신증유합新增類合》에는 션빈 사士가 있다. 여기서 빈는 輩(《千字文》 물빈)이며, 션은 남자를 가리키는 손과 동일한 낱말로 풀이된다. 12세기 한국어를 나타내는 자료 《계림유사鷄林類事》에 士의 한국어음 표기가 進이며, 그 밑에 첨부되어 있는 반절反切은 사진절寺儘切로 이 반절의 중고음가中古音價는 sjen이다. 그 음이 한국어 션과 신기할 정도로 부합하는 예는 사士의 한국어가 션이라는 것을 단적으로 나타내 준다. 조선시대에 이 션에 빈輩가 붙어 션빈가 되고 다시 선비로 변하여, 소위 선비 사士가 된 것이다.

도산 안창호 선생은 선비의 특질을 이렇게 말하였다.

- 선비의 길은 선비의 도道가 있고, 기氣가 있으며, 절節이 있다. 선비는 오만한 자리에 서지 않으며, 죄악의 길에 들지 않으며, 신의심信義心이 강하며, 염치를 생명처럼 여기며, 맡은 책임은 신명身命을 다하여 완수하

며, 남에게 절대로 손가락질 받는 일은 하지 않는다. 선비는 사언행思言行이 뭇 사람의 본보기가 되기를 힘쓴다. 선비는 기氣가 높아 매사를 자율적으로 하며, 절節이 굳어 한번 먹은 뜻은 굽히지 않는다. 그리하여 선비는 항상 송죽松竹처럼 푸르고 곧으며 늠름하다.

 선비는 겉은 부드럽고 예의를 다하지만, 속은 강하고 심지가 깊은 외유내강外柔內剛 형이다. 또 남에게는 후하고 자신에게는 박한 박기후인薄己厚人의 정신을 체질화하여 청빈하고 검약한 생활 방식을 자연스럽게 몸에 익혔다.
 이 세상에 쓰고 싶은 대로 다 쓰고 남는 여유란 없으므로, 자신을 위해서는 아끼고 절약해야 남에게 베풀 수 있는 것이다. 이러한 청렴정신이 청백리의 바탕이 되었다. 그래서 맹자는 '선비는 궁해도 의義를 잃지 아니하고, 영달하더라도 도道를 떠나지 않는다. 궁해도 의를 잃지 아니하기 때문에 선비는 스스로를 잃지 아니하고, 영달해도 도를 떠나지 아니하기 때문에 백성이 실망하지 않는다.'고 하였다.
 우리 속담에 '선비가 노닌 곳에는 용龍이 나고, 학鶴이 노닌 곳에는 깃털이 떨어진다.'는 것을 보면, 선비는 자연인으로서 늘 고매한 인격과 높은 이상을 추구하였던 것을 알 수 있다.

45. 김가기 선인

김가기金可記(?~858) 선인은 통일신라 때 사람으로, 득도비승得道飛昇한 내용의 기록이 중국의 《속선전續仙傳》에 실려 있는 도인이다.

《속선전》은 지금으로부터 1천여 년 전에 쓰여진 책으로, 이른바 비승은화飛昇隱化 한 진선眞仙들의 전기를 모은 책이다. 작가는 중국 오대五代 남당南唐 사람인 심분沈汾이라는 사람으로, 자신이 전해들은 이야기들을 정리해서 《속선전》을 펴냈다.

《속선전》에 나오는 비승선인飛昇仙人이 총 16명인데, 그 중에서도 신라의 김가기 선인이 백일승천白日昇天 하는 장면이 가장 화려하면서도 완성도가 높다. 이로 보아서 김가기 선인의 도력이 당시 중국에서 인정을 받았으며, 그 소문 또한 얼마나 대단하였던가를 짐작할 수가 있다.

심분의 《속선전》 외에도 북송 이방李昉의 《태평광기》, 북송 장군방張君房의 《운급칠첨》, 원대元代 조도일趙道一의 《역세진선체도통감》 등에도 김가기 선인의 이야기가 수록되어 있다.

우리나라 책에는 한무외의 《해동전도록》과 홍만종의 《해동이적》에 나오는데, 이들 책에 나오는 내용을 정리하면 이렇다.

당나라 개원開元 현종玄宗(713~741) 때에 신라 사람 김가기金可記와 최승우崔承祐, 승려 자혜慈惠(의상대사) 세 사람이 당나라에 유학하고 있었다.

김가기는 먼저 빈공과 진사에 합격하여 화주참군華州參軍을 거쳐 장안위長安尉로 전보轉補 되었고, 최승우도 또한 진사에 합격하여 대리평사大理評事가 되었다.

김가기는 성품이 침착하고 조용하며, 도를 좋아하였다. 화려하고 사치스러운 것을 좋아하지 않았으며, 복기연형服氣煉形 하여 스스로 즐거울 줄 알았다. 용모는 깨끗하고 아름다웠으며, 언행에 깊은 멋이 풍겼다. 또한 박학다식 하였으며, 글을 지으면 청려淸麗했다.

김가기는 어느 날 최승우와 종남산 자오곡에 있는 광법사에 놀러갔다가, 마침 그 절에서 공부하고 있는 신라 사람 자혜스님(의상대사)을 만났다. 자혜스님은 그 절의 천사天師 신원지申元之와 절친한 사이여서, 두 사람도 자혜스님과 함께 자주 찾아다니며 친밀하게 지냈다. 그러던 어느 깊은 겨울 산길에 눈이 많이 쌓여서 두 사람은 집에 돌아가지 못하고 그 절에서 유숙하게 되었는데, 마침 정양진인正陽眞人 종리장군이 그 절을 방문하였다.

정양진인 종리권은 한나라 때 사람으로, 무인武人으로 관직에 올라 장수가 되었다. 한번은 토번吐蕃(티벳)과의 전쟁에서 패해 적군에게 쫓기다가 마침 동화진인을 만나 선도를 배웠다.

정양진인 종리권은 중국 8선仙 중의 1명이기도 하다. 정양진인 종리권을 비롯하여 당나라의 여동빈, 장과로, 한상자, 하선고, 수나라의 이철괴, 송나라의 조국구를 중국 8선으로 친다.

종리장군은 뺨에 구렛나루가 나고, 배를 불쑥 내놓은 채 띠도 안 띠고 신도 안 신었는데, 그 기세가 대단했다.

"어디서 오신 손님들인가?"

"모두 신라 사람들입니다."

신원지가 대답하며, 이어 말했다.

"제가 보건데 이 세 사람은 모두 신선의 골격을 갖추고 있으니, 가르칠 만하지 않겠습니까?"

"내가 세 사람을 보고 이미 다 알았소. 그대들이 신선의 도를 배우고자 하면, 내가 마땅히 가르쳐 주리다."

신원지는 크게 기뻐하며, 마침내 세 사람을 석실 안에 두고 내단內丹을 수련시켰다. 이에 김가기와 최승우는 관직생활을 그만두고 연단煉丹 수련에 들어가고, 신원지가 몸소 물자를 공급하니, 무릇 3년 만에 단丹이 완성되었다.

　단丹을 이룬 후에 김가기 선인은 본국 신라로 귀국하였다. 이때 당나라의 문인 장효표章孝標가 〈신라로 돌아가는 김가기를 보내며(送金可記歸新羅)〉라는 송별시를 지었다.

당나라 과거에 급제하고 당나라 말을 하나	登唐科第語唐音
해 뜨는 곳을 바라보며 고향을 그리워하네	望日初生憶故林
교실에서 밤을 자는데 음화가 썰렁하고	鮫室夜眠陰火冷
아침에는 신기루 머물고 저녁엔 안개 자욱하네	蜃樓朝泊曉霞深
높은 바람 일엽편주는 물고기 등위로 날아가고	風高一葉飛漁背
삼신산은 바다 복판에서 떠오르네	湖淨三山出海心
생각건대 문장을 동이의 음악에 맞추면서	想把文章合夷樂
반도 꽃 아래 누워 인삼에 취해 있겠지.	蟠桃花裏醉人蔘

　그러나 김가기 선인은 어찌된 일인지 신라에 정착하지 못하고, 다시 당나라로 되돌아갔다. 후대의 학자들은 이를 두고 김가기 선인이 당시 신라 골품제도의 한계에 부딪쳐서 다시 당나라로 되돌아갔을 것이라고 추정하고 있다. 후일에 고운 최치원 선생 또한 조국 신라에서 뜻을 펴고자 했으나, 골품제도의 한계에 부딪쳐 뜻이 좌절된 것과 마찬가지였다.

　아무튼 당나라로 되돌아간 김가기 선인은 종남산 자오곡子午谷에 들어가 띠풀로 엮은 집을 마련하여 은거하고, 도사 복장을 하기 시작했다. 기이한 꽃과 나무를 손수 심고 가꾸었으며, 늘 향을 피우고 조용히 앉아 명상에 잠기기를 즐겼다. 그리고 노자의 《도덕경》과 여러 선서仙書 들을 외우고 익히는 것을 지속하였다. 그리고 남몰래 음덕을 행하기에 힘썼다. 남들이 청하는 것이 있으면 거절하는 법이 없었고, 정려하고 근면하게 일을 해서 남들이 따라갈 수가 없었다. 그러나 남들과 함께 생활하지는 않았다. 그런 김가기 선인이 당唐 대중大中 11년(857) 12월에 홀연히 황제에게 표를 올렸다.

- 신臣은 옥황상제의 조서를 받들어 영문대英文臺의 시랑侍郞이 되었습니다. 내년 2월 25일에 하늘로 올라갑니다.

당唐 선종宣宗은 기이하게 여겨 김가기 선인을 궁중에 불렀으나, 사양하고 나가지 않았다. 옥황상제의 조서를 보여 달라고 해도, 다른 신선이 관장하며 인간 세상에서는 볼 수가 없다고 하였다.

당 선종은 마침내 향香·약藥·금金과 함께 중사中使 2명과 궁녀 4명을 보내 김가기 선인을 시중들도록 하였다. 그러나 김가기 선인은 홀로 조용한 방에 기거하며, 궁녀나 중사가 접근하지 못하도록 하였다. 매일 밤 방 안에서는 담소를 나누는 소리가 들려왔다. 중사가 몰래 엿보니, 선관 선녀가 각각 용龍·봉鳳 위에 앉아 단정히 서로 마주보고 있는 게 보였다.

이윽고 2월 25일이 되었다. 봄이 완연하여 곱디고운 꽃들이 흐드러지게 피었는데 과연 오색구름이 일어나고, 학이 우는 소리가 들리며, 큰 백조가 날고, 퉁소와 생황소리가 났다. 그런 가운데 새 깃털 덮개에 경옥 바퀴를 단 수레가 온갖 깃발을 앞세우고 나타났다. 깃발이 하늘에 가득 차고, 신선의 의장대가 지극히 많은 가운데, 수많은 무리의 호위를 받으며 김가기 선인은 하늘로 우화등선 하였다. 당唐 대중大中 12년(858) 2월 25일이었다.

조정의 백관뿐 아니라 선비 서민 할 것 없이 수많은 구경꾼들이 산골짜기를 가득 메웠는데, 그 신기하고 기이함에 감탄하지 않는 이가 없었다.

중국 도사들은 김가기 선인이 우화등선한 그 자리에 금선관金仙觀이라는 도관을 세우고, 매년 제사를 올리며 복을 빈다고 한다. 그래서 중국 사람들은 남녀노소 할 것 없이 김가기 선인을 모르는 사람이 없었다.

그리고 1987년, 중국인 이지근李之勤 교수에 의해서 〈신라인 김가기 마애비〉가 처음으로 발견되었다. 중국 협서성 서안시 장안현 자오진 남자오협 북쪽입구 안쪽 3km 지점에 거대한 화강암 덩어리가 시냇가 산벽 경사면에 기대어 있었는데, 그곳에 〈신라인 김가기 마애비〉라고 음각한 한문이 있었다. 전문 학자들의 고증에 의하면, 대략 북송 시기의 유물일 것이라고 추정하고 있다.

한편 김가기 선인과 함께 중국에서 공부를 했던 최승우와 승려 자혜(의상대사)는 각종 선서仙書를 가지고 신라로 돌아왔는데, 이 두 사람에 의해서 고대에 중국으로 수출되었던 우리의 선도법仙道法이 재수입된 것이다.

중국 진나라 사람인 갈홍葛洪(283~343)은 그의 저서 《포박자抱朴子》에서 이렇게 기록하고 있다.

- 옛날에 황제黃帝가 있었는데, 동東으로 청구靑丘를 지나 풍산風山에 이르러 자부선인紫府仙人에게 〈삼황내문三皇內文〉을 받았다. (昔黃帝東到靑丘 過風山 見紫府先生 受三皇內文)

황제黃帝는 우리의 제14대 환웅이신 치우천황과 탁록의 전투를 벌였던 인물이다. 중국인 서량지徐亮之도 《중국사전사화》에서 '황제족黃帝族이 동이東夷 문화를 받았다.'고 기록하고 있다. 이것은 다름 아닌 우리의 선도문화가 중국으로 건너갔음을 말해주는 것이다.

이것이 신라 말기 최승우와 승려 자혜(의상대사)에 의해서 재수입 된 것이고, 재수입된 선도와 차별성을 두기 위해서, 기존 토속의 고유固有 선도仙道가 '국선도國仙道'라고 이름을 붙였던 것이다.

그러다가 언젠가 한 도인道人이 있어 하늘과 가장 가까운 높은 산에 올라 수행을 하였다. 늘 하늘과 사람이 하나(天人合一) 되고 하늘과 사람이 이어지기를(天人妙合) 간절히 바라다가 마침내 하늘과 사람이 이어지고 하나 되어, 하늘사람(伩)이 되었다. 하늘은 자기 바깥에 있지 않고, 자기 안에 있음을 알았다. 아니, 안도 바깥도 모두 하늘임을 알았다. 아니, 삼라만상이 모두 하늘임을 알았다! 이리하여 우리 모두 하늘사람(伩)임을 깨달았고, 그때부터 國仙道가 國伩道로 승화되었다.

그렇다면 仙과 伩은 어떤 차이가 있을까?

신선 선仙자는 사람과 산山과의 관계이고, 하늘사람 선伩자는 사람과 하늘과의 관계이다. 즉 하늘사람 선伩자는 환웅천황께서 하늘로부터 내려오셨으니, 언젠가는 우리도 고향인 하늘로 귀본歸本·복본複本·환본還本한다는 의지가 들어있는 글자이다.

46. 화랑들의 우정과 신의

신라 화랑들은 도의道義로서 서로 연마하고, 노래와 춤으로 서로 즐기며, 산천을 찾아 노닐었는데, 먼 곳까지 가지 않는 곳이 없었다. (相磨以道義 相悅以歌樂 遊娛山水 無遠不至)

이러한 환경 속에서 맺어진 화랑들의 우정과 신의는 속세를 초월하여 지극히 고매한 정신세계를 구축해 나갔으며, 죽음까지도 함께 하는 숭고한 것이었다.

화랑들은 의義 없이 사는 것은 의 있게 죽는 것만 못하게 여겼으며, 위로 국가를 위할 뿐 아니라, 아래로 지기知己를 위하여 죽기도 서슴지 않았다.

1) 영랑, 술랑, 남랑, 안상랑

신라 당시 전국토의 인심을 풍미했던 영랑·술랑·남랑·안상랑, 4선仙은 어디를 가나 늘 함께 하였다. 신라 4선은 무릇 수천 년 나라의 정수요, 정신의 중심이요, 무사의 혼이라 할 만한 영향력을 신라 사회에 끼치고 있었다. 그중에서도 영랑은 우리민족 고유의 선맥을 이어받은 인물이었다.

학이 노닌 곳에 깃털이 남는다고, 4선이 노닐던 금강산과 관동팔경 동해안 일대에는 4선의 유적들이 지금까지도 많이 남아 있다. 강릉 경포대의 한송정에도 신라 4선仙이 무리들과 즐기던 차茶 유적지가 남아 있다. 사선무四仙舞와 사선악부四仙樂部 또한 그들의 영향으로 인해 생겨난 궁중무용과 궁중음악으로 매년 팔관회에서 시연되고 연주되었다.

이뿐만 아니라 금강산의 영랑봉永郎峰, 영랑재永郎峴, 영랑호永郎湖, 사선봉四仙峰, 사선교四仙橋, 무선대舞仙臺 등과 황해도 장연의 승선봉勝仙峯과 아랑포阿郎浦, 강릉 경포대의 한송정과 4선비, 고성의 삼일포三日浦와 선유담仙遊潭, 사선정四仙亭, 마애단서磨崖丹書, 통천의 총석정叢石亭과 사선봉四仙峰, 그리고 속초에도 역시 영랑호와 영랑교가 지금까지 남아 있다. 그리하여 지금까지도 후학들에게 많은 시상과 풍류를 전해주고 있다.

  2) 사다함과 무관랑

  무관랑武官郎은 사다함斯多含이 나이는 적으나 의義를 좋아한다는 소문을 듣고, 일찍이 찾아가 귀의하였다.
  "공자는 실로 옛날의 신릉信陵과 맹상孟嘗입니다. 기꺼이 섬기기를 원합니다."
  그러자 사다함은 "제가 어찌 감히 거느리겠습니까?" 말하며, 목숨을 같이 하는 벗이 되자고 약속하였다. 이렇게 사우死友를 약속한 사다함과 무관랑은 진흥왕 23년(561), 대가야의 수만 대병이 신라에 쳐들어왔을 때 함께 전쟁터로 달려나갔다. 그리고 칼을 품고 적진 깊숙이 들어가 가야군을 대파하였으니, 신라가 승리를 거두는데 큰 공을 세웠다.
  그러나 전쟁이 끝나고 얼마 지나지 않아 무관랑이 죽으매, 사다함 또한 통곡하기 7일 만에 따라 죽으니, 이때 사다함의 나이 17세였다.

  3) 죽지랑과 득오랑

  죽지랑竹旨郎은 부원수로서 김유신 장군과 함께 전쟁터에 나가 삼국통일의 대업을 이룩한 인물이다. 그러나 워낙 유명한 김유신 장군에 가려져, 죽지랑에 대한 평가는 그리 이루어지지 않았다.
  죽지랑은 성품이 착하고 인정이 많아, 낭도들을 자기 자식처럼 돌보았다. 하루는 늘 곁에 보이던 득오랑이 여러 날 보이지 않자, 궁금해서 그의 집을 찾아갔다. 그러자 그 어머니 하는 말이 "모량부의 관리 익선이 득오를 데려갔습니다." 하는 것이었다.

죽지랑은 떡과 술을 해가지고 낭도들과 함께 득오랑을 찾아가니, 득오랑은 익선의 밭에서 일하고 있는 중이었다. 죽지랑은 득오랑을 불러 낭도들과 함께 가져간 음식을 먹으며 회포를 풀었다.

죽지랑이 득오랑을 데려가겠다고 하였으나, 관리 익선이 거절하였다. 그때 마침 간진이라는 관리가 벼 30섬을 운반하다가 이 모습을 보고, 낭도를 생각하는 죽지랑의 마음 씀씀이에 감동하였다. 그래서 간진은 운반하던 벼 30섬을 익선에게 주면서, 죽지랑의 청을 들어주라고 하였다. 그래도 익선은 거절하였다. 그러자 간진이 말안장까지 얹어 주니, 그제서야 익선이 득오랑을 놓아주었다.

이토록 자기를 아껴주는 죽지랑의 뛰어난 인품에 감동받은 득오랑은 이후 더욱 더 열과 성을 다하는 낭도가 되었다. 그리고 죽지랑이 죽으매, 그를 사모하는 노래〈모죽지랑가〉를 지었다.

간 봄 그리워함에
모든 것이 서러워 시름하는구나
아름다움 나타내신 얼굴이
주름살을 지으려고 하는구나
눈 깜빡할 사이에
만나 뵈올 기회를 지으리이다
낭이시여!
그리는 마음의 가는 길에
다북쑥 우거진 마을에
잘 밤인들 있으리이까. (죽어서 다시 만나리.)

죽지랑의 고매한 인품에 대한 그리움과 저 세상에서 다시 만나리라는 소망을 담고 있는 향가이다.

4) 임신서기석의 두 화랑

〈임신서기석壬申誓記石〉은 신라의 두 화랑이 학문을 힘써 닦고 실천할 것을 맹세하여 기록한 비석으로, 글자는 뾰족한 송곳 같은 것으로 다소 거칠게 새겨져 있다. 모두 5행으로 이루어져 있으며, 내용은 이렇다.

- 임신년 6월 16일, 두 사람이 함께 맹세하고 기록한다. 지금부터 3년 동안 충도忠道를 행하고 과실이 없기를 맹세한다. 만약 이를 어기면, 하늘로부터 큰 벌을 받을 것을 맹세한다. 만약 나라가 불안하고 세상이 크게 어지러워도, 실천할 것을 맹세한다. 또 지난 신미년 7월 22일에도 시詩, 상서尙書, 예기禮記, 춘추전春秋傳을 차례로 습득하기로 맹세하였었다.

5) 기파랑과 충담사

신라 제35대 경덕왕 때의 승려 충담사忠談師는 화랑 기파랑耆婆郎을 사모하여 향가 〈찬기파랑가〉를 지었다.

헤치고 달아난 달이
흰 구름 좇아 떠가는 어디에
새파란 시내 속에
기파랑의 모습이 잠겼어라
일오천逸烏川 조약돌에서
낭이 지니신 마음 좇으려 하네

아, 아! 잣나무 가지 드높아
서리 모르실 그 씩씩한 모습이여!

구름을 활짝 열어젖히매
나타난 달이
흰 구름을 좇아 떠나니, 어디인가?
새파란 강물에
기파랑의 얼굴이 비쳤구나
여울내 물가에
임이 지니시던
마음의 끝을 좇고 싶구나
아, 아! 잣나무 가지가 높아서
서리조차 모르실 화랑이시여!

충담사는 구름 속에 나타난 달과 하늘에서 기파랑의 순결한 모습을 보고 있다. 또 은하수와 잣나무에서 기파랑의 이상과 절조를 보며 찬미하는 향가이다. 화랑 기파랑의 고결하고 숭고한 행적이 잘 묘사되어 있으며, 아름다운 존재에 대한 절대적인 마음이 담겨 있다.

승려의 신분으로 화랑도에 속하였던 이는 충담사 뿐만이 아니었다. 월명사 또한 경덕왕이 기도문을 지어달라고 하자 "저는 국선의 무리에 속해 있으므로, 단지 향가鄕歌만 알뿐, 범성梵聲에는 능숙하지 못합니다." 하였다.

진자사眞慈師 또한 국선 미시랑未尸郎을 오래 사모하여 "미시랑의 자비스런 혜택을 많이 입고, 맑은 덕화를 친히 접하여, 잘못을 뉘우치고 고칠 수 있었다."고 말하고 있다.

혜숙惠宿도 호세랑好世郎의 낭도로 있다가, 호세랑이 국선에서 물러나자

혜숙 역시 낭도생활을 그만두고 시골에 은둔하였다.

이 밖에도 화랑도에 속한 승려들은 전밀轉密, 안상安常, 범교範敎, 원광법사, 원효대사, 도선국사, 서산대사, 사명대사 등이 더 계시다.

6) 귀산과 추항

귀산貴山과 추항箒項 두 화랑은 우정이 돈독한 벗으로서 함께 원광법사에게 나아가 지켜야 할 가르침을 청하였다.

원광법사는 화랑도 집안에서 태어나, 화랑도와 깊은 관계가 있는 승려였다. 조부가 제1대 풍월주 위화랑이며, 부친이 제4대 풍월주 이화랑이고, 동생이 제12대 풍월주 보리공이고, 조카가 제20대 풍월주 예원공, 조카의 아들이 제28대 풍월주 오기공이었다. 그리고 《화랑세기》를 지은 김대문은 바로 오기공의 아들이었다.

원광법사의 집안은 이렇게 위 아래로 5대를 내리 풍월주를 역임한 집안이었다. 이러한 인연으로 귀산과 추항이 원광법사에게 가서 가르침을 청했던 것이며, 원광법사가 두 화랑에게 〈세속오계〉를 설법해 주었던 것이다.

47. 고운 최치원 선생

고운孤雲 최치원崔致遠(857~?) 선생은 신라의 화랑이었던 난랑을 위해 쓴 비석문인 〈난랑비서鸞郞碑序〉에 이렇게 기록하였다.

- 우리나라에 현묘한 도가 있으니, 풍류라고 한다. 이 종교를 일으킨 연원은《선사仙史》에 상세히 실려 있거니와, 근본적으로 유·불·도 3교를 이미 자체 내에 지니어 모든 생명을 가까이 하면 저절로 감화한다. 집에서는 부모에게 효도하고 밖에서 나라에 충성하는 것은 공자의 교지와 같고, 매사에 무위로 대하고 말없이 가르침을 실행하는 것은 노자의 교지와 같고, 악한 일을 짓지 않고 모든 선한 일을 받들어 실행함은 석가의 교화와 같다. (國有玄妙之道曰風流 設敎之源 備詳仙史 實內包含三敎 接化群生 且如入則孝於家 出則忠於國 魯司寇之旨也 處無爲之事 行不言之敎 周柱史之宗也 諸惡莫作 諸善奉行 竺乾太子之化也)

대학자이며 문장가요, 유·불·도에 두루 달통했던 도인이며, 신라 말기 최고 지성인이었던 고운 최치원 선생의 이와 같은 증언은 화랑도의 사상적 배경이 우리민족 고유의 전통사상과 자주·독립이념 사상을 지니고 있는 것을 여실히 보여주고 있는 것이다. 즉 현묘지도 풍류도란 한국인이 먼 옛날부터 자생적으로 계승하여 온 한국 고유의 전통사상이며, 이것이 제도화 되어 신라의 화랑도 국선도가 된 것이었다.

《선사仙史》란 단군 이래로부터 신라, 고구려, 백제까지를 망라한 유명한 선인들의 사적을 기록한 선가사서仙家史書이다. 신지神誌의 녹도문자로 되어 있는《천부경》을 맨 처음 태백산에서 발견한 분도 바로 최치원 선생이었다.

　녹도문자로 되어 있는 《천부경》을 바르게 읽기가 매우 어렵고 힘들었지만, 대학자요 문장가요 도인이었던 최치원 선생은 그것을 해석하여 한문으로 옮겨 적은 뒤, 묘향산에 새겨두었다. 그리고 나중에 이것을 발견한 분이 바로 계연수桂延壽(?~1920) 선생이었다.

　계연수 선생은 《천부경》의 발견을 낭가郎家의 경사라고 하였는데, 낭가란 화랑도를 말함이며, 바로 국선도이다.

　최치원 선생은 경문왕 8년(868) 12세에 당나라에 유학하여 18세에 당나라 빈공과賓貢科에 장원급제한 신라의 천재로, 당나라에서 문명文名을 드날렸다. 최치원 선생의 문집 《계원필경桂苑筆耕》 서문에는 아들을 당나라에 유학 보내며 아버지가 '10년 안에 과거에 합격하지 못하면 내 아들이 아니다. 나도 자식을 두었다고 않을 터이니, 잘 가서 공부에 힘쓰라.'고 하였다는 내용이 나온다. 그래서 최치원 선생은 '다른 사람이 백 번 할 때, 나는 천 번을 하였다.'고 인고의 노력을 적고 있다.

　당나라에서 관직생활을 하던 최치원 선생은 황소의 난이 일어나자 〈토황소격문討黃巢檄文〉이라는 글을 써서 난을 제압하는데 큰 공을 세웠다.

　　햇빛이 활짝 퍼졌으니,
　　어찌 요망한 기운을 그대로 두겠는가!
　　하늘 그물이 높게 달렸으니,
　　반드시 흉적을 베리라!
　　- 〈토황소격문〉 중 -

　최치원 선생은 글로써 반란을 토벌하였을 뿐만 아니라 〈토황소격문〉의 문장력으로 당나라 전체에서 이름을 떨치게 되었다. 게다가 명문장으로 난을 제압한 공로를 인정받아 도통순관승무랑都統巡官承務郎 전중시어사殿中

侍御史 내공봉內供奉에 임명되었으며, 당나라 황제로부터 비은어대緋銀魚袋를 하사받았다.

이렇게 당나라에서 문명을 떨치던 고운 최치원 선생은 조국 신라에 몸을 바치고자 886년 29세의 나이로 귀국하였다.

당시의 신라는 극도의 혼란을 겪고 있었다. 중앙 귀족들의 부패와 지방 세력의 반발이 자행되면서, 국정은 붕괴일로에 접어들고 있었다. 몰락해가는 신라를 다시 일으키고자 최치원 선생은 894년 진성여왕에게 〈시무時務 10조〉의 정치 개혁안을 건의하였다. 그러나 이는 기득권 귀족 세력의 거센 반발로 인하여 좌초되고 말았다. 이에 최치원 선생은 다음과 같은 말 한 마디를 남기고 관직을 떠날 수밖에 없었다.

"계림鷄林(신라)은 황엽黃葉이요, 곡령鵠嶺(개성)은 청송靑松이다."

계림은 시들어가는 나뭇잎이요, 곡령은 푸른 소나무라는 말이니, 최치원 선생은 신라가 망하고 고려가 등장하리라는 걸 이미 내다보고 있었던 것이다.

관직을 떠난 최치원 선생은 산수山水를 벗 삼아 구름처럼 바람처럼 이 산 저 산 떠돌며, 수도생활에만 전념하였다.

스님네여, 청산이 좋다 말하지 마오
산이 좋으니 어찌 산을 나가리요
뒷날 내 자취를 두고 보시오
한번 청산에 들면 다시는 안 돌아오리다.

이렇게 입산 시에 적은 것처럼 최치원 선생은 만년에 가야산으로 들어가 다시는 나오지 않는데 《청학집》에는 이렇게 기록하고 있다.

- 그가 노닐던 곳은 경주의 남산南山, 강주의 빙산氷山, 합천의 청향산淸香山, 지리산의 쌍계雙溪인데, 이곳은 모두 산세가 좋고 경계가 아름답다. 만년에는 가야산에서 은거하다가 숲 속에 갓과 신발만 남겨두고 홀연히 종적을 감추었는데, 선화仙化하여 선계仙界로 들어갔다고 한다.

《해동전도록》에는 또 이렇게 기록하고 있다.

- 곡성은 남월南越의 이인異人이다. 일찍이 집 하인에게 명하여 지리산 청학동에 들어가 친구에게 편지를 전하게 하였다. 하인이 산에 들어가 보니 단청한 누각이 정려한데 용모가 극히 아름다운 도인이 노승과 함께 바둑을 두고 있었다. 하인은 편지를 전하고 도로 나오다가 생각하니, 올 때에는 9월이 채 되지 않았었는데, 동구 밖에 나와 보니 벌써 2월이 되었다. 아는 사람이 이르기를 "도인은 고운이고, 노승은 현준玄俊인데, 현준은 고운의 외종형이라." 하였다.

고운 선생의 주요업적으로는 〈계원필경〉〈시무10조〉〈난랑비서문〉〈제왕연대력〉〈신라수창군호국성팔각등루기〉 등이 있으며, 말년에는 시해법尸解法의 일종인 〈가야도인법〉을 지었다고 전해지고 있다.

이러한 이력으로 고려시대에는 최치원 선생을 문창후文昌侯로 봉하였으며, 조선시대의 문인들은 문천자文天子로까지 숭상하였다. 이렇게 문인으로서 뿐만 아니라, 선인으로서도 많은 영향력을 후대에 미치고 있으니, 점필재 김종직의 시에는 선생이 시해선이 되었다는 구절이 있다.

이수광의 《지봉유설芝峰類說》에도 선생이 지상선地上仙이 되어 조선시대까지 세상에 살아 있었다고 기록하고 있을 뿐더러, 지금도 지리산에서 공부하는 수도자들 간에는 간혹 선생을 보았다는 사람이 있다.

《규원사화》를 지은 북애노인 역시 고운 선생과 〈난랑비서문〉에 대해 이렇게 평가하고 있다.

- 최고운은 자상하고 똑똑하여 글을 배우는데 있어서도 뭇 사람 중에서 뛰어났다. 고금의 일에 대해서도 널리 알뿐만 아니라, 글 짓는데도 뛰어났으니, 참으로 옛 성인의 교훈의 정화精華를 잘 캐냈다고 할만하다.

최치원 선생이 황소黃巢의 난을 제압했던 양저우는 2007년에 '최치원 기념관'을 완성하였다.

48. 옥룡자 도선국사

옥룡자 도선국사道詵國師(827~898)는 통일신라 말기의 승려이자, 선도를 공부했던 풍수의 대가이다. 옥룡자라는 도호道號는 바로 선도적仙道的 의미가 담겨 있는 호이다.

옥룡자 도선국사는 전라남도 영암 구림동에서 월출산의 정기를 받고 태어났다. 어머니 최씨가 신인神人에게서 한 알의 밝은 구슬을 받아 삼키는 꿈을 꾼 뒤 잉태했다고 해서, 옥룡자玉龍子라고 하였다고 한다.

어머니 최씨는 처녀의 몸으로 옥룡자를 잉태했는데, 한겨울에 월출산 아래 물가에서 빨래를 하다가, 물에 떠내려 오는 청외를 건져 먹고 임신을 했다고 한다.

최씨는 처녀의 몸으로 남몰래 아기를 낳았으므로, 숲속 바위 위에다 아기를 내다버렸다. 그리고 다음날 가보니 비둘기 떼들이 모여들어 날개로 아기를 덮어 보호하고 있더라는 것이다. 최씨는 그 신기한 광경에 감화 받아, 아기를 안고 다시 집으로 되돌아왔다. 그 때부터 아기가 태어난 마을 이름이 비둘기 구鳩, 수풀 림林자를 써서 구림동鳩林洞이 되었으며, 아기를 버렸던 바위는 국사암이라고 부르게 되었다.

옥룡자는 15세에 월출산 월암사로 출가를 하였고, 월유산 화엄사에서는 《화엄경》을 공부하였다. 그리고 곡성 동리산 태안사에서 교외별전敎外別傳 이심전심以心傳心으로 선풍을 떨치던 혜철惠哲(786~861) 스님에게서 무설설無說說(주장 없는 주장) 무법법無法法(법 없는 법)의 묘리를 깨우쳤다.

그리고 옥룡자는 운수행각에 나섰는데, 태백산에서 움막을 치고 수도생활에 용맹정진 하는 등, 백운유수를 벗 삼아 천하를 주유하였다.

《청학집》에 의하면 옥룡자가 풍악산에서 물계자를 만났다고 한다. 그때 물계자는 동안에 눈같이 흰 살결로 병을 두드리며 노래를 부르고 있었는데, 연세를 여쭤보니 800세라고 했다고 한다. 《청학집》은 옥룡자가 물계자의 여운이라고 계보를 밝히고 있다.

옥룡자 도선국사의 연구가들은 옥룡자의 사상이 애니미즘, 샤머니즘, 불교, 유교, 도교 등 어느 종교, 어느 사상과도 상충하지 않고 포괄적으로 모두를 흡수하고 있다고 말한다.

그것은 이미 고운 최치원 선생도 〈난랑비서〉에서 주지했다시피, 현묘지도玄妙之道 풍류도風流道, 즉 선도仙道는 근본적으로 유·불·도 3교를 이미 자체 내에 지니고 있기 때문이다.

전국의 팔도강산을 두루 행각한 옥룡자는 당나라로 가서 일행一行 선사에게 천문天文·지리地理·음양陰陽·술수術數를 배우기도 하였다. 그리고 신라로 돌아와 전국의 산세를 두루 살피며 삼천리 팔도강산의 아름다운 산천과 명혈을 모두 답사하였다. 그리고 천하를 통일할 영웅호걸들이 태어날 천하 명당들을 많이 발견하였다. 마지막으로 천문을 보기 위해 하늘을 보는 순간, 갑자기 자미紫微에 황운黃雲이 끼면서 불길한 현상이 나타나는 것을 발견하였다. 옥룡자는 깜짝 놀라 천문을 제삼 살펴본즉, 아뿔싸! 이는 필시 중국에 있는 일행선사가 신라에 영웅호걸이 나는 것을 막기 위하여 장난을 치고 있음을 직감할 수 있었다.

옥룡자는 바로 그 자리에 앉아 명상에 들어갔다. 그러자 일행선사가 중국에 앉아서 신라의 명산 대혈의 영기를 모두 끊어버리기 위해 진언을 암송하고 있는 모습이 보였다. 옥룡자는 곧바로 천상의 오성五星에 조공한 후에, 천태산天台山으로 급히 달려갔다. 천태산은 영기靈氣로써 중국에 있는 천태산에 영향력을 미칠 수 있는 산이었다.

옥룡자는 천태산 상봉에 넓은 돌을 박아 반석을 만들고, 제단을 쌓았다. 그리고 그 위에 쇠로 만든 철마방아를 안치하고 매일같이 산에 올라 당나라를 향해 철마방아를 찧었다. 그러자 당나라에서 괴변이 일어났다. 왕실의 동량이 되는 큰 인물들이 추풍낙엽처럼 떨어지는 앙화가 계속되었다.

중국의 태사관太史官이 천문을 두루 살펴보고 점을 친즉, 진방震方에서 살기가 일어나 태방兌方을 치니, 그때마다 당나라에서 괴변이 일어나고 있었던 것이다. 진방은 동쪽이니 신라요, 태방은 서쪽이니 당나라였다.

한편 일행선사도 옥룡자가 자기에게 맞서고 있음을 이미 알고 있었다. 그리하여 신라에 사람을 보내 꾸짖자, 옥룡자가 이렇게 대답하였다.

"일행선사께서 먼저 의를 끊으셨으니, 나를 나무라지는 마시오."

"그게 무슨 말이오?"

"일행선사께서 먼저 신라에서 큰 인물이 나는 것을 막으려고, 도력을 써서 신라의 산맥을 끊었소이다."

"!"

"일행선사께서 먼저 경우 없는 행동을 하셨으니, 나는 모든 것을 그대로 따랐을 뿐이오이다."

옥룡자의 말을 듣고 난 사신은 더 이상 할 말이 없었다. 옥룡자는 그 자리에서 편지를 써서 일행선사에게 보냈다. 내용인즉슨, 일행선사가 끊은 신라의 산맥을 하루 속히 다시 이어달라는 편지였다.

일행선사는 중국 왕실에서 일어나는 앙화를 막기 위해서라도, 달리 방법이 없었다. 그리하여 자신이 도력으로 끊었던 신라의 산맥들을 다시 이어주고, 옥룡자가 더 이상 당나라에 피해를 주지 않도록 부탁하였다.

신라의 산맥과 영웅호걸들을 구한 옥룡자는 더 이상 철마방아를 찧을 필요가 없었다. 그러나 철마만은 그 후에도 반석 위에 그대로 있었는데, 일제시대 때 일본인들의 손에 의해 없어졌다고 《도암면지》에는 전하고 있다.

천태산은 전남 화순군 도암면 소재지에 있다. 지금은 철마도 없어지고, 반석만이 무성한 이끼에 덮여, 오가는 등산객들에게 옛 이야기를 들려주고 있다.

이후 옥룡자는 전남 광양시 옥룡면 백계산白鷄山 옥룡사에서 연좌망언宴坐忘言으로 35년간 주석하면서 많은 후학들을 육성하였다.

신라 헌강왕(재위875~886)은 옥룡자의 명성을 듣고 사람을 보내 그를 궁중으로 모시기도 하였다. 옥룡자는 왕의 마음을 열리게 하였으며, 난국을 타개하기 위해 국왕이 해야 할 도리를 조언해 주고 다시 산으로 되돌아갔다.

옥룡자는 신라 천년 왕도의 위업이 머잖아 막을 내릴 것을 이미 내다보고 있었다. 삼국통일의 대업을 이룩한 이래 신라는 중앙 왕실과 귀족들이 부패로 치달려가고 있었고, 삼국통일의 주역인 화랑도들을 견제하기 시작하였다. 전쟁터에서 공을 이룬 장수들이 전쟁이 끝나고 나면, 권력자의 시기질투를 받아 견제당하는 것은 늘상 있는 일이었다.

김유신 장군과 함께 부원수로서 전쟁터에 나가 삼국통일의 대업을 이룩한 죽지랑竹旨郎과 그 낭도들이 전쟁이 끝나고는, 관리들에게 대놓고 무시당하고 있었다. 뿐만 아니라 이미 고인이 된 김유신 장군은 자신의 자손들이 무시당하는 점에 대해 지하에서조차 통탄하고 있었던 것이다.

이러한 왕족과 귀족들의 부정부패에 지방 세력들이 반발하면서 신라 국정은 붕괴일로에 접어들고 있었다. 그리하여 각 지방의 호족들이 중앙정부의 통제를 벗어나 새로운 국가 건설의 꿈을 키워갔으니 궁예, 견훤, 왕건 등이 바로 그들이었다.

옥룡자는 이미 왕건이 태어나기 전에, 왕건의 아버지에게 송악(개성)에 제왕지지의 집터를 잡아주고 뒷날을 준비시킨 바 있었다. 그리하여 마침내 왕건 태조(재위918~943)가 고려를 건국하는데, 결정적인 영향력을 미쳤다.

이에 대한 자세한 내용은 고려 때의 문신 최유청崔惟淸이 의종毅宗의 명에 의해 찬술한 《백계산옥룡사증시선각국사비명》과 《고려사》에 상세하게 나온다.

989년(효공왕 2년) 3월 10일, 옥룡자는 제자들을 모아놓고 말하였다.

"나는 이제 간다. 인연 있어 왔다가 인연이 다해 떠나니, 슬퍼하지 말라."

그리고 그 자리에 앉은 채 입적하니, 세수 72세였다. 제자들은 스승께서 35년 동안 머물렀던 옥룡사 북쪽 언덕에 사리탑을 모셨다.

한편 옥룡자 도선국사가 탄생한 구림동 백암마을에는 도선바위라고 불리는 큰 바위가 있었다. 이 바위가 검은 색을 띠면 옥룡자 도선국사가 죽은 것이고, 흰색을 띠고 있으면 살아있다는 설화가 전해지는데, 바위는 지금까지도 흰 색을 띠고 있다고 한다.

옥룡자 도선국사의 주요 저서로는 비기도참秘記圖讖인 《옥룡기》《송악명당기》《도선비기》《도선답산가》 등이 있다.

49. 화랑의 후예, 금·청

935년 경순왕이 신라를 고려 왕건에게 양위하자, 마의태자를 비롯한 화랑의 후예들은 이를 반대하고 저항운동을 계속하였다. 그러나 끝내 신라 광복의 희망이 사라지자, 망국의 한을 품은 김함보는 반고려 세력들을 이끌고 북쪽으로 말을 달려 여진으로 망명하였다. 그리고 그곳에서 통솔력을 발휘하여 흩어져 있던 부족들을 통합하고 여진족의 추장이 되었다.

이러한 김함보의 6대손이 바로 완안 아골타였다. 여진족의 추장 완안 아골타는 그동안 여진족을 압박해온 거란족이 세운 요나라를 1114년에 멸망시키고 만주 일대를 통일시켰다. 그리고 1115년 자신의 성을 딴 금金나라를 건국하고 스스로 황제가 되었다.

아골타는 신라보다 앞서 멸망된(926) 발해의 유민들을 적극적으로 흡수하고 통합하였다. 그리하여 신라와 발해의 유민들이 주축이 되어 금나라는 세워졌으며 신라의 김씨가 왕족, 발해는 왕비족이 되었다. 이렇게 나라의 기틀을 갖춘 금나라는 이윽고 1127년 송나라를 쳐서 상황인 휘종과 황제인 흠종을 사로잡고 마침내 중국 대륙을 장악하였다.

수도였던 카이펑에서 항저우로 퇴각한 송나라는 포로로 잡혀간 휘종과 흠종을 구하기 위해 사신 홍호洪皓를 금나라에 파견하였다. 이때 홍호가 10년간 금나라에서 보고 듣고 조사한 것을 기록한 《송막기문松漠紀聞》에는 '여진족의 추장은 신라사람이다.'라고 기록되어 있다.

이 밖에도 금나라의 정사正史를 기록한 《금사金史》 또한 금나라의 시조와 그 뿌리를 다음과 같이 상세하게 기록하고 있다.

- 형 아고阿古는 고려에 남고, 둘째인 함보函普와 셋째 보활리保活里가

무리들을 이끌고 여진으로 왔는데, 함보의 6대손이 완안 아골타이다.

이러한 연유로 인하여 강화도 마니산의 개천각에 환웅천제, 치우천황, 단군왕검, 해모수, 고주몽, 대조영 등과 함께 금나라 태조 완안 아골타도 모셔져 있는 것이다.

또한 독립운동가이자 역사학자였던 박은식(1859~1925) 선생은 꿈에서 완안 아골타를 만나 대화를 나눴던 이야기를 〈몽배금태조〉라는 제목으로 작품화하기도 하였다.

아골타가 송나라를 칠 때, 그의 4째 아들 김올출金兀朮은 핵심 장군이었다. 지금의 중국 감숙성 경안현에는 그의 후손들이 여전히 씨족공동체를 이루고 살고 있으며, 마을에는 김올출을 기리는 사당과 비가 지금까지도 남아 있다. 집의 구조도 한족漢族과는 다르게 짚으로 지붕을 엮고 온돌을 사용하며, 옛날 우리의 시골집과도 같은 구조를 이루고 있다. 명절에도 우리의 시골마을처럼 마을 사람들이 모두 모여 씨름을 즐기고 있다. 청나라 역사서인 《흠정만주원류고欽定滿洲源流考》에도 다음과 같은 기록이 있다.

- 사서史書를 보니 신라 왕실인 김씨가 수십 세를 이어 왔으니, 금나라가 신라로부터 온 것은 의심할 바가 없다. 금나라 국호 또한 김씨 성을 취한 것이다.

이러한 금나라는 결국 1234년, 건국 120년 만에 몽골에 멸망당하였다. 그러다가 1616년 여진족의 추장 애신각라 누루하치(1559~1626)가 금나라를 잇는다는 뜻으로 후금을 다시 일으켰으며, 그 아들 대에서 청淸나라로 국호를 바꾸었다. 태조 애신각라 누루하치는 신라인 김함보의 22대손으로, 애신각라愛新覺羅는 '신라를 사랑하고 생각한다.'는 뜻이다.

육당 최남선 선생도 진국震國(발해)의 부족 하나가 금金나라가 되고, 금나라가 청淸나라가 되었다고 밝히고 있다.

청나라는 원나라와 명나라를 평정하고 광활한 영토를 이루었다. 그리하여 대청제국大淸帝國을 건설하고 마침내 중국대륙을 지배하였다.

건륭황제 김홍력金弘曆의 명으로 심혈을 기울여 편찬한 《흠정만주원류고》에는 길림吉林이 바로 신라의 계림鷄林이었다고 쓰여 있다. 그리고 중국을 지배했던 만주족이 바로 조선족이라는 사실과 그 조선족이 북경, 산동반도, 상해 근처까지도 지배 했다는 기록이 담겨 있다.

또 조선을 숙신肅愼, 식신息愼, 직신稷愼, 쥬신珠愼이라고 하는데, 조선과 음이 다른 것은 이두문吏讀文의 발음 차이 때문이라고 하였다. 《만주실록》에도 여진족 자신을 쥬션Jušen이라고 쓴다고 하였다.

그리하여 청나라의 원구단圓丘壇은 신시 배달국의 천부경의 수리數理에 따라 만들어졌으며, 환인桓因과 환대桓臺라는 지명地名도 청나라 때 붙여진 이름이라고 한다.

북경 농업대학 여교수로 재직중인 김괄金适 교수는 자신이 청나라 건륭황제 김홍력의 7대손이며, 조부는 김광평, 부친은 김계종이라고 하였다. 그리고 가문에 대대로 내려오는 가보들도 함께 공개하였다.

그러나 이러한 청나라도 결국 1912년 서구 열강들의 세력에 의하여 멸망당하고 말았으니, 중국인들의 '멸만흥한'의 구호가 이루어진 것일까?

멸만흥한滅滿興漢이란 만주족을 멸망시키고 한족漢族을 부흥시키자는 구호이다. 역사 속에서 중국인들이 이런 구호를 부르짖어온 것만 보더라도 중국인들이 만주를 조선 땅으로 인식하였던 것이 분명하다.

그런데 중국은 1908년 만주일대에서 홍산문명紅山文明이 발견되자, 그 동안 부르짖어온 '멸만흥한'을 감추어버렸다. 1980년대부터 발굴 작업에 들어간 홍산문명에서 8천 년 전까지 거슬러 올라가는 동이족의 새로운 신석기 문명이 무더기로 출토되었기 때문이었다. 홍산문명은 중국의 황하문명보다 앞선, 수준 높은 동이족의 문명이었던 것이다.

50. 포석정

경주 남산에 있는 포석정(사적 제1호)은 그동안 잘못 오해를 받아온 점들이 상당히 많다. 그리고 신라 제55대 경애왕(재위924~927)도 바로 포석정과 관련하여 후대에 방탕한 왕으로 오해를 받아온 왕이다.

경애왕은 후백제 견훤의 침공을 받아 죽었는데, 그 죽임을 당한 장소가 바로 포석정이었다. 그러므로 왕이나 양반들이 술잔을 띄우고 놀았던 장소로 알려진 포석정에서 죽은 것은 경애왕이 술 마시고 놀다가 당한 것으로 결론지어진 것이다. 그리고 결정적인 오해의 요인은 바로《삼국사기》에 기록된 '유遊'자 때문이었다. (遊鮑石亭宴娛)

그러나 우리가 잘못 해석하고 있는 것이 바로 이 '유遊'자다. 유遊자를 지금은 '놀 유'로 많이 해석하지만, 옛날에는 그렇지가 않았던 것 같다.

후백제 견훤이 신라를 침공한 것은 927년 음력 11월(양력으로는 12월 내지 1월) 한겨울이었다. 그리고 경애왕은 이미 가까이 와 있는 후백제 군사를 물리쳐 달라고 고려의 왕건에게 구원 요청을 해 놓은 상태였다.

한겨울 전쟁 와중에 경애왕이 꽁꽁 얼어붙은 남산 포석정에서 술잔치를 벌이고 있었을까? 아니다. 그렇다면 경애왕은 포석정에서 무엇을 하고 있었을까?

포석정이 있는 남산은 본명이 박위응인 경애왕의 시조 박혁거세 탄생지 나정羅井이 있는 성지이다. 또 신라 제49대 왕인 헌강왕(재위875~886)이 포석정에 갔을 때는 남산 신神이 나타나 춤을 추었다고 한다. (辛鮑石亭南山神現舞於御前左右不見王獨見, 《삼국유사》권2)

《화랑세기》에 의하면 제8대(579~582) 풍월주를 역임했던 문노공이 거칠부의 딸 윤궁낭주를 아내로 맞이하여 포석사에 가서 길례吉禮를 올렸다고 하였다. 또 김유신 장군은 삼국을 통일한 후 같은 가야파이자 호국선護國仙의 대표격인 문노공을 무사기풍武士氣風의 으뜸으로 삼아 포석사에 문노공의 초상화를 모시고 각간으로 추증하였으며, 신궁神宮의 선단仙壇에서 대제大祭를 행하였다고 하였다.

그러므로 포석정에는 포석사鮑石祠라는 신궁이 있었으며 선단에서 큰 제사를 올리던 곳이다. 즉 경애왕은 후백제의 침공을 받아 왕실 사당인 포석사에서 적을 물리쳐 주십사고 기도를 올리고 있었던 것이다. 이는 견훤의 명에 의해 경애왕이 자결하자 신하들이 시신을 사당에 안치하고 제사를 올렸다는 기록과도 일치한다. 다시 한번 정리하면 유遊자가 들어간 신라의 기록들은 다음과 같다.

- 화랑명산대천유오산수 (花郎名山大川遊娛山水)
- 비덕도유행시서 (非德刀遊行時書)
- 경덕왕유신백율사 (景德王遊辛栢栗寺)
- 유포석정연오 (遊鮑石亭宴娛)

화랑들이 다녔던 명산대천, 비덕도가 갔던 천전리 서석곡, 경덕왕이 갔던 백율사, 경애왕이 있었던 포석정, 이 네 곳의 공통점은 모두 성스러운 영적인 장소들이고, 모두 다 유遊자가 들어가 있다. 그러므로 여기에서의 유遊자는 외적으로는 '갔다'는 말이며 내적으로는 기도, 기원, 명상 등의 의미가 들어있다고 보여진다. 굳이 놀았다는 의미로 쓴다면 영계의 신神과 놀았다는 말이 될 것이다. 우리는 대감굿을 대감놀이라고 하며, 또 마당놀이도 있다. 즉 오락적인 놀이 이전에 종교적 주술적인 뜻이 먼저 함축되어 있는 것이다.

'신辛'자 역시 마찬가지다. 헌강왕이 포석정에 갔을 때 남산 신이 나타나 춤을 추었다는(辛鮑石亭南山神現舞於御前左右不見王獨見) 포석정 앞과

경덕왕이 백율사에 갔다는(景德王遊辛栢栗寺) 백율사 앞에 신辛자가 있는데, 여기서의 신辛자 역시 '갔다'는 의미로 보여진다.

유상곡수流觴曲水를 하던 포석정도 왕이나 양반들이 술잔을 띄우며 소모적으로 놀았다는 부정적인 의미로 잘못 알려져 있다. 그러나 사실은 야외에서 흐르는 물에 마음을 씻으며 가슴에는 우주를 품고 시를 지으며 청담淸談과 청유淸遊를 즐기던 곳이었다.

그리고 그 안에는 더 깊은 중요한 내용이 포함되어 있다. 만물이 소생하는 음력 3월 늦은 봄 뱀(巳)의 날에 흐르는 물에 목욕재계 하며, 겨우내 움츠렸던 묵은 악을 씻어버리고, 음복을 하면서 새로운 마음으로 소생을 준비하는 것이다. 즉 한 해의 액운을 떨어내는 정화 의례였던 것이다.

그리고 옛날에는 선비들의 실력을 가늠할 수 있는 것이 바로 시작詩作이었다. 시를 모르면 선비행세를 할 수 없거니와 출세를 할 수도 없었다. 과거시험에서도 물론 가장 중요한 시험과목이 시를 짓는 일이었다. 그러므로 선비들은 흐르는 물에 술잔을 띄우고 마음을 비워 우주를 품어 안고 술잔이 돌아오는 동안에 선시仙詩를 짓는 일종의 명상 수양법이었던 것이다. 그리고 술잔이 물 위를 흐르는 동안에 시를 지어야 하니, 보통 실력으로는 어려운 일이었다.

우리나라 경주 남산의 포석정처럼 중국과 일본에도 유상곡수를 하던 곳이 있다. 중국 절강성 회계산會稽山 북쪽에 있는 난정蘭亭은 명필로 유명한 왕희지가 삼월 삼짇날 친구들과 함께 시를 지으며 계사禊事(부정을 씻어내는 목욕재계 행사. 즉 계욕禊浴)를 하던 곳으로 유명하다.

또 일본 가고시마에 있는 센간엔仙巖園은 이름에 선仙자가 들어간 것에서 유상곡수가 곧 명상 수행법이라는 것을 잘 보여주고 있다. 이곳에서는 매년 3월 첫째 일요일에 유상곡수 재연 행사를 하며 명상 수양시간을 갖고 있다. 원래는 뱀(巳)의 날에 하는 것이지만, 편의상 일요일에 하는 것이다.

한국의 포석정鮑石亭, 중국의 난정蘭亭, 일본의 센간엔仙巖園은 모두 현재까지 남아 있는 동양의 유상곡수流觴曲水 유적지다. 이 세 곳은 모두 아름다운 경관을 바탕으로 하여 자연환경을 최대로 활용하였으며, 인공적인 기술과 자연의 조화를 살린 것이 독특한 특징이다.

1998년 5월 포석정 근처에서는 많은 와당, 기와, 제기, 그릇 등의 유물들이 발굴 출토되었다. 이때 '포석砲石'이라고 새겨진 기와조각을 비롯하여 7세기 유물들이 많이 발굴되었다. 중요한 건물에만 쓰였던 와당이 나온 점이나 제기祭器의 형태로 보아 국가적인 행사나 중요한 제사를 지내던 장소였음을 알 수 있는 것이다.

그런데 출토된 단단한 기와조각에 새겨진 포砲자가 전복 포鮑자가 아니다. 이는 당시 기와 제작자의 편의상 새기기 쉬운 글자로 대신 쓴 것으로, 흔히 관행되던 습관이라고 한다.

포석정鮑石亭은 그 모양이 구불구불한 전복 껍질 모양을 하고 있다 해서 전복 포鮑자가 붙은 이름이다. 그런데 포석사鮑石祠도 같은 전복 포자를 쓰므로, 포석정은 포석사가 생기기 이전부터 있었을 것이다. 문노공이 부인 윤궁낭주와 함께 포석사에 가서 길례를 행하였다고 하므로, 포석정의 유래는 적어도 문노공이 생존했던 500년대로 올라간다고 보여진다.

51. 고주몽 동명성왕

고구려의 시조 동명성왕東明聖王(재위BC37~BC19)은 동명왕東明王, 주몽朱蒙, 추모鄒牟, 상해象解, 도모都慕라고도 한다. 북부여의 씨로 동부여에서 나와 졸본부여에서 성하여 고구려를 창건하였다.

414년에 광개토대왕의 아들 장수왕이 세운 〈광개토대왕비문〉에는 시조왕의 역사가 다음과 같이 새겨져 있다.

- 옛날에 시조 추모 왕이 나라의 기틀을 창건하였다. 북부여 천제의 아들로 출생하였으며, 어머니는 하백의 여랑女郎인데, 알을 깨고 탄생하여 날 때부터 성스러운 덕이 있었다. 시조 왕은 부여에서 남하하게 되었는데, 엄리대수 큰 강을 지나게 되었다. 왕은 나루에 이르러 소리쳤다. "나는 황천의 아들이며, 어머니는 하백의 여랑女郎이시다. 나를 위해 거북을 띄워 다리를 만들어다오!" 그 즉시 거북이 떠올라 다리가 되어 강을 건널 수 있었다. 비류곡 홀본(졸본) 서쪽 산 위에 성을 쌓아 도읍을 세우고 정착하였다. 세상의 왕위가 즐겁지 않을 무렵, 하늘에서 황룡을 보내 왕을 맞이하였다. 왕이 홀본성 동쪽 언덕에서 용머리를 딛고 승천할 때 세자 유류왕(유리왕)을 돌아보며 "도道로써 나라를 다스리라."고 명하였다. (惟昔始祖 鄒牟王之創基也　出自北夫餘天帝之子　母河伯女郎　剖卵降世　生而有聖德 @@@@@命駕　巡幸南下　路由夫餘奄利大水　王臨津言曰　我是皇天之子　母河伯女郎　鄒牟王　爲我連浮龜　應聲卽爲連浮龜　然後造渡　於沸流谷忽本西 城山上而建都焉　不樂世位　因遣黃龍來不迎王　王於忽本東岡　履龍頁昇天 顧命世子儒留王　以道興治)

여기서 우리가 눈여겨 볼 사항은 414년에 세운 비석에서 동명성왕의 어머니 유화遊花부인을 '여랑女郞'이라고 표현한 것이다. 아무튼 《삼국사기》와 《삼국유사》에는 좀 더 자세하게 나온다.

북부여 왕 해부루解夫婁가 늙도록 자식이 없어, 대를 이을 자식이 생기기를 빌었다. 왕이 탄 말이 곤연에 이르렀을 때 돌연 말이 큰 돌을 보고 선 채 눈물을 흘렸다. 왕이 기이하게 여겨 시종에게 돌을 굴려보라 하니, 그 속에 아기가 있었다. 색깔은 금빛이요, 형상은 개구리와 같았다.
"이는 하늘이 내게 주신 아들이다."
왕이 기뻐하며 아이의 이름을 금와金蛙라 하고, 태자로 책봉하였다.
해부루가 북부여에서 동부여로 피해갔다. 북부여는 해모수가 차지하였다. 동부여에서는 해부루가 승하하고 금와가 왕위를 이었다. 금와왕은 태백산 남쪽 우발수優渤水에서 하백河伯의 딸 유화를 만났다. 유화는 천제의 아들 해모수解慕漱가 웅신산熊神山 밑 압록강변에 있는 집으로 자기를 데리고 가서 사통하고는 가버렸으며, 그 일로 인하여 부모에게 쫓겨났다고 말했다.
금와왕이 유화를 데리고 궁으로 돌아오니, 얼마 후 닷 되들이만한 알을 하나 낳았다. 금와왕이 그것을 돼지나 개에게 줘버렸으나 모두 먹지를 않았다. 또 길가에 버렸으나 소나 말도 그것을 피해갔다. 할 수 없이 다시 어미에게 돌려주니, 골격이 뚜렷하고 영민하게 생긴 사내아이가 껍질을 깨고 나왔다.
아이는 7세가 되자 스스로 활과 화살을 만들어 쏘았는데, 백발백중이었다. 부여 풍속에 활 잘 쏘는 사람을 주몽朱蒙이라고 하므로, 주몽이라고 이름 붙였다.
금와왕에게는 아들 7형제가 있었는데, 주몽의 재주에 미치지 못하였다. 하루는 큰아들 대소帶素가 왕에게 아뢰었다.

"주몽은 사람의 자식이 아닙니다. 지금 없애지 않으면 후환이 생길 것입니다."

그러나 금와왕은 대소의 말을 듣지 않고, 주몽에게 말을 돌보는 일을 맡겼다. 주몽은 준마를 알아보는 눈이 있어서 좋은 말은 먹이를 적게 주어 야위게 만들고, 둔한 말은 잘 먹여서 살찌게 했다. 그러자 왕이 살찐 말을 갖고, 여윈 말을 주몽에게 주었다.

하루는 사냥을 나갔는데, 주몽은 활을 잘 쏘므로 화살을 적게 주었다. 그런데도 주몽이 가장 많은 짐승을 잡았다. 그러자 왕자들은 주몽을 죽이기로 결심하였다. 그러자 유화부인이 그것을 눈치 채고 주몽을 떠나보냈다.

"너의 자질과 지략으로 어디를 간들 못살겠느냐. 여기서 멀리 떠나거라."

이에 주몽은 오이烏伊, 마리摩離, 협부陜父 세 사람을 데리고 남쪽으로 내려갔다. 그들이 모둔곡毛屯谷에 이르렀을 때 다시 세 사람을 만났다. 삼베옷을 입은 재사再思, 장삼옷을 입은 무골武骨, 물마름 옷을 입은 묵거默居였다. 주몽은 이들에게 성姓을 주었다. 재사에게는 극씨를, 무골에게는 중실씨를, 묵거에게는 소실씨를 주었다. 그리고 그들의 능력에 맞게 각기 할 일을 주었다.

이들은 졸본의 비류수가에 정착하였다. 졸본부여卒本扶餘 왕은 아들이 없었는데, 주몽이 비범한 인물임을 알아보고 딸을 주니, 우태優台의 미망인 소서노召西奴였다. 소서노에게는 우태의 아들 비류와 온조가 있었다.

주몽은 소서노의 재력과 세력에 힘입어 기원전 37년 졸본성(오녀산성, 현재 중국 요녕성 환인현)에 도읍하고 고구려를 건국하니, 나이 22세였다. 성姓은 고씨高氏라 하고, 왕호는 동명성왕이라 하였다.

동명성왕 14년(BC24) 유화부인이 세상을 떠나자 금와왕이 태후의 예로써 후히 장례를 치러주니, 왕이 사신을 보내 감사의 뜻을 전했다.

동명성왕 19년(BC19) 여름 (음력) 4월 동부여에서 아들 유리瑠璃가 모친 예씨禮氏와 함께 찾아왔다. 주몽이 동부여에 있을 때 예씨와 혼인하여 아이를 가졌는데, 주몽이 떠나온 후에 태어났다. 왕이 기뻐하며 유리를 태자로 세우니, 소서노가 두 아들 비류와 온조를 데리고 떠나갔다. 그해 가을 (음력) 9월 왕이 세자에게 "도道로써 나라를 다스리라." 유언하고 승천하니, 세수 40세였다.

유리가 오고, 소서노가 떠나고, 왕이 죽은 것이 모두 6개월 안에 일어난 일들이었다. 이로서 우리는 동명성왕 주몽이 소서노가 두 아들을 데리고 떠난 것에 상심이 컸음을 알 수 있다. 그래서 〈광개토대왕비문〉에도 적혀 있듯이 '왕위도 즐겁지가 않게 되어' 생을 마감한 것이었다. 요즘으로 말하면 아마도 우울증이었으리라.

왕릉은 평양 용산龍山에 자리 잡았는데, 무덤을 화반석畵班石(또는 옥편玉鞭)으로 조성하여 사람들이 진주묘眞珠墓라고 했다고 《세종지리지》에는 전한다. 사당祠堂은 인리방仁理坊에 있는데, 사람들이 무슨 일만 있으면 그곳에서 빌었다고 한다.

《세종지리지》《동국여지승람》《국역 신증동국여지승람》 등에는 평양에 있는 동명성왕의 유적 구제궁, 기린굴, 조천석을 설명한 기록들이 있다.

- 구제궁九梯宮은 동명성왕의 궁궐인데, 영명사永明寺 자리이다. 영명사는 금수산 부벽루의 서쪽, 기린굴 위에 있다.

- 기린굴麒麟窟은 구제궁 안 부벽루 아래에 있다. 고구려 동명성왕이 기린마麒麟馬를 여기서 길렀다고 하는데, 뒷사람이 비석을 세워 기념하였다. 세상에서 전하되 왕이 기린마를 타고 기린굴에 들어가 땅속에서부터 조천석으로 나와 하늘에 조회하러 갔다고 하며, 그 말발굽 자국이 지금도 바위 위에 있다.

- 조천석朝天石은 평양 부벽루 아래 기린굴 남쪽 백은탄白銀灘에 바위가 있는데, 밀물에는 묻히고 썰물에는 드러난다. 동명성왕이 이곳 조천석 바위에서 기린마를 타고 하늘에 갔다.

《연행록선집燕行錄選集》〈계산기정薊山紀程〉에 '부벽루 동쪽으로 조천석이 멀리 하늘과 같이 푸르게 보인다.'고 표현한 것을 보면 그 크기가 제법 큰 것을 알 수 있다. 고려시대의 문인 이승휴李承休(1224~1300)는 이에 대해 다음과 같이 시를 지었다.

천상을 왕래하며 하늘 조정朝政에 나아가니	往來天上詣天政
조천석 위에 기린말굽 자취가 남아 있네	朝天石上麟蹄輕
왕위에 있은 지 19년 9개월	在位十九年九月
하늘에 오른 구름수레 다시는 돌아오지 않았네.	昇天不復廻雲軿

52. 소서노

　　소서노召西奴(BC66~BC6)는 고구려와 백제의 건국자이자 국모國母였다. 졸본부여 왕 연타발延拖渤의 딸이었던 소서노는 처음 북부여의 왕족 우태優台와 혼인하여 비류와 온조를 낳았으나, 일찍 남편을 여의었다. (一云始祖 沸流王 其父優台 北夫餘解夫婁庶孫 母召西奴 卒本人延陁勃之女 如始歸于優台生子二人 長曰沸流 次曰溫祚 優台死 寡居于卒本)

　　주몽이 동부여에서 금와왕의 태자 대소에게 목숨의 위협을 받고 졸본부여로 도망오자, 연타발과 소서노는 그를 환영하여 가족으로 받아들였다. 주몽은 금와왕의 아들들에게 시기와 질투를 한몸에 받을 정도로 그 용모와 기상이 탁월하였을 뿐만 아니라, 무예도 출중하여 한번 활을 쏘면 백발백중이었다. 그리하여 소서노가 주몽과 결혼하니, 소서노가 주몽보다 8세 연상이었다.

　　동부여의 왕위 계승자였던 소서노는 자신의 정치적 기반과 경제적 재력을 총동원하여 주몽을 뒷받침하여 주었다. 그리하여 소서노의 세력과 재력에 힘입은 주몽이 드디어 기원전 37년 졸본성(오녀산성, 현재 중국 요녕성 환인현)을 도읍으로 삼아 고구려를 건국하고 왕위에 오르니, 나이 22세였다.

　　고구려 14년(BC24) 주몽왕의 모친인 유화부인이 세상을 떠나 동부여의 금와왕이 태후의 예로써 후히 장례를 치렀다는 소식을 듣고, 주몽왕은 동부여에 사신을 보내 감사의 뜻을 전했다. 적어도 이때부터 주몽왕은 동부여에 두고 왔던 부인과 아들의 안부를 전해 받고 있었을 것이다.

　　고구려 19년(BC19) 주몽왕은 동부여에서 온 친아들 유리瑠璃와 그 모친 예씨禮氏를 태자와 왕후로 각각 책봉하였다. 그러므로 졸본부여의 왕위 계승자로서 주몽과 고구려를 함께 건국한 왕후 소서노는 자연 소후小后로 밀려나게 되었다.

소서노가 왕위를 포기하고 주몽을 앉힌 데에는 어차피 자신의 아들 비류가 다음 왕이 될 것을 믿고 있었기 때문이었다. 그러나 주몽에게는 친아들과 본부인이 따로 있었던 것이다.

하루아침에 비참한 신세가 되어버린 소서노가 두 아들을 데리고 남쪽으로 떠나가니, 소서노를 따르던 오간烏干, 을음乙音, 마려馬黎, 해루解婁, 흘우屹于 등 10명의 신하들과 백성들이 함께 떠나갔다. 소서노가 떠난 것에 충격을 받은 주몽왕은 왕위도 즐겁지가 않아 바로 세상을 마감하니, 세수 40세였다.

소서노의 가문은 조상 대대로 해상 무역의 기반 위에서 성장하였으므로, 소서노 또한 부친에게서 물려받은 정치·경제적 수완이 탁월하였다. 그녀는 서해연안을 타고 남하하여 마한 왕에게 재물을 바치고 동북쪽 100리 땅을 얻어 백제를 건국하니, 기원전 18년이었다.

백제 원년(BC18) 동명왕東明王의 사당을 세우고, 왕의 성을 부여씨扶餘氏로 삼았다. 여기서 동명왕은 졸본부여를 건국한 동명왕 고두막한高豆莫汗을 지칭하는 것으로서, 백제의 건국은 졸본부여를 계승한다는 뜻이었다.

주몽도 고구려를 건국했을 때 왕호를 동명성왕이라고 하였는데, 이 역시 동명왕 고두막한에 줄을 댄 것이었다.

소서노는 어려운 가운데 나라의 기틀을 세우기는 하였으나, 새로운 문제가 또 발생하였다. 그녀의 두 아들 비류와 온조가 뜻을 같이 하지 못하는 것이었다. 부아악負兒嶽에 올라 도읍지를 물색하던 비류와 온조가 의견이 엇갈렸다. 비류는 바닷가에 도읍을 정하는 게 좋다고 생각하였다.

"바닷가에 도읍을 정하면 세 가지 이득이 있소. 첫째, 바다에서는 고기를 잡고 뭍에서는 농사를 지으니 우선 식량을 해결할 수가 있소. 둘째, 해상무역을 하여 나라의 경제를 꾀할 수가 있소. 셋째, 적의 공격을 받을 시에는 배를 타고 재빨리 바다로 피할 수가 있다는 점이오."

"적의 공격을 받으면 맞서 싸워야지, 도망친다는 게 말이나 됩니까? 무릇 약하면 잡아먹히고, 강하면 살아남는 법! 우리에게는 오직 강한 길만이 살아남는 길입니다!"

열 명의 신하도 온조의 뜻에 부합하며, 비류에게 간하였다.

"하남의 땅은 북쪽으로는 한수를 두르고, 동쪽으로는 높은 산이 의거해 있고, 남쪽으로는 기름진 들판이 펼쳐져 있으며, 서쪽으로는 큰 바다가 막고 있으니, 이는 얻기 어려운 하늘이 내린 도읍지입니다."

그러나 비류와 온조는 끝내 합일점을 찾지 못하였다. 그리하여 비류를 중심으로 한 온건파는 바닷가를 낀 미추홀에 도읍하였고, 온조를 중심으로 한 강경파는 내륙으로 들어가 위례성에 도읍하였다.

소서노는 어머니로서 큰아들 비류를 왕으로 세우고, 작은 아들 온조는 형을 도와 나라를 위해 일해 주기를 바랬다. 그러나 대부분의 신하들은 투지가 강한 온조가 어려운 시국을 헤쳐 나가고 나라를 안정시키기에 더 합당하다고 생각하였다.

소서노는 사랑하는 두 아들 사이를 갈라놓은 것은 다름 아닌 온조를 따르는 심복 부하들이라고 생각하였다. 그리하여 그들 심복 부하들만 없애면 두 아들을 다시 하나로 합칠 수 있을 것이라고 생각하였다. 그리하여 소서노는 결심을 굳혔다. 나라와 두 아들을 위해 자기가 칼을 들고 나서지 않으면 안되었다. 소서노는 남장을 하고는 직접 고른 다섯 명의 장수들을 이끌고, 야음을 틈타 미추홀을 떠나 위례성으로 잠입하였다.

여기서 우리는 소서노라는 여인이 타고난 열정과 불굴의 의지를 가진 여장부의 면모를 볼 수가 있다. 환갑의 나이에 남장을 하고, 젊은 장수들을 지휘하여 행동을 같이 하고 있는 것이다. 그러나 위례성은 소서노가 생각했던 것보다 더 수가 높았다. 번개처럼 빠르고 호랑이처럼 용맹한 다섯 명의 장수들을 뽑아 왔건만, 철저한 위례성의 방어에 스스로 함정에 빠진 꼴이 되고 말았다. 천지사방에서 화살이 폭우처럼 쏟아지니, 소서노와 다섯 명의 장수로는 중과부적이었다.

이것이 소서노의 최후였다. 주몽과 함께 고구려를 건국하고 다시 두 아들을 이끌어 백제를 건국한 지 13년째 되는 해였다. 쓰러져 죽은 침입자들의 시체를 살펴보던 온조는 소스라치게 놀랐다. 거기에는 남장을 한 채 죽어 있는 자신의 어머니가 있었던 것이다.

《삼국사기》〈백제본기〉 온조왕 13년(BC6) 조에는 다음과 같은 짧은 기록이 남겨졌다.

- 봄 (음력) 2월, 왕도에서 사내로 변장한 노파와 호랑이 다섯 마리가 성 안으로 들어왔다. 왕의 모친이 돌아가시니, 세수 61세였다. (十三年 春二月 王都 老化爲男 五虎入城 王母薨 年六十一歲)

위례성은 지금의 천안시 입장면이라고 하는데, 망향의 동산 옆에 작은 돌무더기 하나가 있다고 한다. 사람들은 그 작은 돌무덤이 소서노의 무덤이 아닐까 추측하고 있다는 것이다.

아무튼 그해 여름 온조왕은 어머니가 돌아가신 위례성을 버리고 도읍을 옮기기로 결심하였다. 그리하여 한수 이남에 책柵을 쌓고 다음해 봄 음력 정월에 도읍을 옮겼다. 비류백제의 백성들이 점점 온조에게 귀의하고 나중에는 비류 왕마저 죽으니, 온조는 비류백제를 통합하였다. 그리고 백제 17년에 국모 소서노를 추모하는 사당을 세우고, 나라에서 정식으로 제사를 올렸다.

53. 을파소 선인

을파소乙巴素(?~203) 선인은 고구려 제2대 유리왕 때 대보대신大輔大臣을 지낸 을소乙蘇의 후손이며, 동시에 을밀선인과 을지문덕 장군의 선조이기도 하다.

을파소 선인은 일찍이 평안북도 묘향산맥 가운데 하나인 백운산 깊은 석굴에서 《천부경》과 《삼일신고》로 하늘에 기도를 하였다. 그러던 중 환웅으로부터 《참전계경》을 얻고 도를 이룬 후에 하산하여 고향에 돌아와 농사를 짓고 있었다.

이때 고구려는 제9대 임금인 고국천왕故國川王(재위179~197)이 왕비 친척들의 권력 남용에 질린 나머지 국정을 쇄신코자 하였다. 그리하여 권력에 뜻이 없는 현명하고 어진 인재를 간절히 찾고 있었다. 그러자 뜻 있는 사람들이 대신大臣 안류晏留를 추천하였으나, 안류는 극구 사양하며 을파소 선인을 간곡히 추천하는 것이었다.

"저는 용렬하고 어리석어서 큰일을 맡기에는 턱없이 모자랍니다. 저보다는 서압록西鴨綠 골짜기의 좌물촌左勿村(지금의 평안북도 선천지역)에 을파소라는 사람이 있는데, 그가 큰 재주를 갖고서도 밭을 갈며 숨어 살고 있으니, 정중한 예로써 맞으시옵소서."

고국천왕은 안류의 말대로 사신을 보내 공손한 예로서 을파소 선인을 불러 중외대부中畏大夫와 우태于台라는 높은 벼슬을 주며 간곡하게 부탁하였다.

"과인이 외람되게 선왕의 왕업을 계승하였으나, 덕이 없고 재능이 부족해서 백성들의 고생이 이만저만이 아니오. 선생은 지혜와 재능을 숨기고 산간에 묻혀 지낸다고 들었는데, 과인을 버리지 않고 이렇게 와 주었으니,

이것은 과인뿐만 아니라 사직과 백성들의 복이오. 청컨대 성심성의를 다해 주기 바라오."

그러나 뜻밖에도 을파소 선인은 사양하는 것이었다.

"신은 아둔하여 감히 엄명을 감당하지 못하겠사옵니다. 원컨대 대왕께서는 현명하고 선량한 인재를 뽑아 높은 벼슬을 주시어, 대업을 이룩하소서."

고국천왕은 을파소 선인의 뜻을 짐작하고 다시 국상國相이라는 최고 관직을 수여하였다. 그러자 예상대로 기득권 대신들과 외척들의 권력 핵심 기관인 제가회의諸加會議에서 강하게 반발하고 나왔다. 제가회의는 신라의 화백제도와 같은 제도로서 왕의 옹립과 폐위, 전쟁 선포, 중앙의 고위관리 임명, 국사범의 처리 등 나라의 중요한 국사를 결정하는 기관이었다. 그러나 그것이 점점 권력 남용 기관으로 치달리면서, 왕권마저 위협하고 있던 중이었다.

권력도 없는 평범한 농사꾼이었던 을파소 선인이 기득권 대신들과 외척들의 권력 핵심 기관인 제가회의를 주재하는 국상으로 임명되었으니, 그들이 일제히 들고일어나 반대하는 것은 어쩌면 당연한 일인지도 몰랐다. 그러나 을파소 선인은 왕권마저 위협하고 있는 이 막강한 제가회의를 다스리기 위하여 바로 국상이라는 자리가 필요했던 것이다.

왕으로부터 처음 부름을 받았을 때, 을파소 선인은 나라를 위해 일해야겠다고 마음먹었으나 중외대부中畏大夫 우태于台 자리로는 하늘의 뜻을 이루기에 적합하지가 않았던 것이다.

이렇듯 고국천왕 13년(191)에 있었던 을파소 선인의 국상 임명은 극적이었으며, 중요한 정치적 사건이기도 하였다. 제가회의의 강한 반발에 부딪친 고국천왕은 더욱 강력하게 왕권을 하달하였다.

"국상을 따르지 않는 자는 일족을 멸하리라!"

고국천왕의 강한 지지를 받으며 국상의 자리에 오른 을파소 선인은 제가회의에 출사표를 던졌다.

"때를 만나지 못하면 은거하고, 때를 만나면 나와 벼슬을 하는 것은 선비의 떳떳한 일! 지금 대왕께서 저를 후하게 대접해 주시니, 어찌 지난 날 은거하던 일을 다시 그리워하겠습니까?"

이리하여 을파소 선인은 고구려의 제2인자인 국상國相이 되어 고구려의 국사國事를 전담하게 되었다.

재미있는 사실은 을파소 선인의 선조인 을소乙蘇는 고구려 제2대 유리왕의 2인자로 재직하였었고, 을음乙音은 백제 건국 왕 온조를 도와 2인자로 재직하였으며, 을제乙祭는 신라의 선덕여왕을 도와 2인자로 재직하였다.

이들 세 분 을씨乙氏는 삼국시대 이전으로 거슬러 올라가면, 모두 한 집안이었을 가능성이 크다. 그리고 어쩌면 을음乙音이 온조를 따라갔기 때문에, 고구려에 남은 을파소 선인의 집안이 연좌제로 깊은 산골짜기에서 숨어 살게 되었는지도 모를 일이다.

아무튼 고구려 국상이 된 을파소 선인은 국정을 살피고 지극정성으로 나라에 봉사하니, 자연히 정치와 가르침이 밝아졌다. 그리고 상·벌을 삼가니 백성들이 평안하고, 안과 밖이 무사하였다. 이에 왕은 을파소 선인을 추천한 안류에게 후한 상을 내렸다고 한다.

고구려의 국상이 된 을파소 선인은 먼저 전국에서 20세가 안된 나이 어린 준걸들을 뽑아 '선인도랑仙人道郞'이라 칭하게 하고 《천부경》《삼일신고》《참전계경》을 가르치게 하였다. 그리고 이와 더불어 육예六禮를 익히고 닦도록 하여 이들을 고구려의 꿋꿋한 동량으로 키워냈다. 육예는 예禮·악樂·사射·어御·서書·수數로서 예의·음악·활쏘기·말 타기·서예·수학이다.

그 가운데서 능히 교화를 관장할 수 있는 도랑道郎은 '참전參佺'이라 호칭케 하고, 무예가 출중하여 능히 이를 관장할 수 있는 도랑은 '조의皂衣'라 호칭하게 하였다.

194년 7월 서리가 내려 백성들이 굶주리게 되자, 을파소 선인은 진대법賑貸法을 실시하였다. 진대법은 춘궁기에 나라의 곡식을 빌려주고 추수한 뒤에 갚게 하는 빈민 구제책으로서, 빈농들이 부자들의 종으로 전락하는 것을 막기 위한 제도였다.

을파소 선인은 또한 고구려의 왕권 확립과 새로운 정치질서를 수립하여 사회 안정에 이바지하였으며, 태평성대를 이루는 데 크게 공헌하였다. 그리고 제10대 산상왕山上王 대까지 나라를 위해 일하다가 203년 8월 평안히 세상을 하직하니, 온 나라 사람들이 슬퍼하였다고 한다.

《삼국사기》에서도 고국천왕의 파격적인 인재등용에 대해서 다음과 같이 칭송하고 있다.

- 어느 때나 명철하고 거룩한 임금은 어진 사람에 대하여는 사소한 예의에 구애받지 않았고, 그 사람을 등용하면서는 의심하지 않았다. 그리해야만 어진 사람이 제자리를 바로 지키고, 유능한 사람이 그 직책을 다하여 다스림과 가르침이 밝게 닦아지며, 국가가 잘 보전될 것이다. 지금 왕은 결연히 을파소를 강가에서 뽑아 뭇 사람의 말에 흔들리지 않고, 그를 백관 위에 두고, 그를 천거한 사람에게 상까지 주었으니, 가히 명군明君이라 할 만하다.

54. 다물 광개토대왕

고구려 제19대 광개토대왕(374~413)은 지금의 산동성과 안휘, 강서성까지 드넓은 영토를 경영했던 청구 배달국 치우천황의 뜻을 올곧게 계승한 대표적인 왕이다.

광개토대왕은 즉위 초부터 탈환전을 개시하여 활발한 다물多勿 정책으로 잃었던 땅들을 수복 해나갔다. 그리하여 요동은 물론이고, 서쪽으로 요하를 건너 요서지방까지도 고구려의 영향권 아래 두었다.

광개토대왕은 전에 당한 보복전을 펼쳐, 404년 후연後燕을 친정하여 무너뜨렸다. 그리고 전국시대 때 연燕나라에 빼앗겼던 고조선 땅을 700여 년 만에 되찾았다. 후연은 바로 북경 인근지역으로서, 고구려와는 국경을 맞대고 있었다.

그 이전인 392년에는 북으로 거란契丹을 정벌하여 남녀 500명을 사로잡고, 거란에 잡혀 있던 고구려인 1만 명을 데리고 돌아왔다.

395년에는 시라무렌강 방면의 염수 가의 비려碑麗를 친정하여 많은 영營을 격파하고 가축을 노획하였다.

396년에는 산동반도 근처 지역과 하느쿵반도의 서쪽 지역을 차지하게 되었다.

398년에는 숙신肅愼을, 410년에는 북부 시베리아의 동부여를 정벌하고 남하하여 황화까지 진출하였으며, 서쪽으로 로란Roran을 격파하고 서부 시베리아를 확보하여 고조선의 옛 영토권을 수복하였다.

그리하여 요동은 물론이요, 서쪽으로 요하遼河, 북쪽으로 개원開原~영안寧安, 동쪽으로 훈춘琿春, 남쪽으로 임진강 유역까지 세력권 안에 둔, 명실공히 만주대륙의 주인공이자 동아시아의 거대 강국이 되었다.

광개토대왕(374~413)이 쓴 '영락永樂'이란 연호는 '제국의 영원한 발전을 약속하는 뜻'에서 쓰인 연호이다. 광개토대왕이 이미 400년대에 쓴 연호 '영락'은 그로부터 1천 년 뒤인 1400년대에 중국 명나라 성조成祖의 연호로 쓰여졌다.

광개토대왕은 나라의 대외적인 업적뿐만 아니라 내정정비도 갖추어서 '나라가 부강하고, 백성이 편안하며, 오곡이 풍성하였다.'고 칭송받았다.

이러한 광개토대왕의 공적을 기념하기 위해 아들 장수왕은 414년 대형 훈적비를 세웠다.(길림성 집안현) 정식 묘호廟號는 '국강상광개토경평안호태왕國岡上廣開土境平安好太王'이며, 보통 마지막 세 글자를 따서 '호태왕비'라고 부르기도 한다. 한국에서 가장 큰 비석이다.

비석碑石 4면에는 추모(주몽) 왕의 건국신화를 비롯하여 광개토대왕에 이르는 왕계 및 그 약력과 비碑의 건립 경위, 그리고 광개토대왕의 대외정복 활동과 각 지방의 순수巡狩 행적이 연대순으로 기록되어 있다.

그리고 고구려의 시조 동명왕이 승천하며 아들에게 남긴 '이 세상을 도로서 다스리라.(以道與治)'는 유언 내용까지도 나온다.

동명왕은 제정일치 시대의 왕으로서 당연히 우리 민족 고유의 도맥道脈을 승계하신 왕이다. 그리하여 평양 근교에는 그의 대궐터와 함께 기린굴麒麟窟과 조천석朝天石이 지금까지도 고적으로 남아 있다.

414년 장수왕은 부왕의 광개토대왕비를 세우면서 기념물을 제작하였는데, 바로 1946년 경주 호우총에서 출토된 청동합이다. 청동합의 밑바닥에는 '정井 을묘년국강상광개토지호태왕호우십乙卯年國岡上廣開土地好大王壺杅十'이라는 글자가 새겨져 있었다.

우리의 3대 경전 중의 하나인 《삼일신고》에는 '성통공완조천性通功完朝天'이란 말이 나온다. 성性을 통하고 공功을 완수하고 나면 조천朝天한다는 말이다.

아무튼 이토록 거대한 광개토대왕비가 존재한다는 것은 《삼국사기》《용비어천가》《지봉유설》 등에 언급되어 있었지만, 그것이 어디에 있는지는 아무도 몰랐다. 고구려의 멸망과 함께 광개토대왕비도 없어져버렸기 때문이었다. 그러다가 1880년, 밭을 개간하던 청나라 농부에 의해서 호태왕비가 극적으로 발견된 것이다.

그러나 정작 한국 정부는 이 사실을 몰랐다. 그에 반해 일본 참모본부 소속의 밀정 사카와 가게노부酒匂景信 중위는 1882년 이 정보를 입수하였다. 그리하여 일본은 우리의 광개토대왕 비문을 비밀리에 먼저 연구하였고, 일본에 유리하도록 일부 문자를 변조하기까지 하였다.

이 비석이 고구려 시대의 희귀한 비碑라는 사실이 알려지면서 일본과 청나라는 서로 선명한 탁본을 얻기 위해 비면에 석회칠을 하는 바람에 우리의 광개토대왕비는 훼손되고, 글자마저 많이 마멸되었다.

그에 비해 한국 정부는 1900년대에 와서야 비로소 광개토대왕비에 대한 관심을 갖기 시작하였으며, 정인보鄭寅普(1893~1950) 선생의 〈광개토경평안호태왕릉비문석략〉이라는 일본의 비문 변조에 대한 비판으로 첫 연구가 시작되었다. 우리는 이쯤에서 한번 생각해 볼 필요가 있다.

1) 청구 배달국 제14대 환웅이신 치우천황의 능과 유적들이 왜 산동성에 있겠는가? 그때 팠던 우물이라든지, 진을 쳤던 자리들이 지금까지도 역사적인 유물로 남아 있으며, 현지인들 간에는 치우천황의 무용담이 아직까지도 생생하게 전해지고 있다고 한다.

2) 고조선 단군의 옛 비석인 단군고비檀君古碑가 왜 돌궐국突厥國(지금의 터키)에 있겠는가? 발해 왕 대조영의 친동생 대야발은 고구려 전쟁 때 없어진 《단기고사檀奇古史》를 13년에 걸쳐 복원·저술하는 동안 돌궐국에 2차례나 들어가 고적 단군고비를 답사하였다.

3) 고구려 광개토대왕릉과 훈적비, 그리고 고구려 귀족들의 묘지가 왜 길림성 집안현에 있겠는가? 길림성 집안현 북서쪽에 있는 강의 이름이 왜

고려강이며, 마을 이름이 왜 고려대高麗隊인가?

  4) 현재 중국 요녕성(고구려 때의 안시성) 일대가 왜 지금까지 고려성, 고려문, 고구려촌이라는 이름으로 불리고 있는가?

  5) 요동반도의 남쪽바다 섬들에 왜 지금까지 고려장, 고려성산, 고려성, 고구려성이라는 이름들이 남아 내려오는가?

  우리 다같이 한번 깊이 생각해 볼 일이다. 그런데 몽고의 《무쿠리 계보》는 우리의 《삼국사기》보다 더 광개토대왕의 치적을 자세하게 적고 있다. 《무쿠리 계보》는 몽골인이 쓴 고구려 왕들의 계보와 역사이다.

  여기서 재미있는 사실은, 우리는 점 치는 것을 무꾸리 한다고 하는데, 고구려 왕들의 역사를 기록한 책을 《무쿠리 계보》라고 적은 것이다.

  사실, 지금은 무巫가 천한 계급으로 전락되었지만, 본래는 그렇지가 않았다. '무巫'는 곧 단군壇君을 의미하는 바, 홍익인간弘益人間 사상이 그대로 여실하게 드러나 있는 글자이다. 위 一은 하늘이요, 아래 _은 땅이다. 기둥 ㅣ은 하늘과 땅을 통하는 사람인데, 곧 신인神人, 단군壇君, 무당巫堂이다. 양편의 사람들은 중생들을 의미하는데, 사람뿐만이 아니라 사람을 포함한 삼라만상을 뜻하는 것이다. 말하자면 신인神人이 하늘과 땅을 통하여 우주만류 삼라만상에 두루 유익함을 주는 홍익인간의 뜻이 그대로 들어있는 글자가 바로 '무巫'자다. '무巫'는 바로 대자연과 상통하는 존재로서, 신神과 사람 사이에서 위의 뜻을 아래에 전하고, 아래의 뜻을 위로 전하는 신인神人, 선인仙人들이었던 것이다.

  우리나라는 고조선이나 삼국시대 중반만 하더라도 제정일치 시대였다. 그러므로 현재 티벳의 달라이라마처럼, 왕이 곧 제사장 역할을 겸했던 것이다. 그러므로 몽골인이 쓴 《무쿠리 계보》는 우리 역사에 많이 근접한 책이라고 볼 수 있다.

55. 을밀선인

을밀선인은乙密仙人(?~529~?)은 을파소 선인의 후예로서, 고구려 제22대 안장왕安藏王(재위519~531) 때의 조의선인이며 장군으로 활약하였다.

북한 평양시 중구역 경산동 금수산에는 을밀선인이 세운 누정 을밀대乙密臺가 있는데, 북한의 국보 문화 유물 제19호이다.

신라의 영랑선인이 3천 명의 무리를 이끌었듯이 고구려에서는 을밀선인이 그러하였으며, 신라의 물계자가 널리 후학을 양성한 것처럼 을밀선인 또한 그러하였다.

수련 내용은 《천부경》《삼일신고》《참전계경》을 기본으로 삼고, 활쏘기를 익히며 삼신三神을 노래하였다. 그런 가운데 따르는 낭도들을 받아들여 수련시켰으며, 의義와 용기로서 나라에 이바지하였다. 그가 가는 곳마다 사람들이 구름같이 모여들었는데, 따르는 무리가 무려 3천 명이나 되었다고 한다. 이들은 을밀대에서 을밀선인이 지은 〈다물흥방가多勿興邦歌〉를 부르면서 소아小我를 버리고 대의大義를 진작시키는 기풍氣風을 고취시켰다.

다물多勿이란 고구려의 옛 강토를 회복한다는 뜻이고, 흥방興邦이란 나라를 흥하게 일으킨다는 뜻이다. 그러므로 〈다물흥방가〉는 웅혼한 기상을 살려 나라를 일으키고, 홍익인간 이화세계 하자는 노래인 것이다. 가사는 이렇다.

먼저 간 것은 법이 되고	先去者爲法兮
뒤에 오는 것은 위가 되도다.	後來爲上爲
법은 나지도 죽지도 않으며	法故不生不滅爲
비록 위에 있다 하여도 귀함도 천함도 없도다.	上故無貴無賤

사람 안에서 천지가 하나로 되며	人中天地爲一兮
마음과 정신의 근본도 하나이다.	心與神卽本爲一
고로 빈 것과 가득 찬 것은 같으며	故其虛其粗是同卽本
정신과 물질은 둘이 아니다.	故惟神惟物不二

진실이란 만 가지 선의 극치이며	眞爲萬善之極致兮
신은 한가운데서 그 극치를 주관하도다.	神主於一中極致
고로 삼진三眞은 하나로 돌아가고	故三眞歸一一中
하나는 곧 셋이 되도다.	故一神卽三

하늘과 땅에는 오직 나 스스로 있고	天上天下惟我自存兮
다물多勿은 나라를 일으켜 스스로 존재하도다.	多勿其興邦自存
고로 억지로 하지 않아도 나라가 일어서고	故處無爲之事興邦
말 없는 가운데 저절로 교화가 이루어지도다.	故行不言之敎

참생명 크게 떨쳐 신성神性을 두루 비추니	眞命之大生性通光明兮
들어와서 효도하고 나가서 충성하니 광명되도다.	入則孝出則忠光明
모두 착하여 효와 충을 봉행하는 고로	故衆善無不奉行孝忠
어떤 악행도 생겨나지 않도다.	故諸惡一切莫作

오직 백성들이 의롭게 여김은 나라의 소중함이니	惟民之所義乃國爲重兮
나라 없으면 내가 없으매 나라가 중요하도다.	無國我何生國重
백성들은 재물을 주어 복되게 살고	故民有物而爲福我生
나라에는 혼이 있어 덕이 되도다.	故國有魂而爲德
혼이 생기면 깨달음과 신령함이 있고	魂之有生有覺有靈兮
일신이 거처 하는 곳이 천궁과 삼혼三魂이로다.	一神攸居之爲天宮三魂

| 고로 지혜와 삶은 일신과 함께 닦을 수 있고 | 故智生可以雙修一神 |
| 모양과 혼을 펴 나갈 수 있도다. | 故形魂亦得俱衍 |

우리 자손 만방 위해 좋은 일 하니	俾我子孫爲邦兮
태백 교훈 우리 자손의 스승 되도다.	太白教訓吾所師我子孫
모든 것이 우리를 고르게 가르치니	故統無不均吾所師
그 가르침 늘 새롭고도 새롭도다.	故教無不新

이 〈다물흥방가〉에는 《천부경》《삼일신고》《참전계경》의 현묘한 도道의 원리가 그대로 담겨 있는 것을 볼 수 있다.

한편 을밀선인은 안장왕의 여동생 안학공주와 극적인 결혼을 한 것으로도 유명하다. 그 이야기는 《삼국사기》《해상잡록》《세종실록지리지》《신증동국여지승람》《조선상고사》 등에 나오는데, 정리하면 이렇다.

안장왕이 태자시절에 변장을 하고 백제 땅으로 만행을 나갔다. 왕위를 이을 태자가 청소년기에 용기와 패기를 기르기 위해 적국의 동태를 살피고 돌아오는 일은 역사 속에서도 종종 있는 일이다. 그러므로 광개토대왕의 증손자이며 장수왕의 손자인 안장왕도 증조부 때의 강성했던 영광을 회복할 기회를 엿보고 있었을 것이다.

아무튼 태자는 과거에 고구려 땅이었던 백제 땅 개백현에서 아리따운 한주韓珠라는 아가씨를 만나게 되었고, 서로 사랑하는 사이가 되었다. 이는 고구려 제3대 대무신왕(재위 18~44)의 아들 호동왕자가 낙랑국으로 만행을 나갔다가 낙랑공주와 사랑에 빠진 일과 다름없었다.

태자는 자신의 신분을 밝히며 반드시 데리러 오겠다고 약속하고, 한주와 헤어졌다. 그런데 새로 부임해온 성주가 한주를 욕심내어 혼인하기를 강요하였고, 한주는 오직 고구려 태자만을 그리워할 뿐이니, 《춘향전》 그대로 옥에 갇히는 신세가 되었다.

한편 고구려에서는 안장왕이 백제에 가서 한주를 구해오는 장수에게 천금과 함께 높은 벼슬을 내린다고 공고를 하였다. 이때 을밀선인이 나선 것이다. 을밀선인은 천금과 높은 벼슬은 필요 없고, 그 대신 안학공주와 혼인을 시켜달라고 하였다. 이에 왕이 허락하며 수군 5천을 내어주었다.

을밀선인이 군대를 이끌고 선발부대로 가서 무사히 한주를 구한 다음 봉화를 올리자, 강 건너편에서 기다리고 있던 안장왕이 질풍노도처럼 군대를 휘몰고 가서 개백현을 순식간에 휩쓸었다. 그리고 마침내 고구려의 옛 땅을 되찾았다.

고구려 안장왕 때 백제를 공격한 것은 523년과 529년, 2회이다. 그런데 523년은 백제 장군 지충志忠의 1만 대군에 막혀 큰 성과가 없었다는 기록이 있고, 529년 공격 때는 안장왕이 친정을 했으며, 백제의 북쪽 변방을 공격하여 대승을 거두었다는 기록이 있다. 그러므로 백제 여인 한주를 데려오기 위해 치른 전쟁은 529년으로 보인다. 이는 을밀선인의 정확한 생몰연대가 전해지지 않으므로, 짚어볼 필요가 있는 문제이다.

아무튼 을밀선인의 용기로 인하여 안장왕과 한주, 을밀선인과 안학공주, 두 쌍의 아름다운 남녀는 마침내 사랑을 성취하게 되었던 것이다.

을밀선인의 묘는 을밀대 안에 있다고 《연행록선집燕行錄選集》〈계산기정薊山紀程〉은 다음과 같이 전한다.

- 부벽루 서쪽에 을밀대가 소남문 밖에 있는데 성가퀴가 둘러있다. 그 가운데에 둥그런 봉분이 있는데, 사람들이 을밀선인의 묘라고 하였다. 사람들이 그곳에서 산제山祭를 지내는 곳으로 삼고 있다.

56. 을지문덕 장군

을지문덕乙支文德(?~612~?) 장군은 을파소와 을밀선인의 후손으로서, 612년 고구려에 쳐들어 온 113만 수나라 대군을 20만 조의선인으로 무찔렀다. 이를 우리는 살수대첩이라고 하는데, 살수薩水는 지금의 청천강을 말한다.

혹자는 을지문덕 장군이 을밀선인의 아들이라는 이도 있으나, 서로 활약한 연도가 80~90년 차이 나는 것으로 보아 부자지간보다는 증손자쯤 될 것으로 추측된다.

을밀선인은 고구려 제22대 안장왕(재위519~531) 때 백제와의 전쟁을 치렀고, 을지문덕 장군은 제26대 영양왕 23년(612) 살수대첩에서 수나라를 크게 무찌른 역사의 기록이 있기 때문이다.

《삼국사기》에 의하면 을지문덕 장군은 자질이 침착하고 용감하고 날쌔며, 지략과 술수가 뛰어났고, 글도 잘 짓는 문무文武를 겸한 인물이었으나, 세계는 알 수 없다고 하였다. 그러나 《해동명장전》과 《한단고기》에서는 장군이 평양 석다산石多山 사람이라고 하였다. 석다산은 현재 평안남도 적송면 석삼리石三里에 위치한 산으로, 돌이 많아 이름이 그렇게 붙었다고 전한다.

을지문덕 장군은 일찍이 부모를 여의고 입산수도를 하였다는데, 꿈에 천신을 만나 뵙고 크게 깨달았다고 한다. 그리하여 매년 3월 16일이면 마리산으로 달려가 제물을 올리며 지제地祭를 지내고, 10월 3일에는 백두산에 올라가 하늘에 천제를 지내고 돌아왔다고 한다. 하늘에 제사를 올리는 풍속은 신시 배달국 시대부터 전해 내려오는 풍속이었다. 그리하여 장군은 마침내 천天·지地·인人이 하나임을 깨닫고 〈삼신일체경〉을 노래하였다.

〈삼신일체경三神一體經〉

도道는 하늘의 불가사의한 경영이며
덕德은 백성과 나라에 두루한 보살핌이라.
나를 아는 그 말씀이 천하에 있으니
삼신일체三神一體에서 발하는 기氣여!
성性·명命·정精으로 분화되어
스스로 빛을 발하네.
그러나 평소에는 움직이지 않다가
때가 되면 감응하여 그 빛을 발하니
이것이 바로 도통道通이라.
그러므로 사람은
대덕大德·대혜大慧·대력大力 삼물三物을 행하고
그것이 서로 융합되어
심心·기氣·신身 삼가三家를 이루며
지감止感·조식調息·금촉禁觸 삼도三途가
충만하게 채워지는 것
날마다 힘써 생각하고 원하노니
가야 할 길 꾸준히 노력하여 감으로써
홍익인간 재세이화 하는 것이라.

이로 보면 을파소, 을밀선인, 을지문덕 장군은 시대를 뛰어넘어 정신이 일맥상통하는 것을 알 수 있으니, 바로 《천부경》《삼일신고》《첨전계경》을 수행의 중심 원리로 삼고 있다는 점이다.

이렇게 심신을 닦은 을지문덕 장군은 영양왕 23년(612) 수나라 양제가 113만 대군을 이끌고 쳐들어오자, 불과 20만 조의선인으로 적을 크게 무찌를 수 있었던 것이다.

당시 수양제의 출병은 매우 성대하여 고금에 그런 출병이 없었다고 한다. 엄청난 길이로 이어지는 대규모의 수나라 병사가 공격해 들어오자, 을지문덕 장군은 고도의 심리전을 써서 거짓 항복을 청하며 적장 〈우중문 장군에게 주는 시(與隋將于仲文時)〉를 보냈다.

신기한 계책은 하늘의 이치를 꿰뚫고	神策究天文
기묘한 책략은 땅의 이치를 통달했구나	妙算窮地理
전쟁에서 이긴 공로 이미 높으니	戰勝功旣高
족한 줄 알고 그만둠이 어떠리.	知足願云止

이에 적군이 긴장을 늦추고 방심하는 틈을 타서 을지문덕 장군은 유인 작전을 썼다. 그리고 중간 중간 토막 내어 섬멸시키는 작전을 썼다. 토막 난 수나라 병사들은 서로 연락망이 끊기고 식량보급이 끊기자 사기가 떨어졌다. 그러한 수나라 병사들이 계곡을 지날 때면 을지문덕 장군은 위에서 돌과 화살을 쏟아 부었고, 초원지대를 지날 때는 화공火攻을 펼쳐 불바다를 만들었다. 그리고 강을 건널 때는 상류에서 불 기름을 실은 뗏목을 내려 보내 물귀신을 만들어버리니, 113만 수나라 대군 중 살아 돌아간 자는 겨우 2~3천이었다고 한다.

이에 수양제가 화친을 요청하였으나 을지문덕 장군은 기세를 몰아붙여 현토玄菟에서부터 태원太原(현 산서성)까지 추격하였다. 그리고 또 다른 일진은 낙랑樂浪에서부터 유주幽州까지 추격하니, 이로서 우리의 옛 고토故土들을 회복하였다.

113만 수나라 대군의 침공은 20만 조의선인을 거느린 을지문덕 장군의 고도의 지략과 용병술로 대승을 거두고 마침내 5개월여 만에 끝났다.

《해동잡록》에는 조선 초 문인 조준趙浚(1346~1405)이 명나라 사신을 접견하는 연회를 마치고 평안도 안주 백상루百祥樓에 올라 읊은 시가 있다.

살수의 물은 도도히 흘러 그 푸르름이 더하도다	薩水湯湯漾碧虛
수나라 병사 백만이 물고기가 되어버렸지	隋兵百萬化爲魚
지금 잠시 머물며 어부와 나무꾼의 이야기를 듣자니	至今留得漁樵話
정복자의 호탕한 웃음 지금까지 들리는 듯 하도다.	未滿征夫一哂餘

　수양제는 정신을 못 차리고 이후에도 2차, 3차 침공하였다. 613년 2차 침략, 614년에 3차 침략이 바로 그것이다. 그러나 고구려 조의선인들은 매번 용맹히 일어나 죽음을 불사하고 적을 무찌르니, 수나라는 결국 멸망하게 되었다.

　수나라와 전쟁을 마친 후 장군은 평양의 서쪽 용악산 아래 마을에 초당을 짓고 노년을 보냈으며, 묘지는 대동강변에 인접한 강서군 잉차면芿次面 2리 현암산玄巖山에 있다고 전해진다.

　단재 신채호 선생은 〈을지문덕 장군의 전기〉에서 장군이 의백毅魄·웅략雄略·외교外交·무비武備를 고루 갖춘 독립적 기상과 건투적 정신의 대표적 인물이라고 하였다. 또 진성眞誠·강의强毅·특립特立·모험 네 가지로 압축하여, 힘써 이루고, 굳건하며, 뛰어난 재주와 강한 모험심을 가진 인물이었다고도 평하였다. 그러면서 장군을 신라의 김춘추와 비교하였으니, 가히 을지문덕 장군은 만고의 영웅호걸이었다고 할 수 있다.

57. 조의선인 연개소문

상고시대의 고신도古神道가 고구려에서는 조의선인으로 맥을 이었다. 고구려의 국상 을파소가 나이 어린 준걸들을 뽑아서 선인도랑仙人道郎이라 하고, 교화를 관장함을 참전參佺, 무예를 관장하는 자를 조의皂衣라 하였다.

《해상잡록》에 이르기를 연개소문은 조의선인 출신이라고 하였다. (明臨答夫蓋蘇文此皆皂衣仙人出身)

조의선인이라 함은, 선인들이 주로 검은 옷을 입고 다녔으므로, 조의를 입은 선인이라는 데서 그 명칭이 유래되었다.

연개소문(?~666)은 모습이 웅장하고 의기가 호걸스러웠다고 한다. 소년시절에 벌써 웅지를 품고 당나라에 들어가 지형과 문물 풍토를 관찰하였으며, 당태종 이세민을 연구하였다. 그리하여 장성해서는 안시성 전투에서 이세민의 당나라 군사를 궤멸시키는 큰 승리를 거두었다. 이에 대해 송나라의 왕 신종神宗과 그 측근 신하인 왕안석의 문답이 이렇게 오고갔다고 한다.

"당태종이 고구려를 쳤는데, 어찌하여 이기지 못했는가?"
"연개소문이 비상한 인물이었습니다."

이렇듯 조의선인 출신인 연개소문은 고구려 국상인 막리지莫離支가 되어서 전국의 병마와 재정을 총괄하였다. 몸에는 5개의 칼을 차고, 나가 다닐 때는 군사를 거느리니, 그 위엄과 용맹이 하늘을 찌를 듯 하였다고 한다. 그리하여 군사를 서쪽으로 움직이면 당나라가 두려워 떨고, 남쪽으로 옮기면 신라와 백제가 그 사나움을 꺼렸다고 한다.

연개소문의 아들 남생男生 또한 조의선인 출신이었으니, 남생의 묘비에는 이렇게 쓰여 있다.

- 9세부터 총명하여 조의선인의 일원이 되었고, 부친의 선選으로 낭관郎官이 되어, 중리대형中裡大兄 중리위두대형中裡位頭大兄의 요관을 역임하여, 24세에 막리지가 되고, 3군 대장군을 겸임하였다.

이렇듯 연개소문은 부자간에 대대로 조의선인 출신이었고, 연개소문이 죽은 후에는 맏아들 남생이 그 자리를 이어받은 것으로 보인다.

고구려에는 선배제도가 있었으며, 관직에 조의선인皂衣仙人, 선인仙人, 대형大兄 등의 벼슬 이름들이 있었다. 선배先輩는 이두문자로 선인先人 혹은 선인仙人을 가리키는 말이다.

고구려의 선배들은 평소에는 부락의 큰 집회소에 모여 학문과 종교의 도야에 힘쓰며 무예를 연마하였다. 또 마을의 성곽이나 도로 수축 등 환란 구제에도 스스로 임하였다. 그러다가 전쟁이 나면 주저하지 않고 전쟁터로 달려 나갔다.

또 동맹東盟의 제천행사나 단오, 중추절 등 명절 때에는 각종 무예의 큰 경기대회를 열어 기량을 겨루기도 하였다.

《위서魏書》에는 '고구려 사람은 용력勇力이 있고, 궁마弓馬를 잘 쓴다.'고 하였다. 또 《삼국지》에도 '고구려 사람은 기력이 있고, 전투를 잘 익힌다.'고 하였다.

고구려는 북쪽으로는 당나라의 세력을 막아내야 하고, 남쪽으로는 신라와 백제의 세력과도 각축을 벌여야 했으므로, 고구려 조의선인들의 무사정신은 그 어느 나라보다도 강하였다. 그리하여 위나라가 2차례에 걸쳐 수많은 군사를 이끌고 쳐들어 왔을 때도, 또 수나라의 거대한 적군이 4차례씩이나 쳐들어 왔을 때에도, 매번 조의선인들은 죽을 각오로 용맹하게 적군을 물리쳤다. 그리하여 고구려를 복속시키려던 수나라는 오히려 수나라 자신이 패망하는 결과를 자초하고 말았다.

조의선인들은 수적으로 매우 열악하였다. 그러나 전쟁이 날 때마다 매번 수십 배나 되는 적군들을 용맹스럽게 무찔렀다. 이는 고구려 조의선인들에게 함양된 무용정신武勇精神이 생사를 초월한 희생정신에 있었고, 또 그들이 가지고 있었던 적극적인 실전 행동에 있었던 것이다.

송나라 사신으로서 고구려에 왔던 서긍徐兢은 《고려도경》에 조의선인들을 이렇게 묘사하고 있다.

- 고구려의 재가화상在家和尚은 가사도 입지 아니하고, 불계도 가지지 아니하고, 흰모시의 좁은 옷에 조백皂帛으로 허리를 두르고, 여염에 거하며 처자를 두는데, 매양 공공公共한 일에 힘써, 도로의 소제와 도랑의 개통과 성곽 수축 같은 일에 종사한다. 그러다 전쟁이 일어나면 스스로 양식을 가지고 단결하여 출전한다. 모두가 전쟁에 용맹하여 매 전쟁 때마다 먼저 앞서나, 그 실은 형여刑餘의 역인役人이어늘 다만 삭발을 깎음이 불교도와 같은 고로 화상이라 함이니, 이것이 고구려 조의皂衣의 유풍이 될지라. 조백皂帛으로 허리를 두른 고로, 조의라 함이요, 국가에 대한 신앙이 굳은 고로 생사를 가벼이 하며, 세속의 의무와 세정에 구애가 없는 고로 몸을 공익에 잘 바치며, 평일의 노고로 신체를 잘 단련하여 체육이 건용을 주하므로 전란에 나아감이 용맹함이며, 명임답부明臨答夫(연개소문)가 무리로써 기사한 고로 지방적 혁명으로 성공을 용이히 함이라.

여기서 웃지 못할 에피소드는 그 당시 송나라에서는 죄인들에게 삭발을 시켰으므로, 서긍은 '실은 형여刑餘의 역인役人이어늘, 다만 삭발을 깎음이 불교도와 같은 고로 화상이라 함이라'며 조의선인을 형이 남은 죄수들로 오판하고 있는 것을 볼 수 있다. 단재 신채호 선생은 고구려의 조의선인에 대해서 이렇게 정리하였다.

- 선배先輩는 이두문자로 선인先人 혹은 선인仙人이라 쓴 바, 선先과 선仙은 선배의 선의 음을 취한 것이며, 인人은 선배의 배의 뜻을 취한 것이니, 선배는 원래 신수두 교도의 보통명칭이려니와, 태조 때에 와서 매년 3월과 10월에 신수두 대제大祭에 모든 군중들이 모여, 혹 칼로 춤추며, 혹 활도 쏘며, 혹 깨금질도 하며, 혹 택권이도 하며, 혹 강의 얼음을 깨고 물속에 들어가 물싸움도 하며, 혹 가무歌舞를 시연하여 그 아름다움을 보며, 혹 대수렵을 행하여 그 노획의 많고 적음도 보아, 여러 가지의 내기에 승리하는 자를 선배라 칭하고, 선배 된 이상에는 국가에서 녹을 주어 그 처자를 먹이어 집안에 누가 없게 하고, 선배 된 자는 각기 군대를 나누어 한 집에서 자며 한 자리에 먹고, 앉으면 고사故事를 강습하거나 하여, 일신一身을 사회와 국가에 바쳐 모든 곤고困苦를 사양치 아니하며, 그 중에서 성품과 학문과 기술이 가장 뛰어난 자를 뽑아 스승으로 섬기어, 일반의 선배들은 머리를 깎고 조백皂帛을 허리에 두르고, 그 스승은 조백으로 옷을 지어 입으며, 그 스승 중에 상두上首는 '신크마리' 곧 '두대형頭大兄' 혹 '태대형太大兄'이라 칭하며, 그 다음은 '마리' 곧 '대형大兄'이라 칭하며, 최하는 '소형小兄'이라 칭하고, 전쟁이 일면 신크마리 두대형이 그 정부의 선배를 모아서 스스로 하나의 집단을 조직하여 전쟁터로 달려가, 전승치 못하면 전사할 것을 작정하여, 죽어 돌아오는 자는 백성이 이를 이기고 돌아온 군사와 같이 영달로 보고, 패퇴하면 이를 수치하므로, 선배들이 가장 전쟁터에서 용맹하였으며, 고구려 당시에 각종 지위를 거의 골품骨品으로 얻어, 미천한 자가 고위에 오르지 못하였으나, 오직 선배의 단체는 미천함이 없이 학문과 기술로 개인의 지위를 정하는 고로, 인물이 선배 중에서 가장 많이 배출되었다.

그러나 고구려가 망한 뒤에 선배先輩의 유당들은 유풍을 보전하여 촌락에 은거하여 그 의무를 밟아오던 바, 선배(선비)의 명칭은 유교도에게 빼앗기고, 그 머리를 깎은 까닭으로 재가화상이란 가假 명칭을 가지게 된 것이며, 후예가 빈곤하여 학문을 하지 못하여, 조상의 고사古事를 날로 잊어, 자가自家의 내력을 자증치 못함이라.

단재 신채호 선생의 이와 같은 회한은 오늘날의 우리 민족을 말함이다. 고조선 시대나 삼국시대까지만 해도 우리민족 고유의 고신도古神道가 나라의 국교였으나, 오늘날 많은 사람들은 그것을 모르고 있는 것이 뼈아픈 현실이다.

아무튼 조의선인 출신인 연개소문은 643년에 당나라에 대한 유화·회유 정책으로 보장왕에게 주청하여 도교를 수입하기도 하였으니, 사서史書의 내용을 보면 이렇다.

- 보장왕 2년 봄, 연개소문이 왕께 아뢰기를 "3교敎는 마치 솥의 세 발과 같아서 하나라도 빠지면 안됩니다. 지금 유교와 불교가 모두 성하고 도교가 그렇지 못하니, 천하의 도술을 다 갖추었다고 볼 수가 없습니다. 청하옵건데 당나라에 사신을 보내어 도교를 받아들이시고, 나라의 사람들에게 가르치시옵소서." 왕이 이를 받아들여 당나라에 청하니, 당태종이 도사 숙달叔達 등 8명을 파견하며 《도덕경》을 보내왔다. 왕이 기뻐하며 승려들의 절을 취하여 그들의 숙소로 삼았다.

이리하여 당나라의 도교 도사들이 천존상과 《도덕경》을 가지고 고구려에 와서 처음으로 강론하였다.

이처럼 우리나라에는 먼 옛날부터 자생적으로 전승되어 온 민족 고유의 전통사상을 계승한 조의선인이 있었으며, 조의선인 연개소문의 주청에 의해서 중국 도교가 처음으로 수입되었던 것이다.

앞서 필자는 고구려의 관직에 조의선인皂衣仙人, 선인仙人, 대형大兄 등의 벼슬 이름이 있었다고 하였다. 여기서 재미있는 사실은 바보 온달이 처음에는 장인 평원대왕에게 인정을 못 받다가, 아내 평강공주의 내조로 전쟁에서 공을 세우고 나서야 비로소 인정을 받아 대형이 되었다는 사실이다. 이때부터 평원대왕은 온달 장군을 옆에 끼고 총애하였으며 '대형이 바로 내 사위'라고 자랑하였다고 한다.

58. 조의선인과 안시성 전투

645년에 있었던 안시성 전투는 고구려 연개소문과 당나라 태종 이세민이 벌인 죽음을 불사한 한판 대결이었다. 이때 당태종을 호위하고 고구려를 침략한 장수들은 장손무기, 장량, 설인귀, 이세적 등 내노라하는 당나라 장수들이었고, 이들 30만 대군을 용맹스럽게 무찌른 것은 고구려의 이름 없는 3만 조의선인이었다. 고려의 최영 장군은 이때의 싸움을 이렇게 찬양하였다.

"당나라가 30만 대군으로 고구려를 침략했으나, 고구려는 조의선인 3만을 내어 이를 대파하였다."

3만으로 30만을 무찔렀으니, 고구려 조의선인들의 용맹이 어떠했는가는 가히 짐작이 가는 바이며, 1당 100이라는 말도 여기에서 나온 것이다.

당나라 태종은 일찍감치 고구려의 요동 땅을 욕심내어 치밀한 계획아래 전쟁을 준비하였다. 수나라 또한 고구려의 요동 땅을 욕심내어 4차례나 쳐들어 왔었지만, 결국 고구려에 의해 멸망당하고 말았다. 후주後周 역시 요동을 욕심내어 쳐들어 왔었지만, 온달 장군이 선봉이 되어 질풍같이 쳐낸 바 있다.

중국 학자 서량지는 《중국사전사화》에서 '황제족이 동이문화를 받았다.' '은殷(상商)은 곧 요동의 동이 땅인 조선에서 일어났다.'고 하였다. 그리고 현대에 와서는 중국의 왕소부 교수가 이렇게 말하고 있다.

"고구려는 대단히 강성했습니다. 요동은 완전히 고구려 차지였고, 요하 서쪽까지도 고구려 영향력 아래에 있었습니다."

이러한 고구려의 강성은 선배제도(조의선인)의 창설에서 비롯되었다고, 단재 신채호 선생은 《조선상고사》에서 밝힌 바 있다.

당태종은 군대를 훈련시키고, 군량미를 실어 나를 배도 새로 만들고, 고구려에 염탐꾼을 보내 정보를 수집하면서 치밀한 전쟁 준비를 하였다. 641년에는 직방낭중 진대덕을 고구려에 사신으로 보냈다. 직방낭중은 지도를 관리하는 직책으로, 6부 중 하나인 병부에 속하면서 지도를 관리하는 직책이다. 예를 들면 산성의 위치나 도로, 지세, 산세 등 지리적 사항을 파악하는 직책인 것이다.

진대덕에게 고구려의 지리적 정보를 보고 받은 당태종은 644년 다시 최신 정보를 파악하기 위해 장엄을 사신으로 보냈다. 그런데 당나라의 계략을 안 연개소문이 장엄을 가두고 돌려보내지 않은 것이다. 당태종은 이것을 빌미로 삼아서 고구려에 전쟁을 선포하였다.

"수나라가 4차례나 군사를 보냈으나 패하였으니, 내가 중국 자제들의 원수를 갚겠노라!"

644년 6월, 당태종은 고구려의 요동 공격을 명령한 후 11월에 육지와 바다 양면으로 30만 대군을 편성해 공격을 시작했다. 그리고 645년 2월에는 당태종이 직접 원정길에 올랐다. 당나라 수도 장안에서 고구려까지는 빨라도 서너 달은 걸리는 거리였다.

요동성에 이르러서는 당태종이 친히 흙짐을 지어 나르며 참호를 만들고 죽을 각오로 싸웠는데, 피차간에 죽고 상한 자가 수도 없이 많았다고 한다.

당군은 요동을 거쳐 안시성까지 돌격하였다. 안시성 전체를 포위하고 맹렬한 공격을 벌이기 시작했다. 그러나 고구려군도 만만치 않았다. 끈질기게 항전하며 당나라 군사들을 물리쳤다. 하루에도 수십 차례씩 공방전이 오갔다. 당나라 군사가 각종 공성기구攻城機具를 총동원하여 돌을 날리면, 고구려군은 재빨리 목책을 세워 용맹스럽게 사수하였다.

이러한 공방전이 3개월에 걸쳐 계속되는 가운데, 당태종은 난공불락의 안시성을 함락하기 위한 묘책을 연구해냈다. 안시성 바로 옆에다가 안시성

보다 더 높은 산을 쌓는 것이었다.

당태종은 2달에 걸쳐 군사들을 총동원하여 흙으로 산을 쌓았다. 그리고 마침내 안시성을 공격하려는 찰나, 그만 흙산이 무너지는 사건이 발생하고 말았다. 신神은 고구려 편이었던 것이다. 이때 흙산이 무너져 내리면서 안시성 또한 한쪽 귀퉁이가 무너졌는데, 이때 자칫하면 안시성이 당나라 군사에게 뚫릴 위험성도 있었다고 한다. 그러나 성안에서 갑자기 검은 옷을 입은 조의선인들이 빠르게 쏟아져 나와서는 천장의 거미줄을 걷어내듯 당나라 군사들을 흙산 아래로 내팽개쳤다고 한다. 그리고 재빠르게 당나라 군사들이 쌓은 흙산을 점령해버렸다. 이때 조의선인들의 걸음걸이는 달음질치듯 빨랐다(축지법)고 한다.

이때 활약했던 검은 옷을 입은 조의선인들은 고수들로 이루어진 스승급 정예부대였던 것을 알 수 있다.

송나라 서긍의 《고려도경》이나, 단재 신채호 선생은 공통적으로 선배 조의선인들은 흰모시의 좁은 옷에 조백皂帛을 허리를 두르고, 스승은 조백으로 옷을 지어 입는다고 했다. 말하자면 일반 조의선인들은 허리에 검은 띠를 두르는데 비해 스승들은 옷 전체를 검은 옷으로 지어 입었다는 것이다. 그러니 검은 옷을 입은 조의선인들이 빠르게 쏟아져 나와 천장의 거미줄 걷어내듯 당나라 군사들을 흙산 아래로 팽개친 존재들은, 바로 조의선인 중에서도 스승급 고수들로 이루어진 정예부대였던 것을 알 수 있는 것이다.

그리고 우리는 또 추정해 볼 수 있다. 고수의 스승급 조의선인 정예부대가 미리 대기하고 있었던 정황으로 보아서, 흙산이 무너진 것은 조의선인들의 계획된 작전이 아니었을까?

아무튼 당태종은 흙산을 탈환하기 위해 날마다 싸움을 벌이며 공방전을 벌였으나, 끝내는 안시성 성주 양만춘이 쏜 화살에 한쪽 눈을 맞고 말았다. 게다가 엎친 데 덮친 격으로 날씨는 추워지고, 배로 실어오던 군량미

마저 고구려군에게 기습받아 차단당하고 말았다. 어쩔 수 없이 당태종은 패배를 인정하고 퇴각할 수밖에 없었다.

만주벌판을 가로지르는 요하의 늪지대를 건널 때는 당태종마저 말에서 내려 갈대를 베어 진흙길을 메우고 수레를 다리삼아 건너는 작업을 도와야만 했다. 그만큼 당태종의 퇴각은 다급하고도 처참한 상황이었다.

연개소문은 퇴각하는 당태종을 추격하여 고구려의 옛 땅이었던 유주, 산서성, 산동성, 강소성 일대를 모두 수복하고 고구려성을 쌓아 국경 경계를 더욱 강화하였다.

광개토대왕 때에도 후연을 무너뜨렸는데, 후연은 바로 북경 인근지역이었다. 고구려 5대 모본왕 때도 바로 어양(북경 북쪽 회유懷柔 지역)까지 공격한 기록이 있다.

놀랍고도 재미있는 사실은 연개소문이 당태종을 추격하였던 요동에서 북경으로 들어가는 교통의 요충지인 하북성 풍윤현 황량대 지방 일대에는 지금까지도 각종 전설과 경극에서 연개소문이 빠짐없이 등장한다는 사실이다. 그 가운데 특기할만한 사실은 황량대에 전해 내려오는 그림 하나가 당태종과 설인귀가 앞서 말을 달리고, 그 뒤를 연개소문이 추격하는 그림이다.

황량대는 당나라가 고구려 군사를 속이기 위한 곡식창고인데, 이 황량대가 북경 조양문부터 산해관에 이르기까지 10여 곳이 있다. 이로 미루어 봐서, 고구려군은 당시 북경 일대까지도 영향력을 미쳤던 것을 알 수 있다.

아무튼 전쟁에서 패배한 당태종은 군량미 보급을 차단당해 결정적인 패배의 원인을 제공한 수군 책임자 장량을 옥에 가두고, 수군 총관 장문한은 참수하였다.

이때 요동반도의 남쪽바다 섬인 장해군도(장산군도)에서 당군의 군량미 수송선을 차단시킨 총 책임자는 다름아닌 연개소문의 친 누이동생 연수영

淵秀英 여성 해군 제독이었다.

이보다 100년 전에 벌써 신라는 화랑들의 총 우두머리로 원화가 활동하고 있었으니, 연수영 해군 제독이 여성이라 해서 하등 이상할 것도 없다. 그리고 현재 해양도의 고려장, 대장산도의 고려성산, 광록도의 고려성이라는 이름은 그 당시부터 내려오는 지명이다. 대장산도를 비롯한 장해군도의 섬에도 고구려성이 있었다고 한다. 고구려는 원래 이름이 고려로, 고대 역사책에도 고구려는 고려라는 이름으로 더 많이 나온다.

결국 당태종은 고구려 침공의 패배가 원인이 되어 병으로 사망하는데, 마지막 유언을 이렇게 남겼다고 한다.

"고구려 공격을 그만 두라."

그렇다면 안시성은 도대체 어디에 있을까?

압록강을 지나 신의주가 한눈에 보이는 단동丹東을 지나면 지금도 고려문, 고려성이라고 불리는 지역이 있다. 이곳을 지나면 천연의 요새가 나타나는데, 고구려의 봉황성이다. 조선시대까지만 해도 이 봉황성을 안시성이라고 불렀다고 한다. 그러나 실학자 연암 박지원은 이곳 봉황성에서 서쪽으로 500리 지점으로 더 가야 안시성이 있다고 주장하였다. 그곳은 해성시 영성자 산성이다. 병풍을 두른 듯 마을을 감싸 안고 있는 산을 따라 산성이 조성되어 있는 곳이다.

이 마을 사람들은 지금까지도 이 성을 고려성이라고 부르고 있으며, 마을 이름은 고구려촌이라고 부른다고 한다. 왜 그렇게 부르냐고 묻자, 현지 주민은 이렇게 대답하였다.

"옛날부터 그렇게 불러 왔으니까요."

그리고 고구려성을 답사하는 한국인들의 발길이 점점 많아지면서, 중국 정부는 1990년대부터 이렇게 접근 금지령을 내렸다.

'가지도 말고, 사진 찍지도 말고, 구경하지도 말라.'

안시성 일대가 고려문, 고려성, 고구려촌이라는 이름을 갖게 된 것은 아마도 그 땅이 중국으로 예속되면서부터일 것이다. 사는 사람은 고구려 사람들인데, 행정구역이 중국에 속하게 되다보니, 자연 마을 이름이 그렇게 불리지 않았을까?

아무튼 연개소문과 당태종의 싸움에서 비록 고구려가 승리하긴 했지만, 많은 손실을 면치 못한 것은 사실이다.

《매천야록》에는 당나라의 이세적이 평양성을 쳐들어 왔을 때, 고구려의 장서고藏書庫를 열람해 보고는 문헌이 잘 갖추어 있는 것을 시기하였다고 한다. 그래서 이를 남기면 후손들이 알까 두렵고, 변방의 우환 또한 자심해질 것이라며 모두 불질러버렸다고 한다.

또 발해 왕 대조영의 친동생인 대야발은 당태종을 따라 왔던 설인귀가 고구려의 국서고國書庫를 부수고, 장서藏書들을 모두 불태웠다며, 설인귀를 몹시 원망하는 글을 《단기고사》 서문에 적어 놓았다.

그러고 보면 전쟁은 이겨도 손해, 져도 손해다. 그러니 이제는 우리 모두 힘을 모아 평화를 위해 매진할 때다.

59. 고구려 여성 제독, 연수영

연수영淵秀英(?~645~?)은 고구려의 국상이었던 연개소문의 친 누이동생으로, 지금으로부터 1400여 년 전 고구려 해군의 최고 여성 지휘관이었다.

신라는 이보다 100년 전에 벌써 화랑들의 총 우두머리로 원화源花가 활동하고 있었으니, 고구려 연수영 해군 제독이 여성이라 해서 하등 이상할 것도 없다.

중요한 것은, 645년 고구려 연개소문은 당나라 태종 이세민의 침략을 받아 안시성 전투에서 죽음을 불사한 대결을 벌였다. 이때 당태종과 그를 호위한 장손무기, 장량, 설인귀, 이세적 등 내노라하는 당나라 장수들과 30만 대군이 고구려를 침략했으나, 고구려는 조의선인 3만으로 이를 대파하였다는 사실이다.

이때 조의선인 3만으로 당나라 군사 30만을 무찌를 수 있었던 비결은, 보이지 않는 곳에서 죽음을 무릅쓰고 적군의 군량미 보급을 차단한 연수영 해군 제독의 역할이 컸다는 점이다.

전쟁에서 패배한 당태종 이세민은 당나라로 돌아가 제일 먼저 한 일이, 군량미 보급을 차단당해 결정적인 패배의 원인을 제공한 해군 책임자 장량을 옥에 가두고, 해군 총관 장문한을 참수시켰다.

당나라 해군이 군량미 보급을 차단당해 결정적인 패배의 원인을 제공하여 능지처참 당했다면, 반대로 고구려의 승리를 이끈 결정적 원인은 적군의 군량미 보급을 차단시킨 고구려 해군의 역할이라 할 수 있다.

이때 요동반도의 남쪽바다 섬인 장산군도(장해군도)에서 고구려 군사들을 지휘하여 당나라 군사의 군량미 수송선을 차단시킨 최고 책임자가 바로 연수영 여성 해군 제독이었던 것이다. 당시 당나라 해군이 장산군도에서 고구려 해군에 의해 군량미 보급을 저지당하지 않았더라면, 당태종 이세민의 고구려 정벌 야욕은 순조롭게 달성되었을 것이다.

그러나 이렇듯 출중한 지략으로 크나큰 전공을 세웠지만, 연수영 해군 제독에 관한 기록은 어느 정사政史에도 나와 있지 않다. 예나 지금이나, 대부분의 남성들은 여성들의 공로를 알리고 싶어 하지 않는 심리가 있는 것이다.

그러나 최근에 이르러서 고구려의 전략적 해군기지였던 발해만의 옛 비사성卑沙城, 석성石城, 청석관靑石關 등지에서 연수영 여성 제독의 존재를 증명해 주는 여러 금석문들이 발굴된 것이다.

비사성, 석성, 청석관 등은 연수영 제독이 지키던 성들로서, 금석문을 처음 발견한 사람은 1940년대 요령성 개주의 현장을 지낸 신광서라는 중국 사람이었다. 그런데도 우리나라에서는 이를 중요하게 여기지 않다가 2003년 중국이 청석관 유적지를 유네스코에 등재하면서 겨우 주목하기 시작하였다.

현지에서는 연수영 제독의 비문碑文 뿐만 아니라, 이미 사당까지 모셔 놓은 곳이 있었으며, 전설까지 전해지고 있었던 것이다.

중국 야사인 《서곽잡록西郭雜錄》과 《비망열기備忘烈記》 등에 의하면 연수영 제독은 문무文武가 뛰어나고 신출귀몰하였다고 한다. 특히 비도飛刀를 잘 날려서, 한번 날리면 백발백중이었다고 한다.

"바다는 하늘이 내린 요새, 나는 바다를 누비는 장수가 되고 싶다!"

평소 소원대로 그녀는 해군 제독이 되어 장산군도에 여러 성곽을 개축하였으며, 전선戰船을 건조하고, 수군양성에 박차를 가하는 등 강력한 고구려 해군으로 정비하는데 힘을 쏟았다. 그리하여 마침내 당나라 해군과의 싸움에서 크게 이길 수 있었던 것이다. 연수영이 도사道使로 부임해 있던 석성石城 점장대點將臺의 비문에는 이렇게 새겨져 있다.

- 642년 태왕太王(보장왕) 1년 계묘 9월, 왕이 교서를 내려 연수영을 석성 도사로 삼았다. 3년 을사 봄 3월, 당나라 이세민이 수륙水陸 105만 병력으로 요동지역을 침범해 왔다. 비사성의 성주 우소于召가 묘도妙島로 출병했다. 석성도사 연수영이 출병을 반대하여 이르기를, 역류가 일어 군선이 뒤집히니 출병은 불가하다. 게다가 묘도는 적지이며 적세가 강하니 출병은 옳지 않다. 그러나 우소부于召夫는 묘도로 병력을 보냈다. 결국 역풍이 불어 군선이 부서지고, 묘도에서 적을 만났다. 적장 장량이 기다렸다는 듯 사방에서 공격해 왔고, 형세가 매우 위급해져 많은 군사가 목숨을 잃고 말았다. 연수영이 곧 수군을 이끌고 나아가 구원했다.

한편 같은 석성의 소장루梳牡樓에서 발견된 비문 내용도 있다.

- 소장루는 연수영이 군무를 처리하던 곳으로, 연개소문이 누이동생을 위해 지은 것이다. 여자 장수라 남자 군사들과 내성에서 함께 살 수 없기 때문이었다. 개수영은 문예, 군략, 무예가 뛰어났기 때문에 성을 지키는 으뜸 장수가 되었으며, 나라를 연 이래로 수군의 장수로서 다른 장수들을 능가해 가장 뛰어났다.

이 밖에도 서경대학교 서길수 교수가 해석한 석성 소장루 현판 내용을 토대로 연수영 제독의 이력을 살펴보면 대략 이러하다.

- 642년 석성도사로 부임해 당군의 침략에 대비하여 해군의 증강부터 착수했다. 그녀는 5천 명의 군사를 수군으로 양성했으며, 70여 척의 전함도 건조했다. 그녀는 비단 실권자인 연개소문의 누이동생이라는 후광뿐만이 아니라, 문무에서 탁월한 능력과 비상한 통솔력을 발휘하였다. 645년 마침내 당나라가 고구려에 쳐들어오자 연수영은 당나라의 해상기지인 창

려로 진격하여 적선 1백여 척을 불태우고 성산의 적군을 무찌르니, 죽은 당나라 군사가 2만에 이르렀다. 연수영은 이 전공으로 석성도사에서 해군 군주 겸 모달模達로 승진했다. 그리고 계속해서 연전연승의 전공을 세워 마침내 해군 원수元帥로까지 승진하였다. 이 무렵의 중국 측 사서에 당나라 해군의 활동전황이 거의 공백상태로 있는 것은, 고구려의 연수영 제독에게 당한 치욕적인 참패를 의도적으로 은폐한 것으로 사학자들은 추정하고 있다.

충북대학교 전영미 교수들이 연구한 비사성 발굴 비문에 의하면, 645년 8월 15일에 벌어진 대장산도 해전에서도 영수영 제독은 2만의 수군으로 10만의 당나라 수군을 통쾌하게 쳐부쉈다. 당나라는 1천여 척의 전함에 10만의 전투 병력을 동원하였으나, 대참패를 당하고 겨우 남은 절반의 전함과 절반의 군사만으로 부랴부랴 후퇴하였다.

《구당서舊唐書》에 의하면, 패전보고를 받은 당태종이 이렇게 소리치고 탄식했다고 한다.

"적보다 다섯 배나 많은 군사로 이기지 못했단 말이냐! 이 바보 같은 자식들아! 이를 장차 어찌한단 말이냐!"

그러나 연전연승으로 대승을 거듭하며 당나라의 적선을 불태우고 적군을 살상하던 연수영 제독에게 음모의 그림자가 드리워졌다. 연개소문을 두려워하던 보장왕은 648년 7월, 연개소문을 견제하기 위해 그의 오른팔인 연수영 해군 원수를 부여성으로 유배시켰다. 그리고 그 자리에 연개소문의 배 다른 동생인 연정토를 임명하였으니, 연정토는 연수영의 둘째 오라버니였다.

그러나 연정토는 해군 총원수가 되자마자 그 해 9월 전공을 탐내어 당나라의 수군기지인 신성도 협량곡을 공격하다가 그만 참패를 당하고 말았다. 이에 국상 연개소문은 동생 연정토를 파면하여 옥에 가두고, 억울하게 귀양살이하던 여동생 연수영을 다시 복직시켰다. 그러나 결국 권력의 암투를 벗어나지 못하고, 이들 형제들의 최후는 순탄하지 못했던 것으로 보인다.

현재 연수영 제독의 관련 유적지는 안타깝게도 중국 해군기지로 되어 있으며, 금석문 또한 중국 정부에 의해 접근 금지되어 있다. 우리나라에서는 겨우 뜻 있는 작가에 의해 《연수영》이란 제목의 역사소설이 나와 있을 뿐이다.

60. 백 제

　백제 왕족은 성씨가 부여씨扶餘氏이다. 즉 부여를 계승했다는 의미를 담고 있는 것이다.
　신라에 화랑도가 있었고, 고구려에 조의선인이 있었다면, 백제에도 같은 내용의 사상이 있었을 것이다. 그러나 기록이 남아 있는 것이 없으니, 전쟁에서 승리한 신라가 고구려와 백제의 기록을 모두 없애버렸고, 고려는 신라의 기록을 없애버렸기 때문이라고 단재 신채호 선생은 갈파하였다.
　그러나 온조왕 20년(서기 2년) 봄 (음력) 2월에 왕이 큰 단壇을 설치하고 친히 천지에 제祭를 올렸다는 기록이 있고, 또 백제의 문물이 일본에 영향을 미친 역사가 있었으니, 백제의 선도仙道 연원 역시 일본의 고사古事에서 찾아볼 수 있다.
　《일본서기》에 나타난 백제에서 파견된 왕족들의 이름을 보면 의다랑意多郞, 적계여랑適稽女郞, 래색여랑來索女郞, 주군酒君, 가수리군加須利君, 곤지군昆支君, 도군嶋君, 마나군麻那君, 사아군斯我君, 법사군法師君, 위가가군爲哥加君, 안교군鞍橋君 등이 보이고 있다.
　여기서 가수리군은 백제 제21대 개로왕蓋鹵王(456~475)이고, 곤지군은 개로왕의 동생이며, 도군은 제25대 무령왕武寧王이다. 법사군은 505년 여름 4월 무령왕(재위501~523)에 의해 파견된 사아군斯我君이 일본에서 낳은 아들의 이름으로, 왜군倭君(야마토 노키미)의 선조가 된다.
　랑郞이나 군君은 고조선의 단군檀君이나 천지화랑天地花郞, 또 신라의 화랑花郞에서 볼 수 있는 글자로서, 단재 신채호 선생은 단군檀君의 군君자가 동군東君, 제군帝君, 진군眞君, 운중군雲中君,

상군湘君 등 신군神君의 이름으로, 선가仙家 용어라고 하였다.

　백제 왕녀들의 이름인 적계여랑適稽女郞과 래색여랑來索女郞은 신라의 왕녀였던 어사추여랑於史鄒女郞의 이름과 전혀 다를 바가 없다. 또 고구려 추모왕의 어머니인 유화부인도 '여랑女郞'으로 장수왕 때 세운 광개토대왕비문에는 표현되어 있다.

　아무튼 백제의 찬란한 사상과 문화는 일본의 고대문화를 꽃피우는데 많은 도움을 주었다. 백제의 혜총은 일본 쇼토쿠 태자의 스승이었으며, 아직기와 왕인 박사는 한학과 천자문을 전해 주었다. 미마지味摩之는 음악을 전해 주었으며, 하성河成 또한 미술을 전해주고 일본에 사천왕상을 남겼다.

　이 밖에도 천문天文·역법曆法·지리地理·화공畵工·와공瓦工·경사經師·율사律士·의사醫師 들을 보내주는 등, 백제는 일본의 문화 발전에 많은 도움을 주었다.

　옛날에는 승려로서 선도를 함께 닦은 이들이 많았는데, 602년 음력 10월에 백제의 승려 관륵이 일본에 역서曆書·천문天文·지리地理·둔갑遁甲·방술方術을 전해 주고, 일본의 서생 3명을 뽑아서 본격적으로 학습시켰다는 기록이 있다. 양호사陽胡史의 원조 옥진玉陳은 역법을 배우고, 대우촌주大友村主인 고총高聰은 천문·둔갑을 배우고, 산배신山背臣인 일입日立은 방술을 배워서 학업을 달성하였다고 한다.

　이러한 연고들로 인하여 백제가 신라와 싸우기 위해 일본에 군사를 청하니, 이렇게 대답하였다.

　- 백제는 예로부터 고유의 도道가 있었습니다. 그러나 불교가 들어와 그 도를 돌보지 않으니, 이제부터라도 그 고유의 도를 부활하여 닦으면 스스로 강대국이 될 것입니다.《일본서기》

　또 1971년 백제 무녕왕릉에서 출토된 동경면銅鏡面에도 다음과 같은 기록이 있다.

- 뜻을 세우니 참으로 좋고, 위에 선인이 있음에 늙음을 알지 못함이라. 목마를 때 옥수玉水를 마시고 배고플 때 대추를 먹으니, 금석과 같이 오래 산다. (尚方 作意眞大好 上有仙人不知老 渴飮玉泉 飢食棗壽 如金石兮)

특히 1993년 부여 능산리에서 발굴된 〈금동용봉봉래산향로〉는 삼신산을 중첩하여 표현하였으며, 산악숭배·불로장생·신선사상 등을 표현한 대표적인 향로이다. 이로 보아 고구려나 신라와 마찬가지로 백제에도 고유의 도道 신선도神仙道가 있었음이 명백하다.

고대로부터 계승된 우리민족의 태양숭배 사상은 신라, 고구려, 백제, 3국에 그대로 전해졌다.

고구려 고분벽화에 태양숭배 사상의 상징인 삼족오가 그려져 있고, 신라 미추왕味鄒王 이사금泥師今의 보검에도 삼족오가 새겨져 있고, 백제 고이왕古爾王의 초상화에도 삼족오 문양을 새긴 관冠과 신발을 신고 있다.

신라·고구려·백제, 3국의 기와에도 고조선 치우천황의 형상이 새겨져 계승되고 전해지는 것 또한 동일하다.

그러나 고구려에 을파소가 조의선인 제도를 정착시키고, 신라 진흥왕대에 화랑도를 설치한 것처럼, 백제에는 어떤 인재양성 제도가 있었는지 기록에 남아 있는 것이 없다. 다만 세인들의 입을 빌어 몇 가지 명칭이 오를 뿐이다.

- 수사修士 (자기를 닦아나가는 사람들)
- 박사博士 (닦음이 완숙한 자들)

- 무절武節 (무사의 충절을 의미)
- 싸울아비

그러나 이름이야 어떠하든 중요한 것은 신라·고구려·백제, 3국의 고유사상이 같다는 점이다. 백제의 문헌이 남아 있지 않은 이유는 안타깝게도 역사의 잦은 외침과 내전으로 인하여, 전해 내려오는 문헌들이 소실되었기 때문이다. 그러나 백제인의 무사도와 희생정신이 얼마나 강하였는지는 백제의 역사를 보면 잘 알 수 있다.

백제 제2대 다루왕多婁王(28~77) 때는 신라의 침략을 받아 와산성蛙山城 수비병이 끝까지 싸우다가 200여 명이 포로로 잡혔는데, 이 가운데 단 1명도 신라에 항복한 사람이 없이 전원 참수되었다는 사실이다. 이는 신라 화랑도의 '죽음은 있어도 패배는 없다'는 임전무퇴 정신과 한치도 다를 바가 없는 것이었다.

또한 나·당 연합군이 쳐들어 왔을 때 계백 장군이 죽음을 결심하고 자기의 처자식을 먼저 죽이고 전쟁터에 나간 사실만 봐도, 백제 무사의 충절과 희생정신이 얼마나 강하였던가를 가히 짐작할 수 있는 일이다.

황산벌싸움에서 계백 장군은 5천 군사로서 나·당 연합군의 5만 군사를 대적해서 싸워야 했다. 이때 계백 장군은 군사들을 이렇게 격려하며 기세를 불살랐다.

"옛날 월나라는 5천 군사로서 오吳나라의 70만 대군을 격파하였으니, 저 신라의 5만 군사쯤이야, 단칼에 해치우고 승리하자!"

백제의 군사들은 계백 장군이 처자식을 모두 죽이고 나온 사실을 아는지라, 불타는 용맹이 하늘을 찌르는 듯하였다. 그러한 기세로 신라군을 진격하니, 5만의 신라군이 5천의 백제군 앞에서 쩔쩔매었다. 이때 창을 비껴들고 달려든 화랑 관창을 사로잡고도, 차마 죽이지 못하고 살려 보낸 것만 보더라도, 백제 무사도의 정신이 얼마나 신사적이었는지를 잘 알 수 있는 일이다.

　그러나 관창이 재차 돌진해 오매, 어쩔 수 없이 관창의 목을 베어 말꼬리에 매달아 보낸 것이, 백제로서는 돌이킬 수 없는 화근이 되었다. 관창의 잘려진 목을 본 신라 군사들이 의분을 일으켜 용맹을 떨치고 일어난 것이었다. 이로 인해 싸움은 역전되었다. 그러나 계백 장군을 비롯한 백제 군사들은 끝까지 용맹스럽게 사비성을 사수하다가, 모두 기꺼이 죽음을 맞이하였다.

　백제는 비록 망했지만, 후대의 학자들은 계속해서 백제에 희망을 걸고 있다. 조선시대 천재 학자 청한자 김시습은 백제가 민속이 강하고 사나우며, 싸움을 보면 굽힐 줄 모르고, 회복을 다짐하고 있음이 백제의 유풍이라 하였다. 그리고 백제가 뜻을 이루려면 사람들이 공부하여 강하고 굳센 민속을 다듬어 좋은 인재를 길러내야 한다고 하였다.

61. 대진국 발해

《삼국사기》〈최치원전〉에는 이렇게 나온다.

- 고구려 유민들이 서로 모여 북쪽으로 태백산 아래 의거하여, 국호를 발해渤海라고 하였다.

고구려 유민들이 모여 대진국大震國 발해를 개국한 태백산은 바로 상고시대에 환웅께서 하강하신 산이며, 신라 말기의 대학자이자 도인이었던 고운孤雲 최치원崔致遠(857~?) 선생께서 《천부경》을 발견한 곳이다.

《천부경》은 상고시대에 환웅께서 설하시고, 신지 혁덕이 받아 적었다고 전해지며, 녹도문자로 되어 있다. 내용은 간략하면서도 정밀하여서, 사람이 소천지小天地라는 이치를 일목요연하고도 명백하게 밝혀놓고 있다.

태백산에 대해서는 두 가지 학설이 있다. 한 학설은 지금의 백두산을 말하는 것이라 하고, 다른 학설은 현재 중국의 서북지방에 있는 태백산을 말하는 것이라고 한다.

그 이유인즉슨 현재 중국의 서북지방은 고조선시대에는 치우천황이 활동했던 동이족의 무대였다. 그러므로 고운 최치원 선생이 단군전비檀君篆碑를 직접 본 것이 바로 그곳이며, 그가 당나라에 체류했던 기간일 것이라는 것이다.

고구려의 장수였던 대조영大祚榮과 그 부친 대중상大仲象은 668년 고구려가 나·당 연합군에 의해 멸망하자, 고구려 유민들과 말갈족을 규합하여 고구려의 영토 회복에 나섰다.

신인神人이 대조영의 꿈에 나타나 금부金符(금척金尺)를 주면서 "천명이

네게 있으니 우리 진역震域을 다스리라."했다고 한다. 그래서 나라 이름을 진震이라 하고, 건원建元을 천통天統이라 하였으며, 대조영 자신 지극정성으로 하늘에 제祭를 지냈다고 한다.

대조영과 그 부친 대중상이 군사를 거느리고 우리민족의 성산聖山인 태백산 동북쪽 땅을 확보하고 굳게 지키니, 고구려 사람들이 점점 더 모여들었다. 압록강 상류와 동북 만주 지방에는 여전히 고구려의 유민과 말갈족이 세력을 유지하고 있었던 것이다.

동북 만주의 지리적 가치는 전략상의 이점뿐만이 아니라, 경제적 이점도 대단히 커서 여러 가지 특산물이 풍부하였다. 그리고 무엇보다도 전쟁에서 기동력을 최대로 발휘할 수 있는 솔빈率賓의 말과 위성位城의 철을 생산하는 지역이었다. 그러므로 대조영은 철의 생산지였던 위성부터 먼저 점령하였다.

나·당 연합 전쟁으로 고구려 땅을 나눠 갖은 당나라의 측천무후는 유화 정책을 써서 대조영에게 진국공震國公에 봉하였다. 그러나 대조영은 그것을 일언지하에 거절하고, 고구려가 지난 날 통치했던 영토의 동쪽에 세력을 일으켜서 당나라에 대항하였다.

그러자 당나라는 장수 이해고李楷固를 파견하여 군사들을 이끌고 공격해 들어왔다. 이에 대조영은 정면대결을 피하고, 좀 더 유리한 지형에서 싸우기 위해 동쪽으로 이동하여 천문령天門嶺에서 잠복하였다.

고구려 군대는 본래 기습공격에 특기를 가지고 있었다. 대조영은 밀림에 둘러싸인 산악지대인 천문령으로 당나라 군대를 유인한 다음, 그들을 크게 격파하였다. 이에 치명적인 타격을 입은 당나라 군대는 더 이상의 추격을 포기하고 후퇴할 수밖에 없었다.

이 싸움에서 당나라 장수 이해고는 겨우 몸만 빼서 탈출하였고, 대조영은 고구려 땅 전체를 차지하려던 당나라의 야욕을 완전히 꺾을 수 있었다. 그리하여 고구려 유민과 말갈족을 규합하고, 사방 5천리에 달하는 광활한 영토를 개척해나갔다.

천문령 전투에서 당나라 군대를 크게 격파하여 승리한 뒤 대조영은 698년 나라를 세워 국호를 진震이라 하고, 연호를 천통天統이라 하였다. 그러다가 705년 당나라와 화친한 뒤, 713년에 발해渤海로 국명을 개칭하였다.

대진국 발해(698~926)는 당나라와 거란을 제어하리만큼 강력하였으며, 환기檀奇의 계통을 이어 태백산에 보본단報本壇을 설치하고 해마다 천제를 지냈다.

대조영(재위699~719)은 또한 고구려 전쟁 때 불타 없어진 민족의 고서古書들을 복원하는 데 힘썼다. 그리하여 국조이자 신조神祖인 환웅 배달국으로부터 고구려 대진국에 이르기까지 천손 대대로 계승된 계통을 혁혁하게 세웠다.

대조영 자신은 상고시대부터 전해온《삼일신고》에 찬양문을 짓고, 그 아우 대야발은 서문을 지었으며, 개국공신 임아상은 주해를 지었다. 그리하여 대조영이 지은《삼일신고 어찬 진본》을 태백산 보본단 석실에 모셨다는 기록이《대진국본기(발해본기)》〈제3대 문황조〉에 전해지고 있다.

대조영은 또한 동생 대야발을 시켜 전쟁 때 불타 없어진《단기고사》를 복원하게 하였다. 이에 반안군왕 대야발은 장장 13년에 걸쳐서 자료조사와 집필 작업 끝에《단기고사》를 복원·편찬할 수 있었다.

대야발은 왕명을 받들어 석실에 있는 장서藏書와 옛 비碑와 흩어져 있던 사서史書들을 수집하였다. 그리고 여러 역사적 평론을 참고하여 장장 13년에 걸쳐 비로소《단기고사》의 편찬을 완성하였다. 그리하여 원본은 임금에게 올려 목판에 글자를 파서 국서고國書庫에 두고, 또 그것을 베껴서 백성들을 가르쳤다고 한다.

대야발은《단기고사》서문에서 '당나라 장군 소정방과 설인귀가 백제와 고구려의 국서고를 부수고 불태운 것을 몹시 원망한다.'고 밝혔다.

대야발은 《단기고사》를 복원·저술하는 13년 동안 돌궐국에 2차례나 들어가 옛 단군시대에 세운 비문인 〈단군고비〉를 현지 답사하였다.

고조선 단군의 옛 비석인 단군고비가 왜 돌궐국(지금의 터키)에 있을까?

돌궐은 몽고족의 일파이며, 몽고는 원래 BC2137년 단군조선의 4대 오사구 단군이 아우 오사달을 몽고리한汗으로 봉한 것에서 시작된다. 그러므로 돌궐도 단군조선의 후예인 것이다.

사라진 상고시대의 역사책을 복원하기 위해 대조영과 대야발이 장장 13년이라는 기나긴 시간과 노력을 아끼지 않은 것은, 고구려 정신을 올곧게 정통으로 계승하여 후대에 이어주고자 함이었다.

이렇듯 대진국 발해는 220여 년간 15왕조에 걸쳐, 고구려 옛 땅을 지키고 민족의 정신을 지키고자 혼신의 힘을 다한 나라였다.

사마천은 《사기》〈봉선서〉에서 진시황이 불사약을 구하려고 방사方士 한종韓終과 서불徐市 등 동남동녀 500쌍을 신선이 살고 있는 해동 발해의 삼신산三神山으로 보냈다고 하였다. 삼신산은 봉래산蓬萊山·방장산方丈山·영주산瀛洲山을 말하며, 바로 금강산·지리산·한라산의 옛 이름이라고 한다.

실제 진시황이 보낸 방사 한종이 우리 삼한三韓에 와 머무른 자취가 있으며, 서불 역시 우리나라 남해에 온 증거가 뚜렷하게 남아 있어, 1974년 2월 16일 경남기념물 6호로 지정되어 연구되고 있다. 그리고 2006년에는 제1회 학술대회가 개최된 바 있다.

진시황秦始皇 뿐만이 아니라, 한무제漢武帝와 제齊나라의 위왕威王과 선왕宣王, 연燕나라의 소왕昭王도 불사약을 구하려고 여러 방사들을 신선이 살고 있다는 발해의 해동 삼신산으로 보낸 사람들이다. 이렇듯 신선사상의 기원과 원류는 바로 우리 한국韓國이던 것이다.

62. 고선지 장군

고선지高仙芝(?~756) 장군은 고구려 시조 고주몽의 후예로서, 당나라에서 그 기세를 크게 떨치고 맹활약을 했던 장군이다.

우리는 그의 이름에서 벌써 그가 보통 인물이 아님을 엿볼 수 있다. 높을 고高, 신선 선仙, 지초 지芝, 석 자가 모두 신선과 관계있는 글자들이다. 지초 지芝는 신초神草로서, 영지靈芝 버섯을 말하기도 한다. 그리고 신선도神仙圖를 보면 신선은 늘 높은 산에 계시면서, 영지버섯이 그 주변에 있는 것을 볼 수 있다.

그런데 그토록 비범하고 뛰어난 장군이 어떻게 해서 당나라의 장군으로 활약하게 되었을까?

당나라의 역사서인 《구당서舊唐書》와 《신당서新唐書》 그리고 《자치통감》에 의하면, 고선지의 부친 고사계高舍鷄가 고구려의 멸망으로 인해 하서河西 지방으로 이주한 유민이라고 하였다. 즉 고구려가 668년 나·당 연합군에게 무너지자, 고사계는 고구려 유민으로서 당나라 포로로 끌려가게 되었던 것이다. 그리하여 토번吐蕃(티벳)과의 국경인 안서사진安西四鎮 장교가 되었는데, 이는 당나라 조정의 정치술책에 의해서였다.

당나라 장수들은 저마다 변방으로 가지 않으려고 하거니와, 설사 가는 장수가 있더라도 조정에서는 그 또한 문제 거리였다. 왜냐하면 혹시라도 딴 마음을 품고 자기 세력을 확장시키려는 장수가 있다면, 거리가 너무 멀어 조정에서 장수들을 관리하기가 어려웠기 때문이었다. 그런데 포로 출신의 장수라면 언어가 자유롭지 못하고 경제력도 없으므로, 문벌을 조성해서 자기 세력을 만들 우려가 없다는 게 당나라 조정의 술책이었다.

그리하여 고사계가 당나라의 외지 변방에서나마 장군으로 정착한 덕분에, 고선지라는 뛰어난 장군이 나올 수 있는 토대가 되었다.

고선지는 어려서부터 용맹하고 용모가 빼어났으며, 고주몽의 후예답게 말타기와 활쏘기에 탁월했다고 한다. 그리하여 부친의 음보蔭補로 20세에 유격대장에 임명되었으며, 뛰어난 군사전략으로 당나라의 서역 정벌에 크게 기여하였다.

740년에는 겨우 2천 명의 기마병으로 천산산맥 서부에 있던 달해達奚부족을 정벌하고, 그 공로로 안서부도호安西副都護가 되었다.

747년 지금의 파키스탄 북부인 소발률국小勃律國(지금의 길기트)의 수도 아노월성을 점령하고 교량을 파괴하여, 이웃나라들과의 제휴를 단절시켰다. 소발률국은 바로 서역 여러 나라들과 사통팔달로 통하는 교통과 교역의 요충지였다.

그러나 장군이 명성을 떨친 것은 같은 해에 원정한 파미르고원 대장정이었다. 당나라는 서부 변경을 놓고 대립관계에 있었던 토번을 정벌하기 위해 장군을 행영절도사行營節度使에 발탁하여 파미르고원 원정을 보냈던 것이다.

장군은 1만 명의 군사와 함께 해발 4600m의 파미르고원을 넘어서 단숨에 토번족을 격파하고, 이어 서역 72개국을 항복받았다. 그리하여 당나라의 영향력을 서아시아 일대까지 넓히는 큰 전공을 세웠으니, 장군의 승리 비결은 바로 고구려군의 특기였던 기습공격이었다.

영국의 고고학자 오렐 스타인은 '고선지 장군의 업적은 한니발이나 나폴레옹을 뛰어넘는 것'이라고 평가했다. 한니발과 나폴레옹이 해발 2500m의 알프스산맥을 넘은데 비해, 고선지 장군은 그보다 더 험한 4600m의 파미르고원을 통과했기 때문이었다.

고선지 장군은 서역 정벌에서 크게 전공을 세우고 개선장군이 되어 수도 장안으로 돌아왔다. 이때 장군과 동시대인이었던 당나라의 시인 두보杜甫(712~770)가 장군의 애마를 예찬하는 시를 지었다.

〈고선지 도호의 청총마를 노래하다(高都護驄馬行)〉

안서 도호 장군의 푸른 총마	安西都護胡靑驄
높은 이름 날리며 귀환하네	聲價欻然來向東
전쟁터에서는 천하무적으로	此馬臨陣久無敵
주인과 함께 큰 공을 세웠다지	與人一心成大功
공 이루니 명성은 저절로 따라와	功成惠養隨所致
소문이 벌써 사막을 건너 표표히 날아왔네	飄飄遠自流沙至
늠름한 자태는 편안하기를 바라지 않고	雄姿未受伏櫪恩
용맹한 기운은 전장에서 소용되기만을 바란다네	猛氣猶思戰場利
짧은 관절 높은 발굽은 쇳덩어리를 뉘어놓은 것 같아	腕促蹄高如踏鐵
교하지방을 얼마나 달리고 얼음도 깨버렸을까?	交河幾蹴層冰裂
오색 갈기는 흩어져 구름이 몸에 가득한 듯하고	五色散作雲滿身
만 리를 달리는 칸의 피가 흐르는 한혈마	萬里方看汗流血
장안의 용사들도 감히 아무도 못타니	長安壯兒不敢騎
번개처럼 내달리는 것 모두 알기 때문이네	走過掣電傾城知
푸른 머리털 주인을 위해 늙어가려나	靑絲絡頭爲君老
언제 다시 서역 길을 달려 나갈까.	何由却出橫門道

두보가 남긴 시 덕분에 우리는 1500여 년의 세월이 지난 지금에도 고선지 장군과 그의 애마를 눈앞에 보는 듯하다. 장군의 애마는 푸른빛이 도는 청마였으며, 전쟁터에서는 주인과 함께 천하무적으로 이름을 날렸다. 그리고 번개처럼 내달려서 장군 외에는 아무도 못 타는 말이었던 것이다.

그러나 고선지 장군의 빛나는 승리를 모든 사람이 기뻐하고 환영해 준 것은 아니었다. 개중에는 시기와 질투를 보내는 자들도 있어서, 장군은 상관으로부터 '개 같은 고구려 놈'이라는 욕설을 들어야 했다.

아무튼 장군의 파미르고원 원정으로 토번의 세력을 꺾은 당나라는 이어 중앙아시아 국가들을 영향력 아래 두기 위해 또다시 원정을 감행하였다.

  750년, 2차 서역 원정에 나선 장군은 또 다시 여러 나라를 토벌하고 석국石國(지금의 타슈켄트)의 왕을 포로로 잡아 장안으로 호송하였다. 이때 당나라 조정에서 석국의 왕을 죽인 여파로 서역의 여러 나라들이 분기하여 일어났으니, 바로 아랍연맹이었다. 아랍연맹이 당나라의 팽창과 서역 진출을 막기 위해 반격하니, 이것이 바로 그 유명한 탈라스 전투였다. 탈라스는 오늘날의 카자흐스탄공화국의 키르기스 지역이었다.

  751년 7월, 닷새 동안 벌어진 탈라스 전투에서 아랍연맹과 당나라 고선지 장군의 공방전이 치열하게 오고갔다. 그러나 당나라와 동맹을 가장했던 카를루크葛邏祿가 돌연 후진에서 공격하니, 당군은 순식간에 무너질 수밖에 없었다. 즉 아군인줄 알았던 카를루크가 갑자기 적으로 돌변하여 배후를 공격했던 것이다.

  고선지 장군은 전투에서 패하고 후퇴할 수밖에 없었다. 생애 처음으로 맛본 패배의 맛이었다. 그러나 거기에는 대의를 위한 하늘의 큰 뜻이 숨겨져 있었던 것을 그때는 알 수 없었다.

  탈라스 전투에, 그리고 고선지 장군의 패배에, 세계를 진보시키기 위한 세계사적 의의가 숨어 있었던 사실이 알려진 것은 많은 세월이 지난 뒤였다. 즉 고선지 장군의 패배로 인하여 중국의 제지기술과 나침판이 아라비아를 통해 유럽으로 전파된 것이었다. 즉 고선지 장군이 탈라스 전투에서 패해야만, 당나라 병사들이 아랍군에게 포로로 붙잡히고, 그 포로들 중에 있는 제지기술자로 인하여 종이와 나침판이 아랍을 통해 유럽과 전 세계로 전파되는 것이었다. 그리하여 고선지 장군은 패배를 함으로써 세계사 문명에 진일보를 가져왔던 것이다.

  아무튼 탈라스 전투에서 패하고 돌아온 장군을 현종은 자신의 호위 책임자인 우우임위대장군右羽林衛大將軍에 임명하였다. 탈라스 전투에서 패한 원인은 결국 현종 자신이 적에게 속아서 맺은 동맹 때문이므로, 장군에게 책임을 묻지 않았던 것이다.

755년에 현종은 장군에게 밀운군공密雲郡公이라는 작위를 내렸다. 그리고 그해 11월 안녹산安祿山(?~757)의 난이 일어나자, 장군을 토벌 책임자로 내보냈다.

안녹산은 범양절도사로서 고선지 장군과 마찬가지로 전투 경험이 풍부했으며, 정규군을 이끄는 장군이었다. 그리고 이미 제2의 수도인 낙양을 함락시키고, 수도인 장안을 향해 진격하는 중이었다.

고선지 장군은 반란군이 장안으로 들어가는 것을 막기 위해 주둔지인 섬주陝州를 떠나 동관潼關으로 이동하였다. 이때 이동하면서 곡식창고가 반란군의 수중에 넘어가는 것을 막기 위해 병사들에게 쌀을 나눠 주고, 나머지는 불태워버렸다.

그런데 그것이 문제가 되었다. 조정에서 내보낸 감독관 변영성이 '고선지 장군이 섬주를 무단히 버리고, 군량미를 도둑질했다.'고 현종에게 보고를 올린 것이다. 그리고 현종은 장군의 말은 들어보지도 않은 채, 즉각 참수시키라는 명령을 내렸다.

오랫동안 전쟁터에서 장군과 손발을 맞춰오던 감독관 변영성이 장군의 작전을 것을 모를 리가 없었다. 그런데도 변영성은 장군을 일개 군량미를 훔친 좀도둑으로 보고를 올린 것이다.

병사들이 함성을 지르며 장군의 무죄를 호소했지만, 소용없었다. 장군은 군사재판도 받지 못한 채, 진중에서 즉각 참수되었다. 755년 음력 12월이니, 756년 초였다.

전쟁 영웅이었던 고선지 장군은 결국 억울한 누명을 쓰고 토사구팽이 되어, 조용히 역사의 뒤안길로 사라질 수밖에 없었다.

탈라스 전투에서 패하고 돌아온 장군을 현종이 자신의 호위 책임자로 임명한 것을 보면, 현종은 고선지 장군을 총애했던 것을 알 수 있다. 그런데도 현종은 장군의 말은 들어보지도 않은 채, 즉각 참수하라는 명령을 내렸다.

왜 그랬을까? 왜 억울한 누명을 씌워서 참수시켰을까? 현종이 총애하던 양귀비가 장군을 좋아해서 그랬을까? 그래서 현종이 야유로 장군에게 밀운군공密雲郡公이라는 작위를 내리고, 질투로 죽인 것일까?

장군의 부친은 아들의 용모가 너무 빼어나게 수려한 것을 근심하였다고 한다. 그러고보면 세상에 파다한 소문, 즉 양귀비가 현종의 호위장군과 남몰래 밀애를 즐겼다는 소문의 주인공은 바로 고선지 장군이었던가?

그것이 사실이라면 장군은 살아남기 어려웠을 것이다. 거절하면 양귀비에게 죽음을 당할 것이요, 응하면 현종에게 죽음을 당하는 것이니, 결국 장군의 죽음은 후자가 불러왔을 가능성이 높다.

아무튼 현대에 이르러 고선지 장군을 연구하는 서양인들이 늘어나고 있다. 미국 인디애나 대학의 크리스토퍼 교수, 영국의 고고학자 오렐 스타인, 영국의 탐험가 슈타인, 프랑스의 동양학자 샤반느 등이 모두 고선지 장군을 연구한 인물들로서, 다음과 같이 입을 모아 총평하고 있다.

- 고선지 장군은 실크로드를 개척한 중요한 인물이다.
- 고선지 장군은 아시아의 동서무역과 교류에 크게 이바지한 인물이다.
- 고선지 장군은 종이와 나침판을 유럽에 전파하여, 세계 문명 교류에 크게 기여하였다.

63. 강감찬 장군

고려의 강감찬姜邯贊(948~1031) 장군은 우리나라 역대 도인들의 명단을 수록한 홍만종(1643~1725)의 《순오지旬五志》에 그 이름이 올라가 있다.

지금의 서울 관악구 봉천동 낙성대落星臺는 강감찬 장군이 태어난 곳이다. 장군이 태어나던 날 밤 하늘에서 큰 별이 떨어졌다고 하여, 낙성대라는 이름이 지어졌다고 《세종실록》과 《동국여지승람》은 전하고 있다.

부친 강궁진姜弓珍은 고려 태조 왕건을 도운 삼한벽상공신으로, 하루는 큰 별이 어느 집에 떨어지는 것을 보았다. 바로 사람을 보내 그 집에서 사내아이가 태어난 것을 알고는 뺏어다 길렀는데, 이 아이가 바로 강감찬 장군이었다.

훗날 송나라의 사신이 고려에 왔다가 장군을 보고는, 예를 다하며 이렇게 말하였다고 한다.

"문곡성이 중국에서 사라진지가 오래 되었는데, 오늘 공을 뵈오니 공께서 바로 문곡성이시군요!"

문곡성은 북두칠성의 4번째 별로서, 오행五行 중 수水에 속한다. 또 하늘의 저울추인 천권성天權星이라고도 하며, 벌성伐星이라고도 한다. 하늘의 이법理法으로 무도無道한 것을 친다고 해서 그런 이름이 붙은 것이다.

이렇게 문곡성의 기운을 받고 태어난 장군은 어린 시절부터 부친에게서 문무文武를 배웠다. 그리고 17세에 부친이 돌아가시자 김장길이라는 사람을 찾아가 양아들이 되었다는 것을 보면, 김장길이 바로 친부親父가 아닌가 생각된다.

아무튼 이때를 계기로 하여 강감찬은 10여 년 간 세상을 두루 돌아다녔는데, 이 시기에 도 공부를 집중적으로 한 것으로 여겨진다. 그러다가

36세에 과거에 응시하여 장원급제하였으니, 가히 대기만성이라고 할 수 있다. 《고려사》 열전에는 강감찬 장군에 대해 이렇게 기술하고 있다.

- 키가 작고 못생겼으나, 침착하고 의지가 강하였다. 마음이 강직하고 청렴하였으며, 학문을 사랑하고 지략이 뛰어났다. 높은 인품에 처신이 신중하고 위엄이 있어, 정적政敵을 만들지 않았다. 명문 출신이면서도 겸손하고 검소하여, 옷차림은 항상 중인을 넘지 않았다.

《고려사》 열전 외에도 《세종실록 지리지》《용재총화》《동국여지승람》《해동이적》《기문총화》《보한집》 등에는 장군의 지혜와 도력을 나타내는 기행 이적의 이야기들이 많이 실려 있다.

개구리를 잠재우다

장군이 경주 도호사로 있을 때, 경주성에 있는 개구리가 너무 소란스럽게 울어 백성들이 잠을 잘 수가 없었다. 이에 장군이 돌에다 명령서를 써서 개구리 왕에게 보냈더니, 이후부터는 경주성의 개구리가 울지 않았다고 한다. 이것이 〈강감찬 금와훤禁蛙喧 전설〉이다.

호랑이 문제를 해결하다

장군이 양주 고을 목사로 부임해 가니, 호랑이가 들끓어서 그 피해가 적지 않았다. 가축뿐만 아니라, 어린 아이들도 물려가고 있었다. 마을 사람들은 기운 센 장수가 부임해 와서 호랑이를 없애 주기를 바랬는데, 키도 작달막하고 못생긴 사람이 온 것을 보고는 이만저만 실망이 아니었다.

그러나 강감찬 장군은 장정들에게 마을 주변의 숲을 모두 베도록 하여 허허벌판을 만들었다. 그런 다음에 활 잘 쏘는 사냥꾼들을 모아 덫과 함정을 만들어 놓고, 나타나는 호랑이를 모두 잡아 죽였다. 그리고 허허벌판은 모두 땅을 일궈서 농사를 짓게 하니, 호랑이도 없어졌을 뿐만 아니라 곡식의 수확도 몇 갑절 더 늘어났다.

그제사 사람들은 '호랑이보다 더 무서운 강감찬'이라며 입에 침이 마르도록 칭찬하였다고 한다.

마마신을 부리다

강감찬 장군이 원래는 훤칠한 미남이었다고 한다. 그런데 잘생긴 얼굴로는 큰 일을 할 수 없는 것을 알고, 스스로 마마신을 불러 추남을 만들었다고 한다. 마마신 곧 시두時痘(천연두) 손님은 천자天子의 출현과도 직접적인 관련이 있는 막강한 신으로서, 마마신을 수하처럼 부렸다는 것은 곧 장군의 도력이 그만큼 높다는 것을 나타내는 이야기이다.

장인을 골탕 먹이다

강감찬 장군은 또 장난기도 많았다고 한다. 처갓집에 갈 때마다 장인에게 큰절을 올리는 게 번거로워 하루는 머리가 장인의 코끝에 닿도록 넙죽 큰절을 올렸다. 그러자 장인어른이 깜짝 놀라 뒤로 빠지며 하시는 말씀,

"강서방, 무슨 절을 그렇게 하나? 내 콧등이 다칠 뻔 했잖아? 다음부턴 멀찌감치 떨어져서 하게나."

"예."

그 후 장군은 처가에 가서도 장인에게 절을 올리지 않았다. 장인어른 왈,

"이보게 강서방, 왜 절을 안하나?"

"장인어른께서 멀찌감치 떨어져 하라시길래, 문 밖에서 절을 올리고 왔습니다."

이렇듯 여러 설화들에 주인공으로 등장하는 것을 보면, 강감찬 장군의 도력이 예사롭지 않았던 것 같다. 아무튼 강감찬 장군은 고려의 명장으로

서, 우리민족 고유의 천웅도天雄道 전수자 가문인 영해 박씨 종사의 도움을 받아 거란의 침략을 3차례나 막아냈다.

성종 12년(993) 강감찬 장군 나이 46세에 거란의 소손녕이 1차 침략해 들어왔다. 이때 강감찬 장군의 전술에 따라 서희徐熙 장군이 뛰어난 외교를 발휘하여 거란군을 물러나게 하고, 압록강 동쪽 땅을 회복할 수 있었다.

현종 1년(1010) 장군의 나이 63세에 거란의 성종이 직접 40만 대군을 거느리고 2차 침략해 들어왔다. 이때 강조가 통주通州(평안북도 선천)에 나가 막았으나 패하고 말았다. 이에 놀란 조정의 대신들이 왕에게 항복하기를 권하였으나, 강감찬 장군은 끝내 반대하였다. 그리고 왕을 나주로 피신시킨 다음, 양규楊規로 하여금 곽주郭州에서 적을 무찌르게 하였다. 그리고 하공진河拱辰으로 하여금 적군을 설득시켜 물러가게 하니, 거란은 별 소득 없이 철수하였다.

현종 9년(1018) 거란은 또다시 10만 군사로 3차 침략해 들어왔다. 이번에는 소손녕의 형인 소배압이 군사를 이끌고 쳐들어 왔다. 이에 강감찬 장군이 70세 노장의 몸으로 상원수上元帥가 되어, 20만 군사를 손수 이끌고 홍화진으로 진군하여 거란군을 물리쳤다.

홍화진의 동쪽에는 삽교천이 있었는데, 강감찬 장군은 수백 장의 쇠가죽을 밧줄로 꿰어 강의 상류를 막았다. 그리고 적군이 삽교천을 건널 때 막았던 강물을 갑자기 터놓으니, 쏟아지는 거센 물살에 거란병이 휩쓸려 내려갔다. 게다가 강 양쪽에서는 고려군이 화살을 쏘아대니, 거란병은 속수무책으로 당할 도리밖에 없었다. 이에 고려군이 큰 승리를 거두었고, 소배압은 정벌을 포기하고 이듬해 자기 나라로 철수할 수밖에 없었다.

그러나 강감찬 장군은 소배압을 그냥 보내지 않았다. 귀주에 진을 치고 후퇴하는 소배압의 군사를 가로막았다. 고려군의 사기는 하늘을 찌를 듯 충천하여 귀주 벌판에서 또 한 차례 힘차게 적을 무찔렀으니, 이 전투가 바로 그 유명한 귀주대첩龜州大捷이었다. 이후 거란은 두 번 다시 고려를 넘보지 못하였다.

강감찬 장군의 귀주대첩, 을지문덕 장군의 살수대첩, 이순신 장군의 한산도대첩은 우리나라 3대 대첩에 속하며, 이 세 분 장군은 모두 선도仙道를 닦았던 분들이다.

72세의 강감찬 장군이 대승리를 거두고 돌아오니, 고려의 현종 임금은 직접 영파역迎波驛까지 마중 나가 오색비단으로 천막을 치고 전승을 축하하는 연회를 벌였다. 그리고 장군의 손을 부여잡고 금화팔지金花八枝를 머리에 꽂아주는 등 극진한 대환영을 해주었다고 한다.

이후 강감찬 장군은 스스로 관직에서 물러나 자연과 글을 벗하며 조용히 살다가 84세로 세상을 떠나니, 나라에서는 국장國葬으로 장례를 치렀다. 그리고 강감찬 장군의 묘는 현재 충청북도 청원군 옥산면 국사리에 있다. 국사봉 아래 있는 마을이라고 해서 이름이 국사리이다.

64. 곽여 진인

    곽여郭輿(1058~1130) 진인眞人은 고려 예종의 스승으로, 왕의 지극한 총애와 신임을 받았던 문인이자 도인이다.
    김시습 선생의 《징심록추기》에는 신라의 김춘추, 김유신, 최치원, 고려의 강감찬, 곽여 등의 인물들이 우리민족 고유의 도를 계승하는 천웅도天雄道(화랑도의 근원) 전수자 가문인 영해 박씨 종사에게서 공부를 하였다고 기록되어 있다.
    곽여 진인은 어려서부터 비리고 매운 음식을 먹지 않았으며, 아이들과 놀기를 싫어하고, 항상 홀로 거하며 고요를 지켰다고 한다.
    어릴 때 꿈에 어떤 사람이 나타나 이름을 '여輿'로 하라고 하여 이름을 삼았으며, 자字는 몽득夢得이었다. 72세까지 사는 동안 평생 결혼을 하지 않고, 독신으로 신선처럼 살았다.
    문과에 급제하여 한때 홍주洪州 수령으로 나가 있을 때는 냇가에 초당을 지어 '장계초당長溪草堂'이라고 이름을 붙여 놓고, 공무를 보다가 여가가 나면 그곳에 나가 은일자적隱逸自適을 즐겼다고 한다.
    평생 결혼을 하지 않고 독신으로 지냈지만, 풍류를 좋아하여 기생은 가까이 하였던 듯하다. 한번은 홍주사洪州使 임기를 마치고 서울로 돌아갈 때, 가까이 지내던 기생에게 이렇게 말하였다고 한다.
    "나와 함께 서울로 가자."
    "고향을 떠나서요?"
    "허허, 가기 싫은 게로구나. 그럼 헤어지는 마당에 좋은 약이나 하나 주고 가마."
    "무슨 약인데요?"

"신선이 되는 약이다."

곽여는 단약丹藥 한 알을 꺼내 기생의 입에 넣어 주었다. 그러자 기생은 스르르 잠이 오기 시작했다.

"이제부터 신선이 되는 것이니, 눈을 감고 누워 보아라. 내가 이불을 덮어 주마."

곽여는 이불로 두르르 기생을 말아서 말에 태우고 서울로 데려 갔다고 한다. 그 후 예부원외랑이 되었지만, 벼슬을 버리고 금주金州(지금의 김해)의 신어산神魚山(또는 선어산仙魚山)에 은거하여 수도에만 전념하였다고 한다.

그러나 예종 임금의 부름을 받아 다시 세상에 나와야 했다. 곽여는 예종이 태자 시절 요좌僚佐였기 때문에, 예종은 곽여를 잘 알고 있었다. 그리하여 즉위하자마자 곽여를 궁궐에 초빙하여 스승으로 모신 것이었다. 처음에는 곽여가 부름에 응하지 않았으나 예종이 포기하지 않고 계속 사람을 보내자, 할 수 없이 은거를 풀고 세상으로 나왔다고 한다.

곽여가 예종 앞에 왔을 때 갑자기 동남쪽에서 흰 구름이 몇 조각 나타나고, 구름 사이로 두 마리 학이 선회하였다고 한다. 이때부터 예종은 늘 곽여를 곁에 두고 진인 선생으로 부르며 정치와 문장을 논하였다고 한다.

또 곽여 진인은 늘 오건烏巾에 학창의鶴氅衣를 입고 있었기 때문에 사람들은 그를 금문우객金門羽客(궁중도사)이라고 불렀다고 한다.

예종은 곽여 진인의 자문에 힘입어 통일신라 때 빼앗겼던 영토를 회복하고자, 북진정책을 펴나갔다. 예종 2년(1107) 윤관을 총사령관으로 임명하여 17만 대군으로 여진족을 정벌하였다. 이에 함주咸州, 영주英州, 웅주雄州, 복주福州, 길주吉州, 통태진通泰鎭, 숭녕진崇寧鎭, 진양진眞陽鎭, 공험진公嶮鎭에 동북 9성城을 설치하고 고려정계비를 세웠다. 윤관尹瓘(?~1111) 역시 신라 화랑 김유신을 숭배하였던 고려의 장군이었다.

이처럼 예종이 곽여 진인을 늘 스승으로 곁에 두고 존숭한 데에는 다 이유가 있었던 것이다.

여진족 정벌 때 예종은 군사들의 사기를 독려하기 위해 싸움터 가까운 서경(평양)을 향해 출발하였고, 곁에는 당연히 곽여 진인이 함께 있었다. 이때 마침 길에서 소를 타고 지나가는 노인과 마주치자, 곽여 진인은 선풍仙風이 감도는 노인의 풍모에 즉석에서 시를 지어 예종에게 올렸다.

태평스런 얼굴로 아무렇게나 소를 타고	太平容貌恣騎牛
안개비에 반쯤 젖어 밭둑을 지나가네	半濕殘霏過壟頭
물가에 오니 집에 다 온 걸 알겠노라	知有水邊家近在
소 탄 노인을 따라 지는 해도 시내 곁을 흐르네.	從他落日傍溪流

고려시대는 중국에서 수입된 도교가 한창 유행하던 때였으나, 예종은 곽여 진인의 영향으로 국학을 진흥시켰다. 그리고 즉위 11년 4월에 다음과 같이 화랑도의 중흥을 장려하는 교시를 내렸다.

- 4선仙의 유적을 가영加榮하라. 4선의 숭고한 정신을 받들라. 근일에는 국선의 도道를 구하는 자가 없도다. 대관大官의 자손으로 하여금 국선의 도를 행하게 하라. 국풍은 그 검박함을 찾는 것이니, 조정 사서士庶의 의복이 화치華侈함을 삼가라.

여기서 4선仙은 신라 당시 전국토의 인심을 풍미했던 영랑·술랑·남랑·안상랑, 네 화랑이었다.

예종은 곽여 진인이 자연을 그리워할 것을 염려하여 서화문 밖에 별장을 지어 주었다. 그러나 결국 예종의 염려대로 곽여 진인은 궁에서 물러나 은거하기를 원하였다. 그러자 예종은 다시 성 동쪽의 약두산若頭山에 거처를 지어 주었다. 그리고 친히 '허정재虛靜齋'라는 편액까지 써서 하사하였다.

예종이 산책 때면 곽여 진인에게 들러 함께 시를 주고받으며 즐겼다. 어떤 때는 밤에 몰래 행차하여 술과 시를 나누다가 새벽이 되어서야 돌아오기도 하였다고 한다. 이렇듯 곽여 진인과 예종은 시로서 창화하여, 마침내 《예종창화집睿宗唱和集》이 나오게 되었다.

　　하루는 예종이 곽여 진인의 거처인 동산재에 갔다가 만나지 못하자 벽에 〈하처난망주何處難忘酒〉라는 시를 써 놓고 돌아왔다. 곽여 진인도 나중에 돌아와, 잠시 티끌 같은 세상에 나갔다가 예종을 맞이하지 못한 것이 못내 아쉽다며 다음과 같이 시를 지어 화답하였다.

어느 곳에서나 술 잊기 어려워	何處難忘酒
임금님 수레가 헛되이 돌아가셨구나	虛經寶輦廻
부자집 작은 잔치에 참석했다가	朱門追少宴
신선의 부엌에 찬 재를 떨어뜨렸도다	丹竈落寒灰
밤새껏 고을 유생들과 술 마시니	鄕飮通宵罷
새벽녘에 천문이 열렸도다.	天門待曉開
지팡이 짚고 봉래 길을 돌아오면	杖還蓬島徑
나막신에 낙성의 이끼를 묻혀 왔더니	屐惹洛城苔
나무 아래 청의동자 알리는 말이	樹下靑童語
구름 새에 옥황님이 오셨다하네	雲間玉帝來
한림원의 관원이 모두 쓸쓸해 하고	鼇宮多寂寞
임금의 수레가 오랫동안 서성대다가	龍馭久徘徊
뜻이 있어 붓 뽑아 시 한 수 써 놓으시고	有意仍抽筆
사람 없어 누대에 혼자 오르셨다하니	無人獨上臺
임금님 뵙지 못하고	未能瞻日月
세상으로 향했던 일이 못내 한스럽도다	却恨向塵埃
머리를 긁적이며 계단 아래 서서	搔首立階下

시름을 머금고 돌담에 기대섰노라	含愁傍石隈
이럴 때 술 한 잔도 없다면야	此時無一盞
이 내 마음 어찌 위로 하리오.	豈慰寸心哉

  후에 중종 임금이 김안로와 소세양에게 곽여 진인의 시를 보여주며, 같은 체로 지어 올리라고 명하였다는 것을 보면, 곽여 진인의 시가 매우 뛰어났음을 알 수 있다.
  이인로李仁老(1152~1220)는 《파한집》에서 곽여 진인을 두고 이렇게 감탄하였다.

  - 어찌 다만 선풍도운仙風道韻이라고만 하랴! 문장文章에 이르러서도 경민하고 절륜하였기에 왕의 마음을 통째로 사로잡기에 족하였다.

  곽여 진인의 문하생이었던 정지상은 선생이 72세로 세상을 뜨자, 인종 임금의 명을 받아 제문과 《동산재기同山齋記》를 써서 비를 세웠다. 그는 선생이 불교·도교·의학·음양 등 모르는 것이 없었으며, 활쏘기(射)·말타기(御)·거문고(琴)·바둑(碁) 등 두루 문무를 겸비하였다고 기록하였다. 또한 '선생과의 인연이 오래 되었다.'고 하는 것으로 보아, 정지상이 지닌 선도仙道의 풍모 또한 곽여 진인의 영향을 받았음을 알 수 있다.

65. 국풍파 정지상

정지상鄭知常(?~1135)은 고려 예종에게 스승으로 존숭 받았던 곽여 진인의 문인으로, 예종 9년(1114) 과거에 급제하였다. 그러나 정치적인 활동은 주로 인종 때에 빛을 발하였다.

스승 곽여와 마찬가지로 정지상은 신라 화랑도의 정신을 올곧이 이어받아, 자주독립과 북벌정책을 주장했던 고려의 대표적인 국풍파였다. 불과 나이 5세 때 대동강에 떠 있는 해오라기를 보고 다음과 같은 시조를 읊었다고 한다.

누가 흰 붓을 가지고	何人將白筆
강물 위에 을乙자를 썼을까?	乙字寫江波

신동神童으로 자라난 정지상은 뛰어난 시재詩才로 이름을 날렸으며, 임금이 직접 참석하는 경연에서 고전 강의를 도맡을 정도의 신진 실력파로 인정받았다.

인종 5년(1127) 좌정언左正言으로 있을 때는 서릿발 같은 기상으로 권신 귀족 척준경을 탄핵하여 유배 보냈다. 척준경은 이자겸과 함께 인종에게 난을 일으켰던 인물이었다. 그러다가 나중에는 이자겸을 잡아 가두고 공신에 올랐는데, 그 공로만 믿고 하늘 높은 줄 모르고 있었다. 그러던 중 정지상이 오만한 권신 귀족을 무서운 줄 모르고 베어내자, 당시의 서생들은 쾌재를 불렀다고 한다. 또 그의 시 〈대동강〉과 〈송인〉은 당시의 서생들에게 천하를 울리는 명시名詩로 이름이 높았다고 한다.

〈대동강〉

비 멎은 긴 강둑 우거진 풀빛	雨歇長堤草色多
남포에서 님 보내니 슬픈 노래 울리네	送君南浦動悲歌
대동강 흐르는 물 마를 때가 있을까	大洞江水何時盡
이별의 눈물 해마다 물결 위에 더 보태니	別淚年年添綠波

〈송인送人〉

뜰 앞에 낙엽 하나 떨어지니	庭前一葉落
마루 밑 온갖 벌레 슬프구나	床下百蟲悲
홀홀 떠남을 말릴 수는 없으나	忽忽不可止
그대 유유히 어디로 가는가?	悠悠何所之
한 조각 마음은 산 끝에 걸리고	片心山盡處
외로운 꿈 속 휘영청 밝은 달	孤夢月明時
남포의 봄 물결 푸르듯	南浦春波綠
그대는 부디 기약을 잊지 마소.	君休負後期

이렇듯 정지상이 쓴 서정시는 '한 시대 시의 수준을 끌어올렸다.'는 평가를 받고 있으며, 고려를 대표하는 천재 시인으로 자리잡았다. 문인으로서 뿐만 아니라 정치에도 깊이 간여하던 정지상은 인종 7년(1129) 좌사간으로 있으면서 시정時政의 득실을 논하는 소疏를 올리니, 왕이 이를 받아들였다. 뿐만 아니라 그는 음양·풍수·도참사상에도 밝아, 같은 서경(평양) 출신인 묘청·백수한과 함께 서경 삼성三聖으로 불리기도 하였다.

정지상은 고려의 웅지를 크게 떨치려면 도읍을 서경으로 옮겨야 한다고 주장하였다. 이러한 서경천도론과 북벌정책은 비단 정지상으로부터 비롯된 것은 아니었다. 일찍이 예종 때부터 국선國仙의 중흥을 장려하며 계획하던 바였다.

그러나 윤관이 여진족을 정벌하여 동북 9성城을 설치하고 고려정계비를 세웠을 때도, 사대주의 권신들이 이를 반대하였다. 쓸모없는 땅을 관리하느라고 괜히 국고만 낭비한다는 주장이었다.

이에 예종은 뜻을 지키지 못하고 1년 만에 동북 9성을 돌려주었고, 윤관은 끝내 권신 귀족들에게 축출당하고 말았다. 이에 실망한 곽여가 궁에서 물러나 은거하기를 원하자, 예종은 궁궐 밖에 별장을 지어주며 스승을 붙잡았던 것이다.

정지상 등이 서경천도를 주장하는 바탕에는 당시 고려사회가 권신 귀족 세력을 대표하던 이자겸과 척준경의 반란으로 왕권이 뿌리째 흔들리는 내우외환을 겪고 있었다. 그리하여 왕권을 확고히 세우려면, 왕기王氣가 서린 서경으로 천도함이 불가피하다는 것이었다.

이에 국풍파 대표 정지상과 사대주의 대표 김부식의 대립은 피할 수 없는 숙명이었다. 정지상은 서경출신의 신진세력으로 칭제건원稱帝建元을 주장하며, 왕권 중심의 서경천도와 북벌정책을 추구하는 대표적인 국풍파였다. 그런 반면 김부식은 기득권을 유지하던 개경출신의 권신 귀족으로 사대주의자들의 수장首長이었다. 그러므로 정지상과 김부식은 정치적·문학적으로 피할 수 없는 시대의 라이벌이 되었다.

한편 서경에서 인종의 순시를 목 빠지게 기다리고 있던 묘청은 김부식의 방해에 돌연 분노하여 개경의 권신 귀족들을 향하여 난을 일으키니, 정지상이 이와 연루되어 김부식에게 피살당하고 말았다.

단재 신채호는 정지상을 '1류 인물'이라고 평가하면서, 능력 있는 인재가 그 역량을 국가와 사회에 펼치지 못하고 죽임을 당한 것을 안타깝게 여기며 이렇게 갈파하였다.

- 조선의 역사가 원래 낭가娘家의 독립사상과 유가儒家의 사대주의로 분립하여 오더니, 돌연 묘청이 불교도로서 낭가의 이상을 실현하려다가 그

거동이 너무 광망하여 패망하고 드디어 사대주의파의 천하가 되어 득세하매, 낭가는 아주 멸망하여 버렸으니, 그 실상은 낭郞·불佛 양가 대 유가儒家의 싸움이며, 국풍파國風派 대 한학파漢學派의 싸움이며, 독립당獨立黨 대 사대당事大黨의 싸움이며, 진취사상 대 보수사상의 싸움이었으니, 이 사건을 어찌 1천 년래 조선역사상 가장 큰 사건이라고 하지 않으랴!

이는 사대주의로 무너진 다물多勿 정신을 안타까이 여기는 단재 신채호의 심정이었다. 이 사건으로 인하여 고려 낭가는 현실주의적 유가들로부터 큰 타격을 받고 현저히 그 세력이 약해졌으므로, 1천 년래 조선 역사상 가장 큰 사건이라고 했던 것이다. 즉 정지상과 묘청이 이겼다면, 조선사가 독립·진취적으로 나아갔을 것이라는 이야기였다. 그러면서 단재 신채호는 이 사건에 대하여 다음과 같이 덧붙였다.

- 묘청의 행동이 광망하여 그 동당 정지상을 속여 사지에 빠지게 하였으나, 그 칼끝은 왕이 아닌 개경의 귀족들이었다. 묘청이 스스로 왕이 될 욕심이 있었던 것은 아니었다. 묘청의 거사는 앞서 이자겸이나 척준경의 반역과는 달리, 새롭고 자주적인 독립 국가를 세운다는 것이 그 목적이었다.
- 낭가郞家는 매양 국체상에는 독립·자주·칭제건원稱帝建元을 주장하며, 정책상에는 흥병북벌興兵北伐하여 압록 이북의 옛 강토를 회복함을 역창力唱하고, 유가儒家는 반드시 존화주의의 견지에서 국체는 중화의 속국됨을 주장하고, 따라서 그 정책은 비사후폐卑辭厚幣로 대국을 섬겨 평화로 일국을 보保함을 역창하여, 피차 반대의 지위에 서서 항쟁하였다.
- 잔약, 쇠퇴, 부자유의 길로 들어감이 무엇에 원인함인가? 무슨 사건이 전술한 종교, 학술, 정치, 풍속, 각 방면에 노예성을 산출하였는가? 나는 일언하되, 고려 인종 13년(1135) 서경 전역이 김부식에게 패함이 그

원인이라.

　단재 신채호는 또 김부식이 정지상을 살해함은 정치적 목적뿐만 아니라, 문예적인 질투가 크게 작용하였다고 말하고 있으니, 실재 《고려사절요》에서는 다음과 같이 기록하고 있다.

　- 김부식이 여러 재상에게 말하길 "서경의 반역을 평정하려면 정지상을 먼저 제거하지 않으면 안된다." 하였다. 그리고 정지상을 은밀히 불러들여 무사로 하여금 목을 벤 뒤에, 비로소 위에 아뢰었다. 그러자 사람들이 말하기를 "김부식은 평소 정지상과 같은 문인으로 명성이 비슷하였는데, 문자 관계로 불평이 쌓여, 정지상이 내응한다고 핑계하고 죽인 것이다." 하였다.

　그렇다면 김부식이 가졌던 정지상에 대한 '문자 관계의 불평'이란 무엇인가? 이규보李奎報의 《백운소설》은 이렇게 적고 있다.

　- 정지상은 시재詩才가 고금에 절륜絶倫하여 여러 문인들의 숭배를 받다가 김부식에게 죽었으므로, 후래의 시인들이 불평이 여기어 그에 대한 일화가 많이 유행하였다. 김부식과 정지상은 문장으로 함께 이름이 났는데, 두 사람은 알력이 생겨서 서로 사이가 좋지 못했다. 그 이유는 정지상이 쓴 다음과 같은 시 두 구절이 빌미가 되었다.

　　절에서 독경 소리 끝나자마자　　　琳宮梵語罷
　　하늘빛이 유리처럼 깨끗해졌네.　　天色浮琉璃

　소리와 빛, 시간과 공간이 하나로 합일된 절묘한 구절이니, 시를 아는 김부식이 단박에 반하였다는 것이다. 이에 김부식이 이 구절을 자기에게 달라 하고, 정지상이 거절하니 '문자 관계의 불평'이 생겼다는 이야기다. 즉 평소에 정지상의 빼어난 문장력에 시기심을 가지고 있었던 김부식이 묘청의 난에 연루됐다는 혐의를 씌워서 살해했다는 이야기였다.

또 정지상이 "그대가 술 있거든 부디 나를 부르소서. 내 집에 꽃 피거든 나도 또한 청하오리. 그래서 우리의 백년 세월을 술과 꽃 사이에서…."라는 시조 1수를 지었더니, 김부식이 보고 이놈이 시조도 나보다 잘한다 하여 살해하였다고도 한다.

이규보의 《백운소설》이 전하는 두 사람의 라이벌 관계는 정지상의 사후까지 계속 이어지고 있다. 어느 봄 날 김부식이 흥취가 돋아, 다음과 같은 시를 읊었다고 한다.

  버들 빛은 천 가닥 푸르고   柳色千絲綠
  복사꽃은 만 점이 붉구나.   桃花萬點紅

그러자 정지상의 귀신이 나타나서 김부식의 뺨을 철썩 때리며 이렇게 말하더라는 것이다.

"일천 가닥이니 일만 점이니, 바보 같은 소리 말라. 버들가지가 천 개인지 세어보았으며, 복사꽃이 만 개인지 헤아려보았는가?"

그러면서 다음과 같이 고쳐 주더라는 것이다.

  버들 빛은 실실이 푸르고   柳色絲絲綠
  복사꽃은 점점이 붉구나.   桃花點點紅

천사千絲를 사사絲絲로 바꾸고, 만점萬點을 점점點點으로 바꾸니, 시의 품격이 훨씬 부드럽고 높아졌다. 이에 김부식은 정지상을 더욱더 미워하였다는 것이다.

이긍익李肯翊의 《연려실기술》 역시 두 사람을 다음과 같이 비교하였다.
- 김부식은 풍부하였으나 화려하지는 못하였고, 정지상은 화려하였으나 떨치지는 못하였다.

단재 신채호는 '이와 같이 문예의 시기심도 한 원인이 되나, 대체로는 김부식은 사대주의의 괴수요, 정지상은 북벌파의 건장健壯이니, 만일 정지상을 살리어 그 작품의 유행을 허한다면 혹 그 주의가 부활할지 모르는 일이다. 그러므로 이것이 김부식으로서 정지상을 살해한 최대의 원인이다.'고 하였다.
아무튼 문학사에서는 천재 정지상이 복잡한 정치판에 휘말리지 않고, 그냥 그대로 시인으로 남았었더라면 하고, 한 귀재의 단명을 아쉬워하고 있다.
인종을 모시고 개성 서강西江가의 장원정에 나갔다가 지은 시는 시상이 참신하고 탈속한 작품으로 평가받고 있다. 봉래산이 어디 있나 했더니 '지금 여기, 이 자리가 바로 봉래산'이라는 내용이 함축되어 있다. 봉래산은 선도의 이상향으로 꼽히는 산이다.

우뚝 솟은 대궐은 강 언덕을 베고 있어	岧嶢雙闕枕江濱
맑은 밤엔 도무지 한 점 먼지도 일지 않네	淸夜都無一點塵
바람에 불린 돛단배는 조각조각 구름 같고	風送客帆雲片片
이슬 맺힌 궁궐 기와 비눌 모양 옥과 같네	露凝宮瓦玉鱗鱗
푸른 버들 아래 문 닫은 집은 여덟 아홉	綠楊閉戶八九屋
밝은 달빛에 주렴을 걷어 올린 사람은 두셋일세	明月捲簾三兩人
아득한 봉래산은 그 어디에 있을까?	縹緲蓬萊在何許
꿈을 깨니, 꾀꼬리 소리 봄을 알리네.	夢闌黃鳥囀靑春

한편 200여 년 뒤의 인물로 정지상鄭知常(?~1135)과 동명이인 同名異人인 죽정竹亭 정지상鄭之祥(1324~1365) 또한 선도仙道 인물이었다. 행촌杏村 이암李嵒(1297~1364)의 《태백진훈》에 의하면 죽정 정지상은 청평산인靑平山人 이명李茗, 행촌杏村 이암李嵒, 휴애거사休崖居士 범장范樟 등과 함께 춘천의 청평사를 중심으로 노닐었던 것을 알 수 있다. 청평산의 청평사는 당시 선도인仙道人들의 아지트와 같은 곳이었다.

청평사는 상처喪妻로 인해 일찍이 인생무상을 느낀 이자현李資玄(1061~1125)이 29세에 벼슬을 버리고 은거한 이래로 곽여 진인을 비롯하여 많은 선도인들이 드나들며 수련 터를 형성하였다. 그리하여 청평사 뒤 골짜기 이름은 '선동仙洞'이며, 청평산 꼭대기에는 하늘에 제사를 올리던 '천단天壇'도 마련되어 있었다. 후에 김시습이 스승 설현도인을 처음 만난 장소도 바로 이곳 청평사였다.

66. 권진인과 남궁두

권진인權眞人(1069~?)의 본명은 권청權淸으로 고려 때 사람이다. 그러나 조선시대까지 500년 이상 살면서 후학들을 지도하였다고 한다.

태어나기는 안동 권씨 상락대성上洛大姓의 자손인 태사공太師公 권행權幸의 증손으로 태어났는데, 문둥병이 생겨 부모가 죽은 자식으로 치고 숲속에 내다버렸다고 한다. 밤이 되자 호랑이가 권진인을 물어다가 굴속에 갖다 놓았는데, 무서움이 극에 달한 권진인은 차라리 빨리 잡아먹히기를 바랬다. 그러나 호랑이는 권진인 옆에서 새끼 두 마리에게 젖을 빨릴 뿐, 권진인을 해치려는 기색이 전혀 보이지 않았다. 그제서야 권진인은 정신을 차리고 굴속을 둘러보니 풀 넝쿨이 바위틈에 뻗어 있었는데, 잎이 넓고 뿌리는 굵은 게 먹을 만해 보였다. 그것을 먹으며 몇 달을 지내다보니 온몸의 창瘡도 차츰 낫고, 혼자 일어나 움직일 수도 있게 되었다.

권진인은 더 열심히 뿌리까지 캐 먹다보니 온 산의 반쯤을 다 파제꼈다. 날짜가 얼마나 지났는지 모르지만 어느새 문둥병이 완전히 나아 딱지가 떨어졌으며, 몸은 저절로 나아 산마루까지 오를 수 있게 되었다.

이미 몸이 다 나았기에 고향으로 돌아가려 하였으나, 어디가 어딘지 찾을 수가 없었다. 그때 마침 한 중이 산 밑을 지나가는 게 보이므로, 쫓아가서 길을 막고 물었다.

"이 산은 무슨 산입니까?"

"태백산이요. 땅은 진주부에 속하였소."

"가까운 곳에 절이 있습니까?"

"서쪽 봉우리 밑에 난야라는 암자가 있지만, 길이 험해서 올라가기가 어려울 거요."

"고맙습니다."

권진인은 중의 말을 듣고 즉시 뛰어올라가 암자를 찾아갔다. 대낮인데도 암자는 문이 잠겨 있었고, 사람 기척이 없었다. 할 수 없이 직접 자물쇠를 따고 들어가 행랑을 지나 중랑으로 들어가니, 한 늙고 병든 중이 베옷을 입고 이불을 덮은 채 안석에 기대 누웠다가 가만히 눈을 떴다.

"어제 밤 꿈에 한 노인이 나에게 말씀 하시기를 '비법을 전수받을 사람이 곧 올 것이다.' 하시더니 너의 관상을 보니 참으로 그 사람이로구나."

그러면서 노인은 힘들게 몸을 일으켜 함 속을 열고 책을 내어 주었다.

"이 책을 만 번 읽으면 자연히 그 뜻을 알게 될 터이니, 무쪼록 게을리 하지 마라. 나는 이제 떠난다."

말을 마치자 노인은 앉은 채로 세상을 떠났고, 권진인은 다비로 화장해서 사리를 탑 속에 모셨다.

권진인은 그 암자에 남아 노승이 남겨준 책을 보며 혼자 수련을 시작하였다. 그러자 마귀가 와 사방에서 둘러쌌으나, 본 체도 않으니 모두 저절로 사라졌다. 이렇게 11년 공부 끝에 신태법神胎法을 이룰 수가 있었다.

공부를 이룬 권진인은 하늘에 올라가 상제上帝의 명을 받고, 치상산(적성산)에 머물며 동국삼도제신東國三道諸神을 거느리게 되었다. 그렇게 치상산에 머문 지가 벌써 오백년이었다.

수백 년 동안 권진인은 수많은 제자들을 겪었다. 그 가운데는 기氣가 과민한 사람, 혹은 너무 둔한 사람, 혹은 참을성이 없는 사람, 혹은 인연이 천박하고 욕심이 많은 사람 등등이어서 모두 성공하지 못했다. 만일 성도成道 하는 이가 있으면 마땅히 할 일을 그에게 맡기고 옥경玉京으로 돌아갈 터였다. 그러나 긴긴 세월을 두고도 아직 한 사람도 얻지 못하였으니, 이는 권진인의 진세塵世 인연이 다하지 않은 때문일 것이다.

한편 남궁두南宮斗는 조선 명종10년(1555) 사마시에 합격하였지만, 살인죄를 짓고 도망하며 살고 있었다. 그러다가 권진인에 대한 소문을 듣고,

무주 치상산에서 권진인을 찾아 헤맨 지가 벌써 한 해가 다가고 있었다. 새도 날아갈 수 없는 층암절벽까지 다 뒤지며 찾았지만, 아직도 못 찾고 있었다. 그러다 소나무 잣나무가 햇빛을 가리우는 곳에 조그만 초가삼간 하나를 발견했다.

초가삼간은 절벽을 의지하고 지었는데, 돌을 쌓아서 토대로 삼은 집이었다. 이윽고 방문이 열리더니 안에서 마른 나무 등걸 같은 용모를 한 노승이 다 떨어진 장삼을 걸치고 나왔다.

"풍신을 보니 보통 사람은 아닌데, 어떻게 여기까지 오시었소?"

"노사께 배우고자 한 해 동안을 찾아 헤매다가, 이제야 겨우 뵙게 되었습니다."

"산속에서 다 죽게 된 늙은이가 무슨 재주가 있어 남을 가르치겠소? 그만 내려가 보시오."

노승은 방문을 닫아걸고 나오지 않았다. 그러다가 남궁두가 뜰아래 엎드려 몇 날 며칠을 애걸하자 그제서야 정성에 감응되었는지 문을 열고 들어오라고 하였다.

남궁두가 방안에 들어가 보니 방의 크기는 사방 한 길쯤 되는데, 다만 목침 한 개만 놓여 있었다. 북쪽으로는 땅굴이 6개 있는데 자물쇠로 잠갔으며, 숟가락 한 개가 굴 기둥에 걸려 있었다. 그리고 남쪽 창문 위에 달아놓은 선반에는 5~6권의 책이 있었다. 권진인은 남궁두를 한참 다시 보더니, 입을 열었다.

"너는 참을성이 많은 사람이구나. 가식이 없고 순박하니, 죽지 않는 법을 가르쳐 주마. 대개 모든 방술은 먼저 정신이 통일된 뒤에야 이룰 수 있는 법. 더구나 혼백을 연단煉丹하고 정신을 초월하여 신선神仙이 되려는 자는 더 말할 것도 없다. 우선 정신통일부터 하여야 하는데, 그것은 잠을 자지 않는 것부터 시작해야 한다."

남궁두는 첫날밤을 앉아서 버텼다. 4경이 되니 눈이 저절로 감기나 억지로 참고 밤을 새웠다. 이튿날 밤에는 몸과 마음이 피로하여 정신을 차릴 수 없었으나, 마음을 다잡아먹고 억지로 참았다. 사흘 밤 나흘 밤이 되니 피곤을 이기지 못하여, 머리로 벽을 들이받아 가며 억지로 참았다. 이레째 밤이 되니 몽롱한 가운데 무슨 보자기를 훌렁 벗는 느낌이 나더니, 환하게 무엇이 깨달아지는 것 같으면서 기분이 상쾌해졌다. 노승이 기뻐하며 또 일러주었다.

"무릇 신선되기를 배우는 자는 잡념을 버리고 가만히 앉아서 정精 · 기氣 · 신神 3보를 통일하여 감리용호坎离龍虎가 서로 감응하게 해야 한다. 그러면 단丹을 이루게 되는데, 이것이 연단술煉丹術의 첩경이다. 우선 먼저 곡식을 먹지 않는 벽곡에 들어가자."

남궁두는 끼니를 점점 줄여나가다가 나중에는 검은콩가루와 황정설黃精屑만 먹었다. 그렇게 3 · 7일이 지나자 홀연 배가 부른 것 같으면서 음식 생각이 없어졌다. 또 참깨와 솔잎을 100일 동안 먹으니 살갗이 고와졌다.

노승은 남궁두에게 수식법數息法과 운기법運氣法을 가르쳐 주었다. 마침내 자오묘유子午卯酉 사방을 향하여 육자비결六子秘訣의 호흡을 하니 도가 통하여 얼굴빛이 점점 윤기가 돌고 기분이 상쾌해지며 오만가지 잡념이 사라졌다.

"너는 도골이 되었으니 이 도법으로 마땅히 신선이 될 것이요, 이대로 하산 하더라도 큰 그릇이 될 것이다. 물욕이 움직여도 이를 참아야 한다. 모든 생각이 비록 식색食色이 아니라도 일체의 망상은 수련에 모두 저해되는 것이다. 모름지기 공空에 고요함이 있으니 공으로서 수련을 쌓아야 한다."

남궁두가 배운 대로 승강전도昇降顚倒의 법과 구결口訣을 정성껏 수련하며 앉아 있는데, 하루는 입천장에서 작은 자두만한 것이 생기는 듯 하더니 단물이 혀에 부어졌다. 남궁두는 그것을 천천히 삼켜 배속으로 들어가게 하였다.

수련을 쌓은 지 여러 해가 지나자, 단전이 가득차고 황금빛이 배꼽 아래에서 번쩍이는 듯했다. 남궁두는 도가 성취되어 가는 것이 기뻐, 좀 더 빨리 이뤄보려는 욕심이 생겼다. 그러자 누렇게 피어오르던 황화黃花가 차녀리화姹女离火를 제압하지 못하여 불길이 올라가 니환을 태우니, 남궁두가 견디지 못하고 소리를 지르며 뛰쳐나왔다.

노승이 지팡이로 머리를 치며 말하기를 "아섭구나, 이제는 틀렸다." 하고 남궁두를 앉혀 화기를 내리게 하였다. 그리고 소차蘇茶를 먹이니, 겨우 마음이 안정되고 화기도 가라앉았다.

"너는 인연이 없어서 더 이상 이곳에 머무를 수 없으니, 그만 산을 내려가거라. 황정黃精을 먹고 북두성을 경배하여 살생과 간음 도적질을 하지 않으면, 지상선은 될 것이다. 행하고 수련하기를 쉬지 않으면, 천상선도 될 수 있을 것이다."

"……."

"마음을 닦는 요결은 오직 속이지 않는 것이 으뜸이니, 모든 사람의 한순간의 선악도 귀신이 전후좌우에서 다 보고 있다. 옥황상제는 어디서나 강림하여 보시니, 굴속에서 홀로 조그만 일을 하고 있을지라도 바로 북두궁에 알려져 보응의 효가 빨리 나타나는 것이다. 어리석은 사람들은 잘못을 저지르고도 창창한 하늘 위에 천지의 주재자가 계심을 모른다. 너는 비록 참을성이 있으나, 욕심이 없어지지 않았다. 만일 삼가지 않으면 다른 길로 빠져 영겁의 고초를 겪을 것이니, 어찌 삼가지 않을 수 있겠느냐?"

"제가 어리석고 미련하여 스승님의 가르침을 감당치 못하였으니, 제 운명이 박함이라 무엇을 한탄하겠습니까?"

남궁두는 마지막으로 스승의 단전을 한번만 보기를 소원하자, 노승이 웃으며 대답하였다.

"무에 어려울 게 있겠느냐. 다만 네가 놀랄까 두려울 뿐이다."

노승이 배 덮개를 벗기자 금빛 광채 백여 줄기가 지붕과 벽으로 내쏘이는데, 남궁두는 눈이 부셔서 더 이상 볼 수가 없어 책상에 엎어졌다. 그러자 노승이 도로 배를 가렸다.

결국 남궁두는 7년 만에 스승께 작별인사를 하고 하산하였다. 그러나 하산을 하여 가정을 이룬 후에도, 치상산 가까이에 살면서 수련을 계속하였다. 그리고 무신년(1608, 광해 원년) 가을, 허균(1569~1618)이 공주목사를 그만두고 부안에서 지내고 있을 때, 남궁두가 고부로부터 걸어서 찾아와 자신이 체험한 모든 이야기를 상세히 들려주었다.

남궁두는 당시 83세였는데 마치 40대의 용모처럼 보였으며, 시력이나 청력, 정력이 조금도 쇠퇴하지 않았다고 한다. 또 난새의 눈동자와 검은 머리털은 소연昭然하여 마치 마른 학과도 같았다고 한다. 허균은 남궁두에게 들은 이야기를 소설로 썼는데, 바로 《남궁선생전》이다.

권진인에게 공부한 인물로는 남궁두 말고도 고려말 조선초를 살다 간 석간石磵 조운흘趙云仡(1332~1404)과 설현偰賢이 있다. 설현은 고려말에 원나라에서 귀화한 인물로서 청한자淸寒子 김시습金時習(1435~1493)에게 설악산 오세암에서 연단법煉丹法을 가르친 바 있다. 또한 강원도와 경상도를 오가며 100여 년 동안 아이들에게 《통감通鑑》을 가르쳤는데, 아무도 그의 정체를 알지 못하였다고 한다.

조운흘은 조선초 검교정당문학檢校政堂文學을 지낸 바 있으며 《조선왕조실록》에 그의 〈졸기〉가 실려 있다. 《조선왕조실록》에 의하면 그는 뜻을 세우는 것이 기걸하여 예스럽고, 호탕함이 남보다 뛰어났다고 한다. 또한 세상 이속에 아무런 욕심이 없었으며, 초연하여 세상 밖의 일에만 생각이 있었다고 한다. 관직을 버리고 물러나서는 일부러 미친 척 어두운 척 하였으며, 출입할 때에는 반드시 소를 타고 다녔다고 한다.

그리고 남궁두에게 공부한 인물은 청하자 권극중(1585~1659)으로, 단학丹學에 매우 정통하였다고 전한다. 남궁두는 권극중의 외가 인물로 추정된다.

67. 고려인 장삼봉

"장삼봉 도인은 원래 고려인이다."

이 말은 연변 조선족 출신인 무당파 19대 장문인 이금룡이 스승인 18대 장문인에게 들은 말이라고 한다.

장삼봉張三峰 도인은 무당파武當派의 시조이며 태극권의 창시자로서 삼봉三峰 외에도 삼풍三豊, 산봉山峰, 통통通, 금금金, 현현玄玄, 현현자玄玄子, 현소玄素, 현화玄化, 현일玄一, 전일全一, 군보君寶, 군실君實, 곤양昆陽, 사렴思廉 등 여러 이름으로 불리었다. 이는 구전口傳으로 전해지다 보니 듣는 이에 따라서 한 가지 이름이 삼봉三峰, 삼풍三豊, 산봉山峰으로 들렸을 수가 있고, 또 하나는 군보君寶와 군실君實이 한자가 비슷하다보니, 베끼는 이의 실수에 의해서 그렇게 되었을 가능성도 충분히 있다.

그러나 장삼봉 도인이 보통 사람들보다 사용한 이름이 많은 것은 사실일 것이다. 그 이유는 그를 송나라, 금나라, 원나라, 명나라 사람이라고 저마다들 다르게 일컬을 만큼 장수하였으며, 천하를 주유하였기 때문이다.

고려高麗(918~1392)   사람으로서   송대宋代(960~1279),   금대金代(1115~1234), 원대元代(1271~1368), 명대明代(1368~1644)까지는 100세 이상만 살면 송·금·원·명대가 다 걸쳐지거니와 장삼봉 도인은 500세까지 생존했다는 설도 있다.

장삼봉 도인은 요동에서 태어났다고 하는데, 그렇다면 고구려인일 가능성도 없지 않다. 왜냐하면 요동은 고구려 땅이었으며, 중국에서는 고구려를 고려라고 하기 때문이다.

아무튼 장삼봉 도인은 백발이 도로 검어지고 치아가 다시 돋는 회춘의 묘법妙法을 알고 있었다고 하며, 여러 신비한 일화들이 전해지고 있다.

그는 추위와 더위를 아랑곳하지 않고 낡은 옷 한 벌과 풀로 만든 도롱이 하나로 천하를 주유하였다고 한다. 밥을 한번 먹으면 솥단지 채로 먹어 치웠으며, 그리고는 몇 달 동안은 먹지 않았다고 한다. 그렇게 하루에 천 리 길을 걸으며 천하를 주유周遊하고 병든 사람들을 고쳐주다가, 마지막으로 정착한 곳이 무당산이었다고 한다. 무당산은 사철 내내 안개에 쌓여 있어서, 장삼봉 도인과 더불어 신비감을 더해 주는 곳이었다. 그리하여 무당산과 장삼봉 도인은 마침내 불이不二가 되어버렸다.

일설에는 장삼봉 도인이 창시한 태극권은 그 원형이 청구 배달국 치우천황의 치우희蚩尤戱에서 그 근본을 삼았다고 한다. 치우희는 고구려 고분벽화에서는 각저희角抵戱로 표현되기도 하거니와, 고구려의 연개소문 또한 치우천황이 쓰던 검법을 쓸 줄 알았다고 한다.

우리의 고유 놀이에는 흔히 태극太極의 형상을 많이 볼 수가 있다. 씨름, 강강술래, 풍물놀이 등에서 모두 음양의 태극이 보이듯이, 치우희 또한 그 근본이 강·약의 음양 원리를 기본 바탕으로 하고 있는 것이다.

음양, 오행, 팔괘를 만든 태호 복희씨가 동이족이라는 사실은 예로부터 많은 학자들이 주창한 학설이거니와 '홍산문화'가 밝혀진 지금은 중국학자들도 많이들 수긍하고 있다. 중국 천수사범대학 철학회 부회장 이건성 교수와 역사학자 부사년 씨는 STB 방송 인터뷰에서 다음과 같이 각각 말하였다.

- 복희씨와 그 조상들이 산동성에 살 때, 그곳은 동이족이 살던 곳이었습니다. 복희씨 이후에 동이족은 동남쪽으로 이동하였습니다.

- 동이족인 복희씨가 만든 팔괘가 한자漢字의 기본이 되었으니, 한자는 동이문화임이 틀림없습니다.

아무튼 강인함과 유연성의 음양 원리를 기본 바탕으로 하고 있는 치우희는 그 대표적인 것이 비틀기, 튕기기, 흐르기로서, 비틀기는 손 발 허리를 비틀어 기운의 흐름을 바꿀 수 있다. 그리고 허벅지를 튕겨서 그 기운을 쓰는 법, 기운을 부드럽게 흐르게 하다가 단전에서 폭기시켜 방어와 공격에 동시에 쓰는 법은 그 대표적인 것이 바로 국선도이다.

혹자는 말하기를 태극권의 투로 과정에는 전사라는 것이 있는데, 이는 중국 권법에는 없는 특징이며, 내공을 일으켜 기氣를 뿌리는 발경 역시 우리나라 전통무용인 처용무의 추임새를 통한 발경의 원리와 흡사하다고 한다. 또 태극권의 화경 역시 우리나라 전통무술인 수박희手拍戱나 택견의 기술과 비슷하다고 하는데, 이는 장삼봉 도인이 고려인이기 때문일 것이라는 것이다.

아무튼 장삼봉 도인이 창시한 무당파 내가권법 태극권은 소림권의 외가권법과 함께 양대 산맥을 이루며 중국의 무술로 발전하였다. 그리고 우슈 태극권이란 이름으로 올림픽 종목으로 채택되기까지 하였다.

뿐만 아니라 장삼봉 도인은 중국 도교가 단약丹藥 위주인 남방의 정일교正一敎와 수행을 위주로 하는 북방의 전진교全眞敎로 나뉘어졌을 때, 두 교파를 교류시키고 융합시키는 데 큰 역할을 하였다.

명나라 태조 주원장의 11번째 아들 주춘朱椿이 촉왕으로 파견 되었을 때, 한번은 장삼봉 도인을 사천성에 초대하였다고 한다. 사천성은 옛날에 백제 땅이었다고 하는데, 그래서 헌왕 주춘이 장삼봉 도인을 사천성에 초대한 것인지도 모르겠다. 《삼국지》의 유비도 백제성에서 마지막 숨을 거두었다고 하는데, 백제성은 지금의 어디인지 모르겠다. 아무튼 초대받은 사람들이 주춘에게 예물을 내놓는지라, 장삼봉 도인도 즉석에서 선물을 마련하였다.

"변변치 못하오나 전하께서는 원컨데 웃음으로 받아 주시기 바랍니다."

그러면서 장삼봉 도인이 한 손 가득히 내민 것은 다름 아닌 대추였다. 그러나 보통 대추가 아니었다. 반쪽은 붉고 반쪽은 푸른 대추였다.

이는 장삼봉 도인이 촉왕 주춘에게 생육·번성하라는 축복을 준 것이었으나, 대중들은 그것을 모르고 더 신기한 도술을 보여달라고 하였다.

장삼봉 도인은 할 수 없이 입안에서 이빨 하나를 뽑아 흙속에 묻었다. 그러자 흙속에 묻은 이빨에서 싹이 트더니 순식간에 자라서 큰 쟁반만한 연꽃이 피었다. 게다가 향기까지 방안 가득한 것이었다. 이에 헌왕 주춘이 기뻐하며 시를 지어 장삼풍 도인에게 선물하고, 그날의 광경을 직접 기록하였다고 한다.

이 소문은 명나라를 떠들썩하게 하였는데, 장삼봉 도인의 제자들 역시 소문을 듣고 어이가 없었다. 스승은 명나라 홍무洪武 24년(1391) 9월 게송까지 남기고 저 세상으로 떠나, 제자들이 장례를 치렀기 때문이다.

제자들은 의논 끝에 스승의 관을 열어 보기로 하였다. 이윽고 관을 열자 스승의 시신은 온 데 간 데 없고 관속은 텅 비어 있었다.

이 소식을 들은 명태조 주원장이 직접 장삼봉 도인을 만나보고자 하였다. 그러나 도인의 종적이 묘연하여 찾을 수가 없었다. 영락제 또한 장삼봉 도인을 존경하여 무당산에 태화궁관을 지어주니, 이때부터 무당산이 중국 도교의 중심 무대가 되었다. 영종 역시 장삼봉 도인에게 '통휘현화진인通徽顯化眞人'이라는 법호를 내렸다.

법륜대법(파룬궁)을 창시한 이홍지李洪志(1951~현재) 선생은 만주 길림성에서 태어난 조선족이라고 하는데, 그가 쓴 시를 보면 자신의 전생이 장삼봉 도인이라고 말하고 있다.

장삼풍 진인의 명성이 세상을 뒤덮는도다	眞人蓋世張三豊
진인이 큰 도를 펼칠 때는 천지에 적이 없었는데	大道無敵天地
후세 사람들이 명예를 위해 권법을 어지럽히누나	後世爲名亂拳法
나의 태극권을 고치고 내 이름을 무너뜨리는구나.	改吾太極壞吾名

68. 세종대왕과 한글

조선 왕조는 유교를 국교로 삼아 개국하였고, 유교의 정당성을 확보하기 위해 유교 이외의 사상은 모두 이단으로 매도하고 탄압하였다. 그러나 유교 이외의 사상을 매도하고 탄압한 것은 유교 성리학자들인 대신들이었고, 세종대왕은 남모르게 우리 민족 고유의 도를 보호하고 육성하셨다.

나이 5세에 세종대왕께 불려가서 시험을 받고 비단 50필까지 하사받은 조선조 신동이자 천재이자 도인이었던 청한자 김시습 선생은 《징심록추기》에서 이렇게 증언하고 있다.

- 세종대왕께서 은근히 영해 박씨 집안 문중을 두루 구제하셨다. 또 박혁거세왕 능묘를 세우고, 종가와 차가 두 집에 명하여 서울 성균관 옆으로 이거하게 하고, 장로를 편전에 입시토록 명하여 은고를 심중하게 하셨다. 그리고 차가의 후예 박창령공 부자를 불러 등용하셨으니, 때에 나는 이웃에 있어 종사의 가문에서 수업 받았다. 세종대왕께서 박제상공의 후예를 은근히 대우하심은 당연한 바가 있었으며, 하물며 훈민정음 28자의 근본을 《징심록澄心錄》에서 취본 하셨음에랴!

청한자 김시습은 세종대왕께서 훈민정음 28자의 근본을 《징심록》에서 취본 하셨다고 하였다. 그렇다면 《징심록》은 무엇이며, 영해 박씨 문중은 누구인가?

영해 박씨는 관설당觀雪堂 박제상朴堤上(363~418)공을 시조로 하는 천웅도天雄道 전수자 가문이다. 천웅도는 곧 환웅도로서 화랑도의 근원이다.

관설당 박제상공은 신라 박혁거세 거서간의 9세손이며, 파사 이사금의 5세손으로서, 백결선생 박문량朴文良(414~?)의 부친이기도 하다.

그런데 신라 제19대 눌지왕 1년(417년)에 고구려와 왜국에 볼모로 가 있던 왕의 동생 복호공과 미사흔공을 구해 내고 죽으니, 이때 아들 백결선 생의 나이는 불과 5세였다.

그리하여 훗날 나라에서 그의 충절을 기려 그의 자손들에게 영해寧海 땅을 영지로 주었으므로, 관설당 박제상공은 영해 박씨의 시조가 된다.

그렇다면 세종대왕께서 훈민정음 28자의 근본을 취본하셨다는 《징심록》 은 무엇인가?

《징심록》은 박제상공이 살아생전에 지은 선가사서仙家史書이다. 가문 대 대로 전해 내려오는 비서秘書들과 보문전寶文殿 태학사太學士로 재직할 때 열람한 자료들을 종합하여 저술한 역사 선가서로, 총 3교敎 15지誌로 구성 되어 있다.

그중에 하나가 오늘날 우리가 보고 있는 《부도지符都誌》이며, 세종대왕 께서 훈민정음 28자의 근본을 취본 하신 것은 바로 그 안에 있는 〈음신지 音信誌〉로 보여진다. 〈음신지〉는 소리와 뜻 전달을 의미하는 '음신音信'이 라는 말에서도 알 수 있듯이, 원시 한글인 가림토가 실려 있다.

《한단고기》〈태백일사〉에는 고조선 제3대 가륵단군 2년에 삼랑 을보륵 이 정음 38자를 정리하고 이를 가림다加臨多라고 했다는 내용이 있다. 그 리고 1998년에는 고대 우리의 영토였던 중국 산동성 환대桓臺에서 녹각에 새겨진 가림토 문자가 발굴되었으며, 탄소측정 결과 3850년 전의 것으로 확인되었다.

세종대왕은 훈민정음 28자의 근본을 《징심록》에서 취본 하시며, 영해에 살고 있는 천웅도 전수자 가문의 종가와 차가를 불러 올려 궁궐 가까이 살게 하고, 다음과 같은 벼슬을 주며 지극한 정성으로 보살피셨다고 한다.

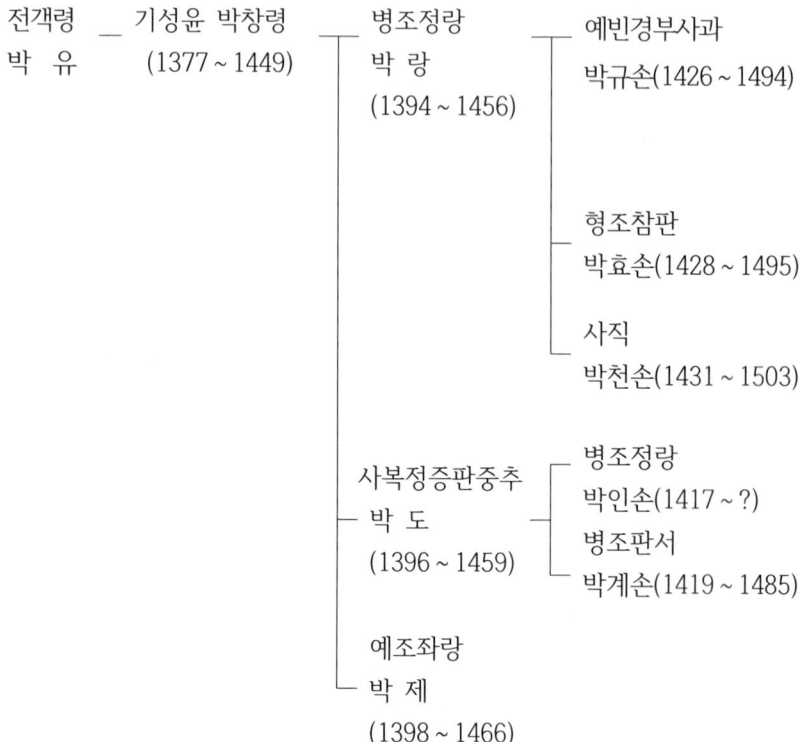

위 표는 세종대왕, 문종, 단종대에 걸쳐 벼슬한 영해 박씨 가계도이다. 이처럼 단종대에 형조참판과 병조판서를 지내던 영해 박씨들은 세조가 단종의 왕위를 찬탈하자, 모두 벼슬을 버리고 강원도 복계산 금화현 깊은 산골짜기로 들어갔다. 그러다가 세조가 찾는다는 소문을 듣고는 이북 땅으로 더 숨어 들어갔다.

조선왕조와 영해 박씨 가문과의 인연은 위로 더 거슬러 올라가, 조상들로부터 비롯된다. 태조 이성계가 꿈에 신인神人에게서 금척金尺을 받고, 측근인 김생을 은밀히 보내 상담한 곳이 바로 천웅도 전수자 가문인 영해박씨 종사宗嗣였다.

금척은 바로 신라를 개국한 박혁거세 왕이 지니고 있던 신물神物로서, 연리지가硏理之家 영해 박씨 집안에서 대대로 보유하고 있던 신기神器였다. 그리하여 영해 박씨 가문에는 《징심록澄心錄》과 함께 《금척지金尺誌》가 전해 내려왔던 것이다.

금척은 하늘에서 부여받은 왕권의 상징물로서 바로 국가 통치권을 의미하였다. 원리는 천부경의 이치를 본떠 만들어졌으며, 그것을 금金으로 만든 것은 변하지 않게 하기 위함이요, 자(尺)로 제작한 것은 오류가 없게 하기 위함이라고 하였다.

그러므로 꿈에 신인에게서 금척을 받은 이성계가 영해 박씨 종사에게 사람을 보내 자문과 인증을 구한 것은 당연한 과정이었을 것이다.

국가 통치권의 상징인 금척을 얻었으니, 결과는 이미 나와 있었다. 이성계는 위화도회군을 하였고, 조선朝鮮이라는 새 왕조를 열어 태조가 되었다.

그러나 금척의 연원은 신라를 개국한 박혁거세를 거슬러 올라가 단군까지 다다른다. 단군도 바로 금척의 이치에 따라 백성들을 교화하셨다고 하기 때문이다. 태조 이성계는 평소 금척에 관한 상식을 충분히 가지고 있었으며, 나라 이름을 조선으로 했던 것도 바로 단군조선의 맥을 잇겠다는 소명의식의 발로였을 것이다.

하늘의 소명을 받아 금척을 보유하고 있던 천웅도(환웅도, 화랑도) 전수자 가문인 영해 박씨 집안의 종사에게는 신라, 고려, 조선의 왕들이 특별한 대접으로써 보호하며 자문을 구하였다.

신라의 김춘추와 김유신은 선도산仙桃山에 살고 있는 마령간麻靈干에게 가서 수업을 받았으며, 고려의 현종은 거란이 침략했을 때 강감찬 장군을 보내 방책을 물었으며, 조선의 세종대왕도 영해 박씨들을 궁궐 가까이 불러 지극한 정성으로 보살피셨던 것이다.

세종대왕은 이 밖에도 《용비어천가》에 고구려의 조의선인인 선배를 칭송하는 노래를 실어 기리도록 하셨다.

　무공뿐 아니 위하샤 선배를 아르실세 정대지업鼎待之業을 셰시니이다.
　토적討賊이 겨를업샤되 선배를 다사실세 태평지업이 빛나시니이다.
　혀근 선배를 보시고 어좌에 니르시니 경유지심敬儒之心이 엇더하시니.
　늘근 선배를 보시고 예禮로 꾸르시니 석문지대石文之得이 엇더하시니.

　'선배'는 이두문자로 선인先人, 선인仙人이라 쓴바, 선先과 선仙은 선배의 선의 음을 취한 것이며, 인人은 선배의 배의 뜻을 취한 것이니, 선배는 원래 신수두 교도의 보통명칭이며, 일반 선배들은 머리를 깎고 조의皂帛를 허리에 두르고, 그 스승은 조의로 옷을 지어 입어 '조의선인'이라 칭하였다고 단재 신채호 선생은 밝히고 있다.
　'선배'들은 전쟁에서 가장 용맹하였다. 그리하여 고구려의 각종 지위를 골품骨品으로 얻어, 미천한 자가 고위에 오르지 못하였으나, 오직 선배의 단체는 미천함과 관계없이 학문과 기술로 개인의 지위를 정하는 고로, 인재들이 선배 중에서 가장 많이 배출되었다고 한다. 세종대왕은 바로 이 선배들을 칭송하신 것이었다.

69. 한글 디자인

필자는 2014년에 한글의 디자인이 《천부경天符經》의 천지인天地人(☯, ○□△, ·ㅡㅣ)에서 그 모양을 취했음을 발견하였다.

1) 초성·중성·종성, 삼태극 원리

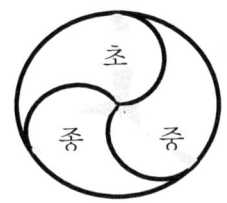

2) 초성(자음) 17자의 제자制字 원리

천지인 본체도	기본5자	가획9자	이체3자	병서	5음성	5음율	5행	5장	5방
◯ (△)	ㄱ	ㅋ	ㆁ	ㄲ	아牙	각角	목木	간肝	동東
◯ (△)	ㄴ	ㄷ ㅌ	ㄹ	ㄸ	설舌	치徵	화火	심心	남南
◯ (△)	ㅁ	ㅂ ㅍ		ㅃ	순脣	궁宮	토土	비脾	중中
△	ㅅ	ㅈ ㅊ	ㅿ	ㅆ	치齒	상商	금金	폐肺	서西
◯	ㅇ	ㆆ ㅎ		ㆅ	후喉	우羽	수水	신腎	북北

3) 중성(모음) 11자의 제자制字 원리

본체 뜻	기본3자 (천지인)	가획 8자(5방위)	하 도
둥근 하늘 평평한 땅 일어선 사람	· ㅡ ㅣ	火 木 ● ● ● 金 ● ● 水	

4) 종성은 초성을 다시 쓴다.

　모음의 디자인을 천지인(·ㅡㅣ)에서 본 딴 것은 1940년에 발견된 《훈민정음 해례본》에도 나오지만, 자음도 역시 천지인(○□△)에서 본 딴 것은 2014년에 필자가 처음 발견하였다.

　그러므로 자음과 모음의 기본 디자인은 모두 동일하게 천지인天地人(○□△, ·ㅡㅣ) 삼신사상에서, 가획자는 오행사상에서 가져온 것을 알 수 있다.

　필자는 2014년 7월에 논문을 완성해서 한글학회, 국어학회, 훈민정음학회 등에 보냈으나, 학계에서는 600여 년 만에 처음으로 밝혀지는 진실을 아직까지 받아들이지 않고 있다. 그래서 이 책의 부록으로 논문을 국민들께 직접 보낸다.

70. 청한자 김시습

　청한자淸寒子 김시습金時習(1435~1493)은 신동神童으로 태어나, 나이 5세에 이미 세종대왕으로부터 인정을 받고 나라의 큰 재목으로 쓰이기로 결정된 인물이다. 그래서 나라 사람들은 다들 이름을 부르지 않고, 다만 '5세' 또는 '김5세'라고만 불렀다고 한다. 설악산의 오세암이 바로 그가 지어 공부했던 암자이다.

　매월당으로 많이 알려진 선생은 태어나면서부터 20년이 넘는 세월 동안 줄곧 우리민족 고유의 도道인 천웅도天雄道(화랑도의 근원) 전수자인 영해 박씨 가문의 종사에게서 특별한 보살핌을 받으며 정통적이고 체계적인 수업을 받았다. 신라의 김춘추와 김유신 그리고 고운 최치원, 고려의 강감찬과 곽여 등도 영해 박씨 가문의 종사에게서 수업을 받은 사람들이라고 그는 《징심록추기》에서 기술하고 있다.

　청한자는 서울 반궁泮宮(성균관)에서 태어났는데, 그가 태어나던 날 밤 같은 마을에 살던 영해 박씨들은 그 집에서 공자가 태어나는 꿈을 꾸었다고 한다. 그래서 다음날 아침에 가보니, 과연 아기가 태어나 있었다고 한다.

　아기는 총명해서 태어난 지 8개월 만에 저절로 글을 알았고, 3세가 되자 시詩를 자유로이 지었는데, 유모가 맷돌에 보리를 가는 것을 보며 이런 시를 지었다.

우레 소리도 없는데 어인 천둥인가	無雨雷聲何處動
노란 구름 조각들이 사방으로 흩어지네	黃雲片片四方分

그리고 5세에는 문리文理를 깨달았으며 《중용》과 《대학》에도 통달하였다. 그러자 이름난 정승 허조許稠가 찾아와 말을 시켰다.

"내 늙었으니, 늙을 노老자로 시를 지어 보아라."

"늙은 나무에 꽃이 피니, 마음은 늙지 않았네.(老木開花心不老)"

아이의 즉각적인 시작詩作에 허 정승은 무릎을 치며 '신동'이라고 연발 감탄하였다고 한다. 그 다음에는 세종대왕이 대궐로 불러 시험하셨다.

"동자의 학문은 마치 백학白鶴이 푸른 소나무 끝에서 춤을 추는 것 같구나."

"어진 임금님의 덕德은 마치 황룡黃龍이 푸른 바다 한가운데서 노는 것 같습니다."

이에 세종대왕이 기뻐하시며 비단 50필을 하사하시고, 그 집에 일러 아이의 재능을 감춰 기르라 하시며, 장차 크게 쓰겠다고 하셨다.

그리하여 청년 김시습이 학문에 전념하고 있을 때, 세종대왕과 문종이 잇달아 세상을 뜨시니, 어린 단종이 나이 12세에 왕위에 올랐다. 그러자 숙부 수양대군이 조카 단종의 왕위를 찬탈하니, 이때 그의 나이는 21세였다.

삼각산 중흥사에서 과거공부를 하다가 단종의 양위 소식을 들은 그는 대성통곡하며 모든 책을 불태워 버리고는 종적을 감추어버렸다. 청한자는 그의 여러 호들 중에서 이때 가장 처음으로 쓴 선도적仙道的인 호이다.

수양대군의 왕위 찬탈 사건은 그의 생애에서 숙명적인 분기점이 되었다. 아직 세파에 때가 묻지 않은 21세라는 그의 나이는 불의에 의해 정도 正道가 무너지는 것을 용납할 수가 없었다.

청한자 김시습은 세조에 의해 죽임을 당한 사육신死六臣의 시신을 수습하여 노량진에 묻어 주었다. 이에 후대 사람들은 살벌하고 무서운 시대에 두려움 없이 사육신의 시신을 수습하여 묻어준 절의를 높이 사서 그를 생육신生六臣으로 추대하였다.

그는 또 단종이 암살되자 계룡산 동학사에서 몇몇이 모여 남몰래 초혼제招魂祭를 지냈으며, 절의節義를 지켜 영원히 관직에 나가지 않았다. 이때의 일을 그는 이렇게 적었다.

- 갑자기 충격적인 일을 당하자, 나는 생각했다. 대장부가 세상에 태어나서 자기 뜻을 실행할 수 있는데도 물러나 자기 몸만을 깨끗이 하며 도덕과 윤리를 저버린다면, 이는 부끄러운 일이다. 그러나 자기 뜻을 실행할 수 없을 바에는, 차라리 제 한 몸이나 깨끗이 하는 것이 나으리라.

이렇게 세속을 떠난 그는 한동안 영해 박씨들과 행동을 같이 하다가, 나중에 설현도인偰賢道人을 만나 한계산(설악산 내설악 오세암)에서 연단법煉丹法을 수련하게 된다. 설현도인은 본래 원元나라 사람으로서 고려에 귀화하여 권진인으로부터 도道 공부를 한 사람이었다. 그러므로 권진인은 김시습의 사조가 된다.

김시습은 설현도인에게 선도仙道를 배운지 1년 만에 단丹을 이루었으며, 다시 금강산에 들어가 9년을 수련하여 득도하였다. 또한 10여 년에 걸쳐 신라의 화랑들처럼 전국 국토순례를 하였다. 그리고 경주 금오산에서 7년 동안 묻혀 저술에 몰두하였으니, 이때 탄생한 것이 바로 한국 최초의 한문소설인 《금오신화》였다.

《금오신화》는 부정한 현실체제에 합류할 수 없었던 그의 이상理想과 그동안 전국을 순례하면서 얻은 신선사상神仙思想의 영감靈感들이 고스란히 녹아들어 있다. 이렇게 7년 동안 《금오신화》를 완성한 그는 그것을 석실 속에 감춰두며 이렇게 말했다고 한다.

"후세에 반드시 나를 알아줄 사람이 있을 것이다."

그는 무엇 때문에 《금오신화》를 바로 발표하지 못하고 때를 기다려야만 했던 것일까?

조선시대는 주자학을 숭상하고 유교를 국교로 삼은 왕조였다. 그러므로 유교 이외의 사상은 모두 이단으로 취급하였다. 그리하여 자칫 잘못하다가는 사문난적으로 몰려 영영 매장당하는 시대였던 것이다. 그리하여 스스로도 만족할 만한 《금오신화》를 집필하였지만, 그 작품 속에 들어있는 선도사상 때문에 바로 발표하지 못하고 때를 기다려야만 했던 것이다.

선도仙道의 특성 자체가 밀의적 비전성秘傳性을 띠는 데다가, 조선조의 이러한 시대적인 상황으로 인해 그는 자신의 진면목을 두꺼운 베일 속에 감추었다. 그리하여 미친 사람처럼 행세하였으며, 와서 배우려는 자가 있으면 나무나 돌로 치려하고, 활을 당겨 쏘려고도 하며, 그 성의를 시험하였다. 또 비단옷을 입는 집의 자제라도 반드시 노동일을 시켰다.

그리고 산에 살면서 나그네를 만나면 한양에서 자기를 어떻게 평하더냐고 물었다. 그래서 "사람들이 욕하고 나무란다." 하면 반드시 얼굴에 기뻐하는 빛을 지었고, 만일 "거짓 미친 체하고, 속에는 딴 마음이 있어 그런다."는 말을 들으면 눈살을 찌푸리고 기뻐하지 않았다고 한다.

아무런 벼슬도 하지 않았던 그는 누더기에 패랭이를 쓰고 14세 연상의 대제학 서거정이 타고 가는 가마에 거침없이 다가가 서거정의 호를 부르며 수작을 건네기도 하였다.

"강중은 편안한가?"

그러면 대제학 서거정이 가마를 세우고 그와 한참 동안 대화를 나누는지라, 세상 사람들은 눈을 둥그렇게 뜨고 바라보았다고 한다.

그런가 하면 또 40세 연상인 집현전 부제학 조상치와도 허물없이 친구로 지내는가 하면, 김수온(1410~1481), 서거정(1420~1488), 홍윤성(1425~1475) 등 모두 나이 많은 고관대작들이 청한자 김시습(1435~1493)을 깍듯하게 대접하며 상석에 앉혔다는 것이다.

이는 그가 5세 신동이라거나, 유불도에 통달한 학자 내지 도인이어서만은 아닐 것이다. 정도正道를 수행하는 힘, 즉 기세氣勢에 있어서 항상 그가 여타의 인물들보다 우위를 차지했기 때문일 것이다.

청한자 김시습은 나라에서 명성이 자자했던 신동이자 천재였지만, 세조가 불의로 왕위를 찬탈하자 미련 없이 서책을 모두 불사르고 관직에 나가기를 접었다. 그리고 사육신이 몰살당했을 때도, 그만이 혼자서 두려움 없이 사육신의 시신을 수습하여 노량진에 묻어 주었던 것이다.

이렇게 굽힐 줄 모르는 굳센 기세를 가졌던 그는 승려의 신분으로서 운명할 때에도 선도仙道의 시해선尸解仙으로서 마지막 삶을 마무리하였다. 시해선은 바로 지상선地上仙이었으니, 그로 인해 청한자 김시습이 조선시대 선도의 비조鼻祖로 꼽히는 것이다.

그가 운명할 때 승려의 신분이었으므로 마땅히 불교의식에 따라 화장을 해야 했을 것이다. 그러나 그는 이렇게 유언하였다.

"내가 죽거든 화장하지 말고, 땅에 묻으라."

그래서 절 옆에 임시로 묻었다가 3년 후에 장사지내려고 빈소를 열어보니, 얼굴이나 모든 것이 생시 모습 그대로였다고 한다. 바로 선도의 시해선이 된 것이었다. 이를 두고 율곡 이이는 이렇게 말하였다고 한다.

"필경 선도를 닦은 때문에, 죽었어도 살았을 때처럼 모습이 그런 것이다."

71. 점필재 김종직

김종직金宗直(1431~1492, 세종13년~ 성종23년)은 자字가 계온季昷이며 호는 점필재佔畢齋이다.

조선시대 사림파士林派의 거두巨頭이기도 했던 그의 도맥道脈은 국선도 무현도사無絢道士의 숙질이 되신다고 구전口傳으로 전해 내려오고 있다.

그러나 선도仙道를 이단시했던 조선시대의 특성상 점필재 김종직의 선도수행은 청한자 김시습보다도 더욱더 꼭꼭 감추어져 있다. 그것은 그가 관직에 몸 담고 있었기 때문이었을 것이다.

그러나 사실 수도는 비전秘傳으로서, 비밀이 유지되어야 한다는 게 기본 전제이기도 하다. 그런 면에서 김종직은 수행의 정도正道를 묵묵히 지키며 걸었다고 할 수 있다.

남아는 도道를 근심하지, 가난을 근심하지 않으며	男兒憂道不憂貧
괴로움을 삭이고 즐거이 받아들여	休把酸辛費受辛
기꺼이 도道를 즐기는 선비가 되니	樂道方成快活士
안빈으로 들어가는 자유의 몸이러라	安貧始作自由身
여름에는 숲을 즐기고 겨울에는 한잔의 술을 즐기며	林間伏臘唯耽酒
종이 위 공명은 남들에게 주고	紙上功名却付人
자진의 곡구와 장후의 삼경에서	谷口子眞三徑詡
아름다운 규범으로 후세를 열리라.	芳規贏得後來伸

시에서도 나타나듯이 그의 이상은 오직 도道의 실천을 우선시하고 있음을 알 수 있다. 성종 임금은 이러한 그를 극진히 총애하여 이렇게 평가하

였다. '단아하고 성실하고 거짓이 없으며, 학문에는 연원이 있다.'

　학문을 세우고 인재를 육성하는데 주력했던 김종직은 문하에 김굉필金宏弼, 정여창鄭汝昌, 김일손金馹孫, 남효온南孝溫, 홍유손洪裕孫, 정희량鄭希良, 유호인兪好仁, 우선언禹善言, 조위曺偉 등 걸출한 인재들을 많이 배출하였다.

　그는 40세에 함양 군수로 부임되었는데, 가보니 대궐에서 차茶를 공물로 거둬들이는 현실로 인해 백성들이 고역을 치르고 있는 것을 보았다. 함양에서 나지도 않는 차를 구하기 위해 백성들은 다른 지방까지 가서 어렵게 차를 사다가 관청에 바치고 있는 것을 본 것이다.

　그는 백성들의 고통을 덜어주기 위해 차 공물을 백성들에게 거두지 않고, 관청에서 스스로 구해 대궐에 상납하기로 결심하였다.

　그는 신라 때 지리산에 차의 씨앗을 심었다는 《삼국사기》의 기록을 기반으로 하여, 노인들에게 물어물어 마침내 엄천사 북쪽 대나무밭에서 차 종자를 발견하였다.

　이로부터 관청에서 직접 차밭을 재배하였으니, 이것이 바로 지금까지도 남아 있는 경남 함양군 휴천면 동강리 차밭이었다. 그리하여 백성들은 공물 바칠 차를 구하느라고 고생하지 않아도 되게 되었다.

　우리나라 다도茶道의 시원은 본래 신라 화랑들로부터 비롯되었다. 화랑들은 명산대천을 다니면서 차를 즐기며 심신心身을 수련하였다. 그래서 지금도 강릉 경포대 한송정에는 차의 달인이며 신라 당시 전국토의 인심을 풍미했던 영랑·술랑·남랑·안상, 4선仙이 차를 달여 마시던 다구茶具들이 지금까지도 유적으로 남아 있다.

　이 사실을 잘 알고 있던 김종직은 신라 때부터 전해지던 씨앗 종자를 마침내 찾은 것이며, 그것을 찾느라고 고심한 흔적이 그의 시 〈다원茶園〉에 잘 나타나 있다.

임금님 장수케 하고자 좋은 차 바치려 하나	欲奉靈苗壽聖君
신라 때부터 전해지던 씨악 종자를 찾지 못하다가	新羅遺種久無聞
이제야 두류산 아래서 구하게 되었으니	如今擷得頭流下
우리 백성들 조금은 편케 되어 기쁘네	且喜吾民寬一分
대숲 밖 거친 동산 수백 평 언덕에	竹外荒園數畝坡
자영차 조취차 언제쯤 자랑할 수 있을까?	紫英烏觜幾時誇
다만 백성들의 근본 고통을 덜게 함이지	但令民療心頭肉
무이차 같은 명차를 만들려는 것은 아니라네.	不要籠加粟粒芽

점필재 김종직은 평소에 '시는 성정을 도야한다.'고 보았다. 그러나 또한 반대로 시는 성정으로부터 자연히 우러나오는 것이기도 하다. 그리하여 점필재는 스스로 많은 시들을 짓기도 하였지만, 신라 때부터 동시대에 이르기까지 백결선생, 고운선생 등 동방 선인仙人들의 주옥같은 시들을 스스로 채집하여 수록하였으니 바로 《청구풍아》였다.

한편 함양에는 신라 때의 고운 최치원이 함양 태수로 있으면서 선정을 폈던 것을 기리기 위해 지은 '학사루'라는 누각이 있었다. 하루는 훈구파 대신 유자광이 함양에 와 놀면서 그 학사루에 시를 써서 걸었는데, 함양 군수였던 사림파 김종직이 그것을 '소인배의 짓'이라 하여 철거시켰다.

이로 인해 당시 권력을 잡고 있던 훈구파에 의해 사림파가 참혹하게 화를 당하는 무오사화가 일어나는 빌미가 되었다. 1498년 무오년(연산군 4년) 《성종실록》을 편집하던 김일손이 작성한 사초史草에 스승 김종직이 쓴 〈조의제문〉을 실은 것이 문제가 되어 무오사화가 발생한 것이다.

유자광은 김종직의 〈조의제문〉이 세조의 단종 폐위를 은유적으로 비판한 것이고, 선왕先王을 무록誣錄하는 큰 죄를 범했다며 상소하였다. 그러자 평소 청렴한 선비를 싫어하던 연산군은 유자광의 상소를 받아들여, 김일손을 비롯한 김종직의 모든 제자들이 큰 화를 당하였다.

이미 6년 전에 죽은 김종직은 무덤을 파서 시신을 다시 한 번 목 베는 부관참시剖棺斬屍를 가하였다. 그의 문집은 모두 불태워졌으며, 아들 충서 忠恕 또한 사형 당하였다. 이때 형을 집행한 관료들이 사라지자, 어디선가 커다란 호랑이가 나타나 김종직의 시신을 지키며 슬피 울었다고 한다.

사람들이 시신을 거두어 현재의 위치에 이장하여 안장하니, 호랑이도 따라와 무덤을 지키다가 결국 무덤 옆에 쓰러져 죽었다고 한다.

이에 마을 사람들이 호랑이의 장례를 치러주고, 김종직의 무덤 옆에 묻어주었다. 그리고 '인망호폐人亡虎斃(사람을 따라 죽은 호랑이)'라는 비석까지 세워주었으니, 현재 밀양시 부북면 제대리에 있다.

이때부터 그 마을에는 도둑과 질병이 사라졌으며, 호랑이가 마을의 수호신이 되었다고 한다. 그 후 중종이 즉위한 뒤 문충공 점필재 김종직은 죄가 풀리고 관작이 회복되었으며, 숙종 때 영의정으로 추증되었다.

만일 스스로 재물 모으기만 도모한다면	苟自圖於封殖兮
어느 누가 내 먹은 나머지를 먹으리오	人誰食乎吾餘
세속의 더럽고 혼탁함이 가증스러워라	嫉世俗之洿濁兮
밝은 대낮에 처자에게 교만을 부리고	驕妻子於白日
산초와 난초 또한 따라 변함이여	椒蘭隨以變化兮
겉모양만 거창할 뿐 실상 없음이 슬프다	哀容長而無實
화살처럼 곧게 도道를 실천함이여	有踣道之如矢兮
뭇 사람이 떼 지어 지껄이고 비웃는구나	羌羣咻而衆哇
선현들의 훌륭한 자취를 밟아 가보니	徵往哲之芳躅兮
참으로 나의 운명 잘못 된 게 많구나.	信余命之多舛

이처럼 점필재 김종직은 청빈하게 살면서 올바른 삶을 견지하였으니, 훈구파나 연산군에게는 적대시 당할 수밖에 없었다.

72. 추강 남효온

추강秋江 남효온南孝溫(1454~1492)은 홍유손, 정희량과 마찬가지로 점필재 김종직의 제자이면서 동시에 청한자 김시습의 제자이기도 하다.

아무런 벼슬도 하지 않았던 청한자 김시습은 낡은 옷에 패랭이를 쓰고 15세 위인 대제학 서거정이 타고 가는 가마에 거침없이 다가가 호를 부르며 "강중은 편안한가?" 하고 물었다. 또 40여 세나 위인 집현전 부제학 조상치와도 허물없는 친구로 지냈다. 이러한 김시습이 20세 아래인 남효온에게는 '추강 선생'이라며 언제나 깍듯이 존중하고 아꼈으며, 점필재 김종직 또한 항상 '우리 추강'이라고 불렀다고 한다.

청한자 김시습은 또한 남효온에게 보내는 편지에서 '항상 문을 닫아걸고 공연히 속인들과 만나지 마시기 바랍니다. 심신心神을 길러 그로써 천년天年을 보전하시기를 바랍니다.' 하고 당부하기도 하였다. 이러한 추강 남효온은 김시습과 함께 생육신의 반열에 올랐으며, 점필재 김종직이 무오사화 때 부관참시 당하였듯이, 남효온은 연산군 10년(1504) 갑자사화 때 부관참시를 당하였다.

추강 남효온이 점필재 김종직이나 청한자 김시습에게 그토록 아낌과 사랑을 받은 데에는 다 이유가 있었으니, 한마디로 고결하고 강직한 성품을 지니고 있었기 때문이었다.

남효온은 25세의 백면서생으로서 소릉昭陵(단종의 생모인 현덕왕후의 능호)의 복위를 주장하는 상소를 올리며, 그 용기와 절의가 세상에 알려졌다.

세조의 왕위 찬탈과 함께 단종이 폐위되며 소릉의 능호도 함께 박탈되었으므로, 소릉 복위를 주장함은 곧 세조를 비판하는 것이 된다. 그러므로 아무도 입에 올리지 못하는 일을 겨우 25세의 백면서생이 나선 것이다.

이러한 남효온은 김시습과 마찬가지로 평생 관직에 나가지 않고, 푸른 절개를 지키며 살았다. 어머니의 소원으로 27세에 진사에 급제하였으나, 관직에 뜻이 없었으므로 나가지는 않았다고 한다.

남효온도 김시습처럼 술을 몹시 좋아하였다. 그러나 어머니가 술을 끊도록 당부하자, 곧 술 마시는 것도 그만두었다. 이처럼 충효를 몸으로 실천하는 그는 한번 하고자 한 일은 꼭 해내고야 마는 외고집이었다고 한다.

'아, 때를 만나지 못한 나의 삶이여!'

이렇게 노래하며 벼슬길에 나가기를 포기한 남효온은 홍유손 등과 함께 죽림칠현을 자처하며 청담파로 살았다. 모두 둘째가라면 서러워 할 문장가들이었으나, 세상을 등지고 시와 술로서 풍류세월을 보냈다. 남효온은 스스로를 《황정경》을 잘못 읽어 하늘에서 귀양 온 신하라고 하였다.

이천 리 밖 남쪽으로 귀양 온 사람은	二千里外謫南人
40년 전에 총욕을 받은 몸	四十年前寵辱身
해마다 앉아 강 물결만 바라보는데	坐見歲年閱江浪
금계는 귀양 보낸 신하를 언제 다시 부를까.	金鷄何日召羈臣

《황정경》을 청한자 김시습에게 처음 전해준 인물도 바로 남효온이었다. 남효온은 아마도 스승인 점필재 김종직으로부터 받았을 것이다. 김시습은 평소 《황정경》을 애지중지 독송하였다.

재주와 능력이 있음에도 숨어 살며, 자취를 남기지 않는 이인異人들의 이야기가 적혀 있는 남효온의 《추강집》에는 재미있는 일화가 하나 실려 있다.

남효온과 알고 지내던 한학이韓學而라는 사람이 산중 절간에서 과거공부를 하고 있었는데, 하루는 남색 옷을 입은 한 늙은이가 걸식을 하러 왔다가 "선비님은 무슨 책을 그렇게 열심히 읽으십니까?" 묻더니 스스로 답하기를 "저는 평생을 걸식하는 것으로 만족합니다." 하였다. 그리고는 시를 한 수 써 주고 가는데, 그 내용은 이러하더라는 것이다.

> 게을리 사창에 의지할 땐 봄날이 더디더니
> 벌써 청춘홍안이 꽃 지듯 헛되이 늙었구나
> 세상 모든 일이 다 이와 같은데
> 소뿔을 두드리며 노래 부른들 누가 알아주랴?

꽃 지듯 허망한 인생, 명리에 연연하지 말라는 충고였다며, 남효온은 이런 이인들이 우리나라 초야에 얼마나 되는지 알 수 없다고 하였다. 남색, 청색은 선도를 상징하는 빛깔이다.

이렇듯 성품이 담백하고 영욕을 초탈한 남효온은 성종 16년(1485) 32세에 금강산과 송도 유람을 시작으로 전국 국토순례에 나섰다. 금강산과 송도는 신라 4선仙을 비롯하여 화랑들의 유적이 특히 많은 곳이다.

33세 성종 17년(1486, 병오년) 12월 31일에는 충청도 공주 국선암國仙庵에서 섣달 그믐날을 보내며 설을 쇠었다.

공산의 섣달 그믐날 밤 한기 생기는데	公山除日夜生寒
비구들의 범패 소리 물리도록 듣노라	倦聽比丘梵唄聲
따라온 어른 아이 모두 잠에 빠져들고	從我冠童皆睡着
나 홀로 선승 따라 밝은 새벽 지키노라.	獨隨禪衲守天明

위 시로 보건대 당시의 공주 국선암의 규모는 제법 큰 듯하다. 섣달 그믐날 비구들이 범패를 부르고, 신도들도 많이 와 있으며, 선승과 남효온은 그믐밤을 꼬박 밝히며 새해를 맞이하고 있다.

다음해 34세에는 공주 국선암에서 발길을 옮겨 지리산으로 향하였다.

이렇게 전국을 유람한 남효온은 〈유금강산기〉를 비롯하여 〈지리산일과〉 〈천왕봉유산기〉〈가수굴유람기〉 등의 기행문과 《추강집》《추강냉화》《사우명행록》《귀신론》《사육신전》 등의 저서를 남겼다. 다음 시는 관서지방을 여행하며 평양에서 지은 〈단군묘 알현〉이다.

단군이 우리를 낳으시매 청구에 가득해라	檀君生我靑丘衆
패수에서 윤리 도덕을 가르치시고	敎我彛倫浿水邊
약초를 찾고 형벌을 내린 지 만세가 되었어도	採藥呵斯今萬世
사람들은 지금까지 무진년을 기억한다네.	至今人記戊辰年

무진년은 바로 단군이 고조선을 세웠던 기원전 2333년이다. 단군에 대한 찬미와 함께 남효온은 관서지방의 고조선, 고구려, 고려 등의 유적지를 두루 찾아다니며 민족의 자부심과 긍지를 시로서 나타내었다. 또한 강원도 고성 삼일포의 사선정四仙亭에 앉아, 4선仙을 생각하며 다음과 같은 시도 지었다.

아득하고 아득한 우주 안에	茫茫宇宙內
어느 곳이 4선의 거처이던가?	誰是四仙居
바위는 천년의 골격인 양 서 있고	石立千年骨
구름은 여섯 글자를 보호하네	雲護六字書
강바람은 입 속으로 불어들고	江風入牙頰
가을 나뭇잎 쓸쓸히 떨어지네	木葉蕭蕭下
끊임없이 흐르는 세월 사이에	冉冉經途間
어느 때인들 신선이 없었으랴.	孰無玄牝者

삼일포는 영랑 · 술랑 · 남랑 · 안상랑 4선仙이 3일 동안 머물렀다 하여

이름이 삼일포三日浦이며, 그들이 앉아 노닐던 자리가 바로 사선정四仙亭이었다. 위 시의 내용에 나오는 '여섯 글자'란 삼일포 남쪽 산봉의 돌벽에 붉은 글씨로 새겨져 있는 '영랑도남석행永郎徒南石行'이라는 6글자의 마애단서磨崖丹書를 말하는 것이다.

또한 추강 남효온이 32세에 쓴 〈수향기睡鄕記〉를 보면, 그는 수면공睡眠功을 연마한 것으로도 보인다.

- 그곳은 진실로 아름다우며 화락하고 평이하여 사람이 그 경지에 들어가면 혼혼昏昏하고 황홀하여 끝과 언덕을 알 수 없으며, 냉냉泠泠하고 양양洋洋하여 갖가지 생각을 모두 잊으며, 천연스럽고 자유로움이 발로되어 달인도 그 경지에 들어가면 허심탄회한 마음이 크게 깨우쳐지지 않는 사람이 없다. 마음이 홍몽 이전의 세계에서 노닐게 되며, 혼탁한 세계를 벗어나고 시비를 하는 사물이 없으니, 마음은 절로 밝아진다.

남효온은 이렇게 '수향睡鄕' 속에서 현실의 질곡을 벗어나 자기를 해방시켰다. 그리고 시공을 초월하여 황제헌원, 장자, 진박 등 여러 선인들과의 만남을 즐겼다. 그중에서도 진박은 '수면공'의 대표적인 인물인데, 그가 한번 수면공에 들어가면 몇 달씩 일어나지 않았다고 한다. 하루는 남효온이 꿈속에서 증조모를 만났다.

"제가 이번에 급제하겠습니까?"

"너는 급제하기 어려울 것이다."

"왜요?"

"금년 5월에 네가 분명 급제할 것이다. 지은 글이 반드시 여러 선비 중에 으뜸일 것이다. 그러나 원수진 자가 들어와서 시관試官이 되어 네 글을 빼서 낙제하게 할 것이니, 이것이 네가 급제하기 어려운 이유이다."

"천지신명이 위에서 굽어보시고 곁에서 질정하시니, 비록 원수진 사람이 있을지라도 어찌 사사로운 뜻을 그 사이에 부릴 수 있겠습니까?"
"네 말이 옳다!"

남효온은 그 해 과거에 급제하였다. 그러나 모친의 소원을 들어주기 위해서 시험을 치렀을 뿐, 벼슬에 나가지는 않았다.

남효온은 자신의 인생을 천상에서 귀양살이 온 것이라고 하였다. 그래서 귀양살이가 끝나기만을 기다렸으니, 그것은 바로 죽음이었다. 그러므로 그에게 있어 죽음이란 죄가 사면되어 귀양살이를 끝내고, 다시 천상으로 올라가 영생永生을 누리는 것이었다. 그래서인가? 그는 스스로를 애도하는 시 〈자만自輓〉을 써 놓고, 39세를 일기로 세상을 하직하였다.

무양이 나의 충성을 천거하고	巫陽薦我忠
상제는 나의 재주를 총애하고	上帝悅我才
용백은 문리文理를 타고	龍伯駕文鯉
우사는 티끌을 걷어내고	雨師開塵埃
뇌공은 도로를 맑게 치우고	雷公淸道路
나를 맞으러 화양으로 오는데	逆我華陽來
조서는 붉은 진흙으로 봉하여	詔書紫泥封
추강 언덕에 비추네	照輝秋江隈
천상에는 영예가 지극하지만	天上榮觀至
인간 세상엔 구족이 슬퍼하네	人間九族哀
아내는 관 앞으로 나아가서	室人就柩前
허둥지둥 한잔 술을 올리며	匍匐奠單桮
내게 말하되 저승에 돌아가면	謂我歸重泉
음식은 어디에 의탁할까 하네	食飮焉托哉
어찌 알리오 사후의 즐거움이	焉知死後樂
생전의 재앙보다 더 나은 줄을	勝於生前災

내 일찍이 인간의 몸이었을 때	余嘗爲人時
무용한 사람이라 온 세상 비웃었네	擧世嘲散材
현인은 나의 방랑함을 미워하고	賢人憎放浪
귀인은 나의 영락함을 능멸했지	貴人陵傾頹
궁귀는 쫓아도 오히려 달라붙고	窮鬼逐猶隨
동전은 절대로 다가오지 않았네	孔方絶不徠
서른하고 여섯 해 사는 동안	三十六年間
언제나 세인의 시기를 받았네	長被物情猜
오늘 밤은 다시 어떤 밤이던가	今夕復何夕
나를 연화대에 세워	立我蓮花臺
밝게 빛나는 붉은 뜨락에서	彤庭赫弘敞
차례차례 구빈九賓이 맞이하겠지	秩秩九賓開
소상강 나루에서 진명이 노래하고	湘濱歌鹿鳴
필비는 남해곡을 타고	虙妃彈南陔
퉁소 소리는 희이와 뒤섞이고	簫管混希夷
붉은 구름은 금술잔에 서리네	紅雲盛金罍
뜨락에는 동궁을 베풀고	陛陳彤弓招
광주리로 폐백을 받아 돌아오네	承筐玄幣回
옥황상제는 나를 보고 웃으시고	玉皇向我笑
신선들은 내 옆에서 배회하네	群仙擁徘徊
승은으로 하루아침에	承恩一朝間
명성이 팔방에 떨치리니	聲名振八垓
명복이 나와 같을 자 누구인가	冥福誰我竝
나를 위해 재물을 쓰지 말라.	毋爲我傾財

73. 홍유손, 정희량, 윤군평

홍유손, 정희량, 윤군평은 청한자 김시습에게 선도仙道를 전수받은 인물들이다. 그중에서도 홍유손과 정희량은 점필재 김종직의 제자이기도 하다.

1) 광진자 홍유손

홍유손洪裕孫(1431~1529)의 자는 여경餘慶이고, 호는 소총篠叢 또는 광진자狂眞子이다. 광진자라는 호에서도 알 수 있듯이, 그는 청한자 김시습처럼 방외인으로 살며 미친 사람처럼 행세하였다.

홍유손은 문벌을 중시 여기는 조선시대에 아전 집안 출신으로 태어나 김종직의 문인門人이 되었으니, 그 문장력이 얼마나 뛰어났는지 짐작이 가는 일이다.

그는 능한 문장 덕분에 부역도 면제 받았으며, 5세 신동이었던 김시습이 그의 시를 들으며 감동의 눈물을 흘렸다고 한다.

〈무주화無主花〉
깊고 깊은 산속에 주인 없는 꽃이 피었네
벌 나비도 거들떠보지 않고, 지나가지도 않는구나
꽃 피우는 봄바람도 종일 불다 이제 그치려는데
녹음이 곱게 이루어지니, 이 일을 어찌 할거나 어찌 할거나.

이처럼 탁월한 문장력을 가진 뛰어난 인재임에도 불구하고 홍유손은 김시습과 마찬가지로 세조의 왕위 찬탈 이후 벼슬길에 나가기를 포기하고,

세상을 등지고 살았다. 불의를 미워하고 권력에 아부하지 않으며, 세속적 영화를 버리고 명예와 이익을 구하지 않으며, 세상을 대수롭지 않게 여기는 기질이 청한자 김시습과 비슷하였다. 그리하여 죽림칠현을 자처하며 시와 술로서 풍류의 세월을 보낸 청담파였다.

연산군 때는 점필재 김종직의 제자로 무오사화에 연루되어 제주도에 관노로 유배되었다. 그러다 중종반정으로 풀려나 76세에 처음 장가를 들어 아들도 하나 낳고, 명산名山을 두루두루 편력하다가 99세에 선화하였다고 한다. 우계 성혼의 《묵암잡기》에는 그가 홀연히 종적을 감추었다고 전한다.

저서로 《소총유고》가 있는데, 국화에 비유하여 선도의 양생법을 잘 설명하고 있다.

- 병을 다스리는 방법은 혈기를 잘 조절하고 보호하는 데에 있다. 온몸에 가득한 혈기를 잘 조절하고 보호하면 5장 6부가 튼튼해지고, 객풍이 내부에 엉기지 못해 혈기가 차갑거나 부족한 폐해가 없어진다. 의가醫家의 모든 처방과 선가仙家의 온갖 비결들이 모두 양생술인데, 음식의 절제를 먼저 말하고 정신의 보호를 뒤에 말하였다. 그러므로 음식을 절제하지 않고 정신을 보호하지 않으면 혈기가 들뜨고 허해 객풍을 불러들이며, 몸이 위태한 지경에 빠지고 만다. 국화가 늦가을에 피어 된서리와 찬바람을 이기고 모든 꽃 위에 우뚝한 것은, 일찍 이루어져 꽃을 피우지 않았기 때문이다. 무릇 만물은 일찍 이루어지는 것이 재앙이니, 빠르지 않고 늦게 이루어지는 것이 그 기운을 굳게 할 수 있는 까닭이다. 서서히 천지의 기운을 모아 흩어지지 않게 하고, 억지로 정기를 강하게 조장하지 않으면, 세월이 흐름에 따라 자연히 성취된다. 국화는 이른 봄에 싹이 돋고 초여름에 자라고 초가을에 무성하고 늦가을에 울창하므로 이렇게 되는 것이다. 사람이 세상을 살아가는 것 또한 이와 다르지 않으니, 옛사람들이 일찍 벼슬길

에 올라 영달하는 것을 경계 했던 까닭도 이 때문이다. 대저 수명의 길고 짧음은 모두 자기 스스로 취하는 것이지 남이 그렇게 시키는 것이 아니며, 하늘이 주고 빼앗는 것도 아니다. 내가 이와 같이 오래 사는 것은 하늘의 이치에 거역하지 않고 순응했기 때문이다. 다만 하늘이 나에게 내려준 일신의 원기가 본래 그다지 강건하지 못하였기 때문에, 오늘에 이르러 이와 같이 늙고 말았다. 그러나 만약 이런 방법을 버리고 급급히 다른 데서 장수의 방법을 찾았다면 이렇게 늙은 나이까지 살지도 못했을 것이다. 내가 지금 칠순인데도 머리털이 검고 가는 바늘에 실을 꿸 수 있으니, 나만한 사람도 없을 것이다.'

2) 허암 정희량

허암虛庵 정희량鄭希良(1469~?) 또한 홍유손과 마찬가지로 점필재 김종직의 문인이었으며, 청한자 김시습으로부터 선도를 전수받았다. 일찍이 문과에 급제하여 한림학사를 지내다가, 무오사화에 김종직의 제자로 연루되어 귀양살이를 하였다.

그 후 유배에서 풀려나던 해에 모친상을 당했는데, 정성스럽게 시묘살이를 하던 중 돌연 종적을 감추어버렸다. 총민·박학다식 하고 주역과 음양학에 통달했던 그는 평소에 늘 이렇게 걱정하였다고 한다.

"갑자년에 있을 화는 무오사화보다 더 무섭다. 죽음을 면치 못할 것이다."

실제 연산군 10년에 갑자사화가 일어나 이미 사망한 김종직과 남효온, 정여창 등은 부관참시까지 당하였으니, 과연 그의 예언은 맞아떨어진 셈이다.

갑자사화란 연산군 10년에 연산군의 어머니인 폐비 윤씨의 복위 문제와 얽혀 일어난 사건이다. 이 때 윤씨의 폐위에 찬성했거나, 복위를 반대한 사람들에 대한 대대적인 숙청이 있었다.

그 후 얼마 뒤 이천년李千年이라는 중이 산수山水에서 노닐고 있었는데, 한번은 가천원의 벽에 이런 시를 지어 붙였다.

비바람 치던 전날 놀라 달아났고
문명한 이때에도 저버렸네
외로운 지팡이로 우주 간에 노닐으니
이제는 시끄러움 싫어져 시 마저도 짓지 않으련다.

이즈음 김륜이라는 사람이 이천년을 좋아하여 따라다녔다. 그러던 중 어느 날 한양 판서 신경광을 방문하였는데, 신경광은 점치는 것을 좋아하여 고관 선비들의 사주를 벽에 써 붙여두고 점치기를 즐기었다. 거기에 정희량의 사주도 있었는데, 김륜이 그것을 보고 놀라며 말하였다.

"이것은 나의 스승 이천년의 것이다!"

그때부터 사람들이 정희량과 이천년을 동일 인물로 여겼다. 아무튼 오늘날 고급 음식에 속하는 신선로는 바로 정희량으로부터 유래 되었다고 한다.

산수山水에서 노닐며 전국을 떠돌아다니던 정희량은 주역의 63번째 괘인 수화기제水火旣濟의 이치로 화로를 만들어, 매끼마다 오직 이 화로 하나로 각종 채소를 익혀 먹었다고 한다.

수화기제란 수승화강으로서 머리는 차고 아랫배는 따뜻한 것이니, 몸으로는 아주 건강한 상태요, 음식으로 치자면 밑에서 불을 지피고 위에서는 물이 끓는 것이니, 일이 이루어진다는 뜻이다. 그리하여 정희량이 가지고 다니던 화로를 신선이 만든 화로, 또는 신선이 가지고 다니는 화로라 하여 신선로라 하였다고 《대동기문》《해동죽지》《조선요리학》 등은 밝히고 있다.

또 내단內丹 수련가이자 차인茶人이기도 했던 정희량은 〈야좌전다夜坐煎

茶)라는 시에서, 차를 끓이는 과정과 내단의 문무文武 화력을 동시에 은유적으로 표현하였다.

상머리 이끼 말끔히 닦아내고
차디찬 물 부어 화력의 강약을 맞추니
벽 위에 달 비치고 맑은 연기 피어나네
솔바람처럼 끓는 소리 온 골짜기 울리고
세차게 끓어올라 긴 시내에 다 울리네
우레 번개 세찬 기세 끝나기도 전에
급히 달리는 수레가 험한 산꼭대기를 넘더니
잠깐 사이 다시 구름이 걷히고 바람 멀어
파도 일지 않고 맑은 물결 지네
표주박 기울이니 빙설처럼 희어서
마음이 확 트여 신선과 통한다네.

단학丹學에 통달한 인물로 평가받고 있는 정희량은 자신의 저서에서 일체의 문명과 제도를 부정하고 개인의 절대적 자유를 추구하였다.

3) 윤군평

윤군평尹君平은 한양 출신으로 어려서부터 무예를 배웠다. 그러다가 군관軍官이 되어 연경燕京으로 부임해 가는 도중에, 청한자 김시습을 만나 제자가 되었다고 한다.

윤군평은 당시에도 이인異人으로 불리었는데, 항상 몸이 뜨거워서 늘 차가운 철편 4개를 가지고 다니며 번갈아 양쪽 겨드랑이에 갈아 끼었다고 한다. 그러면 잠깐 사이에 철편이 화로쇠처럼 뜨겁게 달아올랐고, 이내 또

차가운 철편으로 갈아 끼었다는 것이다.

 그는 의선醫仙으로 알려져 있으며, 일반 대중에게 구체적인 양생법을 제시하였다. 모든 질병의 원인이 과음 과식에 있음을 주장하고, 세상 사람들에게 과식에 대한 경각심을 고취시켰다. 또한 고열치료법으로 냉수마찰을 권유하였으며, 그 자신 엄동설한에도 냉수마찰로 심신을 단련하였다고 한다.

 이수광의 《지봉유설》은 윤군평이 전우치와 동시대인으로서 도술이 높았으며, 일생을 병 없이 수壽를 누리다가, 80여 세에 묘향산에서 시해선이 되어 종적을 감추었다고 적고 있다. 그리고 그의 아들 림霖 또한 선도를 배워 나이 90세까지 살았다고 한다.

74. 일두 정여창

정여창鄭汝昌(1450~1504, 세종32~연산군10)은 본관이 하동河東으로, 점필재 김종직의 문인이다. 자는 백욱伯勗, 호는 일두一蠹, 시호는 문헌文獻이며, 함양에서 태어났다.

삼국시대 하동의 호족으로서, 대대로 하동에서 살던 정여창의 집안이 함양으로 이주한 것은 그의 증조부 정지의 대였다. 하루는 정지의 꿈에 조상님이 나타나 "동북으로 이사하면 자손이 번성하고 집안이 크게 번창할 것이다."라는 현몽을 꾸고 하동에서 함양으로 이주하였다. 그리하여 결국 함양에서 만석꾼이 되었으며, 정여창이 조선조 동방 5현과 동국 18현 가운데 속하게 되었으니, 가히 맞는 현몽이었다.

함양은 고운 최치원이 태수를 지냈고, 점필재 김종직이 군수를 지냈던 곳이기도 하다. 이때 정여창은 23세의 나이로 처음 김종직을 찾아가 사제지간의 인연을 맺었다고 한다.

정여창은 김종직의 지시로 3년간 하동 쪽 지리산 악양에 들어가 두문불출하고 깊이 공부를 하였다. 이때 그는 체體와 용用이 그 근원은 같으나 나뉨이 다름을 알았고, 선악의 본성은 같으나 그 기氣가 다름을 알았으며, 유불도는 같으나 그 행적이 다름을 알았다고 한다.

27세에는 다시 서울에서 재임하고 있던 김종직을 따라 올라가 그의 문하에서 공부하였다. 이때 그는 동료들로부터 '참선 하느라고 잠도 안잔다.'는 놀림을 받았다고 남효온의 《추강집》〈사우명행록〉에는 기록되어 있다.

남효온은 또 '그의 사람됨은 성품이 단아하고 중후하였는데 술을 마시지 않았고, 마늘처럼 냄새나는 채소도 먹지 않았으며, 소고기와 말고기도 먹지 않았다. 겉으로는 일상적인 얘기를 했으나, 안으로는 마음이 또렷이 깨어 있었다.'고 기록하고 있다.

그가 술을 마시지 않은 것은 모친의 명에 의해서였고, 소고기를 먹지 않은 것도 역시 모친이 소를 보고 놀라셨기 때문에, 그 이후부터 소고기를 먹지 않았다고 한다.

김일손(1464~1498)도 '정여창은 도가 하늘과 사람에 통하고, 학문이 체體와 용用을 갖추었으며, 성정이 고요하고 기질은 단정하며, 몸가짐은 깨끗하고 고난에도 안주하며, 사물을 어질게 대한다.'고 기록하고 있다.

37세에 모친이 별세하자 3년간의 시묘살이를 마친 그는 그 길로 처자식을 이끌고 아예 지리산 악양으로 다시 들어가 은둔하였으니, 이곳이 바로 지금까지도 남아 있는 〈악양정岳陽亭〉이다.

모친은 아들이 살림에 전혀 상관 안하는 것을 걱정하여 자신이 죽으면 아들이 쓸 수 있도록 살아생전에 아들 몫의 쌀가마를 광에 따로 저축하여 두었다고 한다. 이를 안 정여창은 모친상에 그것을 몽땅 풀어서 썼다. 그리고 모친이 남긴 소작농들에게 빚을 빌려준 치부책 역시 그 자리에서 모두 불태워 버렸다고 한다.

그런데 정여창의 호가 참 재미있다. 좀 두蠹자를 써서 '한 마리 좀벌레'라고 호를 지었으니, 그의 겸손함이 호에 잘 나타나 있다.

18세에 그의 부친이 이시애의 난을 평정하다가 순국하자, 나라에서는 그 아들인 정여창에게 벼슬을 내렸다. 그러자 그는 '아버지의 죽음으로 자식이 영화를 누리는 일은 차마 못할 일'이라면서 받지 않았다.

또 고관대작이었던 서거정(1420~1488)이 그를 경전經典의 1인자로 보고 임금께 강론하는 직무에 추천했으나, 그는 학문이 부족하여 감당하지 못한다며 역시 사양하였다.

41세 되던 해에는 '어진 사람이 초야에 묻혀 있으면 정치에서 이보다 큰 손실은 없으며, 충신은 반드시 효자의 가문에서 구해야 한다.'는 주위의 추천에 의해 성종임금이 소격서 참봉 벼슬을 내렸다. 그러자 그는 다음과 같은 사양의 글을 올렸다.

- 제가 효자에 합당한 사실이 하나도 없는데도 임금님의 은혜를 입었으니 제 자신이 편치 못하고, 또한 무턱대고 나아가는 폐단이 생길까도 염려됩니다. 제가 어머니 상중에 안으로는 심히 슬퍼하는 정성이 적었는데도 밖으로는 슬퍼하는 모습을 보여서 사람들로 하여금 효자로 여기게 하였으니, 이는 주위 사람들을 속인 것입니다. 또한 임금께 돌려 알리고 곧 포상의 직위를 받게 하였으니, 이는 나라를 속인 것이 되었습니다. 실상은 없는 모습으로 저의 마음에 감추고 위에 밝히지 못하고 임금님으로 하여금 효자라 믿게 한다면, 임금을 속이는 것이 이보다 더 큰 것이 없을 터이니, 저의 죄는 죽어도 용서될 수 없을 것입니다. 바라옵건데 임금님께서는 실정이 허위임을 통찰하시어서 그 내리신 명을 거두어 주신다면, 위로는 헛되이 상 주는 잘못이 없어지고, 아래로는 속이려는 폐습이 없어질 것입니다.

그러나 성종은 그의 사양을 허락하지 않았다. 그러자 그는 어차피 나가야 한다면 떳떳이 나가는 게 좋겠다며, 그해 과거 시험에 응시하여 합격하였다. 그리하여 41세라는 늦은 나이로 관직의 길을 걷게 되었다.

그러나 연산군 4년 무오사화 때 김종직의 문인이라 하여 곤장 100대를 맞고 두만강 근처의 함경도 종성鍾城에 유배되어 관노생활을 하다가 55세를 일기로 유배지에서 임종하였으며, 그해 연산군 10년 갑자사화가 일어나자 다시 부관참시까지 당하였다.

연산군 10년(1504) 두만강 근처 함경도 종성에서 음력 4월 1일 별세한 그를 그의 문인들이 두어 달에 걸쳐 시신을 함양으로 옮겨와 장사하였는데, 그해 9월에 다시 갑자사화를 맞아 부관참시까지 당하였으니, 가히 피바람이 몰아쳤던 것이다.

이때 그가 지은 《용학주소庸學註疏》《주객문답主客問答》《진수잡저進修雜

著》 등의 저술들이 모두 불태워 없어졌다. 그러나 사후 중종 때 우의정에 추증되었고, 광해군 때 문묘에 배향되어 조선조 동방 5현과 동국 18현 가운데 한 분으로 성균관을 비롯한 전국 234 향교와 9개의 서원에서 제향되고 있다.

청한자 김시습이나 점필재 김종직과 마찬가지로 대개의 분들은 정여창도 유학자로 알고 있다. 그러나 그들은 조선시대 남모르게 선도를 수행한 분들이었다. 일두 정여창이 선도 수행자인 점은 이렇다.

1) 고운 최치원 선생께서 일찍감치 갈파하셨듯이 선도는 유·불·도 3교를 이미 자체 내에 포함하고 있으며, 조선시대 선도 수행자들은 특히 유불도 3교에 모두 박식하였다.

2) 김종직의 제자라는 이유 하나로 무오사화와 갑자사화에 화를 당한 정여창이 스승의 선도 사상 영향을 받지 않았을 리 없다.

3) 정여창은 일찍이 선도의 이상향 청학동으로 알려진 하동 악양에 들어가 3년 동안 두문불출하고 깊은 공부를 하였으며, 나중에는 아예 처자식까지 이끌고 들어가 은둔하였다. 그가 살았던 악양정은 지금까지도 남아, 후학들이 그의 정신을 기리고 있다.

4) 선도를 수행했던 남명 조식의 남다른 존경을 받았으며, 남명 조식은 일두 정여창의 정신을 계승하였다.

5) 정여창은 평소 '학문에는 정성으로 하고, 몸가짐에는 공경으로 하는 것이다.'라며 성誠과 경敬을 학문과 생활의 중심에 놓았다. (《일두집속집》 권1, 惟以向學以誠 律身以敬) 그런데 그가 중시한 성誠과 경敬의 정신이 화담 서경덕과 남명 조식에게로 이어졌다. 화담 서경덕은 "자연 진실한 것을 일러 성誠이라고 한다." 하였으며, 남명 조식은 "경敬이란 안으로 마음을 밝히는 것이다."라고 정리하였다.

6) 이 밖에도 신고당信古堂 노우명盧友明(1471~1541)이 일두 정여창의

문인이었는데, 그 둘째아들 옥계 노진盧禛(1518~1578)이 이조판서로 있으면서 남명 조식과 함께 일두의 학문 정신을 창조적으로 계승하였다.

7) 남명 조식은 김굉필의 문하생이었던 이장곤李長坤(1474~?)에게 들었다면서 '김굉필이 일찍이 뜻을 같이 하는 벗과 함께 지내면서 첫닭이 울면 함께 앉아 콧숨을 헤아리는 호흡법을 행하셨다.'고 《남명집》에 기록하였다. 그런데 정여창과 김굉필은 같은 동향, 같은 동문으로서 가장 가깝게 지낸 벗이었다.

일두 정여창이 태어난 경상남도 함양에는 지금까지도 '하동 정씨 고택'이 유명하다. 고택 솟을대문에는 가문의 영예를 보여주는 정려가 걸려 있으니, 충신 1분 효자 4분이다. 하나만 받아도 가문의 대단한 영광인데, 5개씩이나 걸려 있으니 가히 그 가문의 내공을 보여준다고 하겠다. 그 중에서도 4개가 효자로서 받은 정려로서, 하동 정씨 가문이 무엇보다도 효를 가문의 정신으로 삼고 있음을 보여주고 있다. 그리고 이러한 효 정신은 사랑채에 크게 걸려 있는 편액 '충효절의忠孝節義'라는 글에서도 잘 나타나고 있다.

75. 삼신산

중국의 《열자列子》〈탕문湯問〉편과 사마천의 《사기史記》〈봉선서封禪書〉 등에는 삼신산三神山에 관한 이야기가 나온다. 그 책들에 의하면 삼신산은 발해渤海 동쪽에 있는데, 신선이 살고 불사약不死藥이 있다. 인간세계에서 그리 멀지는 않지만, 속세 사람이 다가가면 태풍이 불어 접근하지 못하게 한다고 하였다.

그래도 진시황은 죽지 않는 불사약을 구하려고 방사 한종韓終과 서불徐市 등 동남동녀 500쌍을 해동 발해의 삼신산으로 보냈다고 한다. 한무제와 제나라의 위왕, 선왕, 연나라의 소왕 등도 불사약을 구하기 위해 방사들을 삼신산으로 보낸 왕들이다. 그리고 한무제는 바로 사마천을 거세시킨 장본인이다.

손권孫權 역시 230년에 장군 위온과 제갈직에게 무장한 군사들을 딸려 단주亶州와 이주夷州로 보냈다고 하는데, 단주와 이주는 바로 단군조선과 구이九夷다.

진시황이 보낸 방사 한종이 삼한三韓에 와 머무른 자취가 있으며, 서불 역시 우리나라 거제도, 남해, 제주도 등지에 온 증거들이 마애석각으로 남아있다. 거제도 남부면 갈곶리 해금강, 경남 남해군 상주면 양하리 금산, 제주도 서귀포 정방폭포 등에는 '서불과차徐市過此(서불이 이곳을 지나갔다.)'라고 쓴 고대 상형문자 마애석각이 남아 있다. 그리고 거제도 일운면 와현리는 서불이 불로초를 구하러 왔다가 여기서 잤다는 말이 마을 대대로 전해져 내려왔다고 한다. 서불徐市은 서복徐福이라고도 한다.

삼신산은 삼신사상 곧 신선사상과 연관된 산으로 봉래산蓬萊山, 방장산方丈山, 영주산瀛洲山을 말한다. 우리민족은 태고적부터 삼신사상이 깊숙이 배어있었다. 삼신하느님, 삼신할머니, 삼층천, 삼태극, 삼족오, 삼신산, 삼신봉, 삼성궁, 삼세번 등등. 고대古代의 환인·환웅·단군 또한 삼신三神 구조로 이루어졌으며, 지감止感·조식調息·금촉禁觸 삼법三法 수행을 하였다.

환웅은 천天·부符·인印 3개를 받아서, 3천명의 무리를 이끌고, 3위 태백에 내려와 풍백風伯·우사雨師·운사雲師 3명의 신하와 함께 신시神市를 열었다. 고구려의 시조인 고주몽도 3명의 신하를 데리고 북부여를 떠나 고구려를 개국하였다.

우리 조상들은 삼신할머니가 아기를 점지하여 주신다고 믿었으며, 아기가 태어나면 3·7일 동안 금줄을 치고 외부인의 출입을 금하였다. 사람 안에는 영·혼·백이 있다고 믿었으며, 초상이 나면 사자밥을 3그릇을 차려 놓았다. 죽은 지 3일이 되면 장사를 지내고, 장사 지낸지 3일 만에 삼우제를 지내며, 3년 상을 치렀다. 제사상에도 나물 3그릇, 탕 3그릇, 전 3접시를 올린다.

일제시대 3·1운동에도 33인이 서명을 하였으며, 가위 바위 보를 해도 삼세번을 하고, 고시레를 해도 3번을 하며, 우리가락도 3박자로 이루어져 있다.

이렇듯 삼신사상三神思想을 내재한 신선사상神仙思想은 일찍이 우리 한국에서 발생하였다고 많은 학자들이 입을 모아 말하고 있다. 소설가 김동리 선생의 친형이자 자타가 천재라고 인정하는 범부 김정설金鼎卨 선생은 그의 저서 《풍류정신》에서 이렇게 말하고 있다.

- 신선도神仙道는 한국에서 발생하였다. 중국 상대上代의 문헌에는 신선설이 없다. 십삼경十三經 중의 《노자》에도 없으며, 춘추시대까지도 없었다. 《장자》에 비로소 선인仙人, 신인神人 설이 비치고 《금사楚辭》에 나왔는데, 이는 전국시대戰國時代에 해당된다.

중국 진나라 사람인 갈홍葛洪(283~343) 역시 《포박자》〈역대신선통감〉에서 이렇게 기록하였다.

- 옛날에 황제黃帝가 있었는데, 동쪽으로 청구靑丘에 이르러 풍산風山에서 자부선인紫府仙人을 만나 《삼황내문三皇內文》을 받았다.

청구靑丘는 조선땅이요, 풍산은 백두산이다. 이렇게 중국의 고서古書 뿐만이 아니라 우리나라 고대 역사서인 《환단고기》《단기고사》《계원사화》에서도 동일한 기록을 보이고 있다. 이는 중국 도가의 시조인 황제헌원이 우리의 배달국 청구에서 '선도법仙道法'을 가져갔다는 증거이다.
중국사람 서량지가 지은 《중국사전사화》에도 '황제족黃帝族이 동이문화를 받았다.'고 기록되어 있다. 동이는 예로부터 중국 사람들이 우리민족 한국을 지칭하는 명칭이었다. 그렇다면 삼신산은 어디에 있는가?

사마천의 《사기史記》
해동海東 발해渤海에 있다. 신선이 살고 있으며, 불사약이 있다. 그곳의 물건과 짐승들은 모두 하얗다.

신라 관설당觀雪堂 박제상朴堤上(363~418)의 《부도지》
봉래·방장·영주는 불함不咸 3역역이며, 불사약不死藥은 거기서 나는 산삼이다. 불함산은 백두산을 말한다.

중국 당나라 시인 두보杜甫(712~770)의 시
두보는 그의 시에서 '방장산은 바다 건너 삼한에 있네.(有方丈三韓外之句)'라고 노래하였다. 그리고 그 주 및 《통감집람》에 모두 '방장산은 대방군 남쪽에 있다.'라고 하였다. 《신증동국여지승람》 권39.

송나라의 사신 서긍徐兢의 《고려도경》

1123년(인종1) 고려에 다녀가서 쓴 서긍의 고려 기행문《선화봉사 고려도경》권34에는 이렇게 기록되어 있다.

'봉래산은 바라보면 심히 먼데, 앞이 높고 뒤가 내려갔다. 뾰족하게 치솟아 있는 것이 사랑스럽다. 그 섬은 아직도 창국昌國(정해현)의 봉경封境에 속해 있다. 그 위는 극히 넓어 씨를 뿌릴 수 있어서 섬사람들이 산다. 선가仙家의 삼신산三神山 가운데 봉래蓬萊가 있는데, 그곳은 약수弱水 3만리를 넘어가서야 도달할 수 있다. 지금은 바로 앞에서 '선가仙家의 봉래蓬萊'를 보게는 안 될 것이므로, 틀림없이 지금 사람들이 이것을 가리켜 그렇게 이름 지었을 것이다. 이곳을 지나면 다시는 산이 나오지 않는다. 오직 연이은 파도만이 솟았다 내렸다 하면서 내뿜어 두들기고 들끓어 오르고 하는 것만이 보일 뿐이다. 선박이 뒤흔들려 배안의 사람들이 토하고 현기증이 나서 쓰러지고, 제 몸을 가누지 못하는 것이 십중팔구다.'

북창 정렴鄭磏(1506~1549)의 《온성세고》

북창이 중국에 갔을 때 중국인 도사에게 이렇게 말하였다.

"우리나라에는 삼신산三神山이 있어서, 백일승천白日昇天 하는 것은 일상적인 일이다."

허균許筠(1569~1618)의 《성소부부고》

허균은 중국 진시황이 신선과 불사약을 찾으러 방사들을 삼신산에 보낸 것에 일찍이 관심을 갖고《오악진형도五嶽眞形圖》《동명기洞冥記》《십주기十洲記》등을 깊이 고찰하였다. 결과 말하기를 "우리나라를 빼고는 삼신산이 있을 수 없으며, 영주瀛洲, 봉래蓬萊도 금강산과 묘향산에서 밖으로 벗어나지 않을 것이 분명하다."고 주장하였다.

홍만종洪萬宗(1643~1725)의 《해동이적》

"삼신산이 모두 한국에 있다. 때문에 신선들의 행적이 해동에 많이 전해져 오는 것이다."

이중환李重煥(1690~1756) 《택리지》

세상에서는 금강산을 봉래산이라 하고, 지리산을 방장산이라 하고, 한라산을 영주산이라 하니, 이른바 삼신산이다. 지리지에 '지리산은 태을太乙이 사는 곳으로 신선들이 모이는 곳이다.'라고 하였다.

이 밖에도 《지봉유설》을 쓴 이수광李睟光나 조선시대의 걸어 다니는 백과사전으로 불리었던 《오주연문장전산고》를 쓴 이규경李圭景, 그리고 《조선도교사》를 쓴 이능화李能和 역시 봉래·방장·영주를 우리나라의 금강산·지리산·한라산이라고 하였다.

이로 보건데, 삼신산이 한국에 있다는 견해 또한 두 가지로 도출된다.

- 삼신산은 백두산 안에 있다.
- 삼신산 즉 봉래, 방장, 영주는 금강산, 지리산, 한라산이다.

어쨌거나 금강산의 또 하나의 이름은 봉래산이다. 우리는 금강산을 봄에는 금강산, 여름에는 봉래산, 가을에는 풍악산, 겨울에는 개골산이라고 부른다. 봉래산의 봉蓬과 래萊는 쑥과 풀을 뜻하는 글자로서, 심산유곡에 약초들이 많다는 뜻이다.

지리산에 가면 쌍계사 일주문 현판이 〈삼신산 쌍계사〉라고 되어 있으며, 지리산의 또 하나의 이름은 방장산이다.

제주도의 지명과 유래에 대한 기록을 적고 있는 《탐라지》 또한 한라산을 영주산으로 기록하고 있다.

 어쨌든 분명한 것은 삼신산은 삼신사상, 곧 신선사상과 관계된 산이며, 신선사상의 발생지는 우리나라라는 점이다. 그리고 진시황 등 중국의 제왕들이 보낸 방사들의 발자취와 흔적이 지금까지도 우리나라에 남아 있다. 허균의 주장대로 우리나라를 빼고는 삼신산이 있을 수 없는 것이다. 다음은 한국의 전통소리 단가 〈만고강산〉의 가사를 보자.

 만고강산 유람할 제 **삼신산**이 어디메뇨?
 1. 봉래 2. 방장 3. 영주
 죽장 집고 풍월風月 실어 **봉래산**을 구경갈제
 경포 동령東嶺의 명월明月을 구경하고
 청간정淸澗亭 낙산사와 총석정을 구경하고
 단발령을 얼른 넘어 **봉래산**을 올라서니
 천봉만학千峰萬壑 부용芙蓉들은 하늘 위에 솟아있고
 백절폭포百折瀑布 급한 물은 은하수를 기울인 듯
 잠든 구름 깨우려고 맑은 안개 잠겼으니
 선경仙境 일시가 분명하구나.
 때마침 모춘暮春이라 붉은 꽃 푸른 잎과
 나는 나비 우는 새는 춘광춘색을 자랑한다.
 봉래산 좋은 경치 지척에 두고 못 본 지가 몇 날인가…
 - 이하 생략 -

76. 지리산 청학동

청학동靑鶴洞은 지리산 안에 있는 이상향으로, 푸른 학이 깃들어 살고 있는 곳이라 하여 청학동이라 불리었다고 한다. 그리고 이 청학이 울면 천하가 태평해진다고 한다.

옛날에 경남 하동 시장에서 신선처럼 생긴 어느 도인이 소 한 마리를 사 가는 것을 보고, 어떤 사람이 몰래 뒤를 따라갔다. 한참을 따라 가다보니 폭포가 나오고, 동굴이 나왔다. 동굴을 지나 또 한참을 가니 청학이 날아다니고 도화꽃 흐드러지게 핀 별천지 선경이 나왔다.

따라간 사람이 생각해 보니, 이 아름다운 무릉도원에서 자기 식구들도 함께 살면 참 좋겠다는 생각이 들었다. 그래서 집으로 돌아와 급히 가산을 정리하여 식구들을 이끌고 다시 길을 나섰으나, 도중에 길을 잃고 어디가 어딘지 영영 찾을 수가 없었다고 한다.

백두산으로부터 맥이 뻗어 내려온 지리산은 예로부터 선도 수행자들이 많이 살았으며, 지혜를 간직한 이인들이 숨어 있는 산이라 해서 지리산智異山이라고 불리었다고 한다. 또 다른 이름으로는 두류산頭留山, 방장산方丈山이 있다.

신라시대에는 화랑도가 세석평전에서 수행하였다고 하며, 고운 최치원(857~?) 선생 역시 불일폭포 주변에서 은둔하며 노닌 흔적들이 지금도 많이 남아 있다.

하동의 화개동천에는 청학동과 동일 개념인 '삼신동三神洞'이라고 고운 선생이 글씨를 새긴 바위가 있으며, 또 더러운 귀를 씻는다 하여 '세이암洗耳岩'이라고 새긴 바위도 있다. 그리고 그가 꽂아둔 지팡이가 움이 트고 계속 자라 천 년이 넘었다는 푸조나무도 있다. 그리고 또 불일계곡의 '환학대喚鶴臺'는 그가 청학을 불러 타고 노닐었던 바위라고 한다.

'완폭대翫瀑臺'도 역시 그가 바위에 새긴 글씨로, 그 바위에 앉아 지리산을 감상하기 좋은 자리라고 한다. 광해군 10년(1618) 4월에 청학동을 유람하였다는 조위한趙緯韓의 〈유두류산록〉에는 다음과 같은 기록이 있다.

- 10여 명이 앉을 만한 바위에 완폭대 세 글자가 새겨져 있는데, 고운이 직접 쓴 것이다. 우리 일행 다섯 사람은 완폭대 위에 둘러앉아 술잔을 씻어 술을 따랐다. 바위 앞에는 오래된 나무들이 있었는데, 그동안 다녀간 사람들이 껍질을 벗기고 이름을 새긴 것들이 많이 보였다.

고운 선생이 선화한 시기와 장소는 두 가지 설이 있다. 하나는 919년 63세에 합천 가야산에서 신선이 되어 하늘로 돌아갔다는 설이며, 또 하나는 951년 95세에 지리산 불일폭포에 짚신을 벗어놓고 청학을 타고 신선이 되어 돌아갔다는 설이다.

기대승奇大升(1527~1572)의 시 〈청학동에 들어가서 최고운을 찾다〉는 당시 세상에서 회자되고 있던 이야기를 묘사하고 있다.

고운 최치원은 천 년 전 사람	孤雲千載人
수련을 쌓아 학을 타고 다녔다지	鍊形已騎鶴
쌍계에는 옛 자취만 허전하고	雙溪空舊蹟
흰구름은 골짜기에 아득하여라.	白雲迷洞壑

고려시대에는 미수眉叟 이인로李仁老(1150~1220)가 본격적으로 청학동을 찾아 나섰다는 기록이 그의 문집 《파한집》에 보인다.

- 옛 노인들이 전하기를 지리산 속에 청학동이 있는데, 길이 매우 좁아

겨우 사람 하나 지나갈 만하다. 그렇게 수십 리를 가다보면 비로소 드넓은 별천지가 나오는데, 양전옥토라서 곡식을 심어 먹기에 알맞다. 그곳은 옛날에 은둔하던 이들이 살던 곳으로, 아직도 허물어진 담과 구덩이가 가시덤불 속 빈 터에 남아 있다. 전에 나와 당형 최상국이 세상과 인연을 끊고 은둔할 뜻이 있어 이 골짜기를 찾아 가기로 하였다.

이렇게 하여 두 사람은 소 두세 마리에 살림을 싣고 청학동에 들어가 속세와 연락을 끊기로 했다. 드디어 화엄사를 지나 화개 신흥사에서 묵었는데, 지나는 곳곳마다 선경 아닌 곳이 없었다. 수많은 바위들이 다투어 솟아 있고, 골짜기에는 맑은 물이 소리 내어 흐르고 있었다. 그리고 대나무 울타리의 띠집에는 복숭아꽃 살구꽃이 흐드러지게 피어 있어, 마치 인간세상이 아닌 듯했다. 그러나 정작 찾아갔던 청학동은 끝내 찾지 못하고, 바위에 시만 한 수 새겨 놓고 돌아왔다.

　두류산 아득히 저녁구름 깔렸는데
　골짜기와 바위들은 회계산을 닮았구나
　지팡이 짚고 청학동을 찾으려 하니
　숲속 저편에선 원숭이 울음소리만 들려오네
　누대에선 삼신산이 아득히 멀기만 하고
　이끼 낀 바위에는 네 글자가 희미하네
　묻노니, 신선이 사는 곳 그 어디메뇨?
　흐르는 물에 떨어지는 꽃잎만 아득하여라.

조선시대로 넘어와서는 점필재 김종직(1431~1492)의 〈두류록〉을 필두로 해서 지리산 여행기들이 쏟아져 나오기 시작했다. 김종직의 제자들인 정여창, 김일손, 남효온 그리고 남명 조식 등등 수십 명이 청학동을 찾아

지리산을 여행하였으며, 여행기를 남겼다.

　이인로와 호가 똑같은 미수眉叟 허목許穆(1595~1682)은 지리산은 깊숙하고 그윽하여 신산神山이라 부르며, 그중에서도 청학동은 가장 기이하다고 하였다. 그리고 이것은 예부터의 기록이라고 하였다.

　조선시대 살아있는 백과사전이었던 이규경李圭景(1788~1856) 역시 〈청학동 변증설〉이라는 글을 남겼다.

　- 청학동은 동방의 한 작은 골짜기에 불과하지만 천하에 유명하다. 우리나라에 비경으로 이름난 곳이 많지만, 청학동은 유독 세상에 이름났다. 청학동은 온 조선조에 회자되어 모르는 사람, 가 보지 않은 사람이 없다.

　위 글로 미루어 보건데 조선시대 선비들은 지리산을 여행하고 청학동을 찾아보는 게, 그 시대의 유행이었던 것으로 보인다. 그러나 대부분 청학동은 찾지 못하고 시만 한 수씩 남기고 돌아왔다. 전해오는 기록들을 정리하면 대충 이런 결론이 나온다.

　1) 청학동은 옛 노인들로부터 전해 내려오는 이야기다.
　2) 예부터 은둔생활을 하던 이들의 흔적이 아직도 남아 있다.
　3) 지금도 은둔에 뜻을 둔 사람들은 이곳을 생각한다.
　그러고 보면 청학동은 고려나 조선시대에도 이미 널리 알려졌던 은둔처였음을 알 수 있다. 청학동은 지리산 중에서도 남쪽에 있으며, 하동 땅이다. 그렇다면 정확하게 어디인가?

　《정감록》에 이르기를 진주 서쪽 80리, 하동 북쪽 60리, 함양 남쪽 120리 되는 곳에 청학동이 있다고 하였다. 뇌파석문雷破石門을 지나 물이 흐르는 계곡 몇 리를 들어가면 많은 사람들이 먹고 살 수 있는 드넓은 평지가 나오며, 식수와 농경이 가능한 석천石泉이 솟는다. 전란을 피할 수 있는 피난처 10곳 중의 하나이며, 이곳에 살면 무병장수하고 죽으면 신선이 된다.

《옥룡비결》에서는 삼승지지에서 제일지가 청학동이라 하였으며 《동국여지승람》은 진주에서 서쪽 147리 거리의 지리산 안에 청학동이 있다고 하였다.

또 여러 비결서들도 주장하기를, 청학동은 지리산 남쪽 해발 900m의 깊은 산골로 주위가 수려하고, 청학이 살고 있는 신선마을이다. 그곳에는 내성문과 외성문이 있으며, 좁은 계곡을 거슬러 폭포를 지나면 농사를 지을 수 있는 옥토가 40여 리 있으며, 백운삼봉이 한 눈에 들어온다. 지대가 높아도 서리나 눈이 늦게 내리며, 곡식 1되를 심으면 1섬을 소출한다. 제왕, 충신, 달사 등 빼어난 인재가 대대로 이어 나고, 누구나 부귀공명이 수를 헤아릴 수 없고, 가장 오래 사는 노인은 156세까지 살고, 36성姓이 들어와 사는 이상향이다.

위 비결들에서 말하는 조건에 해당되는 곳은 악양 청학골, 불일폭포 주변, 세석평전, 현재 청학동이라고 불리는 학동마을 등이 있다.

1) 악양 청학골

일단 예부터 전해 내려오는 이름이 청학골이다. 그리고 점필재 김종직이나 택리지를 쓴 이중환 등이 이곳을 청학동으로 알고 있었다.

점필재 김종직이 지리산을 여행할 때 안내를 해준 혜공스님이 악양 청학골을 가리키며 청학동이라고 알려 주었다. 그 당시에는 청학사라는 절도 있었다. 고려 도인 한유한과 점필재의 문인이었던 일두 정여창도 악양에서 은둔하였다.

다큐멘타리 〈청학동을 찾아서〉를 찍기 위해 헬리콥터를 타고 상공에서 지리산을 둘러본 MBC PD는 "청학동이 존재한다면, 악양일 수밖에 없다."고 말하였다고 한다.

2) 불일폭포 주변

고운 최치원이 불일폭포 주변에서 은둔하였으며, 김종직의 제자인 김일손과 남명 조식 등이 이곳을 청학동으로 여겼다. 김일손이 지리산을 여행할 때 불일암 스님이 안내를 해주면서 이렇게 말하였다.

"매년 6월이면 몸둥이는 파랗고, 이마는 붉고, 다리는 긴 새가 향로봉 소나무에 모였다가 날아 내려와 물을 마시고 가는데, 바로 청학이라."

불일폭포에서는 무학대사도 3년간 수도하였다고 하며, 불일암은 보조국사 지눌이 수도했던 장소라고 한다.

3) 세석평전

신라시대 화랑들이 수행한 터전이며, 조선시대 정걸방 도인도 이곳에서 거처하였다. 들어가는 입구에는 커다란 석문石門이 있고, 그 석문을 통과하면 농사를 지을 수 있는 드넓은 40리 풀밭이 있으며, 백운삼봉이 남쪽 정면으로 보이는 등 청학동이 구비해야 할 조건들을 갖추고 있다.

4) 현재의 청학동 마을

현재 청학동으로 불리는 마을은 예전에는 그냥 학동마을이라고 불리었다고 한다. 감춰졌던 학동마을이 세상에 알려지게 된 것은 1970년대 초 지리산을 등반하다가 길을 잃고 헤매던 한 등산객의 발견에 의해서였다.

1970대 초면 벌써 바깥세상은 새마을 운동으로 옛날 전통은 거의 다 사라져버린 때이다. 그런데 지리산을 헤매던 한 문명인이 옛날 전통을 온전히 간직한 마을을 발견했으니, 그 놀라움과 경이로움이 어땠을지 충분히 상상이 간다.

학동마을은 처음에는 왜정시대를 피해 들어간 사람들이 은둔하여 살았다고 하는데, 이들은 6.25 때 지리산 공비소탕으로 모두 없어졌다. 그러다가 다시 6.25 직후인 1956년경 정감록을 신봉하는 유불선합일갱정유도인

儒佛仙合一更定儒道人들이 이곳에 들어와 은둔하였다. 그리고 이들이 바로 길 잃은 등산객에게 발견되었던 것이다. 그 후 학동마을은 경상남도 관광지 개발사업의 일환으로 공식적인 청학동으로 자리잡았다.

5) 영신봉 영신대

혹자는 지리산의 영신봉靈神峰 영신대靈神臺가 청학동이라고 하는 이도 있다. 지리산에서 수도하던 김씨 성을 가진 사람이 도선국사로부터 지도를 받았다는데, 그 지도에는 영신대 지명 밑에 청학동이라고 기재되어 있었다고 한다.

어쨌거나 지리산 청학동은 많은 아름다운 이야기들을 남기고 있으며, 그중에서도 남추 선인의 일화는 유명하다. 이수광의 《지봉유설》, 홍만종의 《해동이적》, 연암 박지원의 《열하일기》, 조재삼의 《송남잡지》 등에 두루 실려 있는 남추 선인의 이야기를 종합하면 대충 이렇다.

조선 중종 때, 전라도 곡성 서계 땅에 살았던 남추는 본관이 고성, 자는 계응季應, 호는 서계西溪 또는 선은仙隱이며, 부친은 계신繼身이다.

남추南趎(1495~1525)는 인물이 준수하고 재주가 비상하여, 어려서 공부를 배우지 않고도 모든 것을 알았다. 부친이 책 읽기를 권하면 "저는 읽지 않아도 다 알고 있습니다." 하였다.

이러한 남추는 중종 9년(1514) 나이 19세에 문과에 급제하여 벼슬이 전적典籍에 이르렀다. 그러나 1519년 기묘사화 때 조광조 일파로 몰려 집권 대신 남곤南袞에게 퇴출당하였다. 그때 남곤을 비꼬아 지은 시 〈촉영부〉는 당시 선비들 사이에 널리 애송되었다고 한다.

이렇게 해서 28세라는 젊은 나이에 낙향하게 된 남추는 스스로 호를 선은仙隱이라 짓고, 한운야학閑雲野鶴을 벗 삼으며 선도수련을 하였다. 하루는 안개가 자욱하게 끼었다가 개었는데, 남추가 바위 위에 앉아 몇 명의 사람들과 함께 책을 읽고 있으므로 동리 사람들이 이상하게 생각하기도 하였다.

그러던 어느 날 가을, 자기 집 하인에게 편지 한 통을 써 주며 "지리산 청학동에 가면 노인 두 분이 마주앉아 있을 터이니, 전하고 오라." 하였다. 하인이 분부대로 청학동을 찾아가 보니, 과연 산자수려한 골짜기 동천 누각에서 용모가 아름다운 도인이 노승과 함께 바둑을 두고 있었다.

"소인은 곡성 서계에 사는 남진사댁 하인이온데, 진사께서 이 서찰을 올리고 꼭 답장을 받아오라고 하셨습니다."

"네가 올 줄 이미 알고 있었다."

도인은 웃으며 바둑을 마저 끝내고는, 답장과 함께 푸른 옥돌로 된 바둑알을 몇 개 주었다. 하인이 청학동에 올 때는 단풍 든 낙엽이 지고 가는 눈발이 날렸는데, 돌아올 때 보니 봄기운이 완연하고 파란 새싹이 돋고 있었다. 그동안 배고픈 줄도 전혀 몰랐는데, 벌써 반년이 흘러 있었던 것이다. 아는 사람들이 말하길 그때 청학동에서 바둑을 두던 도인은 최고운 선생이요, 노승은 검단선사라고 하였다.

남추는 청학동 도인에게서 받은 푸른 옥돌을 소중하게 간직했는데, 그가 죽자 옥돌 또한 자취를 감추어 사라졌다고 한다. 남추는 30세에 선화하였는데 입관한 관이 너무 가벼워 이상해서 열어보니, 안이 텅 빈 채 다음과 같은 시 한 수만 들어 있었다고 한다.

넓은 바다는 배 지나간 자취 찾기 어렵고	滄海難尋舟去跡
깊은 청산엔 학이 날아간 흔적 보이지 않네.	靑山不見鶴飛痕

남추가 죽던 날 공중에서 풍악소리가 울려 사람들이 올려다보니, 남추가 말을 타고 흰구름 속으로 날아가고 있었다고 한다. 신선이 되어 간 것이었다.

77. 청학상인 위한조

　조선시대 선가서仙家書 《청학집》에는 청학상인과 그의 문인들의 이야기가 나온다. 청학산인 위한조魏漢祚는 함경도 갑산甲山 사람으로 자는 중염仲炎이며, 어려서 백우자百愚子 이혜손李惠孫에게 배워 능히 격물치지格物致知 하였다.
　백우자 이혜손은 연산군 때 사람으로 자가 유후裕後이며 금성金城 보리나루菩提津가에 살았다. 위인이 현묵하여 종일 말이 없고 바보 같았으나, 의리에 밝고 사물에 달통하여 미래와 과거 일을 모두 알았다고 한다.
　백우자는 통견원문通見遠聞의 법을 배워 실로 먼 곳의 일을 듣기도 하고 보기도 하는 등, 남이 따라갈 수 없는 도술을 갖춘 전후무쌍前後無雙의 도인이었다. 그러나 족벌이 한미하고 가세가 빈곤하여 농상의 일에 종사하며 무소유로 살다가, 마침내 공산空山의 새 죽음처럼 아무것도 남김이 없이 세상을 떠났다고 한다.

　　한가로이 뜬 구름 바라보니, 세상 일 알겠고　　閒望浮雲知世事
　　고요히 조수를 살피니 천기를 깨닫겠네.　　　靜觀潮水悟天機

　백우자의 시를 보는 이들은 시에서 그의 가슴 속에 있는 쇄락한 자연의 태를 보았다. 아무튼 무오사화 때 정순부鄭淳夫는 관서로 도망하여 백우자를 따라 한계와 경포 사이를 왕래하여 목숨을 건졌다고 한다.
　한편 청학상인의 시에서는 호연한 기상과 세상을 향해 열려 있는 원대한 배포가 느껴진다.

  새벽에 삼일포에서 머리감고   三日浦邊晨沐髮
  저녁에 사왕봉 위에서 지팡이 날리네.   四王峯上夕飛筇

 어려서 백우자에게 배운 청학상인 위한조는 자라서는 중국으로 유학하여 다시 양운도인楊雲道人에게 도술을 배웠다. 그리고 여러 나라의 도관과 산천을 두루 편답하며 노닐다가 만년에 귀국하여 청학동에서 주로 많이 거주하였다. 그러나 꼭 청학동에서만 지낸 것은 아니고 백두산 낙주동, 추지령, 속리산, 수양산 청라동, 황악산, 마식산, 한음산, 묘향산, 갑산 등지로 옮겨 다니며 살았다. 그러나 청학동에서 가장 많이 거주하였기 때문에 청학상인靑鶴上人이라고 불렀다.
 청학상인에게는 8명의 직계 제자가 있었는데, 금선자金蟬子, 취굴자翠窟子, 채하자彩霞子, 화오자花塢子, 아예자鵝蕊子, 계엽자桂葉子, 벽락자碧落子, 편운자片雲子로 다국적 문인들이었다.
 그중에서도 금선자가 가장 뛰어났는데 특히 오박五雹·둔갑遁甲·투심偸心·통견通見·탈정奪精·입몽入夢·치원致遠·이수移水 등의 술법과 묘술에 뛰어났다고 한다. 다음 시는 금선자가 지은 〈사선대四仙臺〉이다.

  금책을 벗고 백마를 멈추니   投金幘駐白馬
  봉수산 푸른 빛도 늦은 여름일세.   鳳首山光靑晩夏
  물 건너 퉁소 소리 여운이 기누나   隔水弄簫聲更長
  깃털부채 삿갓 쓴 이는 그 어느 낭도인가 羽扇芝冠何許郎
  꽃 앞에서 말 물으니 신선 사는 곳 어디메뇨 臨花問語語仙方

기린 타고 한번 간 후 긴 세월을 소식 없고   燐駕一去寥千載
태백산 높은 뫼만 쓸쓸히 홀로 솟아 있네.   太白蒼蒼山獨在

선조 18년, 채하자가 청학상인에게 물었다.
"근자에 동국東國에 재변이 많아서 장성將星이 하늘을 지나고 한강물이 붉으니, 재앙이 장차 어디에서 있겠습니까?"
"10년 안에 왜란이 있을 것이다."
청학상인의 말에 이어 벽락자가 부연 설명을 하였다.
"세운이 장차 쇠해짐에 그 징조가 먼저 동남에서 생기니, 동남방은 곧 왜국입니다. 나무가 썩으면 벌레가 생기고, 벽에 틈이 생기면 바람이 들어오니, 난적의 무리들이 이때를 틈타 몰려올 것입니다. 임진년 4월에 병사를 일으켜 쳐들어올 것입니다."
금선자도 덧붙였다.
"전에 영남을 지나오면서 가끔씩 왜놈들을 보았습니다. 상주 읍내에는 고기 파는 놈이 둘이 있었고, 해인사에는 불목하니가 둘이 있었고, 전주 시중에는 빗장수가 둘이 있었고, 서울 창의문에는 술장수가 하나, 흥인문에는 땔나무 장수가 하나 있었고, 송도에는 짚신장수, 구월산에는 패엽사에 밥을 빌어먹는 자가 있었고, 평양에는 등짐장수가 있었는데, 이것이 모두 왜놈들의 정탐이건만 현재 한 놈도 붙잡히지 않고 있으니, 조선은 무인지경이나 다름없습니다."
이에 편운자가 청학상인에게 청하였다.
"저희가 왜국에 가서 순찰하고 오면 어떻겠습니까?"
"그리하라."
이에 편운자, 금선자, 취굴자가 동래로부터 대마도로 들어가 왜인의 복색을 입고 왜인의 행동을 하며, 여러 날에 걸쳐 왜국을 둘러보고 돌아왔다. 다녀온 금선자가 청학상인에게 말하였다.

"돌아오는 길에 김포에서 살펴보니, 조선에 왕기가 왕성하여 큰 걱정은 없겠습니다."

취굴자도 말하였다.

"왜국이 군사를 기箕 섬에 모아서 장차 조선으로 향하려고 하기에 소자가 동요를 지어 전파하기를 '기에서 일어나 기에서 멈추니, 가히 두려운 것은 소나무다.' 하였습니다."

과연 임진왜란이 일어났을 때 왜인이 송松자를 무서워하여 청송군靑松郡이나 송화군松禾郡 같은 지방에는 감히 들어오지 못하였다고 한다. 그런데 송松자는 바로 이여송李如松 장군이었다.

한편 선조 19년 청학상인이 추지령에 있을 때 밤에 의병장 김덕령金德齡(1567~1596)이 찾아오니, 청학상인이 그를 보고 말하였다.

"자네의 상을 보니 박하여 복이 적으니, 나를 쫓아다니면 생명은 길이 보전하겠네."

그러나 김덕령은 믿지 않았다. 그러자 청학상인이 한마디 더 해주었다.

"참새를 잡지 못하면 몸이 장차 함정에 빠질 것이다."

그러나 김덕령은 그 뜻을 풀이하지 못하고, 반란군 이몽학李夢鶴과 모의하였다는 거짓 누명을 쓰고 마침내 죄 없이 참수 당하고 말았다. 그의 뛰어난 용력을 시기한 자들에 의해 함정에 빠져 억울하게 죽은 것이었다.

한번은 청학상인이 속리산에서 지낼 때 편운자에게 이렇게 말하였다.

"토정이 자기의 재주를 믿고 세상을 만만히 보는데, 오늘 여기를 찾아올 것이다."

그러자 저녁 무렵에 정말 소금장수가 찾아와 하룻밤 자고 가기를 청하였다. 하룻밤 묵으며 청학상인과 토정 이지함은 많은 이야기를 나누었다. 그리고 토정 이지함이 떠나기 전에 말하였다.

"왜란을 막을 방법을 좀 가르쳐 주십시오."

"알지 못하오."

"그럼 팔진변화법八陣變化法이나 가르쳐 주시기 바랍니다."

이에 청학상인이 모래와 돌을 늘어놓고 토정을 그 안에 들어가게 하니, 바람과 모래가 몰아쳐 정신이 혼미해져 토정이 생문방生門方을 분별하지 못하였다. 그러자 청학상인이 웃으며 말했다.

"여름 벌레는 얼음이 차가운 것을 알지 못하는 법!"

토정 이지함이 고맙다는 말을 남기고 떠나가자, 청학상인이 편운자에게 말하였다.

"장차 또 올 것이다."

한편 조여적은 무자년戊子年 선조 21년(1587) 과거에 낙방하고 실의에 빠져 귀향하는 길에 저탄楮灘에서 편운자片雲子 운학雲鶴 이사연李思淵(1559~?)을 처음 만났다.

"관서의 조여적이 아닌가? 어찌 서성거리나?"

처음 보는 사이에 대뜸 자기의 고향과 이름을 부르는 것을 보고 놀란 조여적은 그 길로 문하에 들어가 60여 년 동안 스승으로 섬기며 선도 공부를 하였다. 그리고 거기서 보고 들은 내용들을 모두 기록한 것이 바로 《청학집》이다.

임진왜란이 무사히 끝나자, 청학상인 위한조는 임인년 선조 36년(1602) 정월에 제자들을 모두 불러놓고 이렇게 말하였다.

"나는 이제 세상과 인연을 끊어야겠다."

그리고 정월 대보름 새벽 대란산大蘭山 안개 속으로 들어가 종적을 감추니, 제자들도 스승의 명에 따라 모두 자기 길수대로 길을 떠났다.

78. 전우치

전우치田禹治의 정확한 생존 시기는 알려져 있지 않다. 다만 내려오는 기록들을 참고해 볼 때, 대략 화담 서경덕이나 북창 정렴 등과 동시대인으로 보인다. 유몽인의 《어우야담》에 신광한과 송인수가 전우치의 도술을 직접 목격하였다는 것을 볼 때 중종 때의 실제인물이었음을 알 수 있다.

그가 도술을 습득한 경위는 산에 들어가 과거 공부를 하다가 신선을 만나 비결을 배웠다고도 하고, 또 혹자는 구체적으로 이천년(정희량)에게 배웠다고 하는 이도 있는가 하면, 또 여우에게 비결서를 얻었다고 하기도 한다.

1600년대를 전후해서 나타난 전우치에 대한 설화들을 보면 대략 다음과 같다.

이 기(1522~1600) 《송와잡설》
차천로(1556~1615) 《오산설림》
유몽인(1559~1629) 《어우야담》
이수광(1563~1628) 《지봉유설》
이덕형(1566~1645) 《죽창한설》
허 균(1569~1618) 《성수시화》《국조시책》
홍만종(1643~1725) 《해동이적》《순오지》
이덕무(1739~1793) 《한죽당필기》
정재윤 《공사견문록》

이렇듯 많은 선비들에 의해서 그에 관한 기록이 남겨졌다는 것은 당시 그의 이야기가 항간에서 크게 유행하였음을 알 수 있으며, 그가 환술과 도술로서 세상에 널리 이름을 떨쳤음을 알 수 있다.

아무튼 당시는 흉년과 질병, 또 연이어 일어나는 여러 사화들로 인하여 민심이 흉흉하였는데, 전우치는 황해도와 개성 등을 무대로 하여 도술로써 빈민구제를 하기도 하고 또 벼슬아치들을 놀라게도 했던 모양이다.

이덕형의 《죽창한설》

전우치가 삼각산 절에서 공부하고 있을 때 한밤중에 미소년이 와서 《주역》을 배우고 싶다고 하여 시험 삼아 물어보았다. 그러자 소년은 거침없이 척척 대답하였다. 우치가 그의 거동을 수상히 여겨 여우의 정령이 둔갑한 것으로 보고 중들에게 새끼를 준비하도록 일렀다. 다음날 밤 또 나타나자 중과 함께 새끼로 결박해 놓고 정체를 드러내라고 괴롭혔다. 결국 소년이 천서 3권을 주겠다고 하므로, 우치가 소년이 일러준 바위굴에 가서 천서를 가져오고 풀어주었다. 그러자 소년은 불여우로 변하여 달아났다. 우치는 먼저 인자권을 취하여 붉은 점을 찍어가며 읽고 있었다. 그때 집에서 하인이 와 모친이 돌아가셨다고 하므로 어쩔 수 없이 여장을 꾸려 집에 가본즉 아무 일이 없었다. 그제서야 여우에게 속은 것을 알고 절로 돌아와 보니 2권의 책은 이미 없어지고, 주사로 점을 찍은 인자권만 남아 있었다. 그것을 탐독하고 묘리를 터득하여 전우치는 환술을 잘하게 되었다.

이덕무의 《한죽당필기》는 앞부분이 조금 다르다.

전우치가 암자에 들어가 공부를 하는데, 하루는 스님이 술을 빚어 놓고 잘 보아달라고 부탁하고 산을 내려갔다. 그런데 스님이 돌아와 보니 술은 온 데 간 데 없고 찌꺼기만 남아 있었다. 스님이 전우치를 책망하니 전우치가 아무 말도 못하고 있다가 술을 다시 빚어 주면 도둑을 잡아내겠다고 하였다.

스님은 반신반의하며 전우치의 말대로 다시 술을 빚어 주었다. 전우치가 술단지를 지키고 있노라니 갑자기 흰 기운이 창문으로 들어와 술단지에 잠시 머물더니 술 냄새가 진동하는 것이었다. 전우치가 그 기운을 따라가니 앞산 바위굴에서 흰 여우 한 마리가 술에 취해 자고 있는 것이 아닌가! 전우치는 밧줄로 여우를 묶어가지고 내려왔다. 잠시 후 술에서 깨어난 여우가 사람의 말로 애원하였다.

"저를 놓아주시면 환술을 부리는 비결 책을 갖다 드리겠습니다."

"도망가려는 수작 마라."

"저를 묶어 둔 채 줄을 잡고 계시면, 제가 굴속에 들어가서 책을 가져오겠습니다."

전우치가 여우의 말대로 하였더니 과연 여우가 책을 가져다주었는데, 도술에 관한 비결서였다. 전우치가 경면주사로 점을 찍어가며 책을 보고 있는데, 하루는 집에서 부친이 돌아가셨다는 전갈이 왔다. 전우치가 놀라 책을 그대로 둔 채 집에 가본즉 아무 일이 없었다. 그제서야 전우치는 여우에게 속은 것을 알고 절로 돌아와 보니, 여우가 이미 책을 가져가고 주사로 점을 찍은 부분만 남아있었다.

이기의 《송와잡설》

전우치는 현감 이길李佶과 서로 알고 지내는 사이였다. 길의 전장田莊이 부평에 있었는데, 가정嘉靖(1522~1566) 연간에 전염병이 크게 돌아서 길의 하인들과 이웃사람 10여 명이 목숨이 위독하게 되었다. 이에 길이 우치에게 병을 물리쳐 달라고 하니, 우치가 허락하면서 "그 지역에 앉을 만한 높은 언덕이 있소?" 하고 물었다. "숲에 정자가 있어서 앉을 만하오." 하니 우치는 "아무 날에 갈 터이니, 미리 좌석을 정자에 설치하고 기다리시오." 하였다. 그날이 되니 우치는 숲 밑에 앉아서 두어 마디 소리로 무엇을 부르는 것같이 하였다. 그러자 앓던 사람들이 갑자기 모두 일어나 일시에 나았다고 하는 것이었다. 그 후 다시는 돌림병이 돌지 않았다. 우치는 우객 羽客으로, 그 사적이 《해동열선전》에 나타나 있다.

유몽인의 《어우야담》

　전우치가 일찍이 친구 집에 가서 모여 마시는데 참여하였다. 좌중이 "그대가 천도복숭아를 얻어 올 수 있는가?" 하고 물으니 우치가 "어려울 게 뭐 있겠느냐"고 하였다. 우치가 동자에게 새끼 백발을 가져오게 하여 공중에 던지자 새끼는 구름 낀 하늘에 높이 올라가 대롱대롱 매달렸다. 우치는 다시 동자에게 새끼를 타고 위로 올라가라고 했다. 그리고는 말하기를 "새끼가 끝나는 곳에 복숭아가 있을 터이니, 열매 맺은 것을 많이 따 내리라고 했다. 좌중은 모두 보고 있었다. 동자가 점점 공중으로 사라지더니 이윽고 복숭아 잎과 열매가 뜰에 요란하게 떨어지기 시작하였다. 좌중이 다투어 주워 먹는데, 단물이 넘쳐 인간 세상의 복숭아 맛이 아니었다. 그런데 얼마 후에 붉은 피가 방울방울 공중에서 떨어졌다. 전우치가 이르기를 "복숭아 하나 먹는다고 동자의 생명을 빼앗아 보복한다."고 중얼거리자, 좌중의 손님들이 그 까닭을 물었다. 우치가 말하기를 복숭아 지키는 자가 상제에게 고해서 아이를 죽였다고 하였다. 얼마 후 팔이 땅에 떨어지고 팔이 또 하나 이어서 떨어졌다. 두 다리, 몸통, 머리가 이어서 떨어졌다. 손님들은 어쩔 줄 몰라 실색을 하는데, 우치는 천천히 내려가 신체 각 부분을 수습해서 연속되어 있는 것처럼 해놓았다. 잠시 후에 동자는 갑자기 일어나더니, 비틀거리며 달아났다. 좌중의 손님들은 비로소 장난인 것을 알고 서로 크게 웃었다.

　또 한번은 전우치가 어느 날 한양 신광한(1484~1555)의 집을 방문했는데, 마침 송인수(1487~1547)도 와 있었다. 그러자 신광한이 전우치에게 송인수를 가리키며 "이 분을 위해 재미있는 것을 한 번 보여줄 수 없겠는가?" 하니 우치가 웃으면서 "무슨 재미있는 일이 있어야지요." 하였다. 그

때 마침 주인집에서 점심밥을 내왔는데, 우치가 밥을 먹다가 뜰을 향하여 입속의 밥을 내뱉으니, 밥알이 모두 흰 나비가 되어 펄펄 날아가는 것이었다.

이렇듯 전우치는 모두 사람들 앞에서 환술을 보여주고 있다. 이에 조정에서는 전우치가 술수로서 민심을 현혹시킨다는 죄목으로 체포령이 내려졌다. 그러나 전우치는 쉽게 잡히지 않았다.

그러자 조정에서는 그 집안 식구는 물론 친척들을 괴롭히기 시작하였다. 이에 남양 전씨들은 그 화가 두려워서 "우리는 남양 전씨가 아니고, 담양 전씨다." 하며 본관을 숨겼다고 한다.

이 소식을 들은 전우치는 자기 살자고 차마 피붙이들에게 못할 짓을 할 수 없어, 황해도 신천에서 자진하여 붙잡혔고, 옥사하였다. 그런데 태수가 분명히 사람을 시켜 파묻었는데, 나중에 친척들이 시체를 이장하려고 관을 열어보니 빈 관만 남아 있더라는 것이다.

여기서 전우치는 환술에 능한 술객뿐만이 아니라, 정통 선법仙法을 익힌 시해선尸解仙의 모습도 보여주고 있다.

차천로의 《오산설림》

차천로의 아버지 차식車軾은 10여 세부터 화담 서경덕의 문인이었다. 그런데 하루는 전우치가 찾아와 《두공부시집》을 빌려달라고 하였다. 차식은 전우치가 죽은 줄 모르고 빌려주었는데, 그 후에 알아본 즉 벌써 죽은 지가 오래 되었다는 것이다.

홍만종의 《해동이적》

우치가 환술에 능하게 되자 방자해져서 부녀자들을 훼절시키고 돌아다녀도 막을 자가 없었는데, 오직 서화담만은 두려워하였다. 서화담의 도력이 그의 윗자리에 있었으므로 감히 함부로 하지 못했고, 마침내는 윤군평에게 죽음을 당했다.

이수광의 《지봉유설》

전우치는 도술을 잘하고 재주가 많으며 능히 귀신을 부렸다. 또 전우치가 지은 한시를 보면 참으로 도를 얻은 사람 같다.

밝은 창에 달이 있으니 매화가 혹했는데 　　淸窓有月梅三昧
푸른 하늘 기러기는 천지사방을 통하네. 　　碧落無雲雁六通

이처럼 전우치는 방술가方術家이나 문장 또한 최고여서 당시의 팔문장八文章이나 다른 대가들을 모두 깔볼 정도였다. 이렇게 시문에 능한 전우치가 환술 때문에 문장을 버린 것은 애석한 일이라고 이수광은 아쉬워하였다.

이덕형 역시 《죽창한화》에서 전우치의 시격이 대단히 높다고 평하고 있으며, 허균도 《성수시화》에서 전우치의 시가 매우 맑고 뛰어나다고 평하고 있다. 허균은 그의 문집 《성소부부고》에서 전우치의 시가 매우 기분 좋고 청월하다며 다음과 같은 시를 수록하기도 하였다.

〈삼일포〉
늦가을 맑은 못에 서린 기운 해맑은데 　　秋晚瑤潭霜氣淸
공중의 퉁소 소리 바람 타고 내려오네 　　天風吹下紫簫聲
넓은 하늘 바다 푸른 난새는 오지 않고 　　靑鸞不至海天闊
36 봉우리에 가을 달만 밝아라. 　　三十六峯秋月明

79. 화담 서경덕

화담花潭 서경덕徐敬德(1489~1546)은 박연폭포, 황진이와 더불어 송도삼절松都三絶로 유명하다. 송도 화담가에서 띠집을 짓고 살았으므로, 세상에서 그를 화담 선생이라고 불렀다.

선생은 어머니의 소원으로 과거에 응시하여 장원급제 하였으나 출사하지는 않았으며, 평생 정치에는 관심을 끊고 오직 학문과 제자 양성에만 힘을 기울였다.

거기에는 그가 생존했던 조선 사회의 정치 변혁들이 크게 작용하였을 것이다. 그는 10세에 무오사화를, 16세에 갑자사화를, 18세에는 중종반정, 31세에는 기묘사화, 57세에는 을사사화를 겪었으니, 조선시대 파란만장한 정치 변혁들을 모두 겪은 셈이다. 그러나 그는 본래 자연을 좋아하였다고 시를 적고 있다.

내 몸에 부끄럼 없이 중천에 서서	將身無愧立中天
흥이 청화의 경지에 이르렀네	興入淸和境界邊
내 마음 본래 경상을 싫어했다기보다는	不是吾心薄卿相
종래 본 뜻이 자연에 있었네	從來素志在林泉
마음 닦는 이 사업 정성을 다하여도	誠明事業恢遊丸
현묘한 그 세계에 아직 이르지 못하였네	玄妙機關少着鞭
정성 다해 도 닦아 공 이루어 자연을 대하니	立敬功成方對越
창에 비친 자연은 그대로 풍월일 걸세.	滿窓風月自悠然

그리하여 조선시대 많은 인재들이 선생의 문하생이 되어 영향을

받았다. 토정 이지함, 격암 남사고, 수암 박지화, 사암 박순, 초당 허엽, 한백겸, 정개청, 황진이 등이 바로 화담학파 인물들이다. 서화담은 평소 제자들에게 이런 말을 자주 해주었다.

"글이라는 것은 깊이깊이 생각하면서 읽으면, 반드시 터득할 수 있는 것이다."

청학동의 청학상인은 그의 제자들과 더불어 담소를 나눌 때, 서화담에 대해 이렇게 평하였다.

"산림에 있는 사람으로서 이름 없이 가버린 고사高士들이 많으나, 화담 서경덕의 이름을 후세에 전하게 된 것은 그의 제자들인 박순과 허엽 때문이다."

사암思庵 박순朴淳(1523~1589)은 당시대의 영의정이었으며, 초당草堂 허엽許曄(1517~1580)은 동인의 영수로서 허균과 허난설헌의 부친이었다.

서화담은 정치에 관심을 끊고 지냈지만, 그의 제자들은 정계에 나가 뜻을 펼치고 세상에 일조를 하였다.

기일원론자답게 서화담의 문인 중에는 박순이나 허엽 같은 정치 거물들도 있었지만, 서기徐起 같은 천민도 끼어 있었다. 이로서 우리는 서화담의 개방성과 평등 평화 인본주의가 얼마나 앞서 있었는지를 잘 알 수 있다.

세상에서는 서화담을 스승 없이 독자적으로 자연을 관찰하여 자신의 철학을 이룬 것으로 알려져 있다. 그러나 선도의 계보에는 서화담이 청한자 김시습에게 배운 것으로 올라가 있다. 그 연유는 이렇다.

청한자 김시습이 선화한 지 7년이 지났을 때, 윤군평은 개성에서 스승 김시습을 만났다. 놀라는 윤군평에게 김시습은 이렇게 말하였다.

"나는 요새 서경덕에게 도를 가르치고 있다. 이곳에 왕래한 지 벌써 2년째다."

김시습이 선화한 해가 1493년이니, 그로부터 7년 후면 서경덕의 나이는 11세가 된다. 게다가 서경덕에게 도를 가르친 지가 벌써 2년째라는 것이다.

일반적인 사고방식으로는 믿기 어려운 이야기다. 그러나 김시습 외에도 최치원 등 시해선이 된 이들은 선화한 뒤에도 종종 인연 있는 사람들에게 나타나는 것을 볼 수 있다. 그리고 특별한 인연을 타고난 존재들은 어린 시절부터 남모르게 도인들의 보살핌을 받는 경우가 있는 것이다.

김시습이 존경했던 송나라의 희이希夷 진단陳搏 또한 4~5세 때 과수過水라는 강변에서 놀고는 하였는데, 어떤 청의靑衣를 입은 여자가 젖을 먹여 주자 이때부터 총명함이 날로 더해졌다고 한다. 청색은 바로 선도를 상징하는 색깔이다.

서화담 또한 스승 김시습이 남모르게 보살펴서인지, 어린 시절부터 남다른 면을 보였다. 말과 글을 따로 배우지 않았는데도 일찍이 스스로 터득해서 쓰기 시작했으며, 기억력이 뛰어났다고 한다. 그리고 10세 이전에 벌써 총명하고 영특하여, 어른의 말을 공경히 받들 줄 알았다.

그리고 어느 봄날 나물을 캐러 나갔다가 아지랑이 속에 날아오르는 종달새를 보고, 기氣를 처음 인식하였다. 아지랑이가 종달새의 움직임에 미친 영향을 하루종일 궁리하느라고 빈 바구니로 집에 돌아온 것이다. 이때부터 서화담은 자연철학자요, 기철학자가 되었다.

《설문해자》에서도 기氣를 '구름과 같은 모양'이라고 하였다. 산이나 냇기에서 처음 나온 것이 기이고, 하늘에 올라간 것이 구름이라고 한 것을 보면, 어린 철학자가 제대로 기를 인식한 것이다.

또 한 가지 일화는, 5세 때부터 소경이었던 사람이 20세에 갑자기 길을 가다가 눈이 떠졌다. 그러자 그 사람은 당황하여 집을 찾지 못하고, 길가에 서서 울고 있었다. 이를 본 서화담이 그에게 눈을 감고 다시 길을 걸어 보라 하니, 그가 평소처럼 집을 잘 찾아 갔다.

서화담의 이런 지혜로 인하여, 송도 사람들은 옳고 그름을 가려야 할 다툼이 생기면 관청보다도 먼저 서화담을 찾았다고 한다.

한번은 또 지인이 부채를 선물로 보내오자, 부채와 바람의 상관관계를 궁리하여 다음과 같은 기철학 시가 나왔다.

- 묻노니, 부채를 부치면 바람이 생기는데, 바람은 어디로부터 들어오는가? 만약 부채에서 나온다면, 부채 안에 이미 바람이 있었다는 말이고, 만약 부채에서 나오는 것이 아니라면, 도대체 바람은 어디에서 나오는 것인가? 부채에서 나온다는 것은 이미 옳지 않고, 부채에서 나오지 않는다는 것 또한 옳지 않다. 만약 허공에서 나온다고 한다면, 도리어 부채와 떨어지는 것이고, 또 허공이 어떻게 스스로 바람을 내겠는가? 어리석은 생각으로는 이와 같이 말할 필요가 없을 것 같다. 부채가 능히 바람을 쳐낼 수 있는 것이지, 부채가 능히 바람을 생生하는 것이 아니다. 바람이 쉬고 있을 때는 허공은 고요하고 맑은 상태여서, 아지랑이나 티끌이 일어나는 것도 볼 수 없다. 그러나 부채가 비로소 휘저으면 바람은 곧 쳐지는 것이니, 바람이란 것은 기氣다. 기가 공간에 가득 차 있음은, 물이 골짜기에 가득 차 있는 것과 같으니, 비어 있는 틈이 없다. 바람이 고요하고 잠잠한 때에 이르면 특히 그 모이고 흩어지는 형체가 보이지 않는다. 기가 어떻게 공간을 떠날 수 있겠는가? 노자가 말한 비어 있으면서도 궁함이 없고, 움직이면 더욱 나온다는 것이 이것이다.

화담 서경덕(1489~1546)이 청한자 김시습(1435~1493)에게서 받은 사상적 영향은 그들 저서의 제목에서도 잘 나타난다.

청한자 김시습의 저서 《잡저雜著》〈귀신〉
화담 서경덕의 저서 《잡저》〈귀신사생론鬼神死生論〉

이와 같이 청한자 김시습의 《잡저》에 수록된 〈귀신〉이 화담 서경덕의 《잡저》〈귀신사생론〉으로 이어진 것을 알 수 있다. 저서 안에서 김시습은 주자학의 견해를 반박하고 조선시대 기일원론의 지평을 연 기철학자였으며, 서경덕 역시 당시의 주자학의 입장에서 벗어나 기일원론을 더욱더 구체화하고 체계화시켰다.

"사람과 귀신은 다만 기氣가 모인 것과 흩어진 것의 차이 뿐이다."

청한자 김시습과 화담 서경덕은 다같이 사람의 삶과 죽음을 기氣의 취산작용으로 보았다. 형체를 이루는 기에는 모이고 흩어지는 차이가 있기 때문에 삶과 죽음, 사람과 귀신이 둘이지만, 그 모이고 흩어짐에 상관없는 기는 담일허정으로 동일하기 때문에 삶과 죽음, 사람과 귀신은 결국 하나라는 것이다.

이처럼 청한자 김시습과 화담 서경덕은 생사와 귀신 문제까지를 모두 기로 풀어가는 일관된 입장을 견지하고 있다.

"어떠십니까?"

임종을 앞둔 서화담에게 제자들이 묻자, 그는 이렇게 대답하였다.

"생사의 이치를 안 지가 오래여서, 마음이 편안하다."

그리고 마지막 눈을 편안히 감았다.

서화담의 문인이었던 홍인우는 그의 일기에 이렇게 적었다.

'그 용모는 고고하고 의관은 엄위하여 산야에서 소요자적하는 노옹老翁의 모습이었으니, 진정한 은일군자였다.'

80. 남명 조식

남명 조식曺植(1501~1572)의 사상과 학문적 연원은 점필재 김종직에게 가 닿는다. 조식의 호 '남명南冥'은 '남쪽에 있는 큰 바다'라는 뜻인데 《장자》〈소요유〉편에 나오는 말을 따서 호를 지었다. 그만큼 남명 조식은 《장자》를 좋아하였다.

그것은 조선시대에 쉬운 일이 아니었다. 오직 유학만이 대접받고 그 외의 사상은 모두 사문난적으로 탄압 받던 조선시대에, 드러내놓고 《장자》에 나오는 글을 따서 자신의 호를 지었다는 것은, 두려움 없는 그의 기질을 그대로 드러내 주는 대목이다.

퇴계 이황李滉(1501~1570)과는 동시대를 산 동갑의 라이벌로서, 사상과 학문에서 남명학파와 퇴계학파라는 첨예한 쌍벽을 이루었다. 퇴계 이황이 벼슬에 나간 관학官學의 대표자라면 남명 조식은 산림山林에서 나라의 원기를 북돋우며 사풍士風을 진작시킨 올곧은 선비의 표상이었다.

퇴계 이황은 남명 조식을 도가적 학풍을 대표하는 존재라고 비판하였으니, 바로 남명 조식은 자연주의자요, 천인합일론자였기 때문이었다.

남명 조식은 퇴계 이황에게 '요즘 학자들은 입으로는 천리를 떠들면서 손으로는 닦고 쓸고 하는 실무를 모른다.'며 이론만 앞세울 뿐 실천을 모른다고 비판하였다. 또 퇴계 이황이 '처사'라는 호칭을 쓰자 "관직에 있었던 사람이 어떻게 처사 호칭을 쓸 수 있는가?"하고 정면으로 반박하였다.

남명 조식은 '처사處士'를 최고의 영광으로 알고 있었다. 그래서 72세로 임종에 이르렀을 때도 제자이자 첫 외손녀사위인 김우옹이 "선생님이 돌아가신다면 무슨 호칭을 써야 합니까?" 하고 묻자 "처사로 부르는 것이 옳다. 이는 내 평생의 뜻이었다."라고 대답하였다.

이처럼 남명 조식은 평생 동안 '처사'라는 호칭에 어긋나지 않게 몸과 마음을 갈고 닦았으며, 목숨을 내걸고 잘못된 국정을 비판하였다. 그래서 훗날 율곡 이이도 이렇게 말하였다.

"이른바 처사로서 끝까지 그 지절을 온전히 지키고, 벽립천인壁立天人의 기상을 세운 분은 오로지 선생뿐이시다."

16세기 당시의 '처사'란 화담 서경덕이나 남명 조식처럼 관직에 나가지 않고 고고탁절한 선비의 지절을 올곧이 지킨 사람만이 쓸 수 있는 호칭이었다. 그리고 보면 본래 가졌던 위상이 오늘날에 와서 많이 격하되고 변질된 용어들은 처사處士, 무당巫堂 등인 것을 알 수 있다. 무당도 본래는 하늘과 이어진 신인神人을 지칭하는 말로서, 단군이 곧 무당이었다.

아무튼 남명 조식은 서화담과 마찬가지로 여러 번의 사화를 겪으면서 가까운 사람들의 희생을 목격하였다. 그리하여 불의의 시대에 출사를 포기하고 자기 자신의 길을 걸었던 것이다. 그러나 비록 관직에 나가지는 않았지만 실천을 중시하여 잠시도 국가의 대소사를 외면한 일이 없었다. 그리고 불의를 보면 참지 못하고 곧바로 곧은 소리를 하였다.

남명 조식은 자연과 벗하며 은둔하되 살아있는 생명력으로 가득 찬 강인한 정신의 소유자였다. 자유로운 정신만이 가장 비판적일 수 있는 법이니, 그는 이렇게 갈파하고 있다.

- 선비가 벼슬에 나가지 않았다고 해서 세상일을 남의 일처럼 방관해서는 안된다. 천하의 일이란 집안일과도 같다. 내가 하지 않아도 누군가 하겠지 하고 내버려두면, 결국 자기 자신을 그르치게 된다.

- 선비는 학문 이외에도 항상 사회에 져야 할 책임이 있다. 그것은 정의 편에 서서 잘못된 정치를 비판하고 역사를 주도하는 일이다. 선비는 민民 쪽에 서서 청의淸議를 일으키는 것이 본연의 직능이다.

- 선비정신은 바로 민족의 원기이자 명맥이다. 그러므로 선비정신은 학문보다도 앞서 기절氣節이다.

퇴계 이황과의 대립적인 관계와는 달리 화담 서경덕과는 뜻이 맞았다. 그래서 지역적으로 멀리 떨어져 살았음에도 불구하고 서로 교분을 나누면서 속리산과 지리산 등지를 같이 여행했던 것으로 《연려실기술》 등에는 나타난다. 남명 조식은 최소한 10번 이상 지리산을 방문하였으며, 말년에는 아예 지리산에 자리를 잡았다.

"산은 혈맥처럼 서로 꿰이고 뒤섞여 있고, 강과 바다와 포구가 경락처럼 얽혀있다."

이와 같이 남명 조식은 산과 산을 잇는 강줄기를 혈맥과 경락으로 인식하였으며, 국토를 하나의 살아있는 거대한 생명체로 보았다. 다음은 남명 조식이 화담 서경덕의 시를 차운하여 지은 시다.

보슬비 내리는 가을 강에 낚시줄 드리움직하고	秋江疎雨可垂綸
봄 들자 산 고사리 돋아나 가난하지 않다네	春入山薇亦不貧
일편단심으로 이 세상을 소생시키려고 하는데	要把丹心蘇此世
누가 밝은 해를 돌려 이 내 몸에 비춰 줄까?	誰回白日照吾身
개울에 나가 거울 닦아내니 번쩍번쩍 때 없어지고	臨溪鍊鏡光無垢
달 아래 누워 시를 읊조리니 신나는 흥취가 이네	臥月吟詩興有神
뜰의 매화나무 꽃 가득 필 때를 기다려	待得庭梅開滿樹
한 가지 꺾어서 멀리 떠도는 사람에게 나눠 부친다.	一枝分寄遠遊人

남명 조식은 조선시대 대표적인 문인이었으나 상무정신尙武精神 또한 갖추고 있었다. 그래서 허리에는 항상 45cm의 경의검敬義劍을 차고 다녔다. 양쪽 칼날에는 '내명자경內明者敬' '외단자의外斷者義'라는 두 문구를 새겼는데, '경敬이란 안으로 마음을 밝히는 것이고, 의義란 밖으로 결단하는 것이다.'는 뜻이다. 그만큼 남명 조식은 경敬(경건함)과 의義(의로움), 두 글자를 인생의 요점으로 보았다. 또한 살아서 움직이는 그의 깨어 있는 정신

이었으며, 실천을 중시했던 남명 자신의 좌우명이기도 하였다. 제자들에게도 이 두 글자가 극히 절실한 요지임을 가르쳤다.

"경敬, 의義, 두 가지에 익숙해지도록 노력하는 것이 공부이며, 익숙해지면 가슴에 걸리는 것이 없게 된다."

남명 조식은 경의검과 함께 성성자惺惺子라는 소리 나는 방울을 차고 다녔다. 이는 일상생활 속에서도 자신의 마음을 늘 각성시키고 항상 깨어 있고자 함이었다. 그는 마음과 호흡이 서로 의지하는 것을 공부의 요지로 삼았으며, 그의 작품인 〈신명사도〉에서도 연단법煉丹法 · 존심법存心法 · 정좌법靜坐法을 언급하고 있다.

〈신명사도神明舍圖〉란 말 그대로 '신명神明의 집(舍)'으로, 신체 안에서 신명을 기르는 방법을 도표로 그린 것이다.

그는 마음 바탕을 확고히 확립하여 그것이 살아있게만 하면, 모든 일상에서도 도덕에 합당한 생활을 할 수 있다고 보았다.

그는 조정에서 여러 번 벼슬자리에 불렸지만 끝까지 나가지 않았다. 그것은 다만 선비를 유혹하고 농락하는 허명임을 알았기 때문이었다. 그래서 자기를 부르는 자리가 경륜을 펼 수 있는 위치나 그런 정국이라면 언제라도 임금 곁에 가서 일을 하겠다고 하였다. 그러나 허명뿐인 한직, 실권 없는 자리는 나가지 않겠다고 하였다. 그는 선비들이 관직에 나가 경륜도 펴보지 못하고 이용만 당하다가 희생당하는 것은 허명에 유혹되어 넘어갔기 때문이라고 보았던 것이다.

이렇듯 그는 '천자天子도 신하로 삼을 수 없는 선비가 있다.'는 옛 말을 몸소 실천하며 올곧은 선비의 기개를 보여 주었으니, 사후에 나라에서는 영의정에 추증하였다.

남명 조식은 임진왜란이 일어나기 20년 전부터 이미 이를 예견하였다. 그래서 제자들에게 무예와 병법을 가르쳐서 문무를 겸비토록 준비시켰다. 그리하여 마침내 1592년 임진왜란이 터졌을 때 그의 제자들은 제일 먼저 의병장으로 뛰어 나갔으며, 제일 많은 숫자가 의병장으로 활약하였다. 이는 이미 20여 년 전부터 남명 조식이 철저하게 제자들에게 무예와 병법을 연마시킨 결과였으니, 최초의 의병장인 곽재우와 정인홍을 비롯하여 50여 명이 넘었다.

남명의 둘째 외손녀사위인 홍의장군 곽재우가 의병장으로 뛰어나가 왜병을 크게 무찌르자, 선조 임금이 치하하였다. 그러자 곽재우는 공을 스승에게 돌렸는데, 선조 임금이 다시 물었다.

"공은 스승에게 무엇을 배웠는가?"

"집 나간 마음을 불러들이는 법을 배웠습니다."

이렇듯 남명 조식은 선도 수행법인 조식調息·조신調身·조심調心을 그대로 실천하였으며, 제자들에게도 그것을 계승시켰다. 그의 시 〈청학동〉은 그의 삶과 정신을 그대로 대변해 주고 있다.

고독한 학은 구름 뚫고 천상으로 올라가고	獨鶴穿雲歸上界
한 줄기 맑은 개울 옥구슬 굴리며 속세로 흘러오네	一溪流玉走人間
누가 없는 것이 도리어 누 되는 줄 알았으니	從知無累翻爲累
마음속 산하는 보지 않았다고 말하리라.	心地山河語不看

또 그의 《남명집》에는 호흡법에 대한 지침도 적혀 있다.

- 단丹은 현주玄珠로서 달아나기 쉬운 구슬이니, 잘 간직해야 한다.
- 밤낮 주천周天이 돌아 잠시도 멈추지 않으니, 묵묵히 천지자연과 하나가 되어 함께 운행한다.
- 용이 여의주를 보살피듯 마음에 잊지 말며, 닭이 알을 품듯 기운을 끊어지게 하지 말며, 고양이가 쥐구멍을 지키듯 정신을 흘트리지 말라.
- 요점은 단 한 번의 숨이라도 마음과 숨이 항상 정성을 들여 서로를 돌아보는데 있다.

81. 북창 정렴

　북창北窓 정렴鄭磏(1506~1549)은 타고난 바탕이 탁월하여 선도수행에 특출한 자질을 보였다. 중종 32년(1537) 사마시에 합격하여 관상감과 혜민서 교수를 역임하고 포천 현감을 지내기도 하였다.

　청한자 김시습 - 허암 정희량 - 승 대주 - 북창 정렴

　위와 같은 도맥을 계승하는 북창 정렴은 개인적으로 뿐만 아니라 집안 또한 선도가문으로서 동생 정초鄭礎(1493~1539), 정작鄭碏(1533~1603)과 함께 3형제가 일가삼선一家三仙으로 유명하다. 성수익은 정렴에 대해 다음과 같이 전하고 있다.

　- 공公은 충허忠虛 고명高明하고 상지上智의 자질이 있어 유·불·도 3교에 박통하였다. 천문·지리·의약·복서·율려·중국어에 이르기까지 모두 배운 바 없이 능통하였다.

　이처럼 나면서부터 신이神異했던 북창 정렴은 어릴 때 선가仙家의 육통법六通法을 시험해 보려고 3일 동안 산사에 들어가 고요히 관하더니, 백리 밖의 일까지 훤히 알았다고 한다.
　또한 길짐승 날짐승의 소리도 알아들었으며, 외국어를 배운 적이 없는데도, 외국 사람을 만나면 그 나라 말을 유창하게 잘하였다고 한다. 한번은 명나라에 갔다가, 중국인 도사에게 이런 질문을 받았다.
　"조선에도 우리와 같은 도사가 있습니까?"

"우리나라에는 삼신산三神山이 있어서, 백일승천白日昇天 하는 것은 일상적인 일인데, 도사가 무슨 귀한 일이나 되겠소이까?"

이렇게 큰 소리를 텅 치니, 중국인 도사는 코가 납작해졌다고 한다. 중국 진시황이 불로초를 구하려고 동남동녀 500명을 조선의 삼신산으로 보낸 일은 천하가 다 아는 일이니, 중국인 도사의 코가 납작해진 것도 무리는 아니었다.

한번은 사랑채에서 손님들과 한담을 나누던 북창이 혼자서 웃기 시작하자, 사람들이 그 연유를 물었다. 그러자 북창은 이렇게 대답하였다.

"북한산 태고암의 여승이 이고 가던 팥죽을 엎질러 뒤집어 쓴 모양이 우스워서 그러오."

사람들이 머슴을 보내 알아보았더니, 정말 그런 일이 있었다고 한다. 그런가 하면 또 북창의 얼굴이 갑자기 어두워져서 사람들이 또 연유를 물으니, 머슴이 술 항아리를 가져오다가 깼다는 것이었다. 잠시 후, 사람들은 그것이 사실임을 알았다.

이렇게 투시력에 뛰어났던 북창 정렴은 당시 중국에서 수련 서적들이 너무 많이 유입 되어 부작용을 초래하고 있으므로, 그 폐단을 줄이고자《용호비결》을 지었다. 그리고 이《용호비결》은 당시의 연단일사煉丹逸士들 사이에서 널리 회자되고 읽혀졌다.

- 단丹을 수련하는 길은 지극히 간단하고 쉬우나, 이제 그 글들이 수없이 많고 또 그 말이 너무 황홀하여 알기 어려운 까닭에, 고금古今의 배우려는 자들이 손을 대는 방법을 알지 못하여, 장생長生을 구하려다가 오히려 요절하는 자가 많다.

이렇게 운을 떼면서 처음 배우는 입문자에 알기 쉽게 설명하고 폐기閉氣・태식胎息・주천화후周天火候 3가지 항목으로 나누어 연단수련煉丹修煉

의 구체적인 방법을 설명하고 있다.

1) 깨닫고자 하는 자는 먼저 모름지기 마음을 고요하게 하고 발을 포개어 단정히 앉아서 얼굴을 펴서 빛을 화하게 하고, 눈썹을 드리워 밑을 내려다보아서 눈은 콧등을 마주 대하고, 콧등은 배꼽을 마주 대한다.

2) 들숨과 날숨이 끊임없이 계속되는 가운데 신기神氣로 하여금 배꼽 밑 한 치 세 푼 되는 곳, 이른바 하단전 속에 머물게 한다.

3) 기氣가 몸으로 들어오면 삶이 되고, 신神이 형체를 떠나가면 죽음이 되나니, 장생長生을 얻고자 한다면 신神과 기氣가 서로 모여들어야 한다. 신神이 가면 기氣도 가고, 신神이 머물면 기氣도 머무나니, 부지런히 이를 행함이 참된 길이다.

4) 공부와 정신은 오로지 여기에 있으니, 이때에 당하면 협척이 수레바퀴와 같다.

5) 도를 이루는 여부는 사람의 성의에 달려 있을 뿐이다. 술術은 알기 쉬우나 도道는 만나기 어렵다. 설사 만난다 하더라도 오로지 행하지 않으니, 이것이 천만인이 배워도 필경 한두 사람의 성취도 어려운 까닭이다. 그러므로 배우는 자는 성의를 귀히 여긴다.

6) 폐기閉氣・태식胎息・주천화후周天火候는 비록 각각 이름을 세웠으나, 오늘 한 조목을 행하고 내일 또 한 조목을 행하는 것은 아니다. 공부는 한마디로 폐기閉氣에 있으니, 다만 공부에 낮고 깊음이 있으며, 등급이 높고 낮음이 있을 따름이다. 비록 변화비승變化飛昇의 술術이라 하더라도 모두 이 세 가지에서 벗어나지 않으니, 오직 성의를 다할 뿐이다.

여기서 초심자들이 주의할 점은 폐기閉氣인데, 폐기는 숨을 닫아 억지로 참는 것이 아니다. 무리되지 않는 가운데, 자연스러운 범위 안에서의 지식止息이다. 즉 외적인 숨은 멈추어 있지만, 기도氣道는 열려 있는 상태에서 내호흡內呼吸이 이루어지는 상태이다. 숨을 닫아 억지로 참으면 부작용을 초래하게 된다.

이렇게 의약에 뛰어나던 북창은 다음과 같은 정의를 내리며, 예방의학을 중시하는 것을 볼 수 있다.

- 의가醫家는 이미 병이 난 뒤에 병을 다스리고, 도가道家는 아직 병들기 전에 병을 다스린다.

인종과 중종이 위독하였을 때 궁중에 불려가 진찰하였을 정도로 북창 정렴의 의술은 뛰어났다. 이러한 북창의 의술과 역리에 대한 지식은 동생 정작鄭碏을 통해서 《동의보감》 찬술에 고스란히 들어가기도 하였다. 정작은 허준과 함께 《동의보감》 찬술자였다.

이러한 북창 정렴은 부친 정순붕이 윤원형을 도와 을사사화를 주도하자, 포천 현감직을 버리고 양주로 들어가 속세와의 인연을 끊었다.

손에 검을 잡고 세상 인연 끊어 버리고	手把靑蛇斷世綠
선학을 좇아 몇 번이나 푸른 하늘로 올라갔던가	幾從笙鶴上蒼天
일찍이 물외에서 삼천겁을 지냈고	曾經物外三千劫
또 인간세상에 적강하여 20년을 지냈도다	又謫人間二十年
주후 단방丹方 탐구하기 적적한데	肘後丹方探寂寂
뱃속의 황권黃卷은 모두 현묘한 이치로다	腹中黃卷摉玄玄
봉래산의 복숭아 익는 것 잠깐 일인데	蓬丘桃熟須臾事
속세는 아득하여 여러 번 해가 바뀌었구나.	塵海茫茫歲屢遷

이렇게 자신을 적강謫降한 신선으로 여기며 두문불출하고 수행에만 전념하였다. 그런가 하면 또 사선정四仙亭에서 시를 지으며, 자신이

신라 4선仙의 선맥을 이었음을 스스로 인식하고 있다.

4선仙은 흰구름을 타고 비승하였으며	四仙飛上白雲端
벽에 쓰인 신령스런 글은 색이 바래가는구나	壁上靈書不改端
지난 자취 천년 후에 우연히 찾아드니	陣跡偶尋千載後
아마도 전생 선仙의 오랜 도반인 듯하네.	前身疑是舊仙班

북창 정렴이 교유했던 인물들은 화담 서경덕, 격암 남사고, 수암 박지화, 그리고 동생 정작 등과 시간을 많이 가졌다. 화담 서경덕이 세상을 떠나자 북창 정렴은 이렇게 조시弔詩를 지었다.

병중에 화담이 서거했다는 소식을 듣고	病中聞說花潭逝
놀라 일어나 창을 열고 소미성에 점을 친다	驚起推窓占少微
죽은 자는 여전히 살릴 수 없으니	死者如今不可作
나는 세상의 누구를 의지해야 하나.	強顏於世俗何依

위 시에서도 나타나듯이 북창 정렴은 화담 서경덕을 마음속에 존경의 대상으로 삼고 있었음을 알 수 있다. 이로부터 3년 후 북창 정렴은 티끌같은 세상 더 이상 미련이 없다는 듯, 자신의 만장挽章을 스스로 지었다.

한평생 만권의 책을 읽고	一生讀罷萬卷書
하루에 천잔의 술을 마셨네	一日飲盡千鐘酒
높은 담론 그 말씀은 복희 전 이야기요	高談伏羲以上事
속설은 종래 입에 담지 않았네	俗說從來不掛口
안자는 나이 삼십에 아성亞聖이라 했는데	顏回三十稱亞聖
선생의 수壽는 어찌 그리 길던고.	先生之壽何其久

혹자는 북창이 이렇게 만장을 짓고는 단정하게 앉은 채 세상을 떠났다고 하며, 또 다른 혹자는 선 자세로 공중에 떠서 구름 속으로 사라져 선화 하였다고 한다. 아무튼 조선시대 한 시대를 풍미했던 북창 정렴은《용호비결》외에도《북창선생시집》과《북창선생문집》을 남겼으며, 그의 가문 역시 가문 문집인《온성세고》를 남겼다.

82. 수암 박지화

수암守庵 박지화朴枝華(1513~1592)는 정선旌善 박씨의 시조이며, 자는 군실君實이다. 북창 정렴과 절친하게 지냈으며, 화담 서경덕에게 주역을 배웠다.

박지화는 유·불·도에 모두 조예가 깊었으며, 예禮에 밝아 명종 때 최고의 학자로 꼽히기도 하였다. 특히 토정 이지함과 함께 기수학氣數學에 뛰어났다고 한다.

그는 천성이 고요하고 간결하여, 어려서부터 솔잎을 먹으며 명산名山을 즐겨 찾았는데, 지리산 청학동에서는 최고운을 생각하며 다음과 같은 시를 지었다.

〈청학동〉

고운은 당나라 진사였으니	孤雲唐進士
초기에는 신선을 아니 배웠네	初不學神仙
서로 싸우는 삼한 때에는	蠻觸三韓日
풍진이 온천지에 가득찼을 터	風塵四海天
영웅을 어이 가늠할 수 있으랴	英雄那可測
진결은 본래 아니 전하는 것을	眞訣本無傳
봉래산에 한번 들어가 버린 후	一入蓬山去
청향만이 팔백년을 남아 전하네.	淸芬八百年

이 시에서 수암 박지화는 고운이 당나라 진사로서 초기에는 신선을 배우지 않았다고 쓰고 있다. 그러나 청한자 김시습은 최고운이 자기처럼 천

웅도 전수자 가문인 영해 박씨 종사에게서 신선수업을 받았다고 〈징심록 추기〉에 기록하였다. 그러나 최고운이 천웅도 종사에게 신선수업을 받은 것이 당나라로 유학가기 전인 12세 이전인지, 아니면 당나라에서 돌아온 29세 이후인지는 알 수 없다.

영해 박씨는 신라시대에 경주가 터전이었다. 백결선생이 낭산에서 살았고, 김춘추와 김유신을 가르친 마령간도 선도산에서 살았다. 그러므로 경주에서 나고 자란 최고운이 천웅도 가문에서 신선수업을 받는 것은 그리 어려운 일이 아니었을 것이다. 그리고 그 부친의 자식에 대한 적극적인 교육열로 보아서도 12세 이전이었을 가능성이 충분히 있다고 보여진다.

아무튼 수암 박지화는 여러 명산을 즐겨 찾았는데, 금강산에 들어갔을 때는 벽곡을 하다가 7년 만에 돌아오기도 하였다. 이수광은 《지봉유설》에서 그에 대해 다음과 같이 말하고 있다.

- 박수암 지화는 도가 있는 선비이다. 몸을 잘 수양하고 항상 빈 방에 거처하며 겨울이나 여름에도 나오지 않았다. 나이 80에도 정력이 보통사람과 달랐다.

우계 성혼도 '박수암은 학문 견식이 거의 근대에는 볼 수 없는 인물이다.'고 말한 바 있다. 그는 일찍이 이문학관吏文學官에 임명되었으나 나가지 않았고, 벼슬은 현감을 잠깐 지냈다고 한다. 한번은 그가 다른 학자들과 산사에서 한 달 동안 머문 적이 있었다. 그런데 밤에 잘 때는 책을 베고 자고, 한 벌 베옷으로 보름은 왼쪽, 보름은 오른쪽으로 누워 자니, 베옷이 전혀 구겨지지가 않았다고 한다.

그는 서얼 출신인 자기 신분을 의식하여 주로 방외인으로 지냈는데, 북창 정렴과는 정신적인 교감을 나누며 각별하게 지냈다. 격암 남사고, 토정 이지함, 고청 서기 같은 도인들과도 친하게 교유하였다.

나의 스승은 백옥섬이라	小子之師白玉蟾
옥피리 손에 들고 세월 보냈네	手揮瓊管度凉炎
신선되어 떠나실 때 남긴 말씀 따라	人間化鶴曾留語
용의 힘 빌려 입신하려 하지 않았네	海上攀龍不待髥
살붙이에게는 오래전 내 결심을 알리고	已與家兒成勅斷
단전이 뜨겁도록 수련에 전념했네	要携鉛鼎事抽添
단丹 이뤄 자연과 더불어 살다 가려니	丹成倘欲相隨去
조물주 시기심 많은 것 걱정할 것 없네.	造物多猜不必嫌

박학다식하고 문장에 능했던 박지화는 허교, 허준, 정작 등을 가르쳤다. 허교는 미수 허목의 부친이고, 허준은 《동의보감》을 썼으며, 정작은 북창 정렴의 동생이었다.

미수 허목許穆(1595-1682)은 효종 때의 정치가이자 대학자로서 자신의 저서인 《미수기언》에 부친의 스승인 박지화에 대해서 이렇게 적고 있다.

- 수암 박지화는 유·불·도 세 방면에 두루 뛰어났고, 예서禮書에도 깊었다. 그는 문장에 가장 정박精博 했는데, 시와 문장이 모두 고절하였다. 시학에서 뿐만이 아니라, 모든 서적을 넓게 궁구하여 학문 견식이 정밀하고 확실하였다.

조선시대 문인이었던 박인수(1521~1592)는 박지화에게 감화되어 도의 진수를 맛 본 후에, 방 하나를 말끔히 정돈하여 왼편에는 거문고, 오른편에는 책을 놓아두고 거처하며, 세간의 영화에는 관심을 두지 않았다고 《상촌집》에는 전하고 있다.

박지화는 나이 70세에 다시 금강산을 유람하였는데, 산을 오르내리는 발걸음이 나는 듯 빨랐다고 한다. 그리고 속가에 살 때는 하루 온종일 정좌하고 앉아 있으면 마치 산림 속처럼 적막하였다고 한다.

 1592년 임진왜란이 일어나자 박지화는 왜적을 피해 춘천 백운산으로 피난을 갔다. 그런데 왜병이 그곳까지 들이닥치자 두보의 오언율시 한 수를 써놓고 스스로 물에 걸어 들어가 죽으니, 그의 나이 80세였다. 그 시는 이러하다.

운산 너머 경낙	京洛雲山外
적막할 뿐 소식이 없네	音書靜不來
부賦 지은 객과 교감을 나누다가	神交作賦客
힘 빠져 고향 누대 바라보네	力盡望鄕臺
쇠해진 몸으로 강변에 누웠자니	衰疾江邊臥
해 저물자 친구가 돌아오네	親朋日暮廻
백구는 원래 물에서 자건만	白鷗元水宿
어찌하여 끝내 슬픔을 못 접는지.	何事有餘哀

 세상 사람들은 수암 박지화가 수선水仙이 되었다고 말하였다. 문집은 《수암유고》와 《사례집설》이 있다.

 수암 박지화는 한 때 충북 괴산 청연淸淵(지금의 청안)에서 은둔하며 많은 제자를 길러냈다고 하는데, 이곳에서 그는 주역의 내용을 해설하고 학습 방법을 제시한 《여이노선서與李老仙書》를 썼다고 한다. 그런 인연으로 인조 25년(1647) 충북 괴산군 청안의 구계서원에 배향되었다. 이후 1955년에 구계서원은 충북 청주시 분평동 251-5번지로 이전하였다.

83. 격암 남사고

　격암格菴 남사고南師古(1509~1571)는 경상도 영양 사람으로 종묘를 받드는 사직참봉을 지냈으며, 말년에는 천문학 교수를 지냈다. 일찌기 어린 시절에 신인神人을 만나 비결을 받았으며, 역학·풍수·천문·지리·참위·감여·상법·복서 등 모든 학문에 두루 달통하여 앞일을 정확하게 예언하였다고 한다.
　《한국인물대사전》에는 그가 학자, 도사로 기록되어 있다. 대부분의 도인들이 학자 또는 문인 등으로 약력이 기록되는 것과 달리 '도사'로 기록되어 있는 게 재미있다.
　그의 이인적 능력 발휘는 여러 문헌들 속에 많이 남아 있으며, 당시대의 사대부들 사이에서도 널리 알려져 있었음을 알 수 있다.
　조선 중기 문장가로 유명하였던 상촌 신흠(1566~1628)은 그의 저서 《상촌잡록》에서 남사고의 예언 능력에 대해 이렇게 기술하고 있다.

　- 명종(재위1545~1567) 말년에 남사고는 서울에 와 놀면서 판서 권극례와 서로 친했다. 남사고가 말하기를 "오래지 않아 조정에 당파가 생겨날 것이다." 하였는데 을해년(1575)부터 관리들의 사이가 벌어지기 시작하여 지금까지 50여 년이 지났으나 그치지 않고 있다. 또한 "왜구의 변란이 있을 것인데, 만약 용의 해에 일어나면 구할 수가 있으나, 뱀의 해에 일어나면 구할 수 없을 것이다." 하였다. 그런데 왜구가 용의 해인 임진년(1592)에 쳐들어 왔고, 무사히 끝이 났다. 그 밖에도 "사직동에 왕기가 있으니 그곳에서 태평군주가 나올 것이다." 하였는데, 선조께서 사직동 잠저로부터 들어와서 대통을 이어 왕이 되셨다. 그런가 하면 김윤신과 함께 동교

밖을 지나다가 태릉 근처를 가리키며 말하기를 "내년에는 태산으로 봉해 지리라." 하였다. 김윤신이 괴상히 여겨 다시 물으니, 남사고는 말하기를 "내년이면 마땅히 알 것이다."고만 하였다. 태산은 곧 태릉을 가리키는 말로, 문정왕후께서 그 다음 해에 붕어하시자 태릉에 장사지냈다. 우리나라에 이 같은 사람이 있으니, 기이하다. 이와 같이 하는 예언마다 꼭꼭 들어맞아서 세상 사람들을 깜짝 놀라게 하는 일이 많았지만, 일일이 다 열거할 수 없다.

이처럼 신흠은 붕당의 발생, 임진왜란의 발발, 선조의 등극, 문정왕후의 죽음 등등 남사고의 예언을 구체적으로 증거하고 있다. 그러면서 남사고가 하는 예언마다 반드시 적중한 것은 바로 '전해지지 않는 비결을 얻었기 때문'이라고 하였다.

이수광의 《지봉유설》에서도 남사고가 신인을 만나 진귀한 비결을 얻어 비밀스런 술수에 능통하게 되었다고 말하고 있다.

- 남사고가 일찍이 말하기를 "원주 동남쪽에 왕기가 있다." 하였는데 사람들이 믿지 않았다. 그런데 임진년 여름에 광해군이 왕세자로 된 다음에야 그 말이 증명되었다. 하루는 남사고가 영동을 지나다가 홀연히 하늘을 쳐다보더니 깜짝 놀라 말에서 떨어졌다. "오늘 조선을 잔해할 놈이 태어났다." 하였는데, 뒤에 보니 일본의 풍신수길(1536~1598)이 그날 출생하였다.

'대풍大風' '국풍國風'으로 불리던 남사고는 풍신수길이 침략에 앞서 조선을 답사하러 오자, 도술로서 골려주었다고 한다. 조선을 침략하기 위해 풍신수길이 그린 조선 지도에 점을 찍어 못쓰게 만드는가 하면, 보리밥을 벌로 변화시켜서 풍신수길의 얼굴을 쏘게 하여 혼내주었다는 것이다.

남사고는 또 남명 조식(1501~1572)의 죽음을 예언하였고, 자신의 죽음도 예언하였다. 남사고가 관상감 천문교수로 있을 때, 태사성太史星이 흐려지므로 관상감정 이번신은 자신이 그 징조에 해당된다고 하였다. 그러나 남사고는 웃으면서 "제가 그 징조에 해당될 것입니다." 하고는 급히 고향으로 귀향했지만, 가는 도중에 병으로 죽었다. 임종할 때 자손들이 울면서 말했다.

　"다른 사람을 위해서는 장지를 마련하신 일이 많은데, 어찌하여 자신을 위한 일은 아니하셨습니까?"

　"내가 천상을 보니 우리 집안은 대대로 바른 일만 하면 되겠거늘, 어찌 망령되이 작은 술수를 믿어 천명을 거역하겠는가?"

　남사고가 죽자 당시의 문장가인 손곡 이달(1539~?)은 이렇게 시를 지었다.

은하수 나루에 표연히 난새를 몰며	鸞馭飄然若木津
군평이 발 내렸던 일 또 누가 하리요	君平簾下更何人
남은 유고는 제자들이 거둬 가고	床東弟子收遺稿
신선 살던 곳엔 복사꽃만 뒤덮여 온 세상이 봄일세.	玉洞桃花萬世春

　고향이 같은 울진인 황여일(1556~1623) 또한 백성을 위하고 시대를 꿰뚫어보며 국가의 안위를 걱정하던 남사고의 혜안을 그리워하며 시를 남겼다.

내 나이 열 넷에서 열여덟까지	吾年十四至十八
선향에서 늘 장자의 풍도를 보았다네	慣見仙鄕長者風
하늘가 굴속에서 홀로 탐구함을 즐거워하며	月窟天根探獨樂
하도낙서에 더욱 공교해짐을 즐겼다네	龜圖馬易玩尤工

명묘조 문정왕후 승하를 예언한 후에	皇喪謂至明朝後
을묘년에 벌써 임란이 터질 줄 알았다네	壬亂知生乙卯中
요즈음 요사스런 별이 흰 기운을 띠었으니	近者妖星與白氣
어찌하면 구천에서 우리 남공 일으킬 수 있을까?	九原安得起吾公

위 시에는 남사고가 세상 사람들과 떨어져 홀로 거했음을 알 수 있는데, 다음 시에서도 마찬가지다.

그대를 찾아 남산 아래에 이르렀거니	尋君南嶽下
홀로 외진 곳 사람 자취 없네	地僻斷人蹤
고요한 뜨락으로 산새가 내리고	庭靜來山鳥
텅 빈 창안으론 댓바람이 들어오네	窓虛引竹風
아지랑이 문 밖에 서리고	煙嵐栖戶外
푸른 산기운 술독에 오르네	蒼翠入尊中
나 또한 세상 시름 잊은 사람이거니	余亦忘機者
자주 와서 담소를 함께 하리.	頻過笑語同

남사고는 생전에 북창 정렴, 수암 박지화, 고옥 정작 등 화담학파 인물들과 친밀하게 지냈는데, 위 시는 북창 정렴의 동생인 정작이 쓴 시이다.

만전당 기자헌(1562~1624) 또한 어렸을 때부터 수암 박지화에게 남사고에 대한 이야기를 많이 들었다고 증언하고 있다. 남사고가 천문天文에 능하여 예언마다 적중하였으며, 울진 사람들이 남사고를 존경하여 신명처럼 여긴다는 것이다.

《조선왕조실록》에도 남사고는 '천문지리에 달통한 이인' '기氣로서 점을 친 사람' '제왕의 산지를 알아보는 풍수가' 등으로 기록되어 있는 것을 볼 수 있다.

남사고의 저서중 하나인 《격암유록》은 장래를 예언한 예언서로 파자법 破字法, 역리법易理法, 이두식吏讀式 등 다양한 방법으로 은두장미隱頭藏眉하여 머리와 꼬리를 감추고, 아무나 함부로 해석할 수 없도록 하였으며, 그 뜻을 파악하지 못하도록 하였다고 한다. 그럼에도 불구하고 《격암유록》을 단행본으로 출판한 출판사만 해도 40군데가 넘으며, 그 내용을 부분적으로 인용 언급한 저작물까지 합치면 무려 100여 군데에 가깝다.

그중에서도 《격암유록》 예찬론자인 백석白石 박경진朴憬眞 선생이 재미있는 해석을 하였다. 《격암유록》은 남사고가 쓴 것이 아니고 받은 것인데, 그 글을 쓴 사람은 여성이라는 것이다. 문체가 여성의 문체라는 것이다. 여성이 아니고는 그렇게 세밀하고 정교하게 글을 쓸 수가 없다는 것이다. 그리고 그 글을 쓴 여성은 남을 위해 쓴 게 아니고, 자기 자신을 위해서 썼다는 것이다. 다음 생에 태어나서 자기가 쓴 책을 다시 보겠다는 뜻으로 쓴 것이 바로 《격암유록》이라는 것이다.

아무튼 증산도, 통일교, 단학선원, 파룬궁, 기독교, 수선재, 석문호흡, 마음수련원 등등 여러 수련 단체에서 《격암유록》에 깊은 관심을 표하고 있는 것을 볼 수 있다. 오직 심신수련의 대표적 단체인 국선도에서만 무관심하게 있었다.

그런 중 필자는 2005년 《격암유록》을 읽다가 국선도의 '선仸' 자가 《격암유록》에 들어있는 것을 발견하였다. 국선도의 '선仸' 자는 자전에도 나오지 않는 글자이다. 우리나라 자전에도, 중국에서 출판된 자전에도, 전자옥편에도, 컴퓨터 사전에도 그 글자가 없다. 그러므로 국선도에서는 사람 인亻자와 하늘 천天 자를 편집 짜깁기해서 선仸 자를 만들어 쓰고 있다. 뜻은 하늘사람 선, 통할 선, 깨달을 불로 쓰이고 있다.

이렇듯 자전에도 없는 글자인 선仸 자를 국선도에서는 일상적인 용어로 쓰고 있는데, 국선도 도종사 도운 허경무 선사는 그에 대해 이렇게 언급하고 있다.

- 우리 국선도의 '선仚' 자가 사람 인人변에 하늘 천天입니다. 하늘을 흠모하며, 하늘 뜻을 받들어서, 하늘의 뜻을 펴는, 하늘사람이 되자는 뜻이 담겨 있는 것입니다.

그리고 국선도에서만 쓰고 있는 이 '선仚' 자가 《격암유록》에 5군데 이상 나오고 있는 것이다. 아무튼 그토록 많은 출판사들이 《격암유록》을 출판하였으나, 이제까지 완전히 해독한 사람은 아무도 없다고 한다. 심지어는 신인神人으로부터 직접 전수받은 남사고 자신도 그 내용을 완전히 해독할 수 없었다고 한다. 그렇다면 아무도 깨닫지 못할 글을 무엇 때문에 기록하게 하였으며, 전수하게 하였을까?

《성서》〈다니엘서〉에 보면, 다니엘 자신이 기록하고도 몰라서 하나님께 묻자, 하나님께서는 이렇게 말씀하셨다.

"네가 알 바가 아니다. 이 말을 간수하고, 이 글을 봉하여 말세까지 두어라."

고로 말세가 되면 알 자가 나온다는 말이다. 말세가 되면 주해해서 많은 사람을 진리의 길로 인도할 사람이 나타난다는 말이다.

그렇다면 어찌하여 한 사람만 알게 하고, 여러 사람들을 모르게 하였을까? 가짜가 앞서 설치면 진인이 나와도 사람들이 몰라보고 방황한다. 그러므로 가짜를 방지하기 위해 은두장미하고 혼돈하게 만들어 놓았다는 것이다.

그럼에도 불구하고 남사고나 그의 비기秘記들이 끊임없이 세인들의 입에 오르내리며 관심의 대상이 되고 있는 이유는 무엇일까? 그것은 아마도 그 속에 인류의 미래상이 보이고, 구원의 손길을 주려는 선인들의 지혜가 살아 숨 쉬고 있기 때문일 것이다.

84. 죽도 정여립

　정여립鄭汝立(1546~1589, 명종1~선조22)은 조선 중기의 문신이자 사상가로서, 본관은 동래東萊 자는 인백仁伯 호는 죽도竹島이다. 진안 죽도에 본거지를 두고 활동하였으므로, 호가 죽도가 되었다.
　그의 집안은 문무를 겸비한 가문으로서 전주가 고향이며, 그의 부친 정희증은 군수와 첨정을 지냈다. 같은 집안이었던 정언지는 이조참판, 정언신은 우의정까지 올랐다.
　정여립은 어려서부터 총명하고 튼튼하여 글공부는 물론 전쟁놀이에서도 늘 대장 노릇을 도맡았다고 한다. 그의 피는 이시애의 난을 평정하고 병조판서에 추증됐던 고조 정준의 피가 흐르고 있었던 것이다.
　그는 읽지 않은 책이 거의 없었으며, 총명하고 논변을 잘하여 널리 종합하고 정리하기를 잘했다고 한다. 그리고 경전을 두루 보고 관통하였다고 한다. 그리하여 당 시대 신진사류를 주도하였던 이발은 '이 시대 제일가는 인물'이라고 평하였으며, 호남의 대학자였던 정개청은 '도를 아는 인물'이라고 하였다. 율곡 이이조차도 '호남에서 학문하는 사람 중 최고' 라는 칭찬을 아끼지 않았다고 한다.
　이렇게 정여립은 처음에는 율곡 이이의 문인으로서 1567년 선조 원년에 진사가 되고, 1570년 식년문과에 급제하였다. 그리고 1583년 예조 좌랑을 거쳐 1584년에는 홍문관 수찬에 올랐다. 그러나 1년 후인 1585년 정치를 떠나 낙향하였다. 기상과 포부가 크고 사상이 자유로웠던 그의 가치관은 조선조의 국시였던 유교 주자학을 초월해 있었다.

　- 천하는 천하의 천하다.

- 천하는 공물인데 어찌 일정한 주인이 있으랴.
- 천하는 개인의 것이 아니라, 만인의 것이다.
- 왕을 세우는 것은 민중에 의해서 이루어진다.
- 왕위 계승은 혈통보다는 능력 여부가 더 중요하다.
- 충신이 두 임금을 섬기지 않는다는 말은 왕촉이 한때 죽음에 임하여 한 말이지, 성현의 통론은 아니다.

이렇게 왕위세습을 부정하고 요堯-순舜-우禹처럼 뜻으로 이어지는 왕위 선양을 모범적인 이상으로 여겼으니, 그는 시대를 앞서가는 선각자였다. 그러므로 당시 사람들로서는 받아들이기 어려운 사상이었다.

이러한 정여립이 이조전랑의 물망에 오르자, 율곡 이이는 그의 과격한 성격을 들어 반대하였다고 한다. 이에 정여립은 편견이 심하다는 이유로 서인을 떠나 동인으로 전향하였다.

동인과 서인은 모두 사림파로서 한때 훈구파와 싸웠던 동지들이었다. 무오사화, 갑자사화, 기묘사화, 을사사화 등 피바람 몰아치는 훈구파의 정치 탄압을 이겨낸 사림파는 드디어 선조임금 때부터 정권을 잡게 되었다. 그러나 정권을 잡자마자 양분되었으니, 그 연유는 이렇다.

1575년 김효원金孝元이 이조전랑이 되자, 명종비 인순왕후의 동생인 심의겸이 '훈구파 윤형원의 식객이었던 김효원이 어떻게 이조전랑을 맡을 수 있느냐?'며 반대하였다. 이조전랑은 3사 관료의 전형권을 맡고 있는 힘 있는 자리였다. 그리하여 김효원을 찬성한 사람들은 동인이 되었고, 반대한 사람들은 서인이 되었으니, 이것이 동서 분당으로 갈리게 된 첫 시작이었다. 김효원의 집은 광화문 동쪽 건천동에 있었기 때문에 동인이라 하였고, 심의겸의 집은 서쪽인 정릉 방면에 있었기 때문에 서인이라 하였던 것이다.

당시 서인의 영수였던 영의정 박순朴淳(1523~1589)과 동인의 영수 허엽許曄(1517~1580)은 둘 다 화담 서경덕의 빼어난 제자였다. 그리고 김효원의 이조전랑 임기가 끝나자 그 자리를 심의겸이 자신의 동생 심충겸을 추천하였기 때문에, 동서분쟁은 더욱더 골이 깊어졌다.

아무튼 임금에게 학문을 강론하는 홍문관 수찬이었던 정여립은 논변이 뛰어나 어떤 학문이든 간에 막힘이 없고, 논리가 정연했다고 한다. 그리고 임금 앞에서도 당당히 고개를 들고 할 말 다하는 인물이었다고 한다.

선조는 정여립이 서인을 등지고 동인으로 바꾼 이유를 물었고, 정여립은 자신의 생각을 거침없이 표현하였다. 이에 정여립은 과거 스승이었던 이이를 비판했다는 이유로 선조의 눈 밖에 나게 되었고, 결국 벼슬을 버리고 낙향하게 되었던 것이다.

이때 30대 중반이었던 정여립은 명문 출신에 재력도 좋아서 명당이라고 알려진 제비산帝妃山 자락에 집을 짓고, 제비산 중턱의 치마바위에서 천일기도를 올렸다고 한다. 훗날 그의 집터에서는 칠성七星이 새겨진 기와가 발견되기도 하였다.

정여립은 유교경전뿐 아니라 천문학과 풍수지리에도 해박하고 병법에도 일가견이 있었다. 그리하여 마침내 진안 죽도竹島에 서실을 짓고 신분의 고하를 막론하고 사람들에게 학문을 가르치기 시작하니, 양반들뿐만 아니라 하층민들까지도 두루 영향력을 미치게 되었다.

어려서부터 신분제도에 모순을 느꼈던 그는 차별 없는 평등·평화·자유·행복을 실천하기 위한 기본 조직을 만들었으니, 바로 '대동계大同契'였다.

대동계는 사·농·공·상 직업의 차별을 두지 않았고, 반상의 구별도 따지지 않았다. 누구나 원하면 만민이 평등하게 대동계원이 될 수 있었다. 그리고 매달 보름마다 천반산天盤山에 모여 무술훈련도 닦았다.

이는 일찍이 남명 조식의 측근 제자들인 정인홍과 최영경 등과 어울렸던 정여립이 그들을 통해 머잖아 임진왜란이 발발할 것을 알고 있었기 때문이었다. 남명 조식은 잘 알려져 있듯이 임진왜란을 예견하고 일찍부터 제자들에게 손수 병법을 가르쳤던 인물이었다. 그리하여 임진왜란에 가장 많은 의병장을 배출해낸 인물이 바로 남명 조식이었다.

아무튼 무려 6백여 명이나 되는 대동계의 위력은 대단하여, 1587년 정해년 왜구가 침략하였을 때 당시 전주부윤 남언경의 요청을 받고 침범한 왜선을 18척이나 격퇴시켰다고 한다. 이러한 관군을 능가하는 군사력과 그의 뛰어난 능력은 왕과 그의 정적들에게 경계의 대상이 되었다.

어찌됐든 대동계는 계속 발전하여 황해도까지 조직이 확대되었다. 그러자 선조 22년(1589) 10월, 정여립이 대동계를 조직하여 역모를 꾀한다는 서인의 고변으로 체포령이 내려졌다. 이른바 기축옥사였다.

정여립은 마침내 진안 죽도 천반산 중턱에서 최후를 마치게 되었는데, 소가 울부짖는 듯한 소리를 내면서 죽었다고 한다. 그리고 정여립의 시신은 한양으로 압송되어 만인이 보는 앞에서 또 다시 능지처참 되었다. 그 부모자식은 물론이고, 동인의 수장이며 정여립과 형제처럼 지냈던 이발李潑을 비롯하여 정개청, 정인홍, 최영경 등 1천여 명이 이때 목숨을 함께 잃었다.

여기서 이발과 정개청은 화담 서경덕의 제자였고, 정인홍과 최영경은 남명 조식의 측근 제자들이었다. 남명 조식은 자신의 손발처럼 움직이던 제자이자 외손녀사위인 김우옹을 시켜서 정여립이 곤경에 처할 때마다 지원 사격을 아끼지 않았다고 전해진다.

남명 조식은 적실에서 1남 1녀를 두었는데, 아들은 어려서 요절하였다. 그러니 하나 남은 딸에게서 둔 두 외손녀가 보통 외손녀가 아니었을 것이다. 김우옹은 바로 첫 외손녀사위요, 의병장 곽재우는 둘째 외손녀사위였다. 남명 조식에게 있어 김우옹은 아들과 다름없는 역할을 하였다.

화담 서경덕과 남명 조식이 속리산에 은둔하고 있던 우계 성혼을 방문했던 것도 사실 정여립을 구하기 위한 노력이었을 것이다. 당시 기축옥사를 총지휘 했던 인물은 서인이었던 정철이었는데, 그를 배후에서 움직인 인물이 구봉 송익필이었다. 그리고 송익필, 성혼, 이이 세 사람은 바로 40년 지기였던 것이다.

송익필은 어려서 양반으로 영화롭게 살다가 동인들 때문에 노비가 되어 도망 다니는 신세가 되었으니, 그에게 있어 동인은 천추의 한이 되는 원수였을 것이다. 더욱이 정여립은 서인을 배신하고 동인으로 전향했으며, 게다가 자신과 절친했던 이이를 배신한 인물이었다. 그러므로 송익필에게 있어 정여립은 제거해야만 할 인물이었을 것이다.

아무튼 단재 신채호는 '문로門路를 자립하던 정죽도鄭竹島가 존립할 곳이 없었다.'고 개탄하였거니와, 17세기 영조 때 사람인 남하정이 쓴 《동소만록桐巢漫錄》에는 정여립이 타살되었다고 기록하고 있다. 정여립이 진안 죽도 천반산에서 단풍구경을 하고 있었는데, 선전관과 진안현감 민인백이 군사로 포위하여 때려죽인 후에 스스로 자살한 것으로 꾸몄다는 것이다.

이와 마찬가지로 요즘의 일부 학자들은 기축옥사가 동인을 죽이기 위한 서인의 정치적 음모로서, 정여립은 억울한 죽음을 당했다고 여기고 있다.

1) 정여립이 관군을 피해 죽도로 도망갔다가 자살했다고 하는데, 도망갈 데가 없어서 자신의 본거지로 다 알려진, 게다가 도망갈 데라곤 없는 3면이 바다인 작은 뒷동산 크기밖에 안되는 죽도로 도망을 갔겠는가?

2) 도망가는 자가 방안에 지기들과 주고받은 편지들을 그대로 두고 도망갔겠는가?

3) 당시 집권층은 동인이었는데, 집권층이 역모를 꾀할 필요가 있었을까?

4) 대동계가 반역을 꾀하는 조직이었다면, 서인인 남언경이 왜 동인으로 전향한 정여립에게 협조를 요청하였겠는가?

5) 정여립이 역모를 꾀했다면, 왜구도 무찔렀던 그가 왜 저항 한번 하

지 않았을까?

 아무튼 기축옥사로 인해 동인의 세력은 크게 약화되었고, 서인은 정권을 잡았다. 그러나 그것도 잠시 뿐이었다. 정여립이 제거되자 선조는 정철을 강계로 귀양 보냈으니, 기축옥사에서 무고한 사람들을 죽게 했다는 죄목이었다. 토사구팽은 정치판에서 흔히 일어나는 바, 1천여 명이나 목숨을 잃은 책임을 누군가는 져야만 했다.

 기축옥사는 서인과 동인의 정치적 대립과 맞물려서 선조의 정치적 입장도 작용하였다. 그간 10여 년 간 집권하면서 세력이 커진 동인을 약화시킬 필요가 있었고, 또한 민심을 크게 얻고 있던 정여립을 제거할 필요가 있었다는 것이다. 말하자면 직계 혈통이 아닌 방계 혈통으로서 왕위에 오른 선조는 왕권이 취약했고, 그런 선조가 서인의 동인 제거에 편들어서 '자리 지키기'를 했다는 것이다.

 결국 기축옥사에서 많은 인재를 잃은 조선은 2~3년 후 선조 25년(1592) 일어나는 임진왜란에서 풍전등화와도 같은 위기를 맞을 수밖에 없었다. 그러나 다행히도 이순신, 권율, 정충신 장군 등과 여러 의병장들 덕분에 나라를 구할 수 있었으니, 여기에는 실로 하늘의 도우심이 있었던 것이다.

85. 토정 이지함

　토정土亭 이지함李之菡(1517~1578)은 한산韓山이 본관이며 목은牧隱 이색李穡의 6대손이다. 사육신의 한 사람인 백옥헌白玉軒 이개李塏는 그의 종증조부이고, 부친 이치李穉는 현령을 지낸 바 있다.
　그러나 어려서 부모를 여의고 맏형 이지번李之蕃에게서 글을 배우다가 뒤에 화담 서경덕의 문하에 들어가 공부하여 천문·지리·음양·복서·역학·의학·수학에 두루 통달하였다. 특히 화담 서경덕의 상수학象數學은 이지함에게 전해져 오늘날 널리 환영받는 《토정비결》을 낳게 되었다.
　토정 이지함은 세상을 널리 주유하면서 남명 조식, 청학상인 위한조, 율곡 이이 등등 이름난 인물들을 두루 찾아다니며 만나 보았다. 그리하여 곳곳에 발이 닿지 않는 곳이 없었으며, 멀리 항해하여 탐라도 한라산에까지 오르면서 나라의 산천을 다 둘러보았다.
　맏형의 아들 이산해가 태어나자 '집안을 일으킬 큰 인물이 될 것'이라고 예언하며, 스스로 조카의 선생이 되어 글을 가르쳤다. 그의 예견대로 이산해는 훗날 북인의 영수이자 영의정이 되었다.
　이지함은 한강변 마포나루에 진흙을 개어 10여 척 높이의 흙집을 지어 '토정土亭'이라고 부르고, 호를 삼았다. 낮에는 지붕 위에 올라가 한강을 오르내리는 배들을 바라보며 《주역》을 읽다가 밤에는 흙집 안에 들어가 잠을 자니, 그곳이 지금은 서울 마포구 토정동이 되었다.
　토정 이지함은 어엿한 사대부로서 가난한 사람들과 같이 베옷을 입고 짚신을 신고, 자신의 이름을 듣고 찾아오는 이들에게는 상담을 해주었다. 무지한 사람들에게는 길을 알려주고, 절망에 빠진 사람들에게는 희망을 갖게 해주었다.

기인으로 널리 알려졌던 토정 이지함은 양쪽 신발과 지팡이에 둥근 박을 하나씩 매달고서 바다 위를 평지 걷듯이 했으며, 소금자루를 짊어진 채 밥솥을 머리에 갓처럼 쓰고 다니다가 때가 되면 벗어서 밥을 지어 먹었다고 한다.
　이렇게 소금 장사를 해서 불과 몇 년 만에 수 만석을 벌었지만, 가난한 사람들에게 모두 나누어 주었다. '재물은 필요한 곳에 쓰는 것이다.'라는 그의 철학대로 헐벗고 굶주린 사람들에게 재물을 나눠 주면서 자신은 평생 검소한 생활을 하였다.
　이렇게 그의 도움을 받은 수많은 사람들의 추천에 의해, 그는 포천현감이 되기도 하였다. 포천현감이 되어서는 또 임진강의 홍수를 미리 예견해서 많은 사람들의 목숨을 구하기도 하였다.
　포천현감으로 처음 발령받았을 때 토정 이지함은 평소의 차림대로 베옷과 짚신에 삿갓을 쓴 채 관청에 들어갔다고 한다. 그리고 끼니때가 돼서 밥상을 받았는데 '먹을 만한 것이 없다.'고 손도 대지 않으니, 아전은 상을 물리고 다시 더 진수성찬으로 상을 차려 내왔다. 그러나 또 '먹을 만한 것이 없다.'고 손도 대지 않으니, 아전은 당황하여 어쩔 줄을 몰라 하였다. 그제서야 토정이 말하였다.
　"백성들의 삶이 빈곤하기 짝이 없는데, 관리들은 먹고 마시는 데 절제함이 없다. 이제부터 내 밥상은 잡곡밥 한 그릇에 국 한 그릇이면 족하니, 상을 물리고 다시 갖다 주시오."
　이러한 토정 이지함이 그 지역 백성들에게 대환영을 받은 것은 두 말할 나위도 없는 일이다. 토정은 '임금과 관리의 하늘은 백성이요, 백성들의 하늘은 밥이다.'는 민생철학으로 백성들의 빈곤한 삶을 해결하고자 노력하였다.
　또 아산현감이 되었을 때는 걸인청을 만들어서 걸인들을 수용하는 등 민생구제책을 적극적으로 실시하는 한편, 그 구체적인 대책을 왕에게 상소하여 반영시키기도 하였다.

걸인청은 오갈 데 없는 백성들을 그곳에 살게 하며 사·농·공·상 중 하나를 선택하여 업으로 삼도록 주선하여 주었다. 늙고 힘이 없어 일을 할 수 없는 사람에게는 볏짚으로 미투리를 삼게 하였으며, 그것을 팔아 생계를 유지하도록 도와주었다.

이렇게 빈민구제에 열중하느라고 정작 자기 집에 끼니가 떨어진 것은 모르고 있었다. 하루는 부인이 야속하여 말했다.

"남들은 잘도 돌보시면서, 어찌하여 집안은 돌보지 않으십니까?"

"당신 말도 맞구려."

토정은 웃으면서 하녀에게 부엌에서 놋그릇 하나를 가져오라고 시켰다.

"이 놋그릇을 가지고 경영이라는 다리 앞에 가면 어떤 노인이 백전으로 이것을 살 것이다. 팔고 오거라."

하녀가 놋그릇을 가지고 시장에 가보니 과연 어떤 노인이 그것을 사고자 하여 팔고 왔다. 그러자 토정이 다시 말했다.

"이 돈을 가지고 서소문 밖에 나가면 시장에서 삿갓 쓴 사람이 은수저를 팔고 있을 것이니, 사가지고 오거라."

이번에도 시키는 대로 가보니 과연 삿갓 쓴 사람이 은수저를 팔고 있어서 사가지고 돌아왔다. 토정이 다시 말하였다.

"네가 지금 기영 앞에 나가면 은수저를 구하는 머슴이 있을 것이다. 그 머슴이 열닷냥에 살 것이니, 팔고 오너라."

그대로 하여 돌아오자, 이번에는 한냥의 돈을 주며 말했다.

"놋그릇 샀던 노인이 도로 물리고자 할 테니까, 가서 물러주고 오너라."

이번에도 시키는 대로 가보니 과연 노인이 놋그릇을 물리겠다고 하는지라, 도로 찾아 가지고 돌아왔다.

토정은 놋그릇과 돈을 부인이게 건네주며 그것으로 끼니거리를 장만하라고 하였다.

"이왕 버는 김에 조금 더 벌어 주시면 안될까요?"

부인의 청에 토정은 웃으면서 말했다.

"그것으로 만족하시오."

연암 박지원의 《허생전》은 바로 토정 이지함을 모델로 하여 쓰여진 것이라고 한다. 율곡 이이는 토정 이지함을 일러 '진기한 새, 괴이한 돌, 이상한 풀'이라고 했으며, 조헌趙憲 역시 그를 일러 '마음이 깨끗하고 사욕이 없어서 고결한 행실이 세상의 모범이 되었다.'고 평가하고 있다.

저서로는 《토정비결》 외에도 《농아집》《월영도》가 있으며, 사후 아산의 인산서원과 보령의 화암서원에 제향 되었고, 1713년 숙종 때 이조판서에 추증되었다. 마지막으로 토정 이지함은 대인大人을 이렇게 규정하였다.

〈대인大人〉

부자는 욕심 안내는 것이 제일 부자요

귀인은 벼슬 안하는 것이 제일 귀한 것이요

강한 것은 다투지 않는 것이 제일 강한 것이요

신령한 것은 아는 게 없는 것이 제일 신령한 것이다.

그러나

알지도 못하고 신령하지도 못한 것은 어리석은 자가 가지고 있으며

다투지도 않고 강하지도 못한 것은 나약한 자가 가지고 있으며

욕심도 안내고 부자도 못되는 것은 빈궁한 자가 가지고 있으며

벼슬도 하지 않고 귀하지도 못한 것은 미천한 자가 가지고 있으니

벼슬하지 않고도 능히 귀하며

욕심 안내고도 능히 부하며

다투지 않고도 능히 강하며

아는 것 없이도 능히 신령한 것은

오직 대인大人이라야 가능하다.

86. 고청 서기

고청孤靑 서기徐起(1523~1591, 중종18~선조24)는 조선시대에 노비라는 신분의 한계를 극복하고, 학자로서 입신양명하여 사대부들을 가르쳤던 인물이다. 또한 천민 출신으로서 남명 조식, 토정 이지함, 수암 박지화, 곤재 정개청, 구봉 송익필, 중봉 조헌 등 당대의 기라성 같은 인물들과 교유하였다. 그의 호는 계룡산 고청봉을 따서 지었으며, 계룡 9선仙 중 1인이다.

계룡 9선仙은 남명 조식, 토정 이지함, 고청 서기, 구봉 송익필, 율곡 이이, 우계 성혼, 중봉 조헌, 기허당 영규대사, 제봉 고경명이다. 이들은 매년 칠월칠석날이면 계룡산 수정봉에서 만나 3일 동안 국선 풍류를 수행하며, 닥쳐올 임진왜란을 예견하고 대비하였다고 한다.

고청 서기는 심의겸 가문의 사노비 몸에서 태어났다고 하는데, 어려서부터 총명하여 주인이 노비 신세를 풀어주고 공부를 시켜 주었다고 한다. 그리하여 어려서 제자백가에 통달하였으며, 20세가 지나서는 토정 이지함을 만나 가르침을 받았고, 이지함과 함께 서경덕 문하에도 드나들었다.

화담 서경덕의 많은 제자들 가운데서도 기수학氣數學을 이어받은 인물은 수암 박지화와 토정 이지함이다. 그런데 고청 서기는 토정 이지함으로부터 가르침을 받았고 또 수암 박지화와도 각별한 관계를 갖고 있었으니, 자연 화담의 기수학은 이지함과 박지화를 통해 고청 서기로 이어졌을 것이다.

서얼출신으로 내심 열등감을 가지고 있던 박지화는 천민출신인 서기에게 동병상련을 느끼고 각별한 정을 주었다고 한다. 그리하여 1591년 고청 서기가 죽자, 박지화는 그의 묘갈명을 쓰기도 하였다.

고청 서기는 본관이 이천이며 충남 보령 태생이라고 하는데, 어찌된 일인지 그의 출생 설화는 그가 말년을 보낸 계룡산 고청봉 아래 공암마을로 되어 있다.

계룡산 고청봉 공암마을 인근에 공암굴이 있는데, 고청의 어미 막덕이 주인집 심부름을 다녀오다가 비를 피해 공암굴로 들어갔다. 그리고 또 마침 비를 피해 들어온 소금장수와 정을 통해 처녀의 몸으로 서기를 잉태했다고 한다.

처녀 몸으로 애를 뱄다고 쫓겨나 보령에 가서 몸을 풀었는지는 알 수 없다. 어쨌거나 계룡산 정기를 받고 태어난 서기는 태어날 때 방안에 그윽한 향기가 가득하였으며, 하늘에는 흰 무지개가 걸려 있었다고 한다. 아기는 나면서부터 총명하였고, 그것을 기특하게 여긴 주인이 종의 신분을 풀어주고 공부를 시켜 주었다고 한다. 그래서 서당을 다니게 되었는데, 7세에 서당이 낡아서 헐리게 되자 다음과 같은 시를 지었다.

서당아 헐리지 마라 　　　　　　　　書堂長勿毀
내가 성현의 말씀 배우게 해다오. 　　使我學聖賢

한국의 신선전인 《화헌파수록》과 송시열의 《우암집》 이익의 《성호사설》 《매옹한록》 《명신록》 등에는 그에 관한 일화들이 전해오고 있다. 그 문헌들의 공통된 내용은 고청이 어려서부터 총기가 남달랐으며, 그로 인해 천민으로서 공부를 할 수 있었고, 신분이 양인으로 격상되어 사대부들을 가르쳤다는 이야기다. 또한 효성도 남달라서 모친이 병들어 눕자, 손가락을 베어 피를 내어 어머니의 목숨을 구했다고도 한다.

《명신록》에는 고청이 풍운조화를 부렸다는 일화가 전해진다. 어느 날 고청이 주인집 말 채찍으로 물을 묻혀 동학사 쪽을 향해 물을 뿌리자 주인이 물었다.

"뭐하는 짓이냐?"

"지금 동학사에 불이 났는데, 다 타게 생겼습니다."
"네가 여기서 채찍으로 물을 뿌린다고, 그게 꺼지는고?"
"곧 꺼질 겁니다."

주인이 나중에 사람을 보내 알아보니, 동학사에 불이 났었는데 갑자기 먹구름이 몰려오더니 소나기가 퍼부어 꺼졌다는 것이었다.

20여 세에 토정 이지함을 만난 고청은 그와 함께 전국 국토순례 길에 올랐다. 속리산, 지리산 등지를 포함하여 전국 방방곡곡을 돌아다니면서 천기天氣와 지기地氣를 살펴보고 숨은 인걸들도 만나보았다. 뿐만 아니라 배를 타고 제주도 한라산 백록담까지 올라가 남극 노인성도 관찰하였다.

전국 국토순례를 마친 후에는 혼자서 중국 명나라에까지 다녀왔다. 그리고는 고향 보령으로 돌아가 서당을 세우고 아이들을 가르치기 시작하였는데, 고향에서는 남의 집 종이었던 이력 때문에 가르침이 이루어지지 않았다. 마을 청년들에 의해 서당이 불태워지고 만 것이다.

그리하여 그는 가족을 이끌고 지리산 홍운동에 들어가 몇 년간 은거하다가 나이 50세가 넘자 계룡산 고청봉으로 거주지를 옮겼다. 고청봉 아래 공암마을에 공암정사를 짓고 제자들을 가르치며, 이때부터 호를 고청孤青이라고 하였다. 동춘同春 송준길宋浚吉의 선고先考인 군수 송이창宋爾昌을 비롯하여 민재문, 박희성 등이 그의 문인들이다.

하루는 고청이 천기를 보더니 처사성處士星이 남쪽으로 내려온 것을 보고는 보은 땅을 방문하였다. 짐작대로 그곳에는 구봉 송익필이 유배되어 와 있었다. 그러나 송익필은 유배되어 온 몸이라고는 하나 당시 보은 원님인 중봉 조헌에게 존경을 받고 있던 터라, 귀빈 대접을 받고 있었다. 이를 본 고청은 "각별한 친분이 있다고는 하나, 관에서 귀양 온 죄인에게 귀한 음식을 대접하는 것은 법도에 맞지 않는다."고 바른 소리를 하였다. 그러나 고청은 내심 구봉을 높이 여기는 바가 있었다. 그래서 보은 땅까지 구봉을 보러 간 것이며, 평소 제자들에게 곧잘 이렇게 말하였다고 한다.

"제갈공명을 알고 싶으면 구봉을 보라. 그러나 구봉이 제갈공명을 닮은 것이 아니라, 제갈공명이 구봉을 닮았다."

이러한 구봉이 나중에 고청이 모친상을 당하자 명정을 쓰게 되는데, 여기에도 재미있는 일화가 있다.

고청의 모친 막덕이 돌아가시자 명정을 써야 하는데, 남의 집 종이었다고 쓸 수도 없고 해서, 고청의 제자들이 주저하고 있었다. 그러자 그것을 눈치 챈 고청이 "조금 있으면 명정 쓸 분이 올 것이니, 기다려보자." 하였다. 그러자 아닌 게 아니라 당대의 8문장가인 구봉이 조상을 와서 '아직까지 명정을 못썼냐?'며 붓을 달라더니 단숨에 '私婢莫德之柩(사노비 막덕의 널)'이라고 써내려갔다고 한다. 그러니 당대의 유명한 8문장가 구봉이 쓴 것이고, 또 사실은 사실인지라 고청 역시 아무 말도 못했다고 한다.

그러나 사실 이는 율곡 이이가 구봉에게 한 그대로 재현한 것이었다. 구봉의 외조모 감정이 죽자 송익필은 명정을 친구인 율곡 이이에게 써 달라고 부탁했다. 그러자 이이는 '私婢甘丁之柩(사노비 감정의 널)'이라고 사실대로 써내려갔던 것이다.

아무튼 고청 서기가 축지법을 행한 일화도 보이는데, 하루는 고청이 저녁에 나가서 새벽에 들어왔는데, 갓에 서리가 하얗게 묻어 있어, 제자들이 물었다.

"어디를 다녀 오셨습니까?"

"중국 소상강에 가서 소상반죽瀟湘班竹을 베어가지고 왔다."

"!"

"나중에 중요하게 쓰일 것이니, 잘 간직했다가 나라님이 찾으시거든 갖다 바치거라."

중국의 소상강을 하루저녁에 갔다 왔다는 것이다. 아무튼 고청은 임진왜란이 일어나기 바로 전 해인 선조 24년(1591)에 세상을 떠나면서, 자식들에게 이렇게 예언했다고 한다.

"나는 곧 떠날 것인데, 내년에는 왜란이 일어날 것이다. 피난 가면 모두 죽을 것이니, 고청봉 밑에 그대로 있어야 한다."

다음 해에 예언대로 임진왜란이 터지고, 명나라 장수 이여송이 원군을 이끌고 오게 되었는데, 압록강을 건너지 않고 조선에 인재가 있는지 없는지를 시험하였다. 천하제일미와 소상반죽을 요구해온 것이었다.

마침 고청이 남긴 소상반죽이 있어, 서애 류성룡이 소금 한 그릇과 소상반죽을 갖다 바치니, 이여송이 크게 놀라며 조선을 깔보지 못했다고 한다.

고청의 묘지는 계룡산 고청봉 공암마을에 있으며, 그가 후학들을 배출한 공암정사는 오늘날 충현서원으로 바뀌어 지금도 매년 봄·가을에 제향되고 있다. 그런데 여기에도 웃지 못할 에피소드가 있다.

충현서원(공암정사)은 고청 서기가 세운 것임에도 불구하고, 주자와 이존오, 이목, 성제원, 조헌, 김장생, 송준길, 송시열 등 고청의 후학들이 추배 되었는데, 정작 당사자인 고청은 천민출신이라 하여 별사에 머물다가 훗날에야 정식으로 배향 되었다고 한다.

87. 구봉 송익필

구봉 송익필宋翼弼(1534~1599, 중종29~선조32)은 본관이 여산礪山, 자는 운장雲長, 호는 구봉龜峯, 시호는 문경文敬이다. 그는 조선시대 시詩의 산림山林 3걸, 조선 8문장文章, 계룡 9선仙 중 한 사람에 속한다.

시詩 산림山林 3걸 - 청한자 김시습, 추강 남효온, 구봉 송익필.
조선 8문장文章 - 송익필, 이산해, 이순인, 하응림, 백광훈, 윤탁연, 최경창, 최립.
계룡 9선仙 - 남명 조식, 토정 이지함, 우계 성혼, 고청 서기, 구봉 송익필, 율곡 이이, 중봉 조헌, 기허당 영규대사, 제봉 고경명.

계룡산은 동자미東紫微 9성星의 천상天象이 조응照應하는 원혈元穴이 있는 산이라고 하는데, 앞장에서도 서술했듯이 계룡 9선仙은 매년 칠월칠석이면 맑은 기운이 솟는 계룡산 수정봉에서 만나 3일간 국선 풍류를 수행하며, 닥쳐올 임진왜란을 대비하였다고 한다.
그의 생애는 양반과 노비 사이를 반복해서 오가며 파란만장한 삶을 살았다. 그 연유는 그의 할머니 감정甘丁이 사예공司藝公 안돈후安敦厚와 여종 중금重今 사이에서 태어난 서녀였기 때문이었다.
안돈후의 아들 안당은 좌의정을 지낸 바 있으니, 가히 대단한 가문이었다. 그러므로 송익필의 아버지 송사련의 외조부는 안돈후이며, 우의정을 지낸 안당은 외삼촌이 된다. 그러나 안씨 집안에서는 여종 몸에서 나온 배다른 여동생을 친척으로 여기지 않았다.
그렇더라도 송사련은 외할아버지의 힘으로 양적良籍(양인임을 나타내는 문서)을 얻었으며, 천문관, 관상감 등을 지냈다. 그러나 외갓집에 감정을 품은 송사련은 안당의 아들 안처겸을 거짓 고변하여 그 집안을 몰락시켰으니, 이른바 신사무옥이었다. 그 공로로 송사련은 공신에 책봉되어 당상관에 올랐으며, 몰락한 안당의 집과 논밭은 모두 송사련에게 상으로 주어졌다.

구봉 송익필은 그런 아버지 덕분에 30여 세까지 양반의 자식으로 유복하게 자라며 좋은 환경에서 교육을 받았다. 게다가 타고난 천재성과 출중한 문장 덕분에 당대 최고의 문장가들과 어울렸으며, 20대에 이미 조선시대 8문장가의 한 사람에 속하였다. 그는 시재가 매우 뛰어나서 나이 7세에 이미 '산 속의 초가지붕에 달빛이 흩어지네.(山家茅屋月參差)'란 시를 읊었다고 한다.

구봉의 문장과 학식은 당대에 뛰어나 20세를 전후해서는 율곡 이이, 우계 성혼과 친교를 맺었는데, 이들의 우정은 죽을 때까지 지속되었다. 그리고 이들이 35년 동안 주고받은 98통의 편지는 《삼현수간》이라는 책자로 엮어져 오늘날까지 전해 내려왔다. 이 서간첩은 당대의 뛰어난 지성들이 주고받은 당시의 시국 내용과 뛰어난 필체로 평가되어, 2004년 보물로 지정되었다. 계곡谿谷 장유張維는 일찍이 《삼현수간》에 대해 이렇게 논하였다.

- 율곡의 말씀은 진솔하고 평탄하며, 우계의 말씀은 온순하고 공손하며 지극히 정성스럽다. 그리고 구봉은 뜻이 준엄하고 정결하며, 스스로 기대함이 매우 중했다. 그러므로 그의 말씀은 뚜렷하였고 학문은 넓었다.

구봉은 25세에 동생 한필과 함께 좋은 성적으로 향시에 합격하였다. 그러나 일부에서 '모함한 대가로 받은 얼손의 과거 응시는 국법에 어긋난다.'고 문제 삼자 대과를 포기하고 파주 구봉산(현재의 심학산) 자락에 들어가 후학 육성에 주력하였다. 그래서 호가 구봉이 된 것이다. 27세에 사계 김장생을 첫 제자로 받아들였으며, 김장생의 아들 신독재 김집, 김반 등도 구봉의 제자들이다. 그리고 우암 송시열은 사계의 제자이다.

율곡 이이는 과거에서 아홉 번이나 장원을 했는데, 한번은 '천도책天道策'이란 시제로 시험에서 장원을 하였다. 그러자 여러 선비들이 그 뜻을 물어오자 "구봉의 학문이 고명하고 넓으니, 그에게 가서 물어보라." 하였다. 그러자 많은 선비들이 구봉에게 배우기 위해 몰려갔다고 한다.

구봉은 교수법에 있어서도 상대방을 명쾌하게 일깨워 주고, 스스로 분발해서 뜻을 세우도록 유도해 주었다. 그러므로 그의 명성과 인기는 점점 더 커지게 되었다. 중봉 조헌은 임진왜란을 막을 장수로 그를 추대할 것을 상소하였으며, 많은 선비들이 그에 대해 높이 평가하였다.

- 학문이 깊고 언행은 반듯하고 정직하여, 족히 아버지의 허물을 덮을 수 있다. (중봉 조헌)
- 현황玄黃이 방촌지간方寸之間에 있으니, 추로鄒魯가 멀리 있지 않다. (토정 이지함)
- 천품이 매우 높고 문장은 절묘하다. 의義는 격양擊壤에서 취하였으므로 사리가 화평하다. 너그럽고 넓은 뜻은 떠돌고 귀양살이 하는 처지에서도 잃지 않았다. (상촌 신흠)
- 타고난 자질이 투철하고 지혜로우며, 이치를 분석함이 정밀하였다. (택당 이식)
- 제갈공명보다 구봉이 더 뛰어나다. (고청 서기)

구봉은 율곡 이이, 우계 성혼, 송강 정철, 중봉 조헌 등이 매우 존경하고 아낀 인물이고 보면, 그만한 이유가 있었을 것이다. 그는 학문과 재능에 대한 자부심뿐만 아니라 천지를 가슴에 품고 고매하게 행세하였는데, 아무리 높은 관직의 소유자라도 벗이 되면 모두 자字로 부르고 관官으로 부르지 않았다고 한다. 그래서 세인들의 빈축을 사기도 하였지만 그 또한 개의치 않았다고 한다. 이렇듯 직선적이고 곧은 그의 성품은 정치 감각 또한 탁월하여 서인세력의 막후에서 실력자로 행사하였다.

선조 19년(1586) 안처겸의 후손들이 송사를 일으켜, 송사련의 거짓 고변이 조작된 사건임이 밝혀졌다. 그리하여 안씨 집안은 신원이 회복되고, 송익필 집안은 다시 안씨 집안의 사노비로 환속된다는 판결을 받았다. 그리하여 송익필을 비롯한 그의 형제들은 노비가 되지 않기 위해 사방으로 흩어져 도망하였으니, 이때 구봉의 나이 53세였다.

애초부터 안씨 집안과 송씨 집안의 문제는 적서嫡庶라는 배 다른 친척 간의 감정 문제도 있었지만, 그 배후에는 동인과 서인간의 당쟁 싸움이 두 집안의 앙금을 이용한 데서 생긴 사건이었다. 그리고 두 집안과 맞물린 동인과 서인이라는 당파 싸움은 꼬리에 꼬리를 물고 점점 커져만 갔다.

송익필과 그와 가깝게 지낸 이이, 성혼, 정철, 조헌 등은 모두 서인이었다. 천민으로 떨어져 숨어 지내는 신세가 된 구봉은 율곡 이이와 송강 정철 등 조정의 고관대작을 움직여서 자기의 뜻을 관철시켰으니, 이른바 '서인세력의 막후 실력자' '조선의 숨은 왕' 등의 별명이 그래서 붙은 것이다.

선조 22년(1589) 56세에는 송강 정철을 내세워 정여립이 역모를 꾀한다고 고변하여 기축옥사를 일으켰으니, 이때 동인 1천여 명이 제거되어 목숨을 잃었다.

어쨌거나 구봉 송익필을 존경하고 신뢰하였던 율곡 이이는 장차 닥칠 임진왜란을 대비하여 선조에게 송익필을 천거하였다. 그러나 선조가 구봉의 강한 눈빛에 놀라 그의 등용은 무산되고 말았다고 한다.

참의參議 홍경신은 형인 영원군寧原君 홍가신이 천민출신인 송익필에게 경대하는 것을 못마땅하게 생각하여 이렇게 말했다.

"형님은 왜 천민에게 경대를 하십니까? 제가 만나면 모욕을 한번 줘야겠습니다."

그런데 나중에 정말 구봉이 오자, 홍경신은 자기도 모르게 절을 하면서 이렇게 말하였다는 것이다.

"제가 절을 하려고 해서 하는 것이 아니라, 저절로 무릎이 굽혀지는 것입니다."

위의 예로 보나 '제갈공명이 구봉을 닮았다.'는 고청 서기의 말이나 또 '구봉은 장수 재목'이라고 중봉 조헌이 상소한 것 등을 보면 구봉 송익필은 타고난 재능과 깊은 학문, 탁월한 지략, 그리고 앞일을 훤히 내다보는 신통력의 소유자였던 것으로 보인다. 그러나 그가 누구에게 배웠는지는 알려져 있지 않다. 혹자는 생이지지生而知之 무불통지無不通知라고도 하였으며, 또 부친 송사련이 천문관을 지냈으니, 그 영향도 없지 않았을 것이다.

구봉 송익필은 이순신 장군에게 거북선 제조법과 병법을 알려 주었다고 전하기도 한다. 첫 번째 시에서는 한산도대첩에서의 학익진을, 두 번째 시에서는 명랑해전을 암시해 주었다고 한다.

달 밝은 밤에 기러기 높이 나니	月黑雁飛高
오랑캐는 밤에 도망치리라.	單于夜遁逃

독룡이 숨어 있는 곳은 물이 지나치게 맑고	毒龍潛處水偏淸
산에서 벌목 소리 정, 정, 울리나 다시 고요해지리.	伐木丁丁山更幽

이순신 장군 뿐만 아니라 중봉 조헌, 김덕령 등을 큰 장수로 키워 임진왜란을 대비하였던 그는 1599년 기해년 8월 8일 숨어 지내던 당진군 송산면 매곡리 김진려의 농막에서 임종하였으니, 향년 66세였다.

구봉의 제사에 참석하기 위해 한 제자가 시골에서 부지런히 올라오는데, 길에서 자기 이름을 부르는 소리가 들렸다. 깜짝 놀라 보니 구봉선생이 가마 안에서 부르는 것이었다.

"자네가 좀 늦었구먼. 난 갈 길이 바빠서 이만 가니, 이것이나 받게."

그러면서 헌 붓 한 자루를 주는 것이었다. 선비는 헌 붓을 공손히 받아들고 헤어졌는데, 그때서야 자기가 돌아가신 분을 만난 것을 알았다. 하도 기이해서 부랴부랴 제삿집으로 가보니, 제사는 이미 이틀 전에 지냈다고 하는 것이었다. 선비는 자기가 겪은 일을 이야기하며 선생에게 받은 붓을 보여주자, 아들이 '아버지가 쓰시던 붓'이라고 인증하였다고 한다.

아들은 적실에서 난 취방就方과 측실에서 난 취대就大, 취실就實이 있었는데, 측실에서 난 두 아들을 이여송과 함께 명나라로 보냈다는 이야기가 있다.

임진왜란이 일어나고 1593년 도망 다니던 몸에서 사면을 받았을 때였다. 임진왜란을 도와주러 온 명나라 장수 이여송이 내심 조선의 금수강산을 다 집어삼킬 흑심을 품고 있는 것을 알고 찾아가 이렇게 말하였다고 한다.

"장군은 역사에 도적으로 이름이 남길 바랍니까, 영웅으로 남길 바랍니까?"

"!"

"다른 마음 품지 마시고, 전쟁이 끝나면 속히 귀환하셔서, 역사에 길이 영웅으로 남으시기를 바랍니다."

구봉은 이여송이 다른 뜻을 품지 못하도록 타이른 후, 두 아들을 보내 평양성 전투를 돕도록 하였다. 그리고 전쟁이 끝나고는 구봉의 두 아들도 이여송을 따라 명나라로 들어갔다는 것이다. 그는 서얼 출신인 두 아들이 조선에서 자신의 전철을 밟지 않기를 바랐을 것이다.

그의 묘는 당진에 있으며, 사후 1910년 '학문과 지조가 백세에 모범이 된다.'며 문경文敬이란 시호가 내려졌다. 그리고 오늘날에 와서는 조선왕조 오백년 동안 최고의 도인이었다는 평가를 받기도 하며, 저서로는 《구봉집》이 있다. 재미있는 것은 그가 임진왜란과 한일합방을 기해서 묶였던 몸과 명예가 회복되었는데, 그것은 나라가 어려울 때 비로소 인재를 알아보기 때문일 것이다.

88. 성웅 이순신 장군

성웅聖雄 이순신李舜臣(1545~1598, 인종1~선조31) 장군의 《난중일기》 1597년 음력 9월 15일자에는 이렇게 적혀 있다.

- 꿈에 신인神人이 나타나서 가르쳐 주시기를 '이렇게 하면 크게 이기고, 이렇게 하면 지게 된다.'고 하셨다. 그리고 다음날 16일 적선敵船들이 이루 헤아릴 수 없이 많이 쳐들어 왔다.

이 전쟁이 바로 명랑해전이었다. 이순신 장군은 전날 밤 꿈에 신인이 나타나 가르쳐 준 대로 전략 전술을 발휘하였다. 그리하여 단 12척의 거북선으로 133척이나 되는 일본 수군을 이기고 대승리를 거두었다.

신인께서 꿈에 나타나 가르쳐 주신 전법은 다름 아닌 '학익진鶴翼陳'이었다. 학의 날개 형태로 전선戰船을 배치하고, 몸체를 전투 상황에 따라 변화하기 용이한 구도로 포진시키면서, 적을 효율적으로 공격할 수 있는 전법이었다.

그러나 이 사실을 모르는 아군들은 벌 때처럼 몰려드는 133척의 적선을 보며, 얼굴빛이 새까맣게 질려 있었다. 이에 이순신 장군이 군사들을 향해 소리쳤다.

"한 사람이 목을 지킬 때 천 명이라도 두려울 것 없는 것이다. 너희들은 죽기로 싸우되, 살려는 생각을 말라. 반드시 죽고자 하는 자는 살 것이오, 살고자 하는 자는 죽을 것이다!"

이순신 장군의 이 정신은 바로 신라 화랑의 임전무퇴 정신과 나라를 위하여 죽음을 불사하는 화랑정신의 기백이었다.

그러나 적선의 숫자가 워낙 어마어마하니, 아군은 기가 죽어 중과부적을 겁내고 있었다. 이에 이순신 장군이 부드럽게 타일렀다.

"적선이 비록 많기는 하다만, 우리 거북선을 당하지는 못한다. 나를 믿고 안심하고 힘껏 싸우라."

겁내서 도망가지 말고 용감하게 내달으라는 충무공의 엄명이었다. 그러나 적군의 배가 워낙 많은지라, 장군의 말이 통할 리가 없었다. 거제 현령 안위安衛가 벌써 겁에 질려 슬금슬금 뒤로 빠지고 있었다. 이에 장군이 소리치며 꾸짖었다.

"안위야, 네가 군법에 죽고 싶으냐? 네가 도망가서, 어디 가서 살 것이냐!"

그러자 안위는 그제사 정신을 차리고 황급히 배를 적진 속으로 짓쳐 들어갔다. 장군은 또 다시 김응성에게 호령하였다.

"너는 중군장이 되어서 내빼고 대장을 구하지 않으니, 그 죄를 어찌 면할 것이냐? 당장 처형하고 싶지만, 적의 형세가 급하므로 우선 공을 세우게 해주마!"

그제사 김응성 또한 적진으로 달려들어, 비로소 조선과 일본 쌍방 간에 대격전이 벌어지기 시작하였다. 용장 아래 약졸 없다고, 이때부터 안위와 김응성의 무리가 분전사투奮戰死鬪하게 되었다.

안위와 김응성의 두 배가 짓쳐 들어가 먼저 교전하니, 이순신 장군의 배가 곧장 쳐들어가 적선들을 쳐부쉈다. 명량해협은 순식간에 피바다로 뒤덮였고, 수없이 많은 시체들 가운데는 화문畵文을 수놓은 홍면紅綿을 입은 적장 마다시馬多時의 시체도 떠 있었다. 이에 이순신 장군은 마다시의 시체를 낚아 올려 갑판 위에 목을 매다니, 적의 기세가 크게 꺾였다.

용기백배한 아군은 타오르는 기세를 몰아서 적선 31척을 삽시간에 쳐부수었다. 그러자 나머지 적선들은 더 이상 근접을 하지 못하고 뿔뿔이 흩어져 달아나기에 바빴다.

선조 30년(1597) 음력 9월 16일(양력 10월 25일) 정유재란 때 명량해협에서 거북선 12척으로 일본 수군 133척을 이기고 대거 승리한 명량해전이었다. 이순신 장군은 《난중일기》에 '이번 일은 실로 천행이었다.'고 적었다.

　온갖 박해와 수난과 역경을 극복하고 오직 이순신 장군의 초인적인 실존으로 치러진 명량해전이었다. 겨우 12척의 배로 133척이나 되는 적선을 크게 이겼으니, 이순신 장군의 용장 과감함과 신주묘책神籌妙策은 전 세계 해전사에 찬연히 빛나고도 남을 일이었다.

　그러나 12척의 배는 보통 배가 아니었으니, 바로 철갑선鐵甲船 거북선이었다. 거북선은 임진왜란이 일어날 것을 미리 예견하고 1년 전부터 자의도인紫衣道人께서 만들게 한 전투선이었다. 1591년 2월 이순신 장군이 전라좌수영(여수)에 부임했을 때였다. 그리고 1592년 4월 13일 거북선을 완성하고 지자포地字砲와 현자포玄字砲를 쏘는 것을 시험하고 있을 때였다. 바로 일본군 병력 20만 명이 쳐들어오는 임진왜란이 일어난 것이다. 이에 거북선은 탄생하자마자 곧장 전투장으로 출동하였다.

　불멸의 전승을 남긴 충무공 이순신 장군은 전쟁에 출전할 때마다 군신軍神 치우천황의 사당祠堂에 둑제를 지냈다는 기록이 《난중일기》에 3차례 적혀 있다.

　1593 계사년癸巳年 2월 4일 둑제를 지냈다.
　1594 갑오년甲午年 9월 8일 둑제를 지냈다.
　1595 을미년乙未年 9월 20일 둑제를 지냈다.

　이순신 장군을 비롯한 장수들이 전투에 나가기 전에 둑제를 지냈던 군신軍神 치우천황의 사당은 뚝섬에 있었다. 중국의 한고조가 된 유방도 우리의 치우천황께 무운武運을 빌고 전쟁에 나가 항우를 이긴 것은 잘 알려진 사실이다.

그런데 러시아의 발틱함대를 물리친 일본의 도고헤이하찌로 해군 제독은 전쟁에 출전할 때마다 항상 충무공 이순신 장군을 군신軍神으로 모시고 무운武運을 빌었다고 한다. 1904년 러·일 전쟁에 출전할 때도 그는 군신 이순신 장군께 무운을 빌고 전투에 나가 기적처럼 러시아를 이겼다고 말하였다.

"제독께서는 영국의 넬슨 제독이나 조선의 이순신 장군과 같은 해전의 영웅이십니다."

누군가 이렇게 말하자, 도고헤이하찌로 제독은 이렇게 대답했다고 한다.

"저를 넬슨 제독과 견주는 것은 가능할지 모르지만, 조선의 이순신 장군과는 견줄 수가 없습니다. 이순신 장군은 군신軍神입니다. 저는 출전을 앞두고 항상 승전할 수 있게 해달라고, 조선의 이순신 장군에게 간절히 빌었습니다."

충무공 이순신 장군은 생전에 총 45회의 크고 작은 전승戰勝을 치룬 것으로 최근 학술 발표에서 밝혀진 바 있다. 그리고 중국과 일본 학자들로 구성된 '이순신 장군 전문 연구회'가 결성되었다. 그런데 한국은 빠져 있는 것이 이상하다. 주인공을 빼놓다니….

아무튼 다시 명량해전으로 돌아가서, 일본은 8월 19일(일본력 8월 18일) 풍신수길이 죽자 왜군에게 철군 명령이 떨어졌다. 독 안에 든 쥐 형세였던 왜군들은 이순신 장군에게 마필 창검 등 많은 뇌물을 보내면서, 귀로를 틔어주기를 부탁했다. 그러나 이순신 장군은 일언지하에 거절하였다.

"내 나라를 침략한 원수, 조각배 하나라도 돌려보내지 않겠다!"

장군의 이 정신은 바로 '의義가 아니면 비록 천금을 주어도 마음이 움직이지 않는다.'고 한 신라 화랑의 정신이었다. 몇 천 년 동안 그 많은 수난 속에서도 우리 민족 고유의 숭고한 정신과 의연한 기백은 충무공 이순신 장군 속에 그대로 살아 있었던 것이다.

뇌물 청탁이 실패하자, 왜군은 야간을 틈타 죽기 살기로 도망칠 수밖에 없었다. 노량의 밤바다는 어둠의 장막 속에, 다시 치열한 야간 전투가 시작되었다. 왜군은 목숨을 부지하기 위해 사투를 벌였으며, 아군은 원수의 조각배 하나라도 살려 보내지 않으려고 있는 힘을 다하였다.

　물결치는 검은 밤바다 위로 거북선이 불을 내뿜으며 비장하게 짓쳐 가는 곳에는 여지없이 적선이 부숴져 나갔다. 이렇게 치열한 야간전투가 계속되고 있는 동안에 어느덧 태양이 떠오르기 시작하였다.

　그때 노량 바다 위로 먼동이 떠오를 때 뱃머리에서 손수 북채를 들고 전군을 호령하던 이순신 장군의 왼쪽 어깨에 한 방의 유탄이 날아들었다. 이순신 장군은 갑판 위로 흘러내리는 피를 보며 옆에 있던 큰아들 회薈에게 이렇게 일렀다.

　"방패로 내 몸을 가리거라. 바야흐로 싸움이 급격하니, 내가 죽었다는 말을 내지 말라."

　최후로 유언을 마치고 54세를 일기로 태양에 귀본하시니, 선조 31년(1598) 11월 19일 아침이었다.

　태양의 아들 이순신 장군은 삼도三道 수군통제사水軍統制使를 지내며 임진왜란으로 나라가 존망의 위기에 처했을 때 온몸으로 나라와 민족을 구한 영웅이었다. 온갖 모함과 박해와 역경 속에서도 일관된 절개와 고결한 인격으로 온 겨레가 추앙하는 민족의 사표師表가 되었다. 서애 유성룡은 《징비록懲毖錄》에서 장군의 인품과 용모를 이렇게 전하고 있다.

　- 이순신은 말과 웃음이 적은 사람이었고, 바르고 단정한 용모는 수업근신하는 선비와 같았으나, 내면으로는 담력이 있었다. 지략이 있으며, 무예가 출중하여 말타기와 활쏘기를 잘하였다.

　이순신 장군을 거론함에 있어 그 어머니를 빼놓을 수 없으니, 1594년 갑오년 정월 12일 《난중일기》에는 이렇게 적혀 있었다.

- 아침식사 후 어머니께 하직 인사를 고하니
"잘 가거라. 부디 나라의 치욕을 크게 씻어야 한다."
81세의 노모는 이렇게 분부 하시며 두세 번 타이르실 뿐, 헤어지는 섭섭함을 조금도 내비치지 않으셨다.

89. 홍의장군 곽재우

　망우당忘憂堂 곽재우郭再祐(1552~1617)는 1592년(선조 25년) 4월 13일 임진왜란이 일어나자 가장 먼저 의병을 일으켜 적을 크게 무찔렀다.
　우리나라 선가사서仙家史書인 《청학집》《해동전도록》《해동이적》은 다같이 망우당 곽재우를 조선시대 선도의 계보를 이은 인물로 묘사하고 있다.
　망우당은 어린 시절부터 가풍에 의해 자연스럽게 선도를 접하고 공부하였다. 그의 조상은 달성군 현풍玄風 솔례촌率禮村에서 대대로 살아오던 세족이었으며, 고조부가 점필재 김종직의 문인이었다. 그러므로 망우당의 가문에서는 자연스레 점필재 선도사상의 영향을 받았다. 또한 어머니의 신술神術을 이어받았다고도 한다.
　망우당은 1552년 8월 28일 의령 세천리 외가에서 출생하였는데, 8세가 되자 부친은 의령 용연암龍淵巖에 정자를 짓고 망우당과 함께 동네 아이들을 가르쳤다. 이렇게 부친에게서 초학을 마친 후 15세에는 의령 자굴산 보리사에 들어가 천 권의 책을 읽으니, 자굴산은 남명 조식이 29세에 1년가량 독서하던 산이기도 했다.
　곽재우가 자굴산에서 나오자 남명 조식이 그를 외손녀사위로 삼으니, 이때 곽재우의 나이 16세였다. 곽재우는 사림파 경상우도를 대표하는 남명 조식(1501~1572)의 문하에서 천문·지리·의방·수학·궁마·행진·관방·진술 등 문무백과를 공부하였다.
　남명 조식의 사상 또한 거슬러 올라가면, 점필재 김종직에게 가닿는다. 점필재와 남명은 다같이 사림파의 계열상에 있는 인물들이다. 그러므로 결국 망우당 곽재우의 선도사상은 점필재 김종직의 영향을 받은 친가 쪽과 역시 점필재 김종직의 영향을 받은 처가 쪽의 남명 조식, 이렇게 두 군데로부터 섭렵하게 된다.

남명 조식은 화담 서경덕과 마찬가지로 평생 관직에 나가지 않았다. 오직 자연과 벗하며 은거하면서 제자를 육성하고 올곧은 사풍士風을 진작시켰다. 선비로서의 외길을 한순간도 벗어나지 않고 '천자天子도 신하로 삼을 수 없는 선비가 있다.'는 옛 말을 몸소 실천하여 선비의 고고탁절한 기상을 보여주었다.

이러한 선비로서의 올곧은 지조와 강직한 기상은 그의 문하생들에게 그대로 전승되어 하나의 특색 있는 남명학파를 형성하였다. 남명 조식의 학문은 경敬을 논하면서 마음과 호흡이 서로 의지하는 것을 요지로 삼았으니, 이는 다름아닌 연단煉丹 수련법의 요체였다.

남명은 죽기 전에 임진왜란이 일어날 것을 미리 예견하고, 제자들에게 병법을 가르쳐 문무를 겸비토록 하였다. 그리하여 임진왜란이 발발하자 가장 먼저 의병을 일으킨 의병장이 망우당 곽재우를 비롯한 남명의 문하생들이었다.

이때 망우당은 부친상을 당하여 3년 시묘살이를 마치고, 본격적인 입산수도에 들어가 있었다. 그러나 임진왜란이 일어나자 수도를 포기하고 중도에 나올 수밖에 없었다. 다음 시에 그런 정황이 잘 나타나 있다.

9년 동안 곡식 끊어 밥 짓지 않았는데	九載休糧絶鼎煙
어찌하여 하늘의 명령이 내려졌는고	如何恩命降從天
몸 편하자니 군신 의리 저버릴까 두렵고	安身恐負君臣義
경세제민하자니 신선되기 어렵네.	濟世難爲羽化仙

위 시의 내용으로 보아 전쟁터로 달려 나가라는 하늘의 명령이 떨어진 것을 알 수 있다. 그리하여 '천강天降 홍의장군紅衣將軍'이라

는 깃발을 세우고 전 재산을 털어 의병을 모집하여 가장 먼저 전쟁터로 달려나가니, 그의 나이 41세였다. 이때 곽재우는 늘 붉은 옷을 입고 싸웠으므로, 아군에게나 적군에게나 '홍의장군'으로 통칭되었다.

망우당이 의병장으로 왜병을 크게 무찌르자, 선조 임금이 불러 치하하였다. 그러자 망우당은 공을 스승인 남명에게 돌렸다. 그러자 선조 임금이 다시 물었다.

"공은 스승에게 무엇을 배웠는가?"

"집 나간 마음을 불러들이는 법을 배웠습니다."

여기서 우리는 남명이나 망우당이 선도 수행법인 조식調息·조신調身·조심調心을 그대로 실천하였음을 알 수 있다. 전장에서 큰 공을 세운 망우당은 임진왜란이 끝나자 이렇게 말하였다.

"고양이를 기르는 것은 쥐를 잡기 위해서다. 이제 적이 평정되었으니, 나는 떠나는 것이 옳다."

망우당은 다시 비파산琵琶山으로 들어가 벽곡하였다. 그러다가 다시 영산현靈山縣 남쪽 창암 강가로 옮겨〈망우정〉이란 정자를 짓고 은둔생활에 들어갔다.

벗들은 내가 화연 끊음을 안타까이 여겨	朋友憐吾絶火烟
낙강가에 초옥을 함께 지었네	共成衡宇洛江邊
배 주리지 않게 다만 솔잎만 먹고	無飢只在구松葉
옥천의 감로 마시니 목마르지 않네	不渴惟憑飮玉泉
고요를 지키며 거문고 타니 마음 담담하고	守靜彈琴心澹澹
문 닫고 조식하니 뜻만 깊어라	杜窓調息意淵淵
백년쯤 지나서 도통한 후에는	百年盡過亡羊後
나를 보고 웃던 이들 나를 신선이라 이르리.	笑我還應稱我仙

망우당은 단丹을 완성하기 위해서는 고요한 마음과 호흡을 통해 반본환원返本還元 해야 함을 강조하며, 조식調息과 양생養生의 중요성을 시로 남겼다.

〈조식잠調息箴〉
허가 극에 이르러 고요하고 맑아지네 　　虛極靜篤湛湛澄澄
생각 그치고 근심 끊으니 지극히 고요해지네 　止念絶慮杳杳冥冥
수가 생해 고이고 화가 일어나 훈증되니 　　水生澆灌火發薰蒸
신·기 합해지고 마음 모아져 단 이루어지네. 神氣混合定裏丹成

〈양생명養生銘〉
명의 회복은 기를 닦아 뿌리로 가는 것 　　復命之道拂氣歸根
진공이 지극함에 이르면 반본환원 　　　　眞空極虛返本還元
천지간에 고요함이 건곤에 이르고 　　　　壺中天地靜裏乾坤
마음 숨 맞물려 절로 단이 이루어지네. 　　心息相依自然成丹

망우당은 이처럼 은둔하여 수도생활을 하다가 66세를 일기로 마지막 생을 마칠 때는 조상들의 묘를 모두 봉분을 없앴으며, 자신의 묘도 평장平葬으로 하라는 유언을 남겼다고 한다. 그리하여 지금까지도 그의 묘소는 소박하기가 그지없다.

그러나 그 가문의 보이지 않는 영광과 명성은 나라 안에 빛나서 선조31년(1598) 망우당에게 내린 정려를 시발로 하여 충신·효자·열녀가 끊이지 않고 나왔다. 그리하여 오늘날 〈현풍곽씨 12정려각〉이 탄생하니, 대구문화재 자료 제29호로 지정되었으며, 경북 대구시 달성군 현풍면 지리池里에 위치하고 있다.

그런데 행정주소를 보면, 옛날의 솔례촌率禮村, 솔례골로 부르던 마을이 지리池里(못골)로 바뀐 것을 볼 수 있다. 이는 예부터 지배자가 한 가문을 멸문시키고자 할 때 그 집터에다가 연못을 팠다고 하는데, 임진왜란 때 크게 활약한 홍의장군의 문중이 일제시대 36년 동안 보복을 당한 것이 아닌지 모르겠다. 그래서 망우당께서 앞날을 내다보시어 조상들의 봉분을 없애고, 자신의 묘도 평장으로 하라고 유언을 남기신 모양이었다.

　이렇게 솔례촌을 지리池里(못골)로 바꾼 것처럼, 우리나라에는 일제시대 때 바뀐 지명과 현판들이 많이 있다. 이러한 것들은 조속히 찾아내어 원래 이름으로 회복되어야 마땅하다.

90. 서산대사

　　청허당清虛堂 서산대사西山大師(1520~1604)의 자는 현응玄應, 아명은 운학雲鶴, 속명은 여신汝信, 법명은 휴정休靜이다. 별호는 백화도인白華道人, 풍악산인楓岳山人, 두류산인頭流山人, 묘향산인妙香山人으로 그의 《선가귀감》은 선도 수행자들의 필독서이기도 하다.
　　묘향산은 단군이 강림하였던 산이라는 설이 있으며 단군대檀君臺, 단군굴壇君窟, 단군사당壇君祠堂 등 단군 관계 유적들이 많이 전해 내려온다. 서산대사는 1592년 4월 13일 임진왜란이 발발하자 73세의 노구로 묘향산 금선대金仙臺를 떠나 수천 명의 승병을 모집하고 총지휘하여 한양을 수복하였다.
　　서산대사는 평안도 안주安州에서 진사 최세창崔世昌의 5남매 중 막내 외아들로 태어났다. 그러나 9세에 모친을 여의고, 다음 해에는 부친마저 여의었다. 그러자 그 재주를 아깝게 여긴 안주목사가 한양 성균관에 입학시켜 주어, 3년 동안 글과 무예를 익히었다. 그러나 15세에 진사시험에 낙방하자 친구들과 지리산으로 산천유람을 갔다가 다음과 같은 출가시를 남기고 출가하였다.

　　화개동에 꽃 지는데
　　청학의 둥우리에 학은 아니 돌아오네
　　잘 있거라, 홍류교紅流橋 아래 흐르는 물이여
　　너는 바다로 돌아가고 나는 산으로 돌아가련다.

　　서산대사는 원효대사와 마찬가지로 승려이면서 동시에 풍류도의 전통을 이은 인물로서, 그 내력을 밝히면 이렇다.

　서산대사의 스승 부용당芙蓉堂 영관靈觀(1485~1571)은 1514~1519년까지 청평사에서 청한자 김시습의 제자 학매선자學梅禪子에게 글을 배웠으며, 또 금강산에 들어가 9년 동안 생식수련을 했다고 전해진다.

　춘천 청평산 청평사는 청한자 김시습이 연단법煉丹法을 전수받은 스승 설현도인偰賢道人을 처음 만난 곳이기도 하며, 고려의 선인 곽여 등도 드나들었던, 이른바 선도인들의 아지트 같은 장소였다.

　금강산 역시 청한자 김시습이 9년 동안 포일구전지공抱一九轉之功을 수도했던 곳이며, 김시습의 절친한 지기였던 영해 박씨 박효손이 수행하고 있었으니, 아마도 청한자 김시습이 부용당 영관을 금강산의 박효손에게 보냈을 수도 있는 일이다.

　서산대사가 또 영향을 받은 인물로는 허응당虛應堂 보우普雨(1515~1565) 대사를 들 수 있다. 허응당 보우 대사는 명종의 모친인 문정왕후의 후원을 받으며 봉은사奉恩寺 주지를 하였는데, 후에 이 자리를 서산대사에게 물려주었다. 보우 대사의 시를 보면 그 또한 풍류도의 전통을 이은 인물임을 알 수 있다.

　　하늘 높은 절벽 작은 암자에
　　백발 스님 홀로 좌면하고 있네
　　운무에 취해 시비 잊어버리고
　　꽃 피고 잎 지는 것으로 세월을 안다네
　　한 쌍의 늙은 학은 다연茶煙 너머에서 놀고
　　첩첩산중은 약 방앗공이 양 둘러있네
　　이 산중세계에 신선神仙 있음을 들었으니
　　우리 스님이 아마도 영랑선인永郞仙人일세.

시어詩語로 쓰인 운무雲霧, 다연茶煙, 방앗공(단약丹藥 짓는 기구), 신선, 영랑선인 등을 보면 보우 대사는 풍류 선도의 세계에 있는 것을 알 수 있다.

이렇게 부용당 영관과 허응당 보우의 영향을 받은 서산대사는 풍류도의 전통인 유·불·도 3교 합일론을 주장하였으니, 이는 일찍이 신라의 고운 최지원이 〈난랑비서문〉에서 이미 밝힌 사항이었다.

이러한 서산대사가 임진왜란 때 73세의 노구로 승병을 일으켜서 한양을 수복하자, 선조임금은 그 공로를 치하해서 '국일도대선사선교도총섭부종수교보제등계존자國一都大禪師禪敎都摠攝扶宗樹敎普濟登階尊者'라는 최고 존칭을 하사하였다.

환도 후에는 제자 사명당에게 도총섭 자리를 물려주고 묘향산으로 들어가 은둔하다가 선조38년(1604)에 묘향산 원적암에서 입적하였다. 세수 85세, 법랍 65세로 방안에는 21일 동안이나 향기가 가득하였다고 한다.

| 팔십 년 전에는 자화상이 나이더니 | 八十年前渠是我 |
| 팔십 년 후에는 내가 자화상이로구나. | 八十年後我是渠 |

마침 허균이 묘향산 원적암에 놀러 갔다가 서산대사의 입적을 목격하였다고 한다. 허균은 어린 시절에 부친 허엽을 따라서 묘향산에 있는 서산대사를 여러 번 만난 적이 있었고, 그날도 마침 어린 시절의 추억을 따라 혼자서 서산대사를 만나러 갔었다고 한다. 다음 〈서산대사 해탈시〉는 오늘날을 사는 우리에게도 많은 위로와 용기를 주는 시다.

근심 걱정 없는 사람 누군고
출세하기 싫은 사람 누군고
시기 질투 없는 사람 누군고

흉허물 없는 사람 어디 있겠소.

가난하다 서러워 말고
장애를 가졌다 기죽지 말고
못 배웠다 주눅 들지 말고
세상살이 다 거기서 거기외다.

잠시 잠깐 다니러 온 이 세상
있고 없음에 편 가르지 말고
잘나고 못남에 평가하지 말고
얼기설기 어우러져 살다 가세.

다 바람 같은 거 뭐 그리 고민하오
만남의 기쁨도 이별의 슬픔도 다 한 순간
사랑이 아무리 깊어도 산들바람이고
오해가 아무리 커도 비바람이라오.

외로움이 아무리 지독해도 눈보라일 뿐
폭풍이 아무리 세도 지난 뒤엔 고요하듯
아무리 지극한 사연도 지난 뒤엔
쓸쓸한 바람만 맴돈다오. 다 바람이라오.

버릴 것은 버려야지
내 것이 아닌 것을 가지고 있으면 무엇 하리
줄 게 있으면 줘야지
가지고 있으면 뭐 하노 내 것도 아닌 것을.

삶도 내 것이라 하지 마소
잠시 머물다 가는 것일 뿐
밀어낸다고 아니 오겠소, 붙잡는다고 아니 가겠소
그저 부질없는 욕심일 뿐.

삶에 억눌려 허리 한번 못 피고
인생 계급장 이마에 붙이고
뭐 그리 잘났다고 남의 것 탐내시오
훤한 대낮이 있으면 까만 밤하늘도 있는 법.

살다보면 기쁜 일도 슬픈 일도 있는 것
잠시 대역 연기 하다 가는 것일 뿐
슬픈 표정 짓는다하여 뭐 생길 게 있겠소
기쁜 표정 짓는다하여 모든 게 기쁜 것만은 아니라오.

내 인생 네 인생 뭐 별거랍디까
바람처럼 구름처럼 흐르고 불다 보면
멈추기도 하지 않소
그냥 그렇게 사는 거라오.

삶이란 한조각 구름이 일어남이고
죽음은 한조각 구름이 스러짐이라
구름은 본시 실체가 없는 것
죽고 살고 오고 감이 모두 그와 같도다.

91. 사명당

사명당(1544~1610)은 경남 밀양 출신으로 본명은 임응규任應奎, 자는 이환離幻, 호는 사명당四溟堂 또는 송운松雲, 별호는 종봉鍾峯, 법명은 유정惟政, 시호는 자통홍제존자慈通弘濟尊子이다.

1586년 43세에는 낙엽이 떨어지는 것을 보고 인생무상을 느껴 문도들을 모두 해산시켰다. 그리고 옥천산 상동암上東庵으로 들어가 오랫동안 참선하여 득도하였다. 저서로는 문집인 〈사명당대사집〉 7권과 〈분충서난록〉 1권이 있다.

사명당이 태어나던 날 모친은 꿈에 누런 두건을 쓴 금인金人과 함께 흰 구름을 타고 만 길이나 되는 높은 산에 올라가니 그 위에 백발의 신선이 앉아 있어, 머리가 땅에 닿도록 절을 하는 꿈을 꾸고 나서 사명당을 낳았다고 한다.

어린 시절 부모의 연이은 죽음으로 인생무상을 느낀 사명당은 15세에 김천 직지사로 출가하였고, 그 뒤 2년 후에 승과에 합격하였다. 그리고 선조 8년(1575) 봉은사 주지로 천거되었으나 사양하고, 묘향산으로 서산대사를 찾아가 제자가 되었다.

사명당이 서산대사를 처음 만났을 때 법거량을 한 일화는 유명하다. 사명당은 서산대사를 만나자마자 날아가는 참새 한 마리를 손아귀에 잡고 물었다.

"제가 이 참새를 죽이겠습니까, 살리겠습니까?"

그러자 서산대사는 마침 사명당을 맞으러 문턱을 막 나가려던 차에 멈추고 되물었다.

"내가 이 문턱을 나가겠소, 들어가겠소?"

이후 사명당은 서산대사의 제자가 되었고, 임진왜란 때 두 고승의 활약은 대단하였다.

수염을 길러 장부임을 표방했던 사명당은 1592년 임진왜란이 일어나자, 의병을 모아 순안으로 가서 서산대사와 합류하였다. 그곳에서 의승도대장義僧都大將이 되어 승병 2천 명을 이끌고 평양성 탈환의 전초 역할을 담당하였다. 이윽고 1593년 1월에는 명나라 장수 이여송이 주축이 되었던 평양성 탈환전투에 합류하여, 뛰어난 지력과 기이한 작전으로 왜군을 크게 격파하고 평양성을 수복하였다. 그리고 그해 3월 다시 서울 삼각산 노원평 및 우관동, 수락산 전투에서도 크게 왜군을 무찔렀다.

뿐만 아니라 국방의 중요성을 인식한 사명당은 팔공산성, 금오산성, 용기산성, 악견산성, 이숭산성, 부산성, 남한산성 등 전국에 산성을 수축하였다. 또한 무기제작에도 힘을 기울여 해인사 부근의 야로冶爐에서 활촉 등의 무기를 만들었으며, 투항한 왜군 조총병들을 비변사로 보내어 화약제조법과 조총사용법을 의병들에게 가르치게 하였다.

임진왜란 때 적진에 들어가 담판을 벌이던 중 적장 가등청정이 사명대사께 이렇게 물었다고 한다.

"조선에도 보배가 있소이까?"

"우리나라는 당신 머리를 보배로 여기고 있소이다. 그래서 다들 당신 머리를 가지려고 혈안이 되어 있으니, 조심하시오, 하하!"

이런 대담함과 외교적 수완을 가졌던 사명당은 임진왜란 직후인 선조 37년(1604) 왕명을 받들고 일본에 사신으로 갔다. 일본은 임진왜란을 일으킨 풍신수길이 죽고 덕천가강이 집권하고 있었다.

덕천가강은 사명당을 시험하고자, 사명당이 지나는 길목에 병풍을 세워놓았다. 그리고 병풍에 씌어 있는 내용이 무슨 내용인줄 아느냐고 물었다. 그러자 사명당이 병풍에 쓰여 있는 1만 5천 글자를 그대로 외우니, 덕천가강이 놀라며 시를 한 수 읊었다.

돌 위에는 풀이 나기 어렵고	石上難生草
방안에는 구름이 일기 어렵다	房中難起雲
그대는 어느 산의 새이기에	汝爾河山鳥
봉황의 무리를 찾아 왔는가?	來參鳳凰群

이에 사명당이 화답시를 읊었다.

나는 본래 청산의 학이어서	我本靑山鶴
항상 오색구름 위에서 노닐었는데	常遊五色雲
하루아침에 구름과 이슬이 사라져	一朝雲霧盡
들새의 무리 속에 잘못 떨어졌노라.	誤落野鷄群

이에 덕천가강이 사명당을 철화방 속에 집어넣고 불을 때라고 명령하였다. 그리고 죽었으리라고 예상하고 문을 열어 보니, 사명당의 수염에 고드름이 주렁주렁 열려 있는 것이 아닌가! 사명당이 '빙氷'자를 천정에 써 붙이고 도술을 부린 것이었다.

머리를 풀어헤치고 푸른 장삼 입고 서니	披髮綠衣翁
천지가 오직 공空으로 보일 뿐이로다	眼空天地中
하늘 안개 정기 마시니	天霞吸精素
기운이 무지개처럼 뻗치는구나.	獨立氣如虹

위 시에서 보이듯이 정기 충만한 사명당의 호국정신에 감동한 덕천가강은 사명당이 보통 인물이 아님을 알아보고, 깍듯하게 대접하였다. 이에 사명당은 임진왜란 때 잡혀간 3500명 조선 백성들을 데리고 무사히 귀국하였다.

선조는 그 공로를 높이 치하하여 종2품 가의대부嘉義大夫 가선대부嘉善大夫 동지중추부사同知中樞府事에 임명하였다. 그러나 전쟁의 후유증으로 병을 얻어 1610년 8월 26일 해인사에서 설법을 마치고 결가부좌한 채로 입적하니, 세속 66세 법랍 51세였다.

국난을 극복한 사명당의 높은 뜻을 기리기 위해 영조 18년(1742) 고향인 밀양 부안에 표충비를 세우니, 일명 삼비문이라고도 한다. 앞면에는 사명당의 행적을, 뒷면에는 스승 청허당 서산대사의 공덕과 기허당 영규대사의 사적을 새겨, 한 개의 비석에 3인의 행적을 기록했다 하여, 삼비문三碑門이라고 이름이 붙은 것이다.

그런데 이 표충비가 나라에 큰 중대사가 일어날 때마다 땀을 흘리고 있어 '땀 흘리는 표충비'로 유명하다. 비석이 땀을 흘릴 때는 사람이 땀 흘리는 형상과 똑같아서 앞이마에 땀방울이 맺혀 뺨으로 흘러내리듯 비석 전후면 머리 쪽에서 땀이 나는 것이다. 그리고 신기한 것은 글자의 획 안이나 머릿돌과 좌대에서는 물기가 전혀 비치지 않는다는 것이다.

첫 기록은 1894년 갑오경장이 일어나기 7일 전으로, 그곳을 지나던 한 아낙이 발견하였다. 아낙은 매서운 겨울 날씨인데도 비석 몸체에서 땀이 흐르듯 물기가 흐르고 있는 것을 보았다. 이상하다고 생각한 아낙은 집에 도착하여 남편에게 그 말을 하였고, 남편 역시 이상하다 생각하여 관가로 달려가 고했다. 그것을 첫 발견으로, 표충비가 땀 흘린 역사는 지금까지 계속되고 있다.

   1894년 갑오경장, 3말 1되
   1910년 한일합방, 4말 6되
   1919년 3·1만세운동, 5말 7되
   1945년 8·15해방, 5말 7되
   1950년 6·25동란, 3말 8되

1960년 4·19의거
1961년 5·16혁명, 5말
1979년 박정희 대통령 서거
1983년 미얀마 아웅산 폭발사건
1996년 일본과 독도 문제로 대립시
2004년 노무현 대통령 탄핵 사건
2009년 12월 세종시 변경안 전후에 5.4ℓ
2010년 천안함 사고 당시 3월 4월 2차례에 걸쳐 7.2ℓ
2011년 김정일 사망

이처럼 국가에 중대사가 있을 때마다 땀을 흘리는데, 지난 100년 간 30회가 넘게 땀을 흘렸다고 하니, 세 분 고승의 호국정신은 표충비를 통해서 지금까지도 여전히 나라를 지키고 있는 것이다.

92. 조헌, 영규대사, 고경명

조헌, 영규대사, 고경명의 공통점은 모두 계룡 9선仙에 속하면서 동시에 임진왜란 때 금산전투에서 합세하여 적과 싸우다가 같은 날 전사한 의병장들이다.

〈중봉 조헌〉

중봉 조헌趙憲(1544~1592, 중종39~선조25)은 조선 중기의 문신이자 학자, 의병장이다. 본관은 백천白川, 자는 여식汝式, 호는 중봉重峰 또는 도원陶原, 후율後栗이고, 시호는 문열文烈이다.

명종 20년(1565) 성균관에 입학하고, 2년 후 식년문과式年文科에 병과로 급제하여 정주, 파주, 홍주에서 교수를 지내면서 사풍士風을 진작시켰다. 이때 토정 이지함과 교유하였으며, 그의 권유에 따라 성혼과 이이의 문하생이 되어 가르침을 받았다.

선조 5년(1572) 대궐 제사에 쓰이는 향, 축문, 도장을 관리하는 정9품 교서관 정자正字로 있을 때, 왕이 절에 향을 하사하는 것에 반대하는 소를 올렸다가 삭직되었으나, 문장이 뛰어나 다시 정8품 저작著作에 기용되었다. 1574년에 질정관質正官으로 명나라에 다녀오고, 1575년에는 정7품 교서관 박사에 올랐다.

1582년에는 보은 현감으로 나갔다가 그곳에 유배 온 10년 연상의 구봉 송익필을 보살피며, 10년 후 일어날 임진왜란에 대해 함께 걱정하였다. 이들은 이때 의형제를 맺었을 가능성이 큰데, 중봉이란 그의 호는 구봉을 존경하여 지은 호였기 때문이다.

1584년 중봉은 모함을 받아 파직되었고, 옥천의 밤티(栗峙)에 들어가 후

율정사後栗精舍를 짓고 학문에 몰두하였다.

선조 24년(1591) 일본의 풍신수길이 사신을 보내어 명나라를 치러 갈 길을 내달라고 조선에 요구하였다. 그 요구는 다름아닌 임진왜란을 일으킬 명분인 것은 불을 보듯 뻔한 일이었다.

이에 격분한 중봉은 충청도 옥천에서 상경하여 '일본 사신의 목을 베라!'는 지부상소를 올렸다. 지부상소持斧上疏란 도끼를 등에 메고 돗자리에 앉아 올리는 상소로 '내 상소가 틀리면, 이 도끼로 내 목을 치라!'는 강직한 직언이었다. 그럼에도 불구하고 중봉의 상소는 받아들여지지 않았다.

그리고 마침내 다음해 1592년 임진왜란이 일어났다. 중봉은 옥천에서 의병 1700명을 모아 차령車嶺에서 왜군을 물리치고, 이어 청주 모충동 고개에 진을 치고 있던 영규대사의 1천 명 승병과 합세하여 왜적에게 빼앗겼던 청주성을 탈환하였다. 그리고 전라도로 향하는 왜적을 막기 위해 금산으로 향했으나, 전공을 시기하는 관군의 방해로 의병이 대부분 흩어지고 불과 700여 명만이 남았다. 그러나 그는 실망하지 않고 남은 의병들을 이끌고 금산전투로 곧장 달려가, 장렬하게 싸웠다. 그러나 중과부적으로 결국에는 사지에 몰리게 되었다. 함께 전투에 참가했던 아들 조완기가 부친을 염려하여 탈출하기를 권하였으나, 중봉은 듣지 않았다.

"우리가 죽을 곳은 여기다. 대장부 태어나 한번 죽을 뿐이니, 국난에 임하여 구차히 살고자 해서는 안 된다."

그리고는 직접 북채를 잡아들고 천둥처럼 북을 치니, 의병들이 죽기를 각오하고 왜적에게 달려들었다고 한다. 이에 7백 의사가 모두 장렬하게 전사하니, 왜적 또한 기세가 크게 꺾이어 퇴각하였다. 그리하여 마침내 곡창지대였던 호남지방은 지켜낼 수가 있었다.

금산전투에서 전사한 조선군과 적군의 시체를 옮기는 데만도 3일이 걸렸다고 한다. 중봉의 문인이었던 박정량과 김승절이 700명 의사의 유해를 거두어 합장合葬하니, 바로 금산의 칠백의총이었다. (사적 제105호)

그러나 선생의 묘소는 살아생전에 학문에 몰두하고 후학들을 지도하였던 충남 옥천군 안남면 도농리에 자리 잡았다.

전쟁이 끝난 후, 선조 37년(1604) 선무원종공신宣武原從功臣 1등으로 책록 되고, 영조 30년(1754) 영의정에 추증 되고 문묘에 배향 되었으며, 옥천의 표충사, 배천의 문회서원, 금산의 성곡서원, 보은의 상현서원, 김포의 우저서원 등에 제향 되었다. 1971년에는 금산의 칠백의총이 성역화 되었다.

1603년 선조임금이 칠백의사의 위업을 기념하여 청주성 탈환과 금산전투에서 순국하기까지의 사적을 기록하여 세운 일군순의비-軍殉義碑는 일제시대에 일본인 경찰서장에 의해 폭파되었다. 그것을 주민들이 몰래 파편들을 주워 모아 땅속에 숨겼다가 광복이 되자 꺼내 다시 조각들을 이어붙이고 비각을 세워 보존한 것이다.

중봉 조헌은 율곡 이이의 기발이승일도설氣發理乘一途說을 지지하여 스승의 학문을 계승 발전시킨 가장 뛰어난 학자로 평가를 받고 있으며, 문집《중봉집》과 저서《동환봉사》를 남겼다.

〈기허당 영규대사〉

당취黨聚 기허당騎虛堂 영규대사靈圭大師(?~1592)는 승병 1천 명을 이끌고 중봉 조헌과 함께 청주전투와 금산전투를 치른 승병장이다. 그는 계룡 9선仙 중 1인이며, 사명당과 함께 서산대사의 제자이다.

당취는 조선시대 무장한 승려들을 말한다. 조선시대에 승려들의 신분은 숭유억불정책에 의해 하층 계급이었다. 그러므로 당취들은 소금장수로 위장하여 전국적으로 조직적인 연결선을 가지고 움직였다고 한다. 그 당취의 우두머리가 바로 서산대사이며, 서산대사의 측근 제자가 사명당과 영규대사였다. 당취들은 임진왜란이 발발하자 바로 승병으로 떨치고 일어나, 왜적들을 치열하게 물리쳤다.

영규대사의 속성은 밀양 박씨이며, 공주 계룡면 유평리에서 태어나, 계룡산 갑사에서 출가하였다. 또한 계룡산 천련암天蓮庵에서 수도하면서 선장禪杖을 가지고 무예 익히기를 즐겼는데, 그 재능을 따를 자가 없었다고 한다.

임진왜란이 일어나자 분함을 이기지 못하여 3일 동안 통곡하고는 1천 명의 승병을 이끌고 전쟁터로 달려 나갔다. 이는 임진왜란에서 가장 먼저 승병이 일어나는 계기가 되었으므로, 나라에서는 영규대사를 진위장군으로 봉하였다.

영규대사는 청주 모충동 고개에서 진을 치고 있다가 달려오는 의병장 조헌 부대와 합세하여 청주성을 탈환하는데 성공하였다. 전하는 기록에 의하면 영규대사는 호령이 엄명하고 오로지 전진만 있을 뿐, 퇴각함이 없었다고 한다.

청주성을 탈환했다는 승전소식을 들은 선조임금은 기뻐하며 영규대사에게 정3품 당상관堂上官 첨지중추부사僉知中樞府事 벼슬과 함께 비단옷을 하사하였다. 그러나 하사한 선물이 도착하기도 전에 영규대사는 청주전투에서 잇달아 벌였던 금산전투에서 치열한 싸움을 벌이다가 그만 전사하고 말았다.

전하는 공식적인 사료에는 '영규대사가 금산전투에서 조헌과 함께 전사했다.'고 기록하고 있다. 그러나 그의 친족들은 '영규대사가 금산전투 현장에서 사망하지 않고, 부상당한 몸을 이끌고 갑사까지 와서 죽었다.'고 기록하고 있다. 그리하여 영규대사의 묘는 금산 칠백의총 말고 공주 갑사에도 존재하는데, 그가 태어나고 자란 충남 공주시 계룡면 유평리 5번지에 위치하고 있다.

계룡산 갑사에서는 해마다 진위장군 기허당 영규대사 추모재를 봉행하고 있다. 그런데 재미있게도 영규대사가 진위장군인지라, 육군본부에서 나와 취타대와 의장대로 사열을 한다.

〈제봉 고경명〉

　제봉霽峯 고경명高敬命(1533~1592)은 광주 압촌동에서 태어나 일찍이 아름다운 시문으로 문장력을 인정받아 식영정, 소쇄원, 면앙정에 그가 지은 시가 걸려 있었다. 어릴 때부터 시문에 능하였으며 김성원, 정철, 임억령과 함께 '식영정 4선仙'으로 널리 알려졌다. 20세에 진사시험에 합격하였고, 26세에는 문과 갑과에 장원 급제하였다. 울산군수, 영암군수, 홍문관 교리, 서산군수 등의 관직을 두루 거치다가 59세에 동래부사를 마지막으로 임기를 마치고 고향으로 내려왔다.

　평생을 문관으로 살아온 60세의 노선비는 고향에서 임진왜란을 맞아 두 아들을 앞세우고 의병장으로 떨치고 일어났다. 그가 호남에서 의병들을 모으기 위해 지은 〈마상격문〉은 최치원의 〈황소격문〉과 제갈공명의 〈출사표〉에 비유될 정도로 유명하였다.

〈마상격문〉
　전라도 의병장 절충장군 행의흥위부호군 지제교인 고경명은 삼가 모든 지역의 수령 및 선비, 백성, 군인들에게 고하노라.
　근자에 국운이 비색하여 섬 오랑캐가 침략해 들어왔도다. 처음에는 역량의 맹세 어기는 것으로부터 시작하더니, 마침내는 하늘도 무서워하지 않고 방자하게 쳐들어오는구나! 그런데도 우리 장수들은 기로에서 헤매고 있고, 수령들은 도주하여 산속으로 도망쳐버렸다. 그리하여 흉악한 오랑캐에게 임금과 어버이를 내맡겼으니, 이 차마 할 수 있는 일이겠는가!
　백 년 동안 교화된 백성들로서 어찌 한 명의 의기 있는 사나이가 없단 말인가! 유구한 역사를 가진 이 나라 백성들아! 왜적의 침입에 아무런 대책도 없이 그대로 앉아서 보고만 있을 것인가! 어쩌다가 나라가 이 지경까지 이르게 되었는가!
　나, 고경명은 비록 늙은 선비이나 나라에 바치려는 일편단심만은 그대로 남아 있어, 의로운 절개를 지키려 한다. 한갓 나라를 위하려는 뜻만 품었을 뿐, 힘이 너무나 보잘 것 없음을 모르는 바 아니지만, 이제 의병을 규합하여 서울로 진군하려 한다. 옷소매를 떨치고 단상에 올라 눈물을 뿌리며 군중과 맹세하노니, 곰을 잡고 범을 넘어뜨릴 장사는 천둥이 울리듯 바람이 몰아치듯 달려오라!

국가 존망의 위기에 어찌 감히 미천한 몸을 아끼랴! 군사는 의리로써 명분을 삼는 것이니, 신분의 귀천과 직위의 고하에 상관될 바 없으며, 병졸은 곧은 것으로써 장렬함을 삼는 것이니, 강약은 논할 바가 아니다. 대소인원은 모의를 기다리기 전에 뜻이 같을 것이며, 원근의 백성들은 소문을 듣고 일제히 분발하라!

아! 각 고을 수령과 백성들이여! 충성하는 자가 어찌 임금을 잊으랴! 의리는 나라를 위해 죽음이 마땅하니, 혹자는 무기를 들고! 혹자는 군량을 모으며! 혹자는 말을 달려 행진의 선두가 되고! 혹자는 농기구를 팽개치고 밭두둑에서 분발하라! 힘에 미치는 자는 오직 의기로 돌아갈 뿐이다. 왕사를 위하여 흉적을 막는 자가 있으면, 나 그대와 함께 행동하기를 원하노라!

이처럼 심장을 울리는 고경명의 〈마상격문〉은 불과 1달 만에 6천 명의 의병을 모집하였다. 그리하여 곧장 의병들을 정비해서 임금을 구하기 위해 서울로 출발하였다. 그런데 충청도 은진까지 진군하였을 때, 왜적이 금산을 넘어 전주로 쳐들어 갈 것이란 소식이 들려왔다. 전주가 무너지면 나라가 무너지는 것이었다. 고경명은 의병대를 이끌고 전주로 들어가는 왜적을 막기 위해 금산으로 달려가 조헌, 영규대사와 합세하였다. 그리고 금산전투에서 조헌, 영규대사와 마찬가지로 고경명은 아들과 함께 순국하였다. 고경명은 일찍이 이렇게 다짐하였다고 한다.

"나는 문신으로서 말 타는데 익숙하지 않다. 그러므로 불행히도 싸움에

패하게 되면, 오직 한번 죽음만이 있을 뿐이다."

금산전투에서 부장이 말을 타고 달아나기를 청하였으나 고경명은 "내 어찌 구차스럽게 죽음을 모면하랴." 하였다고 한다.

광주 제봉산 아래에는 그의 충절을 기리는 사당 포충사가 있다. 충렬공 고경명과 함께 그의 두 아들 종후, 인후 그리고 부장 유팽로와 안영, 5인의 신위가 같이 모셔져 있다.

그의 사후에 선조 36년(1603) 의정부 좌찬성에 추증되었고, 광해군 10년(1618) 영의정으로 가증되었다. 그리고 인조 6년(1628)에는 충렬忠烈이라는 시호가 내려졌다. 저서로는 《제봉집》《유서석록》이 있다.

93. 허난설헌

허난설헌許蘭雪軒(1563~1589)의 본명은 초희楚姬, 자는 경번景樊이다. 부친은 서화담의 제자로서 동인의 영수를 지냈던 초당草堂 허엽許曄(1517~1580)이고, 동생은 《홍길동전》을 지은 허균許筠(1569~1618)이다.

어려서부터 부친의 영향을 받아 선도에 익숙했으며, 8세에 이미 신선세계를 묘사한 〈광한전백옥루상량문〉을 지어 신동으로 세상에 알려졌다.

허난설헌은 시詩·문文·서書·화畵에 모두 뛰어나 《청학집》에서도 운학도인이 그녀를 일러 여중군자女中君子라고 칭하였다. 그녀의 200여 편의 시중에 많은 부분이 유선시遊仙詩인데, 그녀 사후 동생 허균의 노력으로 중국과 일본에까지 널리 알려졌다.

1606년 명나라 사신으로서 조선에 왔던 주지번은 허균을 통해 그녀의 시를 접하고는 매우 경탄하며 명나라로 가져가 발간하였다. 이는 또 일본으로도 전해져서 1711년 분다이야지로(文台屋次郞)에 의해 간행되었다. 그러나 27년을 산 그녀의 생전에는 타고난 열정과 천재적 재능이 철저히 버림받고 외면당하였다.

그녀는 15세에 부모의 뜻에 따라 안동 김씨 성립에게 시집을 갔으나, 결혼생활은 불행하였다. 김성립은 허난설헌이 죽은 해에 겨우 과거에 급제하였으니, 그녀와 결혼한 12년 동안은 벼슬을 하지 못하였다. 그러한 김성립의 자격지심과 열등감은 천재적 재능을 가진 아내를 기피하였고, 시어머니는 아들이 밖으로만 도는 것을 똑똑한 며느리 탓으로 돌리고 구박하였다. 그리하여 그녀의 결혼생활은 불행의 연속이었으니, 유교의 남존여비와 여필종부를 강요받던 조선시대에 여자의 뛰어난 재능은 장점이 아니라 오히려 커다란 단점으로 작용하였다. 이런 불행한 현실 속에서 그녀의 탈출구는 오직 선계仙界로의 비상飛翔밖에 없었다.

〈봉래산에 올라〉

어젯밤 꿈에 봉래산에 올라	夜夢登蓬萊
맨발로 갈파의 용을 탔다네	足躡葛陂龍
신선이 파란 옥지팡이를 짚고	仙人綠鈺杖
부용봉에서 나를 맞아주셨네	邀我芙蓉峰
동해바다를 내려다보니	下視東海水
한 잔의 물처럼 담연하여라	澹然若一杯
꽃가지에서는 봉황이 피리를 불고	花下鳳吹笙
달빛은 황금 술항아리를 비추어라.	月照黃金罍

〈규원閨怨〉

비단띠 비단치마 눈물 자욱 절었음은	錦帶羅裙積淚痕
1년 방초 님 그리운 원한의 자국	一年芳草恨王孫
거문고 옆에 끼고 강남곡 뜯어봐도	瑤箏彈盡江南曲
배꽃은 비에 지고 낮 문은 닫혔구나	雨打梨花晝掩門
깊은 가을 달 밝은 누각 빈방이 허전하고	月樓秋盡玉屛空
서리 내린 갈대밭에 기러기 내려앉아도	霜打蘆洲下暮鴻
님은 오지 않고 거문고만 타고 있어라	瑤琴一彈人不見
연꽃만 연못으로 한 잎 두 잎 떨어지네.	藕花零落野塘中

〈몽작夢作〉

바다에 가로 놓인 커다란 자라 등 밟고	橫海靈峯壓巨鼇
육룡이 새벽녘에 구하의 파도를 들이키네	六龍晨吸九河濤
중천에 치솟은 누각은 별에 닿을 듯하고	中天樓閣星辰近

노을 낀 하늘에는 해와 달이 높아라	上界煙霞日月高
금솥에는 불로장생의 단정수 담겨있고	金鼎滿盛丹井水
날이 개니 옥단에는 적상포를 말리네	玉壇晴晒赤霜袍
봉래산 학을 타고 가니 어찌 이리 더딘고	蓬萊鶴駕歸何晚
해묵은 벽도 아래 피리 불고 지나가네.	一曲吹笙老碧桃

〈견흥遣興〉

선인이 채색 봉황새 타고	仙人騎綵鳳
한밤중 조원궁을 내려오시네	夜下朝元宮
붉은 깃발 바다 구름 스치고	絳幡拂海雲
무지개 옷은 봄바람에 휘날리네	霓衣鳴春風
요지의 봉우리서 나를 맞으며	邀我瑤池岑
내게 유하주를 마시게 했네	飮我流霞鐘
내게 파란 옥지팡이 빌려주고	借我綠玉杖
나를 부용봉에 오르게 했네.	登我芙蓉峯

〈동선요洞仙謠〉

자줏빛 퉁소 소리 붉은 구름 흩어지고	紫簫聲裏彤雲散
발 밖은 찬서리에 앵무새 서로 부른다	簾外霜寒鸚鵡喚
깊은 밤 외로운 촛불 비단휘장 비추고	夜闌孤燭照羅帷
반짝이는 성긴 별은 은하수를 오락가락	時見疏星度河漢
또드락 물시계 소리 서풍에 메아리지고	丁東銀漏響西風
이슬 맺힌 오동나무 저녁 벌레 우는데	露滴梧枝語夕蟲
명주 손수건에 밤새도록 적신 눈물	鮫綃帕上三更淚
내일 보면 점점이 붉은 자욱 남겠지.	明日應留點點紅

〈한정일첩恨情一疊〉

봄바람 화창해 백화가 만발하고	春風和兮百花開
철따라 만물이 번성하니 감회가 새로워라	節物繁兮萬感來
깊은 규방에 묻혀 그리움 끊으려 해도	處深閨兮思欲絶
그대 생각나니 창자가 끊어지네	懷伊人兮心腸裂
깊은 밤 다가도록 잠 못 이룸이여	夜耿耿而不寐兮
새벽닭 울음소리 꼬끼오 들리는구나	聽晨鷄之喈喈
방에는 비단 휘장 쳐지고	羅帳兮垂堂
돌계단에는 이끼 돋았어라	玉階兮生苔
등불도 꺼지고 벽에 기대어 앉았자니	殘燈翳而背壁兮
비단 이불 어설퍼 찬기가 파고드네	錦衾悄而寒侵下
베틀 소리 내며 회문금도 짜보지만	鳴機兮織回文
무늬는 나오지 않고 슬픈 마음만 어지러워라	文不成兮亂愁心
운명 타고남에 차이가 너무 나서	人生賦命兮有厚薄
남들은 즐거운데 이 내 몸은 쓸쓸하구나.	任他歡娛兮身寂寞

〈곡자哭子〉

지난해 사랑하는 딸을 잃었고	去年喪愛女
올해는 사랑하는 아들 잃었네	今年喪愛子
슬프고 슬픈 광릉 땅이여	哀哀廣陵土
두 무덤이 나란히 마주 보고 있구나	雙墳相對起
백양나무 숲 쓸쓸한 바람	蕭蕭白楊風
도깨비 불빛은 숲속에서 번쩍이는데	鬼火明松楸
지전紙錢을 뿌려서 너희 혼을 부르고	紙錢招汝魂
너희들 무덤에 술 부어 제 지낸다	玄酒存汝丘
아아, 너희 남매의 가엾은 혼은	應知第兄魂

생전처럼 밤마다 정겹게 놀으리	夜夜相追遊
다시 또 아기를 가진다한들	縱有服中孩
무사히 장성하길 바라겠는가	安可冀長成
하염없이 황대사를 읊조리자니	浪吟黃臺詞
비통한 피눈물에 목이 메인다.	血泣悲吞聲

시대를 앞서간 천재 여류 시인 허난설헌의 비극은 남편의 홀대와 시어머니의 학대도 모자라서 연이어 자식 남매까지 잃고 말았으니, 그녀 나이 불과 20여 세였다. 게다가 당파 싸움과 사화로 인해 친정집마저 몰락하여 풍지박살이 나고 말았으니, 그녀 생전에 세 가지 한恨을 말했다고 한다.

첫째, 여자로 태어난 것.
둘째, 조선에서 태어난 것.
셋째, 김성립의 아내가 된 것.

아닌 게 아니라 시대만 잘 태어났더라면, 남편만 잘 만났더라면, 그녀의 천재성은 빛을 발하고도 남았을 것이다. 그러나 그녀는 모든 회한을 삭이었다. 몸을 정갈히 씻고 옷을 깨끗이 갈아입고서, 자신이 꿈속에서 지은 시 그대로 27세 되던 해에 영원히 선계仙界로 떠나갔다. 조선 선조 22년(1589) 3월 19일이었다.

〈몽유광상산시夢遊廣桑山詩〉

푸른 바다 옥색 바다에 스며들고	碧海浸瑤海
푸른 난새 채색 난새에 기대었네	靑鸞倚彩鸞
아름다운 부용꽃 스물 일곱 송이	芙蓉三九朶
달빛 찬 서리에 붉게 떨어지네.	紅墮月霜寒

허난설헌은 자신이 쓴 시를 모두 자기와 함께 태워달라고 유언하였다고 한다. 그러나 동생 허균이 누이의 주옥같은 작품들이 사라지는 것을 안타까이 여겼다. 그래서 남은 시들을 모아 《허난설헌집》을 간행한 것이다. 허균은 누이에 대해 이렇게 평하였다.

 - 누이는 시詩와 문文이 모두 뛰어났다. 그리고 천성적으로 신선시神仙詩 짓기를 좋아하였다. 시어詩語는 모두 맑고 서늘하여 세속 인간이 미치지 못할 경지였으니, 누이의 재능은 가히 천선天仙의 재주라 할 만하였다.

 그녀의 무덤은 경기도 광주시 초월읍 지월리에 자리 잡고 있으며, 1986년에 경기도 기념물 제90호로 지정되었다. 그녀의 많은 시중에 〈곡자哭子〉와 〈몽유광상산시〉가 시비詩碑로 세워졌다.

94. 허균과 홍길동전

교산蛟山 허균許筠(1569~1618)의 부친은 초당草堂 허엽許曄(1517~1580)으로 화담 서경덕의 제자이며 동인의 영수였다. 이복형 허성은 이조판서와 병조판서를 역임했으며, 누나 허난설헌(1563~1589)은 여류시인으로 유명하였다.

이러한 지체 높은 명문가에서 늦둥이로 태어난 허균은 부친을 통하여 화담 서경덕의 학문과 사상을 간접적으로나마 많이 접하였을 것이다.

허균의 관직생활은 선조 27년(1594) 과거 급제로부터 시작되었으나, 자유분방하고 거침없는 그의 행동으로 인해 파직과 복직을 반복하였다.

박학다식한 지식인이자 시대의 이단아였던 허균은 세상과 잘 융합하지 못하는 자신의 성격적인 결함이나 선비 체면으로 쓰기 어려운 여인들과의 정사도 서슴지 않고 문집에 기술하고 있다. 이렇게 여러 위선적인 도학자들과는 달리 직선적이고 자유분방한 삶을 고수했던 허균은 남녀 간의 문제를 이렇게 갈파하고 있다.

남녀 간의 정욕은 하늘이 준 것이며
남녀유별의 윤리는 성인의 가르침이다
성인은 하늘보다 한 등급 아래이니
성인을 따르느라 하늘을 어길 수는 없느니.

한번은 황해도 도사가 되었다가 얼마 못가 파직당하고 말았으니, 거리낌 없이 서울 기생을 데리고 가서 산 것이 요인이었다. 또 아끼던 부안 기생 매창이 죽자 이렇게 애도시를 지었다.

신묘한 글귀는 비단을 펼쳐 놓은 듯하고	妙句堪擒錦
청아한 노래는 가는 바람도 멈추도다	淸歌解駐雲
복숭아 딴 죄로 이 세상에 귀양 왔다가	偸桃來下界
선약仙藥 훔쳐 이 세상 떠났는가.	竊藥去人群

어쨌든 허균은 관직에서 쫓겨나면 쫓겨나는 대로, 자리에 연연하지는 않았다. '그대들은 그대들의 법이나 써라. 나는 내 인생을 나대로 살리라.' 하고는 세상을 냉소하며 글 쓰는 일에 몰두하였다.

그의 자유스러운 생활 태도는 문장에 그대로 반영되어 '글 쓰는 재주가 매우 뛰어나, 수천 마디의 말을 붓만 들면 써 내려갔다.'고 한다. 다음 시 〈백사정〉은 그가 선도에 깊은 관심과 동경을 갖고 있었던 것을 잘 보여준다.

〈백사정白沙汀〉

회만에 눈 쌓여 조촐한데	雪積廻灣淨
넓은 둑 구불구불 구슬 깔렸네	瓊鋪闊岸紆
은하수는 옥부를 통해 흐르고	銀河通玉府
요해는 빙호처럼 맑기도 하이	瑤海湛氷壺
신발자국 디디면 빠질까 싶고	履迹行疑陷
솔가지는 보아도 없는 것 같아	松梢看似無
긴 노래로 밝은 달에 대답을 하니	長歌答明月
나는 바로 술랑의 무리로구려.	吾是述郞徒

허균은 자기 자신을 신라 4선仙 중의 1명인 술랑述郎의 무리라고 말하고 있다. 그가 집필하는 주제 역시 주로 당대 실제로 살았던 선도 인물들

의 사실 이야기를 바탕으로 하는 작품들이 많았다. 그중에서도 그의 대표작인 《홍길동전洪吉童傳》의 주인공 역시 연산군 때 횡행하였던 의적 홍길동洪吉同을 모델로 하여 쓰여진 작품이다. 이름의 마지막 同자만 童으로 바뀌어 있다.

그러나 허균이 의도적으로 바꾼 것 같지는 않다. 다만 그때는 시대상입으로 전해 들은 이름이었으므로, 허균은 홍길동洪吉童이라고 여긴 듯하다. 아무튼 《조선왕조실록》〈연산군조〉 39권에 보면, 연산군 6년(1500) 경신 12월에 강도 홍길동洪吉同을 체포한 사실이 기록되어 있다. 《조선왕조실록》에 기록될 정도의 강도라면 보통 강도는 아니고 대도大盜였을 것이다.

기록에 의하면 강도 홍길동은 옥관자를 쓰고 정3품 벼슬인 당상관복 차림에 홍옥대를 띠고, 첨지라 자칭하였다는 것이다. 그리고 대낮에도 무장을 하고 떼를 지어 버젓이 관청에 출입하며 모든 할 짓을 다하였다는 것이다.

첨지僉知는 말 그대로 모든 것을 아는 자이며, 옥관자를 쓰고 당상관복 차림에 홍옥대를 띠고 귀공자 행세를 하며 대낮에도 버젓이 관청에 출입하며 마음대로 관원들을 농락하였으니, 홍길동이 얼마만한 대도大盜였는지 가히 짐작이 가는 일이다.

허균은 《홍길동전》에서 적서차별로 인한 신분적 차별과 모순된 사회제도 등 자신의 처지를 투영시켰다. 주인공 홍길동이 왕에게 요구했던 종1품 병조판서 자리 또한 적자인 이복형 허성이 역임했던 자리이고 보면, 허균 자신 서얼로서 적자에 대한 콤플렉스가 대단히 컸던 것으로 보인다.

아무튼 《홍길동전》은 한국 최초의 한글소설로서 한국 문학사에 길이 남는 한 획을 긋기에 충분하였다. 또한 명문 사대부로서 한글로 작품을 쓴 그의 개방성은 가히 시대를 앞서가는 정신이었던 것이다.

《홍길동전》 외에도 허균은 선도 수행자 남궁 두를 모델로 하여 쓴 〈남궁선생전〉을 비롯하여 〈장생전〉〈장선인전〉〈엄처사전〉〈손곡산인전〉 등 모두 실재로 살았던 선도 수행자들을 모델로 하여 작품을 썼다.

허균이 살았던 시대는 임진왜란이 터진 선조임금 대였다. 전쟁 중에는 모든 사람들이 일상적인 삶을 빼앗기고, 극적인 삶의 현장으로 내던져진다. 그리하여 전쟁시에는 특히 이인異人들이 많이 출현하는 시기이기도 하다. 그런데 이 인재들이 쓰임 받지 못하고 버려지는 것을 보면서, 허균은 다음과 같이 개탄하였다.

- 하늘이 인재를 내는 것은 본래 그 시대에 쓰이게 하도록 위함인데, 인재를 버리는 것은 하늘을 거역하는 것이다.

그리고 뛰어난 재주를 지닌 이인異人들이 현달치 못하고 산수에 묻히고 마는 것을 탄식하였다. 그리하여 세상에 알려지지 못하고 산수 간에 파묻힌 도인道人들의 이야기를 써서 세상에 널리 전하였던 것이다.

허균은 또한 자신의 문집 《성소부부고》에서 전우치의 시를 소개하며 시취詩趣가 심히 청월하다는 평하였으며, 전우치가 윤군평에게 잡혀 죽었다는 이야기는 오전된 것이라고 변호하고 있다.

이 밖에도 도인에 관한 여러 소설들 외에도 은둔생활의 방법에 대하여 쓴 〈한정록〉 또한 그의 선도에 대한 관심과 동경의 깊이를 나타내 주고 있다. 또한 임진왜란의 전말을 기록한 〈동정록〉은 《선조실록》 편찬시 가장 중요한 자료로 쓰였다고 하는데, 중간에 유실되어 전하지 않는다. 유몽인은 《어우야담》에서 허균에 대해 이렇게 평하고 있다.

- 허균이 고서古書를 전송傳誦하는 것을 들었는데, 유·불·도 3가家의 책을 닥치는 대로 시원하게 외워내니, 아무도 그를 당할 수가 없었다. 허균은 총명하고 재기가 뛰어난 사람이다.

1606년 명나라 사신을 영접하는 종사관이 되어 만난 주지번朱之蕃은 허균의 재주를 알아보고 몹시 아껴 이렇게 말하였다고 한다.

- 허균의 문장은 우여완량紆餘婉亮 하여 왕세정王世貞의 만년의 작품과 같고, 그의 시는 창달섬려鬯達贍麗 하여 변공邊貢의 청치淸致가 있다.

주지번은 또한 허균으로부터 허난설헌의 시를 소개받고, 이를 명나라로 가져가 출판하기까지 하였다.

허균의 정치적 생애는 광해군 5년(1613) '칠서지옥七庶之獄'으로 인해 전환점을 맞게 되니, 조선 명문가의 7명 서얼들이 주도하여 일으킨 모반 사건이었다.

이와 연관된 허균은 화를 피하기 위해 당대의 실력자였던 권신 이이첨에게 의지하였고, 그 연줄로 광해군의 측근까지 되어 서얼로서 형조판서까지 올라갔다. 그러나 끝내는 광해군과 인목대비의 정치적 암투를 둘러싼 권신들의 복잡미묘한 권력다툼에 휘말려 역적으로 몰려 능지처참을 당하고 말았으니, 그의 나이 49세였다.

〈광해군 일기〉에서는 이것이 대북파의 핵심 인물 이이첨과 한찬남이 허균 등을 제거하기 위해 모의한 것이라고 기록하고 있다. 기자헌 또한 허균이 죽었다는 소식을 듣고 이렇게 말하였다고 한다.

"예로부터 죄인에게 사형이 결정된 문서 없이 사형에 처한 경우는 없었으니, 이는 훗날 반드시 이론이 있을 것이다."

기자헌은 허균을 역적죄로 상소했던 기준격의 부친이었다. 자유분방하고 거침없던 시대의 이단아 허균은 이렇게 형장의 이슬로 사라졌으니, 1616년 북경에서 쓴 시는 마치 자신의 삶을 미리 내다보고 예고한 시처럼 보인다.

세상의 맛은 늘그막에 쓰고
사람의 마음은 마지막이 어렵지
문학도 벼슬도 모두 다 누리려다
한순간에 끝날 줄 그 누가 알까?

허균의 호인 교산蛟山의 교蛟는 용이 되지 못한 이무기를 말한다. 교산은 그가 태어난 강릉 외갓집에 있는 야트막한 산 이름이라고 하는데, 산의 형상이 꾸불꾸불해서 붙여진 명칭이라고 한다. 허균이 홍길동과 같은 꿈을 꾸었지만, 끝내 용이 되지 못하고 이무기로 끝난 것은 이미 예정되어 있었던 것일까?

늘 이상적인 세상을 꿈꾸었던 허균은 〈호민론〉에서 '천하의 두려워 할 바는 백성이다.'고 전제하며 백성을 다음과 같이 구분하였다.

- 대저 이루어진 것만을 즐거워하느라, 항상 눈앞의 일들에 얽매이고, 그냥 따라서 법이나 지키면서 윗사람에게 부림을 당하는 사람들이란 항민恒民이다. 항민이란 두렵지 않다.

- 모질게 빼앗겨 살이 벗겨지고 뼈골이 부서지며, 집안의 수입과 땅의 소출을 다 바쳐서, 한없는 요구에 제공하느라 시름하고 탄식하면서 그들의 윗사람을 탓하는 사람들이란 원민怨民이다. 원민도 결코 두렵지 않다.

- 자기를 푸줏간 속에 숨기고, 몰래 딴 마음을 품고서 세상을 흘겨보다가, 혹시 시대적인 변고라도 생기면 자기의 소원을 풀고 싶어 하는 사람들이란 호민豪民이다. 대저 호민이란 몹시 두려워해야 할 사람들이다.

95. 현묵자 홍만종

홍만종洪萬宗(1643~1725)은 조선시대 문신, 학자, 저술가이다. 본관은 풍산豊山이고 자는 우해宇海, 호는 현묵자玄默子, 몽헌夢軒, 장주長州이다. 그가 생존한 시대는 인조, 효종, 현종, 숙종, 경종, 영조, 6대에 걸친 생애였는데, 그만큼 정치·사회적으로 부침浮沈이 많은 시대에 살았다고 할 수 있다.

부친 홍주세洪柱世는 병조정랑까지 지냈으며, 모친은 이조참판 정광경鄭廣敬의 딸이었다. 그러나 병조정랑이었던 홍주세는 효종 2년(1651)에 발생한 김자점의 옥사에 연루되어 좌천되었고, 외직인 영천군수로 나가 있다가 그곳에서 세상을 하직하였다.

이때 홍만종의 나이 18세였다. 집안 대대로 뼈대 있는 사대부 집안의 외아들로 태어난 홍만종은 부친의 정치적 실각과 죽음의 영향으로 건강이 쇠약해졌다. 그리하여 한창 건강할 20세 나이에 그는 병에 시달려야 했다.

그런 와중에도 그는 현종 7년(1666) 24세에 식년문과에 을과로 급제하고, 숙종 1년(1675) 33세에 진사시에 급제하였다. 그러나 그 또한 종7품 부사정副司正으로 지낼 때 경신환국庚申換局에 연루되어, 3년간 귀양살이를 하였다.

경신환국은 영의정 허적許積의 서얼인 허견許堅의 역모 사건이 발단이 되어, 1680년 남인이 서인에 의해 중앙 정계에서 대거 축출된 경신대출척庚申大黜陟 사건이었다. 이때 홍만종의 죄목은 허견과 친구로 교류했다는 것이 죄목이었다.

홍만종은 부친과 자신의 정치적 부침의 체험과 건강 문제로 인하여 벼슬을 버리고 세속의 부조리에서 떠났다. 그리고 자연 속에 은둔하며 양생법의 일환으로 단전수련에 침잠하였다. 그가 단전丹田 수련에 침잠하게 된 것은 그의 스승인 동명東溟 정두경鄭斗卿(1597~1673)의 영향이 컸을 것이다.

정두경의 집안은 선도仙道 가문으로서 《용호비결》과 함께 가문의 문집 《온성세고》가 전해 내려오고 있었다. 《용호비결》을 지은 북창 정렴 당대에는 동생 정초, 정작, 3형제가 일가삼선一家三仙으로 유명하였다.

홍만종은 이렇게 양생수련에 전념하며 자신의 건강을 돌보는 한편, 저술에 몰두하였다. 그의 저서 중에 《해동이적海東異蹟》과 《순오지旬五志》는 우리나라 선도 인물들을 기록한 열전으로, 상고시대의 단군부터 시작하여 조선시대 망우당 곽재우까지 총 40인의 신이담神異談이 실려 있다.

- 단군檀君, 박혁거세朴赫居世, 동명왕東明王, 4선仙(영랑·술랑·남랑·안상), 옥보고玉寶高, 김겸효金謙孝와 소하蘇嘏 2선仙, 대세大世와 구칠仇漆, 담시曇始, 김가기金可記, 최치원崔致遠, 강감찬姜邯贊, 권진인權眞人, 김시습金時習, 홍유손洪裕孫, 정붕鄭鵬, 정수곤丁壽崑, 정희량鄭希良, 남추南趎, 지리선인智異仙人, 서경덕徐敬德, 정렴鄭磏, 정작鄭碏, 정초鄭礎, 전우치田禹治, 윤군평尹君平, 한라선인漢挐仙人, 남사고南師古, 박지화朴枝華, 이지함李之菡, 한계노승寒溪老僧, 유형진柳亨進, 장한웅張漢雄, 남해선인南海仙人, 장생蔣生, 곽재우郭再祐.

홍만종은 《해동이적》의 찬술 경위를 이렇게 설명하고 있다.

- 내가 일찍이 야사 여러 문집을 살펴보고 그 가운데 혹시 단가丹家의 이적이 있으면, 여러 서적에서 하나하나 뽑아내어 어렵게 곰곰이 생각하고 살펴보아 드디어 하나로 묶어 책 이름을 《해동이적》이라고 하였다. 무릇 32전傳에 40인의 행적을 실었다.

즉 자신의 건강이 좋지 못하여 연단법煉丹法에 관심을 갖고 여러 사적들을 읽는 가운데, 단가丹家의 이적들만을 따로 모아 찬술하게 되었다는 이야기다. 그리고 그의 연단煉丹 수련 체험담을 이렇게 적었다.

- 무릇 신선되기를 배우는 자는 잡념을 버리고 가만히 앉아서 정精·기氣·신神 3보寶를 수련하여 감금坎禽 용호龍虎가 서로 섞여 단丹을 이루게 하는 것이 큰 첩경이다."

홍만종은 또 삼신산三神山이 모두 우리나라에 있다고 밝혔다.
- 우리 동방의 산수山水는 천하의 제일이다. 그래서 세상에서 말하는 삼신산이 모두 우리나라에 있는 것이다. 그리하여 종종 세상을 벗어나 은둔하는 선비들의 신기한 자취를 듣고 볼 수가 있는 것이니, 지령地靈은 인걸人傑이란 말이 과연 헛말이 아니다.

홍만종의 스승 정두경도 《해동이적》의 서문에서 같은 취지의 말을 하였다.
- 우리 동방은 산수山水가 천하에 빼어나서 단군과 기자 이래로 선도를 수련하는 사람들이 분명히 많았다.

홍만종은 한국 단가丹家의 연원을 단군에서 찾았으며, 단군이 1508년간이나 치세를 할 수 있었던 것은 수양에 의한 것이라고 말하였다. 그리고 병약했던 그가 환갑을 넘기기도 쉽지 않은 조선시대에 82세까지 살았다는 것은, 그 나름 단전수련을 열심히 하였기 때문일 것이다.

저서로는 《해동이적》과 《순오지》 외에도 《소화시평》《시평보유》《시화총림》《동국역대총목》《증보역대총목》《동국악보》《동국지지략》《명엽지해》 등이 더 있다.

96. 자하선인과 팔공진인

　자하선인紫霞仙人과 팔공진인八公眞人은 스승과 제자 사이다. 그리고 사제지간의 대화를 책으로 엮은 것이 바로《신교총화神敎叢話》이다.
　본래《신교총화》의 신자는《삼일신고》와 마찬가지로 하느님 신, 또는 하늘에서 내려오신 신을 뜻하는 禮자이다. 그러나 국선도의 선亻天 자와 마찬가지로, 신교총화의 신자 또한 옥편이나 컴퓨터에 없는 글자이다.
　옛날에 활자를 조립해서 글자를 만드는 활판인쇄로 책을 만들 때는 아무런 문제가 없었으나, 1980년대부터 출판계가 전산사식으로 바뀌면서 옛 글자가 없으니 神자로 대체를 한 것이다.
　그렇다면《신교총화》란 무엇인가?
　말 그대로 모든 종교의 모체이며, 우리의 민족 종교였던 신교神敎에 대하여 사제지간에 총체적으로 대화한 내용이다. 우주의 본질에서부터 문명의 발전 과정, 동방문화의 연원, 그리고 수도의 중요성, 한민족의 소명과 예언까지 형이상학적인 경지에서 풀어나가고 있다.
　자하선인(1351~?)의 본명은 이고李槔이고, 자하紫霞는 호이다. 자는 덕화德和이며, 광동廣東 묵연默延의 후손으로 태백산 구화동九花洞에서 태어났다.《신교총화》저작 당시인 1893년 계사년에 543세(壬子生)라 하였다.
　《조선왕조실록》〈태조실록〉에는 태조 1년(1392)에 우도右道 삼사三司 좌승左丞을 지내고, 그 후 간관諫官으로 지내다가 태조 4년(1395) 7월에 좌산기상시左散騎常侍에서 파직당한 이고李皐(1341~1420)라는 인물이 나온다.
　이고가 파직당한 이유는 임금에게 직언을 한 때문이었다. 간관의 역할은 원래가 직언하는 자리였지만, 임금이 간언을 받아들이지 못하였다.
　태조 2년 11월 5일에 개국공신 유경劉敬이 좌산기상시직을 사직하고 은둔하여 신선술을 배우고자 청했으나, 임금이 윤허하지 않았다. '신선을 배우는 사람은 반드시 임금과 부모를 버린다.'는 이유에서였다. 그러나 태조 4년(1395) 이고가 유경의 직책이었던 좌산기상시직에서 파직당한 것을 보면, 유경은 그 후 관직에서 물러나 은둔한 것으로 보이며, 두 사람은 연관성이 있을 것이다. 그리고 또 하나는 정조 임금이 직접 쓴 이고의 치제문에서 그를 '팔달산 주인'이라고 칭한 것이다.

고려말 출생인 李樟와 李皐는 동일인물일까, 동명이인일까? 아무튼 개성의 송악산 자하동紫霞洞에는 선인교仙人橋가 있는데, 옛사람들은 '자하동 선인교 아래로 흐르는 물이 맑디맑다.'고 노래하였다. 또 서울 종로구 청운동 북악산 기슭도 역시 자하동이다. 골이 깊으며 수석이 맑고 아름다운 것이 개성의 자하동과 같다하여 예부터 자하골이라고 하였다. 또한 1396년 태조 5년에 세워진 창의문彰義門도 일명 자하문紫霞門이라고도 부른다.

그러므로 북쪽에는 고려의 수도였던 개성 송악산에 자하동이 있고, 남쪽에는 조선의 수도였던 한양 북악산에 자하동이 있는 셈인데, 모두 자하선생과 관련된 지명이다.

자하선인의 제자인 팔공진인(1398~?)의 본명은 류성성柳成性으로, 팔공산에서 주로 많이 기거했기 때문에 사람들이 팔공진인이라 불렀다고 한다. 《신교총화》 저작 당시인 1893년 계사년에 496세였다고 한다.

《신교총화》에 나오는 내용을 간단하게 소개하면 이렇다.

1) 모든 강물은 그 근원이 있고 모든 나무는 뿌리가 있으니, 이것은 만고불변의 진리이다. 우리 환조桓祖께서 진남震男의 이치를 주재하시어 목덕왕木德王이 되셨으니, 이 분을 일러 천황씨天皇氏라고 한다.

2) 태양의 광명은 중천에 이르러 사방을 비추고, 사람의 신령함은 장년에 이르러 뭇 이치를 통한다. 그러므로 인생을 100년이라 볼 때 보통 50세에 천명天命을 안다.

3) 사람이 도를 닦는 것은 다른 데 있지 않고, 오직 올바를 정正자로

바탕을 삼는다. 그러면 마음과 정신이 신령해지고 신이 반드시 돕는다.

4) 비록 하늘에 오르는 재주와 땅속에 들어가는 능력을 가진 사람일지라도 얼을 잃어버리면 틀은 저절로 스러진다. 그러므로 수도자는 남이 안 보는 데서도 언행을 삼가하여 양심에 조금도 부끄러움이 없게 해야 한다.

5) 현세에 도를 일컫는 자들이 도의 근본을 익히지 않고 참과 거짓을 가리지 못한 채 혼동 뒤섞어 놓으니, 후학들은 또 이것을 가지고 혹은 억지로 끌어다 붙이고 혹은 서로 싸우리니, 뜻이 있는 자라면 심히 슬퍼할 일이다.

6) 앞으로 사람들이 자기 선조의 도를 알지 못한 채 다른 것에 매달려 있으리라. 그러나 훗날 일월이 밝아지면 인류 문명사의 뿌리를 밝혀 어리석음을 깨치고 무지를 경고할 날이 반드시 있으리라.

7) 복이란 수도 과정에서 정성이 투철하면 부수적으로 내리는 것이다. 우리 신불교神市敎(신시교)는 진리로써 인도하여 생민을 구하고 세상 기운에 도움이 되는 것이다. 하느님의 호생지심好生之心을 체득하고, 다 한가지 근원에서 나온 열조의 가르침을 천명하며, 무궁한 도법을 붙잡아 세우면, 이러한 사람은 옥청에 올라가 한울집(금궐金闕)을 배알해도 부끄럽지 않은 진인이다.

8) 신교神敎가 모든 종교의 조상이요, 모체가 되는 진리라는 것은 여러 말 하지 않아도 대략 알 것이다. 그러나 신도神道의 이치와 철학을 공부하는 자들이 이미 중대中代 이래로 인정은 사욕으로 들끓어 뿌리를 잊어버리고, 모두가 주인 행세를 하고 오만한 풍조가 팽배하여졌다. 이것은 다 신불교神市敎(신시교)의 본원이 어떤 것인가를 밝히려고 하지 않을 뿐 아니라, 스스로도 그 뿌리를 잊어버렸기 때문이다. 이 어찌 개탄스럽고 슬프지 아니한가! 실로 안타까운 일이다.

9) 세상은 여러 갈래로 나뉘어 천하가 온갖 시끄러움을 주동하여 서로 싸우며, 사람들이 모두 도도해져서 스스로를 속이고 남도 속이며 하늘과

땅의 광명이 상실하리라. 그러나 신불神市 환웅의 진리가 칠정양병삼회지년오귀지월七丁兩丙三回之年五歸之月에 반드시 회복하리니, 후일을 기다리라.

10) 신령한 《천부경》과 《삼일신고》는 역대 화랑과 신군神君들께서 암송하던 것이니, 하루도 쉬지 말고 암송하라.

11) 소위 수도한다는 자들이 왕왕 다른 이들의 재물을 취하려는 자가 있으니, 혹세무민하는 자의 죄는 천벌을 면하기 어려울 것이며, 속임을 당한 자도 책임이 없다고는 못하리라.

12) 살아서 충효를 지키면 죽어서 또한 충효의 신이 된다. 요즘 세태가 평소에 도덕道德을 닦지도 않으면서 죽어서는 신령한 신이 되기를 바래 헛되이 산천에 기도하고, 사람에게 기도하고, 우상을 만들어 기도하니, 괴이한 일이로다.

13) 임금은 높고 신하는 낮으며, 아버지는 앉고 아들은 선다. 남편은 노래하고 아내는 따라하며, 형은 우애롭고 동생은 공손해야 하니, 이것을 일러 당연이라 한다. 소소는 대大를 위해 사역하고, 약한 것은 강한 것에 사역하고, 가난한 사람은 부자의 일꾼이 되고, 천한 사람은 귀한 사람을 위해 사역하는 것이니, 이것을 일러 그렇게 될 수밖에 없는 것이라고 한다.

14) 마음이 하늘의 경지에 도달하면 마음을 속이는 것이 곧 하늘을 속이는 것이요, 마음을 섬기는 것이 곧 하늘을 섬기는 것이다. 이정도 되면 저 푸른 하늘을 올려다보고 원망할 필요도 없고, 우리 인간이 언제나 하늘과 더불어 혼연일체가 되는 까닭에 일상생활에 밥 먹고 숨 쉬고 생각하는 모든 것에 하늘의 도리로써 스스로 처신하여 탁한 기운이 순하고 맑고 정일精一하게 된다. 정일하게 되면 정신이 스스로 신령하게 되어 삼보三寶가 다스려지고, 말이 천도에 부합하여 당연하게 된다. 우주에 가득 찬 것은 다 기氣가 움직여서 지어내는 것이다. 정기의 한 씨알은 깊은 땅속에 숨어 있다가 배태되어 나오는 것이므로, 움직이는 것은 고요한 것이 죽어서 돌아가는 고향이요, 고요한 것은 움직이는 것의 생문이다.

15) 고요함이 없으면 생하지 않고, 움직임이 없으면 죽지 않는다. 고요한 것은 항상 베풀고, 움직이는 것은 돌아오지 않는다. 큰 조화의 온전한 기운을 피우는 것은 움직임이요, 큰 조화의 생기를 소모하는 것도 역시 움직임이다. 성인聖人은 고요함으로 주하여 원리를 함양하여 정신을 완성한다.

16) 사람들이 하루에 천 리를 갈 것이며, 집 위에 집이 있고, 집집마다 약국이로다. 곳곳마다 종소리가 울리고, 사는 모습이 새가 이 가지에서 저 가지로 옮기는 것과 같으리라.

17) 우리 신조神祖(환웅천황)의 후예로서 중국에 들어가 천하를 다스린 것은 순舜으로부터 시작하여 원을 거쳐 청나라에서 끝났다. 우리 신족神族 통일은 순임금으로 비롯되었으나, 우리 동방에서 다시 그러한 인물이 나오리라.

18) 대도는 올바른 것이거늘, 어찌 삿된 것이 있으리오. 사악한 것에 물든 자는 그 마음이 먼저 바르게 깨져 있지 못한 까닭이라. 이에 세상 사람들이 사설을 지어내게 됨이니 이 모두 마음병이라. 사람이 잘 닦아 기氣를 드리우면 그 형모가 용호龍虎와 같이 걸출하고 위풍당당할 것이다. 대도大道를 닦는 열쇠는 마음을 바꾸는 데 있다.

19) 한민족은 진장남震長男으로서 우주원리에 의해 세계의 종주가 되리라. 동방 장남의 운이 다시 용솟음치게 되니, 태녀兌女(미국)가 비록 막강하나 진장남震長男(대한민국)에게는 순종하지 않을 수 없게 되어 있다. 이는 우주 자연의 변화 원리이다.

20) 신조神祖 때의 옛 영토를 다시 찾게 되리라. 후에 신인합일의 도가 세계에 구원의 광명을 크게 떨치게 되리라. 천지는 비록 붕괴되지는 않으나 우주 1년 중 빙하기 초기 시간대인 해亥에 이르면 다시 혼돈의 겨울개벽 시대로 들어간다. 이때는 다만 모든 진인이 성성하게 깨어 완성된 정신만이 있을 뿐이다.

97. 개운조사

　개운조사開雲祖師(1790~1988)는 스님으로서 선인仙人의 경지에 오르신 분이다. 경북 상주에서 아버지 김씨와 어머니 양씨 사이에서 외동아들로 태어났다. 태몽은 달 속에 둥근 태양 같은 금성을 끌어안는 꿈이었다고 하며, 속명은 김대성金大星이었다. 그러나 아버지는 3살 때 돌아가시고, 어머니마저 5살 때 돌아가시고 마니, 마침 자식이 없던 외삼촌 부부가 데려다 길렀다. 그러나 외삼촌도 7살 때 돌아가시니, 개운조사는 상주가 되어 3년 상을 치렀다. 그리고 외숙모마저 9살에 돌아가시어 또 3년 상을 치루었다. 그러자 마을 사람들이 효자라며, 양효동楊孝童이라고 불렀다.
　이렇게 어린 나이에 부모님과 외삼촌 외숙모마저 여의고 세상에 홀로 남은 개운조사는 인생무상을 뼈저리게 느끼지 않을 수 없었다. 그리하여 13살의 나이에 문경 희양산 봉암사로 출가를 하였다.
　그런데 머리를 깎아주고 가르침을 주던 혜암선사 역시 1년 후에 입적해 버리고 나니, 이제 죽음은 개운조사의 평생 화두가 되어버렸다.
　개운조사는 봉암사에서 6년을 더 머물다가 19세가 되자 참스승을 찾아 길을 떠났다. 그리하여 10년 동안 참스승을 만나기 위해 온 강산을 떠돌아다녔으나 찾지 못하였다. 그때 홀연히 '공연히 쇠신만 닳게 하면서 동서로 분주하게 다닌다.'는 시구가 떠오르면서 자기도 모르게 눈물이 주루룩 흘렀다. 이에 개운조사는 떠났던 봉암사로 되돌아오니, 나이 30세였다.
　봉암사로 돌아온 개운조사는 선환화상善幻和尙이 입적한 곳이며 빼어난 수도 터였던 산내 암자 환적암幻寂庵에 머물며 다시 수행에 전념하였다. 침식까지 잊어가며 수도에 전념하는 개운조사에게 하늘음악이 들리고, 아름다운 여인들이 나타나 유혹하는가 하면, 큰 호랑이와 뱀이 위협하기도

하였다. 또 황금과 비단이 방에 가득 차는 등 기쁨과 공포심을 시험하는 장애들이 연달아 일어났다. 그러나 개운조사는 조금도 마음의 동요를 보이지 않았다.

그렇게 1년쯤 지나자 이번에는 온 몸에 부스럼이 나고 진물이 흐르는 미친 거지스님이 찾아왔다. 개운조사는 거지스님을 공경히 맞아들여 정성껏 시봉하였다. 그러나 미친 스님은 개운조사를 꾸짖기도 하고, 때리기도 하고, 희롱하기도 하였으며, 또 어떤 때는 몹시 칭찬을 하기도 하였다. 그러나 개운조사가 꾸중과 칭찬에도 마음을 움직이지 않고 오직 정성껏 봉양만을 하자, 하루는 미친 거지스님이 이렇게 말하였다.

"너는 마음을 항복 받았구나. 꾸짖어도 괴로워하지 않고, 때려도 성내지 않으며, 희롱해도 싫어하지 않고, 칭찬해도 기뻐하지 않으니, 너는 반드시 크게 득도하겠다. 그래, 그동안 기도한 것이 무엇이냐?"

"저의 소원은 오직 참스승을 만나 참다운 공부를 하는 것밖에는 없습니다."

"그러면 내가 너의 스승이 되면 어떻겠느냐?"

"고맙습니다."

개운조사는 일어나 절을 올렸다. 그러자 거지스님은 개운조사를 데리고 희양산 큰 반석 위로 올라갔는데, 정사精舍가 저절로 세워지고 음식도 저절로 마련되었다.

"수도를 한다는 것은 마음을 항복 받는 것이 시작과 끝이라고 할 수 있다."

거지스님은 개운조사에게 설법을 마친 다음 토굴로 들어가게 했는데, 7일 만에 첫 건혜지누진통의 인因을 증득하였다. 개운조사의 용모 또한 완전 선풍도골로 바뀌었다. 그러자 거지스님은 《정본수능엄경》과 《유가심인록》을 개운조사에게 주며 이렇게 말하였다.

"내가 보현존사에게 구결로 받은 신信, 해解, 수修, 증證이 모두 여기에 있으니, 진중하게 받들어 간수하라."

그리고 다시 대승의 구결을 전해주고 고별을 하고는 허공으로 날아가니, 저절로 지어졌던 정사精舍 또한 온 데 간 데 없어졌다.

그런데 이 거지스님은 다름 아닌 1천여 년 전의 인도출신 인물로서 당나라에서 활동했던 불공삼장不空三藏(705~774)이었다고 한다.

불공삼장과 개운조사의 공통점은 둘 다 어려서 조실부모하고, 외숙부의 보호를 받다가 어린 나이에 삭발 출가했다는 점이다. 그런 인연으로 1천여 년의 시공을 뛰어넘어 도를 전해 주었던 것일까?

아무튼 개운조사는 역시 봉암사의 산내 암자인 백련암으로 내려와 연금煉金하여 구슬을 얻고, 속리산 동쪽에 위치한 문경 도장산道藏山 심원사深源寺에서 보임출태保姙出胎 하고, 유즙임경乳汁林竟 한 다음 지리산 묘향대로 떠났다고 한다. 개운조사가 백련암에서 얻은 수다원과에 대해 〈유가수련증험설〉은 이렇게 전한다.

- 수다원과를 얻으면 입에 단침이 괸다. 몸에 지닌 병이 저절로 낫는다. 단전이 따뜻해지고 용모가 맑아진다. 탐욕이 일지 않는다.

그리고 개운조사는 도장산 심원사에서 51세 되던 해까지 머물렀다. 도장산은 길 도道, 감출 장藏으로, 도를 감춘 산이 된다. 심원사 또한 깊을 심深, 근원 원源으로, 깊은 근원이 있는 절이 된다. 개운조사는 심원사에서 정진을 계속하여 보임출태하고, 유즙임경하는 사다함과 아나함의 경지를 얻었다. 〈유가수련증험설〉은 사다함과 아나함의 경지에 대해서 이렇게 말하고 있다.

- 사다함과를 얻으면, 기운이 충만하여 몸이 나는 듯 가벼워진다. 눈에서는 번개 같은 광채가 뿜어 나온다. 시력이 아주 좋아져서 백 걸음 밖에

있는 머리카락도 볼 수 있다. 또 흉터와 주름살이 저절로 없어진다. 음식을 안 먹어도 배가 부르다. 며칠씩 굶어도 힘이 넘친다.

- 아나함과를 얻으면 붉은 피가 하얀 기름으로 바뀐다. 노인은 도로 젊어진다. 하얀 백발이 검게 변하며, 빠졌던 이가 다시 난다. 또 손을 대지 않고도 다른 사람의 병을 고친다. 입김으로 수은을 말릴 수도 있다. 추위나 더위를 전혀 안탄다. 맨손으로 바위에다 글씨를 새길 수 있다. 자태는 옥玉으로 다듬어 놓은 것처럼 아름다워진다. 피부는 금빛이 돌며 투명해진다. 정신이 한없이 맑고 밝아 잠이 없어진다. 오랫동안 잠을 안 자도 전혀 피로하지 않다.

- 아라한이 되면, 티 하나 없이 맑고 드높아져서 하늘과 일치한다. 마음은 항상 화엄국(극락, 천국, 선계)에서 노닌다. 과거, 현재, 미래의 일을 모두 환하게 안다. 공덕과 수행이 부처님을 닮는다. 눈에는 붉은 노을이 가득하고 금빛 광채가 온몸을 감싼다. 주위에 오색구름이 둘러싸며 몸이 자유자재로 움직인다. 하늘 높이 날기도 하고, 순간이동을 하기도 한다.

개운조사는 도를 이룬 증거로 경북 상주시 화북면 용유리 계곡에 있는 커다란 바위에다 주먹으로 '동천洞天'이라는 초서체 글씨를 새겨 놓았다. 그리고 손톱으로 '한좌閑坐'라는 글씨도 새겨 놓았다.
동천은 신선이 사는 곳을 뜻한다. 이때부터 사람들은 개운조사를 양봉래楊逢來라고 불렀다. 조선시대 이름난 서예가였던 봉래 양사언(1517~1584)처럼 글씨를 잘 쓴다 해서 붙여진 이름이었다.
봉래 양사언 역시 금강산 만폭동 골안의 너럭바위에 '봉래풍악원화동천蓬萊楓岳元化洞天' 8글자와 '만폭동萬瀑洞'이라는 3글자를 새겨 놓은 바 있다.

심원사에서 지리산 묘향대로 떠나던 날도 개운조사는 도반과 함께 평소와 다름없이 바둑을 두면서 도담을 나누었다고 한다. 그리고 바둑이 끝나자 웃으면서 '나 이제 갈라네.' 하고는 온 데 간 데 없이 사라지니, 개운조사가 앉았던 자리에는 바둑돌만 덩그러니 남았다고 한다.

지리산 묘향대로 떠나기 전에 개운조사는 불공삼장 번역본의 《수능엄경》에 주석을 달았다. 그리고 자신의 이력도 간략하게 적어 넣고, 마지막에 이렇게 덧붙였다.

'이 책을 심원사 천장에 숨겨둔다. 도장산 계곡물에 사는 용들에게 이 책을 잘 보호하라 일렀다. 앞으로 100년 후에 인연 닿는 사람이 발견하여 세상에 전할 것이다.'

그리고 개운조사는 면벽수행을 위해 지리산 반야봉 묘향대로 떠났던 것이다. 개운조사가 51세가 되는, 1840년 경자년庚子年 8월 삼경일三庚日이었다.

그런데 1953년 3월 윤일봉尹一峯(1892~1992) 양성스님이 심원사로 가 천장에서 《수능엄경》을 꺼냈다. 그러나 심원사측의 스님이 가져가지 못하게 하여, 양성스님은 개운조사가 주석을 달은 《수능엄경》만을 필사하여 가지고 나왔다고 한다. 양성스님이 떠나고 3일 만에 심원사에는 큰 불이 났고, 절과 함께 《수능엄경》 원본도 재로 변하고 말았다. 이후 양성스님은 필사하여 가지고 나온 《수능엄경》을 출판하여 널리 전하였다.

양성스님은 생전에 개운조사를 3회 만났다고 한다. 첫 만남은 훈장생활을 하다가 50세가 넘어 개운조사를 만나 스님이 되었으며, 개운조사로부터 심원사 천장에 능엄경을 숨겨두었다는 말을 듣고 심원사로 간 것이라고 한다.

둘째 만남은 양성스님이 상주 남장사 중궁암에 있을 때 오셔서 지리산으로 같이 가자고 하셨다고 한다. 양성스님은 비구니로 출가해 있는 큰딸도 만나보고 싶고, 또 날도 저물었으니 내일 가면 안되겠냐고 했더니 "지금 해가 한 발 정도 남았는데, 내가 사는 지리산에 당도하면 해가 반 발 정도 남겠구나." 하시고는 그냥 가버리셨다고 한다.

셋째 만남은 양성스님이 충북 영동군 매곡면 매곡리의 작은 암자(현재의 효창선원)를 짓고 살 때 오셨다고 한다. 양성스님을 16년간 모시고 살았던 자비심 할머니 증언에 의하면 이렇다.(〈신시神市〉 1993년 4월호)

- 벌써 20년도 넘었지요. 봄인데, 막 설거지를 끝낸 늦은 때였어요. 절 아래 산모퉁이에서 어떤 사람이 오는데, 길도 없는 산으로 온단 말이제. 마당에 올라선걸 보니 얼굴이 벌개서 술 먹은 사람인줄 알고, 길이 없으니 저 뒤로 돌아 길로 가시오, 했더니 앞에 있는 산을 가리키며 저 산 이름이 뭐냐고 물어요. 모른다고 했더니 스님 만나러 왔다고 하길래, 스님을 불렀지요. 그때는 모르고 봤는데, 나중에 양성스님이 개운스님이라고 해요.

자비심 할머니 말에 따르면 당시 개운조사는 옥양목으로 만든 중의적삼 차림으로 약간 짧은 머리에 나이는 35~40세쯤으로 보였고, 얼굴은 납작한데, 잘생겼으며, 키는 작달만했다고 한다. 양성스님과 법당에서 몇 마디 이야기를 나누고 나서 마당 밑으로 내려서는 것을 보고서, 그쪽은 이슬이 많으니 뒷길로 가시오, 했더니, 몇 자욱 걷는 듯하다가 종적이 묘연해졌다고 한다.

개운조사를 만난 또 다른 인물은 1998년 118세로 좌탈 열반하신 벽사도인 탄공선사(1881~1998)이다.

탄공선사는 1953년에 경북 학가산에서 밀행 중 처음 개운조사를 만났는데, 길 위에서 7배를 드렸더니 이렇게 덕담을 해주셨다고 한다.

- 불가에 잘 입문했으니, 마음 바꾸지 말고 계속 정진하라. 너는 백세

상수百世上壽할 터이니, 100살이 넘거든 벽사서화辟邪書畵를 해서 국태민안을 위해 인연 있는 중생들에게 보시하라.

그래서 탄공선사는 100세 후부터 벽사서화를 남기게 되었다. 그런데 탄공선사에 의하면 개운조사께서도 벽사서화를 하셨다고 하셨으니, 혹 탄공선사 유품 중에 개운조사의 벽사서화가 남아 있을지도 모를 일이다.

도인도 돈이 필요한지라, 개운조사께서는 산에서 약초를 캐어 한약방에 갖다주고 그저 주는 대로 받아다가 용채로 쓰셨다고 한다.

그리고 개운조사는 서울올림픽이 열렸던 1988년 무진년에, 182세로 지리산에서 꼿꼿이 선 채로 소나무 가지를 잡고 입적하셨으며, 탄공선사와 임덕기林德基 스님이 다비를 해 드렸다고 한다.

그런데 2000년 4월초 지리산 묘향대에서 개운조사를 만나 신선의 삶에 대해 많은 이야기를 나눴다고 주장하는 이들이 있다. 계룡산에서 16년째 선도를 수련했다는 여래진인(당시 42세)과 김지영씨(당시61세, 철인3종 경기 경남협회 부회장)다.

이들이 만난 당시의 개운조사는 160cm 키에 안경 쓴 30대 초반의 청년 모습이었다고 한다. 마치 바람처럼 산을 오르는 모습이 신선이 아니고서는 불가능하다, 상주 말씨로 보아 개운조사가 분명하다, 얼굴에 금빛이 나고 머리카락도 빛났다, 동석했을 때 갑자기 큰 기운이 몰려와 몸이 움찔하였다, 등등이 이들의 주장이다.

이들은 가을에 기자를 데리고 다시 묘향대를 찾았다. 방안에는 120cm 지팡이, 빗, 옷가지가 있었는데, 기자가 사진을 찍었으나, 카메라가 작동되지 않았다고 한다. 휴대폰 카메라 역시 마찬가지였다. 어쨌거나 자비심 할머니의 증언과 이들의 증언이 일치하는 점은 키가 작고, 젊은 모습에, 산을 날듯이 오르내린다는 공통점이 있다.

98. 정걸방 도인

　성姓은 정씨鄭氏요, 이름은 거지, 거렁뱅이, 걸뱅이라 해서 '정걸방 도인'이라고 세상 사람들은 불렀다. 평생 독신으로 지냈으며, 거지는 거지로 되 뜻이 큰 거지巨志였다.

　정걸방 도인은 조선시대 말 일제시대 때 출현하였는데, 주로 속리산과 지리산 등지에서 활약하였다. 활약이라야 뭐 대단한 것은 아니고, 그저 땟국이 줄줄 흐르는 얼굴에 헤질대로 헤진 누더기 옷을 걸치고 이 마을 저 마을 떠돌아다니며 밥을 빌어먹는 일이었다.

　그러나 이상하게도 그가 지나가는 곳에는 웃음이 따라 붙었고, 희망과 기운이 용솟음쳤다. 그래서 마을 사람들은 그 걸뱅이가 다시 구걸하러 오기를 은근히 기다리게까지 되었다.

　내 나라를 남에게 빼앗기고 압제를 받던 일제시대에 도무지 웃을 일이라곤 없었는데, 그 걸뱅이는 이상하게도 사람을 웃기고 기분 좋게 해주었다. 그리고 빼앗긴 내 나라를 다시 찾을 수 있다는 희망과 용기를 갖게 해 주었다.

　그에 대해 아는 것이라고는 아무것도 없었다. 그저 사람들을 기분 좋게 해주는 걸뱅이라는 것 밖에는 아무것도 몰랐다. 그 또한 누가 이름이라도 물으면 언제나 히죽이 웃으면서 "성은 정이고, 이름은 걸뱅이요." 똑같은 대답을 하였으므로, 이름이 정걸방이 된 것이었다.

　한번은 그가 지리산 세석평전에 있는 음양수陰陽水에 움막을 짓고 거처로 삼았다. 그러자 그가 대단한 도인이라는 것을 눈치 챈 사람들이 와서 제자로 삼아달라고 간청하였다.

　그러나 사실 걸뱅이가 대단한 도인이 아니라도 상관없었다. 걸뱅이와 있으면 기분 좋고 행복하니, 더 바랄 게 뭐 있겠는가! 그저 그러면 되었다. 그러나 단순한 걸뱅이는 아닌 듯싶은 것이, 필요할 때면 가끔씩 이적을 행사하였다. 예를 들면 갑자기 소나기라도 퍼부을라치면 제자들이 비를 안맞게 도력을 부리기도 하고, 멀리 나갔다가 지쳐 돌아올 때면 단숨에 음양수까지 올라오게도 만들었다.

이런 이적을 경험한 제자들은 더욱더 열심히 스승의 가르침을 따랐다. 그리하여 이러한 소문은 지리산 일대에 파다하게 퍼져서 제자들이 하나 둘씩 늘어나기 시작하였다. 한마디로 걸뱅이를 중심으로 나라에 희망이 번져 가고 있었던 것이다.

당시 구례경찰서에 근무하던 일본 순사들도 이 소문을 듣고 있었다. 왜놈들은 도력을 지닌 도인들을 아주 싫어했다. 한마디로 해결하기 어려운 골치 덩어리였다. 그러니 정결방 도인을 그냥 놔둘 리가 없었다. 일본 경찰서장은 당장 걸뱅이를 잡아들이라고 명령을 내렸고, 부하 순사들이 떼지어 세석평전 음양수로 달려갔다. 그런가하면 정결방 도인은 전날 밤 제자들을 모아놓고 이렇게 말했다.

"우리의 인연이 다했구나. 내일 일본 순사들이 나를 잡으러 올 것이다."
"그렇다면 지금이라도 어서 피하십시요!"
"아니다. 나는 잡혀 가겠다."
"왜요?"
"하늘의 뜻이다."
"그런 게 어딨습니까?"
"아무튼 이번에 가면 오랫동안 못 볼 것이다."

청천벽력 같은 스승의 말에 제자들은 울기 시작했다. 하늘이 무너져 내리고 땅이 꺼지는 것만 같았다.

"내가 없더라도 열심히 수행하도록 하여라."
"언제 다시 만나는지요?"

"먼 훗날이 될 것이다."

"……"

"너희는 못 보더라도, 너희 자손들 중에는 나를 만날 사람도 있을 것이다."

그리고 정결방 도인이 제자들을 피신시켜 놨을 때, 일본 순사들이 들이닥쳤다. 정결방 도인은 순순히 순사들을 따라갔다. 제자들은 몰래 스승을 뒤따랐다.

구례경찰서에 다다르자, 일본 경찰서장은 직접 정결방 도인을 심문하였다. 땟국이 줄줄 흐르는 얼굴에 누더기를 걸친 정결방 도인의 행색을 훑어보고는 어이가 없었다. 게다가 바보처럼 히죽이 웃으며 횡설수설하는 것이, 영락없는 보통 거지였다. 일본 경찰서장은 눈살을 찌푸리며, 부하들에게 성질을 부렸다.

"이 냄새 나는 걸뱅이를 당장 내보내도록 하라, 바보 같은 놈들아!"

정결방 도인은 일본 경찰서장을 향해 다시 히죽이 웃었다. 그리고는 천천히 경찰서를 빠져 나왔다. 마당 한 가운데 이르자 멈춰서더니 파안대소를 터트리기 시작하였다. 그 웃음소리가 어찌나 우렁차고 큰지, 마치 천둥벼락이 치는 것 같았다.

일본 순사들이 정신을 차리고 다시 붙잡으려는 순간, 정결방 도인은 안개처럼 홀연히 자취를 감추고 말았다. 참으로 귀신 곡할 노릇이었다.

그렇게 자취를 감춘 후 정결방 도인은 몇 십 년 뒤에 한번 세석평전 음양수에 나타났다고 한다. 1대 제자들이 모두 세상을 뜨고, 2대 제자 두 사람이 음양수에서 수행하다가 정결방 도인을 만났다고 한다.

그들은 자신들의 스승으로부터 사조師祖 정결방 도인에 관한 일화들을 들었다고 한다. 언젠가 꼭 돌아오실 것이라는 말씀도 들었다고 한다. 그러던 어느 날 한 노인이 음양수를 찾아왔다.

"뉘신지요?"

"성은 정이고, 이름은 걸뱅이야."

2대 제자들은 넙죽 엎드려 큰절을 올렸다. 그리고 감격에 겨워 어쩔 줄을 몰라 했다. 그러나 한편으로는 진짜인지 가짜인지 의구심도 없지 않았다. 그 마음을 다 아는 듯, 노인은 빙긋이 웃었다. 그리고 2대 제자들을 데리고 삼신봉으로 향했다. 노인의 발걸음은 나는 듯이 빨랐다. 그런데 이상한 것은 자신들의 발걸음도 저절로 딸려가는 듯하였다. 세 사람은 그렇게 세석평전에서 삼신봉까지 십여 리를 나는 듯이 달려갔다.

2대 제자들은 처음으로 경험하는 신기한 체험이었다. 그리고 그제서야 믿었다. 정걸방 도인은 손바닥만한 아기 소나무를 가리키며 이렇게 말했다고 한다.

"이 나무가 자라서 가지에다 북을 매달 수 있게 되면, 그 때 세상이 선경으로 변한다. 사람들도 모두 선인처럼 살게 될 것이다."

정걸방 도인은 말을 마치더니, 홀연히 사라졌다. 그 후 사람들은 선계仙界 이상향이 있음을 굳게 믿고 있으며, 지금까지도 많은 사람들이 정걸방 도인에 관한 이야기를 입에서 입으로 전하고 있다.

필자는 정걸방 도인과 관련하여 신기한 체험을 하였다. 필자는 1993년부터 서울 국선도 본원에서 수련을 하였는데, 그 즈음 청년회가 결성되어 일요일에도 모여서 아침부터 점심때까지 집중수련을 하였다. 그러던 어느 날 수련이 몹시 잘 들어가는 느낌이 들었고, 순간 이런 생각이 뇌리에 스쳤다. '수련이 잘 될 때 하는 기도는 이루어진다.' 그래서 곧바로 기도를 올렸다.

'정걸방 도인을 만나게 해주세요. 그리고 정걸방 도인을 만나더라도 제가 알아볼 수 있는 눈을 갖도록 해주세요.'

그리고 잠시 후 수련이 끝나고 점심 먹을 때가 되었다. 1층 현관 밖에 서서 다른 사람들이 마저 내려오기를 기다리고 있었는데, 저만치서 우리를 살피고 있는 한 걸뱅이가 눈에 들어왔다. 땟국이 줄줄 흐르는 얼굴에, 산발을 한 터벙한 머리는 어깨까지 내려오고, 옷은 누덕누덕 기운 데다, 침까지 질질 흘리고 있었다. 40대 중후반 정도의 보통 키에, 몸매는 약간 통통하면서도 다부져 보였다.

필자는 그가 예사 걸뱅이가 아님을 한눈에 알아보았다. 누덕누덕 기운 옷이 완전 예술이어서, 필자의 머릿속에서는 벌써 그가 일부러 누덕누덕 옷을 깁고 있는 장면이 연상되고 있었다.

그사이 일행들이 다 내려오고, 식당으로 이동하였다. 필자는 걸뱅이를 미행하고 싶은 마음이 굴뚝같았으나, 몸은 어쩔 수 없이 이미 약속되어 있는 일행들을 따라가고 있었다. 아쉬운 마음에 걸뱅이에게서 눈을 떼지 못하고 있었는데, 순간 걸뱅이와 눈이 딱 마주쳤다. 그런데 그 눈이 어찌나 예리하고 날카롭던지! 순간 필자는 이런 생각이 들었다.

'선도 수행자들의 눈은 어째서 자비롭지 않고 날카로운 걸까?'

아무튼 점심식사가 끝나고 몇 사람만 남았을 때, 필자는 아쉬운 마음에 입을 열었다.

"아까 그 걸뱅이 말예요. 보통 걸뱅이가 아닌 것 같아요. 기운 옷이 완전 예술이었어요."

그러자 김 도반님과 유 도반님도 각각 한마디씩 하였다.

"몸매가 완전 잘 훈련된 군인 몸매 같잖아요."

"허리에 찬 물건들(숟가락, 담요 등)이 완전 특공대 수준이었어요."

필자만 그렇게 본 게 아니었다. 그러나 본 것은 각각 달랐다.

99. 무명도사, 무운도사, 청운도사

〈청운도사〉

청운도사靑雲道士는 현대 대중사회에 국선도를 보급한 청산선사의 사부師父시다. 어린 청산이 만12세의 나이로 처음 뵈었을 때, 옷은 남루하고, 흰털이 별로 없는 머리는 길대로 길어 허리 가까이 늘어져 있고, 얼굴은 불그레하고, 눈은 빛나고, 이마가 넓고, 키는 후리후리하시고, 연세는 한 50세가량 되어 보이셨다고 한다. 고향은 경상도 안동이시며, 본명은 이송운李松雲이시고, 일찍이 절에서 자랐으며, 절이 시주가 적은 절이라, 어릴 적부터 스승이신 무운도사無雲道士께서 데려다 키우셨다고 한다. 청운도사께서는 자유자재하시며, 시공을 초월하셨다.

〈무운도사〉

무운도사無雲道士는 청산선사의 사조님, 그러니까 청운도사의 사부시다. 청운도사보다 연세가 많으신데도, 훨씬 더 젊어 보이셨다고 한다.

무운도사께서는 아주 먼 데서 사셨는데(백두산?), 가끔 한 번씩 청운도사와 어린 청산이 기거하는 동굴에 오셨다. 그런데 더 젊어 보이는 무운도사께서 청운도사를 아이한테 얘기하듯 하시고, 청운도사는 그 앞에서 단정하게 무릎 꿇고 말씀 올리는 풍경이 어린 청산의 눈에는 이상하게 보였다고 한다.

사부이신 청운도사께서는 가르침을 주실 때 외에는 말이 없으셨는데, 사조이신 무운도사께서는 자상하게 어린 청산을 옆에 앉혀 놓고 이 얘기 저 얘기 묻기도 하시고, 또 얘기도 하여 주셨다고 한다. 천천히, 위엄 있고, 무겁게, 뜨문뜨문 하시지만 사부님께 듣지 못하던 얘기를 어린 청산은 많이 들었다고 한다. 고향은 충청북도 분이시고, 본명은 박봉암朴奉岩이시다.

〈무명도사〉

사부님과 사조님 두 분께서 모두 존대를 하시는, 20세쯤으로 보이는 젊은이의 모습을 하고 있는 발가벗고 다니는 도사가 계시다. 이분의 도호는 어디에도 나와 있지 않으므로, 필자가 편의상 무명도사無名道士라고 붙였다. 청산선사는 20세 무렵 국선도의 7단계인 삼청단법三淸丹法을 수련할 즈음에 이 이름 모를 발가벗은 도사를 3차례에 걸쳐서 만났다. 청산선사의 산중 수행기에서 그대로 옮겨본다.

첫 만남

쉬지 않고 닦아 나가는 중 하루는 가을이었다. 개울에서 물을 먹고서 굴 쪽으로 오는데 아주 빨갛게 벗은 사람이 굴 앞을 서성대고 있었다. 앞으로 가까이 가니, 청산을 물끄러미 바라보다가 힘없이 웃고서 산봉우리 쪽으로 갑자기 뛰어 올라간다.

따라가고 싶으나, 무슨 일인지 스승님이 오시면 알아보리라 생각하고 그만두었다. 공연히 따라갔다가 스승님께 꾸중이나 들을 것 같아서였다.

나이는 한 20대가 되어 보이고, 얼굴은 붉고, 눈은 빛났다. 살은 깡마르고, 근육은 산 생활을 하여 균형이 잘 잡혀 있고, 키는 보통 키였다.

그 이듬해 봄에 스승님께서 오시었다. 그동안의 일들을 자세히 말씀을 드리는 중 이곳에 어떤 벌거벗은 사람이 아무 말도 없이 다녀갔다는 말씀을 드리고 생김새를 자세히 알려 드리니, 한참 들으시고는 혼잣말처럼 말씀하셨다.

"음, 오셨다 가셨군. 너도 맺음이 있으면 나중에 다시 뵙게 될 것이다. 일찍 자고 일찍 일어나 열심히 닦아라."

청산은 여쭙고 싶은 것이 있으나, 말을 하지 못하고 전과 같이 닦아 나갔다.

두 번째 만남

스승님께서는 며칠 계시다가 어디론가 가시고 청산 홀로 지내는데, 그해 여름에 비가 어찌나 오는지 천둥과 번개가 치고 산골 개울물은 불어나 나무가 넘어지고 산사태도 나기도 했다. 청산은 비가 조금 뜸할 때 나가서 칡뿌리를 해가 질 때까지 많이 캐 가지고 개울에 가서 닦는데, 날은 저물어 오고 비는 다시 억수같이 퍼붓는 것이었다. 칡뿌리를 대강 닦고서 굴로 뛰어 들어오는데, 굴 안에 누가 있는 것 같았다.

"누구 와 계시오?"

물어도 아무 대답이 없다. 분명히 누가 있는데, 비 오는 밤이라 더욱 칠흑같이 어두운 굴 안에 있는 자가 누구인지 얼른 알 수가 없었다.

옆에다 칡뿌리를 놓고서 굴 안으로 들어가려는데, 갑자기 안에 있던 사람이 달려들며 목을 누르는 것이었다. 있는 힘을 다하여 쓰러지지 않으려고 발버둥을 쳤으나, 어찌나 힘이 강하고 동작이 민첩한지 목덜미를 잡힌 채 나둥그러지고 말았다.

동시에 목을 눌리고 불시에 공격을 받게 되니, 청산은 온갖 힘을 다하여 두 손으로 목을 누르고 있는 손을 밀어 올리나, 도저히 조금도 움직이지 않는다. 오히려 손에 맥이 빠지고 목이 점점 조여 들어올 뿐이었다.

이대로 오래 가면 죽을 것만 같아서 생각 끝에 학골뼈로 미려관을 힘껏 찼다. 그랬더니 조금 손을 늦추어 주는 것이었다. 이때를 틈타 몸을 비틀며 빠져 나와서 황급히 일어섰다. 그리고는 다시 싸울 준비를 하고 있는데, 무슨 이상한 소리로 무어라고 혼잣말 비슷하게 하더니 바깥으로 나간다.

청산은 '이제야 살았구나.' 하고 자리에 주저앉아 가만히 생각하니, 도대체 누구인지, 또는 무엇 때문에 나를 죽이려 하는지 알 도리가 없었다.

그러나 조금 지나니 시장기가 느끼어 칡뿌리를 먹고 앉았는데, 또 들어오지 않는가!

얼른 일어나서 굴 벽에 몸을 의지하고 싸울 준비를 하고 있는데, 그 사람은 아무 말도 없이 굴에 들어와 앉더니, 칡뿌리를 보고는 어적어적 씹어 먹는 것이었다.

그제야 덤빌 의향이 없나보다 하고서 청산도 칡뿌리를 먹었다. 자세히 살펴보니 먼젓번에 한번 왔던 사람 같다.

그렇다면 스승님께서도 존대를 하시던 분이 아닌가? 그런데 왜 나를 죽이려고 목을 눌렀을까? 아무리 생각하여도 알쏭달쏭하다.

청산은 그 사람의 몸 움직임과 칡뿌리를 먹는 것도 한 동작도 놓치지 않고 살피며 먹었다. 한참 있다가 칡을 다 먹고 난 뒤에 물어 보았다.

"누구십니까?"

그러나 대답이 없다. '아마도 비 오는 소리에 못 들었나?' 청산은 더 큰 소리로 물었다.

"누구십니까?"

그러자 손을 들어 청산을 밀치려 하지 않는가? 청산도 이번에는 재빨리 팔을 들어 막았다.

청산도 산에서 10여 년 간 닦은 몸인데, 막은 팔이 어찌나 아픈지 모르겠다. 그러나 억지로 태연한 척하면서 다시 물었다.

"왜 그러시는지 말씀을 좀 하여 주십시오!"

그러자 이번에는 굴 밖으로 나가며, 나오라는 것이었다. 손으로 부르니 안 나간다는 말도, 나간다는 말도 못하고 있는데, 번개같이 손을 잡고 끄는 것이 아닌가!

청산은 할 수 없이 끌려 나갔다. 비는 억수같이 퍼붓는데, 밖에 나오자마자 주먹으로 면상을 치는 게 아닌가? 청산도 재빨리 손으로 막는데, 연이어 손 발 머리 할 것 없이 사정없이 때리니, 청산도 있는 힘을 다하여 대적할 수밖에는 딴 도리가 없었다.

　스승님께 그동안 배우고 닦은 힘을 다하여 얼마간 맞고 치고 하는데, 한 가지 이상한 것을 발견하였다. 그것은 그 분의 높은 도력과 힘에 있어 단숨에 청산을 때려눕힐 수도 있는데, 중요한 혈도를 때리지 않고 위험하지 않은 곳과 또 청산이 손으로 막아서 많이 다치지 않을 정도로 여유를 준다는 것을 알았다.

　그러나 그 일은 다음 생각이고, 우선 들어오는 손, 발, 머리를 막기에 온갖 힘을 다 발휘하였다.

　비는 억수같이 퍼부으니 발이 몹시도 미끄러웠다. 넘어졌다가 일어나고, 일어났다가는 넘어지는데, 앞에 있는 사람은 장승같이 서서 조금도 동요함이 없이 청산이 공격을 하면 가볍게 막아냈다.

　이렇게 밤새도록 빗속에서 싸우는데, 청산이 도술을 부리려 하면 대기차단법大氣遮斷法을 써서 마음대로 되지를 않으니, 이제는 육탄 공세만 할 수밖에 없었다.

　이렇게 치열한 싸움 중에 날이 훤히 밝아 올 무렵이 되니, 아무 말도 없이 어딘가로 순식간에 없어졌다. 할 수 없이 청산도 개울로 내려가 목욕을 하는데 여러 혈도가 몹시 아프다. 아마 간혈을 때린 듯하다. 목욕을 하고는 온몸의 기혈을 유통시키고 아픈 상처를 돌리니(유기법流氣法), 모두 정상으로 되었다.

　얼마 뒤에 굴에 와서 아침을 먹고 다시 깊은 경지의 수련을 계속하였다. 그동안 누구도 대적할 수 있다던 한참 나이였는데, 밤새도록 꼼짝 못하고 맞은 생각을 하니, 스스로 너무 부족하다는 것을 느껴 더욱 정진하게 되었다.

세 번째 만남

　여름도 지나고 가을도 지나고 추운 겨울이 되었다. 그동안 가을에 겨울

식량을 많이 장만하여 놓았다.

　겨울 어느 날, 눈이 많이 와 계속 쌓이므로 밖에 나가지 않고 굴 안에서 수련을 하였다. 그러다가 오후 늦게 눈이 그치어 밖으로 나가, 이 곳 저 곳 뛰어 다니다가 늦게 굴로 돌아와 막 잠이 들려고 하는데 인기척이 났다. 눈을 뜨고 굴 밖을 보니, 누가 굴 안으로 머리를 내밀었다.

　"누구요?"

　물으며 일어나자 손으로 나오라는 시늉을 하였다. 밖으로 나가니, 분명히 누가 손짓을 하긴 하였는데 보이지를 않았다. 그래서 사방을 살피는데 바람을 가르고 등 뒤에서 물체가 가까이 접근함을 느끼고, 몸을 날쌔게 돌리며 몸을 날려 멀리 피하였다. 그러자 그 물체는 다시 가까이 빠른 속도로 접근하는 것이었다. 얼핏 보니 먼젓번에 밤새워 싸운 바로 그 분이었다.

　'저 분은 나와 무슨 철천지 원수를 졌기에 또 죽이려고 하나?'

　청산도 이제는 각오를 단단히 하고 덤비어 급소를 향하여 찔러 나갔다. 조금의 여유도 남기지 않고 달려들었다.

　그런데 청산의 수련이 높아진 것인지 그 분의 힘이 약하여진 것인지는 모르나, 여름 장마철 싸움과는 달리 오히려 그 분이 몸을 피하기에 바빴다. 스승님께 배운 모든 법을 총동원하여 짓쳐 들어가며 공격을 하였다. 그러면서 악을 썼다.

　"도대체 댁은 뉘시오?"

　그래도 대답이 없다. 대답은 산울림뿐이었다. 아무 말도 없이 청산의 공격을 막다가 틈만 있으면 이번엔 급소를 향하여 일격을 가하려 든다. 그 전과는 다르다. 그리고 날카롭게 달려든다. 청산도 모든 힘을 다해 싸웠다. 땅에 발이 닿으면 상당히 미끄럽다. 그러나 이제 청산은 미끄러운 곳에도 평지같이 다닐 수 있는 단계다.

　얼마를 치고 박고 또 막고 하면서 싸우는데, 왼손을 번쩍 들고 픽 웃고는 바람같이 사라졌다. 청산은 귀신에게 홀린 듯 사라진 방향을 바라보고 한참 있다가 굴로 돌아왔다.

다음날부터 다시 열심히 수련을 하였다. 그러던 어느 날 스승님께서 오시었다. 청산은 절을 올리고 나서, 그동안 두 차례나 벌거벗은 분과 싸운 이야기를 소상히 말씀을 드리니, 다 듣고 나시어 물으셨다.

"손을 들 때 몇 손가락을 펴시드냐?"

"손 드는 것만 보았지, 손가락은 자세히 보지 못하였습니다."

"응, 그래? 그러면 언제 오실지 너도 모르겠구나."

"그 분은 뉘신지요?"

"나도 잘 모른다. 나도 사부님께 여쭈어 본 적이 있으나, 사부님께서도 훌륭한 가르침을 주시고 또 맺음을 갖는 분이라 하셨으니, 너도 맺음이 되었을 것이다."

"……."

"먼 앞날에 다시 뵈올 때가 있을 것이다. 너를 해하려 함이 아니라, 너를 시험한 것이다. 손을 들었으니, 훌륭하다는 뜻이다. 네가 앞으로 세상에 나갔다가 다시 돌아오면, 그때는 함께 지내게 될 것이다."

재미있는 것은 청운도사의 실제 연세가 얼마인지 모르나 소년 청산의 눈에 한 50세 가량으로 보이셨고, 사조님이신 무운도사는 더 젊어 보이셨고, 두 스승님께서 존대를 하시는 발가벗고 다니는 도사는 20세 가량의 젊은이의 모습을 하고 있다는 점이다.

인도에는 수행자들 사이에 유명한 바바지라는 존재가 있다. 바바지 역시 젊은 청년의 모습을 하고 있지만, 나이는 이루 헤아릴 수 없을 정도로 많이 드신 존재라고 한다.

이 밖에도 무운도사의 스승이신 무상도사無相道士가 계시고, 무상도사의 스승이신 무현도사無絢道士가 계시다.

100. 청산선사

현대 대중사회에 국선도를 보급시킨 청산선사靑山仗䉜 고경민高庚民 (1936~?)은 경기도 수원에서 태어났다. 부친은 가슴에 달을 품는 태몽을 꾸고 청산선사를 낳았다고 한다. 청산선사의 저서 《밝 받는 법》에는 그의 산중 수행기가 자세히 실려 있다.

청산선사가 태어났을 때 한국은 나라를 잃고 일본으로부터 압제를 받고 있던 때라서 정치·사회적으로 매우 혼란한 시기였다. 게다가 3살 되던 해에 부모와 생이별을 하고, 조부 슬하에서 곤궁하게 10년을 자랐다. 조부는 원래 부유하고 관직이 높은 명문가의 자제였다고 하나, 1910년 한일합방이 되면서 재산을 모두 교회나 사회단체에 기부하였다고 한다.

어린 청산은 가난과 외로움 속에서 조부의 힘으로 더 이상 자신을 양육할 수 없는 지경에 이른 것을 알고, 외가로 간다는 말을 남기고 조부의 슬하를 떠났다. 청산선사는 당시의 심경을 후에 이렇게 술회하였다.

"1948년 만12세 되는 해입니다. 해방이 되었다고 흥분에 휩싸여 돌아가나 나는 어쩐지 외로운 신세를 금할 수가 없어, 골똘히 생각한 나머지 아무와도 의논 없이 산으로 찾아 들어간 곳이 태학산太學山이었습니다. 태학산 기슭에서 산농사를 짓고 있는 외가집을 찾아간 것이었으나, 그곳 또한 오래 머물 상황이 못됨을 깨닫고, 근처에 있는 해선암海仙庵이라는 절을 찾아가 자진하여 머리를 밀고 사미가 된 셈입니다."

충남 천안군 풍세면에 있는 태학산은 공기 좋고, 개울물 맑고, 산새들 지저귀는 아담하고 정다운 산이었다. 이렇게 태학산 해선암에서 약 6개월 정도 살았을 때, 주지스님은 청산을 인근 광덕산에 있는 광덕사光德寺로 편지 심부름을 보냈다.

스승과의 만남

청산은 절에서 사미가 되어 삭발한 중이라고는 하나 아직 어린지라, 사람 없는 산길을 걷자니 무서운 마음이 들었다. 그래서 무서움을 떨쳐 버리려고, 조그만 돌을 위로 던져 손바닥으로 탁 쳐보기도 하면서 발걸음을 재촉하고 있었다. 그때 갑자기 사람이 껄껄 웃는 소리가 들려왔다. 보니, 근처 바위 위에 앉아 있던 거무스름한 노인이 껄껄 웃고 있는 것이었다.

"동자야 이리 오너라."

"……!"

"그렇게 손으로 돌을 치면, 손이 아프지 않느냐?"

"……?"

"손으로 돌을 쳐서, 돌을 부수어 버리는 법을 배우지 않겠느냐?"

"배워 주세요!"

"배워 주지. 그러면 이 쪽박을 가지고 저기 개울에 가서 물을 좀 떠 오너라."

청산은 쪽박을 가지고 개울로 가면서 후회했다. 자기는 장난처럼 대답한 것을 노인이 진담으로 받아들이고 있으니, 큰일이었다. 산신일까? 귀신일까? 별 오만가지 생각이 다 들면서 도망갈 궁리를 하였다. 시키는 대로 순순히 하다가 기회를 봐서 도망칠 생각이었다. 청산이 물을 떠 가지고 오니, 노인은 그 자리에 없었다. 이상히 생각하고 두리번거려 보니, 높은 바위 위에 올라가 앉아 계신 것이 아닌가! 청산은 더욱 무섭고 손발이 떨리며 머리털이 하늘로 솟구치는 것 같았다. 그러나 어쩔 수 없이 물을 가지고 올라가 드리니, 한 모금 마신 후에 태연히 오른손 새끼손가락 하나만 뻗쳐 "돌은 이렇게 깨는 거야." 하면서 옆에 놓인 주먹만한 돌을 깨버리는 것이었다.

청산은 또 한번 무서움으로 범벅이 된 채 몸이 오싹해짐을 금치 못했다. 어떻게 주먹을 쥔 채로 새끼손가락 하나만 뻗어서, 그 새끼손가락 끝으로 주먹만한 돌을 깰 수 있단 말인가! 청산은 더욱 더 겁이 나 달아날 궁리를 하면서, 태연히 웃고 있는 노인을 살펴보았다. 사람인가, 귀신인가, 다시 한번 확인하고 싶어서였다. 옷은 남루하고, 흰털이 별로 없는 머리는 길대로 길어서 허리 가까이 늘어져 있고, 얼굴은 불그레하고, 눈은 빛나고, 이마가 넓고, 키는 후리후리하며, 연세는 한 50세 가량 되어 보였다.

그때 노인이 위엄 있으면서도 다정스런 목소리로 자기를 따라 오라고 명령을 하고는 일어섰다. 청산이 달아나려고 하자, 노인이 앞을 가로막으며 말했다.

"사람이 한번 한 말을 거둘 수는 없는 법이야. 네가 아까 나더러 손으로 돌을 깨는 법을 배워 달라지 않았느냐? 그래서 내가 배워 주겠다고 했으니, 우리는 지금부터 스승과 제자 사이야. 이제부터 내가 시키는 대로 해야 하느니라."

노인은 허리에 여러 번 두르고 있던 광목 필을 너덧 조각으로 찢어, 자신의 허리와 청산의 허리에 마주 매었다.

"내 발자국만 놓치지 말고 따르거라."

노인이 앞서 가니, 청산은 끌려가다시피 하였다. 캄캄한 밤길을 넘어지려 하면 노인이 끌어당겨 주고, 허둥지둥 어떻게 끌려가는지, 어디로 가는지도 모르고 갔다. 이때의 광경을 청산선사는 나중에 이렇게 술회하였다.

"한 가지 기이한 일은 처음 그곳에 들어갈 때의 정경이 가관이었지요. 도사道士가 허리에 두르고 있던 광목필 4절 넓이만한 허리띠가 두세 발이나 길었는데, 그것을 자기 허리와 내 허리에 매고 도사가 앞에 가니, 나는 끌려가다시피 한 일이지요. 상당히 먼 거리를 그 모양으로 끌려간 것입니다. 나중에 알았지만 그곳은 속리산이었고, 그분의 성함은 이송운李松雲이시며, 법명은 청운도사靑雲道士란 것을 알았고, 입산수도 하시는 분들 사이에는 선인으로 모시는 유명한 분인 것을 차츰 알게 되었습니다."

청산도 보통 산에서 꽤 잘 다니는 편인데도, 땅바닥만 내려다보며 죽을 힘을 다해 따라가도 질질 끌려가다시피 하였다. 간혹 노인은 산이 찌릉, 울릴 정도로 큰기침을 할 뿐 아무 말씀도 없이 어디론가 계속 가셨고, 청산은 그저 질질 끌려갔다.

이렇게 산으로 산으로, 또 들판으로 들판으로, 또 산으로 한없이 가더니 산속으로 자꾸 올라갔다. 내리고 또 오르니 첩첩산중 사람의 그림자도 없는 어느 상상봉 밑이었다. 사람이 지낼 수 있는 동굴도 아니고 어떤 바위틈 밑인데, 한두 사람이 겨우 들어앉아 비를 피할 정도밖에 안되었다. 그러나 나뭇잎이 많이 깔려 있는 것으로 보든지, 노인이 서슴지 않고 찾아온 것으로 보아, 노인은 여러 번 이곳에서 기거했던 것으로 보였다.

노인은 비로소 허리에 맨 광목을 풀어주며, 눈을 붙이라고 하였다. 그러나 청산은 피곤하기는 했지만 여러 가지 생각에 잠이 올 리 없었다. 칠흙같은 캄캄한 밤에 산등성이와 골짜기에서 들려오는 괴이한 짐승 울음소리에 무섭고 떨리고, 노인을 따라 온 것이 후회스럽고, 자신의 신세가 너무도 가련하고 서글픈 생각에 속으로 흐느껴 울었다. 밤새 도망갈 궁리만 하다가 뜬눈으로 밤을 새우고, 날이 밝는 대로 도망하리라 마음먹고 있었다. 그러나 왜 그리도 날이 더디 밝는지, 참으로 답답한 시간이었다.

얼마 있으니, 해가 떠오르기 시작하였다. 노인은 무엇을 하시는지, 눈을 지그시 감은 채 고요히 앉아 계시었다. 청산은 이때다 싶어 조금 떨어진 숲에 가서 소변을 보는 체하면서 살금살금 발소리를 죽여 가며 조금 걸어 나가니, 별안간 노인의 호령이 들려왔다.

"너 어디 가느냐? 이리 오너라."

청산은 발이 얼어붙고 몸이 떨려서 달아날 힘도 없어졌다. 할 수 없이 다음 기회로 도망을 미루고, 우선 노인 앞으로 갈 수밖에 없었다. 노인이 아침밥을 주는데, 청산은 실망하지 않을 수 없었다. 아침밥은 말로만 들어왔던 생식이었다. 솔잎도 있고, 칡뿌리도 있고, 산콩가루도 들어있는 가루로 된 것을 한입 넣고 물을 마셨으나 목에 넘어가지를 않았다. 쯥쯜하고,

쓰고, 텁텁해서 도저히 먹을 수가 없었다.

청산은 절망했다. 아니 이런 것을 어떻게 먹으며 이 바위틈에서 살란 말인가? 아무리 자기 집이 못살았어도 이렇게까지 먹을 것이 없어서 솔잎가루, 칡뿌리가루, 산콩을 먹지는 않았었다.

청산은 똥 누고 오겠다며 노인이 보이지 않는 곳에 가서 대변을 보는 척하다가 산 아래로 냅다 뛰기 시작했다. 그러나 어느 지름길로 내려왔는지 노인이 앞에 우뚝 서서 빙그레 웃고 계신 게 아닌가! 청산은 할 수 없이 다시 바위틈 굴속으로 되돌아갈 수밖에 없었다. 청산은 이후에도 기회 있을 때마다 몇 차례 탈출을 시도했으나 번번이 실패하였다.

한번은 노인이 안계신 틈을 타서 상당히 먼 거리까지 뛰어내려 왔다. 그런데 어느새 또 노인이 먼저 내려와 길을 막아서고 있었다.

"소용없는 생각 말아라. 못 가게 되어 있는 거야."

그렇게 말씀하시며 처음으로 눈을 부릅뜨시니, 몸이 오싹해지면서 다시는 도망갈 생각을 못하였다. 단념이 결심으로 변하여 조금씩 노인이 주는 생식가루를 먹으며 시키는 대로 따를 수밖에 딴 도리가 없었다. 이 노인이 바로 청운도인이셨다.

그럭저럭 억지로 먹던 가루도 꿀맛이 되었다. 청운도인은 청산을 데리고 여러 높은 산으로 옮기며, 이 산에서 며칠 저 산에서 며칠씩 지내면서 가르침을 주셨다. 그러는 사이에 옷은 갈기갈기 찢어져 살이 다 나오고 벗은 것과 다름없이 되었으며 봄, 여름, 가을, 겨울이 여러 번 바뀌어 20여 년이 지나갔다. 그 세월 동안 청산은 청운도사께서 가르쳐 주시는 대로 산속에서 국선도 내공과 외공을 익혔다.

국선도 내공은 총 9단계 439동작의 내단內丹 행공법行功法으로 구성되어 있으며, 외공 수련인 기화법氣化法은 총 30법法 88형形 283세勢 4714동작의 운기형신법運氣形身法으로 이루어져 있다.

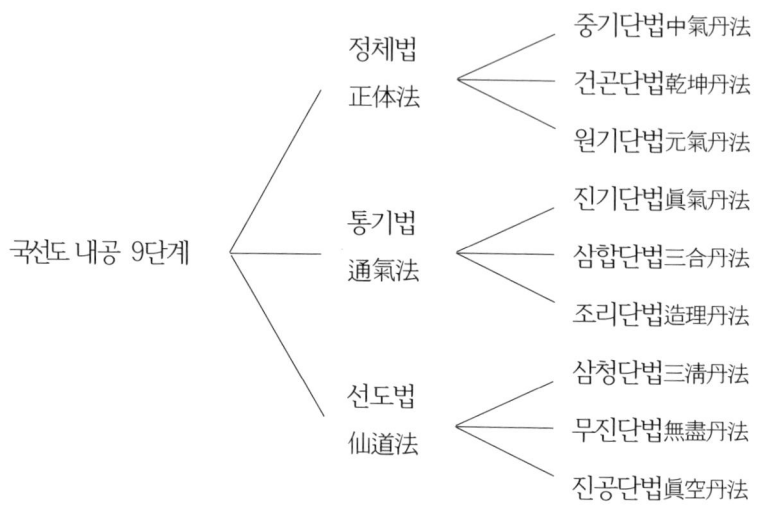

국선도 외공법外功法은 총칭 기화법氣化法이라고도 하며, 그 일부를 밝히면 이렇다. (세계국선도연맹,《국선무도 청산기화권》참조.)

1) 선공법仙功法 365동작
   용마화龍馬花, 용춘화龍春花, 춘비화春飛花, 각 36동작
   호진법虎進法, 비룡법飛龍法, 각 48동작
   약상상법躍上相法 80동작
   약비상천법躍飛上天法 81동작

2) 기화용법氣化勇法 72동작
   기화생법氣化生法 72동작

3) 칠정법七情法 730동작
   춘마법春馬法 72동작

화춘법花春法 72동작

　　비상법飛上法 72동작

　　지기법地氣法 96동작

　　천기법天氣法 96동작

　　토기법土氣法 160동작

　　비기법飛氣法 162동작

4) 삼통법三通法 270동작

　　천법天法 90동작

　　지법地法 90동작

　　인법人法 90동작

5) 무공법無空法 810동작

　　공력법功力法 90동작

　　탈심법脫心法 90동작

　　공원空原, 보정법保精法, 공합법功合法, 무아법無我法,

　　신일법神一法, 통신법通神法, 선기법仙氣法 이상 각 90동작

6) 학우도鶴羽刀 900동작

　　정도법正刀法, 침도법針刀法, 창봉법槍棒法, 쌍도법雙刀法,

　　투비법投匕法, 투창법投槍法, 투단법投丹法, 비도법匕道法,

　　학우선법鶴羽扇法, 무비법無匕法, 이상 각 90동작.

7) 기법氣法(비전秘傳)

　　설단법舌斷法, 필단법筆斷法, 심단법心斷法, 기차단법氣遮斷法,

　　행법行法, 화법火法, 수법水法

사부이신 청운도인께 국선도 내·외공을 배우는 20여 년 동안 소년 청산은 어느새 강건한 청년으로 변해 있었다. 마지막 단계인 삼청단법三淸丹法, 무진단법無盡丹法, 진공단법眞空丹法을 마친 1967년 어느 날 청운도인께서 말씀하셨다.

"우리는 맺음(인연)이 있어서 만났으나, 맺음이 다하였으니 이제 헤어져야 한다. 사람이란 만나면 헤어지기 마련이고, 또 헤어지면 만날 수도 있는 법이야. 너는 배울 것은 다 배웠으니, 너 혼자서 배운 것을 꾸준히 끊임없이 닦아 나가도 좋을 것이다. 너는 그동안 용케도 고생을 참아가면서 수련에 정진했다. 이제부터는 자유로이 하산하여 네 갈 길을 찾아가야 한다. 후계자 양성도 하고, 모든 사람에게 유익을 주도록 도법을 전하여라. 그것이 너의 사명이다."

그리고 홀연히 사라지시니, 한마디 인사도 드릴 겨를도 없었다. 할 수 없이 떠나가신 방향을 향하여 절을 올리고, 그 자리에 주저앉고 말았다. 참으로 막막한 심정으로 갑자기 천애고아와 같은 외로움을 느끼지 않을 수가 없었다. 그러나 스승님의 명령이요, 청산의 사명이라고 하셨으니, 용기를 내지 않을 수 없었다. 스승님을 믿고 하늘을 의지하고 하산을 결심했다. 사방을 둘러보며 산천초목에게 작별 인사를 하고 서울로 향하였다.

서울에서 제자들을 가르치기 시작한 것이 1967년이고, 서울 한복판에 최초의 수련장을 연 것은 1970년 음력 3월 15일, 경술년庚戌年 경진월庚辰月 경오일庚午日이었다.

고대로부터 면면히 이어져 내려온 고유 비전秘傳 국선도는, 현대에 와서 이렇게 다시 시작되었다. 청산선사는 수제자 도운道雲 허경무許庚茂 선사를 처음 만난 자리에서 "원형이정元亨利貞이로구나!" 하고 뿌듯해 하시며, 고유 비전 국선도의 법통을 전하였다고 한다. 그리하여 명실공히 국선도의 중흥기를 열며, 전 국민과 세계 시민의 심신 건강을 위해 크게 공헌하고 있다.

부 록

논문1. 훈민정음 제작 원리
 - 영해 박씨 종사 박창령 공公이 훈민정음 제작에 미친 영향

논문2. 화랑도와 차茶

논문 〈훈민정음 제작 원리 : 영해 박씨 종사 박창령 공公이 훈민정음 제작에 미친 영향〉은 600여 년 만에 처음으로 밝힌 훈민정음 제작 원리로서, 2014년 7월에 쓰여졌다. 그동안 한글학회, 훈민정음학회, 국어학회, 고려대학교, 경희대학교, 원광대학교, 청주대학교 등에 보냈으나, 그 어느 곳에서도 받아들이지 못하였다. 미국의 힘을 갖고 계신 분의 방해가 있었기 때문이었다.

논문 〈화랑도와 차〉 또한 한국 차茶 기원설을 몇 백 년이나 앞당긴 중요한 논문으로, 2014년 9월에 쓰여진 논문이다. 그 해에 차학茶學 전공이 있는 H대학교의 K교수께 보냈는데, 공저共著로 하자는 제안을 받았다. 그러나 그 역시도 미국의 힘을 갖고 계신 분의 계획에 의해서였다. 필자는 당연히 거절하였고, 역시 발표가 안되도록 방해를 받았다.

논문 1

훈민정음 제작 원리

- 영해 박씨 종사 박창령 공이 훈민정음 제작에 미친 영향

정 현 축 (철학박사, 작가, 명상가)

> 1. 문제제기
> 2. 훈민정음의 제작 원리
>   1) 초성 닿소리(자음) 17자의 제자制字 원리
>   2) 중성 홀소리(모음) 11자의 제자制字 원리
>   3) 종성
> 3. 《징심록》과 박제상 가문
> 4. 《징심록추기》와 김시습
> 5. 결론

1. 문제제기

세종 25년(1443) 훈민정음 완성을 발표하고 세종 28년(1446) 반포한 이래 600여 년이 지난 지금까지도 훈민정음 제작 원리는 다음과 같이 설왕설래 분분하다. 세종대왕 창작설, 집현전 창작설, 신미대사 창작설, 문창살 기원설, 가림토 문자 기원설, 고전古篆 기원설, 인도의 범자梵字 기원설, 몽골의 파사파 문자 기원설, 티베트 문자 기원설, 페니키아 문자 기원설,

중국의 성리학 기원설 등이 그것이다.

이렇듯 여러 설들이 분분하지만 1940년 안동 광산 김씨 고택의 서재 〈긍구당〉에서 발견된 《훈민정음 해례본》에는 천지자연에 바탕을 둔 우리 민족의 고유사상과 철학을 원리로 하여 훈민정음이 제작되었음을 분명하게 밝히고 있다.

그런데 유교를 국교로 삼고 성리학을 치국이념으로 삼아, 타 사상은 모두 배타했던 조선시대에 우리민족 고유사상에 대한 식견과 이해는 어디서 나온 것일까?

매월당 김시습(1435~1493)은 〈징심록추기〉에서 '세종대왕께서 훈민정음 28자의 근본을 《징심록澄心錄》에서 취하셨다.'고 밝히고 있다.1) 《징심록》은 관설당 박제상(363~418)이 지은 책으로 그 안에는 가림토 문자가 실려 있는 〈음신지〉가 있으며 '음신音信'은 말 그대로 소리와 뜻 전달을 의미한다. 그리고 이를 뒷받침하는 자료로서 세종대왕께서 직접 쓰신 다음과 같은 기록이 있다.

'훈민정음을 만든 것은 처음부터 지혜로써 만들거나 애써서 찾은 것이 아니라, 다만 그 (원래에 있던) 성음聲音의 원리를 바탕으로 이치를 다한 것뿐이다.'2)

박제상 가문은 '연리지가硏理之家'로서 대대로 우리민족 고유의 도道인 '천웅도天雄道'를 수행하던 집안이었다. 천웅도는 '하늘에서 내려온 환웅의 도'로서 화랑도의 근간이었다. 그리하여 그 당시 세상 사람들은 관설당 박제상을 가리켜 '천리연구가天理研究家'라고 하였고, 그 집을 가리켜 '복서선술卜筮仙術의 집'이라고 하였다.3) 그 집안에서 하는 연구 내용은 선가仙

---

1) 김시습, 〈징심록추기〉 제13장, 然則英廟之慇懃於公家之裔 有所當然而況訓民正音二十八字 取本於澄心錄者乎.
2) 《훈민정음 해례본》〈制字解〉, 今正音之作 初非智營而力索 但因其聲音而極其理而已.

家의 역사歷史, 천문天文, 지리地理, 역수曆數, 음양陰陽, 오행五行, 박물博物 등이었다.

그러므로 이 논문은 매월당 김시습의 〈징심록추기〉에 보이는 '세종대왕 께서 훈민정음 28자의 근본을 박제상의 《징심록》에서 취하셨다.'는 대목을 밝히고 고증함을 목적으로 하였다. 그 과정에서 훈민정음의 구성과 기본자 디자인이 천지인天地人(㊂, ○□△, ·ㅡㅣ) 3극 사상에서 취해졌으며, 그 원리를 박제상의 후손인 박창령 공이 제공한 사실을 밝혀냈다.

2. 훈민정음 제작 원리

훈민정음은 천지만물의 이치를 담고 있다.[4] 28자의 글자는 천문을 본 따 하늘의 별자리 28수宿에서 취했으며, 글자의 구성(초성·중성·종성)과 기본자의 디자인은 《천부경》의 천지인(㊂, ○□△, ·ㅡㅣ)[5] 3극 사상에서 취했으며, 닿소리(자음)와 홀소리(모음)는 음양[6] 2기氣 사상에서 취했으며, 소리를 내는 입안의 발음 상태인 아牙(ㄱ,어금닛소리)·설舌(ㄴ,혓소리)·순脣(ㅁ, 입술소리)·치齒(ㅅ,잇소리)·후候(ㅇ,목구멍소리) 5음音[7]은 오행 五行[8] 사상에서 취하여, 훈민정음이 제작되었다.

---

3) 박제상, 김은수 역해, 《부도지》(부록: 김시습의 징심록추기), 기린원, 1986, 126쪽.
4) 《훈민정음 해례본》〈제자해制字解〉, 正音作而天地萬物之理咸備其神矣哉.
5) 위 책, 動者天也, 靜者地也 兼互動靜者人也 盖五行在天則神之運也 在地則質之 成也 在人則仁禮信義智神之運也 肝心脾肺腎質之成也 初聲有發動之義 天之事 也 終聲有止定之義 地之事也 中聲承初之生 接終之成 人之事也.
6) 위 책, 天地之道 一陰陽五行而已… 凡有生類在天地之間者 捨陰陽而何之 故人 之聲音 皆有陰陽之理 顧人不察耳.
7) 위 책, 〈制字解〉, 牙音ㄱ 象舌根閉喉之形 · 舌音ㄴ 象舌附上腭之形 · 脣音ㅁ 象口形 · 齒音ㅅ 象齒形 · 喉音ㅇ 象喉形.
8) 위 책, 夫人之有聲本於五行.

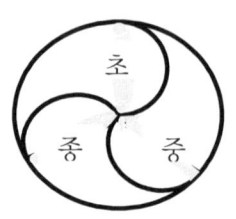

초성·중성·종성, 삼태극 원리

1) 초성 닿소리(자음) 17자의 제자制字 원리

천지인 본체도	기본5자	가획9자	이체3자	병서	5음성	5음율	5행	5장	5방
⊡	ㄱ	ㅋ	ㆁ	ㄲ	아牙	각角	목木	간肝	동東
⊠	ㄴ	ㄷ ㅌ	ㄹ	ㄸ	설舌	치徵	화火	심心	남南
⊡	ㅁ	ㅂ ㅍ		ㅃ	순脣	궁宮	토土	비脾	중中
△	ㅅ	ㅈ ㅊ	ㅿ	ㅆ	치齒	상商	금金	폐肺	서西
⊙	ㅇ	ㆆ ㅎ		ㆅ	후喉	우羽	수水	신腎	북北

초성 닿소리의 오행사상은 이 밖에도 인仁·예禮·신信·의義·지智 5상常과 청靑·적赤·황黃·백白·흑黑 5색色과 청룡·주작·황룡·백호·현무

5신神 등이 더 있는데, 이처럼 초성 가운데는 스스로 음양오행 방위의 수數가 있다.9)

▱ ◇ ▫ △ ○ 기본 5자에 반설음 ㄹ과 반치음 △ 2자를 합하면 7음音이 되어, 북두칠성의 수리와 일치한다.

2) 중성 홀소리(모음) 11자의 제자制字 원리

본체 뜻	기본3자 (천지인)	가획 8자(5방위)	하도
둥근 하늘	·		
평평한 땅	ㅡ		
일어선 사람	ㅣ		

중성 홀소리(모음) 가획 8자 5방위가 도출된 진행 양상은 아래와 같다.

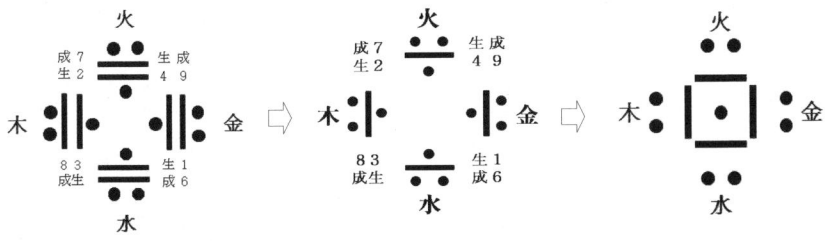

―――――――――――――
9) 위 책, 是則初聲之中 自有陰陽五行方位之數也.

위 가획 8자의 도식은 《훈민정음 해례본》〈제자해制字解〉에 나오는 아래 설명을 그대로 그림으로 옮긴 것이다.

ㅗ는 하늘에서 먼저 생겼는데, 천수天數 1은 물을 낳는 자리이다.
ㅏ는 그 다음으로, 천수天數 3은 나무를 낳는 자리이다.
ㅜ는 땅에서 처음 생겼는데, 지수地數 2는 불을 낳는 자리이다.
ㅓ는 그 다음으로, 지수地數 4는 쇠를 낳는 자리이다.
ㅛ는 하늘에서 두번째로 생겼는데, 천수 7은 불을 성숙시키는 자리다.
ㅑ는 그 다음으로, 천수天數 9는 쇠를 성숙시키는 자리이다.
ㅠ는 땅에서 두번째로 생겼는데, 지수 6은 물을 성숙시키는 자리이다.
ㅕ는 그 다음으로, 지수地數 8은 나무를 성숙시키는 자리이다.10)

《훈민정음 해례본》〈제자해制字解〉의 설명을 그대로 각 중성의 위치를 배치하니 동·서·남·북·중앙 5방위를 나타냈으며, 하도河圖와 그 도식이 일치했다. 그러므로 닿소리(자음)와 홀소리(모음)가 모두 동일하게 천지인 3극사상과 오행사상을 바탕으로 제작되었으며, 그 안에는 천지자연의 큰 뜻이 내포되어 있음을 알 수 있다. 모음의 디자인을 천지인(·ㅡㅣ)에서 본 딴 것은 《훈민정음 해례본》에도 나오지만, 자음의 디자인 역시 천지인(○□△)에서 본 딴 것은 2004년 7월에 필자가 처음 발견한 것이다.
그리고 하도河圖와 역법曆法, 음양陰陽, 오행五行, 팔괘八卦를 만든 태호복희씨가 동이족이라는 사실은 예로부터 많은 학자들이 주창한 학설이거니와 홍산문화가 밝혀진 지금은 중국학자들도 다음과 같이 수긍하고 있다.

---

10) 위 책, ㅗ初生於天 天一生水之位也. ㅏ次之 天三生木之位也. ㅜ初生於地 地二生火之位也. ㅓ次之 地四生金之位也. ㅛ再生於天 天七成火之數也. ㅑ次之 天九成金之數也. ㅠ再生於地 地六成水之數也. ㅕ次之 地八成木之數也. 水火未離乎氣 陰陽交合之初 故闔. 木金陰陽之定質 故闢. 天五生土之位也. 一地十成土之數也.

"복희씨와 그 조상들이 산동성에 살 때, 그곳(산동성)은 동이족이 살던 곳이었습니다. 복희씨 이후에 (동이족은) 동남쪽으로 이동하였습니다." (중국 천수사범대학 철학회 부회장 이건성 교수 STB 방송인터뷰)

"동이족인 복희씨가 만든 팔괘가 한자漢字의 기본이 되었으니, 한자는 동이문화임이 틀림없습니다." (중국역사학자 부사년 STB 방송인터뷰)

그리고 위 초성과 중성의 도표에서 우리는 훈민정음의 자음과 모음 기본자 디자인이 《천부경》의 천지인(○□△, ·ㅡㅣ)[11] 3극 사상에서 그 형체를 취한 것을 알 수 있다.

그런데 세종시대 학자들은 모두 《훈민정음》이 고전古篆을 모방했다고 말하고들 있다.[12]

현재 우리가 알고 있는 전자篆字와 한글은 모양이 전혀 다르다. 그런데도 세종시대 학자들은 왜 한결같이 훈민정음이 고전古篆을 모방했다고 말하는 것일까? 그들이 말하는 고전古篆은 현재 우리가 알고 있는 가림토일까? 아니면 세종대왕이 의도적으로 관료들에게 틀린 정보를 흘린 것일까? 이는 앞으로 더 연구가 필요하다고 보인다.

참고로 박제상의 《징심록》을 보고 김시습이 〈징심록추기〉를 쓸 때 그는 '고대어로 쓰여 있는 《징심록》을 당시의 문자인 한자漢字로 옮겨 썼다.'고

---

11) 위 책, 動者天也. 靜者地也. 兼互動靜者人也. 盖五行在天則神之運也. 在地則質之成也. 在人則仁禮信義智神之運也. 肝心脾肺腎質之成也. 初聲有發動之義 天之事也. 終聲有止定之義 地之事也. 中聲承初之生 接終之成 人之事也.

12) 《세종실록》102권, 세종25년 12월 30일, 上親制諺文二十八字 其字倣古篆 分爲初中終聲 合之然後乃成字 凡于文字及本國俚語 皆可得而書 字雖簡要 轉換無窮 是謂 訓民正音. ; 《훈민정음 해례본》, 〈정인지 서문〉, 象形而字倣古篆 因聲而音叶七調 三極之義 二氣之妙 莫不該括. ; 《조선왕조실록》103권, 세종26년(1444, 甲子) 2월 20일, 최만리 상소문, 諺文皆本古字 非新字也 則字形雖倣古之篆文 用音合字 盡反於古 實無所據 若流中國 或有非議之者 豈不有愧於事大慕華.

하였다. 그리고 김시습의 시들을 보면 그는 '전자篆字 연구'를 많이 하는 대목들이 나온다.13)

또 김시습의 〈징심록추기〉에는 고운 최치원(857~?)이 천웅도 전수자 가문인 영해 박씨 종사에게 수업을 받았다고 하였으며14) 《고운최치원선생사적》에는 '태백산에서 고대어로 쓰여 있는 《천부경》 비석을 발견하고 한자로 옮겨 적었다.'고 하였다. 그리고 《천부경》 연구 학자들은 최치원이 처음 발견한 고대어를 '신지전문神誌篆文' '전고문篆古文' '전자篆字' 등으로 표현하는 것을 볼 수 있다.

681년~687년 사이에 저술된 《화랑세기》는 신라 28대 풍월주였던 오기공이 저술하다가 죽자, 그의 아들인 김대문(?~704~?)이 나머지를 완성하였다. 오기공은 본래 《화랑세기》를 신라의 향음鄕音으로 저술했다는데, 김대문이 그것을 한문으로 바꾸어 완성하였다고 한다.15)

오기공이 사용한 '향음鄕音'은 바로 박제상의 《징심록》에 들어있는 '음신音信'으로서 최만리가 말하는 '향음鄕音'일까? 최만리는 세종대왕에게 다음과 같이 상소하고 있다.

"언문은 문자와 조금도 관련됨이 없고, 오로지 시골 상말 아니겠습니까? 가령 언문이 전조前朝 때부터 있었다 하더라도 오늘날의 문명한 정치에서 어찌 변로지도變魯至道로 물려받을 수 있겠습니까?"16)

---

13) 《매월당시집》권3, 寺觀, 〈題淸平山細香院南窓〉, 松下閑披小篆文. ; 同, 〈仙道〉, 〈凌虛詞〉, 朗吟天篆一行書.
14) 김시습, 〈징심록추기〉 제7장 7절. 新羅武烈王微時 與金庾信等 就業於仙桃山下百結先生之曾孫麻靈干先生 先生常以百結先生之道 授之恒說符都統一論 極斥外來之法 後武烈王登位 與金庾信及先生子龍文等 謀而成三國統一之業云. **後世崔致遠郭輿諸賢出於是家云.**
15) 김대문(1999: 21), 이종욱 역주해, 《화랑세기》, 소나무.
16) 《조선왕조실록》 103권, 세종26년(1444, 甲子) 2월 20일, 최만리 상소문, 而況諺文與文字, 暫不干涉, 專用委巷俚語者乎? 借使諺文自前朝有之, 以今日文明之治, 變魯至道之意, 尙肯因循而襲之乎.

534 부 록

위 최만리의 상소로 보건데, 언문은 전조前朝 때부터 지방에서 사용해온 토속 말이었음을 알 수 있다. 《화랑세기》에도 23대 풍월주 군관공軍官公 대의 기사에서 '음성서音聲署'라는 관부의 책임자에 관해 언급하고 있는 대목이 나온다.17)

아무튼 정인지의 《훈민정음》 서문에서 '그 깊은 연원이나 정밀하고 자세한 뜻의 깊고 묘한 이치에 대해서는 자신들(집현전 학자들)이 알 수 없고, 다만 큰 지혜가 오늘을(세종대왕을) 기다려 문물을 열고 사업을 성취시킨 것만을 알 수 있을 뿐이다.'18)고 한 내용이나, 최만리 등 집현전 학자 7인이 훈민정음을 결사반대한 것을 보면, 훈민정음 제작에 있어 집현전 학자들의 결정적인 역할은 없었던 것으로 보인다.

3) 종 성

종성에는 초성을 다시 쓴다고 하였다. 《훈민정음 해례본》에는 다음과 같이 기록되어 있다.

'종성은 초성을 다시 쓴다. 이는 움직여 양陽이 된 것도 건乾이요, 멎어 음陰이 된 것도 건乾 때문이니, 건乾은 실로 음양으로 나뉘어 주재하여 다스리지 않음이 없기 때문이다. 태초의 기운이 두루 흘러 다하지 않으매, 사철의 운행이 순환하여 끝이 없으므로 (원형이정元亨利貞의 이치대로) 정貞에서 다시 원元이 되고, 겨울이 다시 봄이 되니, 초성이 다시 종성이 되고 종성이 다시 초성이 됨도 역시 이러한 이치이다.'19)

---

17) 김대문, 이종욱 역주해, 《화랑세기》, 소나무, 1999, 22쪽.
18) 《훈민정음 해례본》, 〈정인지 서문〉, 若其淵源精義之妙 則非臣等之所能發揮也… 而開物成務之大智 盖有待於今日也歟.
19) 《훈민정음 해례본》〈제자해〉, 終聲復用初聲者 以其動而陽者乾也 靜而陰者亦乾也 乾實分陰陽而無不君宰也 一元之氣 周流不窮 四時之運 循環無端 故貞而復元 冬而復春 初聲之復爲終 終聲之復爲初 亦此義也.

이렇게 제작된 훈민정음은 완성되기 전까지 그 실용성을 충분히 시험하였다. 훈민정음 제작의 목적이 '어린 빅성이 니르고져 훓배 이셔도 ᄆᆞᆾ내 제 뜨들 시러펴디 몯 훓 노미 하니라. 내 이를 윙ᄒᆞ야 어엿비 너겨 새로 스믈여듧 쫑를 밍ᄀᆞ노니…'[20]이듯이 시험 대상은 주로 궁궐내의 여성과 왕자들이었다. 그리하여 대비나 왕비를 비롯한 왕실 여성들의 중심이었던 궐내의 내불당內佛堂에서 그 중요한 역할을 하였다. 이때 내불당의 주지였던 신미대사(1403~1480)는 세종 20년에 훈민정음 시험용 교안을 만드니, 천불사天佛寺에서 간행한 《원각선종석보圓覺禪宗釋譜》(1438)였다. 천불사는 내불당을 寺로 승격시켜서 부른 이름이었다.

신미대사가 훈민정음의 교안을 만든 해에 그의 친동생 김수온(1409~1481)은 진사가 되었으며, 세종대왕의 특채로 집현전 학사로 뽑혔다. 이는 훈민정음 제작의 주체가 표면적으로는 집현전이고 보면 훈민정음 제작에 관한 이런저런 일을 집현전에서 할 수밖에 없었고, 그런 의미에서 형을 도와서 일하라는 뜻이었다. 이후 신미대사와 김수온 형제는 승승장구를 계속하였다.

내불당은 훈민정음의 실용성을 시험하는 장소였을 뿐만 아니라 첫 시행지이기도 하였다. 《법화경》《원각경》《금강경》《능엄경》 등의 언해 작업이 내불당에서 가장 먼저 이루어졌다. 이는 불교를 신봉하는 대비와 왕비 등 왕실 여성들의 필요에 의해서였다.

신미대사(1403~1480)가 세종 20년(1438) 훈민정음 시험용 교안을 만든 해에 신미대사의 나이는 36세였다. 세종대왕(1397~1450)은 42세, 박창령(1377~1449)과 박도(1396~1459) 부자父子는 각각 62세, 43세였다.

세종대왕은 재위 18년(1436) 가을부터 세자에게 대리청정을 시키려고

---

20) 《훈민정음》, 〈세종대왕 서문〉; 《세종실록》113, 세종 28년 9월 29일(甲午), 國之語音 異乎中國 與文字不相流通 故愚民有所欲言 而終不得伸其情者 多矣 予爲此憫然 新制二十八字 欲使人人易習 便於日用矣.

시도하였으며[21] 재위 19년에는 정초부터 시작해서 5차례에 걸친 적극적인 노력을 기울였다.[22] 그리하여 결국 세자에게 본격적으로 대리청정을 시킨 것이 10여 년이다.[23]

그러므로 세종대왕은 훈민정음 연구에 필요한 시간을 빼기 위해서 세자에게 대리청정을 시킨 것으로 보이며, 훈민정음 연구의 시작은 적어도 세종 18년(1436) 이전일 것이다. 그리고 세종대왕에게 《징심록》을 제공하고, 우리민족의 고유사상과 철학을 제공하여 자문역할을 한 사람은 다름 아닌 박제상의 후손이자 천웅도 전수자 가문의 종사였던 박창령과 박도 부자父子였음을 알 수 있다.

- 世宗大王登位 甚愍勳於寧海 周恤公家一門 又建赫居世王陵廟 乃命公之宗次二家 移居於京師泮宮之隣 命長老 入侍便殿 恩顧甚重 徵次家裔昌齡公父子而登用 時余在隣 受業于宗嗣之門.(세종대왕께서 은근히 영해 박씨 집안 문중을 두루 구제하셨다. 또 혁거세왕 능묘를 세우시고, 종가와 차가 두 집에 명하여 서울 반궁으로 이거하게 하고, 장로長老로 편전便殿에 입시入侍토록 명하여 은고恩顧를 심중하게 하셨다. 차가의 후예 **박창령공 부자를 불러 등용하셨다**. 때에 나는 이웃에 있어, 종사의 가문에서 수

---

21) 세종19년 3. 27. 令世子參決庶務 **自去年秋謀諸大臣** 固執以爲不可曰.
22) 세종19년(1437) 1. 3. "吏兵曹除授及軍國重事 予親聽斷 其餘細碎之事 令王世子處決何如?" 承旨等啓曰 "此事至重 不可輕易也." ; 세종19년 1. 9. 기해. 命承政院曰 "吏兵曹用人 三品以上決罪及軍國重事 予親聽斷 其餘細瑣之事 欲令世子處決 卿等宜以此意製教旨以進." ; 세종19년 3. 27. 令世子參決庶務 自去年秋謀諸大臣 固執以爲不可曰...況以儲副之位而參決庶務 庸何傷乎? ; 세종19년 4. 1. 今則將令世子攝政矣 卿等預知予意. ; 세종19년 9. 11. 予欲以世子代行 遂書世子講武之制以示曰.
23) 세종21년(1439) 1. 13. 今世子仁孝聰敏 且其年已踰二十五歲 可以參決萬機. ; 세종25년(1443) 4. 17. 國君老病 世子攝行政事 此古禮也. 時王之制 天下稱臣 於皇太子 《通典》 亦曰 "太子普臣四海" 自今大朝賀及初一十六日朝參 予親受之 其他朝參 皆令世子於承華堂南面受朝 一品以下拜於庭下 竝令稱臣. 若用人刑人用兵 予親聽斷 其餘庶務 皆取世子裁決.

업하였다.)24)

　훈민정음은 5년 여 동안 충분한 시험을 거친 후에 세종 25년(1443) 12월 30일 비로소 완성을 발표하였다. 그러자 두 달 여가 지난 다음 해 2월 20일에 집현전 부제학 최만리가 다음과 같이 훈민정음 제작의 부당함을 상소하였다.

　"언문은 모두 옛글자를 근본 삼은 것으로 새로운 글자가 아니며, 글자의 형상은 비록 옛날의 전문篆文을 모방하였을지라도 '음흄을 사용하고 글자를 합한 것은 모두 옛글에 위반되니' 만일 중국에라도 흘러 들어가 비난을 받게 된다면, 어찌 대국을 섬기고 중화를 사모하는데 부끄러움이 없겠습니까?"25)

　그러자 세종대왕이 이렇게 반문하였다.

　"너희들이 이르기를 '음흄을 사용하고 글자를 합한 것이 모두 옛글에 위반된다.'고 하였는데, 설총의 이두 역시 음이 다르지 않더냐? … 네가 운서韻書를 아느냐? 사성칠음四聲七音에 자모字母가 몇이나 있느냐? 만일 내가 그 운서를 바로잡지 아니하면, 누가 이를 바로잡을 것이냐?"26)

　일부 학자들은 훈민정음이 중국의 성리학과 성운학을 모방하였다고 말하고 있다. 그러나 위 세종대왕의 "네가 운서韻書를 아느

---

24) 김시습, 〈징심록추기〉 제7장 제13절.
25) 《조선왕조실록》103권, 세종26년(1444, 甲子) 2월 20일, 최만리 상소문, 諺文皆本古字 非新字也 則字形雖倣古之篆文 用音合字 盡反於古 實無所據 若流中國 或有非議之者 豈不有愧於事大慕華?
26) 《훈민정음 해례본》, 汝等云 '用音合字 盡反於古' 薛聰吏讀 亦非異音乎… 且汝知韻書乎 四聲七音 字母有幾乎 若非予正其韻書 則伊誰正之乎.

냐? 사성칠음四聲七音에 자모字母가 몇이나 있느냐? 만일 내가 그 운서를 바로잡지 아니하면, 누가 이를 바로잡을 것이냐?"하는 대목을 보면 그렇지 않은 것으로 보인다. 만일 중국의 운서였다면 세종대왕께서 바로잡아봤자 무슨 소용이 있으며, 무슨 영향력을 미칠 수 있겠는가? 그리고 또 중국의 운서였다면 오히려 집현전 박사인 최만리가 세종대왕보다 더 많은 지식을 갖추고 있었을 것이다.

그러므로 필자는 위 세종대왕의 반문을 보건데, 이는 음운音韻이 실려 있는 박제상의 《징심록》안에 들어있는 〈음신지音信誌〉였을 것으로 추정된다.

3. 《징심록澄心錄》과 박제상 가문

영해 박씨 시조인 관설당 박제상(363~418)은 신라 박혁거세 거서간의 9세손이며, 파사 이사금의 5세손으로서, 신라 제18대 실성왕(재위 402~417) 때 《징심록》을 지었다. 이는 가문에 대대로 전해 내려오는 비서秘書들과 그가 보문전寶文殿 태학사太學士[27]로 재직할 때 열람한 자료들을 종합하여 저술한 역사 선가서仙家書로, 총 3교敎 15지誌로 구성되어 있다.

上敎 - 符都誌, 音信誌, 曆時誌, 天雄誌, 星辰誌.
中敎 - 四海誌, 禊祓誌, 物名誌, 歌樂誌, 醫藥誌.
下敎 - 農桑誌, 陶人誌, 나머지 3지誌는 알 수 없다.

이중 상교 제1지가 오늘날 전해 내려오고 있는 《부도지符都誌》로서 환인, 환웅, 단군의 역사와 신라 초기 역사를 적고 있다. 음신지音信誌는 소

---

27) 《동국열전》에 박제상을 보문전 태학사에 전보하였다는 기사가 있다.

리와 뜻 전달을 의미하는 '음신音信'이라는 말에서 알 수 있듯이, 원시 한글인 가림토가 실려 있다. 김시습은 '세종대왕께서 훈민정음 28자의 근본을 《징심록》에서 취하셨다.'고 했는데, 바로 이 〈음신지〉에서 취해진 것으로 보여진다. 역시지曆時誌는 역법曆法에 관한 책이며, 천웅지天雄誌는 천웅도天雄道(화랑도의 근원)에 관한 책이며, 우리민족 고유의 도道를 이르는 것이다. 성신지星辰誌는 천문 별자리에 관한 책이며, 사해지四海誌는 영토 지리에 관한 책이며, 계불지禊祓誌는 제사·의식·행사에 관한 책이며, 물명지物名誌는 동·식물 등에 관한 책이며, 가락지歌樂誌는 율려律呂에 관한 책이다. 의약지醫藥誌는 의학에 관한 책이며, 농상지農桑誌는 농사에 관한 책이며, 도인지陶人誌는 도자기 제작에 관한 책이다.

이렇듯 《징심록》은 3교 15지의 편명만 보아도 우리나라 상고의 역사와 문화, 종교와 철학과 신화들을 풍부하게 담고 있는 귀중한 책임을 짐작할 수 있다.[28] 이러한 《징심록》을 저술한 박제상은 신라가 약소국이었던 제19대 눌지왕 1년(417), 당시 삽라군(영해) 태수로서 고구려와 왜국에 각각 볼모로 가 있던 왕의 동생 복호와 미사흔을 구출해냈다. 그리고 박제상은 왜국에 붙잡혔는데, 신하 되기를 요구하는 왜국에게 "내가 계림의 돼지는 될지언정, 왜국의 신하는 되지 않겠다."며 끝내 거부하다가 죽임을 당하였다.

이에 그 아내 국대부인마저 두 딸을 데리고 치술령에서 순절하자, 눌지왕은 그들의 충절을 기리고자 박제상을 단성백丹城伯으로 봉하고 영지로 주니, 단성은 바로 영해였다. 이때부터 그 후손들이 박제상을 영해 박씨의 시조로 받들며, 봉한 땅을 본향으로 삼아왔다.

천웅도 전수자 가문의 2대 종사 백결선생 박문량朴文良(414~?)은 〈방아타령〉을 지은 거문고의 달인으로 우리에게 잘 알려져 있다. 그는 박제상의 외아들로서 부친 박제상이 일본에서 죽임을 당했을 때 불과 5세였다. 그

---

28) 김재수, 〈징심록추기 고찰〉,《부도지》, 기린원, 1986, 154쪽.

리고 모친마저 첫딸과 세째딸을 데리고 함께 치술령에서 죽자, 살아남은 둘째딸 아영이 5살 된 남동생을 돌보았다.

눌지왕이 아영을 박제상이 일본에서 구출해낸 미사흔의 왕비로 삼자, 어린 백결선생도 누이를 따라 궁으로 들어갔다. 후에 아영이 낳은 딸이 눌지왕의 아들 자비왕의 비가 되었으므로, 백결선생은 자비왕의 처외삼촌이 된다. 그러나 백결선생은 자비왕을 위하여 다음과 같은 상소문을 올린 후, 벼슬을 버리고 고향으로 돌아와 가문의 도풍가법道風家法을 이으며 청빈하게 살았다.

'천도天道란 말 없는 가운데 사람을 도화導化하는 것입니다. 그러므로 하늘이 재앙으로서 군왕의 마음을 깨우치는 것은 마치 스승이 착한 길을 열어주고 허물을 막기 위하여 회초리와 꾸짖음으로 엄하게 다스리는 것과 같은 것입니다. 임금이 만일 하늘의 재앙에 경각심을 가져 정도正道를 찾는다면 그것은 다행히 천재天災를 봄으로서 복된 길로 갱장更張하는 것입니다. 그러나 임금이 자기 도리를 자기가 잃어버리면 천재마저도 나타나지 않게 되는데, 그것은 천재 중에서도 제일 큰 천재로서, 재앙 없는 것이 재앙이 안되는 것이 아닙니다. 그렇기 때문에 하늘이 반드시 재앙을 보이는 것이지, 사람에게 재앙을 주기 위해서 그런 것은 아닙니다. 고로 하늘이 재앙을 내리는 것은 하늘 마음대로 내리는 것이 아니라, 임금이 마음을 어떻게 쓰느냐에 달린 것입니다.'29)

그의 호 백결선생은 백 번이나 기운 옷을 입고 다닌다 하여 사람들이 부른 이름이 그대로 호가 되었다고 한다.30) 고향으로 돌아온 백결선생은

---

29) 《영해박씨세감》, 天道默運而導化人者故天以災懼誠于君心如師之開善防過形責嚴導者也君若警覺於天懼而反道則是見天災更張人福故君道自衰天不降災是爲天災之大變無災不爲非災是以天必示不爲人災然則天之降災非以天意獨擅之如何爾惟在君心.

부친이 저술한 《징심록》을 연구하며 《금척지》를 저술하였다. '금척金尺'은 하늘에서 부여받은 왕권의 상징물로서, 신라를 개국한 박혁거세 왕이 지니고 있었다. 그리고 태조 이성계 역시 '몽금척夢金尺' 후 조선을 개국하였다.31)

김시습은 금척이 단군 때부터의 오래 된 전래물이라고 하면서, 박혁거세왕이 선도산 단조壇廟의 성모聖母 파사소婆娑蘇에게서 출생하여 13세의 어린 나이로 능히 여러 사람의 추대를 받은 것은, 그 혈통의 계열이 반드시 유서가 있었기 때문이라고 하였다.32)

'신라 무열왕 김춘추가 미천하였을 때에, 김유신 등과 함께 선도산仙桃山 아래 백결선생의 증손 마령간麻靈干에게 취업하니, 선생이 언제나 백결선생의 도道로 그들을 가르치고, 항상 부도통일론을 설하며, 외래의 법을 극력 배척하였다. 후에 무열왕이 등위하여 김유신 및 마령간의 아들 용문 등과 함께 모의하여, 삼국통일의 일을 이룩하였다. 후세에 최치원과 곽여 등 여러 현인들도 이 집에서 나왔다.'33)

고려 현종 임금 때는 거란이 쳐들어오자 임금이 강감찬 장군을 여러 차례 영해에 보내 지혜를 구하여 거란을 쳐부수었다. 이렇듯 영해 박씨 가문

---

30) 《영해박씨세감》
31) 《용비어천가》 13장, 83장 ; 《澄心錄追記》 제7장 제12절.
32) 김시습, 〈징심록추기〉 제10장, 新羅創始之本 己在於符都則金尺之法 亦在於檀世者可知也 赫居世王 出於仙桃壇廟之聖母婆娑蘇 以十三之年少 能爲衆人之所推則其 血系 必有由緒而金尺之爲傳來之古物.
33) 위 책, 제7장 7절, 新羅武烈王微時 與金庾信等 就業於仙桃山下百結先生之曾孫麻靈干先生 先生常以百結先生之道 授之恒說符都統一論 極斥外來之法 後武烈王登位 與金庾信及先生子龍文等 謀而成三國統一之業云. 後世崔致遠郭興諸賢出於是家云.

은 금척을 보유하고 있는 연리지가硏理之家, 즉 천웅도를 전수하고 있는 집안이기 때문에 신라에서부터 고려, 조선시대에 이르기까지 나라의 특별한 대접을 받으며 여러 임금들의 자문역할을 하였다.

또 매월당 김시습의 〈징심록추기〉에는 세종대왕께서 《징심록》을 저술한 박제상의 후손인 영해 박씨 종가와 차가를 한양의 반궁泮宮(성균관)으로 불러 올려 살게 하며, 지극한 정성으로 보살폈다는 기록을 남기고 있다.[34]

이는 선대의 인연도 참작이 되었으리라고 보인다. 세종대왕의 조부 태조 이성계는 영해에 사람을 보내 자문을 구한 후에 위화도회군을 실행하였다.[35] 그리고 이때 얻은 '몽금척夢金尺'[36]을 기념하기 위하여 금척을 만들어 '天賜金尺受命之祥'이라는 8자字를 새겨 후대에 전하였다.[37] 세종대왕 때는 이것을 노래와 춤으로 형상화[38] 한 것을 보면 선대의 인연을 세종대왕도 익히 알고 있었던 것으로 보인다.

아래 영해 박씨 계보 중에서 매월당 김시습이 행장行狀을 쓴 인물은 박창령, 박랑, 박도, 박계손, 3대에 걸친 4인의 행장이다.[39]

세종~단종대에 벼슬한 영해 박씨 계보

---

34) 김시습, 〈징심록추기〉 제7장 제13절, 世宗大王登位 甚憖勳於寧海 周恤公家一門 又建赫居世王陵廟 乃命公之宗次二家 移居於京師泮宮之隣 命長老 入侍便殿 恩顧甚重 徵次家裔昌齡公父子而登用 時余在隣 受業于宗嗣之門.
35) 〈징심록추기〉 제7장 제11절 ~ 12절.
36) 《용비어천가》13장, 83장 ; 〈징심록추기〉제7장 제12절.
37) 박제상, 《부도지》, 한문화, 2011, 160쪽.
38) 《용비어천가》(13장, 83장) ; 《한국의 도교 문화》, 국립중앙박물관, 2013, 265쪽.
39) 《영해박씨세감》

세종~단종대에 벼슬한 영해 박씨 계보[40]

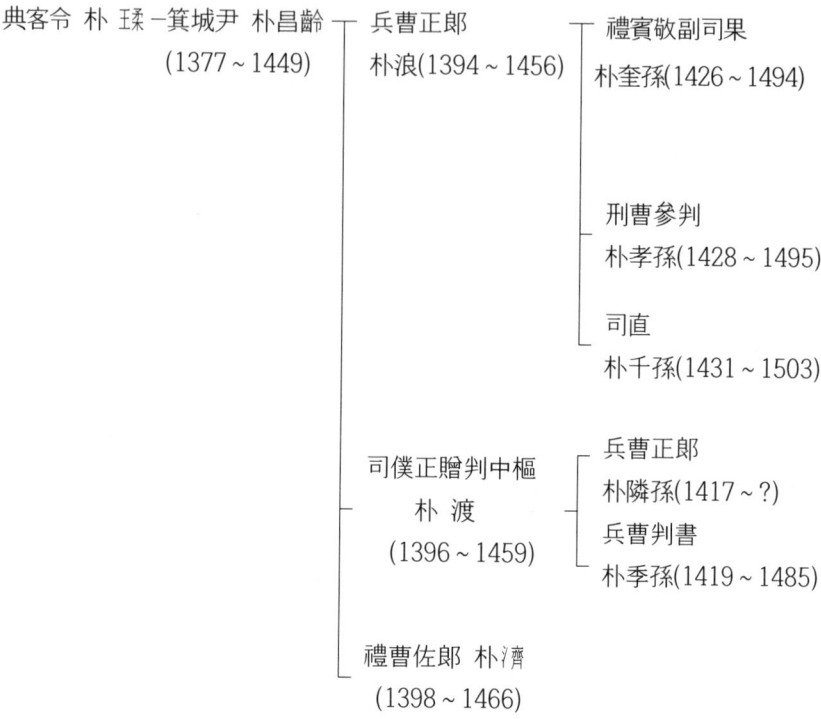

위 인물들 중 훈민정음 제작에 가장 깊숙이 참여한 것으로 보이는 기성 윤箕城尹(평양서윤) 박창령은 동향同鄕이었던 목은 이색李穡(1328~1396)의 시 2수에도 등장하고 있는 것을 볼 수 있다.

---

40) 정현축, 《청한자 김시습의 선도사상 연구》, 원광대 박사논문, 2014, 40쪽.

〈박창령이 영해에 근친을 간다며 와서 고하다〉[41]

한마을에서 친했던 자네 부친 생각나네	同巷情親憶乃翁
어느새 장대해진 자네를 보니 감동스러우이	見君長大動吾中
희어진 내 머리를 어찌 한탄하랴	吾頭白盡吾何恨
붉은 도화꽃은 또다시 터져 나오는데.	又是桃花欲綻紅

〈박창령이 영해에서 돌아오다〉[42]

영해는 동해에 임해 있고	寧海臨東海
부상은 푸른 산을 마주보고 있는데	扶桑對碧岑
나쁜 소식을 전하고자	謾傳波浪惡
깊은 은자의 처소로 걸음했구려	却向薜蘿深
병장은 가업으로 전하고	屛障傳家業
굳은 지조는 객의 마음을 감동시키는데	氷霜動客心
어찌하면 그대와 함께 가서	何當携子去
먼 바다 바라보며 시 한 수 읊어 볼거나.	望遠一高吟

또한 매월당 김시습과 세한지맹歲寒之盟을 맺은 바 있는 박계손의 행장에는 그가 단종조에 병조판서를 지냈다고 기록되어 있으며[43] 이는 고종 8년 3월에 '고 병조판서 박계손을 정절貞節로 시호를 추증한다.'는 《승정원일기》(1871) 기사와도 일치한다.[44]

박창령 공公의 자손들이 특별한 공로 없이 병조정랑, 병조판서, 형조참

---

41) 〈목은시고〉 제21권, 朴昌齡歸覲寧海 來告別.
42) 〈목은시고〉 제13권, 內侍朴昌齡回自寧海.
43) 《매월당전집》속집 권1, 兵曹判書 朴公 行狀.
44) 《승정원 일기》129책, 고종 8년 3월 16일 병오, 卒兵曹判書朴季孫爲貞節.

판 등을 맡게 된 것을 보면, 박창령이 훈민정음 제작에 기여한 공로를 크게 인정받은 것으로 보인다.45) 그리고 또 하나는 신라시대부터 고려, 조선시대에 이르기까지 나라에 전쟁이 날 때마다 왕실에서 영해 박씨 종사에게 지혜를 구한 일도 참작이 되었으리라고 추정된다.46)

그러나 《조선왕조실록》에는 세종 문종 단종대에 고위직을 지냈던 이들의 성명이 보이지 않는다. 이는 세조를 피해 도망가고, 단종의 복위를 꿈꾼 이들에게 가해진 세조의 탄압으로 삭제된 것으로 보인다. 그 근거는 《단종실록》에 문종은 대행대왕으로, 단종은 노산군으로, 수양대군은 세조로 가필假筆을 가한 것을 볼 수 있기 때문이다.

아무튼 박창령은 세종대왕을 도와 1443년 12월 훈민정음을 무사히 완성하고, 1446년 9월 반포되는 것까지 보고나서 1449년 운명하였다. 73세의 나이로 평양서윤 재직 중이었다. 그리고 다음해 1450년 음력 2월에는 세종대왕마저도 승하하시니, 하나의 목적을 이루기 위해 두 존재는 이 세상에 오셨던 것일까? 박창령이 졸卒하자 김시습은 15세의 나이로 박창령의 행장行狀을 썼다.

'(생략) 그분의 말학末學으로서 다행히 전날 당상에 올라가 公의 위의를 보고 음성을 들었으며, 공의 손자 규손, 효손, 계손과 사귀어 놀았으니 아름다운 일이었다. 행적을 써달라는 부탁을 받고 감히 사양치 못하고 기록한다.'47)

---

45) 김시습,〈징심록추기〉제13장, 然則英廟之慇懃於公家之裔 有所當然而況訓民正音二十八字 取本於澄心錄者乎.
46) 위 책, 제7장 7절, 新羅武烈王微時 與金庾信等 就業於仙桃山下百結先生之曾孫痲靈干先生 先生常以百結先生之道授之恒設符都統一之論 極斥外來之法 後武烈王登位與庾信及先生之子龍文等 謀而成三國統一之業云 ; 같은 책, 제7장 10절, 麗祖顯宗時契丹之禍繼作 王使姜邯贊 累訪寧海 求言甚勤 ; 같은 책, 제7장 11절, 忠烈王時 有蒙之亂 王遣使寧海 詳審理勢 ; 같은 책, 제7장 12절, 李太祖奉命犯遼 己發大軍 儒者金生甚憂 乃求言於寧海 金生得言直走太祖陣中 密禀回軍之事 太祖前夜夢得金尺云.

이로 보아 김시습은 처음에는 박창령에게 수업하다가, 그가 세상을 졸후한 이후부터 그의 아들 박도(1396~1459)에게서 수업한 것으로 보인다. 자신을 가르친 박도의 행장에서 김시습은 이렇게 썼다.

'(생략) 아! 생각컨대 나같이 한미한 종적으로서 일찍이 공공의 아들 박계손과 함께 세한지맹歲寒之盟을 맺고 한 고을에 같이 살면서 공을 오래도록 모셨고, 또 공을 잘 알게 된 것이다. 밤새도록 크게 탄식한 것은 무엇을 생각하여 그런 것이며, 꽃을 보며 눈물을 뿌린 것은 무엇을 감동하여 그런 것인가? 포신공이 자기 돌아가신 아버지의 행장을 기록해 달라고 부탁하므로, 내 감동된 바 많아 삼가 이 글을 쓴다.'48)

영해 박씨들은 1455년 세조가 단종의 왕위를 찬탈하고 정권을 장악하자, 모두 벼슬을 버리고 한양을 떠나 강원도 철원 복계산 금화로 들어갔다. 이때 이들과 함께 들어간 매월당 김시습의 〈징심록추기〉와 집현전 부제학 조상치의 〈정재실기〉의 내용이 아래와 같이 일치한다.

〈징심록추기澄心錄追記〉49)
'노산조魯山朝(단종) 을해(1455) 윤6월 단종 손위일을 당하여, 박씨 대소가가 마침내 서울을 떠나 사방으로 흩어지니, 차가의 사람들이 금화로 들어갔다. 이때 운와 효손공이, 종가가 창황한 중에, 《징심록》을 받아가지고 금화로 들어가 숨어버리니, 때에 나도 같이 따라갔기에 비로소 읽어보게 되었다. 뒤에 다시 차가 포신공의

---

47) 《영해박씨세감》상, 238쪽. 嗚呼余末學 辛昔登拜瞻其儀承其咳蔚然爲一世之師表 仍與公之孫 奎孫孝孫季孫從以交遊者雅矣 有行蹟之託不敢辭而遂述焉.
48) 《영해박씨세감》상
49) 김시습, 〈징심록추기〉; 조상치, 〈정재실기〉; 박금,〈징심록후기〉

집에 전해지니, 공公의 아들 훈씨가 가지고 문천 운림산 속으로 숨어버렸다.'

〈정재실기靜齋實記〉50)
'경태景泰 을해 단종 3년 윤6월 단종 손위일에 김시습은 정재 조상치와 사복정증판중추 박도, 부사직 박제, 예빈향부사과 박규손, 병조판서 박계손 등 부자 형제 숙질 7인과 더불어 철원 복계산 금화현 십리남 사곡촌이란 곳에 들어가서 초막을 지어 살았다. 여기에서 구은동이란 이름이 생겼으며, 시습은 창암 밑에 작은 방을 만들어 이거 소요하다가 나중에 춘천으로 들어갔다.'

영해 박씨 7인과 김시습, 조상치, 이렇게 9인이 은거해 있던 연유로 해서 그곳의 지명이 구은동九隱洞이 되었으며, 나중에 이들을 기념하여 구은사九隱祠도 생겼다. 영월에 유배된 단종은 자규루에 올라 두견새에 자신을 빗댄 〈자규사子規詞〉를 지었는데, 이때 이들이 〈자규사〉에 차운하였다.51)

김시습은 21세 때 이곳 금화에서 영해 박씨 가문에서 비밀리에 간직해 내려오던 《징심록》과 《금척지》를 처음으로 읽었으며, 고대어로 쓰인 원본을 당시의 문장인 한문으로 적으며 〈징심록추기〉를 썼다. 바로 이 〈징심록추기〉에 '세종대왕이 《훈민정음》 28자의 근본을 《징심록》에서 취하였다.52)'는 대목이 들어있다. 그리고 김시습의 〈징심록추기〉에 보이듯이 영해 박씨들은 세조를 피해 함경남도 문천 운림산 수한동水寒洞으로 더 들어갔고 《징심록》도 같이 이동되었다.

---

50) 김시습,〈징심록추기〉; 조상치,〈정재실기〉; 박금,〈징심록후기〉
51) 《영해박씨세감》《정재실기》《매월당전집속집》《탁영집속집》《면암집》
52) 김시습,〈징심록추기〉제13장, 然則英廟之慇懃於公家之裔 有所當然而況訓民正音二十八字 取本於澄心錄者乎.

4. 〈징심록추기〉와 김시습

매월당 김시습(1435~1493)은 잘 알려져 있다시피 한국 최초의 한문소설인 《금오신화》를 썼으며, 생육신生六臣 중 한 사람이다. 본관은 강릉이며, 신라 왕 김알지의 후예인 원성왕의 동생 김주원의 후손이다. 김주원이 강릉을 영지로 받았으므로, 그의 자손들이 강릉을 본관으로 삼았다.

김시습은 세종 17년(1435) 영해 박씨들과 한 마을인 서울 반궁泮宮(성균관)에서 태어났다. 아기는 총명하여 태어난 지 8개월 만에 저절로 글을 알았고, 3세에는 글을 자유로이 지을 수 있었으며, 5세에는 문리文理를 깨달았다. 5세에 이웃에 사는 수찬 이계전 문하에서 《중용》과 《대학》을 통달하자, 사람들 사이에 신동이라는 소문이 났다.

영해 박씨 종사 박창령은 훈민정음 제작 일로 가까이 있던 세종대왕에게 한 마을에 사는 어린 신동의 이야기를 전했으며, 세종대왕은 정승 허조로 하여금 가서 확인하게 하였다. 이름난 정승 허조가 집으로 찾아가 "내 늙었으니, 늙을 노老자로 시를 지어보라." 하자, 어린 시습이 "늙은 나무에 꽃이 피니, 마음은 늙지 않았네."53) 하였고, 허 정승은 '신동'이라며 감탄을 연발하였다.

세종대왕이 다시 대궐로 불러들여 승정원 지신사 박이창으로 하여금 시험하게 하였다. 박이창이 시습을 무릎에 앉히고 "네 이름을 가지고 글을 지을 수 있겠느냐?" 하니 "올 때는 포대기에 싸여 온 김시습입니다."54) 하였다. 지신사가 다시 벽에 그려진 산수화를 가리키며 시를 지어보라 하자 "작은 정자 뱃집엔 그 누가 사나?" 하였다.

세종대왕이 "동자의 학문은 마치 백학이 푸른 소나무 끝에서 춤을 추는 것 같구나."55) 하니, 시습이 "어진 임금님의 덕은 마치 황룡이 푸른 바다

---

53) 老木開花心不老.
54) 來時襁褓金時習.

가운데서 노니는 것 같습니다."56) 하였다. 이에 세종대왕이 크게 기특하게 여기며 비단을 하사하시고57) 그 아버지를 불러 이르기를 "이 아이를 잘 기르라. 내가 장차 크게 쓰겠다." 하였다.58)

영해 박씨와 김시습의 관계는 김시습 자신이 〈징심록추기〉에 기록하고 있듯이, 그는 영해 박씨 가문의 종사宗嗣에게 우리민족 고유의 도道인 천웅도를 20여 년간 수업 받았다. 이들의 인연 또한 선대로 올라가는데, 박제상이 고구려에서 구해온 눌지왕의 동생 복호는 바로 김시습의 직계 조상이었다. 그는 《징심록》을 처음 읽었을 때 이렇게 기록하고 있다.

'아, 우리 가문 선대의 복호공이 일찍이 공公의 대은大恩을 입은 지 천년이 지난 후에, 또 공의 자손과 이웃이 되어, 한집처럼 내왕하며 동족같이 만나보고, 나는 또 훌륭한 가문에서 수업 받고, 말세(세조의 왕위찬탈)를 당한 연유로, 공의 후예와 더불어 다시 세한지맹을 맺어 천리 밖으로 유랑하니, 이것이 바로 천명天命이란 것인가!'59)

매월당 김시습은 영해 박씨와 같은 마을 반궁에서 태어나 20여 년 동안 가족과도 같은 보살핌 속에서 영해 박씨 종사에게 천웅도를 공부하였다. 그리고 그들과 함께 세조를 피해 숨은 강원도 철원 금화에서 21세의 김시습은 비서秘書《징심록》과 《금척지》를 처음으로 읽어보았으며 〈징심록

---

55) 童子之學白鶴舞靑空之末.
56) 聖主之德黃龍翻碧海之中.
57) 김시습, 《매월당시집》권14, 〈溟州日錄〉, 〈敍悶〉2, 少小趨金殿 **英陵賜錦袍** 知申呼上膝 中使勸揮毫 競道眞英物 爭瞻出鳳毛 焉知家事替 零落老蓬蒿.
58) 남효온, 《추강집》, 〈사우명행록〉, 世宗命招承政院賦詩 大異之 召其父敎之曰 善養此兒予將大用.
59) 김시습, 〈징심록추기〉 제1장, 噫 吾家先世卜好公 曾受大恩於公而千載之下 又作隣於公裔之家 來往如一家 接遇如同族 余又受業于高門而當 此世路之末由 與公之裔 更結歲寒之盟 浪跡於千里之外 此天那命那. 今讀此書 忽然在於千載之上 如謁於公而尤不勝感慕於吾家先世之羅代也.

추기〉를 쓴 것이다. 그리고《매월당집》(1583)에 나오는 행력에 의하면, 29세(세조9년, 1463)에는 왕실 내불당內佛堂에서 이루어진《법화경》언해 작업에도 참여한 것으로 되어 있다.

5. 결 론

지금까지 살펴본 바로서 우리는 다음과 같은 세 가지 사항을 알 수 있었다.
 1) 훈민정음의 구성과 기본자 디자인이《천부경》의 천지인(㊉, ○□△, ·—ㅣ) 3극 사상에서 취해졌다.
 2) 훈민정음 제작 원리가 된 우리민족의 고유사상과 철학을 박제상의 후손인 박창령이 제공하였다.
 3) 그동안 소리글자라고만 알고 있었던 훈민정음이 실은 뜻글자이기도 하다.
 즉 훈민정음에 천지인天地人(㊉, ○□△, ·—ㅣ) 3극 사상의 뜻이 들어 있는 것으로서,《천부경》의 '一析三極' '天一一地一二人一三' '一積十鉅無匱化三' 등이나《삼일신고》의 핵심사상인 '執一含三 會三歸一' '一卽三三卽一' 등의 의미가 훈민정음에 그대로 내포되어 있는 것이다.
 《천부경》을 설했던 주인공은 환웅이었다. 그리고 영해 박씨 가문에서 대대로 전수되어 내려온 천웅도天雄道 역시 '하늘에서 내려온 환웅의 도'이다. 그러므로 성리학 시대의 군주였던 세종대왕에게 우리민족의 고유사상과 철학을 제공하고《훈민정음》제작에 결정적인 영향을 미친 것은 바로 고대의 가림토 글자가 들어있는 박제상의《징심록》과 그의 후손 박창령이었음을 알 수 있다.
 《한단고기》〈태백일사〉에는 가륵단군 2년에 삼랑 을보륵이 정음 38자를 정리하고 이를 가림다加臨多라고 했다는 내용이 나온다. 그리고 1998년 중국 산동성 환대桓臺에서 녹각에 새겨진 가림토문자가 발굴되었는데, 탄소측정결과 3850년 전의 것으로 확인되었다.60)

그렇다면 세종대왕은 왜 훈민정음 제작 과정과 참여자를 비밀로 해야만 했던 것일까? 그것은 훈민정음 제작 당시의 시대상황 때문이었다. 당시는 명나라의 심한 내정간섭을 받고 있던 상황이었으며, 유교를 국교로 삼고 성리학을 치국이념으로 삼아, 다른 사상은 모두 배척했던 조선시대였다. 그러므로 훈민정음 제작 과정은 세종대왕의 비밀 프로젝트였던 것이다.

세종대왕은 유불선 모든 문물을 장려한 임금이었지만, 사대주의에 젖은 관료대신들이 유교사상 이외에는 받아들이지를 않았다. 때문에 우리민족 고유사상의 원리를 제공하고 훈민정음 제작에 공을 세운 인물들을 비밀에 붙일 수밖에 없었던 것이다.

지금은 지구촌 시대를 넘어서 우주촌 시대가 되었다. 《천부경》을 가장 먼저 활자화시킨 전병훈(1857~1927)은 이미 100여 년 전에 벌써 세계가 한 집안이 되는 '세계일가世界一家 대동사회大同社會'를 내다보았다. 그렇다면 거기에 맞춰 글자의 통일도 필요할 것이다.

현재 세계 강대국의 글자는 영어 알파벳(로마자)과 중국 한자이다. 그러나 영어 알파벳이나 중국 한자와 비교할 때 한글의 우수성과 가치는 한층 더 돋보이고 있다. 영어는 하나의 문자에 여러 발음이 있다. A 하나만 보더라도 [a]로 발음이 날 때(art)가 있고, [e]로 발음이 날 때(able)가 있고, [ə]로 발음이 날 때(again)가 있고, [æ]로 발음이 날 때(apple)가 있는 등 그 발음만 해도 여러 개나 된다. 그러나 한글은 하나의 문자에 하나의 소리만 나므로 헷갈리지가 않는다. 그리하여 영어처럼 서로 다른 발음기호들을 외워야만 하는 어려움이 없다.

한자漢字도 마찬가지다. 하나하나의 뜻과 모양을 모두 외어야만 하며 일

---

60) 1998. 3. 31. 경향신문 7면, 산동성 환대시에서 발굴된 가림토문자, 유병선 기자.

반인은 3천자 내지 5천자, 학자라면 1만자는 외워야 한다고 한다. 그러나 한글은 28자만 익히면 이를 초성·중성·종성 조합하여 무한한 단어가 창출된다. 글자 또한 간단하면서도 전환이 무궁하여 최소한의 글자로 최대한의 효과를 낼 수 있다. 특히 컴퓨터와 핸드폰이 필수품인 IT시대의 현대에 있어 한글은 그 뛰어난 우수성과 독자성을 이미 세계만방에 입증하였다.

   훈민정음이 이토록 완벽한 것은 자연의 원리에 따라서 만들어졌기 때문이다.61) 사람들이 쉽게 익히어 생활의 편리함을 도모하며62) 슬기로운 사람이라면 하루아침에, 어리석은 사람이라도 열흘이면 배울 수 있는63) 한글로서 우리 대한민국은 더욱 더 '널리 세계를 이롭게 하는 홍익인간' 시대를 열어갈 수 있을 것이다.

참고자료

《천부경》
《삼일신고》
《세종실록》
《단종실록》
《훈민정음 해례본》
《영해박씨세감》
《고운최치원선생문집》
《매월당집》
《정재실기》
《동국열전》

---

61) 《훈민정음 해례본》, 〈정인지 서〉, 有天地自然之聲 則必有天地自然之文.
62) 위 책, 〈세종대왕 서〉, 欲使人人易習 便於日用耳.
63) 위 책, 〈정인지 서〉, 故智者不終朝而會 愚者可浹旬而學.

박제상, 김은수 역해, 《부도지》(부: 김시습의 징심록 추기), 기린원, 1986.

김시습, 〈징심록 추기〉, 《부도지》, 기린원, 1986.

김대문, 이종욱 역주해, 《화랑세기》, 소나무, 1999.

김재수, 〈김시습의 징심록 추기고찰〉, 《어문논총》9, 전남대학교 어문학연구회, 1986.

박영진, 훈민정음 해례본의 발견 경위에 대한 재고, 《한글새소식》 395, 2005.

전병훈, 《정신철학통편》, 정신철학사, 1920.

정현축, 《청한자 김시습의 선도사상 연구》, 원광대학교 박사학위논문, 2014.

논문 2

화랑도와 차

정 현 축 (철학박사, 작가, 명상가)

---

1. 문제제기
2. 신라 4선仙과 차茶
3. 고려시대
4. 조선시대
5. 결론

---

1. 문제제기

한국에서 가장 오래된 차茶 유적지와 유물은 강릉 경포대와 한송정寒松亭 그리고 그곳에 남아있는 신라 4선仙이 차를 달여 마시던 다구茶具들이다. 당시의 화랑花郞들은 명산대천名山大川을 다니며 고매한 풍류 속에서 차를 즐기고 심신心身을 수련하였다. 신라 4선仙인 영랑永郞·술랑述郞·남랑南郞·안상랑安詳郞은 당시 신라 전국토의 인심을 풍미하였으며, 그중에서도 영랑은 우리민족 고유固有의 선맥仙脈을 계승한 중요 인물이었다.

고려시대의 많은 문인들은 경포대와 한송정을 유람하며 신라 4선仙의 이야기와 함께 남겨진 다구茶具들에 대해 노래하고 있다. 다음은 김극기金克己(1148~1209)의 〈한송정〉이란 시이다.

여기는 4선仙이 유람하던 곳	云是四仙從貴地
지금도 남은 자취 참으로 기이하구나.	至今遺迹眞奇哉
주대酒臺는 쓰러져 풀 속에 묻혀있고	酒臺歆傾沒碧草
다조茶竈에는 내당굴 이끼 끼어 있구나.	茶竈今落窟蒼苔1)

고려말 문인 안축安軸(1287~1348) 역시 〈한송정〉이란 시에서 4선이 차 끓이던 차우물(茶井)을 보았음을 다음과 같이 노래하고 있다.

4선이 일찍이 여기 모였을 때	四仙曾會此
객은 맹상군 문전 같았겠지	客似孟嘗門
구슬신발 지금은 구름처럼 자취 없고	珠履雲無迹
울창한 소나무는 불에 타 없어졌네	蒼官火不存
신선을 생각하니 울창하던 푸른 숲도 떠오르고	尋眞思翠密
그 옛날 회상하며 황혼에 서 있네	懷古立黃昏
남은 것은 오직 차 끓이던 우물만이	唯有煎茶井
아직도 돌 뿌리 옆에 그대로 남아 있구나.	依然在石根2)

역시 고려말 문인 익제 이제현李齊賢(1287~1367)도 《묘련사석지조기》에서 삼장순암 법사가 한송정을 유람하다가 묘련사에 있는 것과 비슷한 석지조를 보았다는 기록을 다음과 같이 인용하고 있다.

  - 삼장순암三藏順庵 법사가 천자의 조서를 받들어 풍악산 절에 불공드리고서 그 길로 한송정을 유람하였다. 한송정에 석지조石池竈가 있으므로 마을 사람들에게 물으니 "옛날 사람들이 차를 끓여 마시던 것인데, 어느

---

1) 《신증동국여지승람》 제44권, 〈강릉대도호부〉
2) 《동문선》 제9권, 〈한송정〉

시대에 만든 것인지는 모르겠습니다." 하였다. 법사가 혼자서 생각하기를 어릴 때 일찍이 묘련사에서 2개의 돌이 풀속에 있는 것을 보았는데 그 형상을 생각하면 이런 물건이 아니었던가 하였다. 그리고 돌아와서 찾아보니 과연 있었는데, 그 한쪽은 네모나게 갈라서 말처럼 만들고 그 가운데를 둥글게 하여 절구와 같으니 샘물을 담는 것이고, 그 아래에는 구멍이 있어 입과 같으니, 흐린 물을 나가게 해서 맑은 물을 고이게 하는 것이다. 다른 하나는 두 곳이 움푹한데 둥근 것은 불을 때는 곳이고 길쭉한 것은 그릇을 씻는 곳이다. 또 구멍을 조금 크게 하여 움푹하게 하였는데 둥근 것은 바람이 들어오게 한 것으로, 합하여 이름하면 석지조라는 것이었다.3)

이곡李穀(1298~1351) 또한 〈동유기東遊記〉에서 '관동팔경을 유람하던 중 경포대와 한송정에서 4선仙이 차를 달이던 돌부뚜막과 돌우물 등을 보았다.'고 다음과 같이 기록하고 있다.

- 옛날에는 경포대에 집이 없었는데, 요즈음 호사자가 정자를 지어 놓았다. 옛날 선인仙人의 석조石竈가 있으니, 차를 달이던 도구이다. 동쪽에는 사선비四仙碑가 있었으나 (송나라에서 온) 호종단이 바다에 던져 버려서 지금은 귀부龜趺(거북모양의 비석 받침돌)만이 남아 있다. 한송정의 정자 또한 4선仙이 노닐던 곳인데, 고을 사람들이 구경꾼들 오는 것을 귀찮게 여겨 집을 헐어 버렸고, 소나무도 들불에 타버렸다. 오직 석조石竈·석지石池와 2개의 석정石井만이 그대로 남아 있는데, 이것 역시 4선仙의 다구茶具들이다.4)

---

3) 《동문선》 제69권, 〈묘련사석지조기〉, 三藏順庵法師 奉天子之詔 祝釐于楓岳之佛祠 因遊寒松之亭 其上有石池竈焉 訊之土人 盖昔人所以供茗飲者 而不知作於何代 師自念曰 幼時嘗於妙蓮寺 見二石草中 想其形製 豈此物耶 及歸物色而求 果得之 其一方剷之如斗 爲圓其中如臼 所以貯泉水也 下有竅如口 啓以洩其渾 塞以畜其淸也 其一則有二凹 圓者 所以庯火 橢者 所以滌器 亦爲竅 差大以通凹之圓者 所以來風也 合而名之 所謂石池竈也.
4) 《동문선》 제71권, 〈동유기〉, 鏡浦臺舊無屋 近好事者爲亭 其上有古仙石竈

그러나 안축安軸(1287~1348)의 기록을 보면 원래 있다가 없어진 경포대의 정자를 고려 충숙왕 13년(1326)에 지추부학사知秋部學士 박숙朴淑이 다시 지은 것을 알 수 있다.

- 병인년에 지추부학사 박숙朴淑이 내게 말하기를 '경포대는 신라 때 영랑선인永郞仙人들이 노닐던 곳인데, 나 또한 경포대에서 산수山水의 아름다움을 감상하며 참으로 좋았던 마음이 지금까지도 잊혀지지 않는다. 그런데 정자가 없어서 비바람이 치면 유람자들이 고생하는 것을 보고 내가 고을 사람들에게 명하여 경포대 위에 작은 정자를 짓고 있으니, 그 기문을 지어 달라.' 하였다. (중략) 옛적에 영랑선인이 이 대에 노닐 때는 반드시 좋아한 까닭이 있었을 것이다. 지금 박공이 좋아하는 것도 영랑의 마음과 같은 것인가? 박공이 고을 사람들에게 이 정자를 짓도록 명하자 고을 사람들은 '영랑이 이 대에서 놀았으나 정자가 있었다는 말은 듣지 못했는데, 천 년이나 지난 지금 정자는 지어서 무엇 하겠습니까?' 하면서 반대하였다. 그러나 공은 듣지 아니하고 역군들을 독촉하여 흙을 깎다가 정자 옛터를 발견하였다. 주추와 섬돌이 그대로 남아 있으니, 고을 사람들도 감히 딴 말을 하지 못하였다. 정자 터가 이미 오래되어 까마득하게 묻혀 고을 사람들조차 몰랐던 것이다. 그런데 지금에 이르러 우연히 발견되었으니, 영랑이 오늘날에 다시 태어난 것일까?5)

고려시대 강릉부윤으로 있던 석간石磵 조운흘趙云仡(1332~1404)은 안렴사按廉使 박신朴信(1362~1444)에게 이렇게 말하였다.

盖煎茶具也. 東有四仙碑 爲胡宗旦所沉 唯龜趺在耳 飮餞于寒松亭 亭 亦四仙所遊之地 郡人猒其遊賞者多 撤去屋松 亦爲野火所燒 惟石竈 石池 二石井 在其旁 亦四仙茶具也.
5) 《신증동국여지승람》 제44권, 〈강릉대도호부〉

- 경포대에는 옛날 선인仙人들의 자취가 남아있고, 산정山頂에는 차를 달이던 아궁이가 있다. 한송정에는 사선비四仙碑가 있으며, 지금도 선조仙曹와 신려神侶들이 왕래하고 있다.6)

조선시대 서거정徐居正(1420~1488)도 '강릉에는 신선들이 남긴 자취가 있는데, 가장 좋은 구경거리는 경포대 한송정의 석조石竈·석지石池 등과 문수대이며, 호종단胡宗旦이 사선비四仙碑를 바다에 가라앉게 한 것은 참으로 괴이하다.'고 적고 있다.7)

송나라의 호종단이 4선비를 바다에 빠트리고 밑받침만 남은 것을 조선 고종 때의 강릉부사 윤종의尹宗儀(1805~1886)가 부임하면서 '신라선인영랑연단석구新羅仙人永郞鍊丹石臼'라고 글씨를 새겼다.8)

이렇듯 《동문선》이나 《신증동국여지승람》 등에는 한송정에 신라 4선이 노닐며 차를 달이던 다천茶泉·석정石井·석지조石池竈·석구石臼 등의 차 도구들이 있었다고 전하고 있다.9)

이렇듯 가장 오래된 신라 4선의 차유적이 경포대와 한송정에 존재함에도 불구하고 한국에서는 다도茶道가 불교에 근간을 두고 있는 것으로 여기는 분들이 참으로 많다. 그리고 신라 선덕여왕(재위632~647) 때 승려들에 의해 차가 당나라에서 처음 들어왔으며, 흥덕왕 3년(828) 대렴大廉이 당나라에서 차 씨를 가져와 지리산에 처음 심었다는 학계의 통설은 재고

---

6) 서거정,《동인시화》;《신증동국여지승람》제44권,〈강릉대도호부〉;《퇴계선생문집고증》권8,〈제강릉운운〉, 朴惠肅愼按江原 愛江陵妓紅粧 秩滿將還 府尹趙石澗註云 粧已仙去 朴悼念思想 府有鏡浦臺 尹遨廉使出遊 密令紅靚餙艶服 別具畫船 選一老官人 載紅粧 擊楫入浦口 徘徊洲渚間 絲管淸圓 如在空中 尹語廉使 曰 此地有仙曹神侶 往來其間.
7) 《신증동국여지승람》 제44권, 〈강릉대도호부〉
8) 《증보임영지》〈불우조〉
9) 《동문선》 제69권, 〈묘련사석지조기〉;《동문선》 제71권, 〈동유기〉;《신증동국여지승람》 제44권, 〈강릉대도호부〉 등.

되어야 할 것이다.

2. 신라 4선仙과 차茶

현존하는 한국의 가장 오래된 차 유적지는 신라 4선仙이 차를 달여 마시던 경포대와 한송정이다. 그렇다면 여기서 중요한 것은 신라 4선의 생존 시기일 것이다. 그들이 살았던 시기는 과연 언제일까?

첫째, 역대 풍월주風月主들의 사적을 기록한 김대문金大問(?~704~?)[10]의 《화랑세기花郎世紀》에 이들이 나타나지 않는 것으로 보아, 그 이전 시대의 인물임을 알 수 있다.

둘째, 제1대 풍월주는 진흥왕 원년(540)에 취임한 위화랑魏花郎이다.[11] 위화랑은 이미 그 이전인 법흥왕 대부터 총애를 받아 '화랑'이라고 불리었다. 신라 23대 법흥왕(재위514~540)은 고대의 풍류도를 신라에 처음 부흥시킨 왕이며, 그것을 24대 진흥왕(재위540~576) 대에 더욱 더 발전시키고 제도화 시켰다. 그러므로 영랑의 생존 시기는 540년 이전으로 거슬러 올라간다.

셋째, 《청학집》은 '단군이 아사달 산에 들어가 신선神仙이 되었으며, 그 교훈은 결청지학潔淸之學으로 요약되어 문박씨文朴氏를 통해 신라의 영랑永郎에게 전해졌다.'고 하였다.[12] 그러므로 이러한 문헌들의 기록으로 보아, 영랑은 신라 초기 인물로 추정된다.

넷째, 영랑이 신라 초기 인물로 추정되는 또 하나의 근거는, 영랑의 제자 보덕의 이름 앞에 꼭 '마한의 신녀神女 보덕'라는 접두어가 붙는다는 것이다. 마한에서 태어났기 때문에 그렇게 불렀을 것이다.

---

10) 신라 성덕왕 3년(704) 한산주도독을 지냈음.
11) 김대문 저, 이종욱 역주해, 《화랑세기》, 소나무 출판, 1999.
12) 조여적 저 이종은 역주, 《청학집》, 보성문화사, 1986, 16쪽.

마한은 멸망하여 가장 크게는 백제로, 그리고 일부는 신라와 고구려로 흡수되었다. 그렇다면 마한馬韓의 신녀神女 보덕寶德의 생존 연대를 알기 위해서는 마한의 멸망 시기가 중요할 것이다.

마한은 삼한三韓 당시 주변국들 중에서 가장 강성한 맹주였다. 그래서 박혁거세왕의 사신으로 온 표공을 마한 왕이 '대국大國에 대한 예의도 없이 공물을 가져오지 않았다.'고 꾸짖기도 하였다.[13]

진한(신라)은 마한이 동쪽 땅을 떼어주었던 것이고[14] 백제 역시 마한이 동북쪽 100리 땅을 떼어줘서 건국한 것이었다.[15] 그러나 AD8년 마한은 백제 온조왕에게 불시의 습격을 받아 성을 빼앗겼고[16] AD16년에는 거의 멸망한 것처럼 보였다.[17]

그러나 잔여세력이 있었던지 탈해왕 5년(AD61) 마한의 장수 맹소孟召가

---

13) 《삼국사기》〈신라본기〉 박혁거세왕 38년(BC20), 2월에 호공을 마한에 보내 예방하니 마한왕이 호공을 꾸짖어 말하기를 진한 변한은 우리의 속국인데 근래에 공물을 보내지 아니하니 대국을 섬기는 예가 이같을 수가 있느냐고 하였다. (三十八年 春二月 遣瓠公聘於馬韓 馬韓王讓瓠公曰 辰卞二韓爲我屬國 比年不輸職貢 事大之禮 其若是乎.)

14) 《삼국지》〈위지동이전〉, (진한의) 노인들이 대대로 전하여 말하기를 " (우리들은) 옛날의 망명인으로 진나라의 고역을 피하여 韓國으로 왔는데, 마한이 그들의 동쪽 땅을 분할하여 우리에게 주었다."고 하였다.

15) 《삼국사기》〈백제본기〉, 온조왕 24년(AD6) 가을 (음력) 7월 온조왕이 웅천책熊川柵을 세우자 마한왕이 사신을 보내 나무랐다. "온조왕이 처음 강을 건너 왔을 때 발디딜만한 곳도 없었으므로 내가 동북쪽의 100리 땅을 떼어주어 살게 하였으니, 왕을 대우함이 후하지 않았다고 할 수 없다. 그런데 이제 나라가 안정되고 백성이 모여들자 '나와 대적할 자 없다'고 생각해서 우리 강역을 침범하니, 이 어찌 의리라 하겠는가?"

16) 《삼국사기》〈백제본기〉, 온조왕 26년(AD8) 가을(음력) 7월 백제 온조왕이 말했다. "마한은 점점 쇠약해지고 윗사람과 아랫사람의 마음이 갈리어 그 형세가 오래갈 수 없을 것 같다. 나라에게 빼앗기면 순망치한 격이니 우리가 먼저 치는 편이 낫다." 온조왕은 사냥을 빙자하여 몰래 마한 국성을 습격하여 병합하였다. 그러나 원산성과 금현성의 두 성만은 굳게 지켜 항복하지 않았다.

17) 《삼국사기》〈백제본기〉, 온조왕 32년(AD16) 백제가 마한을 병합한 뒤 7년이 지난 서기 16년, 마한의 옛 장수 주근周勤이 우곡성에서 일어나 투쟁하였다.

복암성覆巖城을 들어 투항해 왔다는 기록이 있다.18) 이와 맞물려 청주 한씨 족보에는 마한이 (백제에) 망했을 때 한 왕자가 신라왕에게로 달아나 투항하였고, 청주 한씨의 시조가 되었다는 구절이 있다. 그렇다면 맹소가 투항할 때 거기에는 신라 왕자와 마한의 신녀 보덕도 있었을 것이다.

그렇게 신라 땅으로 넘어온 마한의 신녀 보덕이 영랑을 만나 도를 받은 것이 된다. 그렇다면 영랑과 보덕의 생존 시기는 AD61년 전후일 것이고, 적어도 삼국이 안정되기 이전이므로 '마한의 신녀 보덕'이라고 불렀을 것이다.

이처럼 신라 초기의 인물로 추정되는 영랑과 화랑들이 경포대와 한송정에 남긴 차유적은 당시 화랑들이 풍류도風流道의 일환으로서 다천茶泉·다정茶井·석정石井·석지조石池竈·석구石臼 등 다도茶道와 다례茶禮에 필요한 구체적인 형식을 제대로 갖춘 상태에서 차 생활을 즐긴 것을 알 수 있다. 그리고 차를 마시는 4단계19)로 보았을 때도 최고 경지인 '차를 통해 정신의 향유와 인격의 승화에 도달하는 다도茶道'를 수행하고 있었음을 알 수 있다.

신라에 불교가 수입된 것은 법흥왕 14년(527)이다. 그러니 불교가 융성하기 이전에 이미 신라의 화랑과 귀족들은 민족 고유의 풍류정신이 깃든 차茶를 즐기고 있었음을 알 수 있다.

선덕여왕 시기, 즉 통일신라 전후에는 화랑이나 귀족, 승려들 사이에 차茶가 보편적인 음료로 유행하던 시기였다. 그리하여 화랑도이자 삼국통일의 주역이었던 김유신이 산중 수련했던 경주 단석산斷石山에는 '화랑헌다공양상花郞獻茶供養像'이 전해져 내려오고 있는 것이다.20)

---

18) 《삼국사기》〈신라본기〉 탈해왕 5년(AD61) 마한의 장수 맹소孟召가 복암성을 들어 항복하였다.
19) 1단계 : 해갈에 필요한 음료로 차를 물을 마시듯이 마시는 것.
　　2단계 : 색·향·맛을 음미하며 격식을 갖추어 차를 마시는 것.
　　3단계 : 예술성과 분위기를 조성하여 차를 마시는 것.
　　4단계 : 최고의 정신적 경지를 추구하며 차를 마시는 것.
20) 최정간, 〈일본 실정室町시대의 초암차에 끼친 매월당의 영향 : 경주 금오산 용장사와 함월산 지림사 차유적지를 중심으로〉, 《매월당- 그 문학과 사상》,

신라시대에 다도茶道를 즐긴 승려들은 원광법사·원효대사·충담사·월명사 등인데, 이들은 모두 화랑도와 깊은 관련이 있던 승려들이었다. 그러므로 이들을 통하여 선가仙家의 다도茶道가 불가佛家로 건너갔다고 보여진다.

원광법사는 화랑도 집안에서 태어났다. 친할아버지가 제1세 풍월주 위화랑이며, 아버지가 제4세 풍월주 이화랑, 동생이 제12세 풍월주 보리공이고, 조카가 제20세 풍월주 예원공, 조카의 아들이 제28세 풍월주 오기공이었다. 그리고 《화랑세기》를 지은 김대문은 바로 오기공의 아들이었다.[21]

이러한 인연으로 귀산과 추항이 원광법사에게 가서 가르침을 청한 것이었고, 원광법사는 그들 두 화랑에게 〈세속 5계〉를 설법해 준 것이었다. 그러나 이 5가지 실천 덕목은 원광법사가 처음 설한 것은 아니었다. 상고시대부터 전해내려 오던 소도무사의 정신으로서 국선國仙의 5대 강령이었다.

원효방에서 차정신茶精神에 큰 영향을 미친 원효대사(617~686) 또한 제7대 풍월주를 역임했던 설화랑(572~579)의 증손자가 된다.[22] 이러한 집안 내력으로 인하여 원효대사 또한 풍월도를 수련하였는데, 이는 춘원 이광수가 《종풍당수련기宗風堂修煉記》란 제목으로 작품화한 바 있다. 원효대사의 아들 설총(660~730)이 신문왕에게 바친 〈화왕계花王戒〉에는 '차와 술로써 정신을 맑게 할 수 있습니다.'라는 구절이 있다.

화랑 출신으로서 왕위에 오른 신라 제35대 경덕왕(재위742~765) 때의 승려 충담사忠談師는 화랑 기파랑耆婆郎을 사모하여 향가 〈찬기파랑가〉를 지었다. 향가鄕歌는 신라의 화랑들이 부르던 노래였다.

| 구름을 헤치고 달아난 달이 | 咽嗚爾處米露曉邪隱月羅理 |
| 흰 구름 좇아 떠가는 어디에 | 白雲音逐干浮去隱安支下 |

강원대학교 인문과학연구소편, 강원대학교 출판부, 1989.
21) 김대문 저, 이종욱 역주해, 《화랑세기》, 소나무 출판, 1999.
22) 김대문 저, 이종욱 역주해, 《화랑세기》, 소나무 출판, 1999.

새파란 강물 속에	沙是八陵隱汀理也中
기파랑의 모습 비쳤어라	耆郎矣皃史是邪藪邪
일오천 조약돌에서	逸烏川理叱磧惡希
랑郞이 지니신 마음 좇으려네	郎也支以支如賜烏隱
아!	心未際叱肹逐內良齊
잣나무 가지 드높아	阿耶栢史叱枝次高支好
서리조차 모르실 화랑이시여!	雪是毛冬乃乎尸花判也23)

충담사는 구름 속에 나타난 달에서 기파랑의 순결한 모습을 보고 있으며, 은하수와 잣나무에서도 기파랑의 고결한 절조를 그리고 있다. 이러한 충담사는 삼월삼짇날 삼화령의 미륵세존에게 차를 공양하고 돌아가던 길에 경덕왕의 부름을 받아 차를 끓여 올리고, 향가 〈안민가〉를 지어 올리기도 하였다.24)

경덕왕 19년(760) 4월 1일에는 해 두 개가 한꺼번에 나란히 떠서 10일 동안이나 없어지지 않자, 일관日官이 이렇게 주청하였다.

"인연이 있는 승려를 청하여 산화공덕을 지으면 재앙을 물리칠 수가 있을 것입니다."

경덕왕은 일관日官의 말대로 조원전朝元殿에 깨끗이 단壇을 설치하고 친히 청양루靑陽樓에 올라 인연 있는 중이 오기를 기다렸다. 그때 마침 월명사가 지나가므로 왕이 사람을 보내어 불러 축원하게 하니, 월명사가 이렇게 대답하였다.

"저는 국선國仙의 무리에 속해 있으므로 단지 향가鄕歌만 알뿐, 범성梵聲에는 능숙하지 못합니다."

---

23) 일연, 《삼국유사》, 〈경덕왕〉 충담사조
　　충담사, 〈찬기파랑가〉
24) 《삼국유사》

그러자 왕이 "이미 인연 있는 승려로 뽑혔으니, 향가라도 좋소."하니, 월명사가 〈도솔가〉를 지어 바쳤다. 그 후 태양의 괴변이 사라지고, 왕은 이를 가상히 여겨 좋은 차 1봉지와 수정 염주 108개를 하사하였다.[25]

이로서 우리는 신라의 왕들이 아랫사람에게 차茶를 하사한 사실을 볼 수 있다. 또한 원광법사, 원효대사, 충담사, 월명사 등을 통해 불가佛家로 건너간 선가仙家의 다도茶道는 이후 고려시대에 이르러 불교가 국교로 자리잡으면서 승려들의 전유물처럼 되어졌다. 즉 세력의 이동에 따라 차문화도 옮겨지게 된 것이다. 이리하여 신라시대에 풍류도로부터 시발된 차문화는 고려시대에는 불교 승려들에게, 조선시대에는 유학자들 사이에 크게 유행하였다. 그리하여 조선전기 문인 서거정(1420~1488)은 최다의 차시茶詩를 남겼으며, 점필재 김종직, 매월당 김시습, 다산 정약용, 추사 김정희, 신위, 홍현주, 이상적 등은 조선시대 대표적인 차인茶人들이었다. 이러한 조선의 다도茶道는 다시 1592년 임진왜란을 기하여 일본으로 건너갔다. 일본인들은 고쇼마루라는 배를 이용해 조선의 다기茶器들을 모두 약탈해 갔다.

3. 고려

고려시대에는 차문화가 크게 성행하여 국가적으로 일조량이 좋은 남부지방에 다소茶所라는 차 생산마을을 만들어 나라에 차를 공납하도록 하였으며, 수도에 향림정香林亭이라는 다정茶亭도 만들어 귀족들이 차를 즐기었다. 고려시대 다소茶所에서 생산된 토산차는 뇌원차腦原茶, 조아차早芽茶 등이었다.

일제시대 조선통독부에서 발행한 《고려시대 풍속관계 자료촬요》에 '뇌원차는 고려시대 전남고을에서 생산된 특산차'라고 기록되어 있는 것으로 보아, 뇌원차는 주로 전라도 지방에서, 조아차는 경상도 지방에서 생산된

---

25) 《삼국유사》, 〈월명사 도솔가〉조

것으로 보인다. 차 한 되가 쌀 한 가마니 가격이었다고 하니, 일반 서민들은 맛보기가 어려웠고 왕실이나 귀족, 승려들 사이에서 성행되었다. 그 중에서도 뇌원차는 왕실 전용차로 많이 사용되었을 뿐만 아니라 의식품, 예물품, 하사품, 부의품 등 다양하게 사용된 것을 볼 수 있다.26)

최승노(927~989)가 성종에게 올린 〈시무時務 28조〉를 보면 광종(949~975)이나 성종(981~997) 임금이 떡차인 뇌원차를 친히 차맷돌에 갈아 진다의식에 사용하기도 한 것을 알 수 있다. 이러한 고려의 뇌원차腦原茶는 송나라 등으로 수출하면서 한편 송나라의 용봉단차龍鳳團茶 등이 수입되기도 하였다.

이렇듯 고려시대에는 좋은 차들이 생산되면서 그에 알맞는 차도구들도 생산되었으니, 바로 신비한 비취색을 발하는 고려청자 찻주전자와 찻사발, 찻잔 등이었다.

1123년에 고려에 사신으로 다녀간 송나라의 서긍徐兢은 《고려도경》에서 '고려의 토산차는 쓰고 떫어 마시기가 어려웠다.'고 기록하고 있다.27) 그리고 '비취색 작은 사발(翡色小甌)'을 사용한 점, '고려인은 탕湯을 약藥이라고도 한다.'는 기록 등을 보아 이때 서긍이 마신 차는 백산차白山茶로 보여진다.

고려의 뇌원차나 조아차는 단맛이 나고 부드럽다. 그러나 백두산에서 나는 허브로서 고조선 시대부터 제천의식祭天儀式에 사용하며 마셨던 백산차

---

26) 부의품 - 《고려사》권93, 열전 권6, 성종 6년(987) 3월 최지몽崔知夢조 ; 성종 8년(989) 최승노조 ; 《고려사》 열전 7 목종 원년(997) 서희조.
예물품 - 《고려사》권6, 정종 4년조 ; 권16, 인종 8년(1130) 2월조 ; 권30, 충렬왕 18년 10월조 ; 《고려사절요》권21 충렬왕 18년(1292) 10월조.
하사품 - 《고려사》태조 14년(931) 가을 8월 계축일조 ; 《고려사》권3, 성종 9년(990) 겨울 10월 갑자일조 ; 권4 현종 즉위년(1009), 12년(1021), 13년(1022)조 ; 권7, 문종 3년(1049) 3월 경자일조 ; 권8, 문종 21년(1067) 9월 정유일조 ; 권11, 숙종 4년(1099) 9월 정묘일조 ; 권12, 숙종조 9년(1104) 8월 을사일조 ; 《고려사절요》권3, 현종 9년(1018) 2월 무진일조 ; 권6, 숙종2년(1097) 6월, 7월조 ; 권8, 예종조 10년(1115) 8월조.
27) 서긍, 《선화봉사고려도경》제32권, 〈茶俎〉, 土産茶 味苦澁 不可入口.

는 쓰고 매운 맛이 있으며, 조선시대에도 어용차御用茶로 사용했다는 기록이 있다.28) 효능은 마음을 편안하게 해주고 잠을 잘 자게 해주니, 먼 길을 온 송나라 사신의 여독을 풀어주기에 좋았을 것이다. 그리고 백산차는 많이 마시면 안되는 차이므로 '소구小甌'를 사용했을 것이다. 고려는 송나라 사신에게 특별히 가장 귀한 차를 대접했지만, 서긍의 입맛에는 맞지 않았다.

필자가 어렸을 때, 이른 초봄 밥상에 올라온 씀바귀무침을 선친께서는 맛나게 잡수시며 "씀바귀는 소고기보다도 맛있다."고 말씀하셨다. 필자의 어린 소견으로는 '쓰기만 한 씀바귀가 뭐가 맛있을까?' 이해하지 못하였지만, 커서야 필자도 그 '맛'을 알 수 있었다. 이처럼 맛에도 단계가 있어서, 단맛은 어린아이도 아는 맛이지만, 쓴 맛이나 떫은 맛을 아는 데에는 '경지'가 필요하다.

4. 조선시대

조선시대에는 다산茶山 정약용, 추사 김정희, 초의선사 및 많은 문인들 사이에서 차가 크게 유행하였으며, 서거정은 최다의 차시茶詩를 남기기도 하였다. 그중에서도 특히 선도仙道를 수행하며 직접 차茶 재배까지 한 인물은 김종직金宗直과 김시습金時習을 들 수 있다.

---

28) 이능화, 《조선불교통사》하, 〈지리산 唐茶〉, 朝鮮之長白山 山茶名白山茶 乾隆 時淸人採貢 宮庭爲御用之茶.

〈김종직과 김시습의 연관 대조표〉

행 적	김종직	김시습
생몰연대	1431~1492	1435~1493
차 재배	함양 휴천면 동강리 다원	경주 금오산 용장사 초암
선도仙道	수행	수행
공유제자	남효온, 홍유손, 정희량	남효온, 홍유손, 정희량
사육신	지지	지지
천웅도天雄道 전수자 가문인 영해 박씨 관련 작품	〈징심헌차운〉 〈치술령〉〈대악〉 〈양산징심헌야좌기소견〉	〈징심록 추기〉〈박창령 행장〉 〈박랑 행장〉〈박도 행장〉 〈박계손 행장〉〈우제〉〈감회〉

 김종직은 40세에 함양 군수로 부임되면서 백성들이 함양에서 나지도 않는 공물차를 대궐에 바치기 위해 어렵게 다른 지방까지 가서 사다가 바치는 것을 보았다. 그리하여 그는 차를 백성들에게 거두지 않고, 관청에서 자체적으로 대궐에 상납하기로 마음먹고, 전해 내려오는 문헌을 바탕으로 노인들에게 물어 신라 때부터 전해지던 차 종자를 마침내 발견하였다. 이때부터 관청에서 직접 차밭을 재배하니, 이것이 바로 지금까지 남아 있는 경남 함양군 휴천면 동강리 차밭이었다. 백성들의 고통을 덜어주기 위해 김종직이 신라의 차 종자를 찾느라고 고심한 흔적은 그의 시 〈다원茶園〉에 잘 나타나 있다.

임금님 장수케 하고자 좋은 차 바치려 하나	欲奉靈苗壽聖君
신라 때부터 전해지던 씨악 종자를 찾지 못하다가	新羅遺種久無聞
이제야 두류산 아래서 구하게 되었으니	如今擷得頭流下
우리 백성들 조금은 편케 되어 기쁘네	且喜吾民寬一分

대숲 밖 거친 동산 수백 평 언덕에	竹外荒園數畝坡
자영차 조취차 언제쯤 자랑할 수 있을까?	紫英烏觜幾時誇
다만 백성들의 근본 고통을 덜게 함이지	但令民療心頭肉
무이차 같은 명차를 만들려는 것은 아니라네.	不要籠加粟粒芽

김시습 역시 《금오신화》를 집필하던 31세에서 37세까지의 경주 금오산 시절, 용장사茸長寺에 초암草菴을 짓고 칩거하며 직접 차나무를 가꾸고, 손수 차도 덖었다. 그가 쓴 차시만도 70여 수 되는데. 아래 시 〈천자려구千字儷句〉는 그가 차나무를 심고 약을 캐며 《금오신화》를 구상하고 있는 것이 보인다.

종일 헛되이 보내고 다시 밤을 보내며	虛消白日還消夜
푸른 봄을 보내고 다시 또 가을을 보낸다	迭送靑春反送秋
집 북쪽에 차를 심으며 낮을 보내고	堂北種茶消白日
남녘 산에서 약을 캐며 청춘을 보낸다.	山南採藥過靑春29)

맑은 물은 좋은 차 맛을 내는 결정적인 요소이므로 김시습은 대통을 이용해서 산에서 나는 약수를 초암으로 끌어들인 것도 알 수 있다.

대 쪼개어 찬 샘물 끌어놓았더니	刳竹引寒泉
졸졸졸 밤새도록 흐르누나.	琅琅終夜鳴
돌아서오니 시냇물이 말랐고	轉來深澗涸
나누어 내도 적은 구유 평평하다네	分出小槽平
가는 소리 꿈과 섞여 목이 메이고	細聲和夢咽
맑은 운치 차 끓이는데 들어간다네	淸韻入茶烹
찬 두레박 내리는 힘 허비하지 않고	不費垂寒綆
은상을 백척이나 끌 수 있다네.	銀床百尺牽30)

29) 《매월당집》,〈매월당외집〉권2, 千字儷句

김시습은 또 작설雀舌을 손수 달여 마시며, 그 속에서 여여한 안분지족의 즐거움을 얻고 있다.

작설의 향그러운 싹 손수 달이니	雀舌香芽手漫煎
그 사이에 재미가 매우 도연하여라.	此間滋味頗陶然
누구라 사해 위해 바빠할 사람이랴	誰爲四海棲棲者
나는야 평생에 무질서한 사람	我已平生蕩蕩焉
도학은 마음 위를 따라야만 얻으리니	道學只從心上得
하늘 기틀 즐겨 말 속 향하여 전하랴.	天機肯向語中傳
안표와 점슬을 아는 이 없지만	顔瓢點瑟無人會
스스로 풍류 있어 눈앞에 가득하네.	自有風流滿眼前31)

《세종실록지리지》에 보면 차를 작설과 차로 구분하고 있고, 《동의보감》 〈탕액편〉에서 '고다苦茶'를 한글로 '작설차'라고 표기한 것만 보아도 작설차가 우리나라 차의 대명사로 자리잡은 것은 오랜 역사를 가진 것을 알 수 있다. 조선 초기만 해도 작설과 차로 구분되던 것이, 조선중기로 넘어오면서 '작설차'라는 새로운 합성어가 자리잡은 것을 볼 수 있다. 즉 작설은 차이고, 차가 작설이었다.32)

맛있는 술 좋은 고기야 얻을 수 없네마는	旨酒禁臠不可得
절인 나물에 거친 밥이나마 나날이 배부르네.	淹菜糲飯日日飽
뒤엔 벌떡 누워 다시 잠에 들어가고	飽後偃臥又入睡
자고 깨면 나 좋은 대로 차 따라 마시네.	睡覺啜茗從吾好33)

---

30) 《매월당시집》권4, 竹筒
31) 《매월당시집》권13,〈관동일록〉, 화종릉산거시
32) 박희준,《작설고》, 한국차품질평가설정위원회, 2007, 17쪽 참조.
33) 《매월당시집》권14,〈명주일록〉, 희위오절.

세상의 부귀영화를 다 마다하여 나물에 거친 밥으로 끼니를 때우지만, 그 마음만은 무사태평하여 배부르면 잠자고 잠에서 깨어 목마르면 차를 마시는 무사無事한 생활을 즐기고 있는 것이다. 자신이 좋은 대로 하여 아무런 문제가 없는 삶, 그것이 차를 마시는 경지임을 암시하고 있다.[34]

멀리 고향을 떠나 온 쓸쓸한 마음	遠離鄕曲意蕭條
고불과 산꽃이 적막감을 달래주네	古佛山花遣寂寥
무쇠 주전자에 차 달여 나그네를 대접하고	鐵罐煮茶供客飮
질화로에 불을 더해 향 사르네	瓦爐添火辦香燒
봄은 깊어 매월이 문틈으로 새어들고	春深梅月侵蓬戶
다하매 산 사슴이 약초밭을 밟고 가네	雨歇山麕踐藥苗
선의 경지에서 맛보는 여정은 아담하여라	禪境旅情俱雅淡
도담으로 맑은 새벽 밝힘을 방해 마시라.	不妨軟語徹淸宵[35]

조선에 외교승으로 와 있던 일본 승려 준장로는 당대 5세 신동으로 소문난 김시습의 명성을 듣고 경주 금오산 초암까지 찾아왔다. 두 사람은 처음부터 의기가 교합되어 오랜 지기인양 차를 마시며 밤새워 도담을 나누고 있다.

일본 승려 준초俊超가 사신으로 조선에 왔다가 풍랑 때문에 계획보다 더 조선에 머물러 있었다는 기사는 《조선왕조실록》에도 실려 있다.[36] 김

---

34) 정영호, 〈김시습 다시 연구〉, 《부산여자대학논문집》 제20집, 1998, 110쪽.
35) 《매월당시집》권12, 〈유금오록〉, 여일동승준장로화.
36) 《조선왕조실록》, 〈세조실록〉, 세조 10年 2月 17日, 일본국 사자 승려 준초俊超 등이 전년에 하직하고 돌아갔는데 영등포에 이르러 바람에 막히어 머물러 있었다. 임금이 이를 듣고, 예빈 소윤 정침을 보내어 선위하게 하고 이르기를, "듣건대 여러 달 머물며 간고가 많았을 것이다. 지대하는 모든 일이 소우했을 것이므로, 사람을 보내어 위로하여, 나의 뜻을 전한다." (日本國 使者僧 俊超 等前年辭還 到 永登浦 阻風留住. 上聞之 遣禮賓少尹 鄭忱 宣慰曰 "聞

시습과 일본 승려 준초와의 만남을 시작으로 해서, 이후에도 조선에 오는 일본 승려들은 김시습과의 교류를 계속 이어갔던 것으로 보인다. 일본의 승려들이 경주 금오산 용장사 초암으로 김시습을 방문하기도 하고, 김시습이 초암을 떠나 그들이 머물던 왜관을 방문하기도 하며 친밀한 교류가 지속되었던 것으로 보인다. 경주 금오산과 왜관이 있던 염포鹽浦(지금의 울산)와는 하루 길이면 충분히 도달할 수 있는 거리였다. 이렇게 해서 김시습의 초암차는 그가 쓴 소설 《금오신화》와 함께 이들 일본 승려들을 통해 일본으로 건너갔다.

일본인 아사까와 노리다까(淺川伯敎, 1884~1964)가 1930년에 발표한 《부산요釜山窯와 대주요對州窯》에 의하면 김시습의 초암차가 15세기 일본 무로마치시대(室町時代) 초암차의 원류가 되었다고 적고 있다.37)

일본 승려 준초가 사신으로 조선에 왔다가 김시습을 만나 우정을 다진 것이 1463년 전후이다. 그렇다면 15세기 이후 무라다쥬코(村田珠光, 1422~1502)에 의해서 창시된 일본의 초암차는, 승려 준초를 통해서 김시습의 초암차가 무라다쥬코에게 전해진 것으로 보인다. 일본 초암차의 맥은 다음과 같다.

무라다쥬코(村田珠光, 1422~1502)
↓
다케노죠오(武野紹鷗, 1502~1555)
↓
센노리큐(千利休, 1522~1591)

汝等累月留住 艱苦必多. 支待諸事想必疎虞 今遣人慰之 當悉予意.")
37) 淺川伯敎, 《부산요와 대주요》, 채호회간행, 1930, 66쪽 참조.
최정간, 〈일본 실정室町시대의 초암차에 끼친 매월당의 영향 : 경주 금오산 용장사와 함월산 지림사 차유적지를 중심으로〉, 《매월당- 그 문학과 사상》, 강원대학교 인문과학연구소편, 강원대학교 출판부, 1989, 163쪽 재인용.

도요토미 히데요시(豊臣秀吉)의 차 스승이기도 했던 센노리큐(千利休)는 도요토미 히데요시의 조선침략 계획을 반대하다가 할복을 명령받았다고 한다. 센노리큐가 할복으로 죽은 바로 다음 해 1592년 4월 14일 임진왜란이 일어났다. 어쩌면 왜군의 조총부대를 이끌던 선봉장수 사야가(1571~1642)는 센노리큐의 영향을 받은 다도인茶道人이었을 가능성이 높다. 조선침략을 반대하는 장수 사야가를 출병시키기 위해 도요토미 히데요시는 그의 아내와 딸을 볼모로 하여 강제로 사야가를 출병시켰으며, 사야가는 어쩔 수 없이 출병하여 부산진을 함락시켰다. 그리고 다음날 조선으로 귀화하였다.

'저는 조선의 예의와 문물 풍속을 아름다이 여겨, 예의의 나라에서 성인聖人의 백성이 되고 싶습니다.'38)

일본인 장수 사야가는 조선으로 귀화하여 김충선金忠善(1571~1642) 장군이 되었다. 그리고 조선의 조총부대를 훈련시켜 전세를 역전시키고 임진왜란을 막는데 큰 공을 세웠다.

사야가 집안이 도요토미 히데요시에 의해 멸망한 것은 사야가의 조선 귀화 이후일 것이다. 귀화 이전이었다면 사야가가 왜군의 신식무기인 '조총부대 선봉 장군'의 자격으로 출병하지는 못하였을 것이다.

아무튼 무라다쥬코에 의해서 창시된 일본의 초암차는 다케노죠오가 계승 발전시켰고, 센노리큐에 의해서 완성되었다. 그리하여 센노리큐의 제자 난보우(南坊宗啓)는 저서 《남방록南方錄》에서 '리큐가의 차에서 기본적으로 주장하는 차의 참맛은 초암에 있다.'고 말하고 있는 것이다.39)

아사까와(1884~1964) 역시 《조선의 차와 선》에서 일본 초암차의 원류

---

38) 김충선, 《모하당술회록》
39) 최정간, 위 책, 173쪽 참조.

가 한반도의 초암에 있다고 하면서, 특히 일본 초암다실의 구조 즉 통나무 기둥, 흙벽, 나뭇가지로 짠 창문, 풀로 이은 지붕 등의 외관이 조선의 남쪽 주변 암자나 민가와 많이 닮았다고 보았다.40)

이러한 견해는 아사까와의 발표를 시작으로 해서, 김시습이 15세기 일본의 초암차에 미친 영향이 단편적이나마 한·일간의 학자들에 의해 지속적으로 언급되어 왔으며41) 일본 NHK에서 방영된 〈센노리큐의 수수께끼〉라는 제목의 방송에서도 구체적으로 확인한 바 있다.42)

일본의 초암다실草菴茶室의 지붕은 초암다실이라는 명칭 그대로 띠엉으로 엮은 초가지붕이다. 조선의 초암과 같은 지붕의 재료를 사용하고 있다. 다실과 초암의 기둥을 살펴보면 일본의 대부분의 초암다실은 통나무를 사용하고 있다. 한국의 초암은 집을 짓기 위해 베어낸 그 자리에 나무를 기둥으로 삼아 집을 지었고, 한국에서 쉽게 만날 수 있는 소나무를 사용했다. 센노리큐의 다실에는 기둥이 적송赤松이 사용되어져 있다. 일본에서는 삼나무나 노송나무라는 건축자재로서 우수한 목재가 있으므로, 소나무는 겉에 나오는 건축자재로서는 그다지 사용되어지지 않는다. 그럼에도 불구하고 센노리큐의 다실이 중요한 기둥, 예를 들면 상주床柱 등에 소나무가

---

40) 육치권, 〈초암다실의 평면변화에 따른 공간사용 특성에 따른 연구〉: 시각적 깊이감을 중심으로, 중앙대 석사논문, 2003, 51쪽 참조.
41) 淺川白敎,《釜山窯와 對州窯》, 彩壺會刊行, 1930. 金子重量,《도구와 그릇》, 학생사 간행. 김명배,〈한국다도의 구조적 특성〉, 한국 식물화학지 3월호. 이진희,《한국 속의 일본》, 동화출판공사.
심경호,《김시습 평전》, 돌베개, 2003.
최정간,〈일본 실정시대의 초암차에 끼친 매월당의 영향〉,《매월당학술논총 - 그 문학과 사상》, 강원대인문과학연구소, 1988.
박희준,〈매월당집에 나타난 김시습의 차생활〉,《다담》, 1990. 5.
김유출,〈한국의 민가와 일본 국보 다실 다이안〉,《다도》2000. 9.
최정간,〈매월당이 만난 준장로는 누구인가〉,《차의 세계》, 2008. 12.
42) 육치권,〈초암다실의 평면 변화에 따른 공간사용 특성에 따른 연구〉: 시각적 깊이감을 중심으로, 중앙대 석사논문, 2003, 51쪽.

사용되어진 일은 불가사의하다.[43]

실내건축가 육치권은 일본 초암다실의 구조적 특성이 우리나라의 초암과 많이 닮아 있다며, 특히 일본 초암다실의 초가지붕과 작은 문, 손님과 주인이 겨우 앉을만한 크기, 작은 창에 의한 극소의 빛, 기둥이 보이지 않게 흙으로 천정까지 바른 흙벽 등은 고온다습한 일본의 기후와는 맞지 않는다며, 특히 일본 초암다실의 지로地爐는 김시습의 시구에 나온 지로와 똑같다고 하였다.[44] 지로地爐, 즉 방안에 땅을 파서 만든 화로를 김시습은 차를 달이는 데도 사용하고, 난방이나 먹거리를 삶는 데도 사용하였다.

산방은 맑고 쓸쓸한데 밤은 어찌 이다지도 긴고	山房淸悄夜何長
한가로이 등불 돋우며 토상에 누워있네.	閑剔燈花臥土床
의지하는 것은 땅화로 치우쳐져 있어도 나를 도우니	賴有**地爐**偏饒我
손님이 오면 다시 차탕을 달인다네.	客來時復煮茶湯[45]

분분히 날리던 눈 싸늘한 처마를 씻어내더니	紛紛飛雪洒寒簷
달빛 훈훈하게 차오른 창에는 가는 발에 비친다.	月色薰窓映細簾
땅화로에 불을 넣으니, 구들 따뜻해지고	**地爐**火燒炕子暖
이불 두르고 높이 누우니 마음 편하다.	擁衾高臥意懕懕[46]

| 땅화로에 불을 일으켜 밤을 익히고 | **地爐**撥火將煨栗 |
| 구리탕관에 샘을 채워 탕을 끓이네. | 銅罐盛泉欲煮湯[47] |

---

43) 상동, 재인용.
44) 육치권, 위 논문, 52~53쪽 참조.
45) 《매월당시집》권4,〈器用〉, 地爐
46) 《매월당시집》권4,〈雨雪〉, 雪夜
47) 《매월당시집》권13,〈關東日錄〉, 山居 贈山中道人

일본 초암다실은 주인의 자리(点前座)와 손님의 자리(客座)가 각각 있는 것이 특징이다. 그리고 주인의 자리와 손님의 자리를 연결하는 역할이 바로 화로이다. 손님과 주인이 하나의 방에 들어가, 다도를 통하여 친밀감을 같이 함에 따라 '다실'은 태어났다. 그리고 차실 내에서 인물의 상하관계를 시각적인 공간의 차이에 따라 간접적으로 나타내는 수법이 취해졌다.48)

이 구조는 자연스럽게 경주 금오산의 용장사 초암에서 김시습과 일본 승려 준초가 친밀하게 앉아 차를 마시는 장면으로 연상되어진다. 김시습은 불과 나이 5세에 세종대왕의 총애와 비단을 하사받은 이후 나라에 명성이 자자하여졌고, 사람들이 감히 이름을 부르지 않았다. 그리고 주위 사람들은 김시습을 고승으로 여겼으며, 항상 상석에 앉혔다. 이는 서거정이 김수온에게 준 차시에서도 잘 나타난다.

열 권의 능엄경과 한 점의 등불 아래	十卷楞嚴一點燈
땅화로와 차솥 곁에서 고승과 대화를 나누었네	地爐茶鼎話高僧
여생은 이미 한가로이 지내기로 결심했지만	殘年己決投閑計
얽메인 매처럼 명예 벗지 못하는 게 부끄럽네.	未掣名韁愧似鷹49)

위 시에 나오는 고승은 김시습이다. 김시습은 효령대군의 청으로 원각사 《수능엄경》 국역 사업에 참여하였으며, 위 시는 《수능엄경》 출판을 축하하는 자리처럼 보인다.

이는 김시습보다 연상 제자인 홍유손(1431~1529)의 《소총유고》에도 나오는데 '원각사 동상실東上室에서 김수온, 서거정, 홍윤성이 운韻을 부르

---

48) 육치권, 〈초암다실의 평면변화에 따른 공간사용 특성에 따른 연구〉: 시각적 깊이감을 중심으로, 중앙대 석사논문, 2003, 107쪽 참조.
49) 서거정, 《사가시집》권13, 〈서회기금문량〉 중.

고, 김시습은 우측에 앉아 있다.'고 기록되어 있다.50) 김수온(1410~1481), 서거정(1420~1488), 홍윤성(1425~1475)은 모두 김시습(1435~1493)보다 나이가 많은 고관대작들이다. 그럼에도 불구하고 김시습을 고승으로 깍듯하게 대접하며 상석에 앉히고 있는 것을 볼 수 있는데, 이는 김시습이 5세 신동이라거나 유불도를 통달한 학자 내지 도인이어서만은 아닐 것이다. 정도를 수행하는 힘, 즉 기세氣勢에서 항상 김시습이 여타의 인물들보다 우위를 차지했기 때문으로 여겨진다. 김시습은 나라에 명성이 자자했던 천재였지만, 세조가 불의로 왕위를 찬탈하자 서책을 모두 불태워 버리고 관직에 나가기를 거침없이 접었다. 그리고 사육신과 그 가족들이 몰살당했을 때도, 김시습만이 홀로 두려움 없이 사육신의 시신을 수습하여 노량진에 묻어 주었던 것이다. 이러한 김시습의 굽힐 줄 모르는 기세가 자타를 불문하고 자연스럽게 상석의 자리에 앉게 했던 것으로 보여지며, 김시습은 이것이 익숙하게 몸에 배어 있었을 것이다.

아무튼 일본 다실을 장식하는 꽃으로는 여름에는 무궁화, 겨울에는 동백으로 장식하도록 난보우(南坊宗啓)의 《남방록》에 나온다. 무궁화는 예로부터 한국을 상징하는 꽃으로서 일본에서는 무궁화를 귀하게 취급한 적이 없다. 이러한 사실만으로도 일본의 초암다실이 우리나라 문화의 영향을 받았음을 알 수 있다.51)

김시습이 쓴 소설 《금오신화》 목판본은 1653년 일본에서 처음 간행되었다. 이는 한국에서도 없던 유례로서, 한국 국립도서관은 이것을 다시 간행하여 소장하고 있을 뿐이다.52) 김시습의 소설 《금오신화》가 일본 소설에 영향을 미친 것처럼, 김시습의 초암차 역시 일본 초암차에 그렇게 영향을 주었던 것이다.

---

50) 홍유손,《소총유고》, 篠叢遺稿下詩圓覺寺東上室.金守溫 徐居正 洪允成呼韻時 金時習悅卿在坐之右.
51) 육치권, 위 논문, 55쪽 재인용.
52) 정동주, 서울신문, 2004년 6월 3일자 참조.

5. 결 론

우리나라는 고조선 시대부터 백두산에서 나는 백산차白山茶를 제천의식에 사용하고 마셨으며53) 백산차에 대한 기록은 많은 문헌에 나타나 있다.54) 초의선사도 《동다송東茶頌》에서 '우리나라는 삼국시대 이전 고조선 시대부터 차를 마셨다.'고 하였다.

우리가 조상 대대로 하늘을 섬기고 조상에 감사하는 명절에 '차례茶禮'를 지내는 풍습은 고조선 시대부터 내려온 관습이었다. 하늘과 조상님께 차茶를 올리고 감사하는 예禮가 바로 '차례茶禮'였던 것이다. 그러던 것이 1592년 임진왜란이 일어나 일본이 우리의 차도구를 싹 쓸어갔으며, 차도구를 만드는 도공들까지도 모두 납치해 갔다. 그 바람에 조선은 차문화의 씨가 마르게 되어, 명절에도 차 대신 술을 올리는 집이 많아졌다. 그러나 본래는 차茶를 올렸던 것이다. 우리의 차도구를 몽땅 쓸어간 일본은 우리 서민들의 찻사발을 약탈해 가 '기자에몬 이도다완'이라 해서 일본 국보 26호로 삼았다.

우리말에 '다반사茶飯事'라는 말이 있다. '차 마시고 밥 먹는 일'처럼 항상 하는 일상적인 일을 말한다. 우리민족은 '항다반사恒茶飯事'라는 말 그대로 차생활이 일상생활이었다. 그리고 필자가 어릴 때만 해도 시골에서는 무슨 날만 되면 꼭 만드는 떡이 '다식茶食'이었다. 지금은 보기 어려운 떡이 되었지만, 그때는 너무 흔한 떡이라 가장 인기가 없던 떡이기도 하였다. 이 다식茶食도 본래는 차 가루로 만든 떡이었다. 그래서 이름이 '다식茶食'인 것이다. 예쁜 꽃모양이 새겨진 다식판은 새마을 운동이 한창이던

---

53) 김대성, 《설록차》, 〈우리차, 그 뿌리를 찾아서 - 백산차는 제사상에 올렸던 토종차〉, 1999, 9~10월호, 4~5쪽.
54) 이능화(1869~1943), 《조선불교통사》하, 〈지리산 당차〉, 朝鮮之長白山 山茶名 白山茶 乾隆時淸人採貢 宮庭爲御用之茶 ; 《한국민속대백과사전》; 한치윤, 《해동역사》; 《조선식물지》; 정상구, 《한국차문화학-우리나라 茶史》, 〈신라 이전 차〉, 145쪽 ; 응송(1892~1991), 《東茶正統考》〈한국 차문화의 발달〉, 9쪽 ; 諸岡存, 《조선의 차와 선》 등.

1970년대에 고물장수들이 다 걷어 가버렸다.

한국어 사전에서 '다도茶道'를 찾아보면 '차를 달여 손님에게 대접하거나 마실 때의 예법.'이라고 나온다. 그런데 중국을 대표하는 사전이라 할 수 있는 《신화사전新華辭典》《사해辭海》《사원辭源》 등에는 '다도茶道'란 항목 자체가 없다고 한다.55)

중국에서 '다도茶道'란 명칭은 당나라 중후반 즈음의 승려 교연皎然이 〈음차가초최석사군飮茶歌誚崔石使君〉이라는 시에서 최초로 사용하였다.56) 교연의 또 다른 시에 '육우를 찾아갔으나 만나지 못했다.'는 〈심육홍점불우尋陸鴻漸不遇〉란 시가 있는 것으로 보아 교연은 《다경茶經》을 저술한 육우陸羽(733~804)와 동시대인으로 보인다. 홍점鴻漸은 육우의 자字이다.

이로 보아 중국의 다도는 8세기경 육우와 교연으로부터 비로소 성립되기 시작한 것으로 보인다. 그리하여 《중문대사전》에는 육우를, 《차문화대사전》에는 교연의 시를 언급하는 것으로서 '다도茶道'의 설명을 대신하고 있다.57) 이후 1980년대부터 중국은 차문화 부흥에 따라 일부 학자들이 다도茶道에 대해 정의를 내리기 시작했다.58)

이에 비해 한국은 신라초기 4선仙이 이미 풍류도의 일환으로서 다도를 수행하고 있었다. 그러나 931번의 외침을 당하는 나라의 역사 속에서 고서古書들은 모두 사라져 버렸으니, 외적들이 침략해 올 때마다 한국의 찬란한 역사를 없애기 위해 집요하게 장서藏書들을 불태우는데 집착하였기 때문이었다. 그 결과 사대주의로 흐른 《삼국사기》가 가장 오랜 역사서로 남는 일이 발생하고 말았다. 그리하여 '신라 흥덕왕 3년(828) 대렴이 당나

---

55) 조기정, 〈중국 다도의 형성과 변천 고찰〉, 《중국인문과학》48, 2011, 388쪽 참조.
    縡塵 編著, 《說茶》, 중국상업출판사, 2002, 26쪽.
56) 《차문화대사전》, 〈음차가초최석사군〉, 熟知茶道全爾眞 唯有丹丘得如此, 2002, 864쪽.
    조기정, 〈중국 다도의 형성과 변천 고찰〉, 《중국인문과학》48, 2011, 389쪽.
57) 《중문대사전》 1531쪽 ; 《차문화대사전》, 2002, 864쪽.
58) 조기정, 〈중국 다도의 형성과 변천 고찰〉, 《중국인문과학》48, 2011, 391쪽 참조.

라에 사신으로 갔다가 돌아오는 길에 차 씨를 가져와 지리산에 심었다.'는 《삼국사기》의 기록에 따라 한국차의 역사가 시작되는 경우가 허다하다. 그러나 중국의 《구화산지九華山志》나 《개옹다사介翁茶史》 등에 의하면 신라의 왕자 김교각(696~794) 스님이 중국으로 건너갈 때 이미 신라의 차 씨를 가져가서 구화산에 심었다는 기록이 있다.[59] 즉 대렴이 중국에서 차 씨를 가져온 것이 9세기인데 비해, 김교각 스님이 신라에서 차 씨를 가지고 중국으로 간 것은 8세기이다.

이 밖에도 이능화(1869~1943)는 '김해의 백월산에 죽로차가 있는데, 이는 가야국의 김수로왕비인 허왕후가 인도에서 가져온 차 씨를 심은 것이다.'고 기록하고 있으며[60] 《삼국유사》〈가락국기〉에는 '김수로왕이 인도에서 가야국까지 온 허황후의 일행들에게 난액蘭液을 주어 마시고 쉬게 했다.'는 기록이 있다. 난액蘭液은 바로 차이다.

지금까지 살펴본 바에 의하면 다도茶道가 유불도 3가家 사상을 함께 융합하고 있는 점[61] 구증구포 제다법, 그리고 신라시대에 재당在唐 유학생과 유학 승려들에 의해 중국차가 유입된 점[62] 등은 한국 선도사상仙道思想의 역사와 일맥상통하는 점이 많이 있다.

신라의 대학자이자 선인仙人 고운 최치원崔致遠(857~?)은 화랑 '난랑'을 위해 쓴 비석문인 〈난랑비서鸞郞碑序〉에서 이렇게 기록하고 있다.

- 우리나라에 현묘玄妙한 도道가 있으니, 곧 풍류風流라고 한다. 이 가르침을 일으킨 연원은 《선사仙史》에 상세히 실려 있거니와, 근본적으로 유·불·도 3교를 이미 자체 내에 지니어 모든 생명을 가까이 하면 저절로

---

59) 《九華山志》권3 ; 彭定求, 《介翁茶史》, 1703.
60) 이능화, 《조선불교통사》
61) 조기정, 〈중국 茶道의 형성과 변천 고찰〉, 《중국인문과학》48, 2011, 391쪽 참조.
62) 서정임, 〈당대 문인의 다도관 연구〉: 육우를 중심으로, 원광대 박사논문, 2008, 국문초록.

감화한다. 집에서는 부모에게 효도하고 밖으로 나가서는 나라에 충성하는 것은 공자가 가르쳤던 교지와 같고, 매사에 무위로 대하고 말없이 가르침을 실행하는 것은 노자의 교지와 같으며, 모든 악한 일을 짓지 않고 모든 선한 일을 받들어 실행함은 석가의 교화와 같다.63)

또한 한국의 대표적인 심신 수련단체인 국선도에는 수련단계가 9단법까지 있으며, 절도 9배를 한다.

한국 선도의 역사는 고조선 시대 환인으로부터 비롯되었는데, 이것이 치우천황 시대 황제 헌원에 의해 중국으로 건너갔다가 삼국시대 말에 다시 재수입된 바 있다. 그런데 요즘 차茶 학계에서는 중국 천태산 화정華頂에 선인仙人 갈현(164~244)이 최초로 차를 심었다는 학설이 대두되고 있는데, 갈현의 증손자 갈홍(283~343)은 그의 저서 《포박자》에서 이렇게 기록하고 있다.

- 옛날에 황제黃帝가 있었는데, 동東으로 청구靑丘 땅에 이르러 풍산風山에서 자부선생을 만나 《삼황내문》을 받았다.64)

황제는 다름 아닌 고조선의 14대 환웅인 치우천황과 탁록의 전투를 벌였던 황제헌원이며, 청구靑丘는 조선땅이요, 풍산風山은 백두산이다.
중국사람 서량지徐亮之도 《중국사전사화》에서 '황제족이 동이문화를 받았다.'65) '은殷(상商)은 요동의 동이땅인 조선에서 일어났다.'66)고 말하고 있다.
이렇게 배달국 시대에 황제 헌원을 통해 중국으로 건너갔던 한국의 선

---

63) 《삼국사기》, 〈난랑비서〉,國有玄妙之道曰風流 設敎之源 備詳仙史 實內包含三敎 接化群生 且如入則孝於家 出則忠於國 魯司寇之旨也 處無爲之事 行不言之敎 周柱史之宗也 諸惡莫作 諸善奉行 竺乾太子之化也.
64) 갈홍, 《포박자》, 〈역대신선통감〉권2, 昔黃帝東到靑丘 過風山 見紫府先生 受三皇內文.
65) 서량지, 《중국사전사화》, 台北華正書閣, 1968, 251쪽. 黃帝之族, 沐浴東夷之化….
66) 서량지, 같은 책, 306쪽. 殷商乃興於遼東 朝鮮的東夷之地.

도仙道는 재당在唐 유학생들에 의해 한국으로 재수입되었는데, 이는 차의 역사와 일맥상통하는 바가 없지 않다. 그렇다면 이 땅에서 중국으로 건너간 차나무가 남아 있어야 하는데, 이는 우리나라의 역사와 그 맥을 같이 한다. 그 옛날 동이족의 땅은 만주벌판을 넘어 산동, 요동, 요녕 땅들이 모두 동이족의 땅이었다. 이는 1908년 발견된 기원전 3500년 전의 홍산 문화가 증명해 주고 있으며, 또 1998년에는 중국 산동성 환대桓臺에서 3850년 전의 녹각에 새겨진 가림토문자가 발굴되었다.67)

이와 때를 같이 해서 일본인 차학자 아오끼마시루(靑木正兒)는 일제시대에 고구려 고분에서 발굴한 엽전 모양의 고구려 떡차(병차餠茶)를 소장하고 있다고 다음과 같이 밝히고 있다.

- 나는 고구려 고분에서 출토된 둥글고 얇은 엽전 모양의 고구려 떡차(餠茶)를 소장하고 있다. 지름은 4cm 정도이며, 중량은 5푼 가량이다.68)

이것만 보더라도 고구려의 멸망이 668년이니, 대렴이 828년 당나라에 사신으로 갔다가 돌아오는 길에 차 씨를 가져와 지리산에 심었다는 한국의 차茶 기원 학설보다 적어도 160년 이상 앞서는 것을 알 수 있는 것이다.

참고자료

《삼국사기》
《삼국유사》
《고려사》
《고려사절요》
《동문선》

---

67) 1998. 3. 31. 경향신문 7면, 산동성 환대시에서 발굴된 가림토문자, 유병선 기자.
68) 靑木正兒,《靑木全集》, 262쪽.

《동유기》
《조선왕조실록》
《매월당집》
《사가시집》
《동인시화》
《소총유고》
《모하당집》
《청학집》
《해동이적》
《파한집》
《신증동국여지승람》
《증보임영지》
《동다송》
《조선불교통사》
《영해박씨세감》
김대성,《설록차》,〈우리차, 그 뿌리를 찾아서 - 백산차는 제사상에 올렸던 토종차〉, 1999, 9~10월호.
김대문 저, 이종욱 역주해,《화랑세기》, 소나무 출판, 1999.
박희준,〈매월당집에 나타난 김시습의 차생활〉,《다담》, 1990, 5.
박희준,《작설고》, 한국차품질평가설정위원회, 2007.
서정임,〈당대문인의 다도관 연구〉: 육우를 중심으로, 원광대학교 박사논문, 2009.

석용운,《한국다예》, 초의, 2009.
정상구,《한국다문화학》, 세종출판사, 1997.
정영선,《다도철학》, 너럭바위, 1996.
육치권,〈초암다실의 평면변화에 따른 공간사용 특성에 따른 연구 : 시각적 깊이감을 중심으로〉, 중앙대 석사논문, 2003.

이주연, 〈매월당 김시습의 다도 연구〉, 성균관대 석사논문, 2005.

조기정, 〈중국 다도의 형성과 변천 고찰〉, 《중국인문과학》 제48집, 2011.

조인숙, 〈조선전기 차시 연구〉, 원광대 박사논문, 2009.

최정간, 〈일본 실정시대의 초암차에 끼친 매월당의 영향 : 경주 금오산 용장사와 함월산 지림사 차유적지를 중심으로〉, 《매월당- 그 문학과 사상》, 강원대학교 인문과학연구소편, 강원대학교 출판부, 1989.

최정간, 〈매월당이 만난 준장로는 누구인가〉, 《차의 세계》, 2008. 12.

정영호, 〈김시습 차시 연구〉, 《논문집》20, 부산여자대학, 1998.

최혜경, 〈김시습 차시 연구〉, 조선대 석사논문, 2011.

《抱朴子》(葛洪)

《高麗圖經》(徐兢)

《茶經》(陸羽)

《中文大辭典》

《茶文化大辭典》

《九華山志》

彭定求, 《介翁茶史》, 1703.

徐亮之, 《中國史前史話》, 台北華正書閣, 1968.

縡塵 編著, 《說茶》, 中國商業出版社, 2002.

南坊宗啓, 《南方錄》

난보소케이 저, 박전열 역, 《남방록》, 시사일본어사, 1993.

淺川白敎, 《釜山窯와 對州窯》, 彩壺會刊行, 1930.

NHK 취재반편, 《歷史誕生》, 角泉書店, 1990.